中国政治学
王浦劬◎主编
学术发展回顾与规划
（2006—2015）

天津人民出版社

图书在版编目（CIP）数据

中国政治学学术发展回顾与规划：2006~2015 / 王
浦劬主编. —天津: 天津人民出版社, 2011. 9
ISBN 978-7-201-06984-5

Ⅰ. ①中…　Ⅱ. ①王…　Ⅲ. ①政治学—学术思想—研
究—中国—2006~2015　Ⅳ. ①D092. 7

中国版本图书馆 CIP 数据核字（2011）第 153848 号

天津人民出版社出版

出版人：刘晓津

（天津市西康路 35 号　邮政编码:300051）

邮购部电话:(022)23332469

网址:http://www.tjrmcbs.com.cn

电子信箱: tjrmcbs@126.com

天津金彩美术印刷有限公司印刷　新华书店经销

*

2011 年 9 月第 1 版　2011 年 9 月第 1 次印刷

787×1092 毫米　16 开本　30.75 印张　2 插页

字数: 600 千字　印数:1-2,000

定　价: 80.00 元

前　言

　　"十一五"期间,我国政治学学者在马克思主义、毛泽东思想、邓小平理论和"三个代表"重要思想指导下,深入贯彻实践科学发展观,进一步落实《中共中央关于进一步繁荣发展哲学社会科学的意见》,贯彻落实党的十七大、十七届三中全会、四中全会精神,以中国特色社会主义政治发展与人民民主政治建设为主线展开学术研究,取得了丰硕的研究成果。其集中体现为,政治学思想理论研究得以发展深化,现实对策研究得以扩展强化,基础学术研究趋向深化细化,学科交叉研究取得新的进展,分析方法受到较大关注重视,对外学术交流日益加强。当前,我国政治学研究的基本状况表现为,马克思主义的指导地位进一步巩固,政治学学术发展的根本方向明确、基本方位清晰,国家优效治理成为研究重点亮点,学术研究方法逐步趋向科学规范,研究领域呈现分化与融合趋势,学术研究形成各具特色的生长点,对外学术交流成为学术发展的重要途径。

　　在"十二五"期间,我国政治学学术发展的着力点主要在于,深化马克思主义政治学理论研究,提升中国特色社会主义政治研究,提高现实研究的科学性和可行性,推进研究方法的多样性和科学性,积极展开政治学的辩证结合研究,积极推进和深化公共政策的研究,加强政治学科基础性研究和建设,强化和扩展政治学对外学术交流。

　　根据我国政治学学术发展的基本状况,我国政治学科学术发展"十二五"学术发展的基本趋势将会体现为:对发展着的马克思主义政治学进一步展开深入的研究;构建中国本土原创性政治学理论发展成为政治学研究的未来趋势;中国特色社会主义政治发展道路的理论概括和实践研究趋向深化;政治学进一步趋向现实对策研究,使公共政策研究迅速强劲发展;政治学研究趋向学术范围和关注层次的丰富多样和相互融合;政治学研究趋向思维方式、探讨途径和工具进一步多样化和规范化;政治学学术研究趋向推动建构更为合理广阔的学科学术研究空间;政治学基础学术研究和学术基础建设趋向进一步深化和强化;政治学对外学术交流和合作进一步趋向丰富多样和双向深入展开。

目　录

第二部分 中国政治学学术发展十年:分论

第一部分　中国政治学学术发展十年：总论

第一章 "十一五"期间主要进展和重要成果

中国特色社会主义政治建设是中国特色社会主义建设和现代化发展的重要组成部分,"十一五"期间,政治建设的发展对于我国政治学学术研究提出了新的要求。根据这些要求,我国政治学学者在马克思主义、毛泽东思想、邓小平理论和"三个代表"重要思想指导下,深入贯彻实践科学发展观,进一步落实《中共中央关于进一步繁荣发展哲学社会科学的意见》,贯彻落实党的十七大、十七届三中全会、四中全会精神,以中国特色社会主义政治发展与人民民主政治建设为主线展开学术研究,取得了丰硕的研究成果。

总体上看,"十一五"期间我国政治学学术研究呈现繁荣发展的局面。据不完全统计,从2006年至2010年,发表学术论文达7万余篇,出版学术著作4000余部、译著和教材450余部;设立和完成科研课题近4000项,包括国家社会科学重大攻关项目10余项;国家社会科学基金年度立项项目355项,其中重点项目19项,一般项目208项,青年项目108项;教育部重大攻关项目20余项;以及其他项目。从事政治学研究的学者和专业人员近1万人,在国家哲学社会科学各个系统中设立政治学科专门研究机构近150个。可以认为,"十一五"期间是我国政治学学术研究迅速发展和取得丰硕成果的重要时期。

政治学科学术研究状况调研显示,"十一五"期间,我国政治学科学术研究的发展主要集中体现为政治学思想理论研究得以发展深化,现实对策研究得以扩展强化,基础学术研究趋向深化细化,学科交叉研究取得新的进展,分析方法受到较大关注重视,对外学术交流日益加强发展。

一、思想理论研究得以发展深化

(一)马克思主义政治学理论研究得到实质性进展

2004年开始的中央马克思主义理论研究与建设工程的实施和发展,对于政治学理论的研究和发展具有重要意义和影响。在中央马克思主义工程领导小组领导下,马克思主义理论研究与建设工程政治学理论的研究得到积极推进。在研究进程中,马克思主义政治学的基本立场、观点和方法得到切实理解和深入阐发。与此同时,项目参与成员在坚持和贯彻马克思主义政治学基本立场、观点和方法的前提下,对于政治的含义、阶级理论、国家权力与国家形式、国家机构、政治民主、政党、政治参与、政治文化、政治发展、民族与宗教、国际政治与世界格局等政治学基本理论展开深入研究，形成了系统阐述马克思主义政治学原理的《政治学概论》。经过多次修改和讨论，目前已经向中央马克思主义理论研究与建设工程领导小组提交了终审稿。

中央马克思主义理论研究与建设工程展开了"马克思主义经典著作基本观点研究"课题研究，其中有四个被列为"国家重大项目"的课题与政治学有关，包括"马克思主义经典作家论民主和政治文明"、"马克思主义经典作家论和平与战争"、"马克思主义经典作家论阶级斗争和无产阶级专政"和"马克思主义经典作家论无产阶级政党"。①

在马克思主义理论研究与建设方面，"十一五"期间还展开了马克思主义理论研究与建设工程政治学科其他教材的建设工作，其中包括《西方政治思想史》、《当代中国政治制度》、《中国政治思想史》、《比较政治制度》、《行政管理学》、《地方政府与政治》、《国际政治学》、《国际政治经济学概论》、《国际关系史》、《国际组织》、《外交学导论》、《当代中国外交》等教材的建设。中央马克思主义理论研究与建设工程还对当代马克思主义政治学理论展开了研究，其研究课题主要在马克思主义基本理论研究、当代世界社会主义研究和当代资本主义研究等方面展开。

在马克思主义理论研究与建设工程推动下，"十一五"期间，我国政治学学者对于马克思主义政治学理论展开积极研究。在社会政治发展要求与政治学科学术研究发展逻辑作用下，这些研究主要集中在马克思主义政治哲学和国家学说的研究等方面。在马克思主义政治哲学研究方面，"十一五"期间，政治学学者系统梳理了马克思主义政治哲学的基本概念与理论体系，为研究的深化提供了基础。② 在此基础上，政治学研究分析了马克思主义政治哲学从"哲学的政治"向"政治的哲学"的转换，阐述了马克思主义政治哲学的实践性、阶级性和革命性等特性。③ 与此同时，政治学学者对于马克思主义关于公共性理论的研究④、关于社会公平正义、自

---

① 这些项目分别由俞可平、李慎明、李崇富、张文成等担任首席专家。

② 参见：邹诗鹏：《当代政治哲学的复兴与马克思主义政治哲学传统》，《学术月刊》，2006年第12期；吴晓明：《马克思主义政治哲学与现实》，《河北学刊》，2006年第5期；谢永康：《马克思主义政治哲学：阐释与创新——第六届马克思哲学论坛》，《哲学研究》，2006年第12期；段忠桥：《转向政治哲学与坚持辩证法——当代英美马克思主义研究的两个方向》，《哲学动态》，2006年第11期。除了对一般意义上的马克思主义政治哲学研究与述评之外，2006年对一些马克思主义者的政治哲学研究也出现了不少成果，参见俞吾金：《卢森堡政治哲学理论要》，《天津社会科学》，2006年第6期；段忠桥：《科亨的政治哲学转向及其启示》，《哲学研究》，2006年第11期。

③ 程广云：《无产阶级政治实践合法性的理论论证——马克思主义政治哲学探析》，《哲学研究》，2009年第12期；李淑梅：《马克思对卢格的批判与社会政治哲学的构建》，《思想战线》，2009年第6期。

④ 贾英健：《公共性视域——马克思主义哲学的当代阐释》，人民出版社，2009年。

由平等、民主法治等政治核心价值展开研究,形成了相关研究成果。① 在马克思主义国家理论研究方面,随着国家现象再度受到政治学研究的重视,政治学学者从多个角度和层面,对于马克思主义国家学说展开研究,取得了新的成果。②

在对于马克思主义经典政治学理论展开研究的同时,我国政治学学者也着力于中国化的马克思主义政治学理论研究。政治学学者对于毛泽东思想、邓小平理论、"三个代表"重要思想和科学发展观展开政治学理论研究和阐发。在毛泽东政治学说研究方面,主要研究内容包括毛泽东政治民主理论、毛泽东政治发展理论等方面。③ 在邓小平政治理论研究方面,政治学学者从什么是社会主义政治,怎样建设社会主义政治出发,着力从三个层面分析和阐发邓小平政治思想:一是邓小平政治哲学,尤其是实事求是的思想方法论、效率公平民主自由等政治价值研究;二是邓小平政治理论体系,探讨分析邓小平政治理论的内在逻辑和体系内容;三是邓小平关于治国理政战略、方略和策略,关于社会主义民主法治的理论,关于政治体制改革和社会主义政治发展的理论。④ 在"三个代表"重要思想研究方面,政治学学者分析了"三个代表"重要思想的科学内涵和主要内容、理论体系和理论特征。⑤关于科学发展观的政治学探讨,是"十一五"期间我国政治学理论研究的重要内容,政治学学者从中国共产党领导人民有效治理国家的战略高度,对于科学发展观展开了探讨和研究,这些研究的主要关注点在于:首先,对于以人为本、以最广大人民群众的根本利益为本的政治观的阐述;其次,研究科学发展观与和谐社会建设的政治内涵和思想精髓,认识社会和谐的本质属性、重要意义和实现途径;再次,对于社会政治公平正义的政治价值与政府责任和职能的研究;又次,关于科学发展观战略部署的政治建设与其他建设的协调发展的探讨;最后,分析和研究中国特色社会主

---

① 参见:陈少峰:《正义的公平》,人民出版社,2009 年;侯健:《表达自由的法理》,上海三联书店,2008年;王立:《平等的范式》,科学出版社,2009 年;俞可平:《中国学者论民主与法治》,重庆出版社,2008 年;佟德志:《在民主与法治之间:西方政治文明的二元结构及其内在矛盾》,人民出版社,2006 年。

② 张友国:《民族国家:理论与现实》,《北京行政学院学报》,2009 年第 1 期;杨光斌、郑伟铭、刘倩:《现代国家成长中的国家形态问题》,《天津社会科学》,2009 年第 4 期;南丽军:《从葛兰西到哈贝马斯——西方马克思主义资本主义国家理论的再思考》,《学术交流》,2009 年第 10 期;罗文:《论马克思国家理论在西方马克思主义中的后续发展》,《中共南京市委党校学报》,2009 年第 4 期。

③ 颜佳华、李红波:《毛泽东的政治发展观及其当代价值》,《江西社会科学》,2006 年第 11 期。

④ 丁士松:《政治法治化的理论逻辑:邓小平法政治哲学与法政治理论研究》,人民出版社,2009 年。

⑤ 杨海峰:《"三个代表"重要思想民主与法制理论研究》,中共中央党校出版社,2006 年;顾海良:《从"三个代表"重要思想到科学发展观:21 世纪马克思主义中国化的新进展》,高等教育出版社,2009 年;郝铁川:《"三个代表"重要思想和科学发展观研究》,上海人民出版社,2007 年;奚洁人:《"三个代表"重要思想的领导学研究》,人民出版社,2008 年。

义理论体系的政治基础。①

对于西方马克思主义政治学理论的研究，也是"十一五"期间马克思主义政治学理论研究的重要内容之一。这方面的研究特点主要体现为：进一步深入分析西方马克思主义政治学理论，同时，对于科学社会主义、西方马克思主义、社会民主主义政治学理论也展开了分析。②

（二）政治学基本理论研究有所拓展

调研显示，"十一五"期间，国家理论、政党理论、治理理论、民主理论、公共性理论、正义理论、制度理论和公共政策理论，是政治学基本理论研究关注的重点内容。值得指出的是，政治学基本理论研究呈现与我国政治建设和政治发展的内容的密切相关性，从基本理论研究的角度折射了我国政治建设和发展的重点，体现着基本理论研究与政治实践发展的联系。与此同时，我国政治学学者努力深化和创新政治学基本理论体系研究。

在国家理论研究方面，政治学学者研究了国家理论的不同思想流派和观点、国家职能理论、国家历史形态及其变迁、国家能力、国家权力、国家结构、经济全球化与国家主权等问题。其中，作为政治权力的国家权力在国家理论研究中得到重视，有关国家权力的构成、国家权力的合法性、国家权力的运行机制和规范要求、国家权力结构、政治权力的制约和监督等等的研究，形成了相关研究成果。同时，政治学学者对于现代国家建设、国家成长、福利国家等问题进行了研究，对推动和促进

---

① 参见：王伟光主编：《科学发展观概论》，人民出版社，2009年；杜建国：《科学发展观理论与实践》，华中师范大学出版社，2009年；韩雪：《从多元到和谐：和谐社会的构建》，中央编译出版社，2006年；谢庆奎、佟福玲主编：《服务型政府与和谐社会》，北京大学出版社，2006年；陈少峰：《正义的公平》，人民出版社，2009年；秦刚：《中国特色社会主义理论体系》，中共中央党校出版社，2008年；王伟光主编：《中国特色社会主义旗帜道路和理论体系》，中国社会科学出版社，2008年；孙关宏、蒋一澄：《中国政治学发展的走向：人文精神与科学精神的融通》，《同济大学学报》（社会科学版），2005年第6期；周光辉：教育部重大攻关项目（04JZD00017）系列丛书，吉林人民出版社，2009年；林尚立：《相互给予：政治学在中国发展中的作为——中国政治学30年发展的反思》，《山西大学学报》（哲学社会科学版），2008年第3期；袁秉达：《中国特色社会主义理论体系探源：从邓小平理论到科学发展观》，上海人民出版社，2008年。

② 顾海良、梅荣政：《马克思主义发展史》，武汉大学出版社，2006年；赵连章：《坚持与创新：马克思主义政治学原理中国化研究》，高等教育出版社，2010年。

我国学术界有关国家理论的应用性研究起到了积极作用。①

"十一五"期间是政党理论不断发展的时期,关于政党组织形式、政党文化与价值、政党伦理、执政党建设和比较研究、政党政治及其功能、政党执政规律、我国政党制度运行特点等方面都展开了较为深入的研究和探讨,也取得了较为丰富的成果。②

治理理论是"十一五"期间政治学基本理论研究的热点。从新世纪开始,治理与善治概念和理论被介绍进我国学术界③,治理理论成为政治学学者持续研究的课题。"十一五"期间,这一理论研究得到深化,学者在进一步发掘治理内涵的基础上,积极致力于中国话语系统对于治理理论的阐述;治理亦被理解为国家与社会的合作关系,其主张的结构性多中心合作共治方式,被理解为多种机制的合作治理,治理意义上的政治发展被理解为"双边进程",即对于公共权力和公民权利的双边规制。治理还被视为包括政治领域在内的整个人类社会共同应对社会日益复杂化、全球化所造成和面临的共同危机的过程。④

民主理论的深入研究,是"十一五"期间政治学基础理论的特征。关于政治民主的内涵、属性价值、基本特征、不同类型、运行机制、政治功能、实现条件、发展途径等等的理论探讨,关于党内民主、协商民主、参与民主、选举民主、行政民主、可控

---

① 徐勇:《"回归国家"与现代国家建构》,《东南学术》,2006年第4期;徐勇:《现代国家的建构与村民自治的成长》,《学习与探索》,2006年第6期;林尚立:《国家建设:中国共产党的探索与实践》,《毛泽东邓小平理论研究》,2008年第1期;林尚立:《协商政治与和谐社会:中国的国家建设之路》,《天津社会科学》,2008年第3期;林尚立:《社会主义与国家建设——基于中国的立场与实践》,《社会科学战线》,2009年第6期;周光辉、彭斌:《构建现代国家——以组织化、制度化与民主化为分析视角》,《社会科学战线》,2009年第6期;常士闇:《现代性与现代国家建构——比较视野中的中国现代性与现代国家建构》,《河北师范大学学报》(哲学社会科学版),2009年第1期;杨光斌:《现代国家成长中的国家形态问题》,《天津社会科学》,2009年第4期;陈炳辉:《奥菲对现代福利国家矛盾和危机的分析》,《马克思主义与现实》,2006年第6期;李艳霞:《后福利国家社会政策发展的理论路径与现实选择——基于"公民身份"的思考》,《文史哲》,2007年第3期;刘丽伟:《福利国家论析——以政治哲学为视角》,《学术交流》,2009年第12期;郭忠华:《资本主义困境与福利国家矛盾的双重变奏》,《中山大学学报》(社会科学版),2007年第5期。

② 王长江:《政党论》,人民出版社,2009年;李金河:《中国政党政治研究(1905—1949)》,中央编译出版社,2007年;赵晓呼、刘景泉:《中国共产党执政理论研究》,天津人民出版社,2008年;侯以信、孟昭安、王梦茹:《学习型政党建设研究》,河北人民出版社,2006年。

③ 俞可平:《治理与善治》,社会科学文献出版社,2000年。

④ 王诗宗:《治理理论及其中国适用性》,浙江大学出版社,2009年;唐娟:《政府治理论》,中国社会科学出版社,2006年;何增科等:《中国地方治理改革、政治参与和政治合法性初探》,《经济社会体制比较》,2007年第4期;高鹏程:《危机学》,社会科学文献出版社,2009年。

民主①,关于公民理论、民主与自由、民主与共和、民主与法治的关系的理论探讨,关于民主的长处与功能限度问题,关于民主与民粹主义的区别问题,不同民主体制的比较分析等等,使得民主理论研究形成较为丰富的成果。②

政治生活的公共性问题,是"十一五"期间政治学学者关注的理论焦点。学者围绕社会政治和行政管理的公共性展开广泛的研究和探讨,在确定公共性含义的基础上,公共政治成为政治学学者的学术研究思维出发点,由此拓展到公共利益、公共治理、公共行政、公共管理、公共产品、公共服务、公共政策、公共财政、公共预算、公共事业、公共价值和公共伦理等方面的研究。在此基础上,社会政治生活公共性的实现和维护机制成为政治学学者研究的重要内容。③

公平正义理论,在"十一五"期间的政治学研究中凸显其地位。政治学学者在规范理论层面上对社会正义理论的本质、内涵、范畴与特征进行了分析和阐述,对民主法治与公平正义的关系、实现公平正义的政治条件和政府责任等展开研究。同时,政治学学者还对特定政治体制、政府分配政策、公共服务对公平正义的影响,社会正义与政治正义的关系进行了理论阐述。④

制度理论是新世纪以来政治学研究新兴的理论领域。我国社会经济政治发展过程中体制机制改革和创新的需求,使得制度研究和制度理论阐述成为"十一五"

---

① 高建、佟德志主编:《党内民主》,天津人民出版社,2010 年;孙应帅:《中国共产党党内民主理论研究》,合肥工业大学出版社,2007 年;罗豪才等:《软法与协商民主》,北京大学出版社,2007 年;何包钢:《协商民主:理论方法和实践》,中国社会科学出版社,2008 年;陈家刚:《协商民主与当代中国政治》,中国人民大学出版社,2009 年;莫吉武、杨长明、蒋余浩:《协商民主与有序参与》,中国社会科学出版社,2009 年;王锡锌:《公众参与和行政过程:一个理念和制度分析的框架》,中国民主法制出版社,2007 年;李君如:《协商民主:重要的民主形式》,金安平、姚传明:《"协商民主":在中国的误读、偶合以及创造性转换的可能》,《新视野》2007年第 5 期;燕继荣:《协商民主的价值和意义》,《科学社会主义》,2006 年第 6 期;高建、佟德志:《协商民主》,天津人民出版社,2010 年;俞可平主编:《协商民主译丛》,中央编译出版社。

② 何包钢:《民主理论:困境和出路》,法律出版社,2008 年;孙应帅:《中国共产党党内民主理论研究》,合肥工业大学出版社,2007 年;房宁:《民主政治十论》,中华书局,2009 年;李宗楼:《马克思主义民主与监督理论若干问题研究》,华中师范大学出版社,2009 年;孙永芬:《西方民主理论史纲》,人民出版社,2008 年;韩冬梅:《西方协商民主理论研究:兼论比较视野中的中国协商民主理论构想》,中国社会科学出版社,2008 年;郭丹、涂秋生:《新时期社会主义民主政治的理论与实践》,四川人民出版社,2008 年;郭榛树等:《政党、民主与法治:当代中国政治文明中的"三统一"问题研究》,中共中央学校出版社,2008 年;吴圣正:《德性与民主——与现代新儒家谈政治哲学》,宁夏人民出版社,2009 年。

③ 王浦劬:《公共管理中的公共性问题探讨》,柯延主编:《集思录名家论坛(第一辑)》,知识产权出版社,2008 年;孔繁斌:《公共性的再生产:多中心治理的合作机制建构》,江苏人民出版社,2008 年;郭湛:《社会公共性研究》,人民出版社,2009 年;马骏、王浦劬、谢庆奎、肖滨主编:《呼吁公共预算——来自政治学、公共行政学的声音》,中央编译出版社,2008 年;马骏、侯一麟、林尚立主编:《国家治理与公共预算》,中国财政经济出版社,2007 年;罗豪才、宋功德:《软法亦法:公共治理呼唤软法之治》,法律出版社,2009 年。

④ 周光辉等著:《社会公正与政府责任学术论文集》,吉林人民出版社,2009 年;李德志等著:《社会转型期弱势群体问题研究》,吉林人民出版社,2009 年;张亲培等著:《公共政策与社会公正》,吉林人民出版社,2009 年;何增科:《腐败防治与治理改革》,吉林人民出版社,2009 年;施国庆:《移民权益保障与政府责任》,吉林人民出版社,2009 年;何颖、袁洪英、霍建国:《行政伦理与社会公正》,吉林人民出版社,2009 年;崔卓兰、许玉镇、姜城:《我国政府行政模式创新研究》,吉林人民出版社,2009 年。

期间政治理论研究的重要内容。而新制度主义理论和分析途径,则为制度理论研究提供了相关知识资源。对制度,尤其是政治制度展开的系统规范性理论分析,内容涉及政治制度的含义、特征、功能、制度结构、发展变迁及其路径等诸多方面,形成了相关研究成果。[①]

在公共行政和公共管理方面,公共政策理论发展呈现强劲势头。学者进一步探讨了公共政策的基本含义,着力探讨了公共政策过程理论,对于包括政策制定、执行、监控、评估、终结和调整等环节在内的政策过程和各个环节展开了理论研究和阐述,对于公共政策起点、政策程序正义、政策过程的工具性价值和内在价值、政策过程的运行机制等展开了多方面探讨,对于公共政策与市场、政府之间的关系、公共政策的价值观与价值取向以及公共政策创新等展开理论阐述,形成了相关理论成果。这其中,尤其着力探讨了决策的科学化民主化、公共政策执行、政策冲突、政策调整等理论。[②]

适应社会发展和学科理论推进的需要,不断深化和创新政治学基本理论体系研究,是我国政治学理论研究的特点。"十一五"期间,这方面的努力获得新的进展,有学者深入展开政治利益分析[③],有学者提出以规范、经验和哲学三个要素为核心建构政治学基本理论体系,有学者提出从微观分析出发,创立微观政治学作为政治学基本理论体系,有学者则提出以宏观、中观、微观三个层面为导向建构政治学基本理论体系,也有学者强调从经验角度阐释政治现象,从政治过程的角度建构政治理论分析体系。

(三)我国政治建设的重大理论研究取得丰硕成果

调研表明,"十一五"期间,我国政治学对于涉及我国社会和政治发展指导思想以及意识形态的重要理论,对于推进国家治理和人民民主发展进程的重要理论展开积极认真的理论阐述和探讨,由此形成了较为丰硕的成果。

党的十七大报告指出:"改革开放以来我们取得一切成绩和进步的根本原因,归结起来就是:开辟了中国特色社会主义道路,形成了中国特色社会主义理论体系。高举中国特色社会主义伟大旗帜,最根本的就是要坚持这条道路和这个理论

① 陈明明:《共和国制度成长的政治基础》,《复旦政治学评论(第七辑)》,上海人民出版社,2009年;曹峰旗:《虚幻与批判:马克思恩格斯资本主义政治制度理论研究》,浙江大学出版社,2008年;杨光斌:《制度变迁与国家治理:中国政治发展研究》,人民出版社,2006年;徐红等:《比较政治制度》,同济大学出版社,2009年。

② 王达梅、张文礼:《公共政策分析的理论与方法》,南开大学出版社,2009年;王乐夫、蔡立辉:《公共管理学》,中国人民大学出版社,2008年;娄成武、魏淑艳:《现代管理学原理(第二版)》,中国人民大学出版社,2008年;牟杰、杨诚虎:《公共政策评估:理论与方法》,中国社会科学出版社,2006年;胡宁生:《现代公共政策学:公共政策的整体透视》,中央编译出版社,2007年;胡宁生:《公共部门绩效评估》,复旦大学出版社,2008年;张骏生:《公共政策的有效执行》,清华大学出版社,2006年;莫勇波:《公共政策执行中的政府执行力问题研究》,中国社会科学出版社,2008年;谢炜:《中国公共政策执行中的利益关系研究》,学林出版社,2009年;袁明旭:《官僚制视野下当代中国公共政策冲突研究》,中国社会科学出版社,2009年。

③ 高鹏程:《政治利益分析》,社会科学文献出版社,2009年。

体系。"①因此,关于中国政治发展指导思想和意识形态的政治学理论研究,首先集中体现在对于中国特色社会主义政治理论研究和相关认知方面,这方面的理论研究成为"十一五"期间政治学研究的重要内容,政治学者围绕这一内容展开了多方面阐述。②

坚持中国特色社会主义道路和理论体系,既涉及中国社会发展的根本方向和道路选择,又涉及中国社会政治发展的重大理论是非和意识形态。这些理论是非集中体现在"为什么必须坚持马克思主义在意识形态领域的指导地位,而不能搞指导思想的多元化;为什么只有社会主义才能救中国,只有中国特色社会主义才能发展中国,而不能搞民主社会主义和资本主义;为什么必须坚持人民代表大会制度,而不能搞'三权分立';为什么必须坚持中国共产党领导的多党合作和政治协商制度,而不能搞西方的多党制;为什么必须坚持公有制为主体、多种所有制经济共同发展的基本经济制度,而不能搞私有化和单一的公有制;为什么必须坚持改革开放不动摇,而不能走回头路"等重大问题上。因此,关于中国政治发展指导思想和意识形态的政治学理论研究,集中体现在对于这些问题的理论研究上。政治学学者着力从中国政治社会和经济基础、政治形态、政治历史发展、政治价值等角度,阐述了必须坚持人民代表大会制度,不能搞"三权分立";必须坚持中国共产党领导的多党合作和政治协商制度,而不能搞西方的多党制等重大理论问题。③

关于中国政治发展指导思想和意识形态的政治学理论研究,还体现在对社会政治的核心价值、基本含义、根本属性、社会基础和历史基础的讨论上。"十一五"期间,政治学者围绕民主、人权、公平、正义等政治核心价值展开研究,包括对于这些政治核心价值的"普世性"问题展开了广泛深入的讨论,深化了对其历史性、阶级性、实践性的认识,实现了思想理论的科学创新。④

与此同时,政治学者围绕我国政治建设的重点和热点理论问题展开研究,其主

---

　　①　胡锦涛:《高举中国特色社会主义伟大旗帜　为夺取全面建设小康社会新胜利而奋斗——在中国共产党第十七次全国代表大会上的报告》,2007年10月15日。

　　②　俞可平:《中国政治发展30年(1978—2008)》,重庆出版集团、重庆出版社,2009年;史正富:《30年与60年:中国的改革与发展》,格致出版社、上海人民出版社,2009年。

　　③　曹长盛:《始终坚持马克思主义在意识形态领域的指导地位——改革开放以来社会主义意识形态的巩固和发展》,《北京大学学报》(哲学社会科学版),2009年第1期;赵宝云、李逢彦:《"三权分立"制度的嬗变及其制度弊端——兼论人民代表大会制度的制度优势》,《毛泽东邓小平理论研究》,2010年第4期;仝华:《我国人民代表大会制度的坚持和完善》,《北京交通大学学报》(社会科学版),2009年第4期;秋石:《为什么必须坚持中国共产党领导的多党合作和政治协商制度,而不能搞西方的多党制》,《求是》,2009年第4期;叶庆丰:《中国特色社会主义重大问题深度解析》,人民出版社,2008年;秦刚:《中国特色社会主义理论体系》,中共中央党校出版社,2008年;学习参考编写组编:《六个"为什么":对几个重大问题的回答》,中央编译出版社,2009年。

　　④　李慎明:《关于民主与普世民主的相关思考》,《马克思主义研究》,2009年第6期;李慎明:《关于民主与普世民主的相关思考》,《马克思主义研究(续)》,2009年第7期;俞可平:《马克思论民主的一般概念、普遍价值和共同形式》,《马克思主义与现实》,2007年第6期;俞可平:《民主是共和国的生命》,《人民论坛》,2007年第11期。

要体现在：

第一，对于我国政治现象的发展变化进行理论研究，比如对于中国共产党阶级属性与人民属性的关系理论阐释、中国共产党领导的多党合作与政治协商制度的协商民主理论解读、对于从以革命为主要任务的政党向以建设为主要任务的执政党转变的理论分析，对于人民代表大会制度的政体特征和民主意义的阐述，对于新时期统一战线的定性和功能定位的研究，对于村民自治与国家治理关系的理论分析等等。①

第二，对于我国政治发展面临的重大现实问题展开理论研究，比如科学发展观的政治学研究，党的领导、人民民主与依法治国有机结合的政治理论基础，社会主义公平正义、自由平等理论，社会主义民主与法治的关系及其付诸实施的优先性问题的理论探讨，社会主义和谐社会建设的政治和谐与和谐政治的理论研究，关于社会主义政治文明建设的理论，关于我国协商民主、参与民主、基层民主、党内民主、法治民主的理论研究②，我国国家治理与人民民主政治关系的理论研究，执政党执政方式、执政能力和执政规律理论研究，政治稳定与政治发展研究，政府职能全面转变、服务型政府、责任政府、法治政府理论研究等。③

第三，对于我国政治发展和治理发展经验的回顾性和经验性分析概括。政治学学者对于我国政治发展，尤其是改革开放以来中国政治发展的历史进程进行总结回顾，并且试图在此基础上，根据中国政治的内在逻辑和实然路径，建构中国特色政治学、中国特色行政管理学理论。其主要体现在关于中国政治发展道路的理论概括④，关于中国式民主的理论研究⑤，关于中国特色政党制度与政治协商制度

---

① 何包钢：《协商民主：理论方法和实践》，中国社会科学出版社，2008年；周淑真：《政党和政党制度比较研究》，人民出版社，2007年；杨绪盟：《中国特色政党制度的结构与价值》，中共中央党校出版社，2007年；中央社会主义学院中国政党制度研究中心：《中国特色政党制度理论研究》，时事出版社，2010年；陈斯喜：《人民代表大会制度概论》，中国民主法制出版社，2008年；张平夫：《人民政协概论》，中央编译出版社，2008年；李小宁：《统一战线新论》，中央编译出版社，2007年；张铭、王迅：《基层治理模式转型：杨村个案研究》，社会科学文献出版社，2008年；张静：《基层政权：乡村制度诸问题（增订本）》，上海人民出版社，2007年。

② 高建、佟德志："中国民主丛书"，天津人民出版社，2010年。

③ 陈国权等：《责任政府：从权力本位到责任本位》，浙江大学出版社，2009年；李军鹏：《责任政府与政府问责制》，人民出版社，2009年；王邦佐等：《执政党与社会整合：中国共产党与新中国社会整合实例分析》，上海人民出版社，2007年；杨绍华：《科学执政 民主执政 依法执政——中国共产党执政方式问题研究》，人民出版社，2008年。

④ 中央社会主义学院、北京社会主义学院：《坚持走中国特色社会主义政治发展道路研究》，中央编译出版社，2007年。

⑤ 陈刚、朱海英、付小刚、刘伟：《中国式民主国际研讨会综述》，《武汉大学学报》（人文科学版），2010年第1期。

理论阐述①,关于中国模式的理论概括②,中国特色的行政管理理论③,中国公共政策理论④,中国基层政治与治理⑤,中国民族关系构建与政治整合理论⑥,关于中国特色政府与市场关系的理论建构⑦,关于中国社会转型与政治发展的理论概括⑧等方面。

二、现实对策研究得到扩展强化

"十一五"期间,我国政治学的现实对策性研究相当活跃,政治学经世致用之学的现实性特色逐步显现。从各类课题构成和学术成果来看,现实对策研究构成"十一五"期间政治学研究的主要内容,占各类项目立项总数近八成。

调研显示,"十一五"期间我国政治学对于现实问题的研究范围和层面得到很大拓展,研究数量迅速增加,研究质量逐步提升,其具体体现为：

(一)现实对策研究紧密围绕我国政治建设和发展的重大课题展开

"十一五"期间,我国政治学的现实对策研究趋于围绕我国治国理政与人民民主政治发展的重大现实问题研究。这些现实重大问题研究主要包括：

第一,中国特色社会主义政治建设的重大战略问题研究,比如构建社会主义和谐社会与中国特色社会主义民主政治建设研究,科学发展观与社会主义民主的制度化、规范化、程序化研究,提高党的执政能力与学习型政党建设研究,民主执政、科学执政、依法执政的实现途径和机制研究,中国共产党党内民主的制度建设研究,人民政协与中国特色社会主义民主政治研究,完善我国民主党派参政议政制度

---

① 张作祖:《中国特色政党制度概论》,新疆人民出版社,2007年；杨绪盟:《中国特色政党制度的结构与价值》,中共中央党校出版社,2007年；陈家刚:《协商民主与当代中国政治》,中国人民大学出版社,2009年；黄福寿:《中国协商政治发生与演变逻辑》,上海人民出版社,2009年。

② 潘维:《中国模式：解读人民共和国的60年》,中央编译出版社,2009年；俞可平、黄平等:《中国模式与"北京共识"：超越"华盛顿共识"》,社会科学文献出版社,2006年。

③ 苏宁等:《浦东之路——政府制度创新经验与展望》,上海人民出版社,2010年；吴爱明、刘文杰著:《政府改革：中国行政改革模式与经验》,新华出版社,2010年。

④ 陈庆云:《公共政策分析》,北京大学出版社,2006年4月；陈庆云、鄞益奋:《文化差异：地方行政改革研究的新视角》,《中国行政管理》,2008年第8期。

⑤ 唐晓腾:《基层民主选举与农村社会重构：转型期中国乡村治理的实证研究》,社会科学文献出版社,2007年；袁方成:《跨越：咸安改革与中国农村基层治理的转型》,华中师范大学出版社,2009年。

⑥ 杨顺清:《中国少数民族政治关系分析》,云南出版集团公司、云南人民出版社,2008年；金炳镐:《中国民族自治区的民族关系》,中央民族大学出版社,2006年；高韫芳:《当代中国中央与民族自治地方政府关系研究》,人民出版社,2009年；吴新叶:《转型农村的政治空间研究》,中央编译出版社,2008年。

⑦ 管斌:《混沌与秩序：市场化政府经济行为的中国式建构》,北京大学出版社,2010年；汪自成:《市场经济与政府规制论服务型政府的合法性》,吉林大学出版社,2008年；马力宏:《政府与市场关系的浙江模式——浙江30年变化的一个分析视角》,《中国行政管理》,2008年第12期。

⑧ 佟玉华、马继东、徐琦:《社会转型期政治发展与民主政治建设》,中国社会科学出版社,2009年；李笃武:《政治发展与社会稳定：转型时期中国社会稳定问题研究》,学林出版社,2006年；许和隆:《冲突与互动：转型社会政治发展中的制度与文化》,中山大学出版社,2007年。

研究,中国特色的人权模式研究,反对民族分裂势力、维护国家统一与民族团结研究,多民族国家的国家认同机制研究,"一国两制"和祖国统一问题研究等等。①

　　第二,我国治国理政的重要实际问题研究,比如加强党的执政能力的制度途径建设研究;科学执政、民主执政、依法执政研究;执政能力的评价指标研究;我国服务型政府建设的战略和路径,服务型政府建设中的中央与地方关系研究;中国地方政府创新研究;②和谐社会公共管理模式构建研究;治理和善治理论和制度研究;我国生态建设的政府职能与公共治理研究;建设创新型国家的政府职能和管理体制研究;我国政府管理公共资源体制改革研究;政府管理民间组织的理论与实践研究;民族地区治理模式与民族政策研究;以优良党风促政风带民风机制研究;反腐败的权力监控体制和监督指标研究;依法规范政府的职能与权限研究;治理社会群体性事件的制度机制与途径方法研究;应急管理理论与机制研究;政务公开制度研究;改革和完善决策机制研究;电子政务与政府管理方式创新研究;政府绩效考评

---

　　① 张互桂:《社会主义民主政治发展论》,江西人民出版社,2009 年;郭丹、涂秋生:《新时期社会主义民主政治的理论与实践》,四川人民出版社,2008 年;李俊、蔡宇宏:《面向新世纪的民主政治建设:中国共产党发展社会主义民主政治能力研究》,四川大学出版社,2009 年;杨爱民:《中国社会主义基层民主政治建设研究》,河北大学出版社,2007 年;高新民、邹庆国:《党内民主研究——兼谈民主执政》,青岛出版社,2007 年;杨德山、苏海舟:《中国共产党与当代中国民主政治建设》,中共党史出版社,2008 年;高建、佟德志:《党内民主》,天津人民出版社,2010 年;王建国、李会滨:《新时期党内民主建设研究》,中国社会科学出版社,2008 年;肖立辉:《中国共产党党内民主建设研究》,重庆出版社,2006 年;任水才:《邓小平党内民主思想研究》,中国社会科学出版社,2007 年;陈冬生:《中国政治的民主抉择:党内民主与政治文明》,江西高校出版社,2006 年;李步云:《论人权》,社会科学文献出版社,2010 年;陈超、国家民委民族问题研究中心:《新疆的分裂与反分裂斗争》,民族出版社,2009 年;王英津:《国家统一模式研究》,九州出版社,2008 年;陈建樾、周竞红:《族际政治在多民族国家的理论与实践》,社会科学文献出版社,2010 年;岳天明:《政治合法性问题研究:基于多民族国家的政治社会学分析》,中国社会科学出版社,2006 年。
　　② 2001 年开展了首届"中国地方政府创新奖"评选和奖励活动,在 320 多个地市(含)以下地方政府的创新项目中,评选出了 10 名优胜奖和 10 名提名奖。2003 年,进行第二届"中国地方政府创新奖"的评选活动,共有 245 个地方政府创新项目参与申请。经过严格的评选、筛选,最终选拔出了优胜奖 10 名,提名奖 5 名,鼓励奖 3 名。2005 年进行了第三届评选,共有 283 个地方政府创新项目申请,最终选拔出优胜奖 10 名,提名奖 14 名,组委会奖 1 名。2007 年进行的第四届评选,共收到 337 个申报项目,最终选拔出优胜奖 10 名,提名奖 9 名,最具责任感地方政府创新奖 1 名。2009 年进行了第五届评选,共收到 358 个申报项目,最终选拔出优胜奖 10 名,入围奖 20 名。详情浏览北京大学中国地方政府创新中心的中国政府创新网,http://www.chinainnovations.org/。

体系研究；行政成本与行政效率研究；社会资本与政府信用理论与实践研究等等。①

值得指出的是，"十一五"期间，我国政治学对于基层政治与治理的研究相当活跃和丰富，比如我国基层民主实践中的民主机制及其制度环境研究，基层国家与社会的矛盾平衡，乡村关系和村民自治中的"两委"关系等问题；国家宏观政策转型下的基层政治与治理研究，尤其是政治转型中的国家整合问题研究；城乡二元结构对基层政治与治理的影响分析、城乡社区治理研究、新农村建设下的基层民主与治理、城镇化过程中农民权益和农民工研究等等。②

第三，我国改革开放与民主政治建设的重大现实问题研究，比如中国政治体制改革与民主；政治发展，包括完善我国的人民代表大会制度研究；关于我国国家和政府组织的民主集中制及其完善研究；关于中国行政管理体制改革战略和内容研究；关于完善我国的政治协商制度研究；关于我国政府决策的科学化和民主化研究，我国政府公共政策执行和评估机制研究，包括中国政府公共政策执行的研究，中国政府公共政策评估机制研究；我国公民有序政治参与研究；城乡人民代表大会选举制度与我国公民选举权研究；省直管县（市）体制的探索研究；领导干部公推直选的模式和操作程序研究；行政审批制度改革研究；户籍制度改革研究；责任政府与问责制度研究；事业单位改革研究；互联网与廉政建设研究；国家公务员制度改革研究；中央与地方政府大部制与机构改革研究；节约型政府与行政成本研究；服务型政府建设与政府规模和编制改革研究；我国预算管理制度改革与法治政府、责任政府和廉洁政府建设研究；政府绩效管理改革研究；提高政府行政管理制度执行力与政府效能研究；城市社会管理体制改革与城市治理研究；农村产权制度和政策

14

---

① 黄宗良、黄南平：《党的执政能力与政治文明》，上海人民出版社，2008年；丁晓强等：《加强党的执政能力建设研究》，中国人民大学出版社，2009年；游劝荣：《依法执政视野下中国共产党的地方组织与地方国家权力机关之间相互关系运行机制研究》，法律出版社，2008年；杨绍华：《科学执政民主执政依法执政：中国共产党执政方式问题研究》，人民出版社，2008年；詹福满：《论科学执政、民主执政、依法执政（全3册）》，人民出版社，2006年；朱光磊：《中国政府发展研究报告（第2辑）：服务型政府建设》，中国人民大学出版社，2010年；高小平、王立平：《服务型政府导论》，人民出版社，2009年；盛明科：《服务型政府绩效评估体系构建与制度安排研究》，湘潭大学出版社，2009年；孟继民：《资源型政府：公共管理的新模式》，中国人民大学出版社，2008年；陈广胜：《走向善治：中国地方政府的模式创新》，浙江大学，2007年；张文台、陈寿朋、徐伟新：《生态文明建设论：领导干部需要把握的十个基本体系》，中共中央党校出版社，2010年；张克中：《社会资本：中国经济转型与发展的新视角》，人民出版社，2010年；燕继荣：《投资社会资本：政治发展的一种新维度》，北京大学出版社，2006年。

② 朱伟：《有序：党内基层民主科学发展论》，中共中央党校出版社，2009年；王勇兵、陈方勐：《党内民主的制度创新与路径选择：基于基层和地方党内民主试点的实证研究》，中央编译出版社，2010年；陈瑞莲：《破解城乡二元结构：基于广东的实证分析》，社会科学文献出版社，2008年；李小云、左停：《中国农民权益保护研究》，社会科学文献出版社，2007年。

变化与乡村治理研究等等。[1]

（二）现实对策研究形成"问题导向"特点

"十一五"期间，我国政治学现实研究的问题意识明显加强，学术研究从学科专业、研究领域导向逐步转向"问题导向"。在这其中，政治权威决策力、执行力与治理效能、政策执行阻滞问题，政府公信力与公民认同及其政治合法性问题，政治权力运行制度化与公民政治权利实现要求的问题，政治稳定与群体性事件问题，政府公共性与部门、区域、地方利益问题，政治制度机制建设与文化价值建设问题，公共治理政府、市场、社会组织等不同机制合理分离与合理结合问题，政治权力与不同的社会群体的关系及其社会主义公平正义实现的机制和政策问题，政府权力体系与社会自治的关系问题，中国共产党能力提高、组织干部体制和执政方式转变问题，选举民主与协商民主的关系和实现机制问题，两岸关系和平发展背景下台湾参与国际组织问题等等，成为政治学研究的课题，从而使得政治学研究主题选择的学术规范性得以提升。

与现实对策研究"问题导向"特点相对应，根据现实问题研究形成的政策建议不断形成。因此，"十一五"期间若干成果直接形成了相关政策分析报告和建议。

（三）现实对策研究范围得到扩展拓宽

"十一五"期间，我国政治学现实对策研究的范围得到很大拓展，从研究课题和相关成果涉及的主题和内容来看，政治学现实对策研究在研究层次上广及宏观、中观和微观政治。在宏观层次，比如关于经济全球化与全球治理，国家宏观政治战略及其实施，国家宏观制度和机制运行及其完善改革，中央与地方的关系，民族政治与国家结构等。在中观层次，比如干部人事制度改革，中国政治过程，公共政策过程和评估，地方政府与地方治理，区域公共管理，基层组织与治理。在微观层次，比如公民人格和心理研究，个体政治行为选择，政治生活中的冲突与合作，群体性事件，具体的公共政策事件。

---

[1] 苗佳瑛：《民主集中制研究》，北京日报报业集团、同心出版社，2009 年；唐铁汉等：《中国行政管理体制改革战略研究》，国家行政学院出版社，2009 年；魏礼群、韩康：《转变政府职能，推进行政管理创新》，国家行政学院出版社，2009 年；陈哲夫：《中国行政管理体制改革》，红旗出版社，2009 年；李金河、徐锋：《当代中国公众政治参与和决策科学化》，人民出版社，2009 年；李允杰、丘昌泰：《政策执行与评估》，北京大学出版社，2008 年；张骏生：《公共政策的有效执行》，清华大学出版社，2006 年；贠杰、杨诚虎：《公共政策评估：理论与方法》，中国社会科学出版社，2006 年；魏星河等：《当代中国公民有序政治参与研究》，人民出版社，2007 年；王维国：《公民有序政治参与的途径》，人民出版社，2007 年；张占斌、唐铁汉：《省直管县体制改革的实践创新》，国家行政学院出版社，2009 年；丁茂战、唐兵兵：《我国政府行政审批治理制度改革研究》，中国经济出版社，2006 年；廖扬丽：《政府的自我革命：中国行政审批制度改革研究》，法律出版社，2006 年；周亚越：《行政问责制比较研究》，中国检察出版社，2008 年；扈立家：《中国户籍制度创新与农村城市化研究》，西北农林科技大学出版社，2009 年；左然：《中国现代事业制度建构纲要：事业单位改革的方向目标模式及路径选择》，商务印书馆，2009 年；苏海南、杨燕绥：《中国公务员福利制度改革》，中国财政经济出版社，2008 年；李成言：《廉政工程：制度政策与技术》，北京大学出版社，2006 年；许正中、张更华、唐铁汉：《降低和优化政府成本》，国家行政学院出版社，2008 年；夏书章：《行政成本概论》，中山大学出版社，2009 年；范柏乃：《政府绩效评估与管理》，复旦大学出版社，2007 年；等等。

在研究领域方面,我国政治学现实对策研究涉及政府政治和非政府政治。在政府政治方面,研究涉及政府的职能、结构、层级、机制、职位、规范、价值、人事、资源、治理、行为,人民代表大会制度,司法系统运行和管理。在非政府政治方面,研究首先涉及政党政治,比如不同政党政治和政党制度的比较,中国民主党派和统一战线研究。同时,研究涉及非政府政治和社会成员的社会行为,比如非政府组织的运行和功能研究,社会组织的管理研究,志愿者特点和公共服务功能的研究。[①]

公共管理与公共政策研究是"十一五"期间我国政治学现实对策研究涉及主题和内容最为宽泛的领域。其学术研究不再限于传统的国家政治、政府行政管理范围,而是广及教育、科学、文化、卫生、社会政策以及生态、环境保护政策等广泛范围和领域,成为内容最为广泛、学科跨度最大的研究领域。

政治学研究领域拓展的另一特点是,我国政治学的现实研究在涉及中国政治研究的同时,也指向比较政治和他国政治研究领域。或者换言之,"十一五"期间,比较政治与他国政治研究也具有现实研究和政策研究的特点。

在分析层面上,研究涉及政治的制度、机制、规则层面,政治研究的权力层面、权利层面、文化层面、价值层面、规范理念层面、政策方针层面等,由此使得政治学现实研究呈现多层面、多侧面的研究状况。在分析形态上,政治学研究涉及静态政治,也逐步深入涉及包括政治过程、政策过程、政治行为、政治发展等动态政治,从而使得政治学研究广泛涉及多种政治形态。

在分析对象上,"十一五"期间政治学研究的明显变化在于,学术研究不仅涉及真实行为的政治世界、制度的政治世界、观念的政治世界,而且涉及虚拟的政治世界,包括网络世界的政治、网络对于政治的影响、网络治理与网络民主、网络与国家政治安全等。随着高科技的发展和网络虚拟世界的发展,政治学研究指向物联网、云计算背景下的虚拟世界公共生活指日可待,高科技发展形成的更大的虚拟公共生活和治理,会使得政治学研究对象进一步发生相应变化。

(四)现实对策研究的角度途径趋于多样

从分析框架来看,政治学研究从制度关注,发展形成制度与文化、价值相互关系的分析框架;从政治生活的研究,扩展形成政治与社会、国家与公民的互动分析模式;从政治建设的单一关注,发展形成政治建设与经济建设、社会建设、文化建设、生态建设、党的建设相互作用的结构性视角;从民主的单一价值分析和阐述,到多种公共价值如人权、公平、正义、自由、平等、效率、共和等多重价值的价值体系及其均衡的眼光。

从分析路径来看,政治学研究逐步趋向于从现实出发,总结、归纳、分析和解决

① 高鹏怀:《比较政党与政党政治》,知识产权出版社,2008年;王佐书:《论中国民主党派的政治交接》,人民出版社,2007年;叶常林、许克祥、虞维华:《非政府组织前沿问题研究》,中国科学技术大学出版社,2009年;吴新叶:《农村基层非政府公共组织研究》,北京大学出版社,2006年;若弘:《中国NGO:非政府组织在中国》,人民出版社,2010年;北京志愿者协会:《志愿组织建设与管理》,中国国际广播出版社,2006年。

问题,尤其着眼于从案例分析和研究入手,提炼和建构理论,从典型案例研究和分析出发,上升到一般性和普遍性理论阐述和验证;从预设的逻辑前提裁剪现实政治,转向根据现实研究形成理论逻辑结论;着眼于社会政治生活和政府管理实践,展开现实问题研究,从中提炼和验证政治学新观念,比如民主恳谈理论、民主治理的观念、城市社区管理理论、村民自治与基层民主建设理念、政府创新观念、政府绩效评估和指标体系、中国政府治理指标体系等等。

从分析视角来看,政治学在研究中采用了多种视角,比如政治历史的角度研究制度变迁,从社会资本的角度研究农村治理,从税收财政以及农村经济视角研究基层治理研究,如此等等。

三、基础学术研究趋向深化细化

"十一五"期间,我国政治学的基础学术研究呈现深化和细化的态势,取得了较为丰富的成就,主要体现在:

(一)基础学术研究呈现深化细化特点

"十一五"期间,这方面的学术发展主要集中在中西政治思想研究、中外政治与行政制度研究方面。

在中西方政治思想研究方面,"十一五"期间学术研究视域扩大,研究方法整合和创新,研究内容逐步深化。同时,其重要的特点是学术研究受到现实政治发展的辐射性影响,与现实政治重要命题形成显性或潜性的关联性,从而使得学术研究具有时代性和实践性意蕴。

"十一五"期间,中国政治思想史的学术研究内容主要集中在以下方面:中国政治思想史通论研究,包括中国政治思想史上重大流派的研究、中国政治思想史研究方法的研究、统治者治国策略的研究、政治人物个人政治思想及其著作、政治思想的专题性研究以及关于重要政治命题、政治范畴、政治概念的研究。断代政治思想研究,包括先秦、秦汉、魏晋南北朝、隋唐五代、宋元明、清朝、民国政治思想。特定人物政治思想研究,涉及自古及今有代表性的政治思想家。①

中国政治哲学研究,包括从宏观上整体把握中国传统政治哲学的内容、特点以及发展进程;专题研究即断代、流派与人物研究,比如儒家思想及其专题研究、新儒家思想研究,特别是儒家思想的现代化问题研究,道家、法家、墨家、兵家、阴阳家等思想研究;中国传统治国思想、和谐社会思想、民族思想、人性思想、法治与德治思

---

① 刘泽华等:《思想的门径:中国政治思想史研究方法论》,天津古籍出版社,2006年;陆建华:《先秦诸子礼学研究》,人民出版社,2008年;成臻铭:《清代土司研究——一种政治文化的历史人类学观察》,中国社会科学出版社,2008年;李存光:《儒家式政治文明及其现代转向》,中国政法大学出版社,2006年;宇培峰:《新儒学新儒家及其政治法律思想研究》,中国政法大学出版社,2006年;周炽成:《荀韩:人性论与社会历史哲学》,中山大学出版社,2009年;李剑宏:《王权论》,社会科学文献出版社,2009年。

想、伦理道德思想、权术思想、王权思想、民本和民主思想研究。①

中国政治文化研究，主要关注中国古代或近代政治文化演进、性质、特点、结构等整体性的成果；中国传统"官文化"研究；对中国古代、近代或国外知识分子的政治文化观研究；对儒家思想的政治文化及其与中国现代文化关系的探讨；对中国传统道德伦理的政治文化的解读；研究中国政治文化从传统向现代，或是从近代向现代的转型问题；在讨论中国文化的大背景下涉及中国政治文化研究；对某一时期的某一现象或制度的政治文化分析。②

中西政治思想比较研究，学者从不同层面、不同视角对中西政治思想进行比较，以探究中西政治文化的差异与互参，取得一定成果。

"十一五"期间，西方政治思想研究的进展主要体现在：

西方政治思想在通史研究取得一定进展的基础上，专题研究取得积极进展。首先，开辟了新的专题研究，比如对于中世纪基督教政治哲学的研究。其次，扩展了西方政治思想研究的国家范围，从英、法、美等主要西方国家，扩展到对于澳大利亚、加拿大等国政治思想的研究。再次，在具体的代表人物的个案研究方面取得较为丰富的成果。其中，针对哈贝马斯的公共领域理论、罗尔斯的正义理论和阿伦特的政治哲学的研究专著尤为突出。最后，国内学者对西方主要思想流派的专题研究获得了积极进展，内容包括保守主义、浪漫主义、法团主义、多元文化主义等。

西方政治思想史研究在主题阐述和分析方面取得重要成就。其中包括中西政治思想比较，涉及中西政治思想研究学科地位的比较、中西政治思想哲学基础的比较和中西政治思想基本模式的比较；西方民主理论学说的批判解读，涉及民主形态历史演变的考察，在叙述西方民主理论历史发展的基础上，批判民主价值的局限性，对代议民主、多元民主、精英民主等流派开展了深入研究，其中有关参与式民主和协商民主理论及其借鉴价值成为讨论的热点；共和主义与自由主义的辩驳，涉及的首先是对共和主义传统的历史透视，其次是以自由主义为参照，系统论述共和主

---

① 比如教育部基金项目华东师范大学陈赟的"中国古典思想中的政治正当性问题"，四川大学黄玉顺的"中国正义论传统的现代性研究"和厦门大学谢晓东的"儒家政治哲学的现代重构研究"。

② 这方面的国家社会科学基金项目、教育部社会科学研究项目，如吉林大学行政学院颜德如的"中国传统政治文明及其转型研究"，南开大学周恩来政府管理学院孙晓春的"中国传统的道义理念与当代政治文明建设"，中国政法大学丛日云的"传统政治文明与现代政治文明关系模式比较研究"，中共陕西省委党校办公室李向国的"'官本位'与'民本位'的政治文化学研究"，厦门大学台湾研究所刘国深的"台湾地区政治文化与政治参与"。教育部基金项目包括青岛大学钱国旗的"政治权力、文化统治与社会建设——中国古代的文化政策与社会发展"，扬州大学邓杰的"'忠孝礼义'的当代性研究与传播"，武夷学院董四代的"传统思想与中国特色社会主义的文化资源"，中国政法大学孙美堂的"中国传统价值观创新研究：以信仰和信念为中心"和济南大学张兵的"《洪范》与中国传统文化研究"。

义,特别是古典共和主义的基本内涵,讨论共和主义对自由主义的批判及其局限。①

中外政治制度研究"十一五"期间取得相当进展。研究主要集中在当代中外政治制度方面,其研究呈现总体制度研究与专项制度研究并行,国家制度研究与地方制度研究并行,制度研究与社会政治因素分析结合,制度研究与中外政治结合的特点。

在中国政治制度方面,"十一五"期间的研究相对集中在如下方面:第一,对于当代中国根本政治制度的总体论述,包括中国人民代表大会制度、中国共产党领导的多党合作与政治协商制度、民族区域自治制度和基层民主制度。这些论述主要涉及这些制度的根本原则、基本特征、价值取向、实际功能等等,阐述了我国社会主义根本政治制度的优越性和适切性。第二,对于专门制度的研究,包括中国人民代表大会制度的专项研究和相关专题研究,各级人民代表大会的选举制度和立法制度研究,国家主席制度研究,行政管理体制和政府机构、司法、检察和审判制度、政党和政治协商制度、军事和国防制度、民族区域自治制度、基层民主制度、干部人事制度、一国两制和特别行政区制度等等。第三,着力于地方政府制度创新和发展研究,包括地方治理与政府创新、地方政府机构改革、地方干部人事制度改革研究等等。第四,对于乡村和城市社区治理制度和自治制度发展变化的研究,这部分研究选题多样、成果较为丰富。②

值得指出的是,从历史发展的角度总结分析中国政治体制和行政管理体制改革,成为"十一五"期间研究的特定内容。政治学者在中国改革开放三十周年之际,回顾、总结和分析中国政治体制和行政管理体制改革的历史进程,以为中国政治发

---

① 唐士其:《西方政治思想史》,北京大学出版社,2008年;夏洞奇:《尘世的权威——奥古斯丁的社会政治思想》,上海三联书店,2007年;刘素民:《托马斯·阿奎那自然法思想研究》,人民出版社,2007年;杨洪贵:《澳大利亚多元文化主义研究》,西南交通大学出版社,2007年;李慎明:《关于民主和普世民主的思考》,《马克思主义研究》,2009年第6期;马德普:《价值问题的复杂性与"普世价值"概念的误导性》,《政治学研究》,2009年第1期;任剑涛:《特殊主义、普遍主义与现代性政治的认同——在中西政治文化之间的言说》,《江海学刊》,2007年第1期。

② 蔡定剑:《一个人大学者的探索》,武汉大学出版社,2007年;林泰:《我国国家主席制度探析》,《中共郑州市委党校学报》,2006年第3期;张创新:《中国现代政府行政制度比较研究》,吉林人民出版社,2006年;沈荣华、金海龙:《地方政府治理》,社会科学文献出版社,2006年;俞可平:《中国政府创新年度报告(2006):创建服务型政府》,中央文献出版社,2006年;俞可平:《和谐社会与政府创新》,社会科学文献出版社,2008年;俞可平:《中国地方政府创新案例研究报告(2005—2006)》,社会科学文献出版社,2007年;俞可平:《中国地方政府创新案例研究报告(2007—2008)》,社会科学文献出版社,2009年;俞可平:《科学发展观与政府创新》,社会科学文献出版社,2009年;陈广胜:《走向善治:中国地方政府的模式创新》,浙江大学出版社,2007年;石亚军:《中国行政管理体制现状问卷调查数据统计》,中国政法大学出版社,2008年;石亚军:《中国行政管理体制专项问卷调查数据统计》,中国政法大学出版社,2008年;石亚军:《中国行政管理体制实证研究:问卷调查数据分析》,中国政法大学出版社,2008年。

展和改革的借鉴。①

在外国政治制度方面，"十一五"期间的政治学研究主要集中如下方面：第一，关于外国政治制度的总体研究，包括对西方国家宪法、议会制度、行政制度、司法制度、选举制度、政党制度、社会参与和社会监督制度等方面的研究。同时，也有学者将西方国家政治制度视做一个整体，将西方国家政治制度、东亚国家政治制度与东亚社会主义国家政治制度进行比较研究。通过对西方国家与东亚国家在政治制度的生长环境、宪法制度、政党制度、选举制度、代议制度、行政制度和司法制度等方面不同的比较，揭示西方国家政治制度的特征。第二，对于国别政治制度的研究，包括对于美国、英国、法国、德国、日本等国家政治制度的研究。第三，对于专项政治制度的研究，主要涉及西方政党制度、议会制度、选举制度、司法制度。此外，还有对于西方国家结构制度比如联邦制等方面的研究。②

（二）基础学术研究的知识积累工作取得明显成绩

政治学者在这方面的努力主要集中在对于学术研究成果的系统汇集、对于既有政治学与行政学研究成果的整理出版、中国政治学年鉴的编辑出版等方面。

在学术研究和思想理论成就的汇集方面，首先，2009年《中国大百科全书》（第二版）的出版，政治学者付出了积极努力，以百科全书的形式再次显示了我国政治学研究的进展和成就。其次，商务印书馆选择我国近代以来包括政治学科在内的代表性著作，以中华学术名著的形式重新印行出版，显示了系统整理和积累我国政治学学术研究成果，梳理政治学科和学术研究发展历史脉络的努力。再次，《中国政治学年鉴》的连续编辑出版，既是对我国政治学科发展的总结，也是对我国政治学学术研究成就的积累，中国政治学年鉴编辑委员会连续编辑出版的《中国政治学年鉴（2002）》、《中国政治学年鉴（2003－2005）》、《中国政治学年鉴（2006－2008）》③，产生了广泛积极的影响，成为我国政治学科经常性总结文献。

---

①　魏礼群：《回顾与前瞻：中国行政管理体制改革30年》，中国言实出版社，2008年；周天勇：《中国行政体制改革30年》，格致出版社、上海人民出版社，2008年；杨海蛟主编：《回顾与展望：改革开放以来的中国政治发展》，人民出版社，2008年；虞崇胜、王维国主编：《改革30年中国政治发展：回顾、反思、展望》，武汉大学出版社，2009年；汪玉凯等：《中国行政体制改革30年回顾与展望》，人民出版社，2008年；周振鹤：《体国经野之道——中国行政区划沿革》，上海书店出版社，2009年；周光辉：《从管制转向服务：中国政府的管理革命——中国行政管理改革30年》，《吉林大学社会科学学报》，2008年第3期。

②　兰华：《西方政治制度比较研究》，山东人民出版社，2008年；黄秀丽：《美国政治基础》，北京大学出版社，2010年；李文良：《美国政府运行机制》，吉林大学出版社，2008年；张光、刁大明：《美国国会研究手册》，复旦大学出版社，2008年；李世安：《美国州宪法改革与州和地方政治体制发展》，人民出版社，2009年；聂露：《英国选举制度》，中国政法大学出版社，2006年；程汉大、李培锋：《英国司法制度史》，清华大学出版社，2007年；吴国庆：《法国政党与政党政治》，社会科学文献出版社，2008年；张伯玉：《日本政党制度政治生态分析》，世界知识出版社，2006年。

③　李景鹏、金安平、吴丕：《中国政治学年鉴（2002）》，中国大百科全书出版社，2003年；李景鹏、金安平、吴丕：《中国政治学年鉴（2003—2005）》，中国文联出版社，2006年；金安平、高鹏程：《中国政治学年鉴（2006－2008）》，中国文联出版社，2009年。

（三）学术发展回顾和思考趋向系统深入

学术发展回顾和思考方面的学术成就主要包括对学科学术研究的专项分析、对学科和学术发展史的研究、对学科学术理论的专门研究、关于学科学术发展的特定报告等。①

通过学术回顾性分析，形成学术自觉和学术意识，检讨学术发展得失，是我国政治学者强化学术研究的重要路径。"十一五"期间，这一路径成为准确把握和认识学科学术研究状况的重要方式。其间对政治学理论成就的总结、归纳和分析，对政治学发展状况和学术研究状况、行政管理学的学术研究状况、公共管理和公共政策等专门领域的发展和研究状况的分别分析，对政治学和行政管理学各研究领域和专题的综述性回顾，构成了"十一五"期间学术研究、知识积累和学术反思的重要内容。学术反思工作逐渐细化、深化，比如政治学者对于我国近年来政治学研究状况的反思，比如在公共行政学术研究方面，除了对不同来源的样本继续进行定量分析以外，还开始对公共行政学研究作者的成熟度进行文献计量学分析，反思公共行政学研究的基本定位，还有学者开始对近年来中国行政学研究的反思工作进行总结。②

2008 年是中国共产党十一届三中全会召开和我国改革开放三十周年。这一重要历史时机为政治学者系统回顾和反思我国新时期政治学研究演进和学术发展的过程提供了重要契机，由此形成了若干有分量的成果。2008 年，中国政治学会在湖北襄樊召开"回顾与展望：中国政治学与政治发展 30 年"研讨会，来自全国各地的代表 200 余人参加了会议，会议总结了改革开放 30 年来我国政治发展和政治学的进展，就我国政治建设和人民民主的发展、政治学的进一步深入发展展开热烈讨论，并提出了多方面积极建议。③ 同时，国家教育部社会科学委员会组织编写了《中国高校哲学社会科学发展报告 1978－2008（政治学）》④，俞可平发表了《中国政治学的进程：一个评论性的观察》，⑤等等。这些研究成果系统回顾我国新时期政治学的发展历程，揭示学科建设和学术发展的特点和规律，分析我国政治学学术发展中涉及政治学发展全局，贯穿于政治学发展全过程，规定着政治学的发展方向、

21

---

① 关于学科发展的年鉴和报告，如王邦佐、潘世伟：《二十世纪中国社会科学（政治学卷）》，上海人民出版社，2005 年；中国政治学年鉴编辑委员会编撰的《中国政治学年鉴》（2002）、（2003—2005）、（2006—2008）；关于学术发展报告，《中国高校哲学社会科学发展报告》自 2004 年启动，迄今已出版包括高校政治学学术研究在内的发展连续系列报告共 6 本，产生了广泛的积极的影响。

② 陈辉：《中国公共行政学研究的评估与反思》，《行政论坛》，2008 年第 6 期；郭薇、常健：《中国行政管理学研究作者成熟度的文献计量学分析》，《学海》，2008 年第 4 期。

③ 郑慧主编/李双胜副主编：《回顾与展望：改革开放以来的中国政治学与政治发展》，中国社会科学出版社，2010 年。

④ 王浦劬、周志忍、燕继荣、高鹏程：《中国高校哲学社会科学发展报告 1978—2008（政治学卷）》，广西师范大学出版社，2008 年。

⑤ 俞可平：《中国政治学的进程：一个评论性的观察》，《学术月刊》，2007 年第 11 期。

内容、领域和功能的基本关系，①资鉴我国政治学研究的未来继续进取和发展，从学术发展和学科发展的历史总结分析意义上深化了我国政治学学术研究的理论和知识基础。

国家教育部社会科学委员会组织编撰的《中国高校哲学社会科学发展报告》和《国外高校哲学社会科学发展报告》，对高校系统的哲学社会科学学术研究进行年度性总结分析。其中对于中国高校政治学学术研究状况的年度分析，以年度为单位，已经持续六年，形成了广泛积极的影响，为我国政治学研究积累了学术基础，提供了权威性参考。对于国外高校政治学学术研究状况的分析阐述开展了两年，逐步成为我国政治学研究了解国外政治学研究的学术窗口。

（四）学术研究基础建设得到积极推进

我国政治学学术研究平台建设取得积极进展，作为马克思主义理论研究与建设工程的研究中心和研究基地建设取得很大成就。中国政治学研究所、中共中央编译局当代马克思主义研究所等单位，成为马克思主义理论研究和建设工程政治学研究的重要依托单位。作为教育部人文社会科学研究基地的北京大学政治发展与政府管理研究所、中山大学行政管理研究中心的建设取得重要成就，成为凝聚学术研究力量、产出高水平学术研究成果的重要机构。

我国政治学实证研究和调查的资料库和数据库研究取得相当进展，具有代表性的如北京大学中国国情研究中心的中国政治、公共政策和公民意识的实证调查数据的积累，华中师范大学政治学研究院的农村基层政权和乡村政治资料库建设，清华大学公共管理中国公共管理案例库的建设。我国决策模拟建设取得重要进展，具有代表性的如华中科技大学建设了大规模高科技公共决策模拟系统。此外，还有若干高校和科研机构展开了中国政治、中国公共管理和公共政策的案例库、数据库的建设。

在网络和网站建设方面，天津师范大学"政治文化研究网"、复旦大学"思想史研究中心"、华东师范大学"思与文"等学术网站，通过发布学术信息、共享学术资源，逐渐成为学者相互交流的智能平台。

在兴办、出版和发行杂志或者定期研究报告方面，有复旦大学国际关系与公共事务学院编辑出版的《复旦政治学评论》，中国人民大学公共管理学院主办的《公共管理与政策评论》，中山大学行政管理学研究中心主办的《公共行政评论》，哈尔滨工业大学主办的《公共管理学报》，深圳大学当代中国政治研究所的《当代中国政治研究报告》，汕头大学地方政府研究所的《地方政府发展系列研究报告》，等等。

---

① 基本关系包括：政治实践的关系，政治学研究的政治性与学术性的关系，政治学研究的一般性和特殊性的关系，政治学研究中吸收与创新的关系，政治学研究的数量与质量的关系，政治学研究方法的科学性与多样性的关系，政治学基础研究与应用研究的关系，政治学研究本土化与国际化的关系等。另外可参见：林尚立：《相互给予：政治学在中国发展中的作为——中国政治学 30 年发展的反思》，《山西大学学报：哲学社会科学版》，2008 年第 3 期。

四、学科交叉研究取得新的进展

"十一五"期间,我国政治学交叉学科在前期发展的基础上得到进一步发展,使得政治学在交叉学科形成和发展基础上连续产生创新性课题。不仅开拓了学术研究的新领域,形成了学术研究的新视角和新内容,而且提高了政治学研究的科学性,形成了开拓性和创新性成果。

调研显示,"十一五"期间,我国政治学与社会学、经济学、心理学、生态学以及科学技术等学科的交叉作用与相互融合,使政治学交叉学科意义上的学术研究与学科建设取得了很大进展,其具体体现在:

(一)民族政治学成为政治学研究的重要专业领域

"十一五"期间,民族政治研究得到迅速发展,研究项目和成果大幅度增加,研究水平不断提高,学术影响逐步扩大。至今,民族政治学已经成为我国政治学的重要学科专业、研究领域和新的学术研究生长点。

调研显示,"十一五"期间,民族政治学的学术研究及其成果主要集中在:①民族政治学理论研究,其学术努力主要在于民族政治学理论体系的构建和民族政治学基本范畴和基础理论研究。②全球化视野下的民族国家研究,包括民族国家的性质和特点研究、全球化与民族国家研究、超国家联盟对民族国家和民族国家体系的影响研究。③族际政治与族群政治研究,包括族际政治形态的条件和影响研究、族际政治整合研究、多民族国家的族际政治治理问题研究、族群政治问题研究,涉及族群的族性、族格和族群权利保护的研究。④民族主义研究,包括民族主义现象研究、民族主义对国家政治和国际政治的影响研究、关于民族主义的国别研究。⑤中国民族国家建设的理论与实践研究,包括中国的民族国家构建问题研究、中国的民族国家建设问题研究、中国的国族(即中华民族)建设问题研究,涉及国家认同建设、中华民族认同建设和民族认同与国家认同关系问题的研究。⑥中国民族政治问题研究,包括社会转型期间我国民族政治问题的现状、性质和特点、边疆多民族地区的利益分化与少数民族的政治参与问题、民族意识的增强及其与国家意识的关系、边疆多民族地区的政治发展与政治稳定、国内民族问题的政治解决方式,以及少数民族问题的"去政治化"研究等。⑦民族政策研究,包括民族政策的价值取向研究、新中国成立以来民族政策与民族关系的互动与调适问题研究、民族政策的国际比较研究。⑧民族自治地方政府和治理研究,包括民族自治地方政府在我国地方政府体系中的地位,以及民族自治地方政府的性质和特点问题,民族自治地方的政府管理、改革和建设研究,边疆治理问题研究。⑨国外民族政治问题研究,包括对前苏联东欧国家、东南亚、非洲、欧洲国家的民族问题及其影响问题研究。[①]

（二）政治社会学研究取得积极进展

在"十一五"期间,随着我国社会主义建设的不断推进,随着社会管理内容的不断复杂化和社会管理体制改革的深化,政治社会学的学术研究及其成果成为我国社会建设、公共治理、公共服务和基层民主建设的重要依据,由此推动相关研究逐步发展。从"十一五"研究情况看,我国政治社会学学术研究的课题和领域主要包括:

①公民社会理论与实践研究,其研究重心由理论阐述逐步转向对现实的关照,研究视角由宏观归纳逐步转向微观分析,研究内容由以西方公民社会为核心逐步转变探讨多种社会模式的公民社会类型,并且逐步开始公民社会研究本土化、实证化和多元化的研究。②社会资本与地方治理研究,侧重点在于社会资本对于中国政治发展的意义研究,以社会资本为视角分析当代中国基层民主与公民政治参与的研究,特定地区社会资本的结构、功能及其在社会治理模式变迁中的演变的研究,以社会资本为分析视角探讨特定社会群体及特定社会组织的研究。③公民身份与公民权责研究,包括公民身份的理论发展源流的梳理与当代演变的分析、公民身份与社会保障制度建设研究、全球化时代的公民身份与公民认同、转型期中国公民身份变迁探讨和公民身份与公民教育的理论与实践研究。④社会阶层与社会结构研究,研究课题包括社会分层的理论标准探讨、当代中国社会分层状况的实证评估、当代中国社会分层的现实影响分析、当代中国社会分层的动力机制探讨、当代中国新社会阶层及其政治参与研究。[②]

（三）新政治经济学研究逐步展开

"十一五"期间,我国政治学界对于新政治经济学的研究逐步展开,其研究领域主要包括:新政治经济学理论流派研究,涉及新政治经济学主要理论流派的梳理和分析。这些流派主要涉及公共选择理论、发展的政治经济学、政治的经济学、新制度主义经济学、法律经济学、规制政治经济学、比较政治经济学和国际政治经济学;公共政策的政治经济学研究是新政治经济学在政策分析运用中的产物,"十一五"时期,学者们探讨了公共政策的政治经济学分析视角、理论主题与应用领域;交易

---

① 周平:《民族政治学》,高等教育出版社,2007 年;高永久:《民族政治学概论》,南开大学出版社,2008 年;陈建樾、周竞红:《族际政治在多民族国家的理论与实践》,社会科学文献出版社,2010 年;王建娥、陈建樾:《族际政治与现代民族国家》,社会科学文献出版社,2004 年。

② 王名:《中国民间组织 30 年:走向公民社会(1978—2008)》,社会科学文献出版社,2008 年;康保锐(Berthold Kuhn)、隋学礼:《市场与国家之间的发展政策:公民社会组织的可能性与界限》,中国人民大学出版社,2009 年;匡和平:《从农民到公民:中国农民政治社会化问题研究》,黑龙江人民出版社,2009 年;林聚任:《社会信任和社会资本重建:当前乡村社会关系研究》,山东人民出版社,2007 年;祝灵君、陈方勐:《社会资本与政党领导:一个政党社会学研究框架的尝试》,中央编译出版社,2010 年;郭忠华、刘训练:《公民身份与社会阶级》,江苏人民出版社,2007 年;张文宏:《中国城市的阶层结构与社会网络》,上海人民出版社,2006 年;杨国斌、欧阳康:《社会阶层论》,中国社会科学出版社,2009 年;高丙中、袁瑞军:《中国公民社会发展蓝皮书》,北京大学出版社,2010 年。

成本政治学研究,包括对于交易成本政治学的理论主题、分析框架、应用领域及其争议与未来发展的初步探讨。①

（四）政治心理学研究日显重要

随着现代化建设的深入发展,社会政治生活和社会发展对于政治心理研究的需求日益强烈。"十一五"期间,政治心理研究日益显示其重要意义。

调研显示,其研究主要集中在:①当代中国公民政治心理与政治态度研究,包括对新中国成立以来公民政治心理与政治态度变迁历史的梳理、特定群体的政治态度研究,比如中产阶层的政治态度研究、当代农民的政治心理研究、跨界民族的政治心理分析、政治心理与政治态度的影响因素探讨。②政治信任问题研究,包括政治信任的理论来源及构成要素分析、政治信任起源与生成基础研究、政治信任的影响与社会功能研究、当前中国政治信任现状评估,涉及评估指标的设定以及特定社会群体的政治信任状况测量、当代中国政治信任问题、成因及对策研究等。③政治认同问题研究,包括政治认同的理论逻辑研究、政治认同的社会功能研究、当代中国政治认同现状研究、当代中国公民政治认同构建研究、当代中国特定群体政治认同问题研究,比如农民政治认同问题研究、少数民族政治认同问题研究、民主党派政治认同问题研究。此外,在政治心理学领域,当代中国公民,尤其是农民与青少年的政治冷漠问题研究、公民的政治效能感研究、公务员的政治心理问题研究也受到学者们关注。②

（五）生态政治学研究受到重视

科学发展观的贯彻落实,使得人与自然和谐相处成为政治学研究的主题之一,由此使得生态政治学受到政治学者的重视。作为我国政治学的新兴交叉学科,"十一五"期间,其学术研究内容主要集中在以下领域:国外绿色政治理论与实践探讨、当代生态环境问题的政治影响及其应对措施、生态政治理念下的治理问题研究等。③

（六）科技政治学研究得到关注

进入新世纪以来,科学技术与政治的联系日益紧密,由此引起了政治学研究的关注。科技政治学在我国社会科学界的研究刚刚开始。学者们重点关注的领域主要包括科学技术政治学的学科体系构建、科学技术与政治的相互关系、科学技术在国家治理过程中的作用、科技发展的政治效应等。值得一提的是,互联网发展形成

---

① 牛美丽、马骏:《中国地方政府的零基预算改革:理性与现实的冲突和选择》,中央编译出版社,2010年;胡泽君:《管理创新与政策选择中央编译出版社》,2008年;杨龙:《新政治经济学导论》,中国人民大学出版社,2010年;朱天飚:《比较政治经济学》,北京大学出版,2006年;杨光斌:《制度变迁中的政党中心主义》,《西华大学学报》(哲学社会科学版),2010年第2期。
② 谈火生、袁贺、唐晋:《大国策:政治与政府信任》,人民日报出版社,2009年。
③ 刘京希:《政治生态论:政治发展的生态学考察》,山东大学出版社,2007年;科斯京、胡谷明、徐邦俊、毛志文:《生态政治学与全球学》,武汉大学出版社,2008年。

的政治问题分析,成为我国政治学日益重视的研究领域。①

(七)军事政治学研究开始起步

政治学者运用政治学的理论和方法研究军政现象,以军事与政治的关系为主线,探求军政关系发展规律,由此构建军事学与政治学交叉的军事政治学学科。这一努力的趋向积极开辟了政治学交叉研究的新领域。②

五、研究方法受到较大关注重视

政治学研究方法及其运用的发展,是政治学研究科学规范的途径和标尺。调研显示,"十一五"期间我国政治学对于研究方法的关注和重视,主要体现在积极开展政治学研究方法的研究,努力运用政治学研究新方法展开研究方面。

(一)关于政治学研究方法的研究

"十一五"期间,我国政治学对于研究方法的研究、认识、探讨、分析和把握空前活跃。在这一过程中,一批国外政治学学科或社会学学科的方法论著作相继被翻译出版。据不完全统计,"十一五"期间翻译出版的政治学研究方法的作品在数量上甚至超过了前二十年的总和。与此同时,国内学者也出版了一批具有较高质量、针对中国国情的政治学及行政学类研究方法的教材和专著。此外,一些留美华人学者关于政治学研究方法的作品也开始在国内出版。③

"十一五"期间,围绕政治学研究方法的学术交流活动相当丰富。近年来,国内一些大学和研究机构开始定期或不定期地举办以研究方法为主要内容的培训班。自 2003 年起,清华大学国际问题研究所每年举办一期"国际关系研究方法讲习班";自 2006 年起,美国杜克大学在每年的暑期分别与中国人民大学国际关系学院、复旦大学国际关系与公共事务学院、吉林大学行政学院、上海财经大学等国内高校举办"政治学研究方法讲习班";自 2007 年起,在国家自然科学基金委管理科学部资助下,浙江大学公共管理学院在每年暑期举办"公共管理与政策研究方法讨论班";2008 年,中国社会科学院世界经济与政治研究所举办了一期以国际关系研究方法为主要内容的"国际政治研讨班"。

"十一五"期间,举办了若干以研究方法为主题的学术会议,如 2005 年厦门大学公共事务学院主办的"公共管理与公共政策教学与研究方法国际研讨会"、2009年吉林大学行政学院主办的"政治科学研究方法及应用国际学术研讨会"等。此外,一些杂志还开辟了"研究方法"专栏,进行专题研讨。

"十一五"期间,若干高校把政治学行政学研究方法纳入从本科到博士的教学计划和课程体系,开始对学生进行较为系统的研究方法训练。

---

① 黄凤志等:《高科技知识与国际政治权势》,社会科学文献出版社,2010 年。

② 高民政:《军事政治学导论》,时事出版社,2010 年。

③ 王德育:《政治学定量分析入门》,中国人民大学出版社,2007 年。

在这样的背景下，我国政治学对研究方法的认知逐步趋向系统和细致。

首先，"十一五"期间对政治学行政学研究方法的讨论较为系统全面。其中既涉及实证研究方法，也涉及规范研究方法；既涉及定量方法，也涉及定性方法；既涉及解释性研究、诠释性研究，也涉及批判性、建构性研究方法；既有对于具体研究方法的介绍，也有对研究方法的方法即方法论的分析。对研究方法综合体系的进一步认知，使学者们开始探讨各种研究方法之间的关系，包括对于规范研究方法和实证研究方法的认识；研究议题的宏观问题、中观问题和微观的划分和方法的适用；关于定量方法和定性方法的关系，其中特别值得注意的是，与之前更多地介绍定量方法不同，定性方法在这一时期得到更多的关注，越来越多的学者开始认识到定量方法和定性方法的优劣取决于其与研究问题的匹配度。政治学科开始从单纯的提倡解释性的研究方法，向更全面地看待解释、诠释与批判性研究方法之间的关系过渡。①

其次，我国政治学者对研究方法的认识趋向细致深化。"十一五"期间，关于政治学行政学研究方法的探讨不仅满足于对研究方法内容的阐述和特性的分析，而且常有对某一类方法较为详细的探讨和分析，比如对于定性研究方法展开的较为深入细致的探讨、分析和阐述。②

再次，学者对于方法论及其运用展开反思。"十一五"期间，我国政治学学者对于研究方法及其运用方面展开多方面反思。其中既有综合性反思，也有专门针对研究方法甚至是某一类研究方法的反思；既有立足体悟的描述性的反思，也有建立在文献计量学基础上的反思。③ 这些反思从研究领域、热点问题、研究阶段、资料收集、资料分析方法等方面展开，反思的焦点集中在学科本土化和规范化等方面。

（二）政治学研究方法的运用

"十一五"期间，我国政治学研究方法的运用主要体现在以下方面：

第一，政治学研究途径取向呈现多样化，在这其中，制度主义和系统结构功能途径取向显得相对突出。"十一五"期间，我国政治学研究在研究途径取向上呈现

---

　① 胡宗山：《政治学研究方法》，华中师范大学出版社，2007年；严强、魏姝：《政治学研究方法》，江苏教育出版社，2007年。

　② 王军：《政治科学研究方法导论》，科学出版社，2009年；蓝志勇、范柏乃：《公共管理研究与定量分析方法》，科学出版社，2008年；袁政：《公共管理定量分析：方法与技术》，重庆大学出版社，2006年。

　③ 马骏：《中国公共行政学研究的反思：面对问题的勇气》，《中山大学学报》（社会科学版），2006年第3期；徐勇、邓大才：《政治学研究：从殿堂到田野——实证方法进入中国政治学研究的历程》，郑慧等：《回顾与展望——改革开放以来的中国政治学与政治发展》，中国社会科学出版社，2009年；谢韬和 Lee Sigelman：《中美政治学研究方法之比较》，《浙江社会科学》，2008年第5期；严洁：《中国政治学概率抽样调查的实践与特点》，《江汉论坛》，2008年第3期；颜海娜、蔡立辉：《公共行政学研究方法：问题与反思》，《公共管理学报》，2008年第4期；常健、郭薇：《中国行政管理学研究状况的文献计量学分析》，《南开学报》（哲学社会科学版），2008年第5期；何艳玲：《问题与方法：近十年来中国行政学研究评估》，《政治学研究》，2007年第1期；等等。还有些学者进行了"反思的再反思"，如何艳玲的《我国行政学研究反思工作述评》，《公共行政评论》，2009年第5期。

多样化趋势,各种不同的研究途径取向在研究中不同程度地得到采用,其中较为突出的是制度主义和系统结构功能两种研究途径取向。就制度主义而言,"十一五"期间,制度主义分析更多地体现为新制度主义分析取向,除了继续探讨新制度主义方法和途径之外,政治学者较多地运用新制度主义方法研究中国政治发展和建设中的问题。尤其值得指出的是,有政治学者在运用新制度主义研究中国政治问题时,开始探索适合于本土的研究路径,建构独到的能够适用于中国本土政治分析的制度分析模式。就结构功能分析取向来看,"十一五"期间,我国政治学研究仍有不少研究采用结构功能模式。①

理性选择研究取向以微观经济学假设为逻辑出发点,不仅构成了博弈论等分析方法的基础,而且为政治学研究分析模型的构建提供了基础。"十一五"期间,在理性选择研究取向基础上形成的博弈方法和委托—代理模式,在政治学研究中得到了很大程度的应用,特别在分析中国政治现象与政治关系方面,取得了较多成果。这些研究方法运用的领域和课题相当广泛,涉及制度形成、政治妥协、群体性事件中不同利益集团之间的冲突与合作、政府之间关系和地方政府竞争过程的博弈分析;涉及官员晋升的锦标赛博弈分析;涉及公共行政运行机制与过程、公共政策制定与执行、公共物品需求与供给的博弈分析;涉及政府绩效评估、腐败治理的博弈分析等等。而委托—代理关系分析模型,是博弈论的特殊模型。"十一五"期间,我国政治学者采用这一模型研究社会政治现象,其研究内容涉及政治决策与公共治理、政策执行、电子政务建设与危机管理、腐败治理的委托—代理分析。此外,还有学者运用委托—代理模型分析中央与地方政府交叉事权的划分问题。②

第二,实证研究方法逐步得到重视和推广,相关研究成果逐渐增多。"十一五"期间,包括问卷调查、案例研究、统计分析在内的实证调查方法,在我国政治学研究中得到较多运用,其涉及内容相当广泛,包括公民意识的实证研究和调查,政治参与的实证研究,公共政策的实证研究和验证,政府信用和公民认同的实证研究等等。调研表明,从 2006 年到 2010 年,我国政治学的实证研究在政治学研究的总量中大体占 1/3,并且呈现逐年增加和上升的趋势。③

第三,量化研究方法的运用有所增加,开始出现以大样本数据为基础的量化研

---

① 陈剩勇等:《组织化、自主治理与民主——浙江温州民间商会研究》,中国社会科学出版社,2004 年;何俊志:《制度等待利益——中国县级人大制度模式研究》,重庆出版社,2005 年;杨光斌:《制度的形式与国家的兴衰——比较政治发展的理论与经验研究》,北京大学出版社,2005 年;杨光斌:《制度变迁与国家治理——中国政治发展研究》,人民出版社,2006 年。

② 石亚军:《中国行政管理体制实证研究——问卷调查数据分析》,中国政法大学出版社,2010 年;陈那波:《历史比较分析的复兴》,《公共行政评论》,2008 年第 3 期。

③ 常健、郭薇:《中国行政管理学研究状况的文献计量学分析》,《南开学报》,2008 年第 5 期;肖唐镖、陈洪生:《经验研究方法在我国政治学研究中应用的现状分析》,《政治学研究》,2003 年第 1 期;徐勇、邓大才:《政治学研究:从殿堂到田野——实证方法进入中国政治学研究的历程》,邓正来、郝雨凡:《中国人文社会科学三十年:回顾与前瞻》,复旦大学出版社,2008 年。

究。定量研究方法在政治学研究中得到较多应用,在政治学学科学术研究中,量化研究和经验研究的比重总体上呈现上升趋势。这其中,尤其是在青年政治学者展开的研究中,量化研究和经验研究的比例越来越高。

在目前我国政治学量化研究中,二手数据仍然是量化分析的主要基础。不过,"十一五"期间,我国政治学研究已经开始出现以获取一手数据为研究基础的大样本问卷调查,有些样本达到上万份、甚至几万份,这一方法提高了政治学研究的科学性。在这其中,北京大学国情研究中心进行了大量的政治学实证问卷研究,近年来围绕研究形成的问卷累计达数十万份。此外,有学者还运用文本分析方法进行研究,并且取得相关成果。①

第四,案例研究方法增多,并且日趋规范。"十一五"期间,更多的政治学者运用案例研究方法开展实证研究。与此同时,政治学者在运用案例研究方法时,不同程度地对设计方法架构展开研究,从而提高了案例研究的信度和效度。

第五,规范研究的方法论自觉增强,出现了较高质量的学术成果。"十一五"期间,政治学者对政治学的规范研究方法进行了讨论。有学者指出,规范研究方法形式化的共性主要体现在:一是规范研究基本上都面向"元问题"展开,二是规范研究中包含的价值理念具有多元性,三是规范研究阐释方式通常呈现多重进路并存性,四是规范学术研究成果被认定为规范性研究,五是规范解释范式的形成通常是多重要素构成的复合体,六是规范研究不同范式呈现共存性。② 也有学者认为,规范研究是一种以价值问题为核心关注点、以解释和诠释文本为主要表现形式、通过严谨的逻辑构造来回答某个学科的基本问题乃至人生与世界"大问题"的研究路径,其基本特征体现为:一是侧重从价值层面观察和理解问题,侧重于回答"应当是什么";二是就其表现形式而言,主要是对思想史重要文本的诠释与解读;三是就其研究目的而言,规范研究试图回答某个学科甚或人生与世界的"大问题"。良好的规范研究要从研究内容、手段与目的三个方面满足规范研究的这些基本特征,同时应该符合形式上的要求,即逻辑上的自洽性。此外,还要符合实质性要求,即价值目标上的"合法性"。这些讨论使得政治学规范研究中的研究方法问题开始得到学者们的注意,并开始自觉按照规范研究方法的方法论要求进行研究。

第六,政治学研究结构化模型、随机动态模型等理论构建与模拟研究得到应用。结构化模型、随机动态模型被用于多方面的政治研究。有学者运用层次分析法形成政府职能综合评价测评体系,用来进行政府资源的有效配置。③ 有学者建

29

---

① 林尚立:《行动者与制度效度:以文本结构为中介的分析》,《经济社会体制比较》,2006年第5期。

② 任剑涛:《试论政治学的规范研究与实证研究的关系》,《政治学研究》,2008年第3期。

③ 蔡康英、丁卓、周延年:《基于AHP模型的政府系统职能评价方法的研究》,《计算机工程与设计》,2008年第4期。

构了公共部门公众满意度测评的结构方程模型。① 有学者运用模型分析了公共政策主体的有效政策执行。② 有学者建立了关于腐败水平的随机动态模型，分析了腐败水平的影响因素，并根据模型中参数变量对腐败水平影响的分析给出了相应的反腐措施。③ 有学者对于政府规模及其社会经济效应展开模型研究。④ 有学者基于地方财政收入构成内容和结构特点的预测模型建构。⑤ 有学者建立了最大经济增长率条件下财政支出结构模型⑥、关于居民消费与财政支出间的动态模型等等。

有学者基丁中国 30 个省市 1997—2005 年的 Panel Data 建立 Panel Data 模型，实证分析各地区的地方公共物品供给对吸引 FDI 的影响。⑦ 有学者构建了体制转型时期中国政治性交易费用在宏观层次上的观测指标，建立处理潜变量之间关系的结构方程模型。⑧ 有学者引入政治稳定、政治参与、法治程度和执政能力四个维度，来分析政治文明的影响。⑨ 有学者对蒂布特模型进行了验证分析，认为地方政府竞争能够提高公共产品的供给质量和供给效率，加快制度创新，规范地方政府的行为。⑩ 还有学者应用多元回归结构方程模型对农村地区危机管理问题进行了定量研究。⑪

还有学者运用政府绩效评估模型展开研究。比如以湖南省 11 级地级市政府公共事业管理为例，建立因子分析模型进行实证分析。⑫ 比如运用典型相关分析与数据包络分析方法（CCA－DEA）相结合评价中国社会保障绩效，从定量分析的

---

① 杨凤华：《结构方程模型在公共部门公众满意度测评中的应用》，《南通大学学报》（社会科学版），2008 年第 9 期。

② 郑海涛、吴涛：《政策执行者主观行为偏差的模型分析》，《哈尔滨工业大学学报》（社会科学版），2006 年第 1 期。

③ 胡新明、唐齐鸣、汪红初：《腐败水平与反腐措施的随机动态模型分析》，《经济数学》，2006 年第 4 期。

④ 汤玉刚、范方志：《财政规模决定：一个经验模型》，《财经研究》，2005 年第 10 期。

⑤ 孙元、吕宁：《地方财政一般预算收入预测模型及实证分析》，《数量经济技术经济研究》，2007 年第 1 期。

⑥ 毛加强、刘璐、郭蒴：《基于经济增长模型的地方财政支出结构分析》，《经济问题》，2009 年第 8 期。

⑦ 罗丽英、刘慧琳：《地方公共物品供给对 FDI 影响的实证分析》，《国际经贸探索》，2008 年第 12 期。

⑧ 金玉国：《宏观层次政治交易费用及其效应：基于中国经验数据的实证研究》，《经济理论与政策研究》，2008 年第 12 期。

⑨ 朱成全、汪毅霖：《基于 HDI 的政治文明指标的理论构建和实证检验》，《上海财经大学学报》，2009 年第 2 期。

⑩ 刘泰洪：《地方政府竞争的正效应：一个蒂布特模型的分析》，《中国石油大学学报》（社会科学版），2009 年第 4 期。

⑪ 程勉贵、梁工谦：《基于多元回归的社会公共危机缓解模型研究》，《微电子学与计算机》，2009 年第 7 期。

⑫ 盛明科、李林：《地方政府公共事业管理绩效评价的因子分析——对湖南省 11 个地级市政府的实证研究》，《理论与改革》，2006 年第 2 期。

角度得出中国不同省份在 2005—2007 年社会保障绩效的相对大小。①

六、对外学术交流日益加强发展

随着我国改革开放进程的发展,我国政治学对外交流的速度加快、频度提高、程度加深。"十一五"期间,这一趋势更加明显突出,其主要体现在:

(一)学术研究成果的翻译出版数量加大、速度加快

"十一五"期间,在政治学、行政管理学和公共管理研究的国外学术研究成果的译介方面,介绍国外政治学、行政学、公共管理学和公共政策学研究成果的翻译丛书批量出版,陆续出版的如《政治学译丛》、《政治学名著译丛》、《公共管理译丛》、《公共政策经典译丛》等。②

值得指出的是,"十一五"期间,翻译出版了国外政治学和社会科学方法论方面的作品。其中一些作品在政治学综合译丛中予以出版,③表明国外政治学研究方法已为我国政治学各分支学科所重视。此外,有出版社以"研究方法丛书"的形式集中出版了国外社会科学方法论的作品,比如重庆大学出版社出版的"万卷方法"系列丛书。④ 有出版社对于 80 年代以来的政治学译作重新编辑出版,比如东方出版社和人民出版社编辑出版的政治学学术经典译丛。

除了西方学者作品的译介和出版之外,"十一五"期间,我国内地还出版了台湾、香港和澳门的政治学、行政管理学和公共管理学学者的作品,并且有台湾、香港和澳门政治学、公共行政学和公共管理学学者在内地学术期刊发表专业学术文章,由此促进了相关专业的相互了解。

在学术研究方面,关于国外政治学理论、观点、方法、流派的介绍或者阐述,在我国政治学研究中占有一定比重,国外的作品受到相当关注。从内地政治学者出版的著作和发表的文章来看,除了对这些著作和文章展开系统介绍和阐述外,在其

---

① 罗良清、柴士改:《基于 CCA—DEA 模型评估政府社会保障绩效的实证研究》,《统计与信息论坛》,2010 年第 3 期。

② 具有代表性和重要影响的作品如《政治科学新手册》(上、下),钟开斌、王洛忠、任丙强等译,三联书店,2006 年。

③ 斯蒂芬·范埃弗拉的《政治学研究方法指南》("世界政治与国际关系译丛")、大卫·马什与格里·斯托克的《政治科学的理论与方法》("公共行政与公共管理经典译丛")、斯坦因·U.拉尔森的《政治学理论与方法》、W.菲利普斯·夏夫利的《政治科学研究方法》("东方编译所政治科学译丛")、扎哈里亚迪斯的《比较政治学:理论、案例与方法》("比较政府与政治译丛")、奥萨利文的《公共行政研究方法》("公共行政管理教材译丛")等。

④ 该丛书从 2004 年起开始发行第一批研究方法译著,先后出版了《案例研究:设计与方法》、《案例研究方法的应用》、《调查研究方法》、《量表编制:理论与应用》、《研究设计与写作指导:定性、定量与混合研究的路径》、《电话调查方法:抽样、选择与督导》、《解释性交往行动主义》等多部具有代表性的研究方法著作。从 2007 年开始,该丛书又相继出版了《定性研究:方法论基础》、《定性研究:策略与艺术》、《定性研究:经验资料收集与分析的方法》、《定性研究:解释、评估与描述的艺术及定性研究的未来》、《质的研究设计——一种互动的取向》、《抽样调查设计导论》等一批研究方法著作。

撰写、出版和发表的作品中，这些著作和文章被引用的频度也得到大幅度提高。由此表明，"十一五"期间我国政治学对于国外或者我国台、港、澳地区的政治学、行政管理学和公共管理学术研究状况给予了高度关注。

（二）政治学者在国外和中国港、澳、台地区发表文章或者出版作品的趋向逐步发展

我国政治学者，尤其是公共行政和公共管理学者在国外重要专业学术期刊上发表英文文章数量趋多，得到 SSCI 检索的文章数量也在逐步增加。调研显示，我国政治学者发表英文论文的刊物有如美国的《政治分析》(Political Analysis)、《中国评论》(China Review)、《公共行政评论》(Public Administration Review)、《公共预算、会计与财政管理》(Public Budgeting, Accounting, and Financial Management)、英国的《行政理论与实践》(Administrative Theory & Practice)、澳大利亚的《澳大利亚公共行政杂志》(Australia Journal of Public Administration)以及日本、加拿大、韩国等国家的专业刊物。有学者在国外以英语、日语和俄语出版了政治学论著，有些产生很大反响，在国外重要政治学刊物发表了不少书评。① 2009年，我国行政学者在国际学术刊物上发表文章取得了重要进展，当年的美国《公共行政评论》(Public Administration Review)组织一期专刊，讨论中国的财政税收政策、社会保障政策和公共服务供给问题，中国学者的中国问题研究给国际行政学界带来了新的声音②，产生了较为广泛的学术影响。

内地学者在中国台湾、香港和澳门等地出版著作或者译作的趋向也得到发展。关于公共行政、公共管理和公共政策的理论和方法的作品，关于政府与政治的学术研究，关于专项公共政策研究的作品，关于政府和公共治理的典型案例研究的作品，在中国台湾、香港和澳门等地区越来越多地得到出版和发表。

（三）学术交流形式趋于多样

"十一五"期间，我国政治学相关科研教学单位与国外和中国港、澳、台地区相关专业机构进一步发展形成较为稳定的经常性学术联系，政治学、行政管理学和公共管理等专业的学者、学生出境访问、讲学和学习规模逐步扩大，形式逐步多样。同时，许多国家和地区进入我国高校和科研机构学习、研究、访问和讲学的规模也逐步扩大，形式逐步趋于多样。

我国行政管理学与国际组织的联系进一步密切，通过参加年会、访问讲学、学

---

① 如 Yu Keping, Globalization and Changes in Governance in China, Brill, 2008；Democracy is a Good Thing, Brookins Institution, 2009.

② 参见 Ma Jun & Hou Yilin, 2009, Budgeting for Accountability：A Comparative Study of Budget Reforms in the United States during the Progressive Era and in Contemporary China, *Public Administration Review*, 69(S1)：pp. 53－59；Arie Halachmi & Kinglun Ngok, 2009, Of Sustainability and Excellence：The Chinese Academia at a Crossroad, *Public Administration Review*, 69(S1)：pp. 13－20；Jing Yijia & E. S. Savas, 2009, Managing Collaborative Service Delivery：Comparing China and the United States, *Public Administration Review*, '69(S1)：pp. 101－107.

术讨论等方式与国外行政管理学组织交流人数达 700 余人次。

我国政治学、行政管理学和公共管理学的国际合作、港澳台合作和其他相关合作研究得到进一步开展，围绕中国治理与发展形成的研究课题占很大分量，并且形成了中国与世界联系研究的成果。我国政治学学术研究进一步加强国际交流，形成经常性国际会议，比如教育部普通高校人文社会科学重点研究基地——北京大学政治发展与政府管理研究所与韩国成均馆大学东亚学术院的定期联合国际学术研讨会，中国人民大学国际关系学院、中山大学政治和公共管理学院、美国中国政治研究学会联合举办的"转型中的中国政治与政治学发展国际研讨会"，中国人民大学公共管理学院、中国行政管理学会、美国行政管理学会联合举办的"中美公共管理国际学术研讨会"国际会议，教育部普通高校人文社会科学重点研究基地——中山大学行政管理研究中心与澳门行政公职局、澳门大学、澳门基金会联合定期举办的"21 世纪的公共管理：机遇与挑战"国际学术研讨会，如此等等。

与此同时，我国内地政治学、行政管理学和公共管理学者进一步加强与我国香港、澳门和台湾地区相关专业学者的学术联系，展开多种形式、频度甚高的学术交流。

我国的政治学、公共行政学和公共政策教学研究机构还积极创办国际性学术定期讲座和论坛，其学术影响逐步扩大。在国际学术交流中，我国学者的研究及其成就日益得到国际学术界的重视，比如中山大学的夏书章教授获任联合国文官制度改革国际研讨会顾问，获得（世界）东部地区公共管理组织（EROPA）"杰出贡献"奖、美国公共行政学会颁发的 2006 年度"国际公共管理杰出贡献奖"等。

随着我国国际地位和学术影响的扩大，国外了解和知晓我国社会、政治、经济、文化的要求迫切上升，我国学者应聘担任了相关国际组织和国外大学的咨询专家和客座教授。比如，我国是国际行政科学学会副主席单位，我国有行政管理学者担任副主席职务；我国有行政管理学者担任亚洲开发银行（Asian Development Bank）、联合国发展计划署（UN Development Programs）和世界银行（World Bank）的项目评估专家；有学者担任世界价值调查国际协会（World Value Survey Association）的执行委员；有学者兼任国外或境外高校客座研究员；还有学者兼任国外民间学术机构的研究人员。

第二章 学术研究当前发展的基本状况

从总体上看，"十一五"是我国政治学高举中国特色社会主义伟大旗帜，坚持中国特色社会主义理论体系，深入贯彻科学发展观展开政治学研究的五年；是进一步落实中共中央提出的《关于进一步繁荣发展哲学社会科学的意见》，实施马克思主义理论研究和建设工程的五年；是深入研究发展着的马克思主义理论与实践，并且取得了积极进展和阶段性成果，进一步巩固了马克思主义政治学指导地位的五年；是贯彻落实党的十七大报告及十七届三中全会、四中全会精神，围绕建设社会主义和谐社会，按照全面建设小康社会的总体战略部署，在社会主义经济建设、政治建设、社会建设、文化建设、生态建设和党的建设总体格局中，加强治国理政研究，推进社会主义民主法治建设和政治文明建设的五年。随着社会主义和谐社会建设和改革开放的深入发展，我国政治学学术研究进入了新的发展阶段。从总体上看，当前我国政治学学术研究基本状况呈现如下特征：

一、马克思主义的指导地位进一步巩固

"十一五"期间，在中央马克思主义理论研究与建设工程推动下，马克思主义政治学理论，尤其是中国化的马克思主义政治学理论研究得到学者的高度重视。政治学学者在准确阐述马克思主义政治学基本立场、观点和方法的同时，努力系统深入研究和阐述马克思主义政治学理论体系，并且对于马克思主义展开具有时代性和发展性的专题研究，取得了较为丰富的成果。

与此同时，我国政治学运用马克思主义政治学基本立场、观点和方法，尤其是运用发展着的马克思主义政治学理论与方法，对于诸多政治思想和政治思潮展开分析和研究，使得马克思主义政治学在我国政治学研究中的指导地位得到进一步巩固，马克思主义政治学理论、观点和方法的研究得到进一步深化，马克思主义政治学研究成果得到进一步丰富。

我国政治学研究还从多个专业领域、分析视角和研究途径着手，积极开展马克思主义政治学研究，其中包括从马克思主义政治学的历史发展及其内在理论逻辑联系入手，努力探讨经典马克思主义政治学与发展着的马克思主义政治学的关系；从马克思主义政治学理论与今天世界与中国发展的政治实际的联系出发，研究发展着的马克思主义政治学理论；从经典马克思主义政治学理论与西方马克思主义

理论的比较分析中,阐明马克思主义政治学理论的基本特征等等,由此进一步深化、拓展和丰富了马克思主义政治学理论研究。① 在政治学诸分支学科专业领域的研究中,我国政治学学者努力贯彻马克思主义政治学的基本立场、观点和方法,以马克思主义指导这些分支领域的学术研究。

在实际政治研究层面,我国政治学学者努力以发展着的马克思主义立场、观点和方法研究实际政治现象和问题,结合中国特色社会主义建设和发展实践推进中国化的马克思主义政治学学术研究的发展,取得了中国化马克思主义政治学研究的成果,在强化马克思主义政治学的实践性、民族性、时代性方面取得进展。

二、政治学学术发展的根本方向明确

中国特色社会主义规定着我国政治学学术发展的政治方向和科学路径。高举中国特色社会主义伟大旗帜,以马克思列宁主义、毛泽东思想和中国特色社会主义理论为指导,坚持正确的发展方向和价值取向,排除极"左"和右倾思潮的干扰,是我国政治学学术发展的基本原则,也是我国政治学学术发展的思想和价值取向特征。

随着中国特色社会主义政治建设的逐步深入,在中国共产党十七大、十七届三中全会、四中全会精神指导下,我国政治学学者认真学习和理解中国特色社会主义理论体系,把握中国特色社会主义政治理论,结合中国特色社会主义政治建设和发展实践,推进中国化的马克思主义政治学学术研究的发展,着力于理论是非、价值取向、制度选择等重大课题方面的深入研究。从中国特色社会主义政治的内在逻辑、历史发展、现实基础和根本取向等方面,辨明重大政治是非,澄清重大理论是非,阐述重大价值是非,努力深入透彻地研究中国特色社会主义政治的重大焦点问题。从学理与实践、历史与现实、必然与可行的结合上,阐述中国特色社会主义政治的本质规定和价值特征。从不同政治学说和制度安排的社会基础、政治意义和价值取向的比较分析中,凸显中国特色社会主义政治的根本内涵,从而使得我国政治学学术发展的方向进一步明确,政治价值取向和重大政治是非得到进一步确认和澄清。

在这其中,坚持社会主义政治的根本立场与推进社会主义政治的发展,是我国政治学学术研究一体两面的重要任务,也构成了我国政治学发展和建设的主旋律。坚持社会主义政治方向,始终是发展社会主义政治的基础和出发点。发展社会主义政治,是为了更好地坚持社会主义政治,坚持人民民主专政,坚持实现和维护绝

---

① 臧峰宇:《马克思政治哲学引论:以人学为视角的当代解读》,中央编译出版社,2009 年;韩冬雪:《马克思主义政治哲学诸范畴初探》,吉林出版集团有限责任公司,2007 年;王一程:《马克思主义与当代中国政治研究》,社会科学文献出版社,2008 年;李慎明、吴恩远、王立强、曹苏红:《十月革命与当代社会主义》,社会科学文献出版社,2008 年。

大多数人民群众的根本利益。而在坚持与发展的过程中,我国政治学学者尤其注意"自觉划清马克思主义同反马克思主义的界限,社会主义公有制为主体、多种所有制经济共同发展的基本经济制度同私有化和单一公有制的界限,中国特色社会主义民主同西方资本主义民主的界限,社会主义思想文化同封建主义、资本主义腐朽思想文化的界限"①,努力实现马克思主义的中国化、时代化和大众化。

三、政治学学术研究的基本方位清晰

十一届三中全会以来,马克思主义中国化的进程,主要是围绕着我国社会主义现代化建设和改革开放的三大命题进行的,即什么是社会主义,怎样建设社会主义;建设什么样的党,怎样建设党;实现什么样的发展,怎样实现这样的发展。当代中国共产党人根据中国特色社会主义的实践发展,科学系统地回答了这些重大命题,从而树立起中国特色社会主义旗帜,明确了中国特色社会主义道路,形成了中国特色社会主义理论体系。而我国社会主义现代化建设和改革开放的三大命题,包含着我国社会主义政治发展的任务和内容,由此规定了我国政治学学术发展的总体主题是:什么是社会主义政治? 怎样建设社会主义政治?

"十一五"期间,我国政治学学术发展正是围绕"什么是社会主义政治,怎样建设社会主义政治"这一研究主题,努力根据时代和实践的要求,承担"认识世界、传承文明、创新理论、咨政育人、服务社会"②的功能,确定政治学学术发展的方位。即以马克思主义政治学基本立场、观点和方法为指导思想,以中国特色社会主义理论体系为共同思想基础,以发展着的马克思主义政治核心价值作为学术灵魂和精神,以中国传统政治知识和政治文化作为基础知识资源和学术营养,以中国现实政治和主导思想及其发展作为学术发展的实际动力,以中国社会主义政治实践与政治学研究的相互作用,即政治的逻辑与逻辑的政治的互动作为基本发展轨迹,以中国人民的根本利益和社会主义人民共和国的政治建设作为服务对象,以中国共产党治国理政和人民民主政治发展作为基本研究内容,以中国人民的社会主义政治实践作为学术研究真理性、正确性、合理性和可行性的检验标准。

我国政治学学术研究方位的进一步清晰,使得我国政治学研究进一步确定了学科学术研究的出发点和立足点、专属对象和特定功能,也为政治学选择和确定学术研究基本内容和课题提供了学科依据。

---

① 《中共中央关于加强和改进新形势下党的建设若干重大问题的决定》,http://www.gov.cn/jrzg/2009-09/27/content_1428158.htm。

② 《中共中央关于进一步繁荣和发展哲学社会科学的意见》[中发 2004 年 3 号],新华网 2004 年 3 月 20 日。

四、国家优效治理成为研究重点、亮点

改革开放以来,我国在社会主义政治发展和国家治理实践中,呈现了中国共产党领导人民有效治理国家的基本特征。中国政治实践和政治建设的这一特征,对于"十一五"期间政治学的学术研究产生了重要影响,使得我国政治学研究从较多的纯学术分析、归纳、解释和思辨研究,开始转向较多的现实对策研究;从较多的批判性研究,转向较多的建设性研究、设计性研究和国家治理研究,进而使得为人民服务和为社会主义服务的方针在政治学学术发展中得到进一步贯彻,使得政治学研究对于社会主义政治发展更加具有应用价值、积极精神和建设特质。同时,也促使政治学的学术功能发生转换,从学术知识积累性、现实弊病批判性和政治智慧训练性功能,转向根据社会政治实践、国家治理和政府管理需要形成的思想创造、对策设计和政治建设功能。这些转变,使得国家优效治理成为我国政治学"十一五"期间学术研究的重点、亮点。

治国理政理念是我国政治学在研究国家治理方面关注的首要内容。"十一五"期间,我国政治学按照中国特色社会主义理论体系和思想精髓,按照科学发展观的战略要求,继承和发展了"十五"期间的学术研究内容,从而使得政治学研究着眼于治理国家和社会的治理政治、协商政治、和谐政治、公平正义政治等重大治国战略性理念的研究。

治国理政的方式,是我国政治学"十一五"期间研究的重要课题。这其中,中国共产党的领导、人民当家做主和依法治国的有机结合,既是我国社会主义民主政治发展的根本战略,也是我国国家治理的重大战略。因此,围绕贯彻和实现这一战略展开的研究,是"十一五"期间我国政治学的重大课题。而中国共产党执政方式的转变,科学执政、民主执政和依法执政的要求与实现途径,是"十一五"期间政治学学者着力研究的课题。与此同时,国家优效治理对于服务型政府、法治政府、责任政府、廉洁政府的要求,成为政治学关注的研究重点,而中国社会基层治理更加成为政治学广阔而丰富的研究领域。

治国理政的体制和政策,是"十一五"期间政治学研究重要而丰富的内容。根据科学发展观的发展战略要求,按照社会公平正义的价值取向,在深入阐述全面协调可持续的科学发展战略的同时,针对经济建设、政治建设、社会建设、文化建设、生态建设和党的建设的重大问题和社会发展的焦点问题,围绕体制机制改革和公共政策设计,展开多方面学术研究,成为当前我国政治学研究的主体内容。其中,治国理政和民主政治的对策性研究大大增加,以国家社会科学基金项目为例,"十一五"期间立项的国家社会科学基金政治学科项目中,三分之二属于现实应用性和对策性研究的课题;应用性研究研讨会大幅度增加,"十一五"期间召开的学术研讨会,二分之一以上是围绕着现实问题展开讨论的会议;现实对策性研究成为学术研

究与政府、社会政治等实际机构和部门联系的纽带和桥梁，成为学术研究满足社会发展、政治建设和政府治理需求的重要方式，而政治机构、各级政府、各个系统和部门以及事业单位和社会组织对于治理、管理和公共政策的应用性研究需求和相应的资源供给，使得政治学研究的横向项目绝大多数为应用性研究，由此进一步拉动了政治学研究向着治理和民主的对策性方向发展；对策性研究的成果在"十一五"期间政治学研究成果中的比重大大提高，目前已经占到政治学研究近二分之一左右。

五、学术研究方法逐步趋向科学规范

"十一五"期间，政治学研究方法受到我国政治学研究的较大关注和重视，研究方法的讨论成为期间政治学研究的重要内容。经过"十一五"期间的发展，我国政治学在研究方法的理解、把握和运用方面有了很大进步，政治学研究在方法掌握和运用方面逐步趋向科学规范。

第一，历史唯物主义研究方法得到进一步的深刻理解和贯彻运用。生产力与生产关系、经济基础与上层建筑、生产方式与政治方式的联系得到进一步阐述，历史唯物主义的社会分析框架对于社会政治的分析意义和价值得到进一步阐明，并且在马克思主义政治学理论研究、中国政治历史分析、中国政治发展以及人类社会政治和民主发展研究中得到了贯彻和运用。

第二，我国政治学学者对于研究方法有了相对系统准确的理解和把握。实证研究与规范研究，定量分析与定性分析，解释性、诠释性研究与批判性、建构性研究方法等受到政治学学者的重视，在方法论的训练和讨论中得到进一步理解，进而使得政治学学者的方法论水平得到很大提高。

第三，我国政治学学者对于政治学研究方法的适切性展开的反思，使得政治学学者对于研究方法的科学性认知得到很大提高。政治学学者对于政治学研究方法，尤其是西方现代政治学研究方法的规范性、科学性和本土性的多方面反思，体现着我国政治学学者对于现代西方研究方法科学性的省悟和考察，也体现着我国政治学研究力图在对于现代政治学研究方法进行规范化、本土化验证时，寻求创造和建构更加适切本土国情、政情和社情的研究方法的积极努力。

第四，我国政治学学者对于研究方法的运用趋向科学规范。就目前的学术研究课题选择、课题论证和研究成果来看，对于研究方法的选择已经成为政治学研究的必要环节，对于研究方法的阐述，已经成为政治学研究的重要内容。而关于研究方法的选择和说明，也从笼统含糊的"多种方法多种角度多种途径的结合"、"政治学、经济学、社会学、管理学等多学科的方法结合"的宣称，逐步转变为特定研究方法、分析模式和研究路径的明确阐述；从原则性的介绍，发展成为科学规范的详细说明；从相对模糊的定性分析，到逐步明晰的定性研究和定量研究途径；从科学完整规范程序较零散的实证分析,到科学规范程序相对完整的实证研究;从单纯的方法选择,到研究领域、热点问题、研究阶段、资料收集、资料分析等全程序的方法确定。所有这些,体现和反映了我国政治学研究在研究方法方面趋向科学规范,进而进一步推动我国政治学学术研究的科学开展和创新。

六、研究领域呈现分化与融合的趋势

"十一五"期间,我国政治学学术研究的重要转变之一,就是从"以学科为中心"转向"以问题为中心",形成研究课题并展开研究活动。这一转变使得我国政治学的学术研究领域呈现逐步分化和细化的趋势,传统的政治学原理、政治思想、政治制度、行政管理和国际政治的学科划分已经不能涵盖政治学研究的"问题"、所包含和涵盖的内容和领域。就目前来看,我国的政治学研究在既有的学科专业领域基础上不断分化,形成多个分支研究领域,其中主要涉及马克思列宁主义政治学理论和方法、毛泽东政治思想、中国特色社会主义政治理论体系、中国政治制度史、西方政治制度史、当代中国政治制度、当代中国政治、中国传统政治思想、中国近现代政治思想、中国政党和政党制度研究、比较政治研究、外国政治研究、公共行政、公共管理、公共政策、非政府组织、政治文化、政治社会学、政治经济学、政治心理学、政治生态学、政治学方法论、政治学的研究模型和量化分析技术,如此等等。在这些分支领域下,随着研究的深化,又进一步细化形成更多的研究领域。

在"以问题为中心"的研究取向催化下,政治学研究围绕所研究的问题,展开多学科、多层面、多领域和多方法的学术领域拓展,由此使得政治学学术研究形成了在传统政治学学科之外的若干新兴研究领域,比如社会政治历史的研究,政治生活的人文价值的研究,生态环境保护原理与社会政治的相关性研究,金融政治、高新技术产业区管理和相关政策研究,社区治理结构等微观政治研究,社会政策和社会福利与不同利益群体的关系的研究,软法与政治协商、公共治理的研究等等。

由于政治学研究的"问题"跨领域、跨专业和跨学科的特性,"以问题为中心"的学术研究取向还使得政治学研究逐步呈现研究领域,甚至学科专业整合和融合的趋势。比如,政治伦理研究与社会伦理研究结合,形成公平正义的政治研究和社会研究;政治学与微观经济学融合,形成理性政治研究;政治学与军事学结合,形成国防政治学和军事政治学;错综复杂的产权问题与政府治理结合,形成产权政治学、产权治理研究等等。

与此同时,政治、经济、社会、文化、生态建设和党的建设的一体化要求,使得政治学研究逐步按照社会全面协调发展和建设的思维来考虑、分析、观察、研究社会政治问题,政治学与其他学科、其他领域融合的速度加快。由此也使得政治学的交叉学科和学科交叉发展,首先体现为学术研究领域的交叉和融合发展。①

七、研究逐步形成各具特色的生长点

我国政治学恢复重建三十年来,经过几代学者的辛勤耕耘、奋发努力,在"十一五"期间,学术研究初步显现出学术发展不同结构性侧重点,形成多个学术特色性生长点。

经过三十年的建设,尤其在"十一五"期间我国政治研究的发展,使得我国政治学学术发展初步呈现研究侧重点的结构性特征。不同教学和科研积极协调部署,选择和确定学术生长点,并且显现各自学术特色。这些特点和特色进一步发展形成不同单位或机构各自的学术优势,分别体现为国家和省部级研究基地的建立,重点学科的确立,专门领域研究的展开和深化,相关高水平有特色的学术成果的形成等方面。

在学术研究重要基地方面,目前中国社会科学院的邓小平理论研究基地属于中央马克思主义理论研究和建设基地,北京大学政治发展与政府管理研究所、华中师范大学政治学研究院、中山大学行政管理研究中心属于教育部人文社会科学研究基地。这些基地每年落实重要科研项目,形成重要研究成果,成为政治学学术研究的重要依托。

教育部直属高校也建设了学术研究基地,比如吉林大学的政治学与国家建设研究中心、复旦大学的中国政治研究中心、中国人民大学的比较政治经济研究所、武汉大学的比较政治制度研究中心、厦门大学的公共管理与政策分析研究中心、南开大学的电子政务实验室等等。

省属大学建设了省属重点研究基地,比如作为天津市高校人文社会科学重点基地的天津师范大学政治文化研究中心,作为广东省普通高校人文社会科学重点基地的深圳大学中国政治研究所、汕头大学地方政府研究所等。

就我国政治学学术研究的特色而言,主要有:中共中央编译局的马克思主义政治学研究,中国社会科学院政治学研究所的中国政治制度研究,北京大学的政治学理论、政府理论和政府创新发展研究、政府管理绩效管理研究、中国政治发展和公民意识实证研究,中山大学的行政管理学理论、公共预算研究和区域公共管理研究,吉林大学的国家和权力理论研究,复旦大学的政治学理论、比较政治和中国政

---

① 林尚立等:《政治建设与国家成长》,中国大百科全书出版社,2008 年;刘建军、何俊志、杨建党:《新中国根本政治制度研究》,上海人民出版社,2009 年;徐湘林:《寻求渐进政治改革的理性:理论、路径与政策过程》,中国物资出版社,2009 年;王绍光:《祛魅与超越》,中信出版社,2010 年;赵鼎新:《社会与政治运动讲义》,社会科学文献出版社,2006 年;罗峰:《嵌入、整合与政党权威的重塑:对中国执政党、国家和社会关系的考察》,上海人民出版社,2009 年;马冀、葛玲:《中国共产党与和谐社会构建》,知识产权出版社,2008 年;夏禹龙:《在构建和谐社会中国家的角色和作用》,上海人民出版社,2008 年。

治研究,中国人民大学的制度理论和方法、治理理论、政党制度和台湾政治研究,天津师范大学的政治文化和政治哲学研究,南京大学的当代中国政治制度、政治学方法论研究,厦门大学的国家学说和公共管理理论研究,南开大学的政府理论、政治经济理论和方法研究,华中师范大学中国基层政治民主与治理研究,中国政法大学的政治哲学和外国政治制度研究,清华大学的公共政策、科技政策和非政府组织(NGO)研究,华中科技大学的电子政务和模拟决策研究,云南大学的民族政治学研究,浙江大学的基层民主和农村协商治理研究,深圳大学当代中国政治研究所的中国政治体制改革与乡镇民主研究,汕头大学地方政府研究所的地方治理和行政争议解决研究,苏州大学地方政府研究所的地方法规制度与治理研究,兰州大学地方政府绩效评估中心的绩效评估研究,北京联合大学的台湾政治研究,华侨大学的侨务政治和政策研究等等。

与这些学术特色相伴,产生了具有广泛影响的学术成果,"学术丛书"系列的产生和推出、学术刊物的兴办和发行,是这些学术成果集结形成的代表形式。在兴办、出版和发行杂志或者定期研究报告方面,有复旦大学国际关系与公共事务学院组织出版的《复旦政治学评论》,复旦大学思想史研究中心主办的《思想史》,复旦大学社会科学高等研究院主办的《复旦政治哲学评论》;中国人民大学公共管理学院主办的《公共管理与政策评论》;哈尔滨工业大学主办的《公共管理学报》;华东师范大学中国现代思想文化研究所主办的《知识分子论丛》;南开大学周恩来政府管理学院主办的《南开政治学评论》;天津师范大学政治文化研究中心在连续出版七辑《中西政治文化论丛》的基础上,于 2010 年正式创办《政治思想史》杂志;中山大学政治与公共事务管理学院主办的《中大政治学评论》,中山大学行政管理学研究中心主办的《公共行政评论》;武汉大学政治与公共管理学院主办的《珞珈政治学评论》;深圳大学当代中国政治研究所的《当代中国政治研究报告》;汕头大学地方政府研究所的《地方政府发展系列研究报告》,等等。

八、对外学术交流成为重要发展途径

如前所述,在改革开放和现代化建设过程中,尤其是在"十一五"期间,我国政治学的对外学术交流不断发展和扩大,形成了多层次、多途径、多形式、多内容的对外交流态势。我国政治学的对外学术交流成为社会科学和对外文化学术交流的重要组成部分。就目前的状况来看,我国政治学研究的对外学术交流的阶段性特征主要体现为:

第一,对外学术交流的扩展主要表现为量和面的扩展。所谓量的扩展,即对外交流主要体现为学术交流人员、会议、信息、学术课题等方面数量的迅速增加;所谓面的扩展,即对外交流在平面方向上的扩展,从相对较少的交流方式扩展为多种多样的交流方式,从特定学科专业领域比如公共行政的学术交流,扩展到所有学科领域的交流，从某些重点高校和科研机构的交流，扩展为几乎所有高校、行政学院和科研机构的政治学的对外学术交流，从对特定国家和地区的学术交流，扩展到对所有国家和地区的交流。

第二，对外学术交流的流向主要呈现单向性。所谓对外流向的单向性，从文化交流的意义上讲，集中体现在学术交流的内容、人员、成果和作品等等呈现为自外向内的流向。这就是说，我国政治学的对外学术交流，主要还是以引进、吸收和吸取外部的理论、知识、方法为主。无论是学术作品的翻译引介，还是我国政治学相关教学和科研单位举办的国际会议、国际论坛、国际课程、国际培训，许多内容是其他国家和地区，尤其是西方国家政治学、公共行政学和公共管理学的相关理论、思想、知识和方法。我国政治学学术研究的本土性和原创性成果较少，加上其他方面要素的影响，我国政治学向世界推广中国政治学研究成果的态势还在形成过程中。

第三，对外学术交流主要集中在公共行政、公共管理和公共政策方面，这些研究领域的学术交流与日俱增。尤其是公共管理硕士（MPA）专业学位教育广泛展开以后，国内教学和研究对于公共管理理论、知识和方法的知识资源具有强烈需求，从而使得公共行政和公共管理的成果、人员、课程的引进迅速发展，这些专业领域的对外交流成为政治学学术对外交流的主要领域。

第四，我国政治学学术研究与外部，尤其是西方政治学学术研究并不处于同一话语系统中，西方学者对于我国政治学学术研究缺乏了解和理解。因此，目前的学术交流基本处于西方话语强势霸权系统之下，对外交流的学术范畴、概念、方法具有西方主流学术话语的特点。

尽管如此，随着中国特色社会主义政治建设和发展的深入，我国综合国力的不断提高，我国政治学在现有基础上，必将发展成为对于国际学术界具有重要影响的学科。

第三章　学术研究进一步推进的着力点

"十一五"期间我国政治学研究的进展和当前我国政治学学术研究的基本特征,体现着我国政治学学术发展的巨大成就。但是我国政治学的发展距离中国特色社会主义事业和改革开放发展的要求,距离将其建设发展成为国际一流水平的学科,还存在一定差距。就目前来看,推进我国政治学学术研究进一步发展的着力点主要在于:

一、深化马克思主义政治学理论研究

马克思主义是我国政治学发展的指导思想,马克思主义政治学理论研究,是我国政治学研究的首要内容;坚持和发展马克思主义政治学,是我国政治学研究的根本原则;以马克思主义政治学指导政治学研究,是我国政治学研究的基本方针。

从我国政治学研究的情况来看,马克思主义政治学理论研究已经取得了重要成就。不过,随着社会政治的发展,时代和实践将会对发展着的马克思主义政治学理论研究不断提出新的更高要求,深化发展着的马克思主义政治学理论研究,是我国政治学研究进一步发展的重要任务。就目前来看,深化发展着的马克思主义政治学理论研究,主要着力点应该在于:

(1)进一步深化马克思主义政治学基本立场、观点和方法的系统研究。在政治学研究中,尤其应该着力于进一步科学准确地区分马克思主义政治学的基本立场、观点和方法与马克思主义经典作家在特定条件下对于特定政治问题的具体看法、特殊论断和某些推测;区分马克思主义的政治学理论体系和思想精髓与马克思主义经典作家的特定政治观点;区分马克思主义政治学的真谛与对于马克思主义政治学的错误和教条的理解,以全面深刻准确地把握马克思主义政治学的立场、观点和方法。

(2)进一步深化对于马克思主义政治学发展的研究。为此,我国政治学既要深化对于经典马克思主义政治学理论著作的研究,更要深化对于中国特色社会主义理论体系中政治学理论、观点和方法的系统研究,尤其应该着力深化中国特色社会主义理论体系对于马克思主义政治学的继承、创新和发展研究。在这其中,特别需要结合不同的时代和社会政治背景,把握马克思主义政治学历史和学术发展逻辑,以及思想方法、分析方法的运用。

（3）进一步加强理论研究和分析鉴别。强化发展着的马克思主义的主体价值的系统研究和阐述，深入从思想理论上"自觉划清马克思主义同反马克思主义的界限，社会主义公有制为主体、多种所有制经济共同发展的基本经济制度同私有化和单一公有制的界限，中国特色社会主义民主同西方资本主义民主的界限，社会主义思想文化同封建主义、资本主义腐朽思想文化的界限"①。尤其在自由平等、公平正义、民主人权等核心价值方面，进一步强化政治学研究的分辨识别能力。

（4）进一步深入回答中国特色社会主义政治发展中的重大理论是非问题。尤其着力于从政治学理论的角度，深入研究我国政治发展中为什么必须坚持马克思主义在意识形态领域的指导地位而不能搞指导思想的多元化；为什么只有社会主义才能救中国，只有中国特色社会主义才能发展中国，而不能搞民主社会主义和资本主义；为什么必须坚持人民代表大会制度而不能搞"三权分立"；为什么必须坚持中国共产党领导的多党合作和政治协商制度而不能搞西方多党制；为什么必须坚持以公有制为主体、多种所有制经济共同发展的基本经济制度而不能搞私有化或"纯而又纯"的公有制；为什么要坚持改革开放不动摇而不能走回头路等重大现实理论问题。

在以上研究的基础上，我国政治学需要进一步紧密联系中国实际，努力建构中国特色、中国风格、中国气派的原创性政治学理论。

二、提升中国特色社会主义政治研究

我国政治学对于中国政治发展道路、中国社会主义民主建设道路、中国政治体制改革和发展方式，以及中国治理方式展开多方面研究和概括，已经取得相当丰富而重要的成就。但是随着中国政治研究逐步走向世界，需要我国政治学从人类社会发展规律、社会主义发展规律和共产党执政规律的高度，对于中国特色社会主义政治发展道路等命题作进一步的理论概括，赋予中国特色社会主义政治发展以"世界"意义，进一步建构完整系统和深刻成熟的理论。

就此而言，我国政治学研究需要在现有的基础上，进一步深入剖析中国特色社会主义建设和政治发展道路、中国政治模式和治理方式，深入展开对于中国特色社会主义经济、社会、文化要素与政治要素之间的辩证关系的分析，需要进一步深化中国特色社会主义政治发展道路和方式的历史逻辑和现实规定的阐述。与此同时，对于中国特色社会主义政治道路的进一步深化研究，还需要把中国道路和中国方式放在世界历史和现代化进程中加以认识和分析，需要在世界现代化和政治发展道路的比较意义上分析中国特色社会主义政治发展道路，把握中国特色社会主

---

① 《中共中央关于加强和改进新形势下党的建设若干重大问题的决定》，http://www.gov.cn/jrzg/2009-09/27/content_1428158.htm。

义政治的根本特性和发展规律。

三、提高对策研究的科学性和可行性

就目前来看,我国政治学现实对策研究科学性和可行性的提高,需要着重从主客观两个方面创造条件和机制。一方面,我国政治学研究需要进一步贯彻实事求是、从实际出发的原则,进一步深入实际、深入基层、深入群众,深刻把握问题的性质和影响要素,按照科学规范的方法和路径展开全面深入持续的调查研究,在透彻把握问题、深入分析问题的基础上,按照科学性和可行性的要求进行政策、对策设计和建议。另一方面,我国政治学的现实对策研究,也需要各级政府部门和相关单位着眼于实现良好的国家治理和发展社会主义民主政治,着眼于深入贯彻科学发展观,积极发展和创造条件,创设有效制度和机制,从财力、物力、人力、资料和制度机制等多方面支持和引导政治学现实对策研究的深入展开。

除此之外,政治学现实对策研究的科学性和可行性,需要通过国家治理和人民民主实践来检验。因此,对于现实对策研究课题,需要倡导持续跟踪研究,在政治实践和研究成果的调整修正中,不断提高对策研究的科学性和可行性,使得政治学的现实对策研究在政治实践中显示其科学价值和咨政意义。

四、推进研究方法的多样性和科学性

从我国政治学研究发展面临的丰富多样的研究对象和内容来看,我国政治学研究方法的多样性和科学性的提高,是推进政治学研究、提高研究水平的重要途径。就我国政治学研究目前的状况来看,今后进一步推进研究方法的多样性和科学性的着力点应集中在:

在坚持和运用马克思主义历史唯物主义方法研究社会政治现象及其发展的同时,强化马克思主义唯物辩证法的研究和运用。按照对立统一的辩证思维,分析社会政治的多方面矛盾关系和矛盾要素,揭示社会政治现象的本质,阐明政治变化发展的辩证法,把握社会政治,尤其是中国特色社会主义政治发展规律。

在政治学的传统学术领域,比如中外政治思想史和政治制度史的研究中,需要大力推进研究方法的多样性和科学性,以方法的更新和规范,推进传统学术领域研究的深化发展。

在我国政治学研究中,尤其需要重视比较政治分析方法的研究和运用。作为政治学理论的重要来源,比较政治是把握久远的政治历史和广阔的政治世界,借鉴前人和他国治国和发展的经验教训,在比较识别中鉴别政治价值、制度和政策效用,确定选择标准,形成相关理论的重要途径,而科学规范的比较政治分析方法,则是开展科学的比较政治分析和研究的重要前提。但是我国政治学对于比较政治分析方法的研究相对薄弱,亟待予以重视和强化。

在政治科学研究的程序设置和模型运用中,需要强化科学规范性的要求,设置政治科学研究的科学规范和程序标准,以提高政治科学研究的科学程度。同时,需要按照科学研究的要求,强化研究选定或者设定的政治学研究方法在课题研究中的贯彻和实施程度,避免和防止研究方法与研究内容的实际分离,进而降低研究成果的学术和科学水平的问题。

政治学研究需要进一步反思规范研究、经验研究方法的局限性,从而不仅在限定的条件和意义上有效运用不同方法,而且努力结合不同研究方法,使得学术的政治与现实的政治趋向接近;使得政治学研究不仅关注政治现象的科学性,而且关注政治生活的人文性;使得政治科学不仅在研究方法的工具意义上具有科学性,而且在客观规律的认知和政治价值把握的目标意义上同样具有科学性。

我国政治学研究需要研究方法的本土化和本土化的研究方法,这就需要我国的政治学研究在对于我国政治的研究中对于既有方法予以验证,以检测这些研究方法的本土适切性和科学可行性。另一方面,需要从中国本土的政治特性和政治研究出发,逐步构建和形成新的研究方法和分析途径。

我国政治学研究呈现的广泛性,迫切需要对于特定体制机制和专门公共政策展开有效研究,由此形成了我国政治学对于交叉学科方法的迫切需求。比如对于教育体制机制和政策、科技体制机制和政策、社会公共管理体制机制和政策的研究,都需要政治学研究与专门学科领域结合展开研究,并且在这一过程中形成新的方法。

五、积极展开政治学的辩证结合研究

目前,我国政治学的学术研究基本是按照学科、专业和领域展开的,各个学科、专业和领域之间的联系和结合研究相对缺乏。与此同时,现代政治学对于政治分析的积极倡导,也使得政治学学术研究侧重于对于社会政治现象的因果要素分析和对于政治结构与运行过程的解构。这种分离、分科、分割、分析和分解性研究,固然有利于在研究社会政治现象时进行分别解析、要素区分、指标设置、线性逻辑分析和特定对象单向纵向深入,但是也会在相当程度上影响政治学研究把握错综复杂的政治问题的全面性,阐述多重要素复合构成的政治现象的深刻性,揭示相辅相成或者相反相成政治因素对立统一辩证联系的准确性、阐明政治现象质量互变和否定之否定的辩证发展规律的科学性。

按照辩证唯物主义的要求和科学发展观体现的全面结合分析的思维方法，①我国政治学需要在对于政治现象展开分析性研究的同时，着力于综合性、全面性和结合性研究，以促进政治学研究在全面辩证联系中深化认知、把握政治现象及其发展规律。

从我国政治学学术研究目前的状况看，政治学的综合性和结合性研究可以从以下方面展开：

第一，遵循辩证性思维，对于政治生活中多种因素展开全面研究，比如对于政治生活和政治结构中的阶级、阶层、氏族、宗教、家庭、民族、集团、政党、政府、社团、公民、文化、价值等要素的全面研究。同时，对于这些多种因素的辩证联系展开阐述，比如我国民主政治建设中党的领导、人民当家做主与依法治国的结合，西方国家政体设置中民主要素与反民主要素的复合建构等。此外，对于政治发展的重要支配性关系展开切实研究，民主与法治的辩证关系，改革、发展与稳定的关系，国家制度建设与公民参与发展的关系等。

第二，运用均衡性思维，对于政治生活及其发展展开不同方面、不同要素、不同内容、不同价值的结构性均衡、发展性均衡、功能性均衡、取向性均衡研究。比如在我国社会发展的经济、政治、社会、文化、生态建设的结构性均衡意义上把握政治建设和政治发展，在党与政府有效治国理政与人民民主不断发展的均衡中把握中国政治与治理模式，在传统与现代的均衡中把握改革发展的特征和任务，在科学性、可行性、合理性、有效性、适切性的均衡中把握政治战略和政策的制定和执行，在不同地区和社会群体的利益均衡中把握科学发展与和谐政治的取向与路径，在公共性与个人性的均衡中把握政治管理和治理的机制、政策和方式，如此等等。

第三，按照同一性思维，对于政治生活相互矛盾的不同因素、不同方面、不同价值展开协调性与和谐性研究。比如按照人民内部关系同一性大于矛盾性的特点、共同性重于差异性的思维，结合研究我国社会政治生活中领导与群众、政府与公民、效率与公平、发展与稳定的可协调性，进而创造条件协调相互矛盾的政治生活因素和价值冲突，实现社会和谐与政治和谐。

第四，采用综合性思维，强化和深化政治学研究，使得政治学研究对于社会政治表象的研究与本质研究达成统一，对于政治形式的研究与对于政治本质的研究实现一致，对于价值形态的政治、行为形态的政治和制度形态的政治的研究实现有机结合，以达成研究的深刻性。

---

① 胡锦涛在中国共产党十七大报告和纪念十一届三中全会召开三十周年大会上的讲话中总结指出，我国改革开放和社会主义建设的经验在于"把坚持马克思主义基本原理同推进马克思主义中国化结合起来，把坚持四项基本原则同坚持改革开放结合起来，把尊重人民首创精神同加强和改善党的领导结合起来，把坚持社会主义基本制度同发展市场经济结合起来，把推动经济基础变革同推动上层建筑改革结合起来，把发展社会生产力同提高全民族文明素质结合起来，把提高效率同促进社会公平结合起来，把坚持独立自主同参与经济全球化结合起来，把促进改革发展同保持社会稳定结合起来，把推进中国特色社会主义伟大事业同推进党的建设新的伟大工程结合起来"。

第五，启动复合性思维，积极开展跨学科交叉性研究。除了展开政治社会学、政治心理学、政治经济学研究之外，还需要积极采用人文科学、自然科学和技术科学等多种学科、专业的思维和方法，实现政治学研究思维、方法和成果的复合性和集成性，实现政治学研究对于科学要求与人文精神的复合体现，政治生活中价值与制度、行为与规则的复合体现，政治生活的经济性与社会性的复合联系。

六、积极推进和深化公共政策的研究

政治学发展形成的公共政策研究，是政治学学科的新兴专业，也是学术研究的前沿领域。在政治学研究中，公共政策研究具有自己独特的优势和特点：公共政策是政治核心价值的政策体现，是国家治理和发展战略的实施规则和路径规定。因此，公共政策的研究不仅是透视和把握政治核心价值和治国战略方针的窗口，而且是实现这些价值和战略的现实途径探讨。公共政策是政治、经济、社会、文化和生态建设过程中现实焦点难点问题的直接体现，因此，公共政策研究具有直接现实问题聚焦性，对于公共政策的研究，本质上就是对于公共治理和社会经济政治文化发展中的问题焦点展开研究，就是对于解决问题的路径和方法的对策性研究。公共政策是政府治理结构转变的重要工具，在治理结构调整和转型过程中，政府权威机制、市场经济机制和社会组织机制的治理结构的形成，常常是通过政府公共政策的调整和引导来实现的。因此，对于公共政策的研究，是研究我国政府治理结构和治理方式转变的重要视角，而对于相关公共政策的设计和调整的研究，则是推进公共治理结构和机制成长创新和发展的工具。公共政策是我国政治发展，尤其是政治体制和机制改革的先行手段，从我国政治体制和行政管理体制机制的历史过程来看，围绕特定问题展开政策创新，通常是我国政府主导的政治和行政管理体制机制改革的先声；通过公共政策创新，带动相关体制机制创新，进而推动社会政治发展，是我国政治体制机制改革的基本路径。因此，对于公共政策的研究，围绕公共政策议题展开的政策创新，不仅具有实现政府治理的现实意义，而且具有推进我国政治体制机制改革的深层价值。

"十一五"期间，我国公共政策研究发展迅速，取得了巨大的学术研究和对策研究成就，已经成为政治学研究的重要领域和构成内容。随着我国社会主义经济、政治、社会、文化和生态建设的全面展开，改革开放进程的深入发展，各种矛盾和问题凸显，决策的民主化科学化必将进一步发展成为政府实现优效治理的迫切需要，成为人民民主和公民权利保障得以深入发展的强烈需求。因此，公共政策研究将成为我国政治学研究日益重要的领域，具有巨大发展空间和强烈社会政治需求的领域。为此，对于公共政策的多方面科学规范研究，应该成为我国政治学研究进一步发展高度重视的着力点。

就我国在公共政策研究状况来看，"十二五"期间，需要在进一步深入展开公共政策理论研究的基础上,对于政策议题设置、我国公共政策过程、公共政策制定和运行机制、公共政策执行能力、公共政策调整和公共政策绩效评估,予以特别关注。而涉及社会公平正义和科学发展的专项公共政策,比如社会保障政策、财政预算政策、医疗保障政策、教育政策等,迫切需要投入更多的财力和人力,展开深入研究和科学设计。

七、加强政治学科基础性研究和建设

基础学术的研究,是学科学术发展的基石和支柱,是学术研究思想、知识、理论和方法的重要源泉。基础学术研究的程度,在特定意义上决定着学科学术发展的进度和深度,决定着应用研究和对策研究的效度,决定着相关专业思想认知和知识体系的发育程度和水平。我国政治学恢复重建三十余年来,基础学术研究取得了很大成就,产生了一批具有相当学术分量和价值的重要成果,产生了广泛而深远的积极影响,有力地推动了我国政治学研究的发展。不过,作为社会科学的独立重要学科,政治学恢复重建和发展的时间毕竟过于短促,加上其他多种因素的影响,政治学基础学术研究的广度和深度、基础学术研究思想理论知识的积累和积淀,尚不能充分满足和适应学科学术研究和社会政治建设迅速发展的需要,其对于我国政治学学术研究及其发展的基础支柱作用尚没有得到充分发挥,因此迫切需要大力强化和深化。就此而言,我国政治学基础学术的研究,应该成为我国政治学学术进一步发展着力强化的重点领域。就目前的研究状况看,我国政治学基础学术研究的强化和发展,可以考虑从如下方面着力:

(1)强化和深化传统基础学术研究。特别是中外政治思想和制度研究,在既有研究的基础上,推进更加系统和深入的研究。比如进一步强化中国政治思想系统性和专门性研究,强化其中的专题比如中国政治哲学的公平正义观的研究,并且丰富其研究和分析方法;进一步强化中国政治制度的专题研究,包括中国国家起源问题研究、中国的吏治研究等等,传统文化的公平正义观与社会主义公平正义观的比较分析等等;进一步深化中国政治制度发展演变的内在逻辑的研究,深化中国当代政治制度的构建原理和运行机理研究。特别需要指出的是,我国对于外国近现代政治制度,尤其是西方近现代政治制度的构成原理、形成原因和运行机理的研究相对薄弱,亟待强化。

(2)积极展开中外政治历史的研究。我国政治学研究形成的思想理论、知识方法不仅需要在现实政治实践中予以采集和验证,而且需要在历史的长河,尤其是中外政治历史的长河中获取和验证。但是迄今为止,我国尚缺乏中外政治历史的全面系统专门的研究。这一缺陷不仅使得政治思想和政治制度的研究缺乏系统详细专业的政治历史背景,而且使得特定政治哲学命题的历史相对性和针对性难以得到解释,使得今天的政治难以得到前天和昨天的政治的历史逻辑的诠释。因此,我国政治学应该考虑在"十二五"期间展开大规模系统专业的中外政治历史的研究，并且积极努力形成系统深厚的研究成果。

（3）强化学术基础的建设。在现代意义上，基础学术的研究不仅是哲学和史学意义上的基础研究，而且是现实和技术意义上的学术基础建设，其中包括政治学研究基础数据库和案例库的建设，包括学术发展资料的整理和分析。如前所述，"十一五"期间，我国政治学研究在这方面取得积极进展，但是其建设强度和力度还远远不够。因此，建议国家社会科学规划在"十二五"期间加大投入，使得既有的数据库和案例库如华中师范大学基层民主与治理数据库、北京大学中国公民意识实证调查数据库、清华大学公共管理案例库的建设上升为国家项目，得到国家社会科学基金的专项大力支持，积极建设基础数据共享平台。该数据平台围绕政治科学及相关的交叉学科，由国家统计数据、高校和研究机构数据、政府决策数据、民意调查数据等各方位的数据集合而成。不仅包括基础的数据产品，也包括衍生的学术研究成果、政策咨询与评估报告，以及教学培训方面的资料，以形成国际一流水平的研究平台。

（4）积极展开学术历史的研究和建设。学术发展历史的回顾和研究，是推进学科学术发展的重要途径。就我国政治学研究来看，新时期我国政治学恢复重建的学术历史发展过程和经验教训需要切实总结分析，对我国近代以来政治学学科建设和学术发展的历史过程和经验教训也需要深入系统整理和认真总结。这些工作应该成为"十二五"政治学基础研究的重点关注内容。

八、强化和扩展政治学对外学术交流

我国政治学的学术发展是在社会主义政治建设和改革开放的历史进程中实现的，把握正确的政治方向、立场和方法，根据中国国情和发展进步的需要，从国外政治学研究中吸取有益知识和因素，在对外交流中了解世界、吸取人类文明的优秀成果，是我国政治学研究发展的重要途径之一。同时，随着中国发展道路的国际影响日益增强和我国综合国力的不断加强，我国政治学走向世界的国际化要求也日益强烈，我国政治学研究对外交流的输入性状况需要逐步转变为输出性势头，以其他国家和地区文化和学术为主体的对外学术交流，需要逐步转变为以我国的学术为主体。

因此，在我国政治学学术的未来发展中，我国学者不可闭关自守、自说自话，而需要以世界发展的眼光，以创建国际一流政治学科和学术成果的志向，以广纳世界和人类政治文明成果的胸怀，进一步推进和强化对外学术交流。在交流中进一步深刻理解世界各国和地区的政治特点和发展道路，吸取不同国家和地区政治学研究的优秀成果，提升我国政治学的学术研究水平和创新能力，以利于我国社会主义政治的发展和建设。同时，在扩大和强化对外交流中，使世界了解和理解中国，扩大中国特色社会主义政治道路的辐射力,加强我国政治学学术研究成果和思想价值的影响力。

在扩大和强化我国政治学对外学术交流的过程中,我国政治学者需要进一步强化和提高对于国际政治学学术发展状况的认识水平,提高国际学术对话能力;需要向国际学术界积极推介中国政治学学术研究成果,并且围绕人类政治文明发展的世界课题展开深入研究,积极参与国际学术界的相关探讨,努力扩大对外学术合作研究,以多种形式扩大和强化对外学术交往和交流,如此等等。

第四章 "十二五"期间发展趋势和前沿课题

在"十一五"期间学术研究发展的基础上，在中国特色社会主义理论指导下，在中国社会政治建设和发展的逻辑作用下，我国政治学研究面临着思想价值的坚持与发展、历史经验的概括与提升、政治研究与现实的互动、学术进展与学科发展结合等多方面的责任、使命、任务和机遇，并将在对其进行的学术回应中，逐步形成我国政治学学术研究在"十二五"期间的发展趋势。

从总体上看，我国政治学将会继续围绕着中国特色社会主义政治建设和发展的主题展开，这一主题的核心内容是党领导人民有效地治理国家。在政治学研究和学术发展中，这一核心内容将形成有机结合的两个方面的研究主线：一是中国共产党领导下的国家优效治理，二是人民民主政治的发展。在这一总体趋势下，我国政治学研究将形成学术研究的前沿领域和课题。

一、政治学研究负有重大的思想定向责任，势将促使政治学对于发展着的马克思主义政治学理论进一步展开深入研究

发展着的马克思主义政治学，是我国政治学学术研究的指南。以发展着的马克思主义政治学指导我国政治学学术研究，引领我国政治学学术发展，使得我国的政治学学术研究按照中国特色社会主义政治建设和发展的正确道路前进，深入展开对于人类社会发展规律、社会主义政治发展规律和共产党执政规律的研究和阐发，是我国政治学学术研究的根本原则和重大思想责任。我国政治学的进一步发展，必然而且必须承担这一重要思想责任，坚持这一根本方向和重大原则。

按照肩负的重大思想责任的要求，我国政治学学术研究势将进一步趋向对于发展着的马克思主义政治学理论的深入研究。在中央马克思主义理论研究和建设工程的统领和带动下，关于中国化的马克思主义与经典的马克思主义的继承发展关系，马克思主义与社会主义政治实践的关系，我国社会政治发展中的重大理论问题和重大是非界限，将会按照发展着的马克思主义政治学的基本立场、方法和观点，得到进一步重视和深入研究。

另一方面，马克思主义政治学原理和方法的深入研究，将贯穿和深化政治学分支学科和专业领域的理论研究。在中外政治思想、中外政治制度、中国政府与政治、行政管理、公共管理和公共政策等课程，在政党和政府理论、政治哲学分析、比较政治理论和方法、政治发展理论、政治制度理论、政治经济理论等研究领域，贯彻

马克思主义政治学与行政学基本立场、观点和方法,引领这些课程和领域运用马克思主义立场、观点和方法分析问题、阐发思想、阐述理论和确立价值,逐步深化这些课程和研究领域的学术研究。

中国特色社会主义理论体系是全国各族人民团结奋斗的共同思想基础。[①] 因此,在实践中深入研究中国特色社会主义理论体系,尤其是深入研究其政治学理论和方法,势必成为我国政治学的重要内容。具体地说,在邓小平理论研究方面,我国政治学将在已有研究的基础上,进一步深化学术研究,研究课题包括邓小平的中国政治发展思想、政府管理思想、社会主义政治民主政治建设、政治价值观、政治体制改革思想等等。在"三个代表"重要思想方面,关于我国社会发展新阶段的社会阶层及其政治状况,关于共产党的执政方式、执政能力、执政水平,关于政党制度与政治核心价值,如廉洁、效率、公平、公正之间的联系及其实现模式等,将成为重要的研究课题。在科学发展观方面,以人为本的政治哲学和思想方法论,从人的主体性出发建立的协调发展的政治战略,公共政治、和谐政治的核心价值、制度形态和机制政策,科学发展的政府管理方式和社会治理模式等等,都成为重要的理论探讨领域。与此同时,中国特色社会主义政治理论对马克思主义政治学说的继承和发展,邓小平政治理论、"三个代表"重要思想和科学发展观之间的联系,也将成为我国政治学研究的重要理论课题。

与此同时,我国的改革开放和经济社会转型,在深层次上体现为社会价值体系的继承、坚持、发展和创新问题,由此需要持续深刻地展开社会主义核心价值体系构建,社会政治生活重大价值如社会主义民主、自由、人权、平等、正义、公正、效率的研究。而这些政治核心价值与其他政治哲学及其核心价值的关系、这些政治核心价值的社会本质及其在我国政治现实中的实现途径等问题,无疑构成了我国政治学研究的思想方向和实践发展等重要课题,由此使得政治核心价值研究在未来我国政治学学术研究中更加凸显其重要意义,进而发展成为政治学研究的核心理论研究领域。

应该强调指出的是,我国政治学的重大意识形态和思想价值观的澄清和导向责任,将趋于按照马克思主义政治学研究方法论的要求予以承担。这就是说,我国政治学将按照历史唯物主义和辩证唯物主义的要求,从理论、思想、价值等精神现象与社会组织实践紧密结合,与人类社会政治发展历史、社会主义政治实践和共产党执政实践紧密结合上展开进行,以最广大人民群众的政治实践作为政治精神现象的唯一标准确定重大政治和思想价值是非,从工人阶级和广大人民群众拥有、享有和主导的意义上阐发政治价值和理论是非。

---

① 胡锦涛:《高举中国特色社会主义伟大旗帜 为夺取全面建设小康社会新胜利而奋斗——在中国共产党第十七次全国代表大会上的报告》,人民出版社,2007 年。

二、政治学研究负有重要的理论创新任务，势将促使构建中国
本土原创性政治学理论发展成为政治学研究的未来趋势

就哲学社会科学的特性来看，理论是特定学科的灵魂和精髓，是作为独立社会科学学科存在和发展的思想根基，是学科专业研究和把握客观世界程度和水平的衡量标尺。因此，理论研究既是哲学社会科学各学科的分内职责，也是其发展和提高思想认识水平、推进学科建设发展的基本路径。从我国政治学研究状况来看，理论研究更是政治学科奠定、巩固和强化学科思想基础、逻辑基础、方向前提、路径导向和知识根基的重要途径，是推进学科发展和巩固学科地位的重要方式。因此，我国政治学负有强化和深化理论研究，不断实现理论科学创新的重要任务。

就我国政治学理论研究来看，马克思主义政治学理论既是我国政治学理论研究的指南，又是我国政治学理论研究的内容。在马克思主义政治学指导下，我国政治学者披肝沥胆，初步建构和形成了我国政治学的基本理论体系和专门理论，为政治学科和学术研究的发展奠定了较为扎实的优良基础。

随着发展着的马克思主义的不断丰富，随着中国特色社会主义政治建设实践和我国政治学学科的发展，我国政治学理论研究面临着进一步理论创新的更高要求。就我国政治学的理论状况来看，这一要求特别体现为对于政治学本土性、原创性理论创新的呼唤和要求，从而促使我国政治学趋向于构建本土性、原创性政治学理论。

按照我国社会科学理论创新的规律，我国政治学本土性、原创性理论创新和建构，必将在发展着的马克思主义政治学指导下，基于我国人民丰富多样的政治实践的发展构建形成，并且在这一实践中不断得以检验和证实；必将根据我国经济、社会、文化和政治的特性构建形成，并且具有对于中国和世界的政治发展和政治实践科学透彻的逻辑解释力；必将与人民的根本利益密切相关，并且以人民的根本利益和人民民主的发展进步为价值取向和理论目标；必将进一步分析、鉴别、扬弃和吸取古今中外一切思想资源和优秀成果，汇集人类的政治智慧和思想成就。

按照政治学理论的基本要求，我国政治学的理论建设和创新必将从对中国与世界、历史与现实、现象与规律的探讨入手，以实现本土性、原创性与国际性、发展性的结合为特色，使得我国政治学研究的思想、理论、智慧和知识造福于中国人民，裨益于中国特色社会主义政治建设和政治文明发展，影响国际政治科学的学术和理论发展。

三、政治学研究负有重要的学术推进使命，势将促使中国特色社会主义
政治发展道路的理论概括和实践研究趋向深化

经过新中国六十余年的发展，尤其经过改革开放三十余年的发展，中国特色社会主义道路以其空前的成就，引起世界广泛瞩目，由此也提出了不同于其他国家和

地区的"中国特色发展道路"、"中国模式"等具有世界历史意义的命题。在这一历史和学术背景下,运用历史唯物主义和辩证唯物主义,以世界现代化历史和经济全球化的眼光,从学术理论上深入总结中国特色社会主义政治发展经验,分析中国特色社会主义政治发展道路,将之概括、提炼、升华和构建,形成既有理论原创性,又有国际学术意义的中国政治发展理论、中国民主政治建设理论、中国治理模式理论和中国经济社会发展的政治经济学理论,透彻深入地阐明中国特色的人民民主之政与优效公平之治的有机结合、公共利益与公民权利的均衡关系,中国特色政府、市场和社会机制的有效结合模式等等。科学总结、发掘和提炼"中国特色社会主义政治发展道路"、"中国治理模式"等重大命题,不仅成为我国政治学学术发展的重要历史和学术使命,而且成为我国政治学形成基于本土的原创性成果,进而走向世界,形成国际一流学术成果,建设成为国际一流政治学科的重要路径。因此,在我国政治学研究的未来发展中,中国政治发展历史既往经验的总结和分析、中国政治模式和治理模式的理论阐发、中国特色社会主义政治建设和发展道路的理论和实践研究,不仅继续成为我国政治学学术研究的重点和中心,而且成为我国政治学学术研究的热点和重点。

在对于中国特色社会主义政治发展道路、中国治理模式等等的分析和阐发中,我国政治学学术研究将趋于不仅描述中国经验、道路和模式的特征,而且分析中国经验、道路和模式的内在逻辑;不仅分析其内在逻辑,而且阐明其社会基础、政治性质、发展取向和趋向。由此不仅在国际政治学学术研究领域打破西方学术的世界话语霸权,而且从本质意义上阐明中国特色社会主义政治的根本性质、巨大优越性和强大生命力,在比较分析和鉴定识别中阐明中国特色社会主义政治对于中国社会发展和现代化建设的必然性和适切性。

四、政治学研究负有重要的现实政治责任,势将促使政治学进一步趋向现实对策性研究,使公共政策研究迅速强劲发展

我国社会主义现代化建设进入新的历史发展时期,深入贯彻实践科学发展观。在经济建设、政治建设、社会建设、文化建设、生态建设和党的建设中,政治建设具有举足轻重的关键地位和作用。深化政治体制和行政管理体制改革,推进社会主义民主政治,成为中国特色社会主义发展至关重要的现实政治责任。在我国政治学研究中,这一责任体现为一系列重大现实课题。比如执政党在治理国家的实践中进一步实现科学执政、民主执政和依法执政,在制度和机制意义上落实党的领导、人民当家做主和依法治国的有机统一的政治发展战略,适应改革开放和社会主义市场经济科学发展的新要求,实现政府职能转变,建设服务型政府等,都成为我国社会主义现代化建设过程中的重大迫切问题,都需要政治学在深入研究和理论创新中,不断予以深入研究、科学分析、理论概括和对策回应。这就要求我国政治学以党和国家正在做的事情为中心,进一步从战略、制度、价值、文化、政策等多方

面着力研究国家治理与人民民主发展的重大现实问题。

另一方面,我国经济社会发展进入转型期,科学发展进入关键期,改革开放进入深水区,社会矛盾集中而突出,社会、民族、政治事件具有突发性、高频度、高强度的特点,维护政治稳定、公平正义、公民有序参与等政治发展课题,成为现阶段社会经济政治发展的重要热点、难点问题。政治学肩负党和人民的重大期望,应当义不容辞地在全面建设小康社会、社会主义和谐社会的过程中直面这些挑战,突出焦点、突破难点、准确科学地分析问题,从战略、方略、策略等多方面提出、设计和论证具有针对性、建设性和可行性对策。

因此,在我国政治学未来发展中,政治学的现实对策性研究将会更加突出,现实问题导向的应用性、对策性研究在政治学研究中的分量进一步加大。与此同时,我国社会政治建设要求政治学现实研究能力得到大幅度强化,由此形成的研究成果的科学性、有效性程度将会大幅度提高。

从发展的角度看,我国政治学的现实对策性研究在数量和比重上会逐步超越理论研究和基础研究,成为政治学研究的主体内容。政治学学术研究内容和课题数量会按照现实对策和应用性程度,呈现专项政策研究多于政策理论、公共政策研究多于公共管理、公共管理多于公共行政、公共行政多于政治制度、政治制度多于政治哲学和政治理论的梯形结构分布,而在研究方法上,也会相应形成实证研究迅速发展而超越规范研究的趋势。

在这一趋势作用下,我国政治学将进一步推进公共政策研究在数量和范围方面迅速发展的势头。由此使得公共政策分析和研究成为我国政治学研究的主要学科专业和研究领域,使得公共政策分析的理论、方法、程序和技术成为政治学研究的重要内容。

五、政治学研究对象日趋丰富的发展状况,势将拉动我国政治学研究趋向学术范围和关注层次的丰富多样、相互融合

如前所述,就其现实状况来看,我国政治学的学术研究呈现丰富多样的特征。随着社会政治建设发展,我国政治学研究将会顺应社会发展和政治建设的进一步要求,治理国家和发展人民民主的进一步要求,扩大加深学术研究的广度、深度和幅度,使得政治学成为融合不同学科专业知识和方法,实现深入精细研究的学科。具体地说,主要体现在:

一方面,我国政治学学术研究势将进一步扩展。从研究层面来看,我国政治学学术研究将进一步从宏观政治层面深入拓展到中观政治层面、微观政治层面。这就意味着我国政治学研究在深化研究国家政治原则、政治价值和宏观制度架构的同时,将进一步深入政权运行过程、治理决策过程、政策执行过程、团体政治行为、组织结构等中观政治层面,以及公民权利和政治心理、政治行为和政治态度等微观层面的研究。从研究对象来看,我国政治学研究将进一步从思辨性政治哲学的研

究,深入拓展到体制和机制研究这一重大转变需求;进一步超越传统的制度研究,深入到政治运行机理剖析、国家治理和民主发展机制设计和设置研究的迫切需求;进一步超越单纯的制度规则研究,深入到人与制度互动结合研究的需求。从研究领域看,除了政治哲学、政治思想、政治制度等领域之外,政治历史、政治行为、政治心理等等,将成为我国政治学学术研究的重要领域。除了政治学学科领域之外,人文、社会、自然和科学技术的多个学科都会在理论基础、研究方法、知识借鉴等方面,与政治学学术研究形成交融,从而使得政治学学术研究呈现内容的巨大包容性和丰富多彩性。

另一方面,我国政治学学术研究的内容扩展和丰富,也会体现在政治学研究的丰富多样性的相互结合和融合方面。其中包括历史与现实、理论与实践、意识形态与政治运行、制度与价值、战略与政策研究的结合和融合,包括规范研究方法与实证研究方法的结合与融合,进而促进政治哲学与政治学科研究的结合和融合,包括宏观、中观和微观研究的结合和融合,中国研究与比较研究的结合和融合,如此等等。在这些结合和融合中,会形成新的学术研究生长点。

六、政治学研究面临的研究方法改进需求,势将拉动政治学研究趋向思维方式、探讨途径和工具进一步多样化和规范化

"十一五"期间,我国政治学对于研究方法展开了多方面研究,对于我国政治学在方法论意义上的多样性和科学性进行了检讨、反思和审视,取得了良好的成果。"十二五"期间,我国社会主义政治建设的深入发展,将促使我国政治学进一步适应学术研究的要求,进一步审视和反思我国政治学的研究方法,并且推进政治学研究方法多样性和科学性的进一步发展:

对于马克思主义政治研究方法的研究会得到深入,马克思主义唯物辩证法将会得到进一步重视和运用。同时,马克思主义关于人性问题的观点将得到深入研究和准确把握,在经济关系基础上,人的多种社会关系形成的人性,比如人的民族性、人的阶层性等等,将逐步形成政治理论研究的多种逻辑起点和分析途径,并且在此基础上形成相应的政治理论和知识。

在马克思主义政治研究方法指导下,西方政治分析的途径将得到比较深入的研究和科学鉴别。这些分析途径如关于人性的伦理设置、理性设定、经验存在、虚拟环境设计等等,将会得到深入研究和分析;关于制度与实践之间的因果关系和变量作用,关于政治制度与社会经济和意识形态之间的因果关系将得到深入检讨;关于西方政治分析模型的效用和意义,将得到检测和验证;关于泛科学主义的方法论思潮将得到反思,其机械唯物论和形而上学的特点将受到质疑;关于经验研究和实证分析方法的局限性将得到揭示。在此基础上,政治学者将会提高我国政治研究方法的科学性,降低对于西方政治分析方法认识的盲目性和片面性。

随着中国特色社会主义政治实践的丰富和发展,我国政治学在丰富发展既有

研究方法的同时,将根据学术研究科学性、实践性的要求,从中国本土的政治研究中逐步构建和形成新的研究方法和分析途径。比如中国社会和政治中残存的宗法亲缘关系的分析途径,中国政治和政府管理中政治与政策协调机制和共识达成机制的分析模型等等。

与此同时,随着我国政治学研究国际视野的拓展,国别政治将会得到政治学学者的进一步重视。在此基础上,比较政治的研究将会得到发展,而国别政治、比较政治的研究和分析方法也将在这一过程中得到发展和优化,由此将形成比较政治研究的新课题。

尤其值得指出的是,在我国政治学持续强调加强实证定量研究的背景下,定性研究方法和规范性方法,正重新得到政治学者的重视。因此,政治学规范研究方法以及与实证研究方法的结合,将成为我国政治学研究方法发展的趋势之一。

由上可见,随着社会政治的发展和政治学研究的深入,我国政治学研究方法将呈现多样性与科学性结合的趋势:政治学学者将采用多种方法展开学术研究,以适应社会政治复杂性和学术研究丰富性的特点,大大拓展学术研究的角度和途径,形成多种认识手段和认识成就;另一方面,政治学学者将在学术研究方法的研究中,分析确定各种方法的科学性和合理性,在中国社会主义政治实践中验证其有效性和适用性,从而提高学科研究方法的科学程度,并且促使本土化原创性学术研究方法的形成和发展。

七、政治学研究对于学科专业调整的要求,势将促使政治学学术研究趋向推动建构更为合理广阔的学科学术研究空间

我国现行政治学科继承了1980年政治学恢复重建以来的学科领域结构,按照理论、思想、制度及国际领域构建成政治学的学科和研究领域。1998年设置的学科专业目录,使行政管理专业脱离政治学科,成为公共管理的二级学科,即从治理国家的重要政治性专业,变为管理行政的管理专业。

随着中国特色社会主义政治建设和民主政治深入发展,在中国特色社会主义政治建设中,政治对于行政管理的主导功能和支配意义,政治价值要求对于行政管理和公共政策的导向性要求,政治运行对于行政管理运行的引领功能,政治发展对于政府发展的基础意义,都使得作为治权研究的行政管理专业回归政治学学科专业体系的必要性日益加强,使得行政管理回归为政治学分支学科和研究领域的需求日益强烈。

从综合研究人类社会政治发展规律、社会主义政治发展规律和共产党执政规律出发,从经济全球化对于社会政治的影响和作用出发,我国的政治学研究和发展应该开拓国际视野,具备比较眼光。正因为如此,政治学学科专业调整的另一突出问题是比较政治学专业的设置。政治学急切需要现有的中外政治制度专业转变为中国政治专业和比较政治专业。

在学科结构发展过程中,政治学交叉学科的发展,要求突破政治学学科结构按照理论、思想和制度的现行分类主线,形成中国政治、比较政治、政治社会学、政治经济研究、政治心理学等新学科领域和专业方向。

由此可见,我国政治学科面临结构性调整和整合与结构性分化和组合问题,由此形成了我国政治学研究重新设置和划分政治学分支学科的任务和发展趋势。

八、政治学基础研究深入强化的发展要求,势将有力地推进政治学 基础学术研究和学术基础建设趋向进一步深化和强化

在"十一五"期间深化发展的基础上,政治学基础学术研究将趋向进一步强化和深化,其基本特征体现为:

(1)在发展着的马克思主义指导下,我国政治学的基础理论和知识将得到进一步重视和推进。"十一五"期间《中国大百科全书》(第二版)的出版,有力地推进了我国政治学基础理论和知识的研究。随着社会政治实践的发展,对于政治现象继续进行理论概括和讨论,对于政治知识继续进行理论审视,吸取政治学研究的新鲜成果,构建更加具有时代特征、实践特征和理论解释力的基础理论知识,将成为政治学基础学术研究的内容。

(2)政治学基础学术研究在中外政治思想和政治制度等传统基础学术研究领域中得到进一步深化,并且呈现新的特征。传统基础学术的专门性研究将得到强化和深化,因而成为深化传统基础学术研究的路径和标志。传统基础学术研究的某些薄弱环节,比如西方政治制度通史、西方政治制度构成原理和运行机理分析、中国政治哲学与西方政治哲学的专题比较分析,中国政治制度内在逻辑和运行机理等等,将会得到强化和深化。

传统基础学术的研究方法将借鉴采用现代政治学研究方法,形成对于传统思想和制度的多视角、多途径和多方法的研究;同时,传统基础学术将采用政治学交叉学科的理论和框架展开研究,由此形成创新性成果和特色性成果。

传统基础学术研究进一步呈现与现实政治发展主题的紧密相关性。我国现实政治建设和发展、人民民主政治建设和治国理政的基础理论和价值,影响甚至规定着中外政治思想、政治制度、政治哲学、政治文化研究的命题、主题和课题选择,促进这些研究领域就这些内容展开相关内容的研究,形成具有深厚学术力度和现实价值的研究成果。

(3)中外政治历史的研究作为政治学基础学术研究的重要内容,将逐步得到重视。在此前提下,中外政治历史研究将逐步形成系统厚重的研究成果,并且与中外政治思想、中外政治制度结合,形成我国政治学科基础学术的立足点和奠基石。

(4)随着我国新时期政治学恢复重建 30 周年活动的展开,我国政治学学术发展史的研究工作将被提上日程,并且逐步成为我国政治学基础学术研究的重要领域和构成内容。

(5)围绕中国政治和世界政治发展的重大问题和趋势,按照基础研究与应用研究进一步紧密结合的原则,新类型和新技术意义上的学术基础研究和建设将得到进一步开展和加强。其中包括中国政治和治理的一手典型案例库、中国政府文献和公共政策的数据库、政治研究的网站建设和网络链接、中国政治运行和政府管理的模拟研究等等将得到开发;对于特定问题的实证性研究的连续跟踪调查和资料积累,将成为政治学研究的重要学术基础;若干口述史和专项问题的实地观察报告的积累,亦会构成学术研究的重要内容;而关于学科建设和学术研究的综合研究,比如学术研究发展报告、学科年鉴等,将得到进一步重视和加强。同时,传统的基础学术资料的电子化和网络化,将使得基础规范性研究得到新的发展动力和形式。

九、政治学科对外学术交流的开拓和发展,势将促使政治学对外学术交流与合作进一步趋向丰富多样和双向深入展开

随着我国改革开放进程的深入发展,"十二五"期间,我国政治学学术研究的对外交流程度将会进一步深化,并且进一步呈现多层次、多形式、多内容的特点。在这其中,除学术会议、资料交流、访问进修之外,对外合作研究将成为国际学术交流的重要形式。而国外大学或者研究机构、国内高校和国内其他部门的多方结合研究,将逐步得到发展。就其内容来看,除了公共行政、公共管理和公共政策之外,中国政治哲学、中国政治发展道路和治理模式、中国政治运行机制、中国式民主、中国人权模式等,将成为政治学深化对外学术交流的重要内容,而中国传统政治哲学、中国政治制度和社会自治、中国的民族区域自治制度,中国的民族和宗教政策等,也会成为国际学术界关注的重点、对外交流的重要内容。因此,以公共行政、公共管理和公共政策为主体的对外学术交流,将逐步转向以我国的主流意识形态、我国的主流政治价值观的阐述、我国的政治发展道路和我国的治理方式阐发为重要内容的对外学术交流。

我国政治学将在坚持"一个中国"的原则下,积极争取恢复我国在国际政治科学协会等国际性学术组织中的合法地位。同时,加强与国际行政科学协会、各国相关学术机构和组织的合作,并且以此作为国际学术交流的平台,加强与国际学术界的联系,使之成为提高我国政治学学术发展水平的重要途径。

我国政治学对外学术交流的发展,将从单向为主的交流转向双向交流。随着中国特色社会主义建设的深入发展和我国综合国力的日益增强,我国的学术研究水平的提高和文化影响力度的扩大,我国政治学学术交流将从单向交流逐步转向双向交流。我国政治学学术研究、学者和成果将逐步推向世界,介绍和阐发中国政治、政治发展、价值观念和治理模式,形成国际化学术研究成果,并且将对国际学术界产生相应影响。

与此同时,在对外学术交流中,我国政治学者维护国家主权和人民根本利益的原则将得到进一步强调和重视,国家的尊严和我国学者的人格尊严将得到进一步

维护,我国政治学学术研究的学术价值、政治价值、历史价值将得到进一步阐述和重视。

根据中国特色社会主义政治发展战略、我国政治学学术研究当前状况、存在的不足、肩负的责任和发展趋势,我国政治学未来五年的前沿领域和重点课题拟设为:

①中国特色社会主义政治学和行政管理学理论体系研究;

②中国共产党领导人民有效治理国家的战略与路径研究;

③中国特色社会主义政治建设与经济社会文化生态建设协调发展研究;

④中国共产党总揽全局、协调各方的权力运行体制和机制研究;

⑤党内民主与人民民主发展研究;

⑥科学发展观与我国服务型政府、责任政府、法治政府建设研究;

⑦公共政策制定和执行的科学化、民主化、程序化、规范化研究;

⑧我国干部人事制度和领导干部选拔方式改革研究;

⑨加强廉政建设与完善公共权力的制约和监督机制研究;

⑩深化地方政府行政管理体制改革与地方政府管理创新研究;

⑪社会政治稳定与群体性事件处理机制研究;

⑫我国社会各阶层有序政治参与和城乡基层民主深化发展研究;

⑬我国公民意识和政治文化实证研究;

⑭我国民族关系的新特点与建设和谐民族关系研究;

⑮比较政治与政策研究;

⑯中西政治哲学研究和比较分析;

⑰中国国家治理、政府管理和民主政治建设数据库和案例库建设。

61

第二部分　中国政治学
学术发展十年：分论

第一章　马克思主义政治学理论

一、"十一五"期间马克思主义政治学理论研究基本成果

　　马克思主义政治学理论，在我国政治学中是具有基础理论和导向意义的重要分支领域，在政治学科学术发展中具有基础作用、导向作用和引领作用。"十一五"期间，马克思主义政治学理论在马克思主义、毛泽东思想、邓小平理论和"三个代表"重要思想、科学发展观的指导下，努力建立中国特色社会主义政治学理论体系，取得了一系列的重要研究成果。

　　"十一五"期间是进一步落实中共中央提出的《关于进一步繁荣发展哲学社会科学的意见》，实施马克思主义理论研究和建设工程的五年，也是马克思主义学科发展取得重大进展和重大成就的五年。"十一五"期间，我国马克思主义政治学理论学科在机构设置、人才队伍培养、重点教材建设和课题研究等各方面都取得了阶段性进展和成果。这些进展和成果，无论对学术界和教育界的科研和教学，还是对社会舆论、政治体制改革和民主政治建设实践，均产生了积极重要的影响和作用。在学术研究方面，我国政治学界重视马克思主义政治学理论研究，取得了积极进展和丰硕成果，进一步巩固了马克思主义政治学理论在政治学学科中的指导地位，并且进一步加强了对于政治学其他学科领域学术研究的指导和引导作用。调研表明，"十一五"期间的主要进展和重要成果主要体现在以下三个方面：

　　（一）中央马克思主义理论研究与建设工程进一步推动马克思主义政治学基本理论研究取得实质性进展

　　在中央马克思主义理论研究与建设工程领导小组领导下，马克思主义政治学基础理论研究得到了积极推进和实质性进展，具体表现在以下方面：

　　第一，系统阐述马克思主义政治学原理的《政治学概论》教材基本完成。《政治学概论》经过多次修改和讨论，已经向中央马克思主义理论研究与建设工程领导小组提交了终审稿。工程咨询委员和专家学者认为，《政治学概论》教材坚持以马克思主义为指导思想，系统阐述了马克思主义政治学理论体系，特别是对中国特色的马克思主义政治学理论作了较为全面的梳理和阐述，反映了中国特色社会主义政治实践的新经验，阐述了当代政治发展中的重大理论与现实问题，坚持正面回答当代中国政治发展中存在的问题，鲜明地体现了马克思主义的立场、观点和方法，保

65

证了政治方向的正确性。教材吸收了国内外政治学研究的最新成果，整体框架涵盖了现代政治学的基本领域和范畴，体现了马克思主义政治学的主要内容，建构了马克思主义政治学理论的学科体系。对大学本科专业学生确立马克思主义政治观，学习掌握马克思主义政治学的基本立场、观点和方法，提高政治鉴别力和敏锐性，自觉抵制西方和境内外各种敌对势力的意识形态和政治价值观渗透，有良好的启发和帮助作用。当然，该教材对当前学术界和社会广泛关注的一些政治热点、难点、敏感问题的分析，仍需要随着中国特色社会主义政治建设的实践和学术理论的发展，不断加以修改、补充和完善。

第二，标志着马克思主义经典著作最新研究成果的《马克思恩格斯文集》和《列宁专题文集》出版发行。这两部文集的出版，科学地认识和对待马克思主义，推动用一脉相传和发展着的马克思主义指导新的实践，更加准确反映了马克思主义经典作家的原意，集中体现了马克思主义的思想精髓。这两部文集对于马克思主义政治学理论的具体运用和深化发展，对中国政治实践的理论思考，有着重要的指导和解释作用。

第三，中央马克思主义理论研究与建设工程政治学理论研究系列课题项目展开并且完成。中央马克思主义理论研究与建设工程政治学科组按照中央精神和指示，紧密联系马克思主义经典作家对政治学基本原理的相关论述，尤其是中国化的马克思主义对于中国政治及其发展的重大问题的相关论述，开展了一系列课题研究：①马克思主义政治学基本理论问题研究，[1]②关于政治学教材使用情况的初步调查与分析，[2]③国内外政治学教材大纲编写研究，[3]④《政治学概论》编写中需要讨论与研究的重大理论问题和现实问题。在此基础上，形成了相关研究成果。此外，中央马克思主义理论研究与建设工程还展开了"马克思主义经典著作基本观点研究"系列专题研究，其中有四个被列为"国家重大项目"的课题与政治学有关，包括"马克思主义经典作家论民主和政治文明"、"马克思主义经典作家论和平与战争"、"马克思主义经典作家论阶级斗争和无产阶级专政"和"马克思主义经典作家论无产阶级政党"。

第四，积极展开对于马克思主义政治学理论的学术探索。在中央马克思主义理论研究与建设工程直接推动下，"十一五"期间，我国政治学者对于马克思主义政治学理论展开了积极的研究。马克思主义政治学基本理论研究围绕着马克思主义经典著作和中国化的马克思主义政治学基本理论展开，研究主要围绕着国家建设理论、阶级与阶层分析理论、民主理论、政党理论、政治制度理论、政治参与理论、政治发展理论等主题展开，取得了一系列重要成果。与此同时，马克思主义政治哲学和社会主义基本价值如民主、公平、正义、自由、效率等得到了深入探讨，而社会公

---

① 本课题由吉林大学王惠岩、周光辉教授主持完成。
② 本课题由南开大学朱光磊等教授主持完成。
③ 本课题由复旦大学林尚立教授主持完成。

平、生态文明、可持续发展等方面课题的研究得到进一步深化。"十一五"期间，全国哲学社会科学规划办、教育部、各省规划办及相关科研单位在项目设立和其他方面，对马克思主义政治学理论研究给予了大力支持。

（二）中国化的马克思主义政治学理论研究进一步展开

中央马克思主义理论研究与建设工程实施以来，围绕着中国化马克思主义政治学理论研究，形成了一系列研究成果，如毛泽东思想、邓小平理论和"三个代表"重要思想的政治学研究成果。在这方面，我国政治学的研究主要集中在马克思主义政治学中国化问题，其课题主要集中在社会主义理论体系构建、和谐社会建设与政治发展、小康社会建设与政治文明、以人为本的政治学含义和理论阐述、科学发展观与社会主义政治建设等重大理论和实践问题方面。具体体现在如下方面：

第一，进一步强化了对毛泽东思想、邓小平理论和"三个代表"重要思想、科学发展观中包含的马克思主义政治理论的研究。有学者按照政治学理论专题阐述了马克思列宁主义、毛泽东思想基本理论观点[①]，有学者在对马克思主义经典作家的观点进行梳理的基础上阐释了中国特色社会主义道路[②]，有学者从马克思主义中国化的学科界定、具体内涵、思想路径、经验、进程等方面进行了比较系统的政治学

① 如郭学旺、赵耀先：《论毛泽东对社会主义理想政治秩序的探求》，《政治学研究》，2006 年第 2 期；曾宇辉：《马克思主义关于和谐社会的核心命题：人的自由与全面发展》，《政治学研究》，2006 年第 2 期；李涛、张德友：《论科学发展观对毛泽东社会统筹发展思想的继承与发展》，《政治学研究》，2006 年第 2 期；郭根山、岳长利：《论毛泽东的人民民主权利思想》，《政治学研究》，2007 年第 3 期；梅荣政、李静：《革命权是唯一的真正"历史权利"——恩格斯〈1848 至 1850 年法兰西阶级斗争〉导言研究》，《政治学研究》，2007 年第 3 期；陈秉公、颜明权：《马克思主义公正观与农民工在市民化过程中社会公正的实现》，《政治学研究》，2007 年第 3 期；钟哲明：《马克思恩格斯对民主社会主义及其变种的评析》，2007 年第 4 期；梁柱：《执政条件下毛泽东建党学说的新发展》，2008 年第 1 期；秦龙：《浅析马克思关于国家作为"虚幻共同体"的思想》，2008 年第 1 期；王宗礼：《试论人民民主的理论和实践》，《政治学研究》，2008 年第 4 期；孙来斌：《列宁与普列汉诺夫关于俄国革命道路的争论及其启示》，《政治学研究》，2009 年第 1 期；吴汉全：《新民主主义论对马克思主义政治学的贡献》，《政治学研究》2010 年第 1 期；崔华前：《〈共产党宣言〉中关于社会公平的思想及现代启示》，《政治学研究》，2010 年第 1 期。

② 徐崇温：《正确理解马克思恩格斯晚年的著作》，《高校理论战线》，2007 年第 7 期；杨军：《从马克思未来社会理论看中国特色社会主义道路》，《马克思主义研究》，2007 年第 9 期；姜迎春：《列宁晚年对资本主义的辩证把握及其方法论意义》，《毛泽东邓小平理论研究》，2007 年第 9 期；马龙闪：《再论所谓的"重评斯大林思潮"》，《当代世界社会主义问题》，2007 年第 4 期；刘书林：《论科学评价斯大林的功过和历史地位的三个基本点》，《学校党建与思想教育》，2007 年第 2 期；周新城：《关于社会主义模式问题的若干思考——试论中国特色社会主义与斯大林模式和民主社会主义的关系》，《中共石家庄市委党校学报》，2007 年第 5 期；吴恩远：《"中国特色社会主义"和"苏联模式"关系析论》，《马克思主义研究》，2007 年第 8 期。

阐释。①

　　第二，根据中国特色社会主义建设和发展中的重大理论与现实问题，阐述和概括马克思主义政治学新理论和新观点，②尤其着力于构建符合中国特色社会主义理论体系的马克思主义政治学理论体系。在这方面，我国政治学者主要从中国特色社会主义理论体系、科学发展观的理论和战略高度展开学术研究。有学者从科学发展观和以人为本的角度研究和阐发中国化马克思主义政治学理论③，有学者从和谐社会的角度来探讨社会主义政治制度的特点和优势④，有学者从中国特色

---

　　① 程美东：《关于马克思主义中国化的几个问题》，《马克思主义研究》，2005 年第 2 期；宋镜明：《关于马克思主义中国化的思考》，《武汉大学学报》（哲学社会科学版），2005 年第 1 期；雍涛：《马克思主义中国化与中国实际马克思主义化》，《毛泽东邓小平理论研究》，2005 年第 5 期；陶德麟：《马克思主义中国化的两个前提性问题》，《武汉大学学报》（人文科学版），2005 年第 2 期；邓剑秋：《马克思主义中国化思想路径探论》，《江汉论坛》，2005 年第 4 期；陈颖：《论马克思主义中国化的历史经验》，《湖北社会科学》，2005 年第 9 期；熊启珍：《毛泽东与马克思主义中国化》，《武汉大学学报》（哲学社会科学版），2005 年第 1 期；包心鉴：《当代全球化的大趋势与马克思主义中国化的新视野》，《中国特色社会主义研究》，2005 年第 5 期；徐崇温：《从世界的视野看马克思主义中国化的基本理念》，《中国特色社会主义研究》，2005 年第 5 期；王伟光：《用马克思主义中国化的最新成果指导实践》，《理论前沿》，2007 年第 12 期；陈占安：《"马克思主义中国化"的科学内涵》，《思想理论教育导刊》，2007 年第 1 期；陈文通：《马克思主义中国化之我见》，《中国特色社会主义研究》，2007 年第 3 期；袁银传：《论中国化马克思主义的历程、特点及其意义》，《中南林业科技大学学报》，2007 年第 1 期；刘海涛：《马克思主义中国化最新成果的内在逻辑》，《科学社会主义》，2007 年第 1 期；刘新宜：《马克思主义中国化的理论反思与探索》，《当代世界与社会主义》，2007 年第 6 期；王邦佐：《政治学与当代中国政治研究》，上海人民出版社2005 年版；张远新、张正光：《马克思主义中国化逻辑起点新探》，《马克思主义研究》，2008 年第 6 期；陈立新：《马克思主义中国化的新境界》，《武汉大学学报》（人文科学版），2008 年第 2 期；王占仁、郑德荣：《深刻理解马克思主义中国化的历史经验》，《高校理论战线》，2008 年第 2 期；陈占安：《试论十六大以来马克思主义中国化的几个新特点》，《学校党建与思想教育》，2008 年第 11 期；周连顺：《马克思主义中国化基本途径再思考——以毛泽东的艰辛探索为例》，《理论探索》，2008 年第 1 期；王雪冬：《"历史唯物主义与马克思主义中国化"全国学术研讨会综述》，《高校理论战线》，2008 年第 3 期。

　　② 张磊、唐建军：《牢固树立和落实科学发展观》，《思想理论教育导刊》，2005 年第 5 期；李君如：《构建社会主义和谐和社会的科学发展观》，《人民日报》，2005 年 11 月 26 日；俞可平：《科学发展观与生态文明》，《马克思主义与现实》，2005 年第 4 期；顾保国：《科学发展观的理论价值与实践特征》，《毛泽东思想研究》，2005 年第 1 期；张国祚：《贯彻落实科学发展观要着力处理好十二种关系》，《理论前沿》，2005 年第 12 期；余源培：《构建和谐社会与全面建设小康社会》，《上海师范大学学报》（哲学社会科学版），2005 年第 2 期；李忠杰：《辩证把握构建和谐社会的新理念》，《教学与研究》，2005 年第 6 期。

　　③ 刘卫民：《科学发展观——对邓小平发展观在继承中的坚持、发展中的创新》，《法制与社会》，2007 年第 12 期；周述杰：《一脉相承和与时俱进的科学理论》，《湖南社会主义学院学报》，2007 年第 6 期；胡献忠：《共识、多样性与和谐：科学发展观视阈中的政治文化整合》，《山东省青年管理干部学院学报》，2007 年第 3 期；苗中文：《科学发展观的政治价值和领导价值》，《内蒙古农业大学学报》（社会科学版），2007 年第 4 期；李刚：《科学发展观与"系统和谐论"》，《党史文苑》（学术版），2007 年第 12 期；赵曜：《科学发展观与中国特色社会主义发展道路》，《当代世界与社会主义》，2007 年第 4 期；吴忠民：《论科学发展观对马克思主义发展理论的重要贡献》，《科学社会主义》，2007 年第 4 期；陈志尚：《论科学发展观的实质和意义》，《毛泽东邓小平理论研究》，2007 年第 1 期；轩传树：《从"主导"到"主流"——试析落实科学发展观的制度支撑》，《中国特色社会主义研究》，2007 年第 3 期；田心铭：《论"以人为本"》，《马克思主义研究》，2009 年第 8 期。

　　④ 卢汉龙：《构建和谐社会：探索中国特色的社会主义发展模式》，《毛泽东邓小平理论研究》，2007 年第 1 期；赵曜：《构建社会主义和谐社会的理论基石》，《马克思主义研究》，2007 年第 1 期；徐贵相：《论构建社会主义和谐社会的理论依据》，《思想理论教育导刊》，2007 年第 2 期。

社会主义核心价值体系出发，阐述中国特色社会主义政治哲学。[①] 有学者按专题阐述中国特色社会主义理论体系和政治建设问题。[②] “十一五”期间，还出现了一些认真思考和探讨如何进一步构建中国政治学和发展马克思主义政治学理论的学术成果。[③]

第三，围绕重大理论和实践问题，积极澄清是非，展开深入广泛的研究和讨论。其中主要涉及的内容包括集中在政治学领域划分马克思主义与反马克思主义、非马克思主义之间的界限，正确把握坚持与发展马克思主义政治学理论的关系方面。

---

① 李斌雄：《中国特色社会主义核心价值体系界定的多维视角》，《学校党建与思想教育》，2007 年第 8 期；许志功：《大力加强社会主义核心价值体系建设》，《思想理论教育导刊》，2007 年第 10 期；王国敏、李玉峰：《挑战与回应：坚守马克思主义在意识形态领域的主流地位》，《马克思主义研究》，2007 年第 11 期；梅荣政、王炳权：《坚持以社会主义核心价值体系引领社会思潮》，《思想理论教育导刊》，2007 年第 6 期；徐崇温：《不断深化对中国特色社会主义理论体系的研究和探索》，《理论前沿》，2007 年第 23 期；彭永捷：《以发展的观点构建中国特色社会主义理论体系》，《探索与争鸣》，2007 年第 11 期；张翔：《深入学习贯彻中国特色社会主义理论体系》，《红旗文稿》，2008 年第 1 期；郑德荣、姜淑兰：《论毛泽东思想与中国特色社会主义理论体系的关系》，《思想理论教育导刊》，2008 年第 8 期；赵存生：《中国特色社会主义理论体系探析》，《北京大学学报》（哲学社会科学版），2008 年第 1 期。

② 梁祝：《党的政策与最高纲领和最低纲领的辩证统一》，《政治学研究》，2006 年第 1 期；张树华、陈海莹：《树立和坚持正确的民主发展观》，《政治学研究》，2006 年第 1 期；赵金鹏：《试论民主在构建社会主义和谐社会中的重要地位和作用》，《政治学研究》，2006 年第 1 期；王一程：《政治体制改革是社会主义政治制度的自我完善和发展》，《政治学研究》，2006 年第 2 期；程竹汝：《试论政治文明建设对构建社会主义和谐社会的意义》，《政治学研究》，2006 年第 2 期；王邦佐、谢岳：《新社会阶层对构建社会主义和谐社会的政治意义》，《政治学研究》，2006 年第 2 期；汪青松：《试析当前效率与公平关系的新定位》，《政治学研究》，2006 年第 2 期；李涛、张德友：《论科学发展观对毛泽东社会统筹发展思想的继承与发展》，《政治学研究》，2006 年第 3 期；张贤明：《社会主义和谐社会与政府责任》，《政治学研究》，2006 年第 4 期；陈前、吴敏先：《邓小平关于反对资产阶级自由化的战略思考及其现实启示》，《政治学研究》，2007 年第 1 期；常光明、唐晓清：《健全执政党拒腐防变机制的思考》，《政治学研究》，2007 年第 1 期；梁丽萍：《政治协商制度与社会主义和谐社会的构建》，《政治学研究》，2007 年第 2 期；郑科扬：《党内民主的发展趋势及必须坚持的原则》，《政治学研究》，2007 年第 3 期；仲崇东：《十六大以来行政管理体制改革理论体系的新发展》，《政治学研究》，2007 年第 3 期；李慎明：《以人为本的科学内涵和精神实质》，《政治学研究》，2007 年第 4 期；郭学旺：《论邓小平的政治监督思想》，《政治学研究》，2008 年第 2 期；李伟：《当代中国一切发展进步的政治前提和制度基础》，《政治学研究》，2008 年第 3 期；张献生：《试论我国多党合作制度的民主价值》，《政治学研究》，2008 年第 4 期；佟德志：《从党内民主和村民自治看中国民主政治发展的合力效应》，《政治学研究》，2008 年第 4 期；陈义平：《论发展中国特色社会主义政治文化》，《政治学研究》，2008 年第 4 期；郑科扬：《贯彻落实科学发展观和加强党的建设》，《政治学研究》，2008 年第 5 期；陈秉公：《论用社会主义和谐价值体系引领社会思潮的基本途径》，《政治学研究》，2008 年第 6 期；王维国、谢蒲定：《改革开放以来我国人民代表大会制度的发展历程与基本经验》，《政治学研究》，2008 年第 6 期；朱立恒：《“一个至上”与“三个至上”辨思》，《政治学研究》，2009 年第 2 期；樊鹏：《中国社会结构与社会意识对国家稳定的影响》，《政治学研究》，2009 年第 2 期；徐中、徐琛：《60 年来中国共产党执政理论建设的成就与经验》，《政治学研究》，2009 年第 5 期；林立公：《试论两新组织党的建设》，《政治学研究》，2009 年第 5 期；张立进、林毅：《加强马克思主义学习型政党建设》，《政治学研究》，2009 年第 6 期；李方详：《社会主义和谐社会构建中的意识形态问题思考》，《政治学研究》，2010 年第 2 期。

③ 王冠中：《中国马克思主义政治学学科初建探析》，《政治学研究》，2008 年第 3 期；王浦劬：《我国政治学学术发展中的基本关系论析》，《政治学研究》，2008 年第 6 期；王浦劬：《以机制创新和机制治理推进我国政治学研究的科学创新》，《政治学研究》，2010 年第 3 期；赵连章：《坚持与创新：马克思主义政治学原理中国化研究》，高等教育出版社，2010 年。

与此同时，"十一五"期间，我国政治学在划清重大思想理论是非界限方面展开积极研究，并取得了初步进展。

关于政治价值如民主、自由、人权、平等、公平、正义等的普世性与历史具体性的争论，是"十一五"期间我国政治学研究的重要理论焦点。在这方面发表了许多文章和作品，推进和深化了关于政治核心价值的阶级属性、民族属性与一般属性之间关系的认识。①

（三）国外马克思主义政治学理论研究得到了一定的发展

"十一五"期间，国外马克思主义政治学的研究进一步深化，政治学科与马克思主义、科学社会主义与国际共产主义运动等学科的学术研究相结合，对于国外马克思主义政治学理论展开了多角度的分析与探讨。调研表明，研究主要集中在以下两个方面：

第一，对西方马克思主义展开了比较系统而深入的研究。这其中，对西方马克思主义的研究方法、主要流派等进行了比较系统的梳理和分析，对于西方马克思主义政治学理论基础进行了发掘和阐述。有学者分析了西方马克思主义理论的状况，并且就其在中国的适切性问题进行了阐释；②有学者从西方马克思主义流派出发，展开了分主题、分领域的集中研究，其中集中关注的研究领域包括女性主义马

---

①　林清：《中国人民的抗震救灾精神不容"普世价值"鼓吹者曲解》，《政治学研究》，2008 年第 5 期；冯虞章：《怎样认识所谓"普世价值"》，《政治学研究》，2008 年第 5 期；周新城：《论"普世价值"是否存在及"普世价值"鼓吹者们的政治目的》，《政治学研究》，2008 年第 5 期；马德普：《价值问题的复杂性与"普世价值"概念的误导性》，《政治学研究》，2009 年第 1 期；张士海：《论戈尔巴乔夫的"列宁主义观"及其启示——兼谈苏共"文化领导权"丧失与苏联解体》，《政治学研究》，2009 年第 1 期；汪亭友：《马克思主义是"普世价值"吗？》，《政治学研究》，2009 年第 2 期；张守夫：《马克思的实践价值论与政治"普世价值"问题》，《政治学研究》，2009 年第 3 期；李慎明：《以美国为首的西方国家的民主制度没有普世性》，《光明日报》，2009 年 3 月 19 日。

②　梁树发、彭冰冰：《近三年来我国学者关于国外马克思主义研究综述》（上）、（中），《思想理论教育导刊》，2008 年第 6、9 期；高阳：《国外四位"马克思学家"及其对马克思主义哲学的理解》，《国外理论动态》，2008 年第 8 期；陈学明：《评"西方马克思主义"的最新理论成果》，《毛泽东邓小平理论研究》，2005 年第 1 期；王雨辰：《西方马克思主义哲学研究于中国马克思主义哲学的现代转型》，《哲学研究》，2005 年第 4 期；张一兵：《马克思主义与国外马克思主义》，《河南大学学报》（社会科学版），2005 年第 4 期；陈学明：《论研究"西方马克思主义"在当代中国的意义》，《南京大学学报》（哲学·人文科学·社会科学版），2005 年第 2 期；中国人民大学"三个代表"重要思想研究中心课题组：《冷战结束后国外马克思主义研究概况》，《北京行政学院学报》，2005 年第 4、5 期；阎孟伟：《马克思主义整体性与国外马克思主义》，《南开大学学报》（哲学社会科学版），2008 年第 4 期；钟明华、范碧鸿：《吉登斯结构化理论对马克思社会历史观的"解构"与误解》，《马克思主义研究》，2008 年第 2 期；文晓明、杨建新：《国外马克思主义中国化研究的特点及趋向》，《马克思主义与现实》，2008 年第 6 期。

克思主义①、生态马克思主义②、新马克思主义③、后马克思主义④等。

第二,对社会主义国家的政治理论和实践状况展开进一步研究。"十一五"期间,我国政治学者从历史的角度对前社会主义国家、社会主义国家和外国共产主义政党的政治理论主张和实践展开进一步研究,以为中国特色社会主义建设提供借鉴。有学者对苏联和其他东欧国家社会主义解体进行了较为系统的研究⑤,有学者专门讨论了国外马克思主义政党的理论和实践⑥,有学者对越南、古巴、老挝等社会主义国家的改革进行了跟踪研究。⑦

"十一五"期间我国政治学在马克思主义政治学理论研究方面的这些成果和状况表明,在中央实施马克思主义理论研究和建设工程的推动下,马克思主义政治学理论的研究和建设形成了良好的发展势头。我国政治学学者认识到,社会主义建设和改革实践离不开马克思主义的理论指导。在中国特色社会主义建设进程中,要切实做到坚持以人为本,保证全体人民共享改革发展成果,消灭剥削,消除两极分化,最终实现共同富裕,就必须坚持解放思想、实事求是,以马克思主义的立场观

---

①　陈学明:《西方女性主义的马克思主义对资本主义全球化的独特批判》,《毛泽东邓小平理论研究》,2007 年第 1 期。

②　王雨辰:《生态政治哲学何以可能——论西方生态学马克思主义的生态政治哲学》,《哲学研究》,2007 年第 11 期;张之沧:《论生态学的马克思主义的人道主义》,《伦理学研究》,2007 年第 3 期;徐崇温:《当代西方社会的生态社会主义思潮评析》,《高校理论战线》,2008 年第 11 期;马继东:《福斯特的生态学马克思主义理论对我国建设社会主义生态文明的启示》,《社会主义研究》,2008 年第 3 期。

③　周穗明:《法兰克福学派的当代演进——布拉格"哲学与社会科学"2007 年会议综述》,《国外社会科学》,2007 年第 5 期。

④　付文忠:《后马克思主义产生的原因与提出的问题》,《中共南京市委党校南京市行政学院学报》,2007 年第 6 期;周凡:《回答一个问题:何谓后马克思主义?》,《江苏社会科学》,2005 年第 1 期。

⑤　周新城:《事关我国社会主义前途的一个大问题——科学地研究苏联演变问题的重大意义》,《安徽师范大学学报》(人文社会科学版),2005 年第 1 期;吴恩远:《关于"苏联解体教训"一些流行观点的检讨》,《马克思主义研究》,2005 年第 3 期;张西虎:《国内关于苏联解体诸问题研究书评》,《山东师范大学学报》(人文社会科学版),2005 年第 3 期;周新城:《"斯大林模式"辨析》,《求实》,2005 年第 2 期;姜辉:《西方左右翼政治划分面临的挑战及其继续存在的可能性——兼论西方左翼的发展前途》,《马克思主义研究》,2005 年第 5 期;吴恩远:《正确评价苏联模式》,《理论前沿》,2007 年第 19 期;李俊升:《雷日科夫等谈苏联解体的原因》,《高校理论战线》,2008 年第 10 期;王丽君:《国外马克思主义者关于社会主义前途的探讨》,《长白学刊》,2008 年第 5 期。

⑥　汪亭友:《尼泊尔共产党(毛主义者)简史与尼泊尔革命的由来》,《长春市委党校学报》,2007 年第 1 期;聂运麟:《资本主义国家共产党组织形态的历史性转型》,《社会主义研究》,2007 年第 6 期;徐扬:《尼泊尔共产主义运动的发展及其特点》,《当代世界社会主义问题》,2008 年第 3 期;袁群:《尼泊尔共产党(毛主义者)的现状及其政策主张》,《国外理论动态》,2008 年第 8 期;山东大学政党研究所课题组:《全球化信息化条件下越南共产党组织发展趋势研究》,《当代世界社会主义问题》,2008 年第 1 期。

⑦　靳义亭:《越南共产党在革新开放中思想政治理论建设的探索》,《当代世界社会主义问题》,2008 年第 5 期;张树焕、崔桂田:《越南国会改革的原因、措施及其借鉴意义》,《信阳师范学院学报》(哲学社会科学版),2008 年第 4 期;刘芝平、饶宾:《越南在反腐问题上的认识、措施及成效》,《国外理论动态》,2008 年第 10 期;唐贤秋、解桂梅:《苏东剧变后古巴共产党加强廉政建设的经验》,《国外理论动态》,2008 年第 2 期;王承就:《民生:始终是古巴党和政府的要务》,《国外理论动态》,2008 年第 7 期;李旭辉、郑方辉:《古巴、越南共产党的建设对中国共产党先进性建设的启示》,《经济与社会发展》,2008 年第 1 期。

点方法观察分析当代中国和世界形势,科学研究和对待重大历史和现实政治问题,坚持改革和发展的正确政治方向。在这一过程中,推进中国化马克思主义政治学理论的形成和发展。

二、"十一五"期间马克思主义政治学理论研究的主要不足

中央马克思主义理论研究与建设工程实施以来,马克思主义政治学理论研究得到更多重视,研究成果进一步增加。但总体来说,系统深入的马克思主义政治学理论研究项目和成果尚且不多,在我国政治学学科体系、理论创新、研究方法等方面,还存在着不能很好地适应马克思主义政治学研究大力深入发展要求的因素,其主要体现在以下四方面:

第一,马克思主义政治学理论和中国特色社会主义政治学理论体系有待系统研究和深入阐述。调研显示,目前我国政治学研究中,专门系统地研究马克思主义政治学基本理论的成果并不多。设定论文发表时间为 2006 年 1 月 1 日—2010 年 5 月 8 日,以"马克思主义政治学"为检索词的检索结果为(见表 1):题名为 17 篇,关键词为 188 篇,主题为 176 篇,全文为 945 篇。此外,研究成果也是散见于政治学、马克思主义、党史党建、行政学等学科之中(见表 2 和参见"十一五"国家社科基金课题立项情况)。以"马克思主义政治学"在中国期刊网全文中出现次数的总数为 945 篇,学科分布为:中国政治与国际政治为 253 篇,政治学为 188 篇,马克思主义为 141 篇,中国共产党为 89 篇,行政学及国家行政管理为 68 篇,高等教育为 59 篇,政党及群众组织 45 篇,哲学为 29 篇,社会学及统计学为 21 篇,经济理论为 15 篇,思想政治教育为 15 篇等。

第二,马克思主义政治学理论研究的核心理论焦点在于如何分清政治学领域马克思主义与反马克思主义、非马克思主义之间的界限,真正弄懂政治学领域哪些马克思主义基本理论是必须坚持的,哪些马克思主义个别论断、个别观点已经过时,哪些马克思主义基本理论需要进一步发展。也就是说,在马克思主义政治学理论研究中,需要科学准确地区分马克思主义政治学的基本立场、观点和方法与马克思主义经典作家在特定条件下对于特定政治问题的具体看法、特殊论断和某些推测,区分马克思主义的政治学理论体系和思想精髓与马克思主义经典作家的个别政治观点,区分马克思主义政治学的真谛与对于马克思主义政治学的错误和教条的理解。只有这样,才能以科学的全面的马克思主义政治学理论学的立场、观点和方法指导政治学科的学术研究和发展。在此基础上,划清马克思主义同反马克思主义的界限,划清社会主义公有制为主体、多种所有制经济共同发展的基本经济制度同私有化和单一公有制的界限,划清中国特色社会主义民主同西方资本主义民主的界限,划清社会主义思想文化同封建主义、资本主义腐朽思想文化的界限。目前,我国政治学对于马克思主义核心政治价值的研究、对于马克思主义发展中的这

些理论和实践的重大挑战性问题尚且缺乏系统深入的研究,缺乏具备深厚学术分量和科学性、时代性、实践性的重大成果。

表1　以检索词在中国期刊网的搜索结果比较(2006 年 1 月 1 日—2010 年 5 月 8 日)

检索词为"马克思主义政治学"	论文数(篇)
题　名	17
关键词	188
主　题	176
全　文	945

表2　以"马克思主义政治学"为检索词在中国期刊网的学科类别分组比较
(2006 年 1 月 1 日—2010 年 5 月 8 日)

检索词为"马克思主义政治学"	论文数(篇)
中国政治与国际政治	253
政治学	188
马克思主义	141
中国共产党	89
行政学及国家行政管理	68
高等教育	59
政党及群众组织	45
哲学	29
社会学及统计学	21
经济理论	15
思想政治教育	15

第三,马克思主义政治学中国化的学术研究成果需要扩大国际学术联系,扩大国际影响力。根据以主题"马克思主义政治学"为关键词,以 2006 年至 2010 年为时间段,以 POLITICAL SCIENCE OR SOCIAL SCIENCES 为学科类别,在 SCI－EXPANDED,SSCI,A&HCI,CPCI－S,CPCI－SSH,IC,CCR－EXPANDED 数据库的引文报告结果显示,每年的出版文献数和引文数量非常低。(见表3、表4)

表3　以"马克思主义政治学"为检索词在中国期刊网的搜索结果比较
(2006 年 1 月 1 日—2010 年 5 月 8 日)

以"马克思主义政治学"为检索词	出版文献(部)
2005 年	1
2006 年	7
2007 年	2
2008 年	9
2009 年	4
2010 年	1

表4 以"马克思主义政治学"为检索词在中国期刊网的学科类别分组比较
（2006年1月1日—2010年5月8日）

以"马克思主义政治学"为检索词	词引文（次）
2008年	2
2009年	6
2010年	3

第四，马克思主义政治学理论和研究比较关注传统的国家政治宏观层次，对中观和微观层次的政治研究还不够，尤其缺乏一套具有针对性、时代性、中国特色和中国风格的马克思主义政治分析方法体系。

三、"十二五"期间马克思主义政治学理论研究领域课题

"十一五"期间，在马克思主义理论与研究工程指导下，我国马克思主义政治学理论研究取得了较大的成就。基于中国特色社会主义的政治建设和发展的需要，"十二五"期间，马克思主义政治学理论，尤其是中国化的马克思主义和发展着的马克思主义政治学理论研究急需进一步强化、深化和发展。马克思主义政治学理论将进一步在马克思主义政治学基本立场、观点和方法、中国化的马克思主义政治学、中国特色社会主义政治理论体系等领域展开。同时，党的十七届四中全会提出划清马克思主义同反马克思主义的界限，社会主义公有制为主体、多种所有制经济共同发展的基本经济制度同私有化和单一公有制的界限，中国特色社会主义民主同西方资本主义民主的界限，社会主义思想文化同封建主义、资本主义腐朽思想文化的界限，极为重要。对这些问题，加强马克思主义研究，澄清事关政治改革和思想理论建设方向的大是大非，应该成为"十二五"时期马克思主义政治学理论进一步深化和拓展研究的重点领域、重大课题任务。根据我国马克思主义政治学理论的研究现状，在"十二"期间，需进一步深化研究的重点研究领域和重点课题主要是：

（一）重点研究领域

（1）马克思主义政治学基本理论深化和拓展研究；

（2）完整、准确、全面地理解和阐述马克思主义中国化最新成果与马克思主义基本理论之间一脉相承、与时俱进关系的研究；

（3）划清马克思主义同反马克思主义的界限，社会主义公有制为主体、多种所有制经济共同发展的基本经济制度同私有化和单一公有制的界限，中国特色社会主义民主同西方资本主义民主的界限，社会主义思想文化同封建主义、资本主义腐朽思想文化的界限研究。

（二）重点研究课题

（1）马克思、恩格斯、列宁、毛泽东政治学说研究；

（2）邓小平政治学说研究；

（3）马克思主义政治学中国化最新进展及成果研究；

（4）马克思主义政治学方法论；

（5）政治体制（包括行政体制）改革和民主政治建设坚持社会主义方向的重大理论和前沿问题研究；

（6）以历史唯物主义的科学立场、观点和方法，全面正确总结社会主义实践正反两方面历史经验，客观公正评价领导人是非功过的重大政治历史问题研究；这方面问题的焦点主要集中在对"十月革命"、"苏联模式"、新中国前30年重大历史事件和对列宁、斯大林、毛泽东、周恩来、邓小平等共产党和人民领袖的评价上；

（7）建构马克思主义中国化最新成果与马克思主义基本理论有机结合和统一的马克思主义政治学理论体系研究。

本章调研和编写主持人：南京大学政府管理学院张永桃教授、中国社会科学院政治学研究所王一程研究员

参与调研和编写人员：中国社会科学院政治学研究所林立功副研究员、南京理工大学人文社会科学学院范炜烽副教授

第二章　政治学基本理论

一、"十一五"期间政治学基本理论研究概况和特点

在"十一五"期间,随着我国社会主义政治文明与和谐社会建设的不断深入发展,我国政治学基本理论在学术研究方面取得长足的进步,同时也为我国社会主义政治文明与和谐社会建设提供了智力支持与学术支撑。

从我国政治学基本理论研究的基本情况来看,在"十一五"期间,我国政治学界学术研究发展迅速,研究课题广泛而深入,研究水平不断提升,产生了一大批具有重大理论价值与现实意义的学术成果。从政治学基本理论的研究领域来看,在"十一五"期间,我国政治学界主要关注国家理论、权力理论、社会正义理论、民主理论与治理理论等方面的基础性研究与应用性研究。

第一,在国家理论方面,我国政治学者主要围绕马克思主义国家理论、西方各种思想流派的国家理论与现代国家建设等问题进行了广泛研究。对马克思主义经典作家的国家理论进行了较为深入的探讨,比较分析了马克思主义内部不同思想家和学者关于国家理论的差异,研究了西方不同思想家与学者的国家理论,探讨了马克思主义国家理论与其他西方学术流派的国家理论之间的异同。同时,我国学者从不同角度研究了现代国家建设与国家成长的理论与实践问题,探讨了我国现代国家建设的特点与道路,分析了福利国家的力量与实践问题,探讨了西方福利国家对我国社会保障体系建设的借鉴意义与价值。

第二,在权力理论方面,我国政治学学者深化了有关公共权力的属性、权力与主体、权力与知识、权力的合法性等问题的研究,对韦伯、达尔、福柯、吉登斯、哈贝马斯、孙中山等国内外思想家和学者的权力理论进行了分析。在权力理论的应用性研究方面,从我国社会主义国家政权建设的角度出发,探讨了权力结构与运行机制、权力制约与监督机制等方面的问题,为我国社会主义国家政权建设提出了很多建设性的建议与观点。

第三,在社会正义理论方面,不少学者研究了中西方政治思想史中的正义理论,探讨了柏拉图、孔子、亚里士多德、罗尔斯等古今中外不同思想家与学者的正义观,同时也注意比较分析马克思主义经典作家与其他流派的思想家在正义问题上的差异。若干学者从规范正义理论研究的角度,对社会正义的本质、内涵、范畴与

特征进行了研究,探讨了分配正义、代际正义、性别正义等不同领域的正义理论问题。同时,也有相当多的学者比较注重社会正义理论的应用性研究,注意探讨社会正义的实现机制,特别是在我国现阶段如何实现社会正义的问题。

第四,在民主理论方面,我国政治学者既注重从规范理论层面上分析民主理论的基本内涵与相关问题,同时又注重探讨民主实践的基本问题。我国政治学者比较注重公民身份理论方面的研究,对公民身份、公民权利、公民美德与公民意识等相关问题进行了广泛探讨,使公民理论研究成为近年来政治学界研究的热点问题之一。对于民主基础理论进行了进一步研究,探讨了多数规则、人民主权原则、民主政体的规模等相关问题,推动了学术界对民主基础理论问题的研究。对西方民主理论问题进行了广泛的研究,探讨并且剖析了达尔等西方学者的民主思想,分析了自由主义民主、多元主义民主等西方民主理论的内在逻辑与缺陷,比较了马克思主义民主理论与西方民主理论之间存在的差别,对西方民主理论进行了切实的分析和批判。同时,近年来也对当代新兴民主理论进行了较为深入的研究,探讨了参与民主、协商民主、网络民主、电子民主等新兴民主理论的内涵、范畴与特征,分析了新兴民主理论产生的内在逻辑、重要价值及其对我国社会主义民主建设的启示。在民主理论的应用性研究方面,对我国的党内民主、基层民主与中国特色社会主义民主建设等问题进行了多方面研究,提出了很多建设性的建议与观点,为我国社会主义民主建设作出了应有的贡献。

第五,在治理理论方面,我国学者对治理理论的起源、发展、国家内的治理理论和全球治理理论等问题进行了广泛的研究,探讨了现有治理理论的基本范畴、内涵与特征,同时也分析了其内在缺陷与不足。我国政治学者也非常注重对治理问题与治理实践的研究,探讨了我国政府治理的目标、内容、特征与成就,分析了我国农村与城市中基层治理的现状,对我国政府治理中存在的某些问题提出了一些建设性的意见与观点。同时,也有学者对我国与国外治理理论与实践进行了比较研究,为我国治理理论与实践的发展提出了一些可供借鉴的参考性意见。

二、“十一五”期间政治学基本理论研究成果和创新

（一）国家理论研究

在“十一五”期间,我国政治学者主要围绕马克思主义国家理论、西方各种思想流派的国家理论与现代国家建设等问题进行了探讨,推动并深化了我国学术界关于国家理论的研究。

1. 马克思主义国家理论研究

在“十一五”期间,我国学者在国家理论已有研究的基础上,从各种不同的角度进一步深化了马克思主义国家理论的研究。

有学者考察了马克思主义国家理论的基本内容、历史命运与其新发展和新议

程,前瞻性地剖析了全球化时代马克思主义国家理论的发展。[1] 有学者指出了国家在组织全球化经济、全球化政治和正在形成中的全球化公民社会中的重要价值,强调在全球化时代研究国家理论的重要价值。[2] 有学者对西方政治学中政治体系概念、马克思主义经典作家的国家观进行了系统梳理和比较分析,指出国家概念或者政治体系概念具有不同的分析层面,强调应当注意马克思主义经典作家的以无产阶级专政体系的分析视角对国家或政治体系的实际运作过程进行考察的经典分析理论。[3] 有学者分析了将国家片面理解为阶级压迫工具存在的疑难、国家产生及其本质的二重属性、公共职能内涵的历史演化以及中国特色社会主义的国家理论等问题。[4] 有学者以建构与重构马克思主义国家理论为论题,系统阐发了马克思主义思想结构中关于市民社会与国家、经济基础与上层建筑之间的关系,剖析了国家的实质、国家自主性、国家消亡、人类解放及其条件、从资本主义社会向共产主义社会过渡时期的经济与政治形式,考察了当代资本主义国家与社会关系的新变化以及当代中国的国家建构与公民社会发展,探讨了马克思主义国家理论在全球化时代的新形态。[5] 有学者以国家治理为理论视角,基于"政党、国家与社会"的治理互动机制,分析和总结了当代中国马克思主义国家理论的创新成果。[6] 有学者在对马克思晚年笔记作出新解读的基础上,从文本研究出发,对马克思的国家起源理论作了文本学的新发掘与新梳理,总结概括了马克思国家起源理论的基本要点,比较研究了马克思国家起源理论与现代西方理论学派关于国家起源的差异,分析了中国国家起源的道路,认为中国国家起源模式代表了世界向文明形态转进的主要形态,具有普适价值。[7]

在"十一五"期间,我国学者在研究马克思主义国家理论的过程中,注重研究西方马克思主义者的国家理论,及其与马克思主义经典作家在国家理论上的差异,同时注意分析马克思主义国家理论与西方国家理论之间的异同。

有学者指出,葛兰西在吸纳马克思理论遗产的基础上,从西方社会已经变化了的现实情况出发提出了"完整国家"的思想,因而实现了市民社会理论研究论域具有里程碑意义的当代转换,即由把市民社会主要看做经济活动领域,转换到将它主要看做一个社会文化交往领域和赢得文化领导权的社会空间。[8] 有学者认为,葛

78

[1] 郁建兴:《论全球化时代的马克思主义国家理论》,《中国社会科学》,2007年第2期。
[2] 郁建兴、徐越倩:《复兴国家:国家理论的新形态》,《现代哲学》,2005年第4期。
[3] 唐亚林:《政治体系·国家·无产阶级专政体系》,《华东理工大学学报》(社会科学版),2005年第4期。
[4] 吴英:《对马克思国家理论的再解读》,《史学理论研究》,2009年第3期。
[5] 郁建兴:《马克思国家理论与现时代》,东方出版中心,2007年。
[6] 罗许成:《全球化与当代中国马克思主义国家理论的新发展:一种国家治理的视角》,浙江大学出版社,2009年。
[7] 刘军:《国家起源新论——马克思国家起源理论及当代发展》,中央编译出版社,2008年。
[8] 杨仁忠:《马克思的国家理论遗产与葛兰西的"完整国家"思想》,《河南师范大学学报》(哲学社会科学版),2007年第2期。

兰西和新葛兰西主义的国家理论将国家纳入到社会型构的过程中进行考察,有助于辨析国家复杂的社会基础,理解社会形态的经济、政治、意识形态等领域之间偶然的结构联结等问题,但是它们经常低估甚至完全忽视资本本质中所包含的对国家的限制,高估了政治和意识形态的自主性。① 有学者指出,葛兰西对马克思的市民社会与国家理论进行了新的探索,将市民社会作为上层建筑的重要构成部分,并指出革命的策略必须从传统的运动战转向阵地战。② 有学者介绍了普兰查斯与密立本德这两位西方马克思主义者在国家理论研究的方法论方面的争论,分析了他们在国家自主性与阶级性等问题上的分歧。③ 有学者分析了马克思的国家理论与施密特的国家理论之间的异同,既肯定了施密特国家理论的价值,同时又运用马克思主义国家观对其进行了批判。④ 有学者在比较马克思的国家理论与诺思的国家理论之间的差异与共性的基础上,探讨了诺思国家理论的缺陷。⑤

2. 西方国家理论研究

在"十一五"期间,我国学者对黑格尔、施密特、哈耶克、诺齐克、诺思等西方思想家与学者的国家理论进行了广泛的研究。

有学者认为,黑格尔的国家学说突破了传统上以自然法和社会契约理论研究国家问题的理论框架,也突破了以自由主义和极权主义界定国家权限的理论,黑格尔理论中的国家本质在于普遍性与特殊性的结合,是人类政治思想史上的伟大创新。⑥ 有学者将国家、世界、人性和政治作为理解施密特建构其政治概念的基本线索,在解读施密特的国家观、国际观、人性观、政治观的基础上,揭示了施密特政治概念建构的理论意义及其限度。⑦ 有学者分析了波普尔对国家与自由关系的思考、对制度建设和政治德性关系的认识及国家应成为全民利益和国家安全保护者的观点。⑧ 有学者探讨了哈耶克的国家观,指出了其理论的原创性价值,同时也分析了其国家理论中的误区与盲点。⑨ 有学者扼要地梳理了诺齐克的最小国家理论,探讨了诺齐克关于国家起源(国家存在的正当性)的论证与国家功能范围的限制等问题,分析了诺齐克的国家理论本身存在的矛盾之处。⑩ 有学者从共和主义

79

---

① 郁建兴、肖扬东:《社会科学辑刊》,2006 年第 6 期。

② 仰海峰:《葛兰西对市民社会与国家理论的新探索》,《长白学刊》,2006 年第 2 期。

③ 张勇:《波朗查斯与密里本德的国家理论之争》,《贵州社会科学》,2007 年第 12 期。

④ 庄国雄、严明:《全球化视域中的国家理论——马克思与施密特之国家观比较》,《吉首大学学报》(社会科学版),2006 年第 5 期。

⑤ 余惠芬、周莉:《马克思与诺思:两种国家理论的比较分析》,《当代世界与社会主义》,2006 年第 2 期。

⑥ 崔建树:《论黑格尔的国家学说及其创新》,《江淮论坛》,2006 年第 3 期。

⑦ 肖滨:《从国家、世界、人性到政治——施密特对政治概念的建构》,《中山大学学报》(社会科学版),2007 年第 5 期。

⑧ 冉文伟:《波普尔的国家观及其现实意义》,《山西师大学报》(社会科学版),2007 年第 5 期。

⑨ 高全喜:《宪法、民主与国家——哈耶克宪法理论中的几个问题》,《清华大学学报》(哲学社会科学版),2006 年第 5 期。

⑩ 钱玉英:《"最低限度的国家":诺奇克国家理论述评》,《政治学研究》,2008 年第 5 期。

宪法理论的视角重新探讨了国家与公民的内涵以及它们之间的边界，并在基础上证明指出："一个拥有强大政治权威的国家与公民自由是可以相容的"①。

3. 国家理论的应用性研究

"十一五"期间，我国政治学者对现代国家建设、国家成长与福利国家等问题进行了研究，在相关学术刊物上发表了几十篇论文，由此也推动和促进了我国学术界有关国家理论的应用性研究。

在现代国家建设与国家成长问题的研究上，若干学者从不同的角度探讨了现代国家建设的理论与实践问题，分析了我国现代国家建设的特点与道路，使得有关国家建设问题的研究成为当前政治学基本理论研究中的重点和热点问题。

有学者发表论文指出，现代国家的建构包括民族国家建构与民主国家建构两方面，认为在现代国家建构中上述两方面是非均衡发展的，并且由此引出了政治整合与文化整合的矛盾问题。② 有学者发表系列论文，探讨了中国共产党在中国国家建设中的实践与作用，分析了中国社会主义国家建设的基本特征，强调从协商政治与和谐社会的角度构建中国现代国家。③ 有学者从组织化、制度化与民主化的理论视角对中国现代国家建设的道路进行了分析，探讨了组织化、制度化与民主化之间的内在关系。④ 有学者分析了现代性与现代国家构建的问题，指出由于各国国情不一样导致现代性具有差异，使得现代国家建设呈现出不同特征，并且在此基础上分析了中国现代性与现代国家构建之间的内在联系。⑤ 有学者从国家形态的角度分析了国家成败的问题，指出国家的相对自主性是国家成败的关键。⑥ 有学者从现代国家建构的角度分析与解释乡土社会的改造与建设，指出当代乡土社会是国家建构的，国家建构乡土社会是根据国家意志将国家制度渗透到乡土社会的过程，形成了"制度下乡"，并在此基础上对当代中国的"三农问题"、土地问题、村民自治、乡村治理与新农村建设进行了分析。⑦ 有学者从政党角度探讨了现代国家建设的问题，研究了中国共产党建设与中国国家建设之间的互动关系，阐明了中国共产党在国家建设中的价值与意义、中国共产党建设国家的基本战略与中国共产

---

① 刘诚：《现代社会中的国家与公民——共和主义宪法理论为视角》，法律出版社，2006 年。

② 徐勇：《"回归国家"与现代国家的建构》，《东南学术》，2006 年第 4 期；《现代国家的建构与村民自治的成长——对中国村民自治发生与发展的一种阐释》，《学习与探索》，2006 年第 6 期。

③ 林尚立：《国家建设：中国共产党的探索与实践》，《毛泽东邓小平理论研究》，2008 年第 1 期；《协商政治与和谐社会：中国的国家建设之路》，《天津社会科学》，2008 年第 3 期；《社会主义与国家建设——基于中国的立场和实践》，《社会科学战线》，2009 年第 6 期。

④ 周光辉、彭斌：《构建现代国家——以组织化、制度化与民主化为分析视角》，《社会科学战线》，2009 年第 6 期。

⑤ 常士閟：《现代性与现代国家建构——比较视野中的中国现代性与现代国家建构》，《河北师范大学学报》（哲学社会科学版），2009 年第 1 期。

⑥ 杨光斌、郑伟铭、刘倩：《现代国家成长中的国家形态问题》，《天津社会科学》，2009 年第 4 期。

⑦ 徐勇：《现代国家乡土社会与制度建构》，中国物资出版社，2009 年。

党自我建设和发展的基本方略。① 有学者探讨了民主与现代国家成长的问题,从不同视角分析了民主本身的成长需要什么样的社会基础,民主国家的政府行为和政策应该在什么样的制度框架下处理公民的私人权益与公共权益的冲突,民族国家的政治发展如何受到全球性的民主价值和实践的影响,并且以俄罗斯当前的政治转型为例具体分析了在转型国家中民主及其发展的问题。② 同时,还有学者从不同的角度探讨了现代国家建设与国家成长的问题。

在"十一五"期间,福利国家研究成为我国政治学界的热点问题,不少学者从不同视角对福利国家的问题进行了分析探讨。这些研究既有助于我们认识西方福利国家的本质与内涵,同时也为我国社会主义和谐社会建设提供了一些有益的启示与借鉴。

有学者对奥菲有关现代福利国家的矛盾和危机理论进行初步探讨,阐释了"奥菲悖论"的基本思想,即资本主义不能没有福利国家却又不能与福利国家共存的内在矛盾。③ 有学者从公民身份的角度对福利国家的问题进行了分析,认为应当在拓展与延伸公民身份理论的基础上为福利国家的社会政策开辟出一条新的理论与实践路径。④ 有学者探讨了西方福利国家演变发展的过程,分析了不同思想流派对于福利国家理解的差异。⑤ 有学者指出,福利国家是顺应资本主义发展要求的产物,它旨在修复资本主义的存在基础,调节资本主义的运作方式,消除资本主义的负面后果;然而福利国家的功能与资本主义的要求并不完全吻合,资本主义与福利国家之间形成了一种既相互依存又存在内在紧张的关系。⑥ 有学者从国家、社会、体制与政策等不同层面对西方社会福利理论进行了研究,剖析了福利理论与实践的不同内容。⑦ 有学者对福利国家的来龙去脉、发生、发展以及当前趋势和未来走向作了比较系统的论证和分析,探讨了发源于西欧的福利国家制度在全球化时代面临的严重挑战。⑧

(二)权力理论研究

"十一五"期间,权力理论继续是我国政治学理论研究关注的重点问题。我国政治学者深化了权力理论的研究,同时围绕权力的结构、运行机制以及权力的制约与监督机制等问题展开了重点研究。

---

① 林尚立:《中国共产党与国家建设》,天津人民出版社,2009年。
② 唐贤兴:《民主与现代国家的成长》,复旦大学出版社,2008年。
③ 陈炳辉:《奥菲对现代福利国家矛盾和危机的分析》,《马克思主义与现实》,2006年第6期。
④ 李艳霞:《后福利国家社会政策发展的理论路径与现实选择——基于"公民身份"的思考》,《文史哲》,2007年第3期。
⑤ 刘丽伟:《福利国家论析——以政治哲学为视角》,《学术交流》,2009年第12期。
⑥ 郭忠华:《资本主义困境与福利国家矛盾的双重变奏》,《中山大学学报》(社会科学版),2007年第5期。
⑦ 彭华民等:《西方社会福利理论前沿:论国家、社会、体制与政策》,中国社会出版社,2009年。
⑧ 周弘:《福利国家向何处去》,社会科学文献出版社,2006年。

1. 权力理论研究

在"十一五"期间,我国政治学者在研究权力理论的过程中深化了有关公共权力的属性、权力与主体、权力与知识、权力的合法性等问题的分析。

有学者指出,公共行政权力兼具公共性与工具性两种属性,这两种属性之间冲突的根源在于公共行政权力的"所有权"与"使用权"的矛盾。[①] 有学者认为,权力的主体具有多元主体性,在此基础上应当将权力的主体意识概括为认识的主体性、实践的主体间性、权力伦理的他者性三方面属性。[②] 有学者指出,政治修辞是客观的政治现象,是政治权力得以发生实际影响的重要条件,是政治权力合法化的必要途径;政治修辞在政治权力运作过程中起着获取和维持政治合法性、进行政治动员、建构政治现实等作用。[③] 有学者从权力与知识的关系角度指出,在当代知识社会,权力与知识彼此日益渗透和融合,权力甚至已成为知识的一部分;这表现为知识内部的权力博弈、知识与社会的权力互动以及知识与国际的权力对抗。[④] 有学者指出,政治权力所以与知识紧密相关,其原因就在于政治权力具有与知识类似的某些特性;知识与政治权力之间的紧张与冲突关系不仅建立在一种可疑的知识论的基础之上,而且还须以究竟何为权力以及权力如何介入我们对世界的理解等有争议的解释为前提。[⑤] 有学者从象征权力的角度指出,在政治仪式的权力策略的施行中,象征既是被激烈争夺的权威性资源,也是塑造和呈现政治文化及其价值理念的重要力量;"仪式化"扩展了政治仪式的作用范畴,深化了政治仪式的影响程度,赋予各种实践活动以政治仪式的内涵和属性,通过对象征之多义性的控制,使整个政治生活空间成为一种象征权力网络。[⑥] 有学者在梳理自培根、福柯到当代美国学者劳斯对知识与权力命题的论述的基础上,探讨了现代科学实践中知识、真理与权力运作的种种方式,揭示了知识与权力的内在关系,反映了当代西方政治理论研究的新动向。[⑦] 有学者从规范政治理论的角度研究了公共权力合法性的问题,探讨了公共权力合法性的基本内涵与合法性形式的基本类型,分析了公共权力合法性的基础。[⑧] 有学者运用权力分析的方法对政治学基本问题进行了研究,构筑了权力分析的基本理论框架,系统阐述了政治权力主体、政治权力行为、政治权

[①] 张富:《论公共行政权力的属性、异化及其超越》,《四川大学学报》(哲学社会科学版),2007年第1期。

[②] 盛凌振:《论权力主体的多元主体性——从主体性理论的发展看权力主体观的构成》,《东南大学学报》(哲学社会科学版),2009年第5期。

[③] 刘文科:《政治权力运作中的政治修辞——必要性、普遍性和功能分析》,《学习与探索》,2008年第4期。

[④] 姚国宏:《论知识构成中的权力要素》,《江苏社会科学》,2008年第6期。

[⑤] 林奇富:《论知识与政治权力的相关性》,《长白学刊》,2006年第1期。

[⑥] 王海洲:《政治仪式的权力策略——基于象征理论与实践的政治学分析》,《浙江社会科学》,2009年第7期。

[⑦] 刘郦:《知识与权力——科学知识的政治学》,湖北辞书出版社,2006年。

[⑧] 周光辉:《论公共权力的合法性》,吉林出版集团有限责任公司,2007年。

力关系和政治权力运行机制等基本理论概念,同时从权力分析的视角对中国现行政治体制的运行机制给予了解析。①

在"十一五"期间,我国学者对韦伯、达尔、福柯、哈贝马斯、孙中山等国内外思想家和学者的权力观进行了比较系统的分析。有学者指出,韦伯是从现代政治的权力逻辑中审视国家,将国家界定为在特定领土范围内垄断了使用武力的正当权利的政治组织,并在此基础上强调现代政治的主题是民族国家间的权力斗争。② 有学者在分析达尔和麦迪逊权力思想的基础上指出,对于权力的制约要依赖于一种对抗性的权力体系。③ 有学者认为,福柯在新建立的"话语"理论的基础上重新阐释了权力,建构了新的权力哲学,完成了政治哲学上的重大思想变革。④ 有学者指出,哈贝马斯的交往权力观不仅包含制度化的交往权力,而且还包含生活世界中的公共交往;在现代社会,这种交往将改变政治权力的结构,使狭义的政治权力缩小和交往的权力扩大。⑤ 有学者对孙中山先生提出的"五权分立"进行了比较详细的探讨,认为"五权分立"思想是在融贯中西的基础上提出的创造性构想,它与"三权分立"思想只具有表面上的相似性,在实质上则表现为分权的目的不同、所分之"权"的性质不同、制度安排不同、权力关系不同、权力作用不同等。⑥

2. 权力理论的应用性研究

"十一五"期间,我国学者不仅重视权力基本理论的研究,而且也重视权力的应用性研究,集中探讨了权力结构与运行机制、权力的制约和监督等问题。

(1)权力结构与运行机制方面的研究。有学者分析了我国国家权力机关——人民代表大会在我国权力结构和运行机制中的地位与作用,提出了完善人民代表大会制度的措施,为人民代表大会制度的改革与完善提供必要的理论支撑。⑦ 有学者分析了欧美政党组织形态变迁的基本路径,探讨了政党内部的权力结构和配置以及权力转移的过程。⑧ 有学者指出,中国特色社会主义民主政治建设应当以坚决抑制和消除腐败为目标,进一步深化权力运行体制改革,构建以服务型公共政府为标的的权力运行体制。⑨ 有学者从政治社会学的视角出发,建构了村庄治理中国家——村庄体制内精英——普通村民的三重权力分析框架,将村庄治理中国

---

① 李景鹏:《权力政治学》(第二版),北京大学出版社,2008 年。

② 李剑:《权力政治与文化斗争——韦伯的国家观》,《上海行政学院学报》,2009 年第 2 期。

③ 双艳珍:《社会制衡还是三权分立:政治权力的多元化——从罗伯特·达尔的社会制衡思想谈起》,《内蒙古社会科学》(汉文版),2007 年第 3 期。

④ 欧阳英:《建立在"话语"理论基础上的思想变革——福柯政治哲学探析》,《晋阳学刊》,2007 年第 1 期。

⑤ 王晓升:《政治权力与交往权力——哈贝马斯对于民主国家中的权力结构的思考》,《苏州大学学报》(哲学社会科学版),2007 年第 3 期。

⑥ 王英津:《"五权分立"思想与"三权分立"思想之比较分析》,《政治学研究》,2009 年第 6 期。

⑦ 李景治:《中国权力结构和运行机制中的人民代表大会》,《政治学研究》,2009 年第 1 期。

⑧ 李路曲:《论欧美政党组织形态和权力结构的变迁》,《政治学研究》,2007 年第 4 期。

⑨ 包心鉴:《构建以服务型公共政府为标的的权力运行体制》,《文史哲》,2008 年第 6 期。

家(乡镇党组织及乡政是其主要载体)、村庄体制内精英和普通村民的三重权力分化和互动作为研究对象,重点分析了村庄内部体制内精英和村民(特别是村庄体制外精英)以及村庄外部的乡政与村治的相互作用和复杂的社会历史背景与深刻的现实根源,对由各种因素合理塑造出的村庄治理中三重权力互动的若干类型进行了梳理、比较和提炼,同时提出了建构良性互动村庄权力结构的若干对策思路。①有学者指出,中国政府间关系的调整必须走出权力收放、无序博弈的局面,从整体上、自上而下地构建制度化分权体制,合理划分政府间的职责权限,用法律和制度来保障中央政府的权威性和各级地方政府的自主性,使地方政府逐渐从中央政府和上级政府的"代理机构"转化为地方公共利益的"合法代理者",发展和维护地方公共利益。②

(2)权力制约与监督方面的研究。在"十一五"期间,有关权力制约和监督的研究仍然是政治学研究中的重点问题。有学者指出,强调扩大公民有序政治参与是完善权力监督制约机制的前提和有效途径。③有学者认为,改革开放30年来,我国在权力监督方面发生的一系列重要的变化和进展具体包括通过分散权力、专门监督、倡导法治、道德内约、政务公开、舆论监督、信息技术、保障权利和民间力量等方式制约权力。④有学者指出,从规范权力运行和完善市场体制着手预防腐败,是反腐败斗争走向源头治理、制度治理的关键所在。⑤有学者认为,有效监督公共权力应当以信息公开为前提条件,以权力平衡为制度保障,构建信息公开机制和权力平衡机制是新时期中国政府有效监督公共权力的现实路径。⑥有学者运用系统的方法、历史的方法、比较的方法和模拟的方法,从理论分析、历史经验总结以及现实问题等方面,较为系统地研究了权力以及权力制约监督的问题。⑦有学者在梳理中国传统官僚政治中的权力制约机制的基础上,以权力配置、权力运行、权力问责三大主题为线索,系统研究古代中国人运用法律、道德、权术等手段防范权力异化的具体措施,总结了其内在逻辑与理性基础,分析了其有效价值及局限。⑧有学者从权力的视角对腐败的问题进行了研究,探讨了权力的本质与分化,分析了权力制约机制。⑨

---

① 金太军:《村庄治理与权力结构》,广东人民出版社,2008年。

② 马斌:《政府间关系:权力配置与地方治理——基于省、市、县政府间关系的研究》,浙江大学出版社,2009年。

③ 李涛、刘雪焕:《扩大公民有序政治参与,完善权力监督制约机制》,《政治学研究》,2008年第3期。

④ 何增科:《改革开放30年来我国权力监督的重要变化和进展》,《社会科学研究》,2008年第4期。

⑤ 陈振明、李德国:《行政权力、市场体制与腐败治理——一份基于理论与实践的研究报告》,《东南学术》,2009年第4期。

⑥ 张国庆、杨建成:《信息公开与权力平衡:新时期中国政府有效监督的现实路径》,《天津社会科学》,2009年第3期。

⑦ 王寿林:《权力制约与权力监督研究》,中共中央党校出版社,2007年。

⑧ 孙季萍、冯勇:《中国传统官僚政治中的制约机制》,北京大学出版社,2010年。

⑨ 林喆:《权力腐败与权力制约》,山东人民出版社,2009年。

（三）社会正义理论研究

2006年以来，政治学类学术刊物发表了上百篇有关社会正义理论研究的论文。其中，有些论文是从政治思想史的角度阐释社会正义理论的历史观念和渊源，有些论文是从规范层面上分析与论证社会正义理论的基本内涵与特征，也有些论文是在制度层面上探讨社会正义的实现机制。

1. 社会正义思想史研究

2006年以来，不少学者研究了中西方政治思想史中的正义观，阐释了不同思想家关于正义理论的设想，同时也比较分析了马克思主义经典作家的正义观与其他不同思想流派的思想家的异同。

有学者在探讨柏拉图的思想时指出，正义是贯穿柏拉图全部思想的总原则，柏拉图的正义观就是认为正义是造成和谐的比例、尺度，正义的目标是形成有节制与和谐的整体。[①] 有学者在探讨亚里士多德的正义观时指出，亚里士多德在政治学中使用的正义理论蕴含着丰富的民主与共和因素、法治精神以及切实可行的施政经验，它关系到城邦诸要素在公职和政治权利分配中所占的份额，以及不同要素搭配时适用的数量平等与比值平等原则。[②] 有学者在分析孔子伦理政治哲学时指出，孔子的有道社会的实质就是正义的社会，孔子的"义"的实质就是个人的正义。[③] 有学者认为，罗尔斯和诺齐克的不同正义观所探讨的问题是过程公正和结果公正的区别，其理论对于解决我国当前社会公正问题的理论上的借鉴意义在于：国家权力对过程的适度介入有助于促进效率优先，对结果的适度介入有助于促进公正平等，从而达致社会稳定背景下的经济高效发展。[④] 有学者在分析罗尔斯和诺齐克两种不同的正义理论的基础上，对社群主义和激进主义提出的正义理论进行了探讨，比较全面地介绍了当代西方政治哲学中社会公正理论的异同。[⑤] 有学者对戴维·米勒的多元主义正义观进行了阐释，指出米勒的目标是通过对团结的社群、工具性联合体以及公民身份三种人类关系样式的分析，用需要、应得和平等三项原则融合自由主义、社群主义和社会主义的价值理想。[⑥] 有学者对马克思与罗尔斯的正义理论进行了探讨，比较分析了两者之间的异同。[⑦]

2. 规范正义理论研究

在"十一五"期间，我国学者不仅阐述了政治思想史上代表性思想家和学者关于正义理论的思想，而且在规范理论层面上对社会正义理论的本质、内涵、范畴与

---

① 胡晓燕：《柏拉图和谐社会观新解》，《政治学研究》，2006年第2期。

② 王乐理：《亚里士多德的正义理论》，《浙江学刊》，2006年第5期。

③ 高英彤、邵德门：《孔子伦理政治哲学论要》，《政治学研究》，2009年第1期。

④ 曲光华：《罗尔斯与诺齐克的正义之辨及其对解决我国社会公正问题的启示》，《北方论丛》，2008年第4期。

⑤ 顾肃：《当代西方政治哲学中的社会公正理论》，《河北学刊》，2007年第6期。

⑥ 张小玲、应奇：《多元主义正义论的又一版本》，《中共长春市委党校学报》，2006年第1期。

⑦ 姚大志：《正义的张力：马克思与罗尔斯之比较》，《文史哲》，2009年第4期。

特征进行了分析，探讨了分配正义、代际正义、性别正义等问题。

有学者指出，社会公正是马克思主义的基本价值取向，公平正义是社会主义社会的题中应有之义。① 有学者认为，要实现社会正义，就需要政治正义；政府既可能是维护社会公平的关键力量，也可能是导致社会不公的主要根源；民主是政治正义的实现形式，也是构建正义社会的政治保障。② 有学者从代际正义的角度指出，代际正义涉及的是现时代的人与未来时代的人之间的正义关系；未来世代人类与现存人类之间存在着强烈的依赖性、非对称性以及利益的缺失与不平等，所以应当通过延伸与扩大人类共同体的时间维度，以责任性考量代替互利性考虑，要求政府承担相应的责任来实现代际正义，特别是政府的政策性设计在考虑代际问题的时候应遵循预防性原则、公平原则、合法性原则。③ 有学者从起点平等出发指出，起点平等来源于现代社会人们对人人生而有别这一社会现实的道德反思，它不是推崇平均主义，而是旨在减少或降低社会偶然性因素对人们前景的影响，给人们提供相类似的初始资源和发展机会，从而为他们展现同样的成功前景。④ 有学者认为，社会正义是构建和谐社会的基石；中国人特殊主义的正义观、漠视规则和重视人情的习惯，制约了社会正义共识的达成和"法治"秩序的构建；唯有从培育公民意识、强化程序正义观念、促进公民社会成长和增进社会资本入手，社会正义在中国的实现才有可能。⑤ 有学者指出，公正和福利是人类社会两个等价的根本价值目的，社会公正在当代中国尤其具有重要的价值，并且认为我国当代社会公正问题的特殊情形及其解决的基本进路应当是政治观念的、制度的和社会互助伦理相结合的进路。⑥ 有学者探讨了社会变革中的正义观念，分析了马克思主义正义观的当代走向、正义的人、分配正义、家庭正义、政治正义与代际正义等方面的内容。⑦ 有学者从正义理论研究的方法论问题出发，比较分析了罗尔斯的建构主义模式、麦金太尔的语境主义模式和哈贝马斯的道德商谈模式三者之间的异同，在此基础上认为哈贝马斯的道德商谈模式综合了罗尔斯的建构主义与麦金太尔的语境主义，同时指出了哈贝马斯的道德商谈模式的不足。⑧

---

① 秦廷国：《略论社会主义社会的公平正义》，《政治学研究》，2008年第4期。

② 周光辉、殷冬水：《政府：一个公正社会不可或缺的角色——关于政府再分配职能的思考》，《吉林大学社会科学报》，2006年第4期；《民主：社会正义的生命和保障——关于民主对社会正义的价值的思考》，《文史哲》，2008年第6期。

③ 周光辉、赵闯：《跨越时间之维的正义追求——代际正义的可能性研究》，《政治学研究》，2009年第3期。

④ 周光辉、殷冬水：《起点平等：超越自然选择的生存逻辑——关于起点平等的发生前提、内在要求与政府责任的思考》，《学习与探索》，2007年第1期。

⑤ 麻宝斌：《社会正义何以可能》，《吉林大学社会科学学报》，2006年第4期。

⑥ 万俊人：《社会公正为何如此重要？》，《天津社会科学》，2009年第5期。

⑦ 倪勇：《社会变革中的正义观念》，山东大学出版社，2006年。

⑧ 赵禄祥：《正义理论的方法论基础》，中央编译出版社，2007年。

3. 社会正义理论的应用性研究

在我国学术界,相当多的学者比较注重探讨社会正义理论的应用性研究,分析正义的实现机制,特别关注当今中国社会进一步实现社会正义的路径和机制问题。

有学者在阐释马克思正义思想的基础上,分析了社会公正的历史性、具体性和相对性,提出在中国社会实现农民工群体的社会公正主要应当包括政治公正(平等地享有公民的政治权利)、经济公正(平等地参与经济活动和分享发展成果)、教育公正(确保发展权利和能力增长可持续性)、阶层关系公正(保持阶层间的相互开放和互惠互利的合作性)等方面的内容。① 有学者从探讨中央与地方关系的角度指出,我国在维护政治结构稳定的前提下,在推进经济改革的过程中,形成了政治、经济方面的中央—地方关系,导致一些地方政府,尤其是基层政府的行为模式可能具有依附性甚至侵害性,造成了社会不公正问题;在此基础上,作者认为,必须首先更新关于政府的观念,倡导"善治型政府",并以一系列的政治建设和行政改革矫正地方政府的行为模式,建立一个实现社会公正的政治基础。② 有学者将正义定义为在一定的历史条件下在不同社会主体之间进行合理分配的理念、原则和状态,从政治经济文化等方面全面系统地论述了政府在维护公正方面所应采取的相应措施。③ 有学者以规范性和事实性的张力为研究视角,将社会平等、社会公平、代际公平和社会共享作为和谐社会的道德法规则,系统地探讨了中国特色社会主义追求公平正义、实现公平正义等基础性理论问题。④ 有学者指出,相对于发达国家而言,转型国家的政治秩序对经济效率和社会公正的影响非常重要。要解决转型期以非效率不公为主要特点的社会不公正问题,就要在认识到转型国家政治秩序的稳定要求与转型滞后的必然性的同时,积极推进政治体制主要是行政体制渐进变革,从而使政治秩序为经济效率和社会公正提供基本保障,在这一过程中,政府应该履行其重要责任。⑤ 有学者在提出系统的社会公正理论和规则体系的基础上,详细考察了改革开放 30 年间,中国社会在社会公正方面的主要进展、现状及存在的问题,对党和国家面临的一些重大理论和现实问题进行了理论分析。⑥

87

在探讨社会公正问题时,也有很多学者从实证分析的角度对社会公正进行了分析。有学者在社会调研的基础上分析指出,在我国现阶段引起不公平感的诸多社会现象中,人们对普通百姓看不起大病重病、贫富差距拉大和普通百姓买不起房三大问题意见集中,并把对抗大病风险的医疗保障、缩小贫富差距和调控房价等方

---

① 陈秉公、颜明权:《马克思主义公正观与农民工在市民化过程中社会公正的实现》,《政治学研究》,2007 年第 3 期。

② 杨光斌:《我国现行中央—地方关系下的社会公正问题与治理》,《社会科学研究》,2007 年第 3 期。

③ 师泽生、王冠群:《社会公正与政府责任》,《政治学研究》,2006 年第 4 期。

④ 汪行福:《社会公正论》,重庆出版社,2008 年。

⑤ 王彩波、杨勇:《政治秩序·经济效率·社会公正——转型国家的社会公正及政府责任研究》,《吉林大学社会科学学报》,2007 年第 1 期。

⑥ 吴忠民:《走向公正的中国社会》,山东人民出版社,2008 年。

面的责任与期望赋予了政府。①　有学者运用问卷、访谈、历史文献、财产纠纷和资产处置案例等资料，采用定性经验分析，探讨了社会成员持有的公正观念。②　有学者指出，社会公正度量可以以社会公正涉及的几个基本维度为信息要素，借助以观察要素为内容的观察域与以评价要素为内容的评价域的逻辑关系模型，基于学界公认的指标要求，构建社会公正度指标的数学模型；社会公正度量的有效性取决于能否将其与具体的政策决策和执行过程联系起来，并根据政策环境的变化实时调整模型参数。③

（四）民主理论研究

2006 年以来，我国政治学者发表了上百篇关于民主理论研究的论文。其中，有些论文是从规范理论层面上分析民主理论的基本内涵，有些论文是探讨民主理论与实践的应用性研究。

1．民主理论研究

（1）公民理论研究

在"十一五"期间，我国政治学界对公民身份的基本内涵、公民权利与公民美德等问题进行了广泛的研究，取得较为丰富的研究成果。有学者指出，理解公民的基本内涵就是要理解公民个人的独立性、公民关系的平等性与公民在国家中的主体性地位；国家应当承担起尊重、保护与促进公民权益的责任，保障公民具有参与社会管理的平等机会，为提升公民能力创造条件；培养合格公民的重要意义在于养成公民人格，使得公民能够将相关的法律规范内化为公民自己的行为方式。④　有学者从当前中国面临的公共问题的视角出发，指出在探讨现有公共问题的时候必须反思其背后存在的公民观念，在此基础上对"官—民"对立、分类对待、多数重要的思维方式进行分析。⑤　有学者认为，一般意义上的公民资格包括平等的公民身份、公民权利、政治权利、社会权利、公共精神五个方面；平等公民身份维持着国家的公共认同，公民权利是公民在市场、社会和政治领域得到平等对待和个体发展的基础，政治权利是公民通过参与公共事务确保权利发展的基础，社会权利是公民行使权利的基本的物质和精神保障，公共精神以公民责任为核心。⑥　有学者指出，近年来在中国学术界频繁出现的"公民社会"概念实际上是一个错误的表达式，它不仅

88

①　薛洁：《关注公民公平感——我国部分公民公平感调查报告》，《吉林大学社会科学学报》，2007 年第 5 期。

②　张静：《转型中国：社会公正观研究》，中国人民大学出版社，2008 年。

③　郝泉玲、周光辉：《多维度社会公正度量的基本逻辑与现实途径》，《吉林大学社会科学学报》，2009 年第 6 期。

④　周光辉、彭斌：《理解公民——关于和谐社会成员身份的思考》，《马克思主义与现实》，2006 年第 6 期。

⑤　周光辉：《公共问题背后的公民观念——从政治学的视角看待社会公共问题》，《吉林大学社会科学学报》，2006 年第 3 期。

⑥　褚松燕：《论公民资格的构成》，《上海行政学院学报》，2006 年第 1 期。

是一个翻译错误,而且包含着对"市民社会"和"公民国家"的双重误读;"公民社会"的概念抹杀了近代社会分化的历史,使得对现代社会的构成部分及其运行机制的把握变得困难起来,所以应当在近代历史以及思想史的嬗变中梳理市民社会和公民国家产生的历史过程,确定它们各自的性质,并把握它们之间的联系与区别。① 有学者从观念史的角度分析中国协商民主的发展,指出应当在中国协商民主建设中深化公民认同,改善协商民主的公民气质,加强公民社会生活中民主习惯的训练,使它成为协商民主的坚固的奠基石。② 同时,还有学者从不同角度对公民理论进行了进一步研究和讨论。

　　(2)民主的基础理论研究

　　自 2006 年以来,我国学者对于民主的基础理论进行了多方面研究,探讨了多数规则原则、人民主权原则、民主政体的规模等重要问题,产生了一批有影响的成果。

　　有学者指出,民主不仅是一种机制和程序,更是人类实现自身解放的途径,民主价值的实现是人自身不断摆脱社会束缚的历史过程。③ 有学者认为,民主的真实价值在于通过确认国家主权属于全体人民,即确认全体人民对于国家最高权力的所有权,确立由人民授权代表人民行使国家权力的"政治精英"对于全体人民的政治责任制,以实现人民群众对国家权力行使的监督和社会财富由全体人民共享。④ 有学者认为,多数规则作为资本主义民主政治的制度基础有着特定的假设前提,它涉及统治权的分配,从多数规则到多数统治再到多数暴政的理论推定,在逻辑上给予多数与少数区分的固定化,以及无限制的多数权威与政治权力的结合;在以多数至上和平等主义为原则的民主中可能会造成多数对少数的剥夺,但在资本主义民主政治中,代议制使得多数统治间接化与形式化,实际上存在的是少数精英以多数的名义实施的少数暴政;多数规则在资本主义代议民主中的真正困境始终是关于平等与自由的价值冲突。⑤ 有学者在分析古典民主理论时指出,以古雅典为例,古典民主的局限性主要表现为:否定个人独立和自由,把个人手段化为实现城邦理念的工具,缺乏政治责任,不能自觉反思和矫正制度和政策的缺陷,充满党派争斗,必然导致多数专政。⑥ 有学者在探讨达尔关于民主规模的思想时指出,在小的体系中,有组织的集团之间的冲突可能将个人之间的冲突保留在集团之内;

---

　① 张康之、张乾友:《对"市民社会"和"公民国家"的历史考察》,《中国社会科学》,2008 年第 3 期。

　② 颜德如:《深化中国协商民主的公民认同——一种观念史的研究路径》,《学习与探索》,2008 年第 3 期。

　③ 田改伟:《试论民主及其价值》,《政治学研究》,2006 年第 3 期。

　④ 刘山鹰:《试论民主的价值——以多数人统治和少数人统治的辨析为基点》,《政治学研究》,2006 年第 1 期。

　⑤ 林红:《试析资本主义民主政治的多数规则及其困境》,《政治学研究》,2006 年第 4 期。

　⑥ 林奇富、董存胜:《反思古典民主的局限性——以古雅典的城邦民主为分析对象》,《中共福建省委党校学报》,2006 年第 12 期。

在大的体系中,组织冲突是频繁的而个人成员为之付出的代价很小,集团冲突更可能采取制度化的形式;对于民主政体来说,没有单一的最优规模;公民效能感在小体系的同质性的政治中与在大体系的多样性的政治中依赖于不同的技术。① 有学者认为,在民主的发展过程中,资产阶级的主要贡献在于宪政建设和精英民主,而大众民主的到来,则要归功于以下层阶级为主体的工人运动和其他非资产阶级阶层的斗争;在考察民主历程的基础上,重新认识民主的社会主义属性,有助于质疑形成于特定经验的社会科学的普适性问题。② 有学者从政治心理学的角度分析信任理论与民主理念的内在联系,探讨了古代及现代意义上的信任的话语指向、民主的信任与不信任悖论,以及信任作为适应风险社会不确定性的因素对于政治过程的未来导向等,揭示信任作为社会资本对于完善民主制度的推进作用。③ 有学者以成熟的西方民主为例,描述性地论述了现实世界里西方民主体制的诸实证性问题,讨论了民主发展的历史过程、西方民主出现以及巩固的条件、西方民主的机制与运作及其实效与反思,并在此基础上对西方民主进行了批判和反思。④ 有学者以分析政治思想家的思想为中心展开文本解读和逻辑重构,分析指出,政治运作应该贴近大众,而大众也应该理性地介入政治,大众民主的落实需要理性的公共生活。⑤ 有学者运用马克思主义"市民社会"的理论方法,从"国家—社会"的二元分离入手,以民主与法治的关系为主线,从政治制度、政治意识、政治行为三个层面考察了现代西方政治文明的二元结构及其内在矛盾。⑥

(3)西方民主理论研究

在"十一五"期间,我国学者对西方民主理论进行了较为广泛的研究分析,推进了我国学术界对西方民主理论的认识。有学者分析了卢梭的人民主权理论及其对中国近代民主政治进程的影响。⑦ 有学者探讨了达尔对于美国民主体制的认识,指出达尔提出的美国立宪民主体制的问题可以归结为立法机构的失灵、新的政治失序、总统制的伪民主等问题。⑧ 有学者从民主理论的角度对自由主义民主进行了概括与分析,揭示了自由主义民主理论的基石和基本原则及其运行方式(即代议制民主),指出了自由主义民主的历史地位,分析了自由主义民主的缺陷与不足。⑨有学者梳理了20世纪社会主义与自由主义两种政治思潮关于民主问题的主要理

① 高民政、孙艳红:《规模与民主视阈中的竞争、回应和冲突:达尔的分析与结论》,《浙江学刊》,2009年第1期。
② 杨光斌:《民主的社会主义之维——兼评资产阶级与民主政治的神话》,《中国社会科学》(英文版),2009年第4期。
③ 薛洁:《信任:民主的心理基础》,《江苏社会科学》,2006年第5期。
④ 王绍光:《民主四讲》,生活·读书·新知三联书店,2008年。
⑤ 郭为桂:《大众民主:一种思想史的文本解读与逻辑重构》,武汉大学出版社,2008年。
⑥ 佟德志:《在民主与法治之间》,人民出版社,2006年。
⑦ 孙晓春:《卢梭的人民主权论与中国近代的民主进程》,《贵州社会科学》,2009年第5期。
⑧ 包雅钧:《罗伯特·达尔论美国民主政治体制》,《新疆社科论坛》,2009年第2期。
⑨ 乔贵平、吕建明:《自由主义民主理论评析》,《政治学研究》,2009年第4期。

论分歧,分析了两个思想流派观察民主问题的视角和基本的思想倾向。[1] 有学者指出,近现代西方民主并非源于古希腊的雅典民主,而是欧洲中世纪封建制度下政治斗争的产物与流变。[2] 有学者认为,由于受政治、经济、文化领域种种要素的影响,现代西方民主经过长期的历史演进形成了宪政民主、资本民主以及文化间民主等样式,并在此基础上分析了现代西方民主的困境与趋势。[3] 有学者以理论专题形式和历史发展为线索,从学理层面对西方民主理论的发展进行了系统性的梳理、阐述与分析,并且以马克思主义的唯物历史观为指导对其进行了分析与评价。[4]

(4)当代新兴民主理论研究

近年来,参与民主、协商民主、网络民主与电子民主等方面的研究成为近年来民主理论研究的热点问题。有学者发表了系列论文,对当代西方参与民主理论进行了比较详细的介绍和说明,指出参与民主理论在现代民主政治中的价值与作用。[5] 有学者指出,当代主流民主思想认为大多数公民的政治冷漠是民主体系稳定的条件,帕特曼的参与民主理论则对此提出了质疑且得到了左翼政治理论家的普遍支持,但参与民主理论本身也面临一些难以解决的问题,对代议民主和参与民主的正确认识则对把握民主的逻辑具有关键的意义。[6] 有学者分析了参与式民主理论的内涵与特征,剖析了参与式民主发展的前景,指出当代西方协商民主理论的发展有助于参与式民主从理想转变为现实。[7] 同时,还有许多学者也撰写了有关参与民主理论的论文。

在"十一五"期间,协商民主理论是我国民主理论研究中的热点问题。有学者认为,协商民主既肯定公民积极参与政治生活,又尊重国家与社会间的界限,力图通过完善民主程序、扩大参与范围、强调自由平等对话来消除冲突,保证公共理性和普遍利益的实现,以修正传统民主模式的缺陷和不足。[8] 有学者介绍了西方协商民主理论的兴起和发展历程,分析了西方协商民主理论的基本观点,强调中国式

[1] 高建、乔贵平:《民主的分歧——20世纪社会主义与自由主义关于民主问题的争论》,《政治学研究》,2008年第1期。

[2] 房宁、冯钺:《西方民主的起源及相关问题》,《政治学研究》,2006年第4期。

[3] 佟德志:《现代西方民主的困境与趋势》,人民出版社,2008年。

[4] 孙永芬:《西方民主理论史纲》,人民出版社,2008年。

[5] 陈炳辉:《弱势民主与强势民主——巴伯的民主理论》,《浙江学刊》,2008年第3期;陈炳辉、韩斯疆:《当代参与式民主理论的复兴》,《厦门大学学报》(哲学社会科学版),2008年第6期;陈炳辉、李鹏:《古典民主理想的复兴及其困境——卡罗尔·佩特曼的参与式民主理论研究》,《南京社会科学》,2010年第2期。

[6] 胡伟:《民主与参与:走出貌合神离的困境?——评卡罗尔·帕特曼的参与民主理论》,《政治学研究》,2007年第1期。

[7] 陈尧:《从参与到协商:当代参与型民主理论之前景》,《学术月刊》,2006年第8期;《西方参与式民主理论及其对中国社会主义民主政治的启示》,《社会主义研究》,2008年第1期。

[8] 陈家刚:《风险社会与协商民主》,《马克思主义与现实》,2006年第3期;《协商民主与政治协商》,《学习与探索》,2007年第2期;《协商民主研究在东西方的兴起与发展》,《毛泽东邓小平理论研究》,2008年第7期。

协商政治在一定程度上可以借鉴西方协商民主理论的一些理念。① 有学者从政治协商的角度分析了行政过程,强调应当充分发挥协商行动在信息汇集、议题论证和空间创制等方面的积极功能。② 有学者从制度设计的角度探讨了协商民主的发展,认为公民会议是一种基本的协商民主制度设计。③ 有学者在对协商民主理论与实践进行研究中指出,协商民主是指自由平等的公民基于权利和理性,在一种由民主宪法规范的权力相互制约的政治共同体中,通过集体与个体的反思、对话、讨论、辩论等过程,形成合法决策的民主体制和治理形式,它对于促进中国宪政建设、合法决策、公民参与和政治对话以及构建和谐社会、和谐世界都具有积极的意义。④ 同时,有部分学者也对网络民主、电子民主等新兴民主理论与实践的问题进行了探讨。

2. 中国民主理论与实践研究

在"十一五"期间,我国政治学者对党内民主、基层民主与中国特色社会主义民主建设等问题进行了深刻的研究与分析,提出了相关观点与建议。

(1)党内民主研究

自从 20 世纪 80 年代以来,党内民主逐渐成为中国政治发展研究的重要问题。在"十一五"期间,政治学界主要围绕党内民主的基本内涵、原则与功能、制约因素、发展动力等问题进行了分析,提出了相关理论观点和实践主张。有学者指出,发展党内民主能够防止个人代替政党、官僚特权的滋生、政党内部的分化,是保持党长期执政地位的重要保证。⑤ 有学者认为,党内民主是由党的性质和历史使命、党员的党性和权利义务决定的,是党在新形势下巩固执政地位、实现执政使命的需要,必须坚持民主基础上的集中和集中指导下的民主相结合。⑥ 有学者在探讨党内民主与人民民主的关系时指出,我国新民主主义革命、社会主义革命和社会主义建设的历程,是党发展党内民主来促进、带动人民民主建设的历程,也是党内民主与人民民主不断互动、共同发展的生动过程;党内民主与人民民主之间有着密切的辩证关系,党内民主对人民民主起着示范和带动作用,人民民主的发展对党内民主建设也提出新的更高的要求。⑦ 有学者认为,中国必须推进民主政治发展并坚持走自己的道路,中国的民主政治发展必须也可以与保持共产党的执政地位并行不悖,应通过以扩大差额选举为取向的党内民主的建构来发展中国的民主。⑧

① 卢瑾:《当代西方协商民主理论研究:现状与启示》,《政治学研究》,2008 年第 5 期。
② 林奇富:《重视行政过程中协商的功能》,《探索与争鸣》,2009 年第 3 期。
③ 马奔:《公民会议:协商民主的一种制度设计》,《山东社会科学》,2009 年第 10 期。
④ 陈家刚:《协商民主与当代中国政治》,中国人民大学出版社,2009 年。
⑤ 徐勇、刘义强:《发展党内民主是保持党长期执政地位的重要保证——中国共产党与苏联共产党比较研究》,《政治学研究》,2009 年第 1 期。
⑥ 王一程:《发展党内民主关键要端正认识》,《前线》,2010 年第 3 期。
⑦ 田改伟:《试论党内民主与人民民主的辩证关系》,《政治学研究》,2007 年第 2 期。
⑧ 胡伟:《民主政治发展的中国道路:党内民主模式的选择》,《科学社会主义》,2010 年第 1 期。

（2）基层民主研究

在"十一五"期间，我国学者对于基层民主建设保持着强烈的研究兴趣，取得了较为丰富的研究成果。有学者指出，改革开放以来，我国基层民主发展的动因主要包括现代化进程的政治动员、中国的双层政治架构、经济政治体制改革引起的社会结构和价值观念的变化、中国政治发展和民主化进程的路径选择等方面。30年来基层民主建设的主要特点和经验有利益的相关性、参与的有序性、环境的适应性和发展的渐进性等。① 有学者指出，基层民主应当包括村和乡镇两个层面，涵盖乡村两级党组织的党内民主、乡镇人大与政府的国家政权民主与以村民自治为主的社会民主三个层面的内容。② 有学者认为，基层民主建设是中国民主政治发展的基础，基层民主发展要在划定的空间中同时满足国家与社会的需求，关键在于深化基层民主，其核心是扩大基层民主的自治性和参与性，即让公民能够在这个空间以及这个空间所形成的民主舞台上充分行使其民主的权利，实现当家做主，以公民为主体而展开的公民协商是基层民主的重要形态。③ 有学者指出，当今中国乡村民主管理与治理创新已有着越来越强的社会基础，应当按民主、科学和法治的理念，从体制、机制与技术等层面全面推进乡村民主管理与治理的多元化创新，应当使乡村民主管理与治理创新和宏观体制变革密切配合，并将其纳入国家建设战略。④ 有学者认为，集体土地与村社集体的经济实力是村民自治和农村公共品供给的重要经济基础，当前解决我国农村公共品供给不足问题的方法是：其一，充分发扬农村的民主，完善村民自治，让村民有表达自己利益的充分条件；其二，强化村社集体的实力，村社集体在兴办农村公共事业建设，联系农民和国家、市场关系上发挥着不可缺少的作用；由于在日前的土地制度形式下，我国村社集体的实力和办事能力被大大削弱，所以必须完善自上而下的财政转移支付政策以提高村社集体的实力。⑤

（3）民主化理论与实践研究

"十一五"期间，我国政治学界对于民主发展的理论与实践问题进行了广泛讨论，形成了相关理论观点。有学者提出了民主成长的问题，认为公共生活是现代民主成长的基础，有机的公共生活是现代民主的理想选择；只有从责任出发才能建构有机的公共生活，实现个体利益与公共利益的统一。⑥ 有学者指出，改革开放30年来，学术界对中国民主发展所形成的选举民主论、精英民主论、多元民主论、协商民主论、自由民主论、混合民主论、增量民主论等理论模式对中国的民主发展贡献

---

① 徐勇：《基层民主：社会主义民主的基础性工程——改革开放30年来中国基层民主的发展》，《学习与探索》，2008年第4期。

② 浦兴祖：《农村基层民主：由村向乡镇分步递升》，《探索与争鸣》，2009年第4期。

③ 林尚立：《公民协商与中国基层民主发展》，《学术月刊》，2007年第9期。

④ 肖唐镖：《乡村治理创新的动力、理念和空间分析》，《国家行政学院学报》，2009年第2期。

⑤ 贺雪峰：《土地与农村公共品供给》，《江西社会科学》，2009年第1期。

⑥ 林尚立：《民主的成长：从"个体自主"到"社会公平"——解读2005年中国政治发展的意义》，《社会》，2006年第3期；《有机的公共生活：从责任建构民主》，《毛泽东邓小平理论研究》，2006年第3期。

了建设性观点，但是或多或少地存在着试图通过单一方式解决全局问题、对中国民主化道路长远发展考虑不够充分的问题。中国民主未来的发展应以完善人民民主为根本目标，坚持共产党领导，自上而下与自下而上充分结合，通过制度创新的方式丰富民主的实现形式，将改进人民代表大会制度作为核心工作，推进选举民主、协商民主等的全面融合。① 有学者在阐释竞争性民主与协商性民主的基本内涵和特征之后指出，中国特色的民主政治应当以协商性民主为主、竞争性民主为辅，逐步以竞争性民主弥补传统政治体制的某些缺失，不断完善人民代表大会制度和政治协商制度。② 有学者认为，实现党内民主是建设社会主义政治文明的关键，以党内民主推进人民民主，进而推动中国的政治文明建设是党内民主建设目标的合理延伸。③ 有学者从思想史的角度对近代中国人"民主"观念的发展进行了分析，指出近代中国人主要将"民主"理解为"民本"、"君主"、"民权"、"自主"、"民治"、"平民政治"与"共和"七种方式。④

（五）治理理论研究

在"十一五"期间，我国政治学界对治理理论进行了较为深入和系统的研究。不仅探讨了有关治理的基本理论，而且对治理实践特别是中国的治理实践进行了分析。

1. 规范治理理论研究

2006年以来，我国政治学者对治理理论的源起、发展、国家内的治理理论和全球治理理论都有所涉及。有学者认为，国家建构是以国家为中心的，而治理强调权威的多元化、分散化，旨在全面消解国家的绝对主权，废除国家至高无上的现代性观念，因而具有强烈的后现代色彩，法治是它们实现均衡与良性互动的制度基础。⑤ 有学者指出，治理可以视为在社会公共事务领域中政府和市场、政府和社会、政府和公民共同参与、相互协作的双向互动的管理过程。⑥ 有学者从治理与统治差异的角度指出，"治理"是新保守主义政治视阈中的治理理论，可以称之为"治理话语"；治理话语抵抗政治学知识中统治的独霸地位，以网络治理为核心拓展了民主自治思想，并以宪政改革作为价值实现的保护带，成为民主统治之后政治学知识再生产的新选择和政治发展新范式；多中心治理表达了矫治工具理性支配下"中心化"治理结构的趣味，具有历史合理性和现实有效性，同时多中心治理运作的建

---

① 张桂琳：《关于中国民主发展模式的思考》，《中国政法大学学报》，2008年第6期。

② 黄卫平、陈文：《我国民主政治发展的现实选择——对"竞争性民主"与"协商性民主"的思考》，《理论探讨》，2005年第6期。

③ 佟德志：《从党内民主和村民自治看中国民主政治发展的合力效应》，《政治学研究》，2008年第4期。

④ 颜德如：《近代中国人对"民主"的七种理解》，《黑龙江社会科学》，2010年第3期。

⑤ 郁建兴：《治理与国家建构的张力》，《马克思主义与现实》，2008年第1期。

⑥ 曹任何：《合法性危机：治理兴起的原因分析》，《理论与改革》，2006年第2期。

构路径也需要回到承认政治中解决。① 有学者从内涵、背景、内容、研究方法、评价等方面对我国学术界的治理理论研究进行评述并指出,对治理研究而言,国家与社会关系是一个不可回避的内容,它是治理研究的中心指向。② 有学者认为,政府与非政府组织的关系,可被视做国家与社会关系在公共治理层面上的缩影,非政府组织通过与政府的契约性、制度性合作,将在良性互动中实现有效的治理。③ 有学者指出,治理理论其渊源是西方民主社会的民主理论与公民社会理论的翻版,是以发达的公民社会、完善的民主制度与健全的法治为基础而产生的多中心管理理论,并不适合我国的现状以及文化、制度等基础。④

除了对国内治理理论进行研究外,我国学者也注重研究全球治理理论。有学者指出,"全球治理"比国家治理、地区治理等视角似乎更具有包容性;但不可否认的是,其理论也有过于乌托邦和不切实际的一面,并且这种缺陷在其实践过程中正在越来越多地显露出来。⑤ 有学者从全球公民社会与国家的角度指出,全球治理不仅指称国家公共管理在全球领域的延伸,而且包容了从地方、国家到区域和全球的多层次多中心的复合治理网络,它是国家与公民社会关系在全球化形势下的重构,其内涵在于主张国家与全球公民社会合作、谈判与协调,共同处理公共事务,增进公共利益。⑥ 有学者认为,全球治理模式主要分为国家中心治理模式、有限领域治理模式、网络治理模式、国内—国外边疆治理模式以及欧盟"合作性世界秩序"治理模式,上述模式并不具有普遍性,在适用范围和解释力上存在各自的局限。⑦ 有学者在分析全球性治理中西方发达国家的责任时指出,西方发达国家由于历史和现实的原因,在全球问题的治理中需要承担更多的责任,它们需要树立全球意识,特别是要帮助发展中国家保护环境,同时要完善环境立法和责任立法,真正担负起保护地球环境的责任。⑧

2. 治理理论的应用性研究

在"十一五"期间,我国学者积极重视研究现实中的治理问题和治理实践。

有学者指出,改革开放30年来,中国治理改革的重点内容是生态平衡、社会公正、公共服务、社会和谐、官员廉洁、政府创新、党内民主和基层民主;决定性地影响中国治理状况的主要变量是社会经济的变化、政治发展的逻辑、新型政治文化的形成和全球化的冲击;经过改革开放以来近30年的探索,中国正在形成一种特殊的

---

① 孔繁斌:《治理对话统治——一个政治发展范式的阐释》,《南京社会科学》,2005年第11期;《多中心治理诠释——基于承认政治的视角》,《南京大学学报》(哲学·人文科学·社会科学版),2007年第6期。

② 包雅钧:《中国学术界有关治理研究的回顾与前瞻》,《中共石家庄市委党校学报》,2008年第7期。

③ 陈广胜:《试论政府与非政府组织的治理重心》,《中共浙江省委党校学报》,2006年第6期。

④ 申剑、白庆华:《治理理论及其评价》,《广西大学学报》(哲学社会科学版),2006年第6期。

⑤ 陈承新:《国内"全球治理"研究述评》,《政治学研究》,2009年第1期。

⑥ 周俊:《治理结构中的全球公民社会与国家》,《中共浙江省委党校学报》,2007年第5期。

⑦ 李芳田、杨娜:《全球治理论析》,《南开学报》(哲学社会科学版),2009年第6期。

⑧ 刘雪莲:《论全球性问题治理中西方发达国家的责任》,《政治学研究》,2008年第1期。

治理模式,其治理改革的目标已经清楚,即民主、法治、公平、责任、透明、廉洁、高效、和谐;中国治理评估指标体系要紧紧围绕党和政府的大政方针,并由此推动国家的民主治理改革,中国治理评估框架应当包括公民参与、人权和公民权、党内民主、法治、合法性和社会公正等 12 个方面的基本内容。① 有学者对改革开放 30 年来中国政府管理模式变革进行了深刻的阐释,认为中国改革开放 30 年来行政管理改革主要体现为"一个方向"和"双重使命":一个方向就是要实现政府管理从管制到服务的现代转型,建立服务型政府;双重使命表现为,行政管理改革既是一场管理革命,又是政府与市场关系、政府与公民关系、国内治理与全球治理关系的深刻调整。② 有学者认为,新中国国家治理模式的变迁过程划分为三个不同阶段,即阶级统治模式阶段、过渡阶段和阶层共治模式阶段。③ 有学者以村委会、居委会和社团的发展脉络为线索,在考察分析当代中国地方治理中公民参与发展的历程、现状、问题和特点后指出,在政府与社会的共同努力下,未来中国地方治理中公民参与必将进一步发展。④ 有学者在探讨改革发展成果共享机制时指出,在我国改革发展成果共享实现机制的创建过程中,必须确定共享理念的内涵及意义,明确改革发展成果共享实现机制所要解决的中心问题、核心主线及其价值取向,实现对成果共享实现机制的理念重塑,为政府治理的研究提供了新的视角。⑤ 有学者在国家治理层面上对治理评估指标体系进行总体考察,在勾勒中国治理评估框架和评述国内国际相关评估体系的同时,重点引介国际组织和西方机构研制并实践的具有重大影响的治理评估指标体系。⑥ 有学者系统地分析和考察了改革开放以来中国治理改革的轨迹,特别是民主选举、政治参与、行政管理、公共决策、依法治国、政府责任、公共服务、政治透明、权力监督等领域的变化发展。⑦

在"十一五"期间,也有学者对中外地方治理案例进行了分析。有学者指出,法国 1982 年开始的地方分权把改革的触角深入到市镇联合体中;市镇联合体通过融合各种利益关系,在内、外部两个维度形成与其他地方政府、中央、私人部门、第三部门、欧盟等互动合作的治理结构,从而鲜明地体现了法国地方治理的特色。⑧ 有学者根据实地调研的材料,并参考德国相关法律、法规和政策,以德国乡村公共品

---

① 俞可平:《中国治理变迁 30 年(1978—2008)》,《吉林大学社会科学学报》,2008 年第 3 期;《中国治理评估框架》,《经济社会体制比较》,2008 年第 6 期。

② 周光辉:《从管制转向服务:中国政府的管理革命——中国行政管理改革 30 年》,《吉林大学社会科学学报》,2008 年第 5 期。

③ 唐亚林、郭林:《从阶级统治到阶层共治——新中国国家治理模式的历史考察》,《学术界》,2006 年第 4 期。

④ 陈芳、陈振明:《当代中国地方治理中的公民参与——历程、现状与前景》,《东南学术》,2008 年第 4 期。

⑤ 张贤明、文宏:《改革发展成果共享实现机制的理念定位》,《理论月刊》,2009 年第 7 期。

⑥ 俞可平主编:《国家治理评估——中国与世界》,中央编译出版社,2009 年。

⑦ 俞可平主编:《中国治理变迁 30 年(1978—2008)》,社会科学文献出版社,2008 年。

⑧ 郁建兴、金蕾:《法国地方治理体系中的市镇联合体》,《中共浙江省委党校学报》,2006 年第 1 期。

供给为线索,对德国地方治理过程中的权责结构、财政关系以及监督机制进行了初步分析。① 有学者从治理的角度比较分析了中国与西方城市政府在治理过程中的异同。② 有学者以我国转型时期特有的"行政区经济"为视角,从行政区经济发展演变的趋势出发,主要采用一般理论分析和实证分析相结合、数据统计、定量分析以及区域经济学、城市地理学等跨学科研究方法,遵循局部和整体相结合、理论和实践相结合的原则,以单个跨省都市圈为研究对象,沿着"行政区经济"与"都市圈经济"之间关系这一主线,对跨省都市圈的"行政区经济"现象及其多元化形成机理、整合机制等重大问题,进行了较为系统的理论和实证研究。③ 有学者运用治理理论的基本视角——主体间关系及其互动过程作为理论框架,对美、英、日三国具有代表性的规划管理制度体系,从制度背景以及法律体系、行政体系、规划体系和实施体系等方面入手,分析影响制度形成、运作的政治社会经济环境条件和背景因素,系统总结各国规划管理制度的主要特征,辨清制度形成和发展的主流趋势,为我国城市规划管理制度研究提供理论依据和实践基础。④

2006 年以来,一些学者对乡村治理和城市治理也展开了研究。有学者在分析我国农村治理问题时指出,近二十余年来,我国以国家行政权力和乡村自治权力相分离为基础的"乡政村治"体制,随着市场经济的发展,特别是伴随着农业税的取消和社会主义新农村建设,目前在农村治理方面出现了一些问题,对现行的治理体制进行深入而系统的改革已势在必行。⑤ 有学者认为,如何建立更加有效的城市治理结构,积极回应城市发展中的问题,提升治理能力与公共服务绩效,成为我国城市政府无法回避的任务;应当运用治理理念和方法,探讨政府城市管理发展中的治理结构走向。⑥ 有学者在分析农村治理与公共产品供给时指出,解决乡村治理与农村公共产品供给问题是社会主义新农村建设的突破口;在经历了农业合作化与人民公社时期的乡村治理、家庭联产承包责任制的乡村治理及村民自治时期的乡村治理,当前我国农村公共产品供给不足存在的根本原因是单中心体制,法律在政府间责权分配的规定上模糊不清、投资不足和融资渠道不明等。⑦ 有学者在对西方学术界社会资本理论和治理理论进行全面梳理和比较评析的基础上,运用社会资本的分析框架,借用若干案例资料,对农村治理的主体、结构、过程和后果作了比

---

① 陈家刚:《德国地方治理中的公共品供给——以德国莱茵—法尔茨州 A 县为例的分析》,《经济社会体制比较》,2006 年第 1 期。

② 顾丽梅:《治理与自治:城市政府比较研究》,三联书店,2006 年。

③ 陶希东:《转型期中国跨省市都市圈区域治理——以"行政区经济"为视角》,上海社会科学院出版社,2007 年。

④ 王郁:《国际视野下的城市规划管理制度——基于治理理论的比较研究》,中国建筑工业出版社,2009 年。

⑤ 于建嵘:《农村治理的问题与对策》,《中国政法大学学报》,2008 年第 4 期。

⑥ 孙柏瑛:《我国政府城市治理结构与制度创新》,《中国行政管理》,2007 年第 8 期。

⑦ 于水:《乡村治理与农村公共产品供给问题研究》,《江海学刊》,2006 年第 5 期。

较系统的研究。① 有学者以上海的社区治理为研究对象,考察了上海街道—居委会体制的沿革和 20 世纪 90 年代以来上海城市的变迁,分析了现阶段处于转型中的上海社区治理的现状,整合性地描述了国外纽约、东京、新加坡的相对成熟的社区治理形态,以及目前处在实践探索中的沈阳、武汉、南京三地的社区管理模式,并分别作了横向比较,并在此基础上探讨了大都市社区治理的理论建构问题,以应然和实然相结合的思路提出了上海社区治理的发展模式。②

同时,在探讨治理理论与实践的时候,我国政治学者也结合构建服务型政府、法治型政府与责任型政府等问题进行了相应的研究与分析。

三、"十一五"期间政治学基本理论研究的发展趋势

(一)当前学术发展存在的主要问题

(1)中国化的马克思主义政治学基本理论与方法的研究有待加强,以概括建构具有中国特色、中国风格与中国气派的马克思主义政治学基本理论与方法的体系。马克思主义是我国政治学发展的指导思想,将马克思主义基本原理与中国具体实际相结合是我国政治学发展的基本原则。中国化的马克思主义政治学基本理论与方法的研究,中国化的马克思主义政治学基本理论的分析,马克思主义政治学方法论体系的完善,应当是我国政治学基本理论和方法研究中至关重要的问题。目前这方面的研究还不是非常深入,存在着很多亟需研究解决的问题,因而导致了在引进西方政治学基本理论与方法的问题上有时候还存在着照抄照搬的现象,尚缺乏深入剖析。同时,在现有的政治学基本理论与方法的研究中,学术理论与实际问题的结合还不是非常紧密,没有完全将有关中国现实问题的研究与政治学基本理论问题的探讨有机地结合起来。

(2)国家理论的研究还有待深入。在"十一五"期间,我国政治学者在有关国家理论方面进行了广泛研究,推动了关于马克思主义国家理论、西方各种思想流派的国家理论与现代国家建设等各个相关问题的分析。现有国家理论的研究还存在着如下四方面的问题:第一,有必要继续加强马克思主义国家理论的研究,深入探讨马克思主义国家理论中有关国家的自主性、国家与社会的关系等相关问题,进一步分析马克思主义国家理论中有关社会基础、社会结构与文化领导权等方面的问题。第二,有必要进一步加强西方马克思主义有关国家理论的研究,分析不同的西方马克思主义理论流派对于马克思主义国家理论的认识,探讨西方马克思主义在意识形态、领导权、承认等问题上的研究,分析西方马克思主义存在的问题与缺陷。第三,有必要进一步加强西方国家理论的分析和研究,深入探讨马克思主义与自由主

---

① 周红云:《社会资本与中国农村治理改革》,中央编译出版社,2007 年。

② 吴志华、翟桂萍、汪丹:《大都市社区治理研究:以上海为例》,复旦大学出版社,2008 年。

义、多元主义、共和主义、新制度学派、公共选择学派等不同西方理论流派之间在国家理论方面的异同。第四,有必要进一步加强有关中国现代国家建设方面的理论研究,探讨中国在现代国家建设与国家成长过程中的基本经验和规律,比较中国与其他国家在现代国家建设方面存在的异同,分析中国现代国家建设中存在的问题与解决方案,为我国现代国家建设提供必要的智力支持与理论依据。

(3)权力理论方面的研究有待加强。近年来,我国政治学者在权力理论方面进行了比较深入的研究,取得了一定的成绩,但是我们也应当看到,我国政治学者在权力理论方面的研究还存在着如下问题:第一,有必要进一步加强马克思主义权力理论方面的研究,深化探讨西方权力理论的发展状况,比较分析马克思主义权力理论与西方权力理论之间的异同。第二,有必要深入研究权力的基本理论,探讨权力的基本属性、权力与主体、权力与意图、权力与知识、权力与结构等方面的问题。第三,亟待深化与拓展关于权力的应用性分析和实证方面的研究,探讨与我国社会主义政治文明与和谐社会建设相适应的权力结构体系与权力监督机制,为我国社会主义各项制度建设提供理论支持。

(4)社会正义理论方面的研究需要进一步深化。在"十一五"期间,我国学者在社会正义理论方面的研究作出了扎实的努力,为我们更加深刻地研究社会正义问题提供了良好的基础。现阶段,在社会正义理论研究方面仍然存在着如下四方面的问题:第一,在有关社会正义理论的研究上,有些学者往往从纯粹规范的角度进行分析,探讨古今中外思想家和学者有关正义问题的观点,相对而言忽视了对我国社会现实情况的探讨,导致现阶段有关社会正义的理论研究与实际研究之间存在着某种程度的脱节现象。第二,国内学者过多地关注西方学者对于正义问题的理解,相对忽视了正义的普遍性与特殊性之间的差异,有必要进一步深入分析西方学者有关正义理论的适用性问题。第三,正义观是与社会文化传统密切相关的,有必要加强有关正义观与社会文化传统之间关系的分析,探讨在不同历史发展阶段和不同政治文化心理中人们有关正义认识的内在规律。第四,有必要进一步加强有关社会正义问题的实证研究,为我国政府推进社会公平正义提供智力支持与理论依据。

(5)民主理论方面的研究仍然需要继续深化。在"十一五"期间,我国学者推进了有关民主理论方面的研究,丰富了人们对于民主的理解。然而在现阶段,在民主理论研究方面也存在着一些亟待解决的问题:第一,应当进一步加强马克思主义民主理论研究,比较分析马克思主义民主理论与西方民主理论的异同,探讨具有中国特色、中国风格与中国气派的社会主义民主理论。第二,除了进一步深化民主理论与实践的研究之外,应当拓展民主理论研究的领域与范畴,加强有关经济民主、社会民主、文化民主、性别民主等方面的研究,推动民主理论的进一步发展。第三,在有关民主发展与民主化的问题上,有必要进一步加强对于民主发展的内在规律的深入探讨,比较不同国家民主发展进程中存在的问题与困境,总结分析民主化进程的基本经验与规律。第四,在我国社会主义政治文明与和谐社会建设日益发展的今天,有必要进一步依据我国社会主义民主建设方面的经验,提出比较完整的社会主义民主理论体系,为世界政治文明的发展提供我们自己的经验与思路。

(6)治理理论方面的研究有必要进一步加强。近年来,我国学者从规范研究和应用研究的层面上深化了治理理论的探讨,既推动了学术发展,同时也为我国政府治理发展提供了智力支持。值得注意的是,我国治理理论与实践方面的研究在以下四个方面仍然需要进一步深化与拓展:第一,在现阶段,有关治理的政治哲学基础方面的探讨还不是很深入,有必要进一步对治理的政治哲学基础进行深化分析。第二,在探讨现实治理问题的时候,有必要进一步研究治理与政治发展之间的内在关系与规律,不宜过于强调对政府的限制,同时也不宜片面夸大公民社会自身的作用。第三,有必要对治理与政治心理的关系进行深化研究,进一步探讨社会政治心理对于善治的价值与作用。第四,有必要对治理与绩效评估方法进行深入分析,逐步深化有关治理的评估体系与机制的研究,提出适合我国的政府治理评估指标体系。

(二)发展趋势

我国社会主义政治文明与和谐社会建设的深入发展为我国政治学研究提供了广阔的前景与机会,我国政治学基本理论与方法方面的研究在近期内将呈现出如下发展趋势:

(1)中国化的马克思主义政治学基本理论与方法将得到进一步的深化研究。在中央马克思主义理论研究和建设工程的推动下,具有中国特色、中国风格与中国气派的中国化的马克思主义政治学基本理论与方法将得到更加系统的研究,中国化的马克思主义基本原则将在国家、权力、社会正义、民主与治理等基本理论的研究中得到进一步贯彻与落实,促进我国政治学基本理论研究更加深入。

(2)马克思主义国家理论方面的研究将得到进一步发展,西方马克思主义的相关研究也将得到深化,马克思主义国家理论与西方国家理论之间的比较分析将得到加强,国家的自主性、国家与社会的关系、文化领导权等方面的研究仍然是学者们关注的重点问题。学术界将会对现代国家建设、福利国家与国家成长等问题进行进一步的深化研究,对中国与西方在现代国家建设等问题上进行比较分析,中国现代国家发展的基本经验与规律将成为学术研究的重要方面。

(3)权力理论研究将在现有研究的基础上得到深化。马克思主义权力理论研究将更加受到重视,西方不同学术流派的权力理论将得到进一步探讨,马克思主义权力理论与西方权力理论之间的比较性研究将得到加强,诸如权力的基本属性、权力与知识的关系之类问题的研究将得到深化。权力的应用性分析和实证研究也将得到进一步加强,当代西方权力研究的方法将被借鉴用来分析我国现实生活中的权力,与我国社会主义政治文明与和谐社会建设相适应的权力结构体系与权力监督机制方面的研究,仍将是研究的重点问题。

（4）社会正义理论与应用方面的研究仍然将是学术界研究的重点与热点问题，社会正义问题研究的范围将得到进一步深入发展。古今中外思想家的社会正义思想的研究仍将得到发展，有关当代西方学者的正义理论的研究仍然是学术界关注的重要问题，马克思主义与西方不同思想流派的正义观之间的比较分析也就得到加强。社会正义问题的实证研究将得到加强，学术界将在实证分析的基础上提出有助于促进我国社会公平正义的建设性意见与观点，为我国社会主义政治文明与和谐社会建设贡献力量。

（5）民主理论研究仍将是我国政治学界的热点问题，构建具有中国特色、中国风格与中国气派的民主理论将成为学术界努力的方向。马克思主义民主理论的研究将得到加强，西方民主理论的研究将得到进一步深化，参与式民主与协商民主等新兴民主仍然是学术界关注的重要问题，马克思主义民主理论与西方民主理论的比较分析仍是民主理论研究中的重要问题。民主研究的领域与范畴将得到拓展，经济民主、社会民主、文化民主、性别民主等方面的研究将得到发展，民主化与民主发展方面的研究将得到深入，党内民主与基层民主的研究仍然是中国民主问题研究的重点问题。民主的实证研究将得到进一步发展，西方民主研究的方法将被借鉴来研究我国民主发展的现实。

（6）治理理论研究将得到进一步加强。治理的政治哲学基础方面的研究将得到进一步发展，中国与西方在治理理论方面的比较分析将得到加强；在治理的实证研究方面，治理与绩效评估方法将得到进一步深入分析，治理评估体系与机制方面的研究将得到发展，构建适合我国国情的政府治理评估指标体系将是学术界努力发展的方向。

本章调研与编写主持人：吉林大学行政学院周光辉教授
参与调研和编写人员：吉林大学行政学院张贤明、颜德如、彭斌

第三章　当代中国政治

一、改革开放以来当代中国政治研究文献综述

改革开放的 30 多年,是中国现代化快速发展的时期。随着社会主义市场经济的建立和不断发展,中国社会日趋分化,社会阶层和利益主体趋于多元化,人们对中国在取得"经济奇迹"的同时存在着一个与西方国家不同的政治体制越来越感兴趣。可以看到,从改革开放至今,学术界一直对当代中国政治方方面面的问题进行着持续不懈的研究,相关的研究成果较多。在此首先就以改革开放以来学术界关于当代中国政治研究的主要阶段和研究主题为线索,对该领域的研究状况作简要的梳理,而后给出简要的评价。

（一）改革开放以来的主要研究阶段和研究主题

从整体上看,改革开放 30 多年来,当代中国政治研究在很大程度上随着中国政治气候的变化而变化,并且在不同阶段掀起了几次研究的高潮。① 我们在此主要围绕上述三个研究阶段和研究高潮,对当代中国政治的研究主题进行简要的梳理。②

1. 1979—1989 年:以政治体制改革为主线

20 世纪 80 年代中国政治学的恢复和发展主要体现在以下三个方面:一是整

---

① 这三个研究的高潮阶段是:20 世纪 80 年代中后期关于政治体制改革、党政分开和"新权威主义"的研究;20 世纪 90 年代后期关于依法治国和建设社会主义法治国家的研究;新世纪以来关于社会主义政治文明、党的领导能力和执政能力建设以及中国特色社会主义政治发展道路的研究。

② 对当代中国政治改革和建设的历史阶段的研究文献很多,目前比较流行的是"四阶段说",黄卫平、王贵秀、王怀超等均持此种看法,尽管他们对这四个阶段的具体分期和基本内容概括不尽相同。参见黄卫平:《中国政治体制改革纵横谈》,中央编译出版社,1998 年,第 135～149 页;王贵秀:《艰难而漫长的改革——政治改革二十周年反思》,载刘智峰主编:《中国政治体制改革问题报告》,中国电影出版社,1999 年,第 27～30 页;王怀超:《中国政治体制改革 24 年》,《理论动态》,2003 年总第 1595 期。此外,"三阶段说"的论述参见周天勇、王长江、王安岭:《攻坚:十七大后中国政治体制改革研究报告》,新疆生产建设兵团出版社,2007 年。另外还有"两阶段说",参见虞崇胜、李艳丽:《论当代中国政治发展的第二次转型》,《岭南学刊》,2007 年第 1期。我们在借鉴上述研究成果的基础上以研究主题的高潮和集中度为依据提出自己的"三阶段说",具体内容见下文。需要指出的是,我们在这里划分的三个阶段及对每个阶段中的研究主题的梳理,只是以每个阶段中当时研究的热点和高潮为基本依据的,所以并没有对当时当代中国政治各个方面的研究文献和成果进行全面梳理和归纳,无疑会遗漏掉一些重要的研究主题和内容。

理和总结马克思主义政治学理论,二是解释和阐释现实政治中出现的问题,三是翻译和介绍西方政治学理论著作。① 具体到当代中国政治的研究领域,学术界研究的核心主题是中国政治体制改革问题,"刚刚诞生的中国政治学,一开始就与政治体制改革紧紧地绑在一起,把政治体制改革视为自身存在与发展的核心舞台。在这个过程中,政治学比较系统地研究了当代民主政治体系,并通过一系列的论文、论著和译著,将现代政治的基本原理、核心概念和主要理论,引入中国政治生活,描绘出一幅又一幅政治体制改革的图景"②。在这一阶段,政治体制改革研究的主要领域涉及党和国家制度建设、党政关系、政治民主化、政治稳定和"新权威主义"等内容。

(1)关于党和国家制度建设问题,学术界主要对 20 世纪 80 年代邓小平推动的党和国家领导制度改革给予了研究和评价。有学者认为:在邓小平、陈云等改革派精英的强力推动下,执政党开始改革党和国家领导干部制度,废除领导人终身制,逐步建立领导人新老交替的制度安排,中国的政治最高领导结构即政治精英成员结构,初步实现了由改革前的革命型政治精英主导向改革开放后的知识—技术型精英主导的历史性转换。③ 还有学者指出:"在不到 10 年的短短时间里,几乎是所有的年迈体弱、缺乏良好教育和专业知识的老干部离开了他们工作了几十年的领导岗位,同时,几乎是所有的在历次政治运动中凭借着激进的意识形态和革命热情进入领导岗位的政治精英退出历史舞台。代之而起的则是一大批新型的中青年知识—技术型官僚。"④可以说,党和国家领导制度的改革为中国经济社会的有效和可持续发展提供了坚强的政治基础和制度保障。

(2)关于党政关系⑤问题,主要是从历史的角度对"党政分开"⑥这一改革路径的提出、发展演变等进行了广泛的研究。在当代中国,党政关系无疑是最为重要的政治关系。80 年代学术界主要在对改革开放前政治体制中的"党政不分、以党代政"现象及其后果进行讨论的基础上提出了"党政分开"的主张。他们指出,"党政不分、以党代政"是我国政治体制的一大制度性缺陷,成为导致政治体系运行中诸

---

① 详细介绍可以参见王邦佐、潘世伟主编:《二十世纪中国社会科学研究·政治学卷》,上海人民出版社,2005 年,第 112~116 页。

② 林尚立:《相互给予:政治学在中国发展中的作为——中国政治学 30 年发展的反思》,《山西大学学报》(哲学社会科学版),2008 年第 3 期。

③ 徐湘林:《后毛时代的精英转换和依附性技术官僚的兴起》,《战略与管理》,2001 年第 6 期。

④ 胡鞍钢、王绍光、周建明主编:《第二次转型:国家制度建设》,清华大学出版社,2003 年,第 217 页。

⑤ 陈红太认为中国党政关系的变革过程大致可以划分为"寓党于政"、"以党代政"、"党政分开"、"以党统政"四个不同阶段。详细内容参见陈红太:《从党政关系的历史变迁看中国政治体制变革的阶段特征》,《浙江学刊》,2003 年第 6 期。

⑥ 周玉凤:《党政分开理论问题研究综述》,《山东医科大学学报》(社会科学版),1989 年第 2 期。

多矛盾和问题的重要根源。① 在指出党政不分的弊端后,学者们对党政分开的具体含义进行了论述,主要有"党政职能分开说"②、"党政分权说"③、"党政分工说"④等主张。"六四"政治风波使得党政分开逐渐淡出学者和公众的视野,"在 20 世纪 90 年代后期,理论和实践都存在着一种党政一体化、党政合一的倾向"⑤。查阅最近的文献可见,学术界对党政关系的探讨和研究一直在进行着,这表明党政关系依然是当代中国政治研究的一个极其重要的内容和主题。

(3)关于政治体制改革突破口的问题,学者们有不同观点。第一种意见认为学术研究自由应当成为政治体制改革的突破口;第二种意见认为理顺党政关系是政治体制改革的突破口;第三种意见认为突破口应从易到难、由表及里,以求初战必胜。⑥ 正是由于价值取向的不同和观点的迥异,少数人在中国民主政治道路的问题上走向极端化,进而有了全盘西化、走西方宪政民主道路的主张。与此同时,反对"自由派"主张的知识分子提出了"新权威主义"⑦的主张,这在 80 年代后期成为中国政治学领域的一大热点。新权威主义主张者认为,中国的政治民主化应该以经济市场化为前提,而中国的经济市场化只能在集权下才可以加速发展,因此中国需要政府的权威和集权。反对新权威主义的"民主派"认为,中国改革遇见的许多

---

① 这方面的弊端主要体现在:一是党和政权组织的机构重叠、人员臃肿、效率低下;二是党组织高度集权和组织机构过度扩张,党和国家一体化,国家机关没有相对独立的、有实权的工作系统,从而难以有效履行其职责;三是造成了"党不管党"的不良后果,削弱了党的政治领导地位;四是党政一体化使得党包揽的事务过多,即使是政府工作中的失误也会使党的形象和权威受到损害;五是不利于提高政府的威信,不利于增强宪法和法律的尊严;六是不利于社会民众的政治参与和参政能力的提高,从而不利于社会主义民主政治的发展。这里主要参考了下列文献:谢庆奎:《当代中国政府》,辽宁人民出版社,1991 年;庞松、韩钢:《党和国家领导体制的历史考察与改革展望》,《中共山西省委党校学报》,1987 年第 6 期;林常颖:《从"一元化领导"到"党政分开"——谈党的十一届三中全会以来党的领导体制的改革与完善》,《党史研究与教学》,1998 年第 6 期;马晓黎:《我国一元化领导体制面临的困惑与改革探索》,《中共青岛市委党校·青岛行政学院学报》,2004 年第 3 期。

② 1987 年召开的中共十三大指出:"党政分开即党政职能分开。"所谓党政职能分开,就是根据党组织和行政组织的不同领导体制、组织形式和工作方式,使之各司其职。党政分开是为了解决党政不分、以党代政问题,理顺党与国家政权的关系而进行的一项党和国家领导体制的重大改革。这表明官方对"党政职能分开说"的认可和支持。事实上这一观点也是学术界多数人认可的观点。

③ 李福海:《我国现行政治体制的主要弊端及其改革》,《体制改革探索》,1987 年第 6 期。

④ 舒宏胜:《关于党政分开的几个问题》,《安徽省委党校学报》,1987 年第 2 期。

⑤ 王邦佐、潘世伟主编:《二十世纪中国社会科学研究·政治学卷》,上海人民出版社,2005 年,第 358 页。

⑥ 同上,第114~115 页。

⑦ "新权威主义"是在后发展国家的旧体制走向解体或蜕变,而新型的民主政体又无法运作的历史条件下,由具有现代化意识与导向的政治强人或组织力量建立起来的权威政治:一方面,这种权威政治由于具有明确的现代化变革导向,而不同于传统专制政治;另一方面,由于它具有强制性的、高度组织化的行政军事力量与权威意志,作为其稳定社会秩序、推行其现代化方针的基础,因而又不同于民主政体。关于这一学术流派的观点及其争论的具体内容,参见刘军、李林编:《新权威主义——对改革理论纲领的论争》,北京经济学院出版社,1989 年;卢毅:《回顾一场几乎被遗忘的论争——"新权威主义"之争述评》,《二十一世纪》网络版,2009 年 2 月号(第八十三期);张强:《新权威主义在中国》,世纪中国网,2005 年 1 月 4 日。

问题在政治改革中是必然的,出现这些问题正是高度集权的政治经济体制下的后果,因此中国必须改变政治体制,进行民主化,在政治体制的改革下推动经济发展。事实上,双方的争论实际涉及的是中国政治体制改革,或者说政治发展的目标是政治民主化优先还是政治集权和政治稳定优先的问题。虽然这一学术争论已经过去,但它讨论的许多主题依然是当前中国政治改革和国家建设进程中需要进一步研究和探讨的重要内容。

2. 20 世纪 90 年代:法治建设和行政体制改革并重

1989 年以后,随着社会主义市场经济的逐步建立和发展,中国社会对法律、规则和程序给予了前所未有的重视,这同市场经济对法治的要求是密不可分的。在这样的大背景下,中国不断加强法治建设,政党主导的政治体制改革也转向了以政府职能转变为主的行政体制改革,并按照依法治国和依法行政的要求对行政管理体制进行了多次涉及面广和大力度的改革。可以说,"从 1992 年十四大后,中国的政治体制改革进入了一个新的历史阶段。这个新阶段,政治体制改革的主题发生了变化。由改变权力过于集中的党和国家的领导制度问题,变成了权力如何服务于经济发展的有效执政问题。把单纯的政治领域的问题,拓展为政治领域与经济社会领域的相互关系问题。"①

(1)关于依法治国和建设社会主义法治国家的研究。1997 年党的十五大将"依法治国,建设社会主义法治国家"确立为治国基本方略,将"建设社会主义法治国家"确定为社会主义现代化的重要目标。1999 年的宪法修正案将"中华人民共和国实行依法治国,建设社会主义法治国家"正式载入宪法。从此,中国的法治建设揭开了新的一页。学术界主要对"依法治国"作为一种治国方略而正式写入宪法,法治国家的基本特征,法治和民主、自由、宪政的关系,依法行政和依法治党等问题进行了广泛的研究。② 学者主要提出了下列四个方面的观点:一是区分法治国家和法治社会的目标,指出实现国家的法治化、使国家受法律的制约、依法办事是现阶段的紧迫任务,而实现整个社会管理机制、社会生活方式和社会秩序的法治化则是一个更为长远的目标,也是我们最终要实现的目标。二是提出宪政主义原则,主张用法律特别是宪法限制政府的权力,建立有限政府。三是提出依法治党的概念,认为依法治党是依法治国的必然逻辑延伸,是建设社会主义法治国家的客观要求。四是就如何建设社会主义法治国家提出一些具体建议,如建立宪法法院,实

---

① 陈红太:《中国政治体制改革的现状和趋势》,http://www. chinaelections. org/NewsInfo. asp? NewsID=174042。

② 关于依法治国和建设社会主义法治国家的文献非常多,可以参考李步云、曾颜璋:《依法治国的理论与实践》,《学习与实践》,2009 年第 1 期;张文显:《改革开放新时期的中国法治建设》,《社会科学战线》,2008 年第 9 期;李步云:《依法治国历史进程的回顾与展望》,《法学论坛》,2008 年第 4 期;李龙:《依法治国方略实施问题研究》,武汉大学出版社,2002 年;蔡定剑:《中国法制建设五十年回顾》,《人民检察》,1999 年第 10 期;李龙:《依法治国论》,武汉大学出版社,1997 年;林尚立:《依法治国是党实现社会主义初级阶段基本纲领的重要保证》,《毛泽东邓小平理论研究》,1997 年第 6 期。

行司法审查甚至违宪审查；建立垂直管理的独立于地方的司法系统；强化各级人民代表大会的法律监督权等。① 这里值得注意的是，依法治国的提出和实践标志着中国共产党治国理念的巨大转变，这同中国经济社会的转型和国家转型几乎是同步的。

（2）关于政府职能转变和行政体制改革的研究。20 世纪 90 年代的的行政体制改革主要有两次：1993 年的改革主要是适应建设社会主义市场经济的需要，按照政企分开和精简、统一、效能的原则转变职能，建立办事高效、运转协调、行为规范的管理体系。1998 年的改革主要是消除政企不分的组织基础，加强综合部门。② 学者们围绕政府职能的转变、中央与地方关系、政府与市场和社会的关系、行政决策机制、行政监督机制和行政改革的动力等内容进行了广泛的研究。③ 学术界认为，政府机构改革是行政体制改革的一项重要内容，且易于陷入"精简—膨胀—再精简—再膨胀"的怪圈。改革开放以来，中国紧紧围绕职能转变和理顺职责关系，根据精简统一效能的原则，已经顺利完成了五次政府机构改革。在这些改革中，1998 年开始的第四次机构改革成效尤为突出，初步建立起与社会主义市场经济体制要求基本适应的政府组织体系。④ 总之，90 年代行政体制改革取得了较大的进展，但在许多深层次的问题上还有待进一步研究和改革。

3. 21 世纪以来至今：党的建设、政治文明和中国式民主

进入新世纪以来，在经济全球化的趋势下，中国社会主义市场经济不断发展，取得了很大成绩。但与此同时，中国"经济奇迹"背后的经济发展同社会建设和政治发展之间的矛盾日益凸显，转型中的中国在更为复杂多变的历史条件下进行着中国特色社会主义道路的探索和实践。在这一时期，中国共产党和政府不断进行理论和实践的创新，以有效化解社会矛盾和冲突，促进社会和谐发展。在这样的大环境下，学术界对社会主义政治文明、和谐社会、党的领导能力和执政能力建设、国家建设、中国特色社会主义政治发展道路和"中国式民主"等主题和内容进行了系

---

① 何增科：《80 年代末以来中国关于政治改革的大讨论与政治转型》，《人大政治学评论》，2008 年第 1 期。

② 参见周天勇、王长江、王安岭：《攻坚：十七大后中国政治体制改革研究报告》，新疆生产建设兵团出版社，2007 年，第六章；高小平、沈荣华：《推进行政管理体制改革：回顾总结与前瞻思路》，《中国行政管理》，2006 年第 1 期。

③ 关于这些方面的研究，可以参考下列文献：汪玉凯：《中国行政体制改革 30 年：思考与展望》，《中共天津市委党校学报》，2009 年第 2 期；林尚立：《政府改革：责任、能力与绩效》，《上海大学学报》（社会科学版），2007 年第 3 期；陶学荣：《中国行政体制改革研究》，人民出版社，2006 年；任晓：《中国行政改革》，浙江人民出版社，1998 年；毛寿龙：《中国政府体制改革的过去与未来》，《江苏行政学院学报》，2004 年第 2 期；李小沧：《中国的行政监督》，天津大学出版社，1999 年；胡佳：《中国行政改革动力研究综述——行政改革动力的多维度分析》，《理论与改革》，2009 年第 4 期；姜国俊：《公共管理改革的中国经验：动力学分析》，《兰州学刊》，2006 年第 11 期。

④ 朱江华：《改革开放以来中国行政体制改革：研究综述及其展望》，《经济研究导刊》，2009 年第 7 期。

统而广泛的研究。①

回顾改革开放 30 年来的学术界对当代中国政治的研究成果可以发现，与改革前相比较，中国政治学在当代中国政治研究中主要在下述三个方面进行了积极的探索，为当代中国政治学的繁荣和经济社会的发展作出了应有的贡献。

一是在政治学的基础理论、研究方法、概念范畴和研究主题的引进、介绍和传承上作出了大量的努力，为当代中国政治学的本土化工作作出了一些有益的尝试。众所周知，在 1978 年实施改革开放政策前，作为一门独立学科的政治学，在中国内地基本上是不存在的。改革开放以来特别是 90 年代以来，当代中国政治学界对政治学本土化的讨论逐渐多了起来。这里涉及的核心问题是"接轨"还是"拿来"的问题。② 一般而言，涉及本土化论述的研究有两类：一类是将本土化论题在自身的特定研究中表达出来，其本身并不以"本土化"为其论题，但却实质地介入本土化的问题；另一类是反思性的，即直接以本土化为研究议题。就后者而言，学术界主要围绕下列五个方面去阐述和论析：自主性的反思，对政治现实与马克思主义的反思，如何理解体制与马克思主义所提供的资源与限制，针对 90 年代以来的中国经验的反省，关于政治学理论、政治学方法论与本土化或"中国特色"的思考。③ 可以看到，这种当代中国政治学本土化的尝试和努力仍在继续进行中，并将取得更多和更有价值的研究成果。

二是对当代中国社会转型进程中的政治行为、政治意识和政治制度等进行了相对客观理性的分析、解释和论证，为有效推动中国国家建设和社会政治的稳定有序发展提供了重要的理论资源和政策对策。在政治行为方面，学者们集中研究了政治参与④、集体行动（社会运动、群体性事件）⑤等主题和内容，对转型中国社会的矛盾和冲突进行了多个角度的研究并提出了治理对策和解决之道。在政治意识方

① 鉴于这一部分研究的主题和内容在下文中"十一五"的相关部分会有更为全面的梳理，此处从略。可参考下列文献：虞崇胜：《政治文明论》，武汉大学出版社，2003 年；林尚立：《社会主义政治文明的历史方位与现实取向》，《马克思主义与现实》，2002 年第 4 期；林尚立：《中国共产党与国家建设》，天津人民出版社，2009 年；林尚立：《中国共产党执政方略》，上海人民出版社，2002 年；房宁：《民主政治十论：中国特色社会主义民主理论与实践的若干重大问题》，中国社会科学院出版社，2007 年；郑永年：《中国模式：经验与困局》，浙江人民出版社，2010 年；刘杰：《中国式民主和西方式民主的比较研究》，《毛泽东邓小平理论研究》，2005 年第 11 期；佟德志：《海外褒贬不一的"中国式民主"》，《人民论坛》，2007 年第 8 期。

② 王绍光：《祛魅与超越》，中信出版社，2010 年，第 1～24 页。

③ 郑文龙、罗金义：《中国大陆关于政治学本土化的思考——十年文献考察评论》，郑宇硕、罗金义编：《政治学新探》，香港中文大学出版社，2007 年。

④ 相关的文献很多，如蔡定剑：《公众参与：风险社会的制度建设》，法律出版社，2009 年；[德]海贝勒、舒耕德：《从群众到公民：中国的政治参与》（城市卷），中央编译出版社，2009 年；李金河、徐锋：《当代中国公众政治参与和决策科学化》，人民出版社，2009 年；邱勇文：《当代中国政治参与研究》，中共中央党校出版社，2009 年；魏星河等：《当代中国公民有序政治参与研究》，人民出版社，2007 年。

⑤ 李德满：《十年来中国抗争运动研究评述》，《社会》，2009 年第 6 期；王国勤：《当前中国"集体行动"研究述评》，《学术界》，2007 年第 5 期。

面,学者们主要对当代中国的意识形态①、公民意识和态度、政治文化②和政治社会化等方面进行了研究,认为中国的意识形态在逐渐柔性化,逐渐由控制灌输向发展创造转型③,而公民的权利意识也在不断觉醒和提高,中国社会的政治文化在全球化潮流的影响下开始趋于多元化和复杂化。在政治制度方面,学者们对当代中国的根本政治制度和基本政治制度④、政治体制、政治运行机制、政治制度建设、政治改革和政治发展⑤等进行了广泛的研究,认为当代中国政治改革取得了比较显著的成绩,以有效政治和有效政府保障着中国的现代国家建设和经济社会相对有序地发展。

　　三是对当代中国政治与当代中国的经济、社会文化建设和发展之间的关系和作用进行了大量的研究,发展出了一批新兴的交叉学科,为解释和促进经济发展、社会和谐与文化繁荣起到了一定的积极作用。改革开放三十多年来,我国政治学者们对当代中国政治的研究主题和内容进行着不断的延伸和扩展。同时,随着经济社会的发展,当代中国政治研究学者为了更好地研究现实社会中各种各样的政治问题,开始广泛地使用各种研究方法,并与其他学科相结合,发展了许多新兴的交叉学科,如政治社会学、(新)政治经济学、政治生态学、政治心理学、农村政治学、地缘政治学、地方政府学和政治计量学,等等。这些在结合中国具体国情的基础上发展出的具有一定本土化特色的新兴政治学研究领域,为中国现代国家建设和经济社会文化的发展提供了相应的智力支持。

　　总而言之,改革开放三十年来在当代中国政治领域取得了一些重要的研究成果,学者将当代中国政治学的发展和当代中国经济、社会和政治的发展有机地联系

---

① 相关的研究文献很多,如俞吾金:《意识形态论》(修订版),人民出版社,2009 年;童世骏:《意识形态新论》,上海人民出版社,2006 年;张骥等:《中国文化安全与意识形态战略》,人民出版社,2010 年;郭大方:《熔铸中华民族之魂:中国社会意识形态研究》,军事科学出版社,2005 年;朱兆中:《中国社会主义意识形态建设纵论》,上海人民出版社,2003 年。

② 相关的研究成果很多,如蒋英洲、叶娟丽:《当代中国政治文化研究主题及其特点》,《武汉理工大学学报》(社会科学版),2009 年第 5 期;李月军:《近二十年来中国政治文化的变迁与分析》,《云南行政学院学报》,2001 年第 3 期;俞可平:《当代中国政治文化的基本格局与主要特征》,《学术研究》,1989 年第 2 期;王沪宁:《转变中的中国政治文化结构》,《复旦学报》,1988 年第 3 期。

③ 林尚立等:《政治建设与国家成长》,中国大百科全书出版社,2008 年,第 248～254 页。

④ 相关的研究成果很多,如刘建军、何俊志、杨建党:《新中国根本政治制度研究》,上海人民出版社,2009 年;浦兴祖主编:《中华人民共和国政治制度》,上海人民出版社,2005 年;孙哲:《全国人大制度研究(1979—2000)》,法律出版社,2004 年;刘政、程湘清:《人民代表大会制度的理论和实践》,中国民主法制出版社,2003 年;蔡定剑:《中国人民代表大会制度》,法律出版社,1992 年。

⑤ 相关的研究成果很多,如潘维、玛雅:《人民共和国六十年与中国模式》,生活·读书·新知三联书店,2010 年;周天勇、王长江、王安岭:《攻坚中国政治体制改革研究报告》,新疆生产建设兵团出版社,2008 年;何增科等:《中国政治体制改革研究》,中央编译出版社,2008 年;胡鞍钢、王绍光、周建明:《第二次转型国家制度建设(增订版)》,清华大学出版社,2009 年;徐湘林:《寻求渐进政治改革的理性:理论、路径与政策过程》,中国物资出版社,2009 年;施九青、倪家泰:《当代中国政治运行机制》,山东人民出版社,1993 年;俞可平:《中国政治发展 30 年(1978—2008)》,重庆出版社,2009 年;萧功秦:《中国的大转型:从发展政治学看中国变革》,新星出版社,2008 年版。

在一起,并且指出了"未来中国政治学发展的基本立足点:顺应现代政治文明,符合国家建设的逻辑,适合中国的社会、政治、经济结构,以及在研究方法上的重新整合,最后,在此基础上实现中国政治学与中国发展的良性互动,也即中国政治学的发展为中国发展提供理论依据,而中国发展为中国政治学的丰富提供经验材料"①。这也表明了当代中国政治研究还有很大的发展空间需要去进一步地拓展。

同时我们也清楚地看到三十年来当代中国政治研究中还存在许多不足和问题,还需要在今后的研究中去逐步地解决。归纳起来,改革开放三十多年来当代中国政治研究领域存在的问题集中体现在两个方面:

一方面,正如前面所论及的当代中国政治研究在本土化方面取得了一些有益的进展,但是这一研究领域学术规范化和科学化水平还比较低,难以真正体现出中国政治学在整个社会科学发展中应有的地位,也难以同国际学术界进行有效的交流和对话。如有些学者指出的那样,"关于中国政治的科学研究,也不能说是一片空白了。但是,这些仍然零散和初级的研究的出现,尚未从根本上改变前面所述的基本状况。而且,开始在中国初呈热闹的相关研究,主要是属于政治科学的公共行政、国际政治、对外关系等分支;对比之下,关于中国政治的研究之冷清、薄弱、浅陋与落后,就显得尤其突出了"②。

另一方面,当代中国政治研究领域对中国自身发展和问题的研究缺乏具有国际影响力的概念、理论和学说,在国际学术界,西方学者主导着当代中国政治学研究的话语权,国内某些学者使用的基本概念、范畴和理论大多数是来自于西方(主要是美国的),如在解释和分析中国政治时经常用到的概念——极权主义、权威主义、法团主义、发展型国家——都是西方国家在研究某一国家或地区时提出的具有较强解释力的概念。但是当他们将这些概念用在中国身上时,就会出一些水土不服的问题。也有个别学者引进这些西方概念后不加分析,直接将其用于分析和裁剪中国政治现实,不加区别地用西方概念、学说和模型来解释中国的政治现实,具有削足适履之嫌。事实上,"这些理论模型也许看起来很新潮,但他们很可能变成了束缚学者手脚的紧身衣和遮蔽他们视野的有色镜。可惜的是,第三世界的学者往往也自觉不自觉地加入了寻找理论范式的游戏。"③所以我们对当代中国政治学研究应该作深刻的反思,那就是不应把"西方政治学说"当做"政治学的普遍原理",而应逐步走出政治学原理中的"西方中心论"的误区,创建真正意义上的现代中国政治学。④

---

① 林尚立:《相互给予:政治学在中国发展中的作为——中国政治学 30 年发展的反思》,《山西大学学报》(哲学社会科学版),2008 年第 3 期。

② 吴国光:《剖析国家,透视权力:试论中国政治研究在中国的创建和发展》,《当代中国研究》,2008 年第 4 期。

③ 王绍光:《祛魅与超越》,中信出版社,2010 年,第 5 页。

④ 奚广庆:《政治学原理"西主中附"的教学布局亟待改革》,《中国社会科学》,2006 年第 6 期;吕嘉:《中国政治学需要自己的学科范式》,《学习与探索》,2008 年第 6 期。

二、"十一五"期间当代中国政治研究文献综述

在这一部分,我们主要对"十一五"期间当代中国政治研究领域的相关文献进行简要的梳理。梳理主要围绕下列五个相对集中的主题展开:中国政治的历史考察和研究,党、国家与社会关系,民主化与政治发展,政治制度与政治体制改革和政治治理与社会稳定。

(一)中国政治的历史考察和研究

一般认为,中国近代、现代政治史(包括共和国史)是一个交叉学科,历史学界和政治学界都有大量的相关研究。① 查阅相关文献可以发现,从事当代中国政治研究的学者已经对近代以来的中国政治进行了一定的研究,在此我们主要对历史和政治学界近年来的相关研究成果作一简要梳理。

1. 中国近代政治史研究及其评价

从整体上来看,20 世纪中国政治的演变对中国近代史研究的演进影响最大。20 世纪中国近代史研究取向的变化,折射着 20 世纪中国社会历史本身的变迁,尤其是折射着 100 年来中国社会政治思潮的起伏涨落。综观 20 世纪中国近代史研究,每一时期占支配地位的对中国近代史的总体判断,主要地不是来自学术本身,而是来源于对当时中国现状与未来走向的判断。每一时期的社会政治思潮、政治意识形态和普遍的社会政治心理,往往构成这一时期中国近代史研究的学术话语和基本概念。这种学术话语所形成的学术氛围,规定和控制着中国近代史研究的方向,左右着中国近代史研究"范式"的命运。② 由于中国社会长期的政治文化传统,"不分古代近代,中国历史长期是以政治史为发展主脉;没有政治史的基础,很难对其他专门史有较深入的认识。"③这一对中国史的研究的评价,同样甚至说是更适用于中国政治史的研究情况。关于中国近代政治史的研究情况,我们主要从下面三个方面分别进行综述:

第一,关于中国近代史研究(政治方面)方面,主要是从事近现代中国史的历史学者们取得了一些很有价值的成果。有学者从 1894 年的甲午战争一直到 2000 年,对于中国历史和政治历史进行了详细论述,参阅了大量他人无缘与面的内部资料,在许多重大事件、人物评价上,都有崭新的突破,成为近现代中国史研究方面的

---

① 比较而言,在这方面还是历史学界的研究比较多,而且比较系统化和规范化。客观而言,没有扎实的历史史实支撑当代中国政治研究是存在很大局限的,因为单凭西方概念、学说和理论来套用和框定中国的历史和现实,而不深入了解中国政治史,不理解近代以来中国政治发展自身的内在逻辑,是难以有效地把握中国政治发展的历史逻辑和现实逻辑的,这也是当前中国政治学界研究中存在的一个问题。所以关注近代以来中国的政治史是当前研究中国政治的学者们必须高度重视的领域。

② 张海鹏:《中国近代通史(第 1 卷):近代中国历史进程概说》,江苏人民出版社,2009 年。

③ 罗志田:《打破框框 兼容并包》,南方周末网,http://www.infzm.com/content/6590.。

重要作品。① 由中国社会科学院近代史研究所集体编撰的十卷本共 500 余万字的《中国近代通史》②,是近 20 年来出版的第一部完整的大型的近代通史专著。这套书的一个重要特点是时限的设定从 1840 年到 1949 年,明确打破了以 1919 年划分中国"近代"和"现代"的旧框架。③ 该书改变了以往把历史的多样性划为单一线条的写法,以马克思主义唯物史观为指导,以政治史、革命史的叙述为基本线索,同时客观地看待近代资本主义经济发展的实际,并从现代化进程的视角,全面客观地叙述了近代中国的历史过程。④ 此外,有学者⑤从多个角度对近代以来的中国政治史进行了研究,这种注重学理和史实有机结合的研究方法是中国政治史研究中的一个有益尝试,可以作为今后中国政治史研究的一个重要方向。同时,还有学者对近代以来的中国革命问题进行了更为深入的研究和评价⑥,有学者认为当代中国学者对革命和社会运动的研究存在很大的缺失⑦,一些学者对否定近代以来中国革命的趋向进行了批判⑧,认为 20 世纪 90 年代以来出现的"告别革命"的言论实际上是"隐喻了某种意识形态的企图",是历史虚无主义的表现,在思想文化领域有着广

---

① 金冲及:《二十世纪中国史纲》(共四卷),社会科学文献出版社,2009 年。

② 可以看到,这一套丛书除了第一卷的"近代中国历史进程概说"之外,从第二卷到第十卷分别以近代中国的开端(1840—1864),早期现代化的尝试(1865—1895),从戊戌维新到义和团(1895—1900),新政、立宪与辛亥革命(1901—1912),民国的初建(1912—1923),国共合作与国民革命(1924—1927),内战与危机(1927—1937),抗日战争(1937—1945),中国命运的决战(1945—1949)九个相对集中的主题和历史阶段对近代中国史(主要是政治史)进行了全面系统的分析和研究。可以说,这是近年来中国学术界在中国政治史方面的研究取得的一个重要成果。参见张海鹏主编:《中国近代通史》(十卷本),江苏人民出版社,2009 年。

③ 此外,从马克思主义学科体系的视角看,《通史》明确了以"反帝反封建"为中国近代史的基本线索,并将主编关于中国近代有七次"革命高潮"的见解贯彻到各卷的分段和主题之中。这也是中国政治史的核心内容所在。参见罗志田:《打破框框 兼容并包》,南方周末网,http://www.infzm.com/content/6590.。

④ 张凉:《重绘中国近代史的多彩画卷——〈通史〉的特点综述》,《中国教育报》,2007 年 7 月 26 日第 7 版。

⑤ 萧功秦:《中国的大转型:从发展政治学看中国变革》,新星出版社,2008 年。在稍早一些时候,闾小波的《中国近代政治发展史》一书融理论分析与历史描述于一体,力图厘清中国近代政治发展的线索,探索政治发展规律,总结其中的经验教训。该书侧重于以下方面的分析与论述:政治构架的演变、中国本土的传统因素与域外思想或政治力量对中国政治发展的影响、各种政治力量在政治发展进程中扮演的角色、重要的政治运动、政治文化的变迁等。参见闾小波:《中国近代政治发展史》,高等教育出版社,2003 年。此外,关海庭的《中国近现代政治发展史》一书也大致体现了上述研究方法的特点:将政治学和历史学很好地结合起来,从政治发展的角度探寻中国社会发展的规律,以期对当前的社会改革有所借鉴。参见关海庭:《中国近现代政治发展史》,北京大学出版社,2005 年。

⑥ 关于近代以来的中国革命的研究,学者们是从多个角度进行的,可以参见下列一些文献:何云庵等:《苏俄、共产国际与中国革命(1919—1923)》,社会科学文献出版社,2009 年;王奇生:《革命与反革命:社会文化视野下的民国政治》,社会科学文献出版社,2010 年;李细珠:《中国近代通史(第 5 卷):新政、立宪与辛亥革命(1901—1912)》,江苏人民出版社,2009 年;王奇生:《中国近代通史(第 7 卷):国共合作与国民革命(1924—1927)》,江苏人民出版社,2009 年。

⑦ 详细论述可以参见赵鼎新:《社会与政治运动讲义》,社会科学文献出版社,2006 年,第 1~2 页。

⑧ 吴爱萍:《革命是近代中国历史发展道路的必然选择——兼析"告别革命"论》,《清华大学学报》(哲学社会科学版),2008 年第 1 期。

泛的影响,很值得学术界、理论界注意。①

第二,关于中国近代政治史的评价,有学者对于中国近代政治史研究的学术路径及其发展方向作了如下的思考:在中国近代史学界,长期以来,政治史研究所强调的"变"与社会史研究所强调的"不变",这两种主旨之间存在着极大的隔阂,由此也影响到各自的视野与学术进展。因此,必须形成政治史与社会史、文化史之间的互相认识、互相理解,以及在此基础上的思考,才能对中国近代史的研究有所推进。与此同时,政治史研究还必须吸收包括政治学在内的社会科学各领域的养分,并且参考现代主义、后现代主义等学界新思潮,从而使得历史学家的历史描写更接近事实。② 这一思考对于研究中国政治史的学者具有启发意义。

第三,关于近代中共党史的研究方面,学者进行了广泛而多样化的研究。事实上,中国共产党在八十多年的发展壮大过程中发生的许多重大事件(包括会议、党内斗争、战争等)深刻地影响了中国共产党和整个中国国家的成长和发展进程,这也一直是党史学界研究的重点和热点问题。学术界在对中国共产党的主要领袖人物——如毛泽东③、周恩来④等,以及一些政治运动和重大历史事件——如延安整

---

① 张海鹏:《60年来中国近代史研究领域有关理论与方法问题的讨论》,《近代史研究》,2009年第6期。

② 茅家琦:《中国近代政治史面对的挑战及其思考》,《史林》,2006年第6期。

③ 关于毛泽东的研究文献非常多,可以参考下列一些著作:柯延编著:《毛泽东生平全纪录(1893—1976)(上下卷)》,中央文献出版社,2009年;尚庆飞:《国外毛泽东学研究》,江苏人民出版社,2008年;杨奎松:《毛泽东与莫斯科的恩恩怨怨》,江西人民出版社,2008年;陈明显:《晚年毛泽东(1953—1976)》,江苏人民出版社,2008年;沈志华:《毛泽东、斯大林与朝鲜战争》,广东人民出版社,2007年;郧延生:《历史的真迹:毛泽东风雨沉浮五十年》,新华出版社,2006年。

④ 关于周恩来研究取得了较多成果,刘武生的《周恩来在建设年代(1949—1965年)》(人民出版社,2008年)从七个方面、分三十几个专题全面深入地评述周恩来在这一时期的业绩和贡献。书中使用大量一手史料,是一本非常有价值的著作;徐行的《周恩来与中国现代化的奠基》(天津人民出版社,2008年)全面考察、客观评价了周恩来的现代化思想及其领导中国现代化建设等各个方面采取的各项政策措施,该书史料详尽,视角新颖,评价客观,是一本较有水平的学术著作。此外,还有一些著作值得关注:江明武编著:《周恩来生平全纪录(1898—1976)(上下卷)》,中央文献出版社,2009年;中共中央文献研究室第二编研部编著:《周恩来自述》,国际文化出版公司,2009年;胡长明:《大智周恩来》,中央党史出版社,2008年。

风运动①、抗日战争②等多个方面进行了研究,并且取得了一批有价值的研究成果。有学者从国民党政治策略的角度深入研究国共关系,利用国共双方大量可靠、翔实的历史档案和许多重要人物的日记、回忆录,多方查证重大史实,对一系列重大问题作了研究,推进了国共关系的研究。③ 总体看来,对于中共党史及其相关的诸多事件的看法,学术界的争论多于共识,这给学者提供了继续探索的方向和路径。④

2. 中华人民共和国政治史研究及其评价

一般认为,中国当代政治史是中国当代史(中华人民共和国史)的分支学科,主要研究对象是中华人民共和国成立以来在政治领域发生的变化和进步的历史,中华人民共和国国家政权的阶级性质及其与之相适应的国家权力、组织结构形式和运行机制的建立与健全,改革与发展的规律。根据中国当代政治史的基本定义和研究对象,可以认为中国当代有关重要政治人物、重大政治事件以及政治思想史、政治制度史、民主与法制建设史、党际关系史、国防史、公共行政管理史等,应当是中国当代政治史研究的主要内容。⑤ 限于篇幅,在此主要从两个方面对学术界近年来在中华人民共和国政治史的研究情况进行简要梳理:

第一,关于重要政治人物和重大政治事件。如前所述,近年来学术界对毛泽东、周恩来等领袖人物和整风运动、抗日战争等重大政治事件有大量研究。此外,学者还对刘少奇的党建、经济、政治发展等方面的思想⑥,邓小平的党和国家领导

---

① 这方面的早期主要代表作是高华:《红太阳是怎样升起的:延安整风运动的来龙去脉》,香港中文大学出版社,2000年。在最近几年里这方面的研究文献也很多,如李祥兴、王先俊:《马克思主义中国化视域中的延安整风运动》,《郑州大学学报》(哲学社会科学版),2009年第3期;张喜德:《共产国际与延安整风运动》,《中共党史研究》,2009年第4期;杨洪、赵喜军:《延安整风运动与马克思主义中国化》,《毛泽东邓小平理论研究》,2008年第7期;杨立志、栾雪飞:《论延安整风运动对当前政党文化建设的价值》,《毛泽东思想研究》,2008年第2期;李延平:《延安整风对党的思想建设的历史贡献及其启示》,《理论导刊》,2007年第12期。

② 近年来的抗日战争研究在原有基础上取得了丰硕成果,不仅研究领域得到不断拓展、深入,而且新提法、新观点迭见。学术界近年来在抗日战争研究中提出了若干的创新观点,主要包括西安事变、中日秘密交涉、皖南事变、豫湘桂战役、抗日战场的划分、"远东慕尼黑"、国共敌后游击战的关系、国共合作有无共同纲领、正面战场有无反攻阶段、抗日战争是否是完全胜利的民族解放战争等方面。参见黄爱君:《近年来抗日战争研究若干创新观点综述》,《党史研究与教学》,2009年第3期;还有学者指出:在论述抗日战争史研究中的若干重大问题时指出,应该更新抗日战争史研究的陈旧观念、话语体系和不确切的数字,从长期以来沿用的国共斗争的模式中跳出来,站在全民族抗战的角度研究和撰写抗日战争史。参见刘国新:《中共党史研究60年》,《中国社会科学报》,2009年第1期。

③ 杨奎松:《国民党的"联共"与"反共"》,社会科学文献出版社,2008年。

④ 李庆刚:《近年来中共党史若干重大事件研究的新进展》,《教学与研究》,2008年第5期。

⑤ 此外,中国当代政治史的研究对象还可以从思想层面和实践层面两个方面来看。具体论述参见李正华:《中国当代政治史学科建设与发展前景》,《当代中国史研究》,2010年第1期。

⑥ 相关研究的文献非常多,参见:中共中央文献研究室第二编研部:《刘少奇自述》,国际文化出版公司,2009年;金冲及主编:《刘少奇传(1898—1969)》(上下卷),中央文献出版社,2008年;宋镜明:《刘少奇与执政党建设》,《学习与实践》,2007年第2期;杨虹:《刘少奇社会主义工业化思想及其当代意义》,《社会主义研究》,2007年第2期;张远新:《论延安时期刘少奇对马克思主义中国化的探索与贡献》,《浙江社会科学》,2007年第1期;徐罗卿:《刘少奇对新中国政治发展的开拓性贡献》,《广西师范大学学报》(哲学社会科学版),2009年第6期。

制度改革、改革开放、马克思主义中国化和社会发展等方面的思想①,进行了多方面的研究。同时,在这方面的热点问题主要是关于中国改革开放 30 周年和新中国成立 60 周年的一系列研究成果。此外学术界还从各个学科的角度对新中国建国史②、反右运动③、"文化大革命"④、改革开放⑤等进行了研究。有学者选取新中国成立前后土改运动及土改运动中出现的地主富农问题、"镇压反革命"运动、"三反"运动、"五反"运动、中共干部任用制度以及干部职务等级工资制的形成、中苏结盟与中苏两党的民族主义碰撞、中国出兵朝鲜的因与果、两次台海危机的由来及其幕后、中苏边界冲突与中国对美缓和等对新中国外交政策及其对外关系具有重大影响的外交事件,对中华人民共和国的政治建构和国家成长具有重大影响的政治事件,逐一进行了个案式的研究。作者的史料发掘和历史解读,相比既往的国史研究,明显地有所突破。

第二,关于政治制度史和政治思想史。在共和国的政治制度史方面,学术界主要是在研究政党、人大、政府和民族区域自治等具体的政治制度时对相关的制度史进行了梳理,而近几年基本没有产生专门的中华人民共和国政治制度史的著作,只

---

① 相关研究的文献很多,可以参见:胡鞍钢:《中国领导人新老交替的制度化、规范化和程序化》,《湖南社会科学》,2008 年第 1 期;叶永烈:《邓小平改变中国——1978:中国命运大转折》,江西人民出版社,2008年;李放:《超越"政治解放"——马克思主义中国化视阈中的邓小平理论及其价值》,《社会科学》,2007 年第 2 期;庞元正:《中国改革对社会基本矛盾理论的运用与发展——论邓小平对社会基本矛盾理论的五大贡献》,《毛泽东邓小平思想研究》,2010 年第 1 期;郭大俊:《从马克思的社会存在论到邓小平的社会发展论》,《当代世界与社会主义》,2007 年第 1 期。

② 这方面的研究文献有杨奎松:《中华人民共和国建国史研究》(1、2 卷),江西人民出版社,2009 年;潘维、玛雅主编:《人民共和国六十年与中国模式》,生活·读书·新知三联书店,2010 年;沙健孙:《毛泽东与新中国建设》,中国社会科学出版社,2009 年;梁柱:《毛泽东与中国社会主义事业》,中国社会科学出版社,2009年;董志凯:《共和国经济风云回眸》,中国社会科学出版社,2009 年。

③ 相关研究可以参见:谈家水:《反右派斗争研究述评》,《党史研究与教学》,2008 年第 2 期;伍小涛:《国内反右运动研究述评》,《江苏科技大学学报》(社会科学版),2008 年第 1 期;李若建:《庶民右派:基层反右运动的社会学解读》,《开放时代》,2008 年第 4 期。

④ 相关研究可以参见陈建坡:《"文化大革命"史研究 30 年述评》,中央党校 2009 年博士论文;吴超:《"文化大革命"起源研究述评》,《当代中国史研究》,2008 年第 3 期;叶永烈:《四人帮兴亡》(全三册),人民日报出版社,2009 年;陈东林:《"文化大革命"时期国民经济状况研究述评》,《当代中国史研究》,2008 年第 2 期;沈传宝:《马克思主义中国化在"文化大革命"中的曲折命运和经验教训》,《中共党史研究》,2008 年第 2 期;席宣、金春明:《文化大革命简史》(增订新版),中共党史出版社,2006 年。

⑤ 相关研究可以参见俞可平主编:《中国治理变迁 30 年》,社会科学文献出版社,2008 年;赵智奎:《改革开放 30 年思想史》(套装上下卷),人民出版社,2008 年;马立诚:《交锋三十年:改革开放四次大争论亲历记》,江苏人民出版社,2008 年。

是有相关论文对新中国的各种政治制度进行了研究。① 在政治思想史方面,学术界依然是对毛泽东以来的四代党和国家领导人的政治思想,如对毛泽东论人民内部矛盾的思想、邓小平的政治体制改革思想、江泽民的"三个代表"重要思想和胡锦涛的科学发展观与和谐社会理论,进行着持续多样的研究。与此同时,越来越多的学者开始致力于民主党派领导人政治思想的研究,尤以年轻学者为多。此外,关于新民主主义政治思想、大跃进、人民公社化运动和"文革"中的"左"倾思想、社会主义改造思想②、自由主义派和新左派的争论③等方面的研究成果相当丰富。

由上可见,在中华人民共和国政治史的研究方面,学术界在许多方面都取得了长足的进步。但是相关课题的缺点和局限也是显而易见的:一是在理论和方法上的不清晰不明确;二是在研究范围上的局限,政治制度史的研究依然占据主要位置;三是政治史研究中的片面化和简单化倾向仍然存在。所以需要采取措施解决这些问题,解决之道主要从以下三个方面进行④:首先,继续深化中国当代政治史的理论与方法的研究;其次,充分发挥政治制度史的研究优势,不断拓展政治史的研究范围;第三,努力克服政治史研究中的弊端,全面推进政治史研究。

(二)国家、社会和政党研究

1. 国家、公民社会、国家与社会关系研究

(1)国家研究

国家和国家理论一直是政治学关注的焦点,"十一五"期间,这方面的关注点集中在国家建设、国家能力与国家自主性、国家整合民族及农村、国家战略与创新型国家建设等理论与实际问题上。

第一,在国家建设方面,有学者从中国的立场和实践探讨了社会主义与国家建设、现代化与中国特殊社会主义的关系,并对中国共产党探索和实践国家建设的内

---

① 在 20 世纪 90 年代,有几本研究中华人民共和国政治制度史的著作,如陈明显:《中华人民共和国政治制度史》,南开大学出版社,1998 年;迟福林、田夫主编:《中华人民共和国政治体制史》,中共中央党校出版社,1998 年。其中,前一本书在阐述共和国政治制度产生与发展的历史背景和基本理论的基础上,分章介绍了人民民主专政制度、人民代表大会制度、政治协商会议制度、多党合作制度、中央与地方行政制度及国防、外交、司法、区域自治、人口、教育、干部等制度。时间上自共和国建立,下至 1997 年实现"一国两制",完整、科学地反映了具有中国特色的社会主义政治制度的性质、特点及作用。在新世纪以来这方面的专门著作几乎没有,只是浦兴祖主编的《中华人民共和国政治制度》(上海人民出版社,2005 年)一书中对共和国政治制度的历史沿革情况进行了一些介绍和分析,其他研究参见一些具体制度的研究论文。

② 朱汉国、方艳华:《近 30 年来中国现当代政治思想史研究述评》,《史学月刊》,2008 年第 10 期。

③ 关于"新左派"与自由主义之争,最早的文献可以参见汪晖:《当代中国的思想状况与现代性问题》,《天涯》,1997 年第 5 期;朱学勤:《1998:自由主义学理的言说》,《南方周末》,1998 年 12 月 25 日。最近几年学术界进行了进一步的研究,参见徐友渔:《当代中国社会思想:自由主义和新左派》,《社会科学论坛》(学术评论卷),2006 年第 6 期;方卿:《中国现代化与民主化的路径模式——对"新左派"与"自由主义"之争的一种思考》,《中共浙江省委党校学报》,2009 年第 2 期。

④ 详细论述参见李正华:《中国当代政治史学科建设与发展前景》,《当代中国史研究》,2010 年第 1 期。

在逻辑进行了总结。① 有学者从民族—国家和民主—国家两个维度的演变逻辑阐述了现代国家的建构，并指出当今中国主要的任务是建构一个民族—国家与民主—国家相对均衡的现代国家。② 有学者阐述了国家构建理论与中国现代国家构建历程。③

第二，关于国家能力，有学者主要分析了以警察为代表的国家强制能力的变化，指出分权机制下国家强制能力的发展，反映出中国国家体制的灵活性，它有能力适应不断变化的社会条件。④ 有学者阐述了国家能力对于构建和谐社会的重要性，构建和谐社会对国家能力建设的新要求，以及在构建和谐社会进程中国家能力建设的基本策略。⑤ 有学者在评析现有国家能力研究的基础上，尝试性地建构了一个涵盖国内政治层次与国际政治层次的关于国家能力研究的理论框架。⑥ 有学者从全球金融危机、现代化角度阐述了国家自主性的必然性和必要性。⑦

第三，在国家整合方面，学界研究主要集中在从历史和现实层面，阐述国家对农村以及民族地区的整合。⑧ 有学者承担国家重点项目——《多民族国家族际政治整合研究》，有学者研究了当代族际政治民主化取向与中国特色族际政治整合模式，也有学者对于民族地区族群认同与社会治理展开了研究。

第四，国家战略与创新型国家建设。学者对于创新型国家建设的研究在时间上主要集中在2006年，在内容上主要围绕政府在创新型国家建设中的作用以及制度保证。⑨ 有学者研究了转型期国家战略管理的理论和实践，也有学者研究社会建设与创新型国家的联系。

（2）中国公民社会研究

---

① 林尚立：《国家建设：中国共产党的探索与实践》，《毛泽东邓小平理论研究》，2008年第1期；林尚立：《社会主义与国家建设——基于中国的立场和实践》，《社会科学战线》，2009年第6期。
② 徐勇：《"回归国家"与现代国家的建构》，《东南学术》，2006年第4期。
③ 贺东航：《国家构建理论与中国现代国家构建历程探析》，《江汉论坛》，2008年第6期。
④ 樊鹏、汪卫华、王绍光：《中国国家强制能力建设的轨迹与逻辑》，《经济社会体制比较》，2009年第5期。
⑤ 黄宝玖：《构建社会主义和谐社会进程中的国家能力建设》，《政治学研究》，2006年第1期。
⑥ 黄清吉：《国家能力基本理论研究》，《政治学研究》，2007年第4期。
⑦ 刘春荣：《全球金融危机与国家自主性》，《社会》，2009年第1期；王家峰：《现代化进程中的国家自主性：一个解释框架》，《天津社会科学》，2009年第6期。
⑧ 参见：殷焕举：《新中国成立以来国家整合农民模式的演变与重建》，《科学社会主义》，2010年第1期；张文本：《当代中国社会多元认知的国家整合》，《马克思主义研究》，2007年第5期；秦晖：《农民需要怎样的"集体主义"——民间组织资源与现代国家整合》，《东南学术》，2007年第1期；吴理财：《国家整合转型视角下的乡镇改革——以安徽省为例》，《社会主义研究》，2006年第5期；付春：《论民族权利与国家整合》，《广西民族研究》，2006年第2期；徐勇：《国家整合与社会主义新农村建设》，《社会主义研究》，2006年第1期。
⑨ 参见林尚立：《中国发展的新议程：政府改革与创新型国家建设》，《毛泽东邓小平理论研究》，2006年第9期；杨雪冬：《加快创新型国家建设 保障和平发展》，《毛泽东邓小平理论研究》，2006年第7期；何精华：《"科学有为"：创新型国家建设中政府作用的一个行政学解释》，《上海师范大学学报》（哲学社会科学版），2006年第3期；何士青：《创新型国家建设中的政府职能》，《河北法学》，2006年第11期；王天思：《创新型国家建设的制度选择》，《江西社会科学》，2006年第6期。

关于公民社会的研究一直是学界的热点和争议点。尽管学界对公民社会的概念、理论、研究方法等方面一直众说纷纭,但是,"十一五"期间的公民社会研究无论在理论研究还是在经验研究上都进一步发展,并将其应用到中国情境中。① 一方面,"十一五"期间产生了一系列公民社会研究领域的新论和新著。② 有学者研究过去30年伴随改革开放出现在中国内地的民间组织,从历史进程、公民权力、制度变迁、治理结构、民间组织与政府的关系、民间组织与社会的关系、民间组织与政治改革的关系、国家与社会关系的总体变迁等视角,来测度、把握和总结民间组织的发展及其所带来的变化,并得出结论:改革开放30年来民间组织的发展正推动着中国走向公民社会。③ 有学者指出,自改革开放以来,一个相对独立的公民社会就开始形成,民间组织的自我管理能力超出我们的预想,但目前中国NGO的处境很尴尬,政府审批严格,对民间组织存在不信任,束缚了正常的、健康的民间组织的发展。④ 在经验研究层面,有学者提出了中国公民社会研究"在参与中成长"这一新分析框架,并以温州商会的发展经验加以验证,提出将对中国公民社会"独立性"的关注转向对公民社会实质功能的关注,具有重要意义。在这种新分析框架和研究路径下,中国公民社会的理论研究和实体发展都将取得新的突破。⑤ 此外,2009年,中国首次发布《中国公民社会发展蓝皮书》,其中包括《政府转型对民间组织管理体制的影响》、《中国式的社团革命》、《中国公民社会指数》、《中国志愿者服务的发展、问题及其走向》、《我国网络媒介事件中公民性的体现与意义》等学术成果。⑥ 另一方面,从"十一五"期间国家社科基金政治学科资助项目中也可以看出这一时期公民社会研究的热点,主要集中在公民社会理论和公民社会的经验研究方面,如农村合作组织、商会行业组织等民间组织、非政府组织。据粗略统计,2006年有8项,2007年有2项,2008年有2项,2009年有3项,研究包括社会组织自身、社会组织与政府的关系、社会组织的功能等方面。⑦

　　(3)党、国家与社会关系及科学发展观、社会主义和谐社会研究

----

　　① 侯一夫:《中国公民社会的发育——现状、问题与前景》,中共中央党校博士论文,2009年。

　　② 俞可平:《中国公民社会研究的若干问题》,《中共中央党校学报》,2007年第6期;俞可平:《中国公民社会:概念、分类与制度环境》,《中国社会科学》,2006年第1期;林尚立:《民间组织的政治意义:社会建构方式转型与执政逻辑调整》,《云南行政学院学报》,2007年第1期;林尚立:《两种社会建构:中国共产党与非政府组织》,《中国非营利评论》,2007年第1期;郁建兴:《中国公民社会研究的新进展》,《马克思主义与现实》,2006年第3期;周国文:《"公民社会"概念溯源及研究述评》,《哲学动态》,2006年第3期;张平:《20世纪90年代以来中国公民社会研究述评》,《理论与改革》,2006年第4期;蒯正明:《改革开放三十年来中国公民社会研究述评》,《甘肃理论学刊》,2008年第4期;伍俊斌:《论中国公民社会的两重性》,《学术界》,2009年第4期。

　　③ 参见王名主编:《中国民间组织三十年——走向公民社会》,社会科学文献出版社,2009年。

　　④ 参见唐晋主编:《大国策——通向大国之路的中国民主(公民社会卷)》,人民日报出版社,2009年。

　　⑤ 参见郁建兴等:《在参与中成长的中国公民社会:基于浙江温州商会的研究》,浙江大学出版社,2008年。

　　⑥ 参见北京大学公民社会研究中心编:《中国公民社会发展蓝皮书》,北京大学出版社,2009年。

　　⑦ 参见国家社科基金资助项目政治学学科的项目列表。

在理论研究层面,关于党、国家与社会的关系,有学者对改革开放以来学界关于我国"国家与社会关系"研究进行了综述性分析。① 有学者梳理和总结了近年来党与人大关系的几种界说,论证了党与人大的关系才是最根本的党政关系,建构了党对人大进行领导的具体路径,提出了科学处理党与人大关系的原则与思路。② 有学者分析了政党、国家与社会这三大主体力量的界限与关系,并指出这对于加强党的执政能力建设、建设社会主义政治文明有着重要意义。③ 有学者认为 1978 年以来,中国"党—政府—社会"的结构关联开始走向分化,中国共产党开始领导与执政方式的渐变,不再全能式地执掌政府和社会,而是保持相对的超脱与界限。执政党与政府、与社会之间不再混沌不清,开始形成恰当的边界关系。④ 有学者对国家与社会领域下的中国市民社会作了系统研究。⑤ 此外,不少研究运用党—国家—社会的框架展开宏观与微观研究:有学者通过研究社会整合与权威,考察了中国执政党、国家和社会的关系⑥;有学者将国家与社会关系视角运用到政府管理社会改革的研究中。⑦ 在微观方面,学者运用国家—社会框架分析乡村、城市社区的治理。⑧ 此外,随着对社会主义和谐社会研究的展开,讨论党和政府与和谐社会构建关系的研究也不断出现。⑨

关于科学发展观的研究,一方面是对科学发展观本身的理解;⑩另一方面,学界主要研究科学发展观与当代中国政治发展,例如科学发展观与当代中国政治文化建设、政府决策能力研究,政府全面履行职能研究,加强党的执政能力建设问题研究,以及以人为本与中国法制问题等。⑪ 自 2006 年中国共产党第十六届中央委员会第六次全体会议通过《中共中央关于构建社会主义和谐社会若干重大问题的

① 魏立颖:《改革开放以来学界关于我国"国家与社会关系"研究综述》,《湖北行政学院学报》,2009 年第 3 期。

② 张书林:《近年来党与人大关系研究述评》,《江苏省社会主义学院学报》,2008 年第 3 期;另参见杜忠文:《地方人大理论创新综述》,《人大研究》,2009 年第 6 期。

③ 王红光、黄颖:《政党、国家与社会:现代政治基本架构的分析》,《社会主义研究》,2006 年第 1 期。

④ 王智:《1978 年以来中国政治结构的分野化:以"党—政府—社会"三元关系为中心》,《社会主义研究》,2009 年第 6 期。

⑤ 邓正来:《国家与社会:中国市民社会研究》,北京大学出版社,2008 年。

⑥ 罗峰:《嵌入、整合与政党权威的重塑:对中国执政党、国家和社会关系的考察》,上海人民出版社,2009 年。

⑦ 刘先江:《政府管理社会化改革研究:基于"国家与社会关系"的视角》,湖南师范大学出版社,2007 年。

⑧ 王巍:《社区治理结构变迁中的国家与社会》,中国社会科学出版社,2009 年;何艳玲:《都市街区中的国家与社会:乐街调查》,社会科学文献出版社,2007 年;戴桂斌:《"互强型"国家与乡村社会的建构》,《社会主义研究》,2010 年第 1 期;桂勇:《邻里政治:城市基层的权力操作策略与国家—社会的粘连模式》,《社会》,2007 年第 6 期。

⑨ 辛逸、马冀、葛玲:《中国共产党与和谐社会构建》,知识产权出版社,2008 年;夏禹龙:《在构建和谐社会中国家的角色和作用》,上海人民出版社,2008 年。

⑩ 陈曙光:《回顾·反思·前瞻——五年来科学发展观研究述评》,《探索》,2009 年第 4 期。

⑪ 参见 2006—2009 年国家社科基金资助项目中有关科学发展观的立项项目。

决定》,社会主义和谐社会的研究成为学界研究的热点,内容主要涉及:什么是社会主义和谐社会?为什么要建设社会主义和谐社会?如何建设社会主义和谐社会,包括条件、着力点、重点、难点等,以及构建社会主义和谐社会与全面建设小康社会、科学发展观等的关系。许多研究对上述这些问题从政治学的视角加以理论和实证研究。[1]

在当代中国,党—国家—社会的关系鲜明地体现在党和国家提出的科学发展观与社会主义和谐社会研究方面。对此,有学者指出当代中国政治走向为科学发展走向、和谐发展走向、和平发展走向,以及发展的关键在党。[2] 有学者通过对当代中国政治社会中党、国家与社会权力结构的分析,解答政治社会发展中所遇到的问题。[3] 学界近年来一直召开关于科学发展观、社会主义和谐社会的研讨会、年会和论坛。[4]

2. 政党和政党制度

（1）执政党研究:执政党的建设和党内民主

执政党研究主要集中在执政党建设和党内民主两个方面。在执政党建设方面,党建的研究相当丰富,对于执政党方方面面的理论和实践都有涉及。在微观层次上,主要有党政领导干部作风、能力和问责、基层城乡党组织建设、党群关系、电子党务等理论和实践相结合的研究。在宏观层次上,涉及党的执政资源、经验、规律、能力、先进性建设与学习型政党建设,科学、依法、依宪、民主执政等执政新思维;执政与国家建设、民主政治、政治文明、和谐社会等的关系。[5]

在党内民主方面,研究侧重于党内民主的理论和实践研究。有学者总结了近

---

① 李杰:《社会主义和谐社会研究述评》,《社会科学研究》,2009 年第 5 期;李培林:《中国社会和谐稳定报告》,社会科学文献出版社,2008 年;黄卫平、汪永成主编:《当代中国政治研究报告 V》,社会科学文献出版社,2006 年;上海社科院理论时评小组:《2006 年重大理论问题研究年度综述》,学林出版社,2007 年,以及《2006 年社会主义和谐社会理论年度综述》,第 190～202 页;贾建芳:《构建社会主义和谐社会的重点难点问题解析》,《马克思主义研究》,2006 年第 3 期。

② 李君如:《当代中国政治走向》,福建人民出版社,2007 年。

③ 张明军:《当代中国政治社会分析》,中央编译出版社,2008 年。

④ 李义天:《当代马克思主义的理论建构与现实关怀——首届马克思主义与现实研究论坛暨"科学发展观与构建社会主义和谐社会"理论研讨会综述》,《马克思主义与现实》,2007 年第 3 期;马福运:《社会主义和谐社会构建的理论基础和制度保障——"科学发展观与推进社会主义和谐社会建设"博士生论坛综述》,《马克思主义研究》,2007 年第 2 期;杨云善:《科学发展观的理论解读和实践探索——"全国马克思主义理论与科学发展观学术研讨会"综述》,《马克思主义与现实》,2006 年第 4 期;王苹:《全面贯彻落实科学发展观推进社会主义和谐社会建设——全国社科院系统邓小平理论研究中心第十一届年会暨学术研讨会综述》,《马克思主义研究》,2006 年第 9 期;朴日勋:《关于"树立科学发展观,构建和谐社会"理论研究综述》,《社会科学战线》,2006 年第 3 期。

⑤ "十一五"期间,有关执政党建设的国家社科基金项目与地方项目数量惊人,专著、专论应接不暇,其中代表性的综合性著作有:林尚立:《中国共产党与国家建设》,天津人民出版社,2009 年;任树江、王建政、薛建中:《党的执政规律研究》,河北人民出版社,2006 年;吴向伟:《中国共产党的历史方位与党的先进性建设研究》,中国社会科学出版社,2009 年;2006 年河北人民出版社出版的"中国共产党执政能力建设理论研究丛书"。

年来关于党内民主的理论和实践,内容涉及"党内民主建设的基本理论问题"、"党内民主建设的主要成就及启示"、"党内民主建设中的风险防范与控制"、"进一步推进党内民主建设的基本思路"等。① 在理论层面,研究包含党内民主的内涵、性质、特征等,党内民主的功能如党内民主对社会民主的带动,党内民主与党员权利、政治文明、和谐社会的关系等方面的理论。② 有学者认为党内民主包含以下几个方面内容:民主集中制的内涵、一把手体制问题、党代表常任制问题、党内选举问题、正职提副职的"组阁"问题、选举制和任命制干部的提升问题等。③ 有学者集中论述了党内民主包含富有中国特色的"党内民主集中制"、"党委合议制"、"集体领导原则"以及国家体制中的人民代表大会制度等等,认为通过党内民主来推进社会民主,是中国特色的民主政治发展的必由之路。④ 在经验层面,学界主要研究党内民主制度如何落实和创新。有学者在实地调研的基础上对"公推直选"的党内民主试点进行了全面、系统、深入的个案研究,并从比较的角度考察了各地基层党内选举制度创新的做法,从理论和国际视角对党内民主问题进一步深入分析,论述了中国共产党党内民主基层制度创新的发展趋势。⑤ 有学者在实地调研和相关研究综述的基础上,探讨了影响当前中国共产党党内民主健康发展的,在理论、观念、斜度、体制中存在的一些问题及矛盾,并在此基础上提出了若干建设性建议,认为要进一步推进党内民主就应该解决这些问题及矛盾,建议相关部门加大党内民主教育的力度,增强党内民主意识;进一步完善党内选举制度、党代会制度、党委会制度、党员权利保障制度,以制度建设推进党内民主;建议改革党内"一把手"权力体制,从体制机制入手,采取各种办法限制和约束"一把手"权力;在当前,特别要改善和完善党内基层选举制度,推行包括乡镇党委在内的党内基层直选,改革和完善区县级党代会常任制试点工作,完善党员权利保障制度,增强党员维权的意识和水平。⑥

（2）政党制度研究:回顾与展望

中国特色政党制度是马克思主义政党理论和统一战线学说与中国的革命、建设和改革实际相结合的产物,是中国特色社会主义民主政治和政治制度体系的重要组成部分,在当今世界政党制度中独具特色。《中国政党制度年鉴》是某研究中

---

① 参见中共中央组织部党建研究所课题组:《党内民主建设的基本理论问题》、《党内民主建设的主要成就及启示》、《党内民主建设中的风险防范与控制》、《进一步推进党内民主建设的基本思路》,《当代世界与社会主义》,2009 年第 5 期。

② 参见艾国:《党员权利与党内民主》,知识产权出版社,2009 年;李颖:《发展党内民主的思考与探索》,中国经济出版社,2009 年;任水才:《邓小平党内民主思想研究》,中国社会科学出版社,2008 年;孙应帅:《中国共产党党内民主理论研究》,合肥工业大学出版社,2007 年。

③ 肖立辉:《中国民主化改革的困境与路径选择——"党内民主、基层民主理论与实践"学术座谈会综述》,《开放时代》,2006 年第 6 期。

④ 唐晋编:《大国策——通向大国之路的中国民主:党内民主》,人民日报出版社,2009 年。

⑤ 参见王长江:《党内民主制度创新:一个基层党委班子"公推直选"的案例研究》,中央编译出版社,2007 年。

⑥ 参见肖立辉:《中国共产党党内民主建设研究》,重庆出版社,2006 年。

心主编的一部专业性年鉴,它较为系统地记录和反映一年内执政党建设理论和实践研究、政党制度理论创新和实践发展、参政党建设理论和参政能力建设的基本情况。①

　　党的十六大以来,中国特色政党制度成为学术界普遍关注的课题。中国政党制度有其历史和现实的必然性和必要性,学界关注政党制度的内涵特征、结构功能等。② 有学者全方位、多角度阐述了中国政党制度的建立基础、现实需要、政治实践过程以及对社会主义民主建设的重要意义等。③ 有学者回顾和总结新中国成立60 年以来多党合作实践和理论研究,认为 60 年,多党合作制度经历了由初步发展到曲折发展再到不断完善三个历史阶段,不断走向成熟;60 年,多党合作制度成为了社会主义民主政治的重要组成部分,在现代化建设中呈现出了蓬勃的生机和活力;60 年,多党合作研究与理论争鸣也初步形成了中国特色社会主义政党制度的理论体系,以及一大批的学术成果。④ 2009 年,以“中国特色政党制度理论研究”为主题而召开的中国政党制度研究中心第七届年会暨“中国特色政党制度理论”研讨会,主要就中国特色政党制度的理论基础、中国特色政党制度理论的基本框架、中国特色政党制度理论的历史沿革、中国特色政党制度与国家政权的关系、中国特色政党制度理论创新的难点和重点等问题进行了深入的探讨和交流。⑤ 有学者从政党、政党制度与现代国家关系的角度,对中国政党制度的理论进行了反思,认为政党、政党制度应该与国家建设、民主成长相互融合、相互促进,指明了政党制度的发

---

　　① 中央社会主义学院中国政党制度研究中心编:《中国政党制度年鉴·2008》,中央编译出版社,2009 年。

　　② 参见周挺:《改革开放以来多党合作和政治协商的理论与实践》,《重庆社会主义学院学报》,2009 年第 3 期;熊必军:《中国多党合作制度效率的理论分析》,《社会主义研究》,2009 年第 2 期;周淑真、柴宝勇:《政党制度价值的普适性与多党合作制度形式的民族性》,《探索与争鸣》,2009 年第 1 期;施雪华、孙发锋:《坚持中国共产党领导的多党合作和政治协商制度的原由与价值》,《上海市社会主义学院学报》,2009 年第 5 期;陈惠丰:《论我国多党合作和政治协商制度的内涵、特点、文化渊源及中国民主政治的发展走向》,《中国人民政协理论研究会会刊》,2007 年第 2 期;王小鸿:《中国特色政党制度理论产生的思想渊源——马克思、恩格斯的多党合作思想》,《上海市社会主义学院学报》,2009 年第 1 期。

　　③ 参见林尚立:《新中国政党制度研究》,上海人民出版社,2009 年。

　　④ 潘越:《60 年多党合作研究述评》,《上海市社会主义学院学报》,2009 年第 5 期。另参见李金河:《多党合作制度 60 年理论与实践的发展》,《上海市社会主义学院学报》,2009 年第 5 期;王小鸿:《多党合作理论的历史沿革》,《中央社会主义学院学报》,2009 年第 3 期;张献生:《我国多党合作的基本经验》,《中央社会主义学院学报》,2009 年第 5 期。

　　⑤ 王江燕:《持续深入推进中国特色政党制度理论研究——中国政党制度研究中心 2009 年年会综述》,《中央社会主义学院学报》,2009 年第 6 期;另参见胡悦、杨学义:《多党合作和政治协商制度建设的路径选择》,《中国人民政协理论研究会会刊》,2008 年第 3 期;吴美华:《改革开放以来中国多党合作制度的创新》,《新视野》,2009 年第 3 期;胡月英:《当代中国政党制度的坚持和发展》,中共中央党校博士论文,2007 年;林怀艺、连志慧:《改革开放以来中国多党合作制度的发展及其启示》,《中国延安干部学院学报》,2008 年第 6 期;王克群:《中国多党合作六十年的历程与宝贵经验》,《湖北省社会主义学院学报》,2009 年第 4 期;朱燕丽、蒋真铮:《十六大以来中国特色政党制度研究综述》,《中国政协理论研究》,2009 年第 2 期;徐书生:《发展完善多党合作制度的历史回顾和现实思考》,《江西教育学院学报》,2009 年第 2 期。

展方向。①

(3)统一战线与参政党研究

近年来,统战理论研究出现了丰富成果,研究的热点主要集中于统战基础理论,包括统一战线的地位、作用和任务,以及由于社会的变化引起学者对统一战线与新的社会阶层、多党合作、知识分子等问题的挖掘与探讨。② 不少学者对于新中国成立60年来统一战线的历史发展、辉煌成就和基本经验、发展规律,以及如何巩固壮大统一战线事业等问题展开研讨。③ 在新世纪、新阶段,中共中央提出了以人为本,全面协调可持续的科学发展观,统一战线要高举中国特色社会主义伟大旗帜,深入贯彻落实科学发展观,为推进科学发展,服务中心工作凝聚力量、发挥优势、多作贡献,从而在政治、经济、文化和社会建设中更充分地发挥重要法宝作用。④ 因此,有学者指出统一战线是执政兴国的重要法宝,在科学发展观的引领下,统一战线面临着新问题与创新空间,在国家整合、政治协商、文化宗教、国家崛起等层面必须有所发展。⑤

20世纪90年代以来,国内对参政党意识的研究主要集中在其内涵、发展进程考察、现状和影响因素、增强途径以及宏观发展方向等方面。⑥ 有学者就第一个关于多党合作制度的文件——中发[1989]14号文颁行20周年来参政党建设研究的现状,如参政党建设的必要性、目标原则、主要内容,取得的成绩及存在的问题,面临的机遇、挑战及对策等作一个总体评述,以期提高对参政党建设理论研究重要性和必要性的认识,增强参政党理论研究工作的责任感、使命感,不断丰富和充实党的统一战线研究的理论宝库。⑦ 有学者对于近年来我国民主党派参政能力展开研究,认为加强民主党派的参政能力建设,是关系到民主党派生死存亡和当代中国政党制度和谐发展的重大战略课题。有学者对近年来国内理论界在参政能力建设方面的研究作了一个简单的回顾,指出今后应加强实证研究和比较研究,努力从多学科的视角出发,进一步探究民主党派参政能力建设的内涵和外延。⑧

---

① 参见林尚立:《政党、政党制度与现代国家——对中国政党制度的理论反思》,《中国延安干部学院学报》,2009年第5期;《中国政党制度与国家建设》,《毛泽东邓小平理论研究》,2009年第9期。

② 梁晓宇:《近年来统战理论研究综述》,《山西社会主义学院学报》,2009年第1期。

③ 王继宣:《新中国成立60年统一战线理论与实践研讨会综述》,《中国统一战线》,2009年第10期。

④ 孙鸿斌:《关于"统一战线与科学发展观"问题研究综述》,《天津市社会主义学院学报》,2009年第1期。

⑤ 林尚立编:《统一战线与国家建设》,上海人民出版社,2009年。

⑥ 赵太航:《20世纪90年代以来国内参政党意识研究述评》,《重庆社会主义学院学报》,2009年第5期。

⑦ 范前锋:《二十年来参政党建设研究综述——纪念中发[1989]14号文颁行20周年》,《云南社会主义学院学报》,2009年第4期。另参见魏晓文、王刚:《参政党建设研究:综述与展望》,《社会主义研究》,2008年第3期;甄小英:《参政党研究的力作——读〈中国的参政党〉》,《中央社会主义学院学报》,2006年第2期。

⑧ 胡洪彬:《近年来我国民主党派参政能力建设研究述评》,《上海市社会主义学院学报》,2007年第6期。另参见张明杰:《对提高民主党派参政议政水平的几点思考》,《中国统一战线》,2006年第2期;张玲:《"中国民主党派民主监督"问题研究综述》,《天津市社会主义学院学报》,2009年第3期。

(三)民主化与政治发展研究

关于中国的民主化和政治发展问题一直是我国政治学界研究的核心主题。近年来,我国政治学研究在中国的民主政治建设和政治发展领域的研究取得丰硕成果。

1. 民主与民主化问题

民主理论和实践研究的首要问题是"民主和民主化是什么"以及中国的民主化发展道路等问题,这些问题也是学界争论的热点。有学者认为,中国应该走宪政民主道路,实现民主化转型。有学者认为,中国特色社会主义民主的内涵可以概括为"四大民主":以选举民主为主要标志的人民代表大会制度,以协商民主为主要标志的政治协商制度,以直接民主为主要标志的群众自治制度,以党内民主为主要标志的政党政治制度。还有学者提出发展中国特色的社会主义民主必须确立"中国式民主"的话语权地位。[1] 查阅相关文献可以发现,近年来中国学术界在中国的民主和民主建设问题上进行了大量的研究,特别是以"民主是个好东西"和"只有民主社会主义可以救中国"为主题的讨论,激发了不同的观点。在此,主要对具有代表性的观点和理论进行综述。

(1)党内民主与人民民主

一般认为,党内民主是指在中国共产党党内生活中,根据党章和党的其他规定,党员在平等的基础上,按照有关的民主程序和形式,享有对党的事务的参与、决策与管理的权利。

人民民主是指在国家政治、经济、文化和社会生活中,全体人民在平等的基础上,通过一定的程序和形式,享有对国家和社会事务的民主选举、民主决策、民主管理、民主监督的权利,其实质是人民当家做主。人民代表大会制度、多党合作和政治协商制度、民族区域自治制度、基层民主制度是人民民主的制度表现。学界对人民民主的基本形式即"人大民主"给予了多方面的研究。

人民代表大会制度是我国的根本政治制度。在我国民主发展的路径选择上,有学者主张从健全和完善国家的根本政治制度入手,直接推进国家政治生活的民主化。他们认为,人大民主在当代中国整个政治架构中居于轴心地位,健全完善人民代表大会制度是建设社会主义民主的根本途径,主张从完善人民代表大会制度、改革我国的选举制度入手,逐步落实宪法赋予人大的各项职权,真正体现人大作为国家权力机关的地位和作用,从程序上实现国家政治生活的民主化,并主张人大民主作为中国政治体制改革的突破口。[2] 但是在人大民主的具体实施路径等问题上,学者之间具有不同看法,比如有学者围绕"当地党委书记兼任人大常委会主任"

---

①　王习明、韩旭:《新中国政治建设与政治发展60年——中国政治学会2009年年会综述》,《政治学研究》,2009年第6期。

②　相关论述参见:肖立辉:《论强势推动人大民主的重点》,《理论月刊》,2008年第11期;尹冬华:《人大民主应成为中国政改的火车头》,http://www.chinaelections.org/NewsInfo.asp? NewsID=123991;等等。

是否有利于中国的民主化进程展开讨论,赞同者认为这有利于加强和改善党对地方机关的领导,提高人大及常委会的权威和地位,使执政党进入国家政权机关,通过国家政权机关,依靠国家政权机关,实施党对国家事务的领导。这是发展社会主义民主政治和建设社会主义法治国家的一条切实有效的途径。持不同看法者担心,这可能成为"党政不分、以党代政"的变相形态。①

关于人民民主的具体发展路径,有学者认为扩大人民民主应该从下列一些方面做起:一是扩大人大制度中的人民民主,改革人大代表选举制度,强化人大的监督职能,改善立法机制,提高立法质量,完善人大会议制度;二是拓宽社会利益表达机制,建立畅通的民意表达渠道;三是推行政务公开,保障公民知情权的实现。②有学者认为必须通过党内民主带动人民民主的发展,要坚持和完善人民代表大会制度,实现党领导下的人民民主理想。③

(2)基层民主

有学者对中国的基层民主进行了比较全面的整体论述和评价,认为改革开放以来,我国基层民主发展的动因主要包括:现代化进程的政治动员、中国的双层政治架构、经济政治体制改革引起的社会结构和价值观念的变化、中国政治发展和民主化进程的路径选择等等。30年来,在农村村民自治、城市社区自治、企事业单位的民主管理、城乡公共管理中的公共参与、县(区)乡人大选举等领域,中国的基层民主取得了重大进展。中国基层民主发展的特点和经验体现在四个方面:利益的相关性、参与的有序性、环境的适应性、发展的渐进性。④有学者从宏观层面和社会动员、自主参与和政治整合的角度总结了新中国基层民主政治发展的历史,并且指出中华人民共和国的建立,为基层民主的发展提供了基本的制度基础。还有学者从农村基层管理体制改革的角度进行了分析,提出农村基层体制的改革必须服从国家发展目标并与农村社会经济发展水平相适应,必须保持基层组织(特别是村、组)的历史的连续性,必须加强基层政权建设及其上级政权、下级组织的配套改革。⑤

---

① 相关的文献综述参见:张书林:《近年来党与人大关系研究述评》,《江苏省社会主义学院学报》,2008年第3期。支持或认同的观点参见:郭定平:《当代中国政党与国家关系模式的重构:比较的视野》,《社会科学研究》,2009年第1期;林伯海:《新中国成立以来执政党与人大的变迁与发展》,《西南交通大学学报》(社会科学版),2009年第5期;反对或质疑的观点参见都淦:《从党政关系视角上看地方党委书记兼地方人大常委会主任模式》,《理论探索》,2008年第4期。

② 详细论述参见石亚军主编:《中国政治建设与发展研究》,中国人民大学出版社,2009年,第320～323页。

③ 相关论述参见金安平:《"党内民主"与"党的民主"——党内民主示范、带动人民民主机制的思考》,《社会科学研究》,2009年第1期;张书林:《论党内民主带动人民民主的运行机制》,《长白学刊》,2009年第3期;张明军、吴新叶、李俊等著:《当代中国社会政治分析》,中央编译出版社,2008年,第142页。

④ 徐勇:《基层民主:社会主义民主的基础性工程——改革开放30年来中国基层民主的发展》,《学习与探索》,2008年第4期。

⑤ 王习明、韩旭:《新中国政治建设与政治发展60年——中国政治学会2009年年会综述》,《政治学研究》,2009年第6期。

此外,还有学者从基层民主的形式如农村自治和社区自治等、基层民主的发展动力、限制因素、困局和前景等对基层民主进行了研究。① 如有学者从公民协商的角度研究中国基层民主的发展,认为以公民为主体而展开的公民协商是基层民主的重要形态。从整体上讲,中国的公民协商还不成熟。在中国发展公民协商的关键,就是要把发展公民协商与基层民主建设有机统一起来,使其成为中国基层民主建设的战略任务。② 还有学者则对当前中国基层民主发展中的问题和走向进行了阐述,认为存在的主要矛盾是:日益扩大的政治参与与制度供给和保障不足之间的矛盾,日益扩大的民主要求与传统的治理体制和方式之间的矛盾,人民群众日益增长的政治参与要求与自身素质之间的矛盾。进一步发展基层民主的途径在于:第一,充分认识发展基层民主的战略地位,将基层民主作为发展社会主义民主政治的基础性工程重点推进;第二,健全基层民主制度,扩大基层民主渠道;第三,在发展基层民主中提升民主治理能力和民主参与水平。③

(3)选举民主与协商民主

近年来学术界对选举民主的概念、特征、价值、功能、限度和改革等问题进行了广泛研究,并将其与协商民主等民主形式进行了比较分析和研究。

就选举方式的不同,选举民主又可以分为直接选举民主与间接选举民主。有学者从程序和过程的角度提出了选举民主的五个基本要素:①选举主体,即从事选举活动的人,一般是具有公民权的选举人;②选举客体,即被选举人,一般是被推荐者或被选择者;③选举程序,即选举过程中必须经历的一系列步骤;④选举目的,即选举活动希望达到的基本目标,一般是实现人民主权向政府治权的合法性转换;⑤选举结果,即选择出能够实现选举目的的人(一般是国家政权机关的人员)去担任公职。④ 关于选举民主的功能,有学者认为主要体现在合法性功能、选择和监督功能、稳定和抚慰功能、纠错和矫正功能、培育公民意识功能、扩大公民参与功能六个方面。⑤ 有学者认为选举民主的功能体现在四个方面:为政权建构合法性,为民意提供自由充分的表达渠道,监督功能,教育功能。⑥ 还有学者对改革开放 30 年来中国选举民主的发展情况进行了整体的论述和评价,认为中国的选举民主出现了显著的进展,从广度上体现为村委会选举、社区居委会选举、乡镇长选举、乡镇党委

---

① 相关论述参见张艳丽:《中国农村基层民主的发展历程与出路》,《湖北社会科学》,2009 年第 10 期;赵金鹏、乔燕妮:《农村基层党内民主问题研究综述》,《当代世界与社会主义》,2008 年第 4 期;徐君:《社区自治:城市基层社会管理的发展走向》,《国家行政学院学报》,2007 年第 4 期;虞崇胜、吴雨欣:《上下联动:破解中国基层民主困局的应然路径》,《学习与实践》,2010 年第 2 期;陈剩勇:《村民自治何去何从——对中国农村基层民主发展现状的观察和思考》,《学术界》,2009 年第 1 期。

② 林尚立:《公民协商与中国基层民主发展》,《学术月刊》,2007 年第 9 期。

③ 徐勇:《基层民主:社会主义民主的基础性工程——改革开放 30 年来中国基层民主的发展》,《学习与探索》,2008 年第 4 期。

④ 详细的论述参见王浦劬主编:《选举的理论与制度》,高等教育出版社,2006 年,第 1 章。

⑤ 李奎:《选举民主的积极功能》,《武汉理工大学学报》(社会科学版),2007 年第 2 期。

⑥ 徐振光:《选举民主:发展社会主义民主政治的根本路径》,《人大研究》,2008 年第 7 期。

选举以及人大代表的选举等方面；从深度上看，选举的广泛性、公平性以及竞争性均有所加强。① 此外，有人认为中国的人民代表大会制度是对传统选举民主的超越，这主要体现在三个方面：人大制度是全体人民的选举民主，人大制度是国家财力保障的选举民主，人大制度是有利于社会团结与合作的民主。② 还有人指出：民主政治，选举第一；选举政治，差额为先，差额选举对于民主政治具有至关重要的意义，可以从差额选举逐步做起来，实现中国民主发展的突破。③

当然，也有一些学者指出选举民主根本不能体现出民主的真正本意，只是少数人的游戏。有学者在其多本著作及相关论文中都以"民主"为主要研究对象，认为西方国家将本应该是内容丰富、形式多样、操作精致的民主简化为"一人一票"甚至"一元一票"的竞争性"程序民主"，西方民主已经蜕变为"选主"、"金主"制。因此，中国的民主建设不必一味以西方为榜样，中国的政治改革突破口也不在于建立西方竞争选举制度，更重要的是在各个方面促进老百姓、利益相关者参与和他们利益相关的事务的决策过程。④

近年来，协商民主理论大量地传入中国，激起了中国政治学界对中国民主政治发展的反思与探索。综合相关研究，学术界主要从协商民主的概念、特征、要素、理论渊源、功能、价值及其与选举民主的关系等进行了广泛研究。就其概念内涵来讲，协商民主是指政治共同体通过成员之间平等、自由的协商，在成员互相交流和妥协的基础上，就关系成员共同利益的问题达成共识，形成成员共同接受的决策或管理意见的过程。从协商民主的运作过程来看，其基本构成要素包括：众多的参与者、参与者的认识与看法、广泛深入的协商、协商所指向的共同利益、协商最后达成的共识。一般认为，协商民主理论的主要渊源是马克思主义政治哲学和西方政治哲学。协商民主的主要特征有公共性、协商性、平等性、合法性、责任性、公开性等。协商民主的功能和作用主要体现为政治参与功能、社会整合功能、合法化功能和社会功能等。此外，还有学者对协商民主在中国的实践和完善提出了看法，认为在中国协商民主实践有多种形式，如人民政协、听证会、民主恳谈会等。协商民主在我国实践中存在种种困境。鉴于此，有研究针对存在的问题提出完善我国协商民主

---

① 黄卫平：《中国选举民主：从广度到深度》，《吉林大学社会科学学报》，2008年第5期。
② 汪习根、李蕾：《选举民主的局限与超越》，《武汉大学学报》（人文科学版），2007年第7期。
③ 关于差额选举对于民主政治的重要意义的具体论述，参见虞崇胜：《从差额选举做起——中国民主的突破口》，中国选举与治理网，http://www.chinaelections.org/NewsInfo.asp? NewsID=120870.。
④ 这些观点的具体论述可以参见王绍光：《祛魅与超越》，中信出版社，2010年；王绍光：《民主四讲》，生活·读书·新知三联书店，2008年；王绍光：《安邦之道：国家转型的目标与途径》，生活·读书·新知三联书店，2007年。

的对策,主要有制度完善说、政治文化完善说、形式完善说,等等。① 此外,有学者对协商民主同中国的多党合作制度和参与式民主以及基层治理等内容进行了多方面的研究。

"十一五"期间,我国政治学界对选举民主与协商民主的关系进行了研究。有学者指出选举民主与协商民主作为两种重要的民主形式,它们在实践中并不是截然分开的,而是能够互动双赢的。加强和完善以人大制度为载体的选举民主和以人民政协为载体的协商民主形式,同时大力促进两种民主形式的互动,对于我国的政治文明建设和政治体制改革将产生积极的影响。② 有学者认为民主是带有普世性价值的目标。选举民主和协商民主都是实现民主目标的重要模式,二者相辅相成,共同构成了具有中国特色的双轨民主模式。③ 还有学者认为选举是民主政治的基石,协商是公共政策获得合法性的重要形式,这两者都是建设和谐社会民主政治的基本途径。④

(4)网络民主

网络民主是信息化时代民主的新形式之一,也被称为电子民主,它是随着互联网技术发展而兴起的一种新型的政治参与手段和模式,主要指人们通过互联网实现价值观和政治立场的交流、聚合以及政治意愿的表达等。近年来,我国学者一般对网络民主的含义、特征、性质与地位,网络民主对民主政治的影响,以及网络民主、网络政治的前景进行了探讨。⑤ 但这种研究仍然是初步的,缺乏系统性和个性化的思考。网络民主或者说网络政治在中国的民主和民主化研究中仍然是一个比较新而有待进一步开拓性研究的课题和领域。⑥

---

① 近年来中国学术界对协商民主的研究非常多,对这些研究的情况进行综述的文献也很多,参见朱益飞:《近年来国内协商民主研究综述》,《社会主义研究》,2008 年第 2 期;王洪树:《国内关于协商民主理论的研究综述——现实启迪、实践探索和理论思考》,《社会科学》,2008 年第 3 期;孙照红:《国内协商民主理论研究综述》,《岭南学刊》,2008 年第 6 期;秦绪娜:《国内外协商民主研究综述》,《中共云南省委党校学报》,2008 年第 1 期。

② 虞崇胜、何志武:《选举民主与协商民主的互动效应分析》,《学习与实践》,2007 年第 1 期。

③ 孙照红:《选举民主和协商民主:中国特色的双轨民主模式》,《唯实》,2007 年第 7 期。

④ 何长青:《选举与协商:和谐社会的民主政治建设》,《山东社会科学》,2006 年第 10 期。

⑤ 近年来,这方面的研究专著很多,如李斌:《网络政治学导论》,中国社会科学出版社,2006 年;李永刚:《我们的防火墙:网络时代的表达与监管》,广西师范大学出版社,2009 年;胡泳:《众声喧哗:网络时代的个人表达与公共讨论》,广西师范大学出版社,2008 年;连玉明、武建忠主编《网络新政》,中国时代经济出版社,2009 年;王四新:《网络空间的表达自由》,社会科学文献出版社,2007 年。

⑥ 有学者在梳理文献的基础上认为,当前中国网络政治研究有两大特点:一是国内发表的研究电子政府、电子治理的相关著作不少,并且理论已经逐渐用于实践当中,但研究电子民主、电子选举、网络政治的专著很少,有关学科建设的著作不多,缺乏系统性、理论性分析。二是在研究理论和研究方法方面,采用和借鉴别的学科的情况很普遍,而富有原创性的新观点和新方法则比较少,基础理论研究相对薄弱。大部分研究成果仍然停留在对西方网络政治著作与文章的翻译阶段,思辨性弱,与中国的实际结合太少,缺乏个性化的思考。详细论述参见宋迎法、李翔:《中国网络政治研究综述》,《重庆工学院学报》(社会科学版),2009 年第 12 期。

关于网络民主的内涵和性质,有学者认为网络民主是参与主体借助网络技术,以直接参与为主要形式,以高度互动为主要特征,以网络空间为载体,培育、强化和完善民主的过程。它涵盖了三个层面:一是现有民主的信息化,二是对现有民主的重塑和拓展,三是网络引发的新的民主形式。① 还有学者认为,网络民主是一种共同参与式的民主形式,含义是直接民主制,它并非是复制古希腊的城邦民主,也不等同于全民公决,而是大共同体中的直接民主。② 关于网络民主产生的动因,有学者认为主要体现在三个方面:要求进一步民主化的趋势,现代信息通讯技术和网络技术的快速发展,网络民主的出现也是寻求民主理想与现实之间矛盾解决的结果。③ 关于网络民主的特征,许多学者认为主要体现为下列七个方面:民主主体具有平等性,参与方式具有直接性、快捷性和方便性以及全面性,在参与成本上则是低费用的,权力结构的扁平化,载体的无界性,网络民主的形式特征是"虚拟化",网络民主的组织特征是非正式化,"交互性"是网络民主的属性特征,等等。④

关于网络民主对民主政治的作用和意义,有学者认为网络民主可以极大地提高民主的程度,推进民主的发展,网络技术将成为新世纪主要的民主参与手段和工具,从而把人类带入"网络民主"的新时代。⑤ 有学者认为,网络政治参与具有正向民主价值,它能不断提高民主的广度和深度,促进公共领域的民主,使民主从广度民主发展到深度民主,等等。也有学者认为网络民主可能使民主状况恶化,甚至走入歧途,其主要体现在下列四个方面:第一,数字鸿沟导致的政治参与的不均衡性;第二,网络信息的无限性和可操纵性有可能导致民主的非理性;第三,网络政治中政治参与的非规范性可能导致政治不稳定;第四,网上无政府主义的泛滥。⑥ 在积极评价网络民主功能的同时,有学者还提出了它的限度问题。⑦

关于网络民主的前景,学界探讨的焦点在于网络民主是否能够取代代议制民主,带来直接民主的复兴。有两种相反的观点:乐观的认为网络将带来权力的分散

---

① 郭小安:《网络民主的概念界定及辨析》,《天津行政学院学报》,2009 年第 3 期。

② 赵春丽:《近年来国内学术界关于网络民主研究的综述》,《太原师范学院学报》(社会科学版),2008 年第 1 期。

③ 曹泳鑫、曹峰旗:《西方网络民主思潮:产生动因及其现实性质疑》,《政治学研究》,2008 年第 2 期。

④ 赵春丽:《近年来国内学术界关于网络民主研究的综述》,《太原师范学院学报》(社会科学版),2008 年第 1 期;乔木等:《网络民主、媒体政治与中国民主发展》(清华大学政治学系"中国政治发展与政治体制改革"研讨会会议实录五),http://www. chinaelections. org/newsinfo. asp? newsid=173394.。

⑤ 唐丽萍:《从代议民主制到参与式民主制——网络民主能否重塑民主治理》,《兰州学刊》,2007 年第 3 期。

⑥ 相关研究内容可以参见曹泳鑫、曹峰旗:《西方网络民主思潮:产生动因及其现实性质疑》,《政治学研究》,2008 年第 2 期;赵春丽:《近年来国内学术界关于网络民主研究的综述》,《太原师范学院学报》(社会科学版),2008 年第 1 期;赵义:《网络,关涉自由,而非民主》,《南风窗》,2008 年第 15 期;徐钝:《网络民主反思》,《民主与科学》,2009 年第 6 期;郭小安:《网络民主在中国的功能及限度》,《中南大学学报》(社会科学版),2008 年第 5 期。

⑦ 郭小安:《网络民主在中国的功能及限度》,《中南大学学报》(社会科学版),2008 年第 5 期;唐丽萍:《从代议民主制到参与式民主制——网络民主能否重塑民主治理》,《兰州学刊》,2007 年第 3 期。

和直接民主的复兴；谨慎和悲观的则认为，网络将可能带来的是日益严重的无政府状态泛滥，或者变种的政治控制得到加强。① 如有学者认为，网络民主在拓宽利益表达渠道、整合民意与提高政治参与水平方面发挥了积极作用。然而网络民主的进一步发展受到转型社会政治心理、议题选择与体制困境的多重阻碍。只有坚持走制度化道路，努力规避民主本身的异化，并同时构建稳健的网络政治文化，才能引导中国的网络民主健康发展。② 网络民主以及与之相关的网络政治、电子政府等诸多问题，近年来得到越来越多的学者的关注。今后，对中国网络社会的发展，网络民主发展中的问题、对策和前景，网络政治参与，网络民意表达，网络投票，网络问政，电子政府等相关问题都需要进一步加大研究力度。

2. 政治发展研究

关于中国的政治发展问题一直是我国政治学界密切关注和重点研究的内容。"十一五"期间，特别是在改革开放30年和新中国成立60年的背景下，学术界对中国政治发展的研究得到明显加强，从多个角度进行了回顾、总结、评价和展望。在此，主要按照三个部分对"十一五"期间我国政治学界在中国政治发展问题上的研究进行简要的综述。

(1)中国政治发展的整体研究和评价

在改革开放30年和新中国成立60年的历史背景下，我国政治学界对过去30年和60年里的中国政治发展的状况进行了总结和评述。

有学者围绕中国政治发展30年(1978—2008年)撰写专著，分别从人民代表大会、政治协商、党内民主、基层民主、法治建设、政府改革六个方面对过去30年中国政治发展的历程、成果、经验、问题和发展走向进行了论述，认为中国政治发展的核心目标是推进社会主义民主政治、建设社会主义政治文明，其理想状态是实现"党的领导、人民当家做主和依法治国"三者的有机统一。③ 有学者则从历史回顾、理论探讨和改革展望等方面对中国的政治改革和政治发展进行了较为系统的研究，认为30年中国的改革是一种中国特色的"渐进式改革"模式，政治改革和政治发展的主要特点是：恰当的目标——分阶段确立，合适的突破口——农村，务实的改革过程——试错与迂回，明晰的界限——政治体制而非政治制度，强劲的动力——危机推动和利益驱动。中国政治改革和发展的基本经验是始终坚持党的领导，保持独立探索的精神，以观念更新为先导，政治体制改革与经济体制改革相适应，自上而下与自下而上相结合，改革、发展与稳定相结合。④ 有学者从新中国成

① 赵春丽：《近年来国内学术界关于网络民主研究的综述》，《太原师范学院学报》(社会科学版)，2008年第1期。

② 刘洋：《网络民主在转型期中国的意义与困境》，《天赋新论》，2009年第2期。

③ 详细论述参见俞可平主编：《中国政治发展30年(1978—2008)》，重庆出版社，2009年。

④ 详细论述参见石亚军主编：《中国政治建设和发展研究》，中国人民大学出版社，2009年，第112～136页。

立 60 年解读中国模式,系统阐述了国民、民本、社稷"三位一体"的中华体制,认为这一体制由三大类共十二个支柱组成。政治体制是中国模式的中间层,也是"关键层"。60 年来中国政治发展形成的是一种"民本政治"模式,该政治模式由四个支柱构成:①现代民本主义的民主理念,②强调功过考评的官员遴选机制,③先进、无私、团结的执政集团,④独特的政府分工制衡纠错机制。① 有学者进一步按照新中国成立 60 年与中国模式的主题,对各个学科的专家关于中国模式的观点进行了汇总。如有学者认为中国政治发展 60 年就是从全能主义走向了威权主义,而还有学者认为 60 年来中国民主发展的特点是"点菜",不是"点厨师",中国 60 年政治发展是用"为民"对等西方的"民主",中国模式就是凡事大家共同来参与,②等等。此外,还有许多著作从不同角度对中国政治发展的相关问题进行了比较广泛的研究。③

与此同时,有学者认为近 30 年来,中国政治经历了从"家长式威权体制"到"共治式威权体制"的转变。中国政治发展的现实选择是法治式威权体制,理想目标和方向应是民主和宪政。④ 有学者指出中华人民共和国 60 年的政治发展是一个不可分割的延续过程,以 1978 年年底的改革开放为界,前后经历了两个明显不同的阶段。比较这两个阶段的政治生活,可以清楚地看到新中国政治变迁的趋势:从革命到改革、从斗争到和谐、从专政到民主、从人治到法治、从集权到分权、从国家到社会。有学者认为,从大的方面来说,过去 30 年中决定性地影响中国政治变革的主要变量是社会经济的变化、政治发展的逻辑、新型政治文化的形成和全球化的冲击。⑤ 有学者将新中国政治建设与政治发展 60 年的基本经验概括为六个"辩证统一":一是必须坚持以马克思主义为指导与坚持勇于创新的辩证统一,二是必须坚持中国特色社会主义的国体与政体的辩证统一,三是必须坚持"一个中心"和"两个基本点"的辩证统一,四是必须坚持党的领导、依法治国和人民当家做主的辩证统一,五是必须坚持为了人民、相信人民和依靠人民的辩证统一,六是必须坚持加强和改善党的领导、保持党的先进性与提高党的领导执政水平的辩证统一。⑥ 有学

---

① 详细论述参见潘维主编:《中国模式——解读人民共和国的 60 年》,中央编译出版社,2009 年。

② 详细论述参见潘维主编:《人民共和国六十年与中国模式》,生活·读书·新知三联书店,2010 年。

③ 这方面的著作可以参见桑玉成主编:《政治发展与政治学》,上海人民出版社,2009 年;郑惠主编:《回顾与展望:改革开放以来的中国政治学与政治发展》,中国社会科学出版社,2009 年;杨海蛟主编:《回顾与展望——改革开放以来的中国政治发展》,人民出版社,2008 年;虞崇胜、王维国主编:《改革 30 年中国政治发展:回顾、反思、展望》,武汉大学出版社,2009 年;蔡拓主编:《全球化与中国政治发展》,中国政法大学出版社,2008 年;王科主编:《当代中国政治发展的价值取向和价值体系》,四川人民出版社,2009 年;马兆明、董文方主编:《改革开放与中国政治发展》,山东人民出版社,2009 年。

④ 于建嵘:《中国政治发展的问题和出路——共治威权与法治威权》,《当代世界社会主义问题》,2008 年第 4 期。

⑤ 俞可平:《中华人民共和国六十年政治发展的逻辑》,《马克思主义与现实》,2010 年第 1 期。

⑥ 王习明、韩旭:《新中国政治建设与政治发展 60 年——中国政治学会 2009 年年会综述》,《政治学研究》,2009 年第 6 期。

者认为新中国成立 60 年来,中国政治经历了一个政治结构合理化、政治关系协调化、政治体制完善化、政治民主制度化、政治规则法制化的发展变革过程。从总体上看,新中国 60 年的政治发展历程是一个连续性和阶段性、前进性和曲折性相统一的过程。① 还有学者认为新中国 30 年成功的发展得益于中国政治长期有效作用于中国的经济与社会发展。创造政治的有效性是新中国 30 年政治发展的基本战略,其核心是:在保证政治对经济和社会发展有效作用的前提下,顺势而动,积极推进政治建设和发展,推进民主化进程。②

此外,还有学者从公民社会、社会资本、全球化、国家建设、党内民主、协商民主、运动式治理等不同侧面或维度对中国政治发展的相关问题进行了广泛研究。③

(2)中国政治发展的道路、挑战和前景

鉴于中国政治发展的道路选择问题与中国政治体制改革的目标、模式和道路部分,在很大程度上内容是重合和一致的,所以将这两个部分的综述放在一起。

关于中国政治发展面临的问题和挑战。有学者认为,在当前和今后中国政治改革和政治发展中存在着三个方面的主要问题:一是渐进改革模式不可避免的局限性,二是政治体制改革之后及其负面影响,三是当前存在着亟待解决的许多深层次问题。④ 有学者认为,改革开放 30 年来,中国民主政治建设和发展面临的主要挑战是:①坚定不移地使政治体制改革和民主政治建设与经济社会和人的全面发展需要相适应。避免仅仅从狭义的政治民主出发,把政治体制改革和民主政治建设与经济社会和人的全面发展需要割裂开来。②坚定不移地把党的领导、人民当家做主和依法治国统一于政治体制改革和民主政治建设实践,反对把这三者分离、割裂、对立起来的错误倾向。③坚定不移地不断推进社会主义政治制度的自我完善和发展。反对按所谓"普世价值"的"统一发展模式"另搞一套。警惕个人主义和自由主义的民主价值观和制度模式对我国政治体制改革和民主政治建设实践的负面影响。⑤ 有学者认为,中国政治发展在全球化时代国际竞争空前激烈的条件下

---

① 张钦朋:《中国政治发展 60 年:回顾与思考》,《中州学刊》,2009 年第 5 期。

② 林尚立:《在有效性中累积合法性:中国政治发展的路径选择》,《复旦学报》(社会科学版),2009 年第 2 期;林尚立:《有效政治与大国成长——对三十年中国政治发展的反思》,《公共行政评论》,2008 年第 1 期。

③ 相关的研究文献参见袁其波:《公民社会与当代中国政治发展》,《河北理工学院学报》(社会科学版),2009 年第 5 期;熊光清:《关于经济全球化背景下中国政治发展道路的几点思考》,《唯实》,2007 年第 1 期;虞燕:《社会资本与中国政治发展》,http://www.chinaelections.org/newsinfo.asp? newsid=175060;王正绪、宋波:《国家建设、现代政府和民主之路:六十年来中国的政治发展》,《马克思主义与现实》,2010 年第 1 期;王占阳等:《制度建设、党内民主与中国政治发展》,http://www.chinaelections.org/newsinfo.asp? newsid=173516;陈家刚:《协商民主与当代中国的政治发展》,《北京联合大学学报》(人文社会科学版),2008 年第 2 期;冯志峰:《中国政治发展:从运动中的民主到民主中的运动——一项对 110 次中国运动式治理的研究报告》,《甘肃理论学刊》,2010 年第 1 期。

④ 石亚军主编:《中国政治建设和发展研究》,中国人民大学出版社,2009 年,第 103～111 页。

⑤ 初阳:《改革开放 30 年来中国社会主义民主政治建设的经验和面临的挑战》,《政治学研究》,2008 年第 4 期。

面临着多种风险,渐进式政治发展道路是中国在全球化背景下作出的正确选择。① 在一项关于"未来 10 年 10 个最严峻的挑战"的调查研究中,腐败问题、基层干群冲突和政治民主改革低于民众预期,都是中国政治发展面临的巨大挑战。② 有学者认为,我国社会中目前存在的某些权贵资本主义现象,究其根源就在于不受约束的权力对于经济活动的干预和对于经济资源的支配。中国是否能够在未来的岁月中续写辉煌,将取决于我们能否根据过去 60 年的历史经验和教训,正确应对新一轮挑战。③ 有学者认为,尽管经济增长的势头得以保持,但中国面临的根本性政治挑战却日渐严峻:一方面,各种社会矛盾因贫富差距的拉大和分配不公而不断被激化;另一方面,国家权力因特权利益集团的跋扈及其对公共权力的挟持而日益受质疑。政治参与制度化是目前中国政治体制中最为薄弱的一环,也是政治改革中最复杂和最具挑战性的领域。④ 有学者认为,我国社会阶层分化所带来的是利益主体的多元化和需求的多样化,这给中国的政治发展带来了巨大的压力和挑战,使政治系统趋于不稳,政治参与趋于无序,政治认同产生偏差,政治民主化发生梗阻。⑤

关于未来中国政治发展的前景问题。有学者认为,今后进一步推进我国政治发展道路的重要内容,就是要在总结党的领导、人民当家做主、依法治国的有机统一的成功经验的基础上使之定型化。也就是推进社会主义民主政治制度化、规范化、程序化,为党和国家长治久安提供政治和法律制度保障。⑥ 有学者认为,在面临现实诸多挑战的条件下,由执政党主导的、以政治民主化为方向的政治改革,必须坚持不断的政治制度创新,通过建立和完善各种政治程序将公共政治事务的运作制度化。这是最终达成向民主政治体制的和平转型的唯一路径。⑦ 有学者有针对性地提出在新形势下中国的政治建设与政治发展应当努力的六个方面,即面对"第一要务"发展主题的挑战,坚持以科学发展观为指导,促进经济社会全面发展进步;面对国际风云变幻的挑战,坚定不移地走中国特色社会主义政治发展道路;面对现实政治生活中的新情况、新矛盾和新问题,以正确的原则、科学的态度和谨慎的方法,通过有领导、有组织、有步骤的不断深化政治体制改革予以解决;面对社会结构和利益格局变化的挑战,切实保障人民群众的根本利益,营造和谐的社会氛围;面对社会多元化负面影响的挑战,始终坚守意识形态阵地;面对社会主义民主建设进程加快、政治参与不断扩大的挑战,大力加强中国特色社会主义公民文化建

132

① 叶长茂:《全球化时代中国政治发展的风险与战略选择》,《理论与现代化》,2009 年第 3 期。
② 王占阳、王海光、易宪容、汪玉凯等:《未来十年你我面临的挑战》,《人民论坛》,总第 275 期。
③ 吴敬琏:《呼唤法治的市场经济》,生活·读书·新知三联书店,2007 年;吴敬琏:《反思六十年,迎接新挑战》,《读书》,2009 年第 12 期。
④ 黄靖:《政治改革的挑战和选择》,《南风窗》,2010 年第 7 期。
⑤ 黄相怀、余树林:《阶层分化对中国政治发展的挑战与应对》,《理论与现代化》,2006 年第 2 期。
⑥ 严书翰:《中国政治发展道路的未来展望》,《当代中国》,2009 年 10 月 22 日。
⑦ 黄靖:《政治改革的挑战和选择》,《南风窗》,2010 年第 7 期。

设,培养公民的有序参与意识和参与能力。① 还有学者认为中国政治发展中必须
解决的问题是大力加强国家制度建设而非先进行大规模的民主化,未来中国的政
治发展进程中必须建设一个强有力的民主国家。② 有学者主张快速推行民主化,
也有学者认为中国政治发展已经走出了一条自身独特的发展道路,今后只需要进
行一些改进就可以了。此外,还有以"王道政治"、"政治儒化"等多种说法对未来中
国政治发展路径和前景的相关研究。

(四)政治制度与政治体制改革

中国的政治制度建设和政治体制改革直接关系到中国现代国家建设的成败,
这方面的问题也是我国政治学者集中精力研究的内容和主题。

1. 政治制度研究

总起来看,"十一五"期间,我国政治学学者主要从三个方面对中国的政治制度
的相关问题进行了研究。

(1)根本政治制度和基本政治制度研究

一般认为,作为国体的人民民主专政制度和作为政体的人民代表大会制度是
当代中国的根本政治制度。而中国共产党领导的多党合作和政治协商制度、民族
区域自治制度和基层群众自治制度是当代中国的基本政治制度。

关于人民民主专政制度,近年来相关的研究成果主要体现在一些宪法学和当
代中国政治制度的著作中,另一方面是一些专门的研究论文,主要是对人民民主专
政制度的历史起源、形成、发展和完善等内容的研究。有学者认为,人民民主专政
制度是近现代中国社会演化合力推动的结果,经历了土地革命战争时期的工农民
主政权、抗日统一战线中的各革命阶级联合专政和新中国成立后人民民主专政政
权三个历史阶段。③ 有学者认为,无产阶级专政学说在中国的创造性运用和发展
的成果就是人民民主专政的国家制度。反思和前瞻中国的民主政治发展,就必须
进一步在政治立场上坚持、在政治理论上完善和在政治体制方面健全人民民主专
政的国家学说及其制度,这将有利于推动建设中国特色社会主义的民主政治。④

关于人民代表大会制度的本质和地位,有学者认为人民代表大会制度是人民
民主专政国家的政体,是我国人民创造的用以实现人民当家做主的政权组织形式,
也是中国共产党民主执政的最好制度。人民代表大会制度决定着国家的重大事
务,体现着国家生活的全貌,是其他政治制度赖以产生和建立的基础,因而是我国
的根本政治制度。还有学者将它同西方的三权分立、议会制度等进行比较分析,认

---

① 王习明、韩旭:《新中国政治建设与政治发展 60 年——中国政治学会 2009 年年会综述》,《政治学研究》,2009 年第 6 期。

② 胡鞍钢、王绍光、周建明:《第二次转型:国家制度建设》(增订版),清华大学出版社,2009 年;王绍光:《安邦之道:国家转型的目标与途径》,生活・读书・新知三联书店,2007 年。

③ 冷小峰:《浅析人民民主专政制度的历史形成》,《党史文苑》,2009 年第 2 期。

④ 罗中枢、王洪树:《再论坚持人民民主专政的国家制度》,《西南民族大学学报》(人文社科版),2009 年第 2 期。

为中国必须坚持人民代表大会制度而不能搞三权分立制。①

关于人民代表大会制度的理论基础，有学者认为，人民代表大会制度不仅是基于本质民主理论即人民主权理论建立起来的，而且其构成单元和运行过程体现着代表制民主理论和协商民主理论，因而是实质民主与程序民主的统一体。② 还有学者认为，政治代表理论为我们准确把握政治的实质提供了一条重要的思路，也为探讨我国人民代表大会制度的理论基础提供了一个颇具意义的视角。③

关于人民代表大会制度的历史发展和基本经验，有学者将人大制度 60 年来的运作与发展分为以合法性取向为中心、以效率取向为中心和以有序民主取向为中心的三个阶段，对其作用、与党的领导的关系以及对现代民主法治的重要意义等方面作了充分详尽的阐述。④ 还有学者认为，人大制度在 30 年的建设中取得了一些重要的基本经验：人大制度建设必须坚持马克思主义国家理论与中国实际相结合，人大工作要自觉接受党的领导，人大工作要服从和服务于国家大局，人大工作要坚持民主、务实和严格依法办事，人大要不断加强和改进自身建设，正确处理坚持与完善人民代表大会制度的辩证关系等。⑤

关于人民代表大会制度面临的挑战和改革，有学者认为，来自社会民间的力量正在冲击着我国的政治体制和人民代表大会制度，呼唤着人民代表大会制度的改革。中国人民代表大会的可行性改革主要从下列七个方面做起：改革选举制度，改革人大代表制度，调整人民代表大会和常委会的功能，加强人民代表大会及其常委会的职权。改革人民代表大会的议事程序和议事方式，改革人大常委会工作机构的工作方式，改革人民代表大会议案制度。⑥ 此外，围绕人民代表大会制度，政治学界提出不少改革建议，这些建议可以概括为宪政论、参与论、仪式论、合法化论和国家构建论等。⑦

---

① 相关的研究成果非常多，可以参见：张明军：《中国为什么必须坚持人民代表大会制度而不能搞"三权分立"》，《思想理论教育》，2010 年第 1 期；秦宣：《为什么要坚持人民代表大会制度而不能搞"三权分立"》，《前线》，2009 年第 3 期；许崇德：《人民代表大会制度与"三权分立"制度有根本区别》，《理论导报》，2009 年第 2 期；郭燕来：《人民代表大会制度研究述评》，《云南行政学院学报》，2010 年第 2 期。

② 杨光斌、尹冬华：《我国人民代表大会制度的民主理论基础》，《中国人民大学学报》，2008 年第 6 期。

③ 陈伟：《政治代表论——兼论我国人民代表大会制度的理论基础》，《中国人民大学学报》，2007 年第 6 期。

④ 刘建军、何俊志、杨建党：《新中国根本政治制度研究》，上海人民出版社，2009 年。

⑤ 王维国、谢蒲定：《改革开放以来我国人民代表大会制度的发展历程与基本经验》，《政治学研究》，2008 年第 6 期。

⑥ 蔡定剑指出，这些力量主要有以下方面：一是公民自主自发的政治参与，形成对选举和代表制的挑战。二是媒体和公众舆论（包括互联网的声音）高度参与对政府的监督和对公民权利的保护，直接拷问人民代表大会的职责和人民代表大会的作用。三是以法律界人士为主导作用的社会力量以法律诉讼的方式敲打着宪政制度之门。四是在一些地方、特别是基层政府自主自发的进行民主改革的探索，也反映出人民代表大会的某些制度不适应民主法制发展的需要。对这方面内容的详细论述参见蔡定剑：《人民代表大会制度改革与宪政发展》，中评网，http://www.china-review.com/sao.asp? id=19623.。

⑦ 陈伟：《现代国家构建视野中的人民代表大会制度》，《南京社会科学》，2009 年第 7 期。

关于基本政治制度的研究,中国共产党领导的多党合作和政治协商制度、基层群众自治制度在前面已有综述。民族区域自治制度是我国的一项基本政治制度,"十一五"期间,我国政治学者相当关注民族区域自治制度研究。①

关于民族区域自治的性质、功能和地位,有学者指出,宪法文本上的民族区域自治是国家的一项基本政治制度,它维持、巩固和调整着我国国家与自治民族的关系、自治民族与非自治民族的关系,既是维护和保障民族权利的基本制度,也是监督国家或国家机关履行职责、妥善处理民族问题的基本制度。② 有学者认为,民族区域自治是一条具有中国特色的解决我国民族问题的正确道路,体现了中国传统文化追求整体均衡与和谐的哲学理念,在社会主义和谐社会构建中发挥了重要作用。③ 还有学者认为,新中国成立以来实行民族区域自治制度较好地解决了民族问题,因此必须继续坚持民族区域自治制度。但是随着现代化的发展和社会结构的变迁,该制度之下的有些配套法律与政策已经显示出某种不适应性,有及时渐进微调完善的必要。④

学者在肯定了民族区域自治制度所取得的伟大成果的同时,也普遍地认识到中国的民族政策面临着新的挑战:一是聚居型多民族国家实行民主化改革容易引起国家分裂,二是多党竞争机制不是适合于多民族国家的民主政治形式,三是"民族主义"取向的政策带来的风险,四是民族之间的不理解和怨恨是导致群体暴力的重要原因,等等。针对中国当前民族政治稳定面临的威胁和挑战,学者们提出了对策建议:①增强国家主体意识,构筑统一的"中华民族";②缩小与少数民族地区之间的发展差距,保护少数民族的文化和传统;③提高少数民族的政治参与度;④完善民族区域自治制度,等等。⑤ 此外,还有学者对新中国 60 年来的民族政策、中国的民族问题、民族国家的构建、民族主义和边疆安全等内容进行了研究。⑥

(2)政治制度创新和政治参与研究

关于政治制度创新,学者主要从国家、地方这两个层面和角度进行了广泛的研究。在国家政治制度创新方面,有学者认为,走中国特色的社会主义政治发展和政治建设的道路既没有现成的实践经验可以借鉴,也没有成熟的具体制度作依托,只能依靠制度创新。制度创新是政治建设的核心,是促进政治发展的关键因素。⑦

135

① 稽雷:《民族区域自治制度研究综述》,《学习月刊》,2008 年第 6 期。

② 曾宪义:《论宪法文本中的民族区域自治制度》,《中南民族大学学报》(人文社会科学版),2008 年第 4 期。

③ 李资源:《中国民族区域自治制度与构建和谐社会》,《广西民族区域自治研究》,2006 年第 3 期。

④ 施雪华:《坚持和完善中国的民族区域自治制度与政策》,《社会科学研究》,2010 年第 2 期。

⑤ 徐向梅:《民主政治建设与民族问题——第七届中俄经济社会发展比较论坛国际学术研讨会综述》,《当代世界与社会主义》,2010 年第 1 期。

⑥ 这方面的文献可以参见金炳镐主编:《新中国民族政策 60 年》,中央民族大学出版社,2009 年;徐晓萍、金鑫:《中国民族问题报告》,中国社会科学出版社,2008 年;郝时远主编:《解读民族问题的理论思考(上、下)》《民族研究》五十年论文选》,社会科学文献出版社,2009 年。

⑦ 李景治:《当代中国政治发展中的制度创新》,《社会科学研究》,2007 年第 3 期。

有学者认为,改革开放以来,中国结合本国实际创造性地开辟了一条渐进式政治制度创新道路。通过渐进式政治制度创新,不仅加强和健全了社会主义基本政治制度,而且积累了一些带有普适性意义的政治制度创新经验。① 有学者认为,就目前中国经济和社会发展的现实情况看,政治体制创新的必要性和紧迫性日益凸显出来。中国政治体制创新必须抓住以下关键环节:执政党领导体制创新,政府管理体制创新,民主参与体制创新,人大履权体制创新,基层社会管理机制创新。② 此外,还有学者指出,政治制度科学合理的程度是一个国家政治发展程度的主要标志,制度特定的属性及我国现阶段的实际决定了当代中国政治发展的主要途径是制度创新。③

在地方的层面上,学者主要从地方政府创新等角度去研究。有学者认为,改革开放以来中国共产党和中国政府一直强调和进行的政治体制改革并不是基本政治制度框架的改革,而主要体现在政府体制改革和创新的各个方面,通过对这些方面成果的分析,可以了解中国目前政治体制改革已经取得积极的进展和尚需改进的不足之处。④ 有学者认为,改革开放以来,中国地方政府在发展和完善中国式民主政府的实践中进行了一系列的制度创新,主要包括政务公开、公选直选、决策民主、管理民主、民主测评和监督,等等。⑤ 有学者认为,由地方政府推动的创新是一个国家政治体制改革的风向标,由地方政府推动的改革创新具有突出的"低风险取向",创新过程中公共参与不足、地方领导的"精英作用"和基层政策空间是推动地方政府创新的主体因素,创新的可持续性也主要取决于能否获得体制内的认可和支持。⑥ 有学者通过研究第三届"中国地方政府创新奖"的案例后发现,地方政府的内在动力和外在压力是创新的首要原因;在创新内容中,公共服务创新最多,其次是行政改革和政治改革,并且不同地区和机构也有差异;政府创新提高了地方政府绩效并实现了"多方共赢"的局面,但目前仍需要通过多种途径鼓励和推动地方政府创新。⑦ 还有学者从主体角度分析了地方政府制度创新困境的表现和成因,提出了一个目前可行和合法的制度空间范围,以自下而上的路径为导向,通过重构中央与地方关系和加强对地方政府制度创新行为的监督,提高地方政府制度创新

---

①　虞崇胜、叶长茂:《改革开放 30 年中国渐进式政治制度创新的基本特点》,《江汉论坛》,2008 年第7 期。

②　虞崇胜:《中国政治发展进入体制创新期之现实要求》,《理论前沿》,2008 年第 13 期。

③　宋晓霞:《制度创新:当代中国政治发展的主要路径》,《中州大学学报》,2008 年第 5 期。

④　俞可平:《应当鼓励和推动什么样的政府创新——对中国地方政府创新奖入围项目的评析》,《河北学刊》,2010 年第 2 期。

⑤　陈红太:《中国地方民主政府创新评述》,http://www. chinaelections. org/newsinfo. asp? newsid＝164670.。

⑥　陈雪莲、杨雪冬:《地方政府创新的驱动模式——地方政府干部视角的考察》,《公共管理学报》,2009年第 3 期。

⑦　吴建南、马亮、杨宇谦:《中国地方政府创新的动因、特征与绩效——基于"中国地方政府创新奖"的多案例文本分析》,《管理世界》,2007 年第 8 期。

和管理创新能力,进一步建立和健全地方政府创新参与机制,确立地方政府制度创新的效益评价标准。①

此外,一些学者对当前地方政府创新面临的问题进行了思考:一是稳定是压倒一切的要求,二是官员自身利益,三是官员任期过短。破解这三大难题需要加大地方政府对地方社会的责任机制。② 地方政府创新的发展说明现有体制还有待发挥的潜力,分布在全国各地的创新要有效地发挥作用,应该实现制度化。③ 还有学者系统阐述了建构中国地方政府体制创新的目标,提出了重构中国地方政府责任体系与再造决策、执行、监督、管理机制的政府体制创新路径,并指出地方政府创新路径的关键是进行法制化改造。④

在政治参与的研究方面,有学者认为我国公民有序政治参与是指公民在认同现有政治制度的前提下,为促进国家与社会关系良性互动、提高政府管理公共事务的能力与绩效而进行的各种有秩序的活动,包括各种利益表达、利益维护的方式,是有秩序、理性、自主、适度的行为,其核心价值在于理性、和谐、正义、民主。⑤ 有学者认为自改革开放以来中国公民政治参与出现新特点:政治参与侧重政策实施阶段,微观层面的政治参与多于宏观层面的政治参与,自主式政治参与和动员式政治参与并存,非制度化政治参与日益增多,网络政治参与成为公民表达利益的重要手段。⑥ 有学者认为我国公民政治参与的总体水平仍然比较低,政治参与的机制仍有诸多不完善的地方,存在许多亟待解决的问题。应努力扩大我国公民有序的政治参与,推动我国政治民主化进程。⑦ 有学者认为政治参与问题是政治学研究的重要问题,全面分析20世纪90年代以来由政治文化与社会结构的变化引起的参与危机:一方面社会上存在要求参与的压力,另一方面各级政府希望回应参与危机。在两方面力量的相互作用下,中国近年来出现了一些政治参与的新渠道、新形式。⑧ 此外,还有许多学者对农民和农民工、弱势群体、私营业主和大学生的政治参与以及网络政治参与和体制外参与(群体性事件、社会抗争)等多方面的内容进

---

① 吴良智、祝小宁:《地方政府制度创新主体困境与对策研究》,《电子科技大学学报》(社会科学版),2007年第6期。

② 刘峰、何增科等:《2010地方政府创新趋势》,《决策》,2010年第1期。

③ 杨雪冬:《简论中国地方政府创新研究的十个问题》,《公共管理学报》,2008年第1期。

④ 沈荣华、钟伟军:《中国地方政府体制创新路径研究》,中国社会科学出版社,2009年。

⑤ 魏星河:《我国公民有序政治参与的涵义、特点及价值》,《政治学研究》,2007年第2期。

⑥ 贺东航、郭细卿:《中国公民政治参与的特点》,《河北学刊》,2006年第2期。

⑦ 刘建明:《政治文明视阈下的我国公民政治参与》,《理论探讨》,2007年第4期。

⑧ 王绍光:《政治文化与社会结构对政治参与的影响》,《清华大学学报》(哲学社会科学版),2008年第4期。

行了研究。①

2. 政治体制改革研究

中国的政治体制改革,自 20 世纪 80 年代以来一直是我国政治学界特别关注和重点研究的问题,由此达成的基本共识是:中国政治体制改革或者说中国政治发展的目标是高度的社会主义民主。近年来,我国政治学界对这一问题的思考和研究逐步深化。

(1)政治体制改革(政治发展)的目标、模式与道路

关于中国政治体制改革的目标、模式和道路问题,这方面的观点主张可以概括为下列十三种:

一是选举民主论。有学者认为,中国民主政治发展的目标应当是逐步逐级向上实行自由的、公平的和竞争性的选举,最后实现全国性普选,选举民主是发展社会主义民主政治的根本路径。②

二是协商民主论。持该观点的学者认为,民主政治的核心在于公众意见和意志的构建或形成,在社会多元主体在公共利益框架下,通过有效地协调体制与协商过程,达成利益表达、利益协调与利益实现。发展协商民主以作为竞争性民主的替代物,同时容纳宪政法治等自由民主的基本要素。③

三是党内民主论或精英民主论。持该观点的学者认为,中国在民主化道路上应选择先精英后大众、先共产党内后共产党外、先中央后地方及基层的体制内渐进发展路线,通过扩大差额选举切实推进党内民主并从中央做起。同时,精英民主论者主张以党内精英为主体发展党内民主,并通过党内民主来推动人民民主的发展。④

四是基层民主论。持该观点的学者将村民自治作为政治体制改革和民主政治

138

---

① 相关的研究成果参见:周作瀚、张英洪:《中国农民的政治参与和参政权》,《政治学研究》,2007 年第 2 期;彭向刚、袁明旭:《论转型期弱势群体政治参与与社会公正》,《吉林大学社会科学学报》,2007 年第 1 期;徐浩:《大学生政治参与对策研究》,《理论月刊》,2006 年第 9 期;赵丽江:《中国私营企业家的政治参与》,中国经济出版社,2006 年;中国行政管理学会课题组:《中国群体性突发事件:成因及对策》,国家行政学院出版社,2009 年;于建嵘:《利益表达、法定秩序与社会习惯——对当代中国农民维权抗争行为取向的实证研究》,《中国农村观察》,2007 年第 6 期;于建嵘:《利益博弈与抗争性政治——当代中国社会冲突的政治社会学理解》,《中国农业大学学报》(社会科学版),2009 年第 1 期。
② 徐振光:《选举民主:发展社会主义民主政治的根本路径》,《人大研究》,2008 年第 7 期。
③ 这方面早期的代表性成果参见:林尚立:《协商民主:对中国民主政治发展的一种思考》,《学术月刊》,2003 年第 4 期。近年来的研究成果非常多,相关的文献综述参见朱益飞:《近年来国内协商民主研究综述》,《社会主义研究》,2008 年第 2 期;王洪树:《国内关于协商民主理论的研究综述——现实启迪、实践探索和理论思考》,《社会科学》,2008 年第 3 期。
④ 这方面早期的代表性成果参见:胡伟:《党内民主与政治发展:开发中国民主化的体制内资源》,《复旦学报》(社会科学版),1999 年第 1 期;甄小英、李清华:《以党内民主推进人民民主》,《求是》,2003 年第 12 期。近年来的研究成果有肖立辉:《中国共产党党内民主建设研究》,重庆出版社,2006 年;林尚立:《中国共产党与国家建设》,天津人民出版社,2009 年;唐晋编:《大国策——通向大国之路的中国民主:党内民主》,人民日报出版社,2009 年。

建设的关键突破口。近年来，秉持这一主张的学者重视挖掘村民自治对于中国政治体制改革之价值，认为日益完善的基层民主试验可以使普通人"体会民主"，从而推动实现更高层次的民主。[①]

五是多元民主论。持该观点的学者认为，随着社会多元化趋势的不断增强，本世纪中期前后，中国有可能出现一种与社会利益多元化相适应的具有中国特色的多元化政治模式。思想的多元化与利益集团的多元化有助于政治民主所需要的多元制衡关系的确立。[②]

六是合作主义国家模式论。持该观点的学者在早期提出了建设合作主义国家模式的设想，指出合作主义国家的基本公式是：权威主义政治＋自由市场经济＋法团主义＋福利国家。近来有学者从这个角度来研究中国政治体制改革的道路等问题，认为中国正在走着一条（国家）法团主义的路径。[③]

七是增量民主论。有学者提出增量民主的政治体制改革思路，认为增量民主的政治发展道路要求继续保持自主性发展、主导性发展、渐进性发展、稳定性发展和梯度性发展的特点，稳步地推进民主政治建设。[④]

八是民主的国家制度建设论。有学者认为，中国的政治转型应当着眼于强化和改善公共权威并使之民主化而不是盲目地取消和限制公共权威。换句话说，应当将现有国家机器民主化、制度化、程序化，大力加强国家制度的薄弱环节，建立一个有很强的良治能力的政府。[⑤]

九是咨询型法治政体论。持该观点的学者认为以法治为导向、以吏治为核心进行政治体制改革，认为这一导向比较适合中国特点。因此，推崇同为华人社会的

---

① 徐勇、徐增主编：《乡土民主的成长：村民自治20年研究集萃》，华中师范大学出版社，2007年；徐勇：《论党内民主与人民民主的有机衔接和良性互动——以基层民主发展为视角》，《社会主义研究》，2008年第4期。

② 萧功秦：《中国的大转型：从发展政治学看中国变革》，新星出版社，2008年。与此同时，许多鼓吹多党制和分权制衡的学者大多可以归为多元民主论的行列之中。

③ 康晓光指出，作为一种现代阶级分权体制，合作主义国家奉行"自治"、"合作"、"制衡"与"共享"等"四项基本原则"。合作主义国家理论希望促成自由与平等的妥协与均衡。参见康晓光：《论合作主义国家》，《战略与管理》，1999年第5期。合作主义在国内有时又称为法团主义，近年来这方面的主张和研究成果参见曾盛红：《结构转型中的"利益组织化"——法团主义与中国"国家—社会"关系研究述评》，《湖北社会科学》，2007年第8期。

④ 这一思路包括以下几个要点：一是强调民主的程序和实现程序民主；二是高度重视民间组织和公民自身在建设社会主义民主政治中的重要作用；三是推崇法治，依法治国，依法治党；四是充分发挥党组织和政府在民主建设中的领导作用；五是建立和完善现代的动态的政治稳定机制。参见俞可平：《积极实行增量政治改革，加快建设社会主义政治文明》，《理论动态》，2003年4月10日，第1595期。近年来的研究文献参见俞可平：《中国民主发展将是一种"增量式"发展》，《人民论坛》，2009年第3期；董立人：《中国共产党党内民主增量式发展之社会动力学视角分析》，《理论探讨》，2009年第9期；李增元：《由"民主崛起"走向"增量式民主"：现代国家建构视野中乡村民主的演进逻辑》，《中共浙江省委党校学报》，2009年第5期；徐学江：《中国民主政治：将遵循增量民主之路》，《中国社会导刊》，2008年第2期，等等。

⑤ 王绍光、胡鞍钢、周建明：《第二代转型：国家制度建设》（增订版），清华大学出版社，2009年；王绍光：《安邦之道：国家转型的目标与途径》，生活·读书·新知三联书店，2007年。

香港和新加坡的政治体制模式并将其概括为"缺民主的法治政体"，并认为未来中国政体改革的方向是建立咨询型法治政体。①

十是民主的法治型体制论。持该观点的学者认为，原有政治体制的根本弊端是"权力过分集中"，具体表现为"党委过分集权"、"中央过分集权"和"领导者个人高度集权"。政治体制改革就是要改变这种体制，最终建立起"民主的法治型体制"。②

十一是混合民主政体论。持该观点的学者提出中国政治体制改革的基本思路是在社会主义政治理念指导下建立混合民主政体。混合民主政体是一种力求体现社会主义政治理念的政治制度设计，是选举民主、自由民主和协商民主有机结合的一种政体形式。③

十二是"中国式民主"论。近些年以来，国内外媒体和学术界都对中国民主发展模式的讨论明显增加，"中国式民主"或"中国的民主模式"究竟能否成立？如果成立，它的基本特征是什么？④ 有学者认为：中国式民主即中国特色社会主义民主政治，是中国共产党领导下、与中国国情相适应的、发展中的社会主义性质的民主政治形态。⑤ 如同中国的经济体制改革一样，中国的民主政治建设亦绝不能离开人类政治文明发展的康庄大道。只有立足本国国情，全面地借鉴和吸收人类民主政治发展的经验和教训，才能更好地建设中国的民主政治，发展出一套行之有效的中国式民主。⑥

十三是民主社会主义论。这一观点的支持者认为，发展民主必须致力于促进社会平等和公正，民主应当逐步从政治领域向经济和社会领域发展。事实上，民主社会主义模式更多是在价值取向和政策层面方面的论述，它在制度和程序设计上独创性不足。而更有甚者就当代中国民主政治建设认为，只有民主宪政才能从根本上解决我国政治腐败问题。构成民主社会主义模式的是民主宪政、混合私有制、社会市场经济、福利保障制度。民主社会主义的核心是民主。没有民主的保障，其

---

① 这方面早期的代表性研究成果参见：潘维：《法治与"民主迷信"——一个法治主义者眼中的中国现代化和世界秩序》，香港社会科学出版有限公司，2003 年。近年来对这一观点也有许多研究，参见强世功：《"行政吸纳政治"的反思——香江边上的思考之一》，《读书》，2007 年第 9 期；康晓光：《威权政府＋法团主义：让底层有组织地参政》，《绿叶》，2009 年第 7 期。

② 这方面早期的代表性研究成果参见王贵秀：《谈谈政治体制改革的突破口问题》，《科学社会主义》，2002 年第 4 期。事实上，近年来有相当多的学者和官员都持这种观点，他们是从改革传统政治体制弊端的角度来谈中国的政治改革和政治发展的。

③ 何增科等：《中国政治体制改革》，中央编译出版社，2008 年。

④ 本刊编辑部：《中国民主模式是否已形成？》，《人民论坛》，2007 年第 8 期。

⑤ 刘杰：《中国式民主和西方式民主的比较研究》，《毛泽东邓小平理论研究》，2005 年第 11 期；王中汝：《民主政治发展的中国道路与模式》，《科学社会主义》，2009 年第 4 期；李凯：《中国式民主模式的历史反思——中国民主政治建设 60 年的探索与展望》，《学术界》，2009 年第 4 期。

⑥ 佟德志：《海外褒贬不一的"中国式民主"》，《人民论坛》，2007 年第 8 期。

他三项都会异化和变质。① 围绕这一观点，学界开展了关于民主社会主义问题的大范围讨论，有许多学者认为："中国不能照搬民主社会主义，是一个不可动摇的政治原则。"②

（2）政治体制改革的动力、战略与策略

中国政治体制改革何以会发生，中国的民主政治道路将走向何方？又会怎样持续下去？这是"十一五"期间我国政治学界普遍关心的问题。学者从不同的角度对中国政治体制改革的动力、战略和策略等问题进行了分析。

首先，关于中国政治体制改革的动力问题。有学者专门总结了中国政治改革和政治发展的动力：经济发展是民主政治发展的重要动力机制，向市场经济转轨是民主政治发展的强大动力，公民社会的分类发展、各种政治力量的良性互动、全球化是民主政治发展的重要动力。③ 有学者认为，如果将政治发展看成是一辆正在行驶中的列车，那么政治发展的动力机制就包括了牵引力、推动力、内驱力三个层面。具体而言：政治发展的牵引力——建设强有力的执政党和政府，政治发展的内驱力——建设充满活力的国家政治体系，政治发展的推动力——建设自主自治的公民社会。④ 有学者认为改革，特别是经济体制改革是推动当代中国政治体制改革和政治发展的基本动力，阶级阶层、社会结构和利益关系的重大变化为其提供了强大动因，外部环境变迁直接或间接地影响了它的进程，中国共产党自身的改革与建设始终是其主要"带动"力。⑤ 此外，还有学者从执政党自身的有效改革和建设、加强法治化和制度化建设等多个角度对中国政治体制改革的动力问题进行了研究。

其次，关于中国政治体制改革和政治发展的战略和策略问题。有学者认为，为了实现政治发展的战略目标，需要制订不同的战略，即需要制订政治制度建设战略、政治能力建设战略以及政治文化建设战略。同时，为了实现民主政治发展的战略目标，还需要一定的策略相配合。政治发展策略的核心是解决不同战略目标及其内部具体目标之间的实现顺序和实现形式问题。⑥ 有学者指出，从战略与策略相结合的角度讲，中国的政治体制改革至少有以下八点是值得注意和重视的：一是把政治体制改革与经济体制改革结合起来，并且以经济体制改革的方式推进；二是把发展民主与健全法制结合起来，强调民主要制度化、法律化，坚持依法治国；三是

① 谢韬：《民主社会主义模式与中国前途》，《炎黄春秋》，2007年第2期。
② 高放：《科学社会主义与民主社会主义的百年分合》，《理论参考》，2007年第8期；徐崇温：《社会民主主义与民主社会主义：历史、理论和现状》，《中国特色社会主义研究》，2007年第2期；周新城：《必须警惕民主社会主义思潮的泛滥》，《理论视野》，2007年第5期；郑科扬：《走中国特色社会主义道路要警惕新自由主义、民主社会主义、历史虚无主义三股思潮》，《政治学研究》，2008年第1期。
③ 何增科等：《中国政治体制改革研究》，中央编译出版社，2008年。
④ 虞崇胜：《和谐社会政治发展的动力机制和平衡机制》（上），《北京联合大学学报》（人文社会科学版），2007年第4期。
⑤ 李景治：《当代中国政治发展动因的探析》，《社会科学研究》，2008年第4期。
⑥ 何增科：《民主化：政治发展的中国模式与道路》，《中共宁波党校学报》，2004年第2期。

把政治体制改革与尊重和保障人权结合起来,依法保证全体社会成员平等参与、平等发展的权利;四是把发展民主法制与完善基层群众自治制度和改善民生结合起来,让人民群众在改革中享受到直接的实惠;五是把执政党依法执政与参政党依法参政结合起来,完善了中国特色的政党政治;六是把我们党的党内民主与人民民主结合起来,以党内民主来带动人民民主;七是把党内监督、行政监督、法律监督与公民直接监督结合起来,建立和完善了公民舆论监督和信访制度;八是把选举(票决)民主与协商民主结合起来,完善了公民有序的政治参与。① 有学者指出,仅仅用西方意义上的民主和民主化指标来衡量中国政治发展有失公允,而"治理"理论却可能为解释中国政治发展提供一种新的视角;在"治理"概念下,"治民"、"治政"和"治党"可以用来说明一种日渐清晰的中国政治发展战略思路。② 还有学者认为从历史延展的角度来看,中国的政权建设经历了从统治型政权到革命型政权、发展型政权再到服务型政权的转变历程。中国未来的政治发展战略体现为发展型政权与服务型政权的双重构建。③

最后,还有学者对于政治发展策略提出了独特的思考,主要内容是:第一,政治发展应当采取"经济发展优先,兼顾政治发展"的策略。第二,政治发展应当采取"党内民主优先、兼顾人民民主"的策略。中国共产党是执政党,党内民主对人民民主具有示范和带动作用。第三,政治发展应当采取"选举民主优先,兼顾协商民主和自由民主"的策略。选举民主是中国政治发展的基础性工程,没有选举就没有民主。第四,政治发展应当采取"维护政治稳定优先,兼顾扩大政治参与"的策略。这实际上是一种"稳定压倒一切"的策略。第五,政治发展应当实施"有限的集权和有序的民主"的战略。有限的集权是指中共的集中统一领导和中央政府的权威,不搞地方主义、分散主义;有序的民主应该是有组织、有领导、可控制的民主。④ 第六,政治发展应当实施"政治体制创新"战略。为了能顺利健康地度过转型中国社会的矛盾多发阶段,就要力求避免体制衰败现象的出现而加强制度创新,使利益谋求制度化、参政有序化、矛盾能在体制内得到有效的释放和解决。⑤

(3)政治体制改革的经验、问题和挑战

有学者指出,改革开放以来,中国经济的成就与政治的有效发展和保证是截然不可分的。在中国政治体制改革和政治发展进程中的伟大实践中,有许多成功的经验和特色值得总结。

有学者认为,当代中国的政治发展模式具有"五大"特色:①战略思想:马克思

---

① 李君如:《怎样看待当前中国政治体制改革和民主政治发展的走势》,《前线》,2008 年第 4 期。

② 燕继荣:《治民·治政·治党——中国政治发展战略解析》,《北京行政学院学报》,2006 年第 1 期。

③ 刘建军:《政权属性更新与中国政治发展战略》,《探索与争鸣》,2009 年第 7 期。

④ 黄宗良:《有限的集权 有序的民主——推进政治体制改革的一种思路》,《今日中国论坛》,2007 年第 7 期。

⑤ 虞崇胜、王洪树:《政治体制创新:当代中国政治发展的战略选择》,《长白学刊》,2006 年第 5 期。

主义民主理论;②领导核心:中国共产党一党执政;③经济基础:公有制经济为主体;④路径选择:扩大基层民主;⑤发展次序:优先发展党内民主,通过党内民主先行和带动人民民主。① 有学者从中国共产党领导人民在社会主义民主政治建设上主要回应了来自三个方面的挑战的角度,看待社会主义民主政治建设的相关经验,认为"有效执政"和"有序参与"是 30 年来中国政治体制改革的特色所在。② 有学者认为,民主政治建设的"中国特色"应当集中体现在制度和过程两个层面,即"制度特色"与"过程特色"。③ 有学者在反思改革 30 年中国政治发展时就认为,中国改革开放 30 多年来所取得的成就,从政治有效性建构促进国家成长和社会发展的层面上来说,就是有效政治创造有效发展的事实。④ 有学者从中国和前苏联两国政治体制改革的比较中总结出中国成功的经验,即在政治体制改革中坚持中国共产党的领导,坚持社会主义的发展方向,坚持稳定压倒一切,坚持从中国国情出发。⑤ 有学者认为新中国 60 年的政治建设与政治发展所积累的经验主要体现在:与时俱进的指导思想,即以马克思主义为指导,用发展着的、中国化的马克思主义指导中国的政治实践;适合中国国情的政治制度,即坚持中国特色的国体和政体,充分发挥社会主义政治制度的优越性,独具特色的发展道路,即党的领导、人民当家做主和依法治国的有机统一;探索中形成的基本路线,即坚持"一个中心、两个基本点"的基本路线不动摇;广泛可靠的动力源,即坚持保障和实现绝大多数人权益,以全国各族人民的根本利益为一切工作的出发点和落脚点。⑥ 还有学者认为维护政治权威以增强对政治体制改革的引导力和执行力,即权威思想;平衡改革中各种关系,调动各种力量的积极性,增强改革的统筹力,即平衡思想;把握渐进的政治体制改革进程,保持可持续健康发展,即渐进思想。认为这是新中国 60 年来在政治体制改革方面摸索出的三条宝贵的发展经验。⑦

再次,关于中国政治发展存在的问题和挑战。有学者指出,从政治体制改革的角度回顾和反思过去,展望未来,面临着"三大矛盾",包括政治体制改革滞后与经济体制改革深化的矛盾冲突、在政治体制改革问题上知与行的矛盾冲突、中共的革命党角色与执政党地位的矛盾冲突。有学者认为,现在最大的阻碍是对政改问题评价不一,政治体制改革继续向前推进,党内既得利益的阻力越来越明显,而且缺

① 许耀桐:《中国民主发展模式的"五大"特色》,《人民论坛》,2007 年第 4 期。
② 陈红太:《回应三大挑战探索社会主义民主政治建设的中国道路》,《中国特色社会主义研究》,2007 年第 1 期;陈红太:《"有效执政"与"有序参与":中国政治体制改革的特色》,《红旗文稿》,2009 年第 23 期。
③ 景跃进:《中国民主的"制度特色"与"与过程特色"》,《人民论坛》,2007 年第 4 期。
④ 林尚立:《有效政治与大国成长——对三十年中国政治发展的反思》,《公共行政评论》,2008 年第 1 期。
⑤ 何其颖:《从中国与前苏联政治体制改革比较看中国的成功经验》,《福建论坛》(人文社会科学版),2009 年第 7 期。
⑥ 张贤明、杨渊杰:《新中国 60 年政治建设与政治发展经验的几点思考》,《政治学研究》,2009 年第 6 期。
⑦ 王栋、郭丹:《权威平衡渐进:新中国 60 年政治体制改革经验探析》,《探索》,2009 年第 6 期。

乏一个从总体上设计政治体制改革的机构。有学者认为,中国政治体制改革存在着技术性障碍、政治理论或政治哲学障碍和利益结构三个障碍。① 有学者认为现在政治体制改革的阻力有两点:一是思想的禁锢,二是既得利益。② 有学者认为软政权化和分利集团化的发展使得政治保守势力有所抬头,政治改革阻力重重、举步维艰。这些深层矛盾的积累和政治两极化趋势,有可能导致双方的正面冲突,出现强烈的政治震荡和政治危机,打断民主政治发展的进程。③ 还有学者认为,应当承认,在中国政府面临的所有挑战中,民主化的挑战是最根本的。当然,变化还有很多方面,这些变化都是积极的。但是这些变化的每一个方面都依然存在一些问题:权力结构问题、责任政治问题、民意体系问题、社会管制问题和社会自治问题等。④ 此外,还有学者认为当代中国政治体制中存在的一些重大问题还没有解决,改革开放前存在的不少问题,如权力集中、官僚主义、机构臃肿和家长制等依然存在。另外,还出现了一些新的问题,如权力腐败问题,跑官要官、买官卖官问题。⑤ 毫无疑问,这些都是今后中国政治体制改革和政治发展进程中必须解决的问题。

(五)政治治理与社会稳定

1. 治理与善治问题

(1)国家治理研究

关于治理的研究,学界已经从单纯地探讨治理的内涵、来源和意义等层面过渡到关于治理评价体系的建构上,有学者通过对国内治理评价体系文献的分析,认为建立中国的治理评价体系,有助于定量化地评价中国政治发展、政治现代化和政治文明的实现程度,分析中国政治发展和政治改革的薄弱领域和薄弱环节,明确其进一步的努力方向。⑥ 有学者对中国治理评估框架、国内治理评价体系和国际治理评估体系进行评述,并介绍了国际治理评估指标体系。⑦

治理研究的另一个重点在于通过制度变迁、公共预算和政策变迁与国家治理

---

① 王贵秀、蔡定剑、高放、任剑涛、王长江等:《法大宪政所主办:中国政治体制改革三十年反思与前瞻》,《领导者》(双月刊),2009年6月号,总第28期。

② 蔡定剑:《中国政治体制改革的现状、阻力及动力》(2008年10月4日在"三味书屋"的演讲),中国选举与治理网,http://www.chinaelections.org/NewsInfo.asp? NewsID=154753。

③ 萧功秦:《中国的大转型:从发展政治学角度看中国变革》,新星出版社,2008年。

④ 燕继荣:《民主之困局与出路——对中国政治改革经验的反思》,《学习与探索》,2007年第2期。

⑤ 他们认为当前中国政治体制存在问题的基本特征仍然是:在权力结构中,过度集权仍是主要倾向,表现为党委对政府机关的集权、中央对地方的集权、政府对企业的集权、国家对社会的集权;在权威结构中,法律权威、制度权威的比重有所上升,但人格权威仍占主要地位;在组织结构中,层级和部门化仍是主要表现;在中央与地方的关系结构中,地方虽然获得了一定的自主权,但仍表现了中央集权的倾向。中国政治体制的这种状况及其基本特征,与快速发展的经济社会文化不相适应,面临着来自经济、社会和党内民主的多重压力与挑战。参见周天勇、王长江、王安岭:《攻坚:十七大后中国政治体制改革研究报告》,新疆生产建设兵团出版社,2007年。

⑥ 何增科:《治理评价体系的国内文献述评》,《经济社会体制比较》,2008年第6期。

⑦ 俞可平主编:《国家治理评估:中国与世界》,中央编译出版社,2009年。

的关系梳理,探讨国家治理的历程和经验。① 有学者回顾和审视了新中国 60 年国家治理体系的变迁。② 有学者以当代中国政府"条块关系"探讨了中国政府治理模式的与众不同之处。③ 有学者主张政府应该把构建公共服务型政府与规范民间组织的发展有机地结合起来,进一步创造新型的公共事务的治理结构与治理运行机制。④ 此外,关于统筹治理、整体性治理、网络治理等研究热点也日渐兴盛。⑤

　　(2)地方治理

　　地方治理研究集中在地方政府能力研究以及地方政府治理两方面。有学者认为,随着我国改革的深化和中央与地方关系的调整,地方政府能力问题更为凸显。近年来地方政府能力便成为学界关注的热点,研究逐步深化和系统化。其成果主要涉及如下方面:地方政府能力的内涵与类型,地方政府能力评估体系,地方政府能力相关性研究,地方政府能力现状及提升路径。⑥ 有学者梳理了我国地方治理理论研究发展的概况,对与地方治理相关的一些概念进行界定与辨析,总结了目前国内地方治理研究所涉的主要领域,并指出我国地方治理研究中存在的包括滥用"地方治理"概念、存在不少研究的空白地带、缺乏本土化的理论层面的较为完善的创新等相关问题。⑦ 在地方治理的案例研究中,集中在单个省市的研究和跨区域研究。有学者等针对浦东实际,提出建立浦东绩效预算体系的基本思路,为浦东政府改革决策提供可参考、可操作的实施意见。⑧ 有学者以社会转型与治理成长的关系为研究视角,从治理主体的变迁、府际关系的协调与治理方式的变革三个层面分析和探讨上海大都市政府治理的成长历程、绩效水平和发展趋势。⑨ 关于跨区域地区治理的研究逐渐增多,诸如城际重大危险源应急网络协同机制、跨省区域公共治理中政府协调体制创新、跨区域环境治理中地方政府合作机制以及西部和西

　　① 参见杨光斌:《制度变迁与国家治理:中国政治发展研究》,人民出版社,2006 年;马骏、侯一麟、林尚立主编:《国家治理与公共预算》,中国财政经济出版社,2007 年;严强:《国家治理与政策变迁:迈向经验解释的中国政治学》,中央编译出版社,2008 年。

　　② 唐皇凤:《新中国 60 年国家治理体系的变迁及理性审视》,《经济社会体制比较研究》,2009 年第 5 期。

　　③ 周振超:《当代中国政府"条块关系"研究》,天津人民出版社,2009 年。另见朱光磊:《中国政府治理模式如何与众不同——〈当代中国政府"条块关系"研究〉评介》,《政治学研究》,2009 年第 3 期。

　　④ 林尚立:《创造治理、民间组织与公共服务型政府》,《学术月刊》,2006 年第 5 期。

　　⑤ 李瑞昌:《统筹治理:国家战略和政府治理形态的契合》,《学术月刊》,2009 年第 6 期;刘霞、向良云:《我国公共危机网络治理结构——双重整合机制的构建》,《东南学术》,2006 年第 3 期;孔繁玲:《构建电子治理运行机制探析》,《学习与探索》,2006 年第 6 期。

　　⑥ 吴家庆:《我国学界关于地方政府能力研究述评》,《深圳大学学报》(人文社会科学版),2008 年第 6 期。

　　⑦ 曹剑光:《国内地方治理研究述评》,《东南学术》,2008 年第 2 期。另参见龙宁丽:《地方治理国际研讨会综述》,《经济社会体制比较》,2009 年第 1 期;娄成武、张建伟:《从地方政府到地方治理——地方治理之内涵与模式研究》,《中国行政管理》,2007 年第 7 期。

　　⑧ 过剑飞主编:《绩效预算:浦东政府治理模式的新视角》,中国财政经济出版社,2008 年。

　　⑨ 易承志:《社会转型与治理成长:新时期上海大都市政府治理研究》,法律出版社,2009 年。

北地区治理。①

　　(3)反腐败与廉政建设

　　反腐败研究在理论和实践上都有新的进展,集中研究反腐败的理论基础、具体对策、动力机制、指标体系以及新兴现实问题(如"期权"腐败、网络反腐等)。在理论方面,有学者深入分析社会转型期腐败现象发生的深层次原因和腐败行为发生、预防机理,历史地考察改革开放以来中国共产党预防腐败思想和实践的发展,对比分析国(境)外预防腐败的经验做法,论证建立健全惩治和预防腐败体系对于预防腐败的重大意义,围绕规范权力的运行提出了思想预防、制度预防、技术预防等一系列对策措施。② 有学者认为建构反腐败体系是政治体系得以健全和巩固的内在要求。反腐败体系建设与政治体系建设是相辅相成的,政治体系特性能够在反腐败体系上得到直接的反映。中国为建构反腐败体系而进行的努力,是中国政治建设的具体体现。中国政治体系的特点决定了中国的反腐败体系是以政党为领导的,并以政党为行动中心展开的。随着法治国家的建设和公民社会的成长,反腐败的行动中心将从政党逐步扩大到国家与社会,逐步形成政党领导下的多元行动中心反腐败体系。③ 在对腐败的测量、评估、诊断等量化指标体系研究方面,有学者研究了腐败与治理状况的测量、评估、诊断和预警等方面。④ 有学者认为,中国应该建立权威性、中立性的腐败测度机构,构建完善的腐败测度方法体系,开展有效的腐败测度,促进反腐倡廉工作的开展。⑤ 此外关于互联网与反腐败、廉政监督研究等网络反腐、网络廉政研究得到重视。⑥

　　"十一五"期间,廉政建设研究进一步深化,有学者分析和评估了目前中国廉政制度体系,并提出了建构现代国家廉政制度体系。⑦ 值得关注的是,2010 年,中共中央纪律检查委员会发布《中国共产党党员领导干部廉洁从政若干准则》,为廉政建设工作指明了方向,权力制约和监督研究也进一步深化。有学者从当代中国的权力制约的行为与过程即当代中国的实践出发,就权力制约这个主题作出新的理论阐释,从而在权力制约的实践形态与权力制约的理论表达之间,建立更加直接的

---

①　参见 2006—2009 年国家社科基金资助项目政治学学科中的有关课题。

②　楚文凯:《社会转型期预防腐败问题研究》,中共中央党校博士论文,2007 年。

③　林尚立:《以政党为中心:中国反腐败体系的建构及其基本框架》,《中共中央党校学报》,2009 年第4 期。

④　何增科:《腐败与治理状况的测量、评估、诊断和预警初探》,《毛泽东邓小平理论研究》,2008 年第11 期。

⑤　徐拥军、邓荣华:《腐败测度理论与实践述评》,《行政论坛》,2009 年第 2 期。

⑥　国家社科基金立项项目中有多项关于互联网和网络对反腐败、廉政建设、权力监督和制约的课题。

⑦　何增科:《中国目前廉政制度体系总体状况及其有效性评估》,《学习与实践》,2009 年第 5 期;何增科:《建构现代国家廉政制度体系——有效惩治和预防腐败的体制机制问题研究》,《马克思主义与现实》,2009 年第 3 期。

关联。① 有学者总结了改革开放 30 年来我国权力监督的重要变化和进展。② 有学者综合运用行政学、经济学、政治学和法学的方法,分析了国内外权力制约的理论、模式和经验,提出了构建我国行政权力制约机制的基本思路、法律框架和制度安排。针对我国转型期行政腐败多发易发的领域和环节,即行政决策、行政执法、财政预算管理、公务管理等领域,深入地探讨了如何通过改革,构建更加有效的制约机制,以减少滥用权力的机会和条件,预防腐败发生。在政府权力运行的内外监督方面,有学者提出了强化权力外部监督制约、政务公开、行政监察和国家审计的改革思路和对策建议,以提高揭露和惩罚滥用行政权力的有效性,惩治腐败行为。③

（4）国家转型与善治

有学者指出,在中国当代社会转型的路向寻求和思考中,④治理理论和实践为转型提供了线索,通向大国、强国之路必须是善治的。⑤ 有学者指出了目前中国社会所面临的挑战⑥,为应对这些挑战中国政府治理必须转型。有学者分析了中国传统的"运动型"治理模式具有行政成本高、治理效果差、违背法治原则、滋生官僚作风等弊端。"可持续型"治理遵循了既定的规则和程序,涵盖了制度治理、依法治理、参与治理和长效治理等理念,是中国政府治理创新的目标模式。⑦ 有学者分析了我国全能型政府治理范式的生成以及向体制转轨中政府治理范式的变迁,是经济体制、社会结构、政治时局诸多因素共同作用的产物;构建"政府主导—官民协同"的多中心社会公共事务治理范式,是我国在可预见的未来政府治理范式革新的目标取向。实现这一目标,需要做长期、艰苦的努力。在当前和今后一个时期,应当着力于建立"强政府—大社会"结构,促进经济体制改革、行政体制改革、政治体制改革三者的良性互动以及建设"管理—服务型政府"。⑧ 有学者总结了中国转型期治理的若干问题与趋势:一是转型期政治治理所面临的种种"困境",如政治资源的流失与开发、以合法性为轴心的秩序与民主的抉择、从逆境到危机的政治治理、转型期政治谣言的生存机制与控制等,同时又以面向未来的态度探讨了改革中期的制度选择、中央与地方之间和互动模式等问题;二是从腐败的"民俗化"和腐败行为的成本效益角度,试图更为深入地分析转型期腐败现象;三是针对当今时代发展的大趋势,分析了迈向知识经济时代的公共治理转型和信息化条件下的社会政治

---

① 喻中:《权力制约的中国语境》,山东人民出版社,2007 年。

② 何增科:《改革开放 30 年来我国权力监督的重要变化和进展》,《社会科学研究》,2008 年第 4 期。

③ 参见沈荣华主编:《行政权力制约机制》,国家行政学院出版社,2006 年。

④ 萧功秦:《中国的大转型——从发展政治学看中国变革》,新星出版社,2008 年。

⑤ 唐晋编:《大国策——通向大国之路的中国政治:善治与体制》,人民日报出版社,2009 年。另参见徐越倩:《治理的兴起与国家角色的转型》,浙江大学博士论文,2009 年。

⑥ 李侃如:《治理中国:从革命到改革》,胡国成、赵梅译,中国社会科学出版社,2010 年。

⑦ 王洛忠、刘金发:《中国政府治理模式创新的目标与路径》,《理论前沿》,2007 年第 6 期。

⑧ 张立荣、冷向明:《当代中国政府治理范式的变迁机理与革新进路》,《华中师范大学学报》(人文社会科学版),2007 年第 2 期。

保存等重大课题。① 此外,有学者从信息社会政府治理面临的风险入手,以政府信息公开制度和个人信息保护制度为切入点,用实证分析、比较法等研究方法,分析了信息社会政府治理的变迁,总结了政府利用信息进行管理以及治理信息滥用应遵循的原则。②

2. 社会稳定研究:理论与问题

(1)社会矛盾和社会稳定研究

"十一五"期间,有学者通过对中国社会转型期社会矛盾的类型分析,探析中国社会转型期社会矛盾产生的原因,对中国社会转型期社会矛盾问题的研究呈现多方位、多角度、多学科的研究方法,具有理论的创新性;提出了具有中国特色的、调控中国社会转型期社会矛盾的具体对策,具有较强的实践应用性;还对政治文明、社会心态、群体性突发事件、西部大开发等方面与社会稳定的关系进行了深入的研究。③ 由于我国社会转型期的矛盾大多属于人民内部利益矛盾问题,有学者以当前我国处于社会转型期这一特定历史时期为背景,既从宏观层面对我国人民内部利益矛盾的产生根源、主要表现和特点、焦点和重点、不同类型等问题进行了总体性研究,又从微观领域对若干具体利益矛盾问题进行了实证分析。在此基础上,对如何正确处理社会转型期人民内部利益矛盾的指导思想、基本方针和原则实现目标和途径,尤其是对构建处理人民内部利益矛盾的工作机制进行了探讨,以促进国家的长治久安与社会的和谐发展。④

社会矛盾必然影响社会稳定。我国政治学者从多个角度对新时期中国政治稳定问题进行了研究,提出改革和发展是实现稳定的基本途径,权威和秩序是动态稳定的基本要素,民主机制是实现动态稳定的现实基础,正当的执政水平是实现动态稳定的决定性要素等问题;同时,还对政治稳定与构建社会主义和谐社会的关系进行了论述。⑤ 有学者以理论研究与实证研究相结合、定性分析与定量分析相结合的方法,借鉴国际上的理论研究成果和分析框架,通过大量公开、详实的统计数据、分析图表和资料,强调要居安思危,科学地分析我国社会不稳定因素的总体演变态势,并重点分析了刑事犯罪问题、群体性事件问题、腐败问题、恐怖主义问题、民族问题、贫富分化问题等影响社会稳定的突出问题,揭示了我国经济增长的社会成本加大,客观上面临着一些亟待解决的社会矛盾与问题,迫切需要树立新稳定观,更加重视实现公平正义,加快推进构建社会主义和谐社会的进程,以保障国家的长治

---

① 沈远新:《中国转型期的政治治理:若干问题与趋势》,中央编译出版社,2007 年。

② 吕艳滨:《信息法治:政府治理新视角》,社会科学文献出版社,2009 年。

③ 严励:《秩序的中国解读:转型期中国社会矛盾之研究》,上海社会科学院出版社,2007 年。另参见冯海英:《中国社会矛盾问题研究述评》,《青海社会科学》,2009 年第 6 期。

④ 杨清涛:《和谐之道——社会转型期人民内部利益矛盾解析》,人民出版社,2009 年。另可参见郭彦森:《变革时代的利益矛盾与社会和谐》,知识产权出版社,2008 年。

⑤ 鞠健:《新时期中国政治稳定问题研究》,中央党史出版社,2008 年。另参见李笃武:《政治发展与社会稳定》,学林出版社,2006 年;张体魄:《我国政治稳定研究综述》,《毛泽东思想研究》,2006 年第 2 期。

久安。①

关于治理转型期的社会矛盾及维护稳定和谐的社会秩序,有学者对如何维护当前和今后的社会稳定工作从"重点环节和机制体制建设"进行探讨,对社会稳定预警机制问题作了初步探索。② 有学者指出,就对基层社会稳定而言,中国的历史传统重视国家对具体民生需求的回应,形成了依靠官民融合、简约行政与多元化的机制维护稳定的模式,这是中国社会在常态情况下能够长期保持"低度强制"但"相对稳定"的关键。据此,该学者通过对古代中国、1949 年新中国成立后 30 年、改革开放前 20 年和 20 世纪 90 年代末以来四个阶段的比较分析发现,随着社会结构与社会意识的发展,国家治理的模式发生了显著变化。针对社会稳定面临的挑战,中国应当重视人民群众在国家治理中的主体地位。③ 同时,必须研究政治信任与政治发展的关系、当前我国社会转型中的政治信任弱化现象,以及未来中国政治信任重塑等问题。④ 化解社会矛盾的根本途径在于通过制度创新建立四大体系:逐步建成促进社会发展和解决民生问题的服务型政府体系,逐步形成惠及全民的、能够提供基本公共产品的基本公共服务体系,逐步建立能够广泛容纳社会成员的现代职业体系,逐步重建能够推动社会整合的社会信任体系。⑤ 总之,中国的社会转型很复杂,社会优化与社会弊病、社会进步与社会代价、社会协调与社会失衡相互交错,中国注定要在一个充满不确定性的时间和空间里把握发展。⑥

(2)社会稳定问题

伴随着改革开放的深入和转型期社会矛盾的日益复杂化,我国社会正走向群体性事件多发阶段,这成为影响社会稳定的重要因素和社会治安工作的热点和难点。⑦ 有鉴于此,有关部门专门编写了《预防与处置群体性事件党政干部读本》,从我国转型期群体性事件的现状、危害、成因、预防与处置、应对能力及相关法规等几个方面入手,探索群体性事件中本质性和规律性的内容,深入探讨预防与处置群体性事件中的理论与实践问题,并对其进行了较为详细的阐述和分析。此外,本书理论与实践紧密结合,每章正文之后都选编典型案例,并对这些案例进行了较为深入的剖析和解读,便于给各级党政干部提供参考,同时也能帮助读者更深刻地了解和

---

① 胡联合:《中国当代社会稳定问题》,红旗出版社,2009 年。

② 王银梅:《社会稳定及预警机制研究》,法律出版社,2009 年。

③ 樊鹏:《中国社会结构与社会意识对国家稳定的影响》,《政治学研究》,2009 年第 2 期。另参见:刘晓凯:《利益分化与政治稳定——兼论 30 年来中国社会阶级阶层的变迁》,人民出版社,2008 年;李程伟:《社会利益结构:政治控制研究的生态视角》,中国政法大学出版社,2009 年。

④ 王子蔚、江远山:《如何重塑政治信任——"中国社会转型中的政治信任"理论研讨会综述》,《探索与争鸣》,2009 年第 7 期。

⑤ 参见郑杭生主编:《中国人民大学中国社会发展研究报告 2007,走向更加有序的社会:快速转型期社会矛盾及其治理》,中国人民大学出版社,2006 年,第 21~28 页。

⑥ 高全喜主编:《大国策——通向大国之路的中国策:全球视野中的社会转型》,人民日报出版社,2009 年。

⑦ 有关群体性事件的期刊文章纷繁复杂,在此不赘述。

掌握应对群体性事件的相关理论和实践知识,增强了可读性。① 有研究会编写了《中国群体性突发事件成因及对策》,为解决群体性突发事件建立一系列机制,为维护社会稳定提供一揽子方案。较为全面系统地对我国转型期群体性突发事件进行了研究,通过大量现象及事件表现特点,通过理论研究和案例分析深入探讨了事发原因;对其性质作出了明确判断,为正确处理群体性突发事件提供了理论依据;在总结和比较国外相关理论与实践的基础上,提出现阶段有效减少和处理群体性突发事件的主要对策措施,以及实际工作中处理群体性突发事件的基本原则和方法。为各级党政部门解决此类事件提供了切实可行的参考依据和对策选择,特别是对于工作在第一线的各级干部和工作人员具有重要的参考实用价值。② 在典型案例研究方面,有学者剖析了瓮安"6·28"事件,使人深受启迪:没有不讲道理的人民群众,主要问题在于瓮安原县委、县政府领导班子的执政理念、执政方式和干部作风等方面,都不同程度地出了偏差。一部分干部"立党为公、执政为民"的理念不牢固,群众观点越来越淡漠,忘记了"群众利益高于一切"这个夯实执政基础的法宝,群众合法权益得不到有效保护,甚至严重缺乏安全感,导致当地党委、政府与群众的"鱼水关系",逐步演变成令人痛心的"水火关系"。③

从国家社科基金资助项目有关群体性事件的课题来看,一方面,群体性事件研究关注城市化进程中的农民、农村的权益及冲突,水库移民、低收入群体等特殊群体问题,农民政治认知与社会冲突、党政权威的相关性等。④ 另一方面,公民舆情、网络舆情、公共危机管理研究不断增多,包括当代公民政治态度研究——和谐社会的心理基础、意识形态领域新变化对策研究、舆论引导力与社会舆情预警系统研究、新形势下提升舆论引导力对策研究、网络舆情突发事件预警机制研究、网络社会的政治动员问题研究、突发事件网络舆情预警指标体系研究、突发事件网络舆情演化模型和仿真系统研究、互联网政治生态危机预警与治理机制研究、互联网大规模协作在公共危机中的作用、网络架构下的国家安全走向及对策研究;社会风险防范与治理机制、公共安全整合管理机制、公共危机事件社会影响的扩散网络及应对机制、城市突发事件风险评估与应急管理平台研究、基于流程优化的政府应急管理机制研究。⑤ 此外,关于群体性事件的博士论文也日渐增多,从理论和经验解读群体性问题和相关事件,例如《社会转型期中国农民群体性事件研究》⑥、《难以产出

---

① 《预防与处置群体性事件党政干部读本》编写组编:《预防与处置群体性事件党政干部读本》,人民日报出版社,2009年。

② 中国行政管理学会课题组:《中国群体性突发事件成因及对策》,国家行政学院出版社,2009年。

③ 刘子富:《新群体事件观:贵州瓮安"6·28"事件的启示》,新华出版社,2009年。

④ 参见国家社科基金资助项目2006—2009年度中与群体性事件有关的立项课题。

⑤ 参见国家社科基金资助项目2006—2009年度中与公民舆情、网络舆情、公共危机管理有关的立项课题。

⑥ 宋维强:《社会转型期中国农民群体性事件研究》,华中师范大学出版社,2009年。

的村落政治——对村民群体性活动的中观透视》等。①

关于新疆、西藏等少数民族边疆地区和突发自然灾害研究不断受到重视。从国家社科基金资助项目来看,少数民族边疆地区的研究重点在两个方面:第一,研究中国共产党在边疆民族地区维护社会稳定的能力和执政方略,如领导西藏、新疆的具体政治、经济、文化、民族决策与实践研究;第二,研究西藏、新疆等民族边疆地区的社会稳定突出问题和对策,城市、地区危机管理与应急机制,网络结社和国际环境与边疆少数民族地区稳定等领域。突发自然灾害研究主要集中在 2008 年围绕汶川地震的研究,如汶川地震灾区文化重塑与和谐社会建设研究、汶川大地震灾后恢复重建相关重大法律问题研究——"政府—市场"关系下的法律选择与社会再建、汶川大地震灾后"经济—社会—生态"统筹恢复重建研究、重大自然灾害和重大突发公共事件应对新框架研究——基于汶川大地震的实证研究、应对国家重大突发事件武装力量运用研究。此外,还有一些课题涉及应对重大突发公共事件的政府协调研究,社会减灾能力信任对公众应急行为决策的影响研究——以长江流域水灾为例,西南少数民族传统防灾应急方法的发掘、整理和编目研究,新中国成立以来中国共产党的减灾对策研究。②

(3)社会建设:稳定与安邦之道

社会建设是当前学术界研究的热点,学者从不同学科、不同角度对社会建设的背景、内涵、目标、内容、途径进行了深入探讨。有学者对近年来社会建设研究的主要成果进行了概括、总结和评述。③ 有学者从社会与国家互动关系入手,主张社会建设可以从更加合理地配置社会资源、更加有效地化解社会矛盾两个方面调节社会与国家关系。④ 社会建设应该走向更讲治理的社会,发展民间组织,建构协调社会利益关系的长效机制。⑤ 有学者通过对"中国如何长治久安"的脉络梳理和系统总结,得出结论:国家制度建设是国家长治久安的根本保证,必须立足国情、借鉴世界上一切优秀的文明成果,大力推进国家制度创新、制度建设、制度现代化,以实现中国的长治久安。⑥ 为此,一方面,政党也要适应社会的转型,处理好领导与执政

① 刘伟:《难以产出的村落政治——对村民群体性活动的中观透视》,中国社会科学出版社,2009 年。

② 参见国家社科基金资助项目 2006—2009 年度中与新疆、西藏等少数民族边疆地区和突发自然灾害研究有关的立项课题。

③ 向德平、程玲:《社会建设的理论辨析与路径探索——近年来关于社会建设的研究综述》,《学习与实践》,2009 年第 2 期。另参见:陆学艺:《关于社会建设的理论和实践》,《北京工业大学学报》(社会科学版),2009 年第 1 期;郑杭生、杨敏:《关于社会建设的内涵和外延——兼论当前中国社会建设的时代内容》,《学海》,2008 年第 4 期;郑杭生:《社会学视野中的社会建设与社会管理》,《中国人民大学学报》,2006 年第 2 期。

④ 郑杭生、杨敏:《社会与国家关系在当代中国的互构——社会建设的一种新视野》,《南京社会科学》,2010 年第 1 期。

⑤ 郑杭生主编:《中国人民大学中国社会发展研究报告 2006,走向更讲治理的社会:社会建设与社会管理》,中国人民大学出版社,2006 年。

⑥ 胡鞍钢、胡联合:《转型与稳定:中国如何长治久安》,人民出版社,2005 年。

的关系①；另一方面,政府要平衡改革、发展与稳定以及公平与效率的关系,从和谐社会的视角审视和谐政府的构建,增强社会建设框架下的政府绩效评估研究,主动调整社会管理体制和增强危机管理能力。②

3. 宪政与法治

宪政和法治事关中国发展的大局。③ 有学者分析了当代中国宪政的产生、当代中国宪政的理想图景,并指出当代中国宪政建设的前提是依法立政,基本要求是依法行政,核心是依法执政,必备机制是违宪审查。④ 宪政的具体体现便是法治,最近几年对于《中华人民共和国政府信息公开条例》、《中华人民共和国保守国家秘密法(修订草案)》和《选举法(修订草案)》的讨论,从根本上讲都是关乎法律背后的宪政和法治理念,可以说"法治成就大国"。⑤ 因此,"依法治国,建设社会主义法治国家"的战略目标被郑重地写入现行宪法之中,与此同时,中国政府对自身也明确提出了"建设社会主义法治政府"的战略目标。特别是中共十七大全面系统地阐述了科学发展观的科学内涵、精神实质和基本要求,更进一步明确要求"全面落实依法治国基本方略,加快建设社会主义法治国家",并把"法治政府建设取得新成效"作为实现建设小康社会奋斗目标新要求的重要内容。为纪念中国改革开放和新时期民主法治建设 30 周年,有研究所总结中国特色依法治国的历史经验,推进当代中国的法治改革。⑥

因此,必须紧紧围绕科学发展观对加快法治政府建设的新要求、深化行政管理体制改革与建设法治政府、坚持科学民主立法与提高制度建设质量、创新机制确保法律法规全面正确实施等主题,研究全面推进依法行政、加快建设法治政府的许多理论问题和实际问题。⑦ 有学者研究中国如何走向宪政、走向法治、走向法治政府的具体途径,特别是研究如何在实现宪政背景下建设符合中国国情、符合中国人民

---

① 祝灵君:《社会变迁与政党转型——中国共产党领导的社会革命与社会建设论析》,《科学决策》,2009 年第 9 期。另参见:潘嘉:《中国共产党社会建设思想研究》,中共中央党校博士论文,2009 年;陈位志:《执政党领导干部驾驭社会建设能力研究》,中共中央党校博士论文,2009 年;周清:《中国共产党——社会沟通机制研究》,中共中央党校博士论文,2007 年。

② 何增科:《中国社会管理体制改革路线图》,国家行政学院出版社,2009 年;张成福、唐钧著:《政府危机管理能力评估:知识框架与指标体系研究》,中国人民大学出版社,2009 年。

③ 参见《中国学者论民主与法治》下篇"中国学者论法治"中的文章,如李步云:《宪政与中国》;夏勇:《中国宪法改革的几个基本理论问题》;张文显:《全球化时代的中国法治》;刘海年:《加入 WTO 和人权两公约对中国法治的影响》;梁治平:《法治:社会转型时期的制度建构——对中国法律现代化运动的一个内在观察》等文章,载俞可平、Arif Dirlik 主编:《中国学者论民主与法治》,重庆出版社,2008 年。

④ 秦前红、叶海波:《社会主义宪政研究》,山东人民出版社,2008 年。

⑤ 参见唐晋主编:《大国策——通向大国之路的中国政治:信息公开与政治安全》,人民日报出版社,2009 年;高全喜主编:《大国策——通向大国之路的中国策:全球视野中的法治与政治》,人民日报出版社,2009 年。

⑥ 刘海年、李林主编:《依法治国与法律体系建构》,社会科学文献出版社,2008 年。

⑦ 国务院法制办公室政府法制研究中心编:《加快法治政府建设的思考与探索:深入贯彻落实科学发展观与加快法治政府建设理论研讨会》,中国法制出版社,2008 年。

利益的具有中国特色的法治政府。[1] 有学者分析了我国社会转型过程中政府角色的合理定位和政府职权的适度配置,证明法治与有限政府是我国建立现代市场经济的基本制度保障构建。[2] 有学者从法治和公共行政的视角研究了行政体制改革问题,力求将行政体制改革纳入法治的轨道,防止行政体制改革的失范与无序。[3] 进而有学者认为全球化使中国的经济治理体制实现了根本性转型,是否会由此产生以"法治"为基础的政治治理结构,取决于党自身的转型,即中国共产党的行宪能力。[4]

三、"十一五"期间当代中国政治研究基本评价

当代中国政治研究,一方面取决于中国政治发展的现实与面临的问题,另一方面取决于对当代中国政治本身的再认识和再发现。与以往的当代中国政治研究相比,在"十一五"期间的当代中国政治研究中,对当代中国政治本身的再认识和再发现对研究的影响则更为深刻一些。这与这个时期的三大历史因素有关:其一是改革开放30周年,其二是中华人民共和国成立六十周年,其三是2008年全球金融危机之后"中国模式"热的出现。这三大历史因素,无不触动学术界从全局和长时段的角度重新审视当代中国政治。这种重新审视不仅丰富了这个时期当代中国政治研究的视角,而且也丰富了这个时期当代中国政治研究的论域和话题。

(一)"十一五"期间当代中国政治研究的主要贡献

这个时段的当代中国政治研究,既有继承性,也有创新性,其贡献主要体现为创造了当代中国政治研究的新形态,即长时段、整体性和主体性。所谓长时段,主要体现为学者关注长时段的中国政治发展,不仅将现实的中国政治置于整个中华人民共和国的历史、甚至是近代中国的历史中考察,而且置于现代国家从西方出现以来的二三百年的大历史中考察;所谓整体性,主要体现为学者对更多地从中国经济与社会发展的全局来把握政治问题,逐渐超越就政治谈政治的传统,更多地从国家建设和经济与社会发展全局来透视政治问题的实质和意义;所谓主体性,主要体现为学者逐渐从"他者"来认知中国政治转变为从"主体自身"来认知中国政治。这种变化意味着学者学术追求开始从赋予中国民主化转变为从中国现实自身探寻民主化。就具体研究来说,这个时期的学术贡献主要体现在以下五个方面:

第一,现代国家建设。现代国家建设是现代化发展的重要组成部分,是民主化

---

① 杨海坤、章志远:《中国特色政府法治论研究》,法律出版社,2008年。另参见:杨晖:《中国特色社会主义法律体系形成轨迹研究》,河北师范大学博士论文,2009年;王成礼:《社会主义法治均衡发展战略》,天津师范大学博士论文,2008年;黄捷:《论程序化法治:当代中国社会主义法治国家建设之路》,华中师范大学博士论文,2007年。

② 陈国权:《社会转型与有限政府》,人民出版社,2008年。

③ 石佑启、杨治坤、黄新波:《论行政体制改革与行政法治》,北京大学出版社,2009年。

④ 郑永年:《全球化与中国国家转型》,郁建兴、何子英译,浙江人民出版社,2009年。

发展的重要前提。但是在相当长的时间里,人们忽视了对现代国家建设本身的研究,直接用民主化建设来代替现代国家建设。在这个期间,现代国家建设的比较研究、中国现代国家建设的现实经验和战略选择研究等等方兴未艾,成为整个政治学研究的热点。这些研究的兴起大大拓展了中国政治研究的视野和学术关怀。

第二,党内民主研究。党内民主研究在"十五"期间我国的政治学研究中就已兴起,但在"十一五"期间依然是我国政治学研究的热点,其支撑力来自党内民主的制度设计与现实实践在这个期间的全面展开。现实实践对理论的渴求和理论对实践经验的关注,有力地促进了党内民主的研究。

第三,协商民主的研究。协商民主在"十一五"期间成为中国民主生活的两大形式之一。协商民主在制度上得以落实,又大大深化了协商民主的研究。在这个期间,协商民主开始从概念转向具体的制度、程序设计。政治学界在这其中的研究,具有规范理论意义、政策效用和制度价值。

第四,政治特色研究。中国的政治是有社会主义特色的政治。对于这种特色,过去的研究比较少,因为人们对这种特色可能有的实际功效一直判定不准。2008年全球金融危机,使学界重新反思中国的政治特色功效。于是,从学理的角度研究中国政治特色开始凸显。这方面研究的凸显,意义特别在于学者开始关注中国政治的合理性与合法性理论论证以及学术考察。

第五,政治发展模式。随着对"中国模式"的关注,人们也开始研究中国特色社会主义政治发展的独特模式。在中国政治发展成为国家与社会发展的内在要求、国家复兴的必要前提的条件下,人民开始关注中国政治发展模式本身。这就摆脱了过去中国政治研究纠缠于中国政治是否发展的问题,而直接转入中国特色社会主义政治发展以什么样的模式、途径与进程展开的问题。这个视域的变化大大拓展了中国政治研究的观察角度和思维维度。

(二)"十一五"期间当代中国政治研究存在的问题

总体上说,在"十一五"期间,当代中国政治研究相当活跃,各种观点交汇,研究成果丰硕。不过这一时期的当代中国政治相对缺乏对国家政治生活和中国政治学研究有重大影响力的作品和系统理论。分析起来,当代中国政治研究的这种状况,与学术研究存在的以下问题相关:

第一,中国政治研究较为分散。"十一五"期间,当代中国政治研究虽然产生了新的生长点,但在这些生长点上的研究缺乏系统性,因而使得这些新的生长点难以汇聚学术研究力量,带动整个学科和学术研究形成新的学术优势。

第二,党建的政治学研究缺乏重大进展。当代中国政治生活离不开中国共产党,但政治学对中国共产党的研究,尚且不够深入。政治学研究缺乏从党、国家、社会与人民的四维空间把握党的建设、国家建设与社会建设之间的内在关系。

第三,政治建设的理论研究不够深入。当代中国政治面临诸多的理论问题,例如人民民主的理论问题、党的领导与执政的合法性基础问题、人大制度与代议民主关系的理论问题等等。"十一五"期间,当代中国政治对于这些理论问题缺乏深入的思考,因而难以形成新的重大理论贡献。

四、"十二五"期间当代中国政治研究规划建议

"十二五"期间的当代中国政治研究,应该是在继续"十一五"期间所形成的研究格局基础上的发展和突破,其基本取向是,高举中国特色社会主义旗帜,回到中国逻辑,从整体性、理论性和建设性出发把握当代中国政治。为此,对"十二五"期间的当代中国政治研究的规划建议如下:

第一,研究中国政治建设与国家发展的关系。中国的发展和崛起与中国政治在其中的作用分不开。当前,中国的政治建设依然面临民主化和现代化的使命,但中国在这个过程中的政治建设战略,不仅很好地把握了政治建设的进程,而且也保障了政治对国家和社会发展的有效推进作用。中国的这种政治建设战略值得反思和提炼。为此,要对中国政治作整体性的把握和分析。

第二,研究人民民主的理论、制度和实践。人民民主是社会主义的生命,也是中国民主的基本形态。但政治学对人民民主政治形态长期缺乏重大深入突破性研究,只是在既定的概念中打转。实际上,中国的社会主义民主离不开人民民主这个价值和制度框架,如果人民民主的理论、制度和实践不能有更为系统、更为深刻的理论研究和制度设计,中国民主建设的理论和实践很难得到重大理论和智力支持。建议"十二五"期间中国政治研究在这方面大力加强。

第三,研究党领导和执政中的政党、国家与社会的关系。中国的政治建设和民主发展是基于党的领导、人民当家做主和依法治国三者有机统一展开的,所以中国政治研究离不开对党的领导和执政的研究与把握。从政治学的角度研究党的领导与执政,需要从政党、国家与社会三者有机互动的框架中把握政党领导与执政的政治逻辑,把握国家制度发展的政治逻辑,把握社会建设的政治逻辑以及这三个政治逻辑之间的内在关系。

第四,研究中国政治稳定的民主基础。政治稳定一方面取决于政党、国家与社会的基本关系和结构,另一方面取决于利益的协调与平衡。就后者来说,民主是重要的资源和机制。在中国社会生活和生产形态日益多元化的形势下,民主资源的开发和整合将日益成为维系政治稳定的重要战略途径。选举民主、协商民主以及网络民主将在未来中国社会扮演重要角色,如何将这些民主资源整合为中国政治稳定的重要政治资源是中国政治建设必然面临的战略问题,建议作为"十二五"期间学术研究的重点课题。

第五,基本制度和基本国策的优化与中国政治建设。政治就是要在国家共同体中创造基本的公共生活格局,并维系这种格局的稳定与活力,因而构成这种格局的基本制度和基本国策的优化是政治建设的重要基础。中国社会的大转型和大发

展,决定了中国的政治建设和发展,必须从关注体制的变革延伸到国家基本制度和基本国策的优化上来,研究如何通过这些制度和国策的优化来创造合理的政治治理和政治过程。

第六,地方政治实践的理论价值和中国意义。"十一五"期间,各地在创造治理和推进民主的过程中,涌现了各种有创新意义的政治实践。这些政治实践是中国政治建设和发展的试验地或动力源,因此,及时研究地方政治事件的理论价值和中国意义,对于当代中国政治建设和发展有很强的现实意义。

本章调研和编写主持人:复旦大学国际关系与公共事务学院林尚立教授
参与调研和编写人员:复旦大学国际关系与公共事务学院黄杰(第一部分;第二部分中的第一、三和四小节)、孙培军(第二部分中的第二、五小节)、林尚立(第三、四部分)

第四章　中国基层政治与治理

在《国家哲学社会科学研究"十一五"(2006—2010 年)规划》的引导下,过去的五年,中国基层政治与治理的研究取得了丰硕的研究成果,全国出版了大量的城乡基层政治与治理领域的学术著作,相关研究论文更是占据了中国政治学研究成果的较大领域,基层政治与治理方面的研究也成为诸多学者关注的重点领域。在我国深化改革科学发展的背景下,大量政治问题和政治现象首先表现在基层社会,而最终问题的解决也要依靠基层治理状况的改善。因此,基层政治与治理问题研究具有相当重要的价值。它不仅能够为党和国家构建社会主义政治文明,还能为社会和谐提供有力的知识资源支撑,更能依据从中国政治经验和政治现象中总结提炼的理论观点,丰富和发展中国政治学的基本理论,推动政治学的本土化建设。系统地梳理和评析这一时期的重要研究成果,不仅有助于我们全面认识"十一五"规划期间中国基层政治与治理研究的总体进展与面临的基本问题,找出薄弱环节,并在进一步的研究中予以克服,而且也将有助于更好地推动我们在既有的研究成果上进行更深入的探讨与发现,进而根据我国基层政治和治理实践的发展,提出"十二五"期间中国基层政治和治理研究的发展趋势和重点研究领域,为引导政治学的相关研究提供依据。

一、"十一五"期间中国基层政治与治理研究的总体进展

基层是在国家与社会建设和发展中处于基础性地位的区域。目前由于研究目的的差异,不同的学者对于基层的外延和内涵的理解不尽相同,但是从可操作化的层面来看,普遍的观点认为,基层在地域外延和等级层次上是指城市社区和农村村庄。这个区域是国家与社会的"交接区",国家通过这个"交接区"来达到有效组织和管理社会的目的,这一过程中涉及的问题也就属于基层政治的范畴。进入 21 世纪,面对日益复杂的国际环境,中国经济依然迅猛发展,社会主义政治民主建设趋势日益增强。面对乐观的发展前景,一些学者敏锐地发现了隐藏在发展背后的各种矛盾与问题,特别是对基层政治与治理方面的研究成了他们关注的重点,学术界对此进行了比较广泛的研究,产生了一批学术研究成果。

(一)农村基层民主与治理实践及政策性研究

基层民主与治理是个很广阔的研究领域。2006—2010 年这五年间,国内学者

对这一课题从基层民主与治理的体制结构方面收获了颇丰的研究成果。

1. 关于村民自治的总体状况及其发展趋势的研究

经过二十多年的发展，当前我国村民自治发展的现状如何，取得了哪些成就，又有哪些不足？学者对此存在着不同的观点。如有学者认为，当前，我国村民自治存在如下发展趋势：一是在工作重心上从建章立制走向权利保障，二是在自治形式上由选举式民主转变为选举式民主与常规性民主相结合，三是在自治主体上从封闭走向开放，四是在动力机制上从政府推进到群众主导。村民自治由形式民主走向实质民主，民主政治正在内化为农民的心理结构和生活习惯。①

有学者运用现代国家建构理论分析了农村村民自治产生的历史逻辑、现实困境及其未来走向，在农村民主发展近三十年后，为中国农村村民自治进行了历史定位，并从学理上阐释了作为中国现代国家建构中一种规划性变迁产物的村民自治的发展路径问题。有学者指出，村民自治作为一种历史过程，其发生与发展应置于特定的历史背景下加以考察。仅仅依靠自上而下的外部性力量，是无法构建一个以农民为主体的乡村治理体系的。继"政权下乡"和"政党下乡"之后，以农民群众为主体的村民自治的"登场"成为历史的必然。公社体制废除后的村民自治制度，其实质是党支持农民当家做主，在农民的主动参与中确立其主体地位，并将分散的农民吸纳到国家体制中来，以此建立农民对国家的政治认同，达到国家治理与村民自我管理的协调，从而推进中国社会主义民主政治的发展。制度—示范—创新是村民自治进程的基本运行逻辑，既保证了国家的统一性，又充分尊重社会的自主性和创造性。从现代国家构建的角度看，中国的乡村治理体制也需要相应的转型，对各种权力资源和治理机制加以整合，实行国家治理与乡村自治的共同治理，并在这一过程中推进村民自治的发展。② 有学者对中国农村村民自治的发展现状和存在的问题进行了综合性的考察，认为当前我国的村民自治已经全面进入民主巩固的时代，表现为制度构建的程序完善和能力增长，如民主选举机制稳步确立，民主决策机制得到加强，民主管理机制广泛应用，民主监督机制发挥作用。在村民自治中的民主文化构建方面，表现为民主参与度和民主效能感方面得到提高。在村民自治的权利保障和社区支持方面，乡镇政府对村民自治的权利保障有所增长，村民自治的社区支持正在形成。③ 有学者运用1986—2002年期间48个村庄的调查数据，研究了农村基层选举对村委会的可问责性、地方财政以及国家税收的影响，发现民主选举增加了村庄预算中公共支出的比例，减少了行政支出以及上交给乡镇政府的份额。这说明选举强化了村委会的问责，但削弱了地方财政能力，因此可能损害

---

① 徐增阳、杨翠萍：《村民自治的发展趋势》，《政治学研究》，2006年第2期。

② 徐勇：《现代国家的建构与村民自治的成长——对中国村民自治发生与发展的一种阐释》，《学习与探索》，2006年第6期。

③ 刘义强：《民主巩固视角下的村民自治——基于"中国农村村民自治现状抽样调查"的分析》，《东南学术》，2007年第4期。

超出村庄范围的公共品供应。在控制农村税改之后,选举对人均税收没有显著影响,因此,选举没有减弱国家对基层社会的控制。① 而有学者则认为,我国的村民自治制度面临一系列挑战,村民自治制度的空间越来越小,村民自治有自治形式而无自治内容,有沦为空壳化的趋势。主要表现为:一是村民自治形式日益完善但内容日益空虚化,二是村民自治的成果逐年弱化。他认为造成空壳化的原因主要有四点:一是村委会组织的准行政化角色,二是现行《村民委员会组织法》立法缺陷,三是村委会职能与村民自治功能的有限性,四是农民流动等因素导致的乡村社会发展的空心化。②

有学者通过调查指出,我国村民自治中出现了政治冷漠现象,如在村民对村民自治的态度上,认为民主选举不重要,村委会直选作用不突出,对投票敷衍了事等。其原因则是,当前在我国农村,大部分地区的村民收入较低,在一些偏远地区温饱问题尚未解决,村民没有更多的时间和精力顾及政治生活。加之我国的村民自治和民主选举才实行十多年,在一些具体制度上还不够健全和完善,大都缺乏有效的形式、途径以及可操作的稳定保障措施。③ 有学者则认为,目前我国村民的民主素质不高,主人翁意识不强;村民委员会履行职责不力,自治能力不强;村委会和村党支部关系紧张,自治权与领导权冲突加大;乡镇政府的行政权与村民的自治权冲突等,都在一定程度上影响甚至异化了村民自治。其提出的对策是积极培育公民意识,大力发展农村经济,切实转变政府职能,努力完善法规体系。④ 一些学者通过对全国农村抽样调查数据的分析,认为地区性差异对于村民自治的总体影响无显著差异,但东部农村治理的民主程度略强些,更倾向于"海选"、财务公开,不过村支部书记在其中多数村掌控财权。在经济发展程度较高的村,民主治理的程度较高,这在一定程度上印证了经济发展与民主发展的正相关理论。有学者运用统计方法进行综合数据比较和分析,结合实地调查资料,对村民委员会选举中的参选率问题进行了探讨,认为村民委员会选举的选民参选率,存在较明显的区域差别,但是这样的区域差别在县乡人大代表选举中同样存在,并不是村民委员会选举所独有的特征。⑤

"十一五"期间,《中国基层民主政治建设发展报告》是中国基层民主政治建设的重要作品。这一报告重点介绍了 2000—2005 年中国基层民主政治建设在党内民主、村民自治、居民自治与城市社区建设、基层人大代表选举、县乡两级国家机关领导人员选举、行政改革、公共政策的民主化和科学化以及基层工会、妇女组织选

159

---

① 王淑娜、姚洋:《基层民主和村庄治理——来自 8 省 48 村的证据》,《北京大学学报》(哲学社会科学版),2007 年第 2 期。

② 陈蔚:《村民自治的空壳化根源分析和思路探讨》,《云南行政学院学报》,2007 年第 2 期。

③ 赵亚泰:《村民自治中的政治冷漠现象分析》,《理论探索》,2007 年第 1 期。

④ 欧阳雪梅:《当前村民自治中存在的问题及对策研究》,《新视野》,2007 年第 4 期。

⑤ 肖唐镖、石海燕:《中国农村村民自治运行的区域特征与经济背景——基于一项全国性调查资料的综合分析》,《华中师范大学学报》(人文社会科学版),2007 年第 6 期。

举等方面的重大发展,并就基层民主政治建设发展的原则、目标、路径等阐明了作者的观点,提出了发展中国基层民主政治的建设性意见。①

2. 关于基层民主实践中的民主机制及其制度环境研究

首先,关于民主选举及其创新。从"十一五"期间的研究来看,对农村基层民主的政策研究主要涉及制度环境、制度内容、制度价值上的问题。有学者指出,从制度环境及设计来看,村民自治权和基层政府的行政权存在冲突,使村民自治组织在实践中往往成为政府的"一条腿",以至于出现"上面千条线,下面一根针"的现象。② 有学者认为,从村民自治的内容来看,存在失衡的问题,在民主选举、民主决策、民主管理、民主监督四项内容中民主选举单方突进,而其他三个则比较落后。③ 但是即使发展成绩比较突出的民主选举也存在诸多问题,有学者列举指出:第一,选举成为村庄内各种政治社会力量的竞争焦点,但候选人的选举动机则偏向于个人和小集团获利,增加了"贿选"和不正当竞争的可能;第二,选举方式不规范,一些地方的问题还相当严重;第三,选举后的村庄治理中呈现出"村委会少数人自治"局面,村民没有更多有效的途径参与村务决策和监督村干部行为;第四,竞选还不普遍。④ 有学者则从村民自治的价值着眼,认为目前的村民自治只是体现出了工具性价值,并未释放出实体价值,村民自治"最终表现为一种自上而下的授权式的'草根自治'"……"无不被打上国家权力的烙印"。⑤ 另外,有的学者还特别指出,随着农村税费的取消,村民自治的"离农化"和"行政化"趋向将更加突出。⑥

那么,如何促进村民自治的完善? 一是要优化村民自治的制度环境,使其摆脱行政权的控制。有的学者就提出应该加强和改进村党组织的领导,推进党组织领导方式由直接管理向组织引导村民依法自治转变。"改变村级组织的从属地位,着重强化村服务和自治功能,并且使村庄不再承担各级政府下派的、未列入法律规定的协助范围的行政事务。"二是要继续加强"四个民主"建设。有学者认为在选举中应该推行党支部"两推一选"和村委会"直接选举",并且要深化村务和政务公开,加强群众的监督。⑦ 一些学者还建议可以把民主协商注入到基层直选和治理进程中,来弥补选举民主的不足。⑧ 三是推广各地有关村民自治的成功经验。有学者通过对广西合寨村的调查,介绍了当地探索的村民自治的好方法,例如通过"小票

---

① 史卫民、潘小娟、白钢:《中国基层民主政治建设发展报告》,中国社会科学出版社,2008 年。
② 课题组:《新型农村集体经济与基层治理关系研究》,《农村经济》,2009 年第 9 期。
③ 李文政:《当前中国乡村治理的困境与策略探究》,《中国农学通报》,2009 年第 25 期。
④ 崔美花:《浅析当前村民自治存在的问题及对策》,《中国经贸导刊》,2009 年第 15 期。
⑤ 钟海:《乡村治理改革与村民自治完善》,《农村经济》,2009 年第 7 期。
⑥ 许远旺、卢璐:《村治转型与社区重建》,《中州学刊》,2010 年第 1 期。
⑦ 刘春雷:《推进农村基层民主政治建设的思考》,《山东社会科学》,2009 年第 9 期。
⑧ 程又中、张勇:《城乡基层治理:使之走出困境的政府责任》,《社会主义研究》,2009 年第 4 期。

箱"、"小人大"、"小宪法"、"小纪委"来保障村民的四项民主权利。①

其次,关于平衡"一对矛盾"。沿着基层政治这条主线有两个端点,即国家和社会。对于国家来说,基层政治就是一种自上而下的制度供给,它的指向是国家—社会;对于社会来说,则是一种自下而上的利益诉求,它的指向是社会—国家。那么,在基层治理中,国家与社会究竟孰轻孰重? 传统的中国基层治理一直都呈现出强国家—弱社会的模式。随着社会主义市场经济的发展和公民社会的成长,这种模式的弊端日渐突出,亟待改变。有的学者认为当前真正适应中国基层治理的最佳的国家—社会关系模式应该是强国家—强社会的模式,这就要求政府应该从市场和社会的某些领域退出,而在公共服务领域加强。② 与此观点相近,有学者根据地方治理理论,提出政府与社会二者的力量必须保持相对的和动态的平衡。他认为当前政府在基层治理中应该坚持的三个导向:一是分权导向——从一元化到多元化;二是服务导向——从统治行政走向服务行政;三是"善治"导向——确立国家与社会的共赢思维。③ 有学者则把这种模式称为"互强型"国家与乡村社会模式,认为这种模式"从国家和乡镇政府的角度来看,就是要转变基层政府职能,增强基层服务与乡村社会的公共服务能力;从乡村社会的角度来说,就是要构建起乡村社会的自主性"④。

再次,关于理顺"两种关系"。乡村关系和"两委"关系是乡村治理中比较棘手的问题。乡村关系是指乡镇政府和村委会之间的关系,二者之间的互动其实就是行政权与自治权之间的博弈。根据学者的观点,这种博弈的结果往往会出现两种倾向:一是乡镇为推行政务而强化对村一级的行政渗透,导致村级组织"附属行政化";二是以村委会为代表的村民自治权过分膨胀,乡镇正当的行政管理难以有效实施,导致"过度自治化"。⑤ 关于这一问题产生的原因,有学者认为有关法律规范对乡村关系的规制存在着语义模糊,导致了制度供给不足和制度空隙过大。例如,"政务"与"村务"、"领导"和"指导"、"核心"与"中心"这些相近但本质又不同的词语容易混淆。⑥ 另外,在新形势下,有学者指出零税费改革对我国的乡村关系也有很大影响。⑦ 农业税取消后,乡镇政府和农村自身都失去了主要财政来源,在这种情况下就会寄希望于上级的供给,由此势必导致对上一级的依附性增强,乡村关系也就进一步行政化。面对乡村关系的困境,有学者提出了三个建议:一是规范乡镇政府指导职能,力避"村级行政化";二是强化村委会协助职责,力避"过度自治化";三

---

① 黎莲芬:《我国村民自治的发展历程、经验与展望——以广西合寨村为例》,《社会主义新农村建设理论月刊》,2010 年第 2 期。

② 程又中、张勇:《城乡基层治理:使之走出困境的政府责任》,《社会主义研究》,2009 年第 4 期。

③ 郭伟:《地方治理理论视野下的新农村建设》,《学术研究》,2009 年第 11 期。

④ 戴桂斌:《"互强型"国家与乡村社会的建构》,《社会主义研究》,2010 年第 1 期。

⑤ 卢福营:《村民自治发展面临的矛盾与问题》,《天津社会科学》,2009 年第 6 期。

⑥ 吴忠权:《乡村关系规制语义模糊对乡村民主建设影响》,《理论改革》,2009 年第 5 期。

⑦ 赵晖:《零农业税后乡村关系均衡发展的路径分析》,《理论导刊》,2009 年第 11 期。

是完善法律制度操作细则，力避"过度原则化"。①

两委关系就是指村党支部和村委会的关系，它在深层次体现的是党的领导与村民自治之间的矛盾。在实践中，两委关系不协调是相当普遍的问题，对此有学者认为主要有三种表现类型：一是村党组织越俎代庖型，二是村委会大权独揽型，三是村两委会分庭抗礼型。② 一些学者利用一组抽样调查数据，分析了中国农村"两委"的权力分配格局，并且得出结论：中国农村"两委"的权力分配格局是乡镇党委和政府、普通村民以及村"两委"本身多方力量相互作用的结果，而导致这种状况的原因在于目前基层治理结构中存在的"压力型体制"。③ 对于如何破解这一难题，各地也探索出了一些行之有效的方法。"一肩挑"的村级权力结构就是其中一种，也就是由党支部书记兼任村民委员会主任。有学者认为这种方法既有利于消除两委矛盾，也有利于将直选机制引入党内，实行"两推一选"。④ 但是有的学者却认为"一肩挑"的制度改革只是在表面上缓解了"两委"矛盾，"要从根本上消除该矛盾产生的制度性根源，就必须从行政体系中的管理及考核制度入手，并在乡镇乃至更高级别的政府中引入有效的民主测评和监督机制，使政府政策真正做到与群众利益接轨"。⑤

又次，关于明确"多元主体"。基层治理的主体应该是谁？围绕这一问题，学者们多有争论，但是越来越多的观点都集中于主体的多样化。当前的中国社会正从"统治行政"朝着"治理行政"的方向发展，这不仅是用语上的变化，它更代表着主体的变化。政府显然是统治行政的主体，但是治理的主体则不仅限于政府。一些学者认为："治理是由共同的目标所支持的，既包括政府机制，同时也包含非正式、非政府的机制"。"合作治理模式"应该是当前基层治理的最佳选择，通过这种模式来实现政府与民间、公共部门与私人部门之间的合作与互动。⑥ 在这种治理模式下，政府、公民自组织、乡村精英、普通公民等等都可以是基层治理的主体。

第一，政府是首要主体，而且是必不可少的主体。"政府的权力是一定需要的，但绝不是管制型的权力；政府的组织化也是必需的，但绝不是军事化的组织。"⑦政府要通过其强制力和权威总体上掌控乡村治理的大方向，并且依靠所掌握的特有资源为乡村治理提供支持。第二，公民自组织的出现是破解当前基层治理效率低

---

① 周学文：《实现乡政和村治衔接互动的思考》，《领导科学》，2010 年第 1 期（上）。

② 张长立：《村民自治过程中村党组织与村委会关系的冲突与协调》，《江苏社会科学》，2009 年第 6 期。

③ 刘明兴、孙昕、徐志刚、陶然：《村民自治背景下的"两委"分工问题分析》，《中国农村观察》，2009 年第 5 期。

④ 张艳丽：《中国农村基层民主的发展历程与出路》，《湖北社会科学》，2009 年第 10 期。

⑤ 刘明兴、孙昕、徐志刚、陶然：《村民自治背景下的"两委"分工问题分析》，《中国农村观察》，2009 年第 5 期。

⑥ 陈琪、钟黎川：《乡村治理中的多元合作创新》，《经济导刊》，2009 年第 11 期。

⑦ 唐绍洪、刘屹：《"多元主体治理"的科学发展路径与我国的乡村治理》，《云南社会科学》，2009 年第 6 期。

下的必然选择。有学者论述认为，一是要大力支持和积极发展农村新型合作经济组织；二是要鼓励和引导发展农村各种新型服务组织，特别是农产品行业协会；三是积极稳妥地探索发展农民协会的路子，为农民的利益表达提供渠道。① 第三，乡村精英也是乡村治理的主体。一些学者认为，在当前的乡村治理中应该"培植一个强有力又富有公共理性的精英阶层，构架起精英与普通村民、体制内精英与体制外精英、国家与精英之间的平衡互动关系，并形成有一定界域的社会结构"②。第四，随着社会的发展，公民在各领域扮演着越来越重要的角色，在基层治理中普通公民的力量也是不容忽视的。有的学者就引用了公民治理的理论，断言中国的"村民自治、社区自治应是有中国特色的公民治理"。根据这些学者的观点，目前在基层实行公民治理虽然尚存在着公民社会不成熟、公民文化有待推广、公民意识淡薄、公民能力低下、公民治理制度不健全等障碍，但是仍有现实性和可行性。

最后，有学者从对城乡基层民主发展历史脉络和现实机制的考察入手，探讨了在面临现代国家构建、市场体制扩展和社会阶层利益冲突增加等多重压力下的当代中国，怎样才能实现国家构建、民主扩展和社会和谐的相融共生，从而走出一条中国的现代民主发展道路，实现民主转型与社会和谐的问题。这方面的研究认为，社会和谐的实质是社会各主体权利的平衡和协调，治理导向的强民主是实现主体之间平等协商和沟通，实现治理优化的最优选择，发展民主则促进和谐。学者提出以民主巩固解决既有民主机制中出现的问题、以民主创新突破僵化停滞的制度和规则、以民主治理改善国家与社会治理状况以及以民主共识形成社会和谐的凝聚力四个中层命题，作为以民主构建和谐的基本机制，并结合基层民主发展的实际经验和案例对我国基层民主发展机制和趋势进行了深入分析。研究认为，和谐社会的构建途径是发展民主，基层民主具体机制的研究证明了通过发展民主促进社会和谐是可能的。但是我们也必须深刻理解所要推进的是什么样的民主、以什么现实机制推进民主，这才是民主和谐论的关键。③

(二)国家宏观政策转型下的基层政治与治理研究

1. 政治转型视角下的基层政治和治理研究

政治转型是政治发展的一种状态，是宏观社会发展的一部分。中国的改革始于农村，从包产到户的经济变革引发而来，是农村政治、经济和社会格局的重要裂变。这种结构性变迁塑造了城乡基层人民的生活形态和价值追求。有学者从现代国家建构的角度，分析和解释乡土社会的改造和建设，认为传统乡土社会是自然成长的，而当代乡土社会则是国家建构的。国家建构乡土社会就是根据国家意志将国家制度渗透到乡土社会的过程，由此形成"制度下乡"。国家建构、乡土社会和制

① 戴桂斌：《"互强型"国家与乡村社会的构建》，《社会主义研究》，2010年第1期。
② 唐绍洪、刘屹：《"多元主体治理"的科学发展路径与我国的乡村治理》，《云南社会科学》，2009年第6期。
③ 刘义强：《民主和谐论：现代国家建构中的基层民主与社会和谐》，西北大学出版社，2008年。

度建构形成当今中国乡土社会变动的内在逻辑。同时，学者运用现代国家建构理论和方法，对当代中国的"三农问题"、土地问题、村民自治、乡村治理与新农村建设进行了分析，提出了相关创新观点。① 有学者超越农民政治行为经典模式，提出中国的实践产生了独特的中国经验，要求突破原有的分析模式。如果说是市民改变了西方，在当代，则是农民改变了中国。农民作为社会被改造者，为改变自己的生活和命运，以其一系列的自主行为，不断突破政策和体制障碍，并创造出新的替代性体制模式，从而表现出伟大的作为和历史首创精神。这一行为模式是对"压迫反抗"的农民政治行为经典模式的超越，也是"底层社会与抗争性政治"的分析框架难以解释的。农民改变中国这一实践需要寻求新的解释模式，这就是"基层社会与创造性政治"的分析框架。"基层社会"由社会分工和社会分层而产生，"创造性政治"强调政治行为对制度变迁的作用，是上层与基层的互构性政治。②

此外，一些学者以中国社会转型与现代化为考察背景，以农村典型个案为实证分析对象，对苏南农村基层社区的经济、政治与文化，特别是对其当前的治理模式所存在的问题与局限，以及这一治理模式的未来改革创新作了考察和分析。学者指出，当下农村中广为推行的"基层民主"与"村民选举"既不是通向基层社区自治的最好道路，也与现行的权威主义治理模式相冲突；取而代之的应是逐步建立一种以多元化和平面互动为基础的，能与当下权威主义治理模式相衔接的"乡土精英治理模式"。③ 有学者采用政治社会学的"结构—制度"分析法，以政治社会学和法律社会学视角，讨论中国乡村社会的权力分布、角色性质及其与国家政治的关系，并用此解释乡村冲突的结构来源和政治后果：一方面，基层权威道德的、管辖的合法性下降，以其为中心的社会整合变得越来越困难；另一方面，其离间社会和国家之联系的作用越来越明显。该项研究使用一手材料指出，在体制变革背景下，社会建制继续将更多的权力分配给基层政权，又允许基层权威与社会利益分离。基层政权与社会力量处于严重的不平衡，造成目前基层政权不断"产生"出不稳定。作者批判了让地方权威进入国家整体这种自上而下的整合方式。20世纪上半叶的"国家政权建设"只是把一部分地方精英整合到体制内，而基层非体制内精英和地方权威的离去使基层社会的组织化程度更低了。具备官方身份的村干部权力扩大，可利用的资源增加，但是它源于社会共同体的合法性承认部分却越来越弱。研究者认为，这个问题的突破口为"新政权的再造以组织农民、建立新权威的关系"，"假定基层政权和农民利益是一致的，应当由他们的政权为其做主"。基层权威权力的来源由官方行政系统授权转为基层社会授权，民主选举是授权关系的转变。④ 有学

---

① 徐勇：《现代国家、乡土社会与制度建构》，中国物资出版社，2009年。

② 徐勇：《农民改变中国：基层社会与创造性政治——对农民政治行为经典模式的超越》，《学术月刊》，2009年第5期。

③ 张铭、王迅：《基层治理模式转型：杨村个案研究》，社会科学文献出版社，2008年。

④ 张静：《基层政权：乡村制度诸问题（增订本）》，上海人民出版社，2007年。

者提出，全能主义机械式的社会管理体制在改革开放后没有成功地转向国家、社会、市场有机团结的管理制度。单位制的解体在缓解国家财政压力、减轻政府管理责任的同时，却把部分改革成本与很多附带性社会问题抛向了不成熟的市场和社会。当现实问题大大超出既有基层社会管理制度的承载能力时，社会就必然呈现出无序的躁动状态。[①]有学者从"政治空间"的视角出发考量转型农村的政治形态，揭示农村政治结构及其变迁规律。研究者考察了政治空间在市场经济转轨进程中成长发育的因素，十分关注转型背景下的农村政治发展的基础、动力、路径与方向，从而构建一种同渐进转型相适应的农村政治发展模式。研究者揭示了转型农村政治空间的分化和整合，并提出转型农村的政治空间主要表现为两种形式：以国家权力主导的"村落共同体空间"和以村民权力网络为主导的"农村社群空间"。[②]有学者以对中部和东部不同地区农村选举的深度个案报告为基础，对中国乡村治理问题进行全景式描述、多视角解读、立体性研究和类型比较。[③]

此外，政治转型中的国家整合问题得到学者的关注。一些学者用现代国家建构理论分析和研究乡村治理问题，认为当下的乡村治理问题是在现代化的背景下发生的，现代国家是现代化的产物。现代国家具有内部性的面向，即在中央权威下主权国家各个部分成为一个有机的整体。从现代国家建构的内部性看，它至少包括两个方面的一体化进程：一是将政治权力从散落于乡里村落集中到国家，纵向集权，形成统一的国家"主权"；二是从统一的权力中心发散，纵向渗透，使政治权力的影响范围在地理空间和人群上不断扩大，覆盖整个领土的人口，渗透到广泛的社会领域，特别是分散的乡里村落。[④]关于现代国家向乡土社会渗透的行政机制，有学者指出，在20世纪的中国，特别是在中国共产党的领导下，这种行政体制向乡土社会渗透主要包括：依托于战争期间形成的强大政治动员，各种自上而下的政治任务全面介入到农民的日常生活之中，经济带有半军事化特点的命令式体制。其结果是将自然的分散的乡土社会变为一个行政的有组织的农村社会。[⑤]对于政党对乡土社会的整合作用，有学者认为：乡土社会之所以被整合为一个高度组织化的政治社会，得益于政党向乡村的延伸和渗透。正是在"政党下乡"的过程中，分散的农民组织起来，成为政党组织网络中的成员；无政治的农民具有了政治意识，被动员到了党的目标之下。由此，将一个传统的乡绅社会，改造成为一个现代政党领导和组织下的政治社会。对于现代中国建构中的乡村治理来说，政党整合发挥着政权整

---

① 王巍：《社区治理结构变迁中的国家与社会》，中国社会科学出版社，2009年。

② 吴新叶：《转型农村的政治空间研究》，中央编译出版社，2008年。

③ 唐晓腾：《基层民主选举与农村社会重构：转型期中国乡村治理的实证研究》，社会科学文献出版社，2007年。

④ 徐勇、项继权：《现代国家建构中的乡村治理》，《华中师范大学学报》（人文社会科学版），2007年第5期。

⑤ 徐勇：《"行政下乡"：动员、任务与命令——现代国家向乡土社会渗透的行政机制》，《华中师范大学学报》，2007年第5期。

合所不能够发挥的作用。党组织成为乡村治理的权力主体,它是传统乡村社会精英治理体制的现代替代物。①

2. 城乡二元结构对基层政治与治理的影响分析

城乡二元化的管理格局是制约我国城乡协调发展的根本因素,多年来备受人们诟病,打破这种格局统筹城乡发展已经成为学术界的共识。要实现城乡一体化,扫除制度障碍是关键。城乡分割的二元化管理制度是一个大体系,它以二元户籍制度为核心,包括二元就业制度、二元福利保障制度、二元教育制度、二元公共事业投入制度等一系列制度。对此,有学者给出了比较具体的建议:第一,在户籍管理方面废除二元户籍制度,实行城乡一致的户口登记制度和居民身份证制度。第二,在教育就业制度方面要推进教育体制改革,实现教育公平,建立合理的人才选拔和就业制度。第三,在社会保障方面,国家应该着眼于全体公民城乡统筹兼顾,公平一致地建立社会保障制度。第四,在公共基础设施建设和公共物品供给方面,政府要加大对农村的扶持力度,加强对落后地区的扶贫攻坚力度。②

3. 城乡社区治理研究

社区治理包括"城市社区治理"和"乡村社区治理"(一般简称为"乡村治理"),"乡村治理"方面的相关研究开展较早,研究成果也较为丰富,对"城市社区治理"的研究在近期也得到不断的发展。"十一五"期间,学者在中国农村治理研究方面作出了新的、有益的探索,提出了一些新的概念。有学者强调指出,在时代的变革中,要进行乡村治理与社区治理的创新与转型,以促使其治理的现代化,作者进行了实地调查研究,描述了诸多案例,指出了域外美国、法国的地方治理模式对中国的借鉴意义。有学者在对中国乡域治理结构进行历史考察的基础上,分析了转型时期乡域自治因素的增长情况,进而描述了中国未来乡域治理结构的理想样本。有学者以社区建设中地方政府治道变革导致居民参与的变化为中心议题,以制度分析方法为工具,探讨特定的制度安排下,地方政府的分权行动及其对社区的创新行为予以追认,导致了政府和社区关系的重大变化,激发了广大居民的参与热情。社区建设中的居民参与在政治层面和社区公共管理层面都有突出的表现,这为地方政府的善治目标追求起到了重要的作用,同时也最大限度地满足了居民需求。据此指出,地方政府治道变革与居民参与具有正相关性,地方政府与居民的互动合作是提高治理绩效的有效途径。有学者以浙江农村的经验为依据,运用政治社会学的方法研究乡村治理中的博弈问题,分析乡村治理运作过程中各种冲突与协调的状况及其社会基础和政治社会后果,以此把握各类博弈与乡村治理的关联性,并为改善乡村治理、促进农村社会和谐发展提供公共政策性设想。③ 另一方面,有学者强调,在社区治理过程中应该充分发挥各种非政府组织的功能,认为它们承接了"小

---

① 徐勇:《"政党下乡":现代国家对乡土的整合》,《学术月刊》,2007 年第 8 期。
② 丁祥艳:《社会主义新农村视域中的乡村治理优化研究》,《求实》,2009 年第 7 期。
③ 卢福营:《冲突与协调——乡村治理中的博弈》,上海交通大学出版社,2006 年。

政府、大社会"功能,起着一种对政府决策以及决议的贯彻执行的监督职能,指出非政府组织将在社区治理中扮演越来越突出的角色。有学者围绕政党与社会、城市社会发展以及民间组织与社区三方面问题,重点就社会利益关系调整与党建新格局的构建、党建新领域的开拓与执政能力的提升、影响社会稳定长期积累问题的对策、和谐社会的利益关系协调、加强培育和发展非政府组织的对策、政府与民间组织在社区治理中的和谐运作、社区治理框架中的居民参与等进行了较深入的理论阐述与实证分析。① 有学者指出,农村非政府公共组织走上基层公共管理的前台,它既是我国政治体制改革的产物,也是公共管理社会化的必然结果。作为自治性公共空间的治理主体,农村非政府公共组织的结构形式和运作过程体现了草根政治的发展趋势和价值趋向,其中如何保持国家与农民之间的制度平衡是基层政治发展的前提。在探讨农村非政府公共组织的历史发展和基层治理的公共空间机制前提下,认为国家主导和村民自主的有机统一才是当代农村基层政治发展的现实出路,也是提高农村治理绩效的有力保证。②

构建新型农村社区是统筹城乡发展的一个新尝试。它自出现以来受到学术界的极大关注,有学者认为"构建城乡一体的社区制度,将是我国农村基层组织与管理体制的第三次重大变革"③。根据学者的观点,新型农村社区建设的核心内容是服务,包括政府的公共服务、农村社区的自我服务、市场的有偿服务和社会组织的志愿服务。其目标是通过公共财政的支持,激发农民的服务意识和公益精神,培养农村社区的自治能力,通过农村社区内部的自助和互助实现农村社区的自我管理、自我教育和自我服务,满足农村社区居民最基本的服务要求。④ 这一制度遵循的设计理念和逻辑,一些学者总结为三点:一是从管治到服务,促进农民公民权的增长及社会成员的平等权利;二是从城乡分割走向城乡一体,实现社会融合和治理转型;三是体现国家整合与乡村社区自我整合的有机衔接与良性互动。⑤ 有学者认为,从治理理论出发,分析社会变迁形势下城市基层治理与城市社区构建的内在关系,以及不同基层治理模式所对应的实现途径和社会基础。这些学者认为,中国城市基层治理的基本任务之一在于解决基层治理的政治有效性,构建具备自治能力的现代城市社区。当前的居委会直接选举是一个有益的尝试,通过由政府主导的选举对社区自治组织进行赋权,实现社区权力的过渡和构建,可以较快和较有效地构建以居委会为核心的集中型的基层民主治理网络,减少国家治理与私人治理之

167

---

① 顾建键等编著:《转型中的社会治理:和谐社会构建与城市社会发展研究》,上海交通大学出版社,2006年。

② 吴新叶:《农村基层非政府公共组织研究》,北京大学出版社,2006年。

③ 项继权:《农村基层治理再次走到变革关口》,《人民论坛》,2009年第3期。

④ 董江爱:《公共政策、政治参与和政治发展——中国农村基层民主的发展逻辑》,《经济社会体制比较》,2009年第5期。

⑤ 许远旺、卢璐:《村治转型与社区重建》,《中州学刊》,2010年第1期。

间的缝隙。①

有学者认为,确立和调整城市治理的空间策略是现代国家的重要任务。改革开放前中国的单位体制,使国家能够依靠单位实现"单元分隔"式的治理模式。改革开放以来,这种整齐划一的空间战略无法适应新的社会变迁。在城市社区管理体制改革中,出现了三种不同的国家空间战略,即"政党国家"、"行政国家"和"社会化国家"模式。当前城市社区改革的困难和复杂性体现了以上三种空间战略的对立和冲突。② 有学者认为:应对经济转型和高度发展后的城市社会治理,保持地方政治的稳定,提高地方行政的能力,提供祥和的地方生活秩序,进而促动经济社会的进一步发展,是治理的基本重要命题。社区党建深圳南山模式的典型意义在于党和政府主导、合作共治,实行党员属地化管理,党员和公职人员挂点社区,实现社区党建全覆盖,构建党员责任机制等。③ 有学者通过研究北京城市政府基层管理体制改革指出,街道应与区政府及其各专业管理部门的管理职能、权限进行划分,街道内部各机构管理职能要进行科学界定及整合,街道应向上与区政府相关专业管理部门进行职能衔接,向下到社区居委会、居民、住区单位、承担公共服务的企业和中介组织以及社团组织、志愿者组织进行职能延伸,从而理顺街道与上级政府专业管理部门的关系,理清并整合街道内部各科室的职能,以便为实现社会治理之道搭建制度性平台,为充分发挥社区自治组织及其他社会组织的功能拓展更大的治理空间。④

4. 新农村建设中的基层民主与治理

党的十六届五中全会提出建设"生产发展、生活宽裕、乡风文明、村容整洁、管理民主"的社会主义新农村的重大历史任务。随着经济的发展,农村基层群众的民主诉求越来越高,因而基层民主与治理是新农村建设成败的关键。有学者从新农村建设模式的演变和新农村建设所涉及的农民的权利问题出发,分别考察了村民自治、农民土地权利、农村社会保障制度、农村的文化建设和基层党组织建设等问题,指出新农村建设要求政府转变管理模式,切实维护农民的民主权利。健全党组织领导的村民自治机制,进一步完善村务公开和民主议事制度,让农民群众真正享有知情权、参与权、管理权、监督权。⑤ 一些学者认为:取消农业税后,农村基层政权普遍陷入财政困境,新形势下农村基层治理结构面临重新调整的压力。过去关于基层治理结构改革的观点大多没有认识到乡村建设的一体性,忽略了农村基层治理体制在城乡一体化发展中的重要作用。由于县、乡、村的资源和优势有所不

① 敬乂嘉、刘春荣:《居委会直选与城市基层治理》,《复旦学报》(社会科学版),2007 年第 1 期。
② 彭勃:《国家权力与城市空间:当代中国城市基层社会治理变革》,《社会科学》,2006 年第 9 期。
③ 唐娟:《经济转型后的城市基层政治社会秩序重构》,《马克思主义与现实》,2007 年第 6 期。
④ 尹志刚:《从中国大城市基层政府管理体制改革看城市管理及社会治理》,《北京行政学院学报》,2006 年第 5 期。
⑤ 周志雄:《新农村建设的模式与路径研究》,浙江大学出版社,2008 年。

同,在县域经济发展中存在较强的互补效应,应从发展县域经济的角度来调整目前的农村治理结构。新的治理模式应该是"强县政、精乡镇、村合作",在县域经济一体的思路下,利用三者之间的经济协同作用,发挥落后农村的后发优势,推动农村经济和社会的发展。[①] 一些学者认为,我国免征农业税后,乡镇政府的运行、村级组织的运行、乡镇农村公共服务机构(以原来的"七站八所"为主)、农村教育、卫生、基础设施等主要公共服务的提供都将发生深刻变化。免征农业税后,从财政的角度看,财政制度向着城乡统一税制与公共财政方向演进。而公共财政制度建立的前提是政府间事权的划分。财权与事权的共同调整,将是整个基层政府治理模式的改变。农村税费改革下一个阶段性目标是建立公共财政制度,而在我国建立的公共财政制度有别于西方的公共财政制度:在建设公共财政制度的同时,推进政府治理模式的改革。政府治理模式改革的目标是既要调动基层政府的活力,又要防止上级政府或下级政府滥用权力和机会主义行为。特别是在基层政府的治理过程中,既要形成政府治理的纵向制衡,又要形成政府治理的横向制衡。加强"法治"建设,特别是建立对政府行为的法律约束,是至关重要的。[②]

有学者认为,应该建构"以农民为主体,让农民得实惠"的乡村治理机制。主要包括:一要推进和完善村民自治治理机制,通过运用民主规则和程序的民主实践形式,训练民众,使得民众得到运用民主方式争取和维护自己权益的机会。在新农村建设中,必须进一步推进和完善村民自治机制,让农民群众真正享有知情权、参与权、管理权、监督权,村务大事村民知情,村务决策村民讨论,村务管理村民参与,村务工作村民监督。二是强化以农民为主体的意识和制度安排,调动农民的积极性。建设社会主义新农村,农民既是受益者,更是建设主体。国家整合不仅仅是将更多的资源配置给农村,更重要的是激发农民的主动性和积极性。建设新农村的持久动力和不竭源泉是农民。三是建立以农民为主体基础上的政府引导机制,政府除了在新农村建设中增加投资外,更主要的是引导农民建立民主参与、民主管理的决策机制,全面增强农业和农村发展的活力,解决关系农民切身利益的急迫问题。[③]

(三)城镇化过程中农民权益和农民工研究

随着我国社会经济的发展,城镇化、工业化进程日趋加快,诸多问题也日益凸显,不少学者对出现的各种问题进行了探讨,其中主要包括失地农民权益及身份认同问题、进城农民工的权益保障问题以及农民工第二代问题等等相关研究。

1. 关于失地农民权益及身份认同问题的研究

高度重视和解决失地农民权益保护问题及其身份认同问题,是构建社会主义和谐社会和建设社会主义新农村必须面对的重要课题。城市化进程的快速推进,

169

---

① 郑风田、李明:《新农村建设视角下中国基层县乡村治理结构》,《中国人民大学学报》,2006 年第5 期。

② 武桂梅、王小林:《农村税费改革与基层政府治理的理论探讨》,《农业经济》,2006 年第 7 期。

③ 徐勇:《建构"以农民为主体,让农民得实惠"的乡村治理机制》,《理论学刊》,2007 年第 4 期。

城市规模的扩张,不可避免地造成大量失地农民,而失地农民问题集中表现为失地农民的权益流失。若干学者对这一问题作出了进一步的研究,主张进一步完善土地征用补偿制度、失地农民保障制度,构建新时期的利益表达制度、新型土地产权制度,提高农民的维权意识,转变政府职能等,以便充分维护失地农民的合法权益。有学者指出,失地农民的权益流失会造成失地农民处于社会弱势地位,很容易导致一系列社会问题的发生。失地农民的权益流失实际上暴露出失地农民利益表达制度、农村土地产权制度以及由此产生的土地征用补偿制度、失地农民保障制度等诸多问题。我国应通过构建新时期的利益表达制度、构建新型土地产权制度等措施,保护失地农民的权益。① 有学者指出,农民法律意识淡薄,自我保护能力差;政府职能错位,导致行政行为失偏;征地补偿安置标准低是失地农民权益受损的主要原因。为此,必须完善土地立法、土地征用制度,改进征地补偿工作,拓展就业渠道,建立"土地换保障"的新机制,形成对失地农民权益保护的长效机制。② 有学者从法哲学角度对失地农民权益受损的现状、受损原因进行反思,并指出我国当前应当明确界定土地产权、合理确定土地价格、健全征收程序、发展失地农民社会保障、提高农民素质等措施保护失地农民的合法权益以实现公平正义。③ 有学者从失地农民的身份认同方面进行了探讨,总结了有关失地农民身份认同研究的四大热点问题并作了相关的评述,指出当前研究的局限性与改进方向,即通过政府支持、制度改革、失地农民素质的提高、社会文化的营造来促使失地农民的身份认同与角色的转换。④

2. 关于农民工权益保障问题的研究

农民工是在中国工业化、城市化、现代化进程中形成的一个特殊的社会群体,一种独特的社会现象。随着国家对农民工权益保障问题的重视,农民工权益保护问题的研究开始向纵深方向发展。必须通过改革完善户籍制度、加大政府监管、建立政策支持体系等措施构建农民工权益保护的长效机制,以促进农民工实现市民化的过程。有学者从苏州市农民工的生存现状及其市民化的现实困境着手,指出现行的不合理的政策安排是我国农民工市民化进程推进的最大阻碍,并着眼于政策层面,提出了改革完善户籍、就业、土地、社会保障、教育培训等方面的政策,构建合理的政策支持体系,以推进我国农民工市民化进程的政策建议。⑤ 有学者提出需要从改革户籍制度入手,采用加大政府监管力度、推进工会改革及提高农民素质

---

① 张登国:《构建新时期失地农民权益保护的制度体系》,《农村经济》,2008 年第 5 期。
② 白桂梅、王文昌:《关于失地农民土地权益保护的若干思考》,《中共太原市委党校学报》,2008 年第 5 期。
③ 杨斌、汪洋:《非农建设征地中失地农民权益保护问题分析》,《南方农业》,2008 年第 4 期。
④ 吴爽、秦启文:《城市化进程中失地农民身份认同进展》,《安徽农业科学》,2008 年第 23 期。
⑤ 刘茂源:《我国农民工市民化的政策支持体系研究》,苏州大学硕士学位论文,2008 年。

等措施,以建立农民工劳动权益保护的长效机制。①

3. 对农民工第二代问题的关注

农民工第二代已成为一个相当大的群体,他们融入城市的强烈愿望受到来自现实的各方面的冲击,导致他们出现很多问题,一些甚至被称为"问题青年"。怎样使他们享受到现代社会带来的物质文明成果,健康成长为和谐社会建设的有用人才,成为学界共同关注的问题,一些学者在这方面也进行了研究。如有学者对农民工第二代的存在状况和发展趋势予以分析,进而在农民工第二代可享受同城待遇、城市化中对其吸纳以及新农村发展为其回乡创业开辟新道路等方面提出了可行性对策。② 有学者调查发现,第二代农民工对培训有着更主动的需求,但是在培训需求与市场要求之间,政府的培训模式、企业的学习内容、机构培训的进入门槛等,与他们的培训愿望之间,都存在不同程度脱节,致使培训需求难以得到更大程度的满足。增强第二代农民工培训市场研究,特别是加强优秀进城务工青年的培训,使他们成为现代工业和现代农业中成熟的劳动力资源,成为农民工培训中的新课题。③有学者指出第二代农民工犯罪的主要原因在于个人与其社会结构的解体;而社会化机制缺损和社会参照群体的转换,是第二代农民工犯罪率高于第一代农民工犯罪率的根本原因。④

(四)多元视角下的基层治理研究

1. 从社会资本的角度研究农村治理是一个新的尝试

在中国,政治因素和经济因素仍然是社会发展的最重要的解释变量,同时,对于中国农村治理的理解,社会资本可以作为一种辅助工具。这一工具对于深化农村治理的研究有重要意义,为中国农村治理的非政治因素研究提供一种理论分析框架,对更加全面地观察当前中国农村问题具有创新意义。

有学者围绕社会资本与地方治理展开研究,分别对村委会与乡镇政府的关系、村委会选举制度的实施、经济发展与村级选举的关系、妇女在村级选举中的参与、农民上访对政府信任的影响,农村居民的社会关系网络、信任、社团参与以及社会资本对农村居民政治参与的影响,城市居民的社会交往网络、信任以及社会资本对城市居民政治参与的影响等问题进行了探讨。在研究中,学者对城乡居民的政治参与进行了实证性研究。⑤ 有学者考察了社会资本影响包括村级治理主体、治理结构以及治理过程,系统分析了社会资本在农村治理实践中的作用机制,揭示了社会资本与农村治理之间的关系,并从社会资本角度出发,为促进村级治理走向农村

---

① 袁野:《农民工劳动权益保护的长效机制理论研究》,《安徽大学学报》(哲学社会科学版),2008年第2期。

② 刘乃峰:《浅析和谐社会建设中的农民工第二代问题》,《安徽农业科学》,2008年第9期。

③ 陈微:《需求的跌落——第二代农民工培训需求与培训供给分析》,《当代青年研究》,2008年第12期。

④ 吴鹏森:《"第二代农民工犯罪":概念辨析与解释模型》,《山东警察学院学报》,2008年第4期。

⑤ 胡荣:《社会资本与地方治理》,社会科学文献出版社,2009年。

民主治理与善治提供了对策性意见和建议。通过实证考察,有学者发现四种不同形式的社会资本在农村治理的重要环节上,如村民选举、村治权力分配、村治行为、村治结构、村民日常生活秩序等发挥不同程度的作用,对村级治理几个关键环节产生不同程度的影响。促使消极社会资本向积极社会资本的方向转化,不失为农村走向民主治理和善治的一条途径。①

2. 税收财政以及农村经济视角的基层治理研究

20世纪的"三农"问题,是因为农村市场份额极小或根本不具备现代市场特征,加上国家在农村资源配置上的主导作用没有得到全面充分的发挥而造成的。"三农"问题凸显于农民与基层政府的冲突,国家财税政策的变迁以及农村经济发展方式的转型对基层民主与治理的重要性不言而喻。有学者对此展开研究,从纵横两个维度展开研究:纵向上,通过考察新中国成立后农村集市贸易发展的曲折历程,透视国家政治权力与集市兴衰的关系,探讨国家权力如何借助集市空间渗入乡村社会;横向上,以三中全会后农村集市贸易的恢复和发展为背景,从市场规则、主体、空间三个层面展示集市活动和市场社区运行现状,描述多元主体的参与、利益的分割和空间的互动,以呈现"国家在场"背景下经济社会的自我整合与秩序构建趋势。由此得出结论认为,国家权力和社会权力共同建构和改造着集市,集市的参与主体也以自己的方式建构着国家与集市。② 有学者以中国农村改革发源地——小岗村的政治经济变迁史及社会经济史资料为基础,结合当地人的口述史材料以及实地田野调查资料,对小岗村五十多年来的政治经济及社会变迁过程进行回溯和反思。在农村土地改革运动、合作化运动、"大跃进"及人民公社化运动,"文化大革命"、家庭联产承包责任制改革,以及当下进行的新农村建设运动等方面,书中都从宏观制度背景和微观实际行动两个层面进行了考察、反观和探讨。通过对小岗村"大包干"前前后后历史及变迁过程的梳理和反思,提出了一个大胆理论命题:运动型的嵌入性政治是对村落经济绩效产生负面影响的重要因素。小岗村的经验留给人们的启示是:旨在改造乡土社会的理想是不能通过政治运动来实现的,政治的过度进入或嵌入,往往可能破坏乡土社会自身的自主机制。推进农村社会发展,政治力量的作用可能主要在于向农民提供帮助、向农村投资。③

有学者从学理分析、实地研究和政策研究两方面对村委会选举与乡村政治的问题进行了专题研究,试图分析选举过程的几种非常态事件,揭示这种非常态事件背后的常态逻辑,从而说明推行乡村选举的混乱场景不仅不能作为其无民主成就的依据,反而是民主前景的孕育地,进而论证了"民主正在进入乡村社会"这一事实;④有学者以农村集体财产权的形成、演进及演化过程为线索,宏观研究与实证

---

① 周红云:《社会资本与中国农村治理改革》,中央编译出版社,2007年。
② 吴晓燕:《集市政治——交换中的权力与整合》,中国社会科学出版社,2008年。
③ 陆益龙:《嵌入性政治与村落经济的变迁》,上海人民出版社,2007年。
④ 詹启智:《村委会选举与乡村政治》,农业出版社,2006年。

研究相互印证,分时段探讨了新中国成立五十年来国家、集体与农民关系的变迁,特别是乡村再集体化过程中三者之间的相互关系,指出在集体财产权利的形成及变迁中,国家的作用始终是第一位的,然而在乡村再集体化过程中,国家完成了作为土地财产终极所有权人的使命,现代意义上的财产权利形成后,国家的角色将实现根本的转变即仅以一个契约者的身份出现,集体财产权利将回归到界定财产权利的初始目的。[1] 有学者从农村土地制度创新这一视角切入,分析与探讨了中国农村土地制度的历史嬗变、现实运行及未来发展趋向,认为引发"三农"难题的原因是多方面的,其中农村土地制度变迁的滞后性与创新的不协调性是一个重要的诱发因素,由此指出,进行土地制度创新是解决"三农"问题的必然选择。[2]

3. 农民在社会化市场化条件下的行为动机的研究

在社会化与市场化的浪潮中,农民的行为动机也在不断发生变化,有学者以农户的收入—支出压力为线索,以农户的社会化和市场化为核心,运用经济学、社会学和人类学的方法,用实证的手段叙述、解剖、分析,考察农民在社会化、市场化诱致的货币支出压力下的动机和行为,从而发现:农民的行为已转化为以货币收入最大化为取向及目的,从而对一个以粮食为主业的村庄农民的经济生活进行了深度描述和分析。[3]

有学者认为,在乡村治理模式中存在三条线索:①成本—收益线索:不论在何种乡村治理模式下,其中的行为主体——各级政权及官员、村干部及其他治理精英、村民等都是具有独特诉求的利益主体,都要对自身的付出与获得进行衡量。他们力图实现自身利益最大化,但其利益诉求之间存在着或大或小的张力,这就导致他们采取自认为能够促进自身利益的各种行为方式,进而对相应的治理模式产生倾向性的认识、选择甚至抵制,从而影响到这种治理模式的实施进程与效果。②权力—权利线索:近现代政治思想的一个基本观点认为,在权力与权利(公共权力与个体权利)之间存在着一定的界限,两者之间存在一种双向制约的关系。个体权利需要得到公共权力的支持和保障,而公共权力需要得到个体权利的认可与监督。在我国的乡村治理当中,国家作为公共权力的代表,为维持其公共权威的乡村基础,以其掌握的公共权力为后盾,在全国普遍推广"乡政村治"的治理模式,并以其强力体制作为吸纳治理资源的有效工具。而正是由于公共权力的强大,在村治中留下了其强悍的身影,与缺乏组织力量的村民相比处于明显的优势。这种不平衡是造成双方冲突的重要原因。③传统—现代线索:传统,往往指过去的、旧的东西,"是社会所累积的经验";现代主要从现代性上来理解,现代性是 16 世纪以来西方资本主义文化的产物,突出表现为"工业化、都市化、官僚化、个人化、民主化、理性化"。在我国乡村治理当中,国家试图在保持农村社会稳定的同时,努力推进农村

---

① 刘金海:《产权与政治》,中国社会科学出版社,2007 年。
② 冯继康:《"三农"难题与中国农村土地制度创新》,山东人民出版社,2006 年。
③ 邓大才:《湖村经济——中国洞庭湖区农民的经济生活》,中国社会科学出版社,2008 年。

现代化。但各级政权对现代化的理解却一般局限于西方文化的"现代"话语表达上,更看重器物、技术层面。在现实操作中,一方面表现为狂热的经济赶超、工业规划,另一方面表现为盲目的破除传统、解放思想等,而对现代性的多样性特征缺乏充分的了解。①

总体来说,"十一五"期间,中国基层政治与治理研究领域集中了相当数量的学者,其研究内容随着中国政治、经济和社会的发展,尤其是城乡基层政治的发展而发展,研究范围逐渐扩展,研究成果进一步丰富,重要问题的研究得到深化。

二、"十一五"期间中国基层政治与治理研究的主要问题

由上可见,"十一五"期间,我国政治学界对基层政治与治理的研究视角不断更新,对象不断细化,已经取得了一批可喜的成果,为进一步深化改革提供了理论依据,也为理论界进一步拓展对基层政治与治理的研究奠定了基础。其具体表现在:

第一,研究内容得以延续、拓展和深化。在农村基层政治与治理研究中,不少学者开始尝试采用多种理论视角来观察农村社会,并对乡村治理的发展轨迹和演变趋势作出了理论阐释和实证研究;随着城市社区建设以及基层社会逐步走出单位体制,城市基层民主和社区治理问题引起了相关学者的关注,进一步扩展了研究的视野。党的十七大以来,国家对基层基础问题的关注和密集的政策聚焦,强烈地推动了相关研究领域的扩展,如从城乡一体化角度对农村社区建设的观察和分析等。此外,城市化进程的快速推进,使得城镇化过程中农民权益的研究快速发展,并展开了对农民工第二代相关问题的研究,研究范围逐渐扩展,研究成果进一步丰富和深入,一些重要问题的研究得以深化。

第二,总结了实践经验,为进一步分析研究和推广提供了借鉴和启示。相关研究成果通过分析基层民主与治理的实践过程中出现的问题和反映的情况,对基层治理现实有了进一步准确的把握,并对相关问题提出了积极的政策建议,为下一步研究工作的开展奠定了基础,也为政府的决策活动提供了现实依据。

第三,学者开始从对中国基层政治与治理的实证研究中概括和提炼中国政治发展的经验模式。研究者敏锐观察到,由于中国基层政治与治理的独特性,使得中国学者有可能在基层政治与治理领域开发田野的灵性和智慧,在独特的中国政治发展经验中寻找出分析中国政治社会问题的理论框架,从而为中国政治学的发展作出贡献。当然,目前这种诉求所取得的研究成果还比较有限。

然而,我们也应该清醒地看到,对基层政治与治理的研究工作还存在一些不足之处或薄弱环节,其主要体现在研究方法、研究框架、研究内容、研究取向和成果的社会应用等方面。

---

① 蔺雪春:《当代中国村民自治以来的乡村治理模式研究述评》,《中国农村观察》,2006 年第 1 期。

（一）研究方法上的只见"树叶"，不见"树林"

中国基层政治与治理问题首先是一个实践问题，因此，相关研究的主要类型应该是自下而上的实证研究。"十一五"期间，虽然大部分本领域的研究成果都自命为实证研究，但是多数只不过是到过实地发现资料而已，其实证研究方法的运用是有较大问题的。具体表现为只见"树叶"，不见"树林"。自下而上的研究重视进入现场，重视实地经验，重视个案调查，强调用事实说话，这对于那种大而化之的一般性论述，具有难以比拟的学术优势。20 世纪 90 年代以来的中国基层政治与治理研究取得的重要成就，是通过实地调查，展示出一个生动具体的基层社区。这对于中国的学术积累，对于推进中国基层政治研究，具有基础性的意义。但是个案调查还需要进一步深化和提升，自下而上的研究对学者的要求更为严格。因为它注重实地经验、个人体验，而任何经验和体验都是有限的。如果超出经验的限度，同样会发生以个人经验得出一般性结论的"致命的自负"。这种"自负"与理论推导引发的"自负"同样不利于知识的增长和学理的探讨。90 年代以来，在中国乡村治理研究中各执一词的研究，正反映出经验性"自负"的趋向。如在农村基层民主研究中，中国农村村民自治是一项新的制度安排。这一制度进入乡村实际生活必然会因为乡村社会土壤的不同而生长出与文本制度不同，甚至大相径庭的结果。这本来是外部制度进入社会生活中的正常现象。作为学者本应以足够的耐心去发现村民自治成长的差异性，追寻这种差异性背后的逻辑。但是进入这一领域的许多学者没有去发现制度文本与事实经验之间的差别及其原因，而是从有限的个案经验出发得出否定村民自治的一般性结论。这种经验性"自负"与不顾事实将村民自治视为"怪胎"的理论"自负"是异曲同工，且根本无法建构起一个边界清晰的学术讨论平台。每个人都有自己的经验，如果以经验视为坚定不移的学术"立场"，就只能各说各话，永远无法达成学术的一致性。

自下而上的研究强调"站在社会本身"看社会。然而我们每个人都只可能站在社会的某一点去看到社会的某一点，这就意味着任何个案和经验都是有限度的。如果以个案和经验取代理论研究，就很容易陷入只见"树叶"而不见"森林"的窠臼之中。每一片树叶都不同，而人类经验的有限性使我们不可能去考察每一片树叶，因此需要借助理论的分类，得出一般性结论。90 年代以来，中国学者在对中国基层政治的研究中，取得了不少个案经验，但从大量的个案经验中发现了什么，提炼出了什么观点，建立起什么理论模型，形成什么分析框架，却是极少见的。这也是中国农村研究中只有量的堆积而无质的突破的重要原因。更需要警惕的是，在自下而上的基层研究中出现了由个别经验轻率得出一般结论的倾向。由于缺乏严格的学术训练，有人虽然也做实地调查，但对实证研究的真正含义并无理解。他们往往从先在的理念出发，到"现场"去寻找他们所需要的"事实"，然后用这种经过处理的"事实"去论证自己的一般性结论。正如有人形容的"走马观花又一村，一村一个新理论"。这种轻率的实地调查往往比不做调查更有害，因为它以所谓的"事实"为依据。如有人甚至认为,作为包产到户发源地的安徽小岗村当年所签订的"生死密约"①只是后来仿制的,由此断定包产到户只是地方领导人的"策划",缺乏必要的历史和群众基础。这种"伪实证主义"的研究将会使"自下而上"的研究走入死胡同,根本不可能提升研究水准。

（二）研究框架上只见"社会",不见"国家"

国家与社会的分析框架对于将中国基层政治与治理纳入学术界的视野,推动研究深化起到了十分重要的作用。但是,我们也注意到这一分析框架的重心是"发现社会",即发现长期为国家所遮蔽的社会,寻求社会的自主性,其目的是发现或建构一个新兴的"市民社会"。因此,尽管学者都关注社会,但学者之间的"立场"仍然有很大的差别。有些理论学派更偏重的是未来指向,着眼于新兴市民社会（或者说是"公民社会"的成长,尽管在中国尚没有成为一种普遍性事实）;有些经验学派更偏重的是传统指向,即强调传统的决定性意义,更关注的是"农民社会"。应该说,以上两种取向在学术上都有其特殊价值。问题在于,由于国家与社会的分析框架旨在"发现社会",因此人们在运用这一框架时就自然而然或者有意无意地遮蔽了这一框架的另一端——国家。尽管"自下而上"的研究方法宣称是"站在社会本身看在'官语'与'译语'指导下的中国社会"②,但是在实际观察中,所谓的"官语"与"译语"是"不在场"的。也就是我们无法透过社会本身去观察和理解"官语"与"译语"（国家）的行为逻辑的。我们可以通过社会本身观察国家的行为,却无法解释国家为什么要"这样"而不是"那样"。

事实上,国家与社会本身就是一个不可分离的概念,只是出于研究的需要而偏重于某一端点。没有国家也无所谓社会,没有社会也无所谓国家。即使在"市民社会"的萌生期,我们也可以处处发现现代国家的影子（城市共同体）。在国家日益深入地渗透到社会领域的当下,国家更是无处不在、无时不有。没有相应的国家,是很难建构起一个新兴的"市民社会"的,有可能出现的只是"暴民社会";而当下的"农民社会"早已不是"鸡犬之声相闻,老死不相往来","日出而作,日入而息,凿井而饮,耕田而食,帝力于我何有哉"的传统农业社会,国家每时每刻出现在其中。离开了"国家",我们何以准确地把握当下的中国农村,以及当下的中国社会呢? 正是基于此,有学者强调要从"发现社会"走向"回归国家",表达了突破既有分析模式的学术自觉。③

（三）研究内容上只见"描述",不见"解释"

自下而上的中国基层政治与治理研究十分强调事实描述,以客观事实说话。

---

① 老田:《质疑小岗村"分田密约"并展望中国农业的未来》,《安徽的官老爷把小岗村的故事越编越传奇》,"乌有之乡网"老田网站。

② 曹锦清:《黄河边的中国——一个学者对乡村社会的观察与思考》,上海文艺出版社,2000年,第1页。

③ 徐勇:《"回归国家"与现代国家的建构》,《东南学术》,2006年第4期。

有学者曾经强调村治研究在研究方法上追求"三实"，即实际先于理论、事实先于价值、实验先于方案。这在当时中国社会科学界普遍流行"从理论到理论"、"从书本到书本"的研究背景下，具有突破性意义。注重于事实描述这对于中国基层政治研究自然十分重要。如果连事实本身都不清楚，很容易陷于"空发议论"。然而自下而上的研究方法开启了事实描述的先河，却出现了自我封闭理论关怀、理论提炼大门的倾向。而没有理论关怀，便无法对事实进行必要的解释。作为社会科学，不仅要知道"是什么"，更要解释"为什么"，在此基础上提出"怎么样"。否则，我们的研究就会失去方向感。尽管自下而上的研究使我们掌握了大量的第一手资料，对一些事实的描述也非常细致入微，但由于缺乏理论关怀，无法对事实作出有说服力的分析，因而难以得出有影响力的结论，更无法形成自己的理论分析范式。

（四）研究取向上只见"传统"，不见"走向"

自下而上的研究十分强调传统，因为传统是发生过的经验。尊重传统就是尊重过往的经验，而由过往的经验则可以推断今后的走向。这便是中国历史上长期存在的"知道其过去，便知道今天，知道今天便可知未来"的思维方式在农村研究中的延展。尊重传统无疑是必要的，因为中国社会变迁的终极性力量来自于内部的历史逻辑，而不是来自于所谓"译语"。问题在于，传统是否对当下有足够的解释力，由传统是否就能得出未来走向的结论？特别是对于正在急剧变化的中国农村来说，"传统"本身也在发生变化。我们所尊重的"传统"事实很可能是想象中而非真实的"传统"，由这种想象中的传统所得出的结论，更缺乏足够的现实依据。

造成自下而上的中国基层政治与治理研究陷入困境的更为重要的原因，是其研究立场的再意识形态化。自下而上的研究本来是希望改变长期困扰中国学术界的意识形态倾向，强调事实优先，但这一研究进路使其又陷入新的意识形态，这就是学术研究的二元对立取向。最为典型的是将国家与社会、传统与现代、西方与本土割裂开来和对立起来。自下而上的从社会的角度研究农村社会是有重要价值的，但是这一研究取向很容易使国家从学者的视野中"消失"或者"蒸发"。特别是这一研究取向的理论假设往往将国家作为社会的天然对立物，看不到国家构成的复杂性、自主性、适应性和变化性。自下而上的研究十分尊重传统，但往往将传统与现代割裂开来和对立起来。极而化之是将农村社会存在和发生的各种问题都归之于现代化，将现代化（包括工业化、市场化、城市化）视之为农村社会，特别是农村社会蕴涵的传统文明的"天然敌人"，由此看不到长期的历史传统正在为现代化所化解和重构，更无法充分理解现代化的真实含义及对农村社会的多样化影响。这种极端化的传统"立场"所必然带来的就是对现代化的一般价值的否定，强调中国的特殊性，由此而引起的是对西方的排斥和对本土的偏爱。

90年代以来的所谓"本土化"话语已与80年代的"西化"话语一样，形成新的话语霸权，而且这种霸权对学术探求更具"杀伤力"。因为它很容易将"译语"多一些的研究视之为"不爱国"，将接受较多"译语"的海外回归的学人视之为天然的"异类"。由于偏爱自下而上的研究没有对自己的研究限度持足够的警惕态度，更缺乏对这种研究取向和结果的足够反思，而是将其上升为一种"立场"，以至于使这一研究取向容易被极化、单一化，甚至"异化"为新的意识形态"怪圈"。这正是当下中国基层政治与治理学者迅速分化，难以形成共同的学术平台，进行学理探求，并提升学理水平的重要原因所在。正如"三农"成为"三农问题"一样，"三农问题"的研究也成了"三农问题研究"。

（五）研究成果的应用与政策实践部门的衔接机制不足，其所能产生的咨政价值发挥不足

基层政治与治理本身就是一个摸索、创新、博弈的过程，同时，将合理的改革治理理念转化为制度程序本身还是一种探索，具体的改革实践和原有的政治规则之间发生冲突是不可避免的。因此，学界之间以及学界与政界间应当进行积极、有效的交流和沟通，尤其应该建立意见交流机制和政策研讨机制，促进研究与实践之间的良性互动。如此，学术研究不仅深化学术界对于基层政治与治理理论的认识，还能为民主实践提供有效合理的理论指导，从而有力地推动我国基层民主政治建设和社会治理的健康发展。

三、"十二五"期间中国基层政治与治理研究的重点领域

党和国家一直高度重视基层基础工作，将其作为治国理政的一个战略性方向来考虑。就当前来看，改革深化阶段的中国正处于矛盾多发、利益多元、体制交叉和社会多变的政治断层上，城乡基层社会不断涌现出大量新矛盾和新困难，这些都对加强中国基层政治和治理研究提出了新的要求和挑战。在国家治理和政治发展的问题上，基层政治与治理往往最先触及政治社会的新矛盾和新变化，其研究成果既有高度的社会价值，又能够为发展中国的政治学理论提供丰富的经验基础和理论方向。因此，切实把握"十二五"期间中国基层政治社会的变化趋势，科学预测和评估城乡基层政治研究的新趋势和问题，确立重点研究领域，对本领域的未来发展至关重要。我们认为，"十二五"期间，应该进一步推动中国基层政治与治理领域的学术发展，使得研究成果更能够为党和国家的治国理政提供知识资源和政策建议，为国家的政治发展作出更大的贡献，同时也聚焦七个研究领域，以进一步深化和拓展研究。

（一）城乡基层民主深化和创新研究

城乡基层民主政治建设是当前以及今后一段时期中国基层政治与治理研究中一个需要持续予以推进的研究领域。中国政治当前最重要的课题就是社会主义民主政治建设，在国家层面的民主政治建设稳步推进的同时，基层民主政治探索往往因为其可试错性强、影响范围小、可操作性强等特点，能够率先进行更深层次的民主制度和机制建设的试点和创新。从这些试点和创新中总结概括的经验可以为国

家层面的民主建设提供弥足宝贵的启示。同时，由于改革进入深水期，推动民主政治建设的力量需要多方面促动方可拥有持续不断的动力，基层民主的推动和研究无疑可以起到这种关键作用，自下而上的民主主张建设促进力已经也必将是推动中国民主政治建设的健康力量。然而，经过近三十年的基层民主政治建设，当前中国基层民主正面临着"成长的烦恼"和"发展的瓶颈"，实践中的问题十分突出，基层民主运行机制自身还比较脆弱。同时，改革中积累的社会矛盾和社会问题往往也在基层民主进程中寻找到了宣泄口，这更加剧了基层民主的社会和政治压力。因此，如何在民主建设成就的基础上，继续推动民主深化，促进实践创新，推动民主建设与基层社会治理的有效结合，提炼中国特色社会主义民主发展经验，需要政治学界继续作出不懈的努力。

（二）城乡基层政治动员风险与群体性事件研究

目前，我国正处于改革深化的关键时期，以频发群体性事件为主要表征的社会风险正呈快速上升态势。三十年来的急剧经济变革和社会转型，在创造了"中国奇迹"的同时，也伴生了较大程度的社会利益冲突和矛盾。尤为关键的是，利益冲突和社会矛盾正在附着于一个日渐成型的群体之上，即游民群体。近年来以迅速爆发、冲突升级快、对抗烈度大、社会破坏力强、处置难度大等为主要特点的群体性事件，显示了这一群体作用的持续发酵。然而群体性事件的发生尤其深刻的政治、经济和社会根源，凸显了城乡基层非正式政治动员的异常发展，需要引起学界和政界的高度关注。而且由于现代通讯技术的普及，群体政治动员技术关卡降低，这使得非正常政治动员的成本越来越低，影响越来越大。群体性事件之中所涵盖的基层政治问题和社会矛盾，是中国当前社会问题和矛盾的集中体现。通过深入研究问题的机理和政治动员的过程机制，我们既能为优化基层治理提供有价值的建议，又能开发中国的冲突政治学的研究领域，为政治学的理论建设作出贡献。

179

（三）县域政治改革和治理问题研究

近年来，县域治理问题的重要性越来越突出。秦始皇统一中国，最重要的举措就是设立"郡县制"、"皇权达县"，县成为国家的基层政权。管辖县的首长由皇帝直接任命，并吃"皇粮"。县官是皇权在地方的代表，直接面对和管辖民众。县官以上的官都是管官的官，只有县官才是管民的官。县官亲民，民众有福，县官欺民，民众有难，矛盾激化时，百姓首先针对的是县府。因此，有史以来，县一直是国家与社会、政权与民众的"接点"部位。"郡县治则天下治，郡县安则天下安"。国家治理，成在县，败也在县。

其一，县政是国家上层与地方基层的接点，是地方决策中心。在整体国家政治体系中，县政是国家上层与地方基层权力的"接点"，也是政治应力最为薄弱的部位。特别是随着地方决策的事务愈来愈多，县级决策的地方性愈来愈突出。决策科学民主，有可能造福一方，决策不当，则有可能作孽一方，产生矛盾，甚至激化矛盾，引发群体性事件。

其二，县政是中央领导与地方治理的"接点"，是一级完备的基层地方国家政权。当下的中国，由于缺乏乡村基层政权和基层组织网络的庇护，县的地方政权权威象征更加凸显，其权力指向更加直接面对民众，同时其政治责任性更突出，也会将矛盾直接聚焦于县政。

其三，县政是权力运作与权力监督的"接点"，是国家权力监督体系中的"末梢"。县政上接中央，下连民众，是国家与社会的结合部。县政领导被称为一方诸侯，直接行使对当地民众的管辖权。相对于民众而言，县政的权力很大，但在整个国家权力监控体系中又处于薄弱地位。由于对县政权力缺乏必要的监督，很容易失控，从而可能引发县级官员与民争利，以权谋私，随意执法，甚至违法枉法，从而引发、积累和激化矛盾，诱发局部政权危机。因此，未来五年的基层政治体制改革重点之一会在县政，对此问题的研究也将会是政治学为政治发展作出贡献的重要领域。

（四）国家惠农政策运行中的农民反应和农村基层政治社会变化研究

党的十六大和十七大以来，尤其是十七届三中全会通过《中共中央关于推进农村改革发展若干重大问题的决定》以来，党和国家进一步高度重视农村农民问题，提出了我国总体上已进入以工促农、以城带乡的发展阶段，进入加快改造传统农业、走中国特色农业现代化道路的关键时刻，进入着力破除城乡二元结构、形成城乡经济社会发展一体化新格局的重要时期的重要论断。城乡统筹发展的重要步骤就是在农业生产、农民生活以及农村社会的公共物品供给等方面加大支农惠农力度，大量人、财、物已经而且将继续流入农村社会。在当前农村基层政治和治理形势比较复杂的情况下，国家的惠农政策是否符合农民需求、政策措施能否无障碍地运行在基层社会、农村基层的黑恶势力和灰色势力是否可能利用非法力量攫取国家财富并进而恶化农村社会政治环境等问题，都是值得深入追踪并回答的紧迫问题。政治学界应该而且也能够在这个方面继续作出贡献。

（五）新生代农民工政治意识和政治行为方式研究

前所未有的农村人口向城市的移民潮是中国改革开放巨大活力的一个重要表征。尽管政治学界对农民工问题给予了高度的关注，但是未来五年对这方面课题将会呈现更为紧迫的需求。其原因在于，当前农民工的主流群体将从第一代进城农民工转型为第二代进城农民工。按照亨廷顿的研究，发展中国家中的第一代农民工往往满足于地理上的横向移动（带来收入的增加和生活的改善），而第二代农民工则绝不会满足于既有的生活状况。他们要求社会地位上的纵向流动，也会提出更多的政治权利、经济权利和社会权利诉求。一旦他们的要求得不到满足，则会演变为城市骚乱的主要动力源。20 世纪 80 年代后期到 90 年代初期出现我国第一代农民工，20 多年后正值农民工的代际更替。与第一代农民工相比，新一代农民工缺乏"根本"：没有乡土生活的根基，许多人也不想回到原有的乡土；缺乏务农的本事，许多人也不想再回乡务农。他们中的绝大多数将会进入城镇社会，但与城镇居民相比,也缺乏"根本":没有进入城镇体制内,流动性强;缺乏进入城镇体制的本事和通道,因此很难融入到城镇社会中。

当前,我国新生代农民工已经表现出与前一代农民工很不相同的政治意识和社会意识,对社会歧视和政治歧视有着更为敏感的反应,其政治行为方式将会对未来中国的城市基层政治和社会治理提出新的挑战。国家已经在社会保障、养老保险以及失业保障等领域进行改革,以适应这种政治变化。政治学界应该也必须抓住这个关系到中国未来政治稳定和发展的关键群体进行研究,以推动相关治理机制的改革。

(六)城乡基层社会组织、宗教组织等问题与政治治理机制研究

当前中国,城乡基层社会组织建设正处于一个比较兴盛的阶段。在城市,各种类型的自主性社团迅速发展,成为人们之间社会交往和互动、影响政治表达和集体行动的重要机制。基于住房私有化而产生的业主委员会等组织,也会日渐对城市基层政治和治理产生更大的影响。在农村,基于宗族、文化、社会互助等之上的社会组织建设会逐步增多,如何将其与基层民主政治的发展和治理机制结合起来,推动行政管理与社会管理、政治治理与社会自治之间的协调发展,是政治学界的一个重要课题。此外,当前城乡基层社会中都有一定的非法社会组织在活动,或者表现为灰色势力,或者表现为黑恶势力,严重影响了基层政治发展。政治学界需要分析这些组织生存的政治、经济和社会结构,思考基层政治和治理机制的优化问题。最后,不少地区地下宗教组织发展十分迅猛,也是一个十分值得关注的问题。

(七)农村土地流转、征用、集体林权变革等重大经济体制改革中的基层治理问题研究

"十二五"期间,我国将会进一步推动农村经济体制改革,包括土地流转制度改革、集体林权制度改革等,从而为社会主义新农村建设注入源源不断的政策推动力。这些集体资源的产权变更和经营机制的变革,是对农村基层社会格局的重大调整,其中往往涉及复杂的基层政治和治理问题。当前,不少突发群体性事件往往来自不当的改革措施和制度安排。为了推动农村改革的深入,需要建立相适应的农村基层社会治理机制,保障农民权益不受侵害,农村基层政治治理结构持续优化。

近年来,城市化迅速发展导致的农地征用问题较为严重,部分地方基层政府甚至不惜采取暴力拆迁方式达到其意图。如果基层政治和治理领域不能形成合理的农民权益维护机制和利益诉求表达机制,这些改革措施往往会扭曲变形,造成基层政治失序乃至局部社会动荡。政治学界应该对此抱有高度的敏感性,积极研究实践问题,发展有效机制,推动基层政治和治理的发展。

本章调研和编写主持人:华中师范大学政治学研究院徐勇教授

参与调研和编写人员:华中师范大学政治研究院刘义强、冯连余、刑云龙、曾智、魏志娟、代君

第五章　中国政治制度

政治制度是政治学的重要研究领域之一，而制度研究方法也是政治分析的基本方法。改革开放以来，中国政治制度研究[①]从起步到发展并逐步走向完善和深化，已经发展成为中国政治学研究的重要领域之一。"十一五"期间，在《中共中央关于进一步繁荣和发展哲学社会科学的意见》指导下，在《国家哲学社会科学研究"十一五"（2006—2010年）规划》的引导下，我国的政治制度研究领域实现了重要的研究进展，先后出版和发表了很多有关中国政治制度的总括性和专题性的研究著作和学术论文。本章运用文本分析方法，在文献调研的基础之上，努力尝试总结"十一五"期间中国政治制度领域的重要研究成果与学术进展，分析目前研究中存在的薄弱环节与不足，探索提出"十二五"时期中国政治制度研究的发展趋势和重点研究课题，为《国家哲学社会科学研究"十二五"（2011—2016年）规划》有关政治学科发展方向、重大研究课题等内容的设计与规划提供参考资料和相关建议。

一、"十一五"期间中国政治制度研究的主要进展

（一）中国古代、近代和民国时期的政治制度研究的主要进展和特色

在中国古代政治制度研究领域，总括性的研究取得丰硕的成果。有学者讨论了秦汉以来至民国以前2000多年间政治制度的特色。其中包括皇帝制度的出现、天下为家、皇权的运作、皇帝制度的发展、宰相制度的起源、三公制的演变、宰相制度的精神、阶梯式选举机构的运作等[②]；有学者阐述了中国古代治道变革的要旨[③]；有学者研究了中国古代政治制度[④]；有学者着力于清朝为止的历代中央决策体制及政体运行机制的探索，并以此为轴心铺陈各单项政治制度，在研究视角上则强调

182

[①]　本报告调研的中国政治制度，从时间上涵盖古代、近代与民国时期和中华人民共和国时期的政治制度，但限于课题组的研究方向和调研时间，本次调研内容重点关注了当代中国政治制度，即1949年以后的中国政治制度研究，对中国古代和近代与民国时期的政治制度的有关研究成果有所涉及，但可能不尽全面和完整，特此说明。

[②]　国风：《中国古代的权力结构：读史札记之一》，山西人民出版社，2006年。

[③]　纪宝成：《中国古代治国通论》，中国人民大学出版社，2006年。

[④]　祝总斌的《中国古代政治制度研究》（三秦出版社，2006年）主要收入了《略论中国封建政权的运行机制》、《西汉宰相制度变化的原因》、《试论魏晋南北朝的门阀制度》、《关于北魏行台的两个问题》、《正确认识和评价八股文取士制度》等多篇文章。

了在跨学科研究的基础上,力图更贴近政治学的研究规范①;有学者探究了中国帝国制度形成和灭亡的原因②;有学者提炼古代中国治国方略的基本法则,概括古代中国政治制度的总体特征与构成要素,探讨古代中国治理的空间坐标和施政坐标,揭示古代中国政治制度的变与不变,体悟古代中国治国方略的现代影响,探讨中西政治制度差异的历史根源③;有学者对氏族社会至中华人民共和国时期的中国政治制度发生、发展、变化进行了断代史研究④;有学者力图突破传统中国政治制度史教材断代分章、静态描述的编写方法,采用单项专题制度讲述为主、断代横向制度关系对应讲述为辅的不同取舍方法;同时注重将政治制度与社会(文化)环境对应,制度设置与运作机制对应,纵向线索与横向关系对应,分点展开与整体关照对应⑤;有学者研究了从夏朝到新中国成立前中国政治制度发生、变化的沿革与规律,重点考察了国家元首制度、行政首脑与中央其他权力机构的关系、历代监察制度与官员选拔制度等方面,并提出了王权政府、皇权政府、合众政府、独裁政府和人民政府的中国政府制度发展的五阶段说⑥;还有学者描述了中国从前封建时代直至晚清的政治制度史,运用制度主义、历史主义的方法研究了这一历史时空的政治组织的构架、政治文化的变迁、政治运作的规则和机制的变化以及社会权力结构的变化理路⑦。

此外,有关断代性和专题性的政治制度研究方面出版和发表了许多著作和论文。有学者分专题论述了五代十国的贡举制度、选官制度、考课制度、职官制度、殿阁制度、起居制度、史馆制度、俸禄制度、军事制度、立法与司法制度的变化、助礼钱与诸司礼钱等问题⑧;有学者论述了唐代武官的铨选、军功入仕、门荫入仕、科举入仕、唐代中后期方镇使府武职僚佐的辟署制等问题⑨;有学者将眼光投向传统中国的政治体制机制层面,从传统中国的传统政治的一个特有的概念"衙门"入手,解析二千多年来中国官僚主义政治与人性⑩;有学者则研究了从中国官僚政治制度的起源时期到帝国官僚政治制度终结时期历代廉政制度的形成与发展⑪;有学者分析了作为皇权制度核心的法理和法律体系、中国皇权统治下的行政体制与社会形

---

① 白钢:《中国政治制度史》,社会科学文献出版社,2007年。
② 易中天:《帝国的终结:中国古代政治制度批判》,复旦大学出版社,2007年。
③ 刘建军:《古代中国政治制度十六讲》,上海人民出版社,2009年。
④ 左言东:《中国政治制度史》,浙江大学出版社,2009年。
⑤ 侯力:《中国政治制度史》,中国人民大学出版社,2009年。
⑥ 张创新:《中国政治制度史》,清华大学出版社,2009年。
⑦ 张鸣:《中国政治制度史导论》,中国人民大学出版社,2010年。
⑧ 杜文玉:《五代十国制度研究》,人民出版社,2006年。
⑨ 刘琴丽:《唐代武官选任制度初探》,社会科学文献出版社,2006年。
⑩ 郭君臣、刘广:《衙门》,重庆出版社,2006年。
⑪ 余华青主编:《中国廉政制度史论》,人民出版社,2007年。

态、中国皇权社会的经济体制及其制度方向等内容①；有学者分专题对皇权政治加以考察，从各个侧面解读皇权思想、皇帝制度与专制政体，内容涉及九锡与禅让制度、皇权与朋党、铁券与赐死制度、两重君主观与典型人物的忠奸辨、垂帘听政、明代皇权政治面面观等问题②；有学者以史料考证分析，探讨了南北朝隋唐官吏分途问题，从文书胥吏系统的发展背景、形成进程，以及针对文书胥吏群体的特殊管理方式等层面入手，对作为一种政府公务人员分类、分层现象的官吏分途的基本特点，及其历史源流、演化趋势进行了考察③；有学者从近代化这一宏观视角对中国传统审判制度及其在近代的发展变化规律进行了整体性研究④；有学者分析阐述了中国自秦汉以来一直到晚清，地方行政制度的演变与发展过程和地方行政制度对人们思想与生活产生的影响⑤。

　　近代和民国时期的中国政治制度研究领域的成果也相当丰富。有学者比较系统地论述了民国时期北京政府的选举制度，对选举制度存在的弊病、异化现象进行了分析阐释⑥；有学者分析了民国时期考试制度转型的历史文化渊源和思想基础，包括考试制度从传统向现代转型的历史文化渊源、民国考试制度文化创新发展的思想基础、民国文官考试制度的重构、民国教育考试制度的演变、民国考试制度转型和重构的特征与启示等⑦；有学者则对民国前期(1911 — 1924 年)这一制度创新的渊源、过程、演变，特别是其各项具体重要的制度规定及其运行和实施情况等进行了研究⑧；有学者对该时期司法官的选任机制、激励机制和保障机制进行了系统研究⑨；有学者对民国时期文官考试制度的起源、形成和发展进行了深入的研究⑩；有学者对民国时期四川保甲制度的渊源，川政统一后和新县制时期四川保甲制度的不同特点，四川乡镇保甲各级民意机构的建立，乡镇保甲长群体、袍哥、士绅与四川基层权力运作的关系，四川保甲的职能、作用及其失败的原因等问题进行了探讨⑪。

　　在中国共产党领导的革命根据地的政治制度的研究方面，"十一五"期间也形成了许多研究成果。有学者介绍和总结了鄂豫边区政权建设的历史经验⑫；有学

---

①　王毅：《中国皇权制度研究：以 16 世纪前后中国制度形态及其法理为焦点》，北京大学出版社，2007 年。

②　朱子彦：《多维视角下的皇权政治》，上海人民出版社，2007 年。

③　叶炜：《南北朝隋唐官吏分途研究》，北京大学出版社，2009 年。

④　张熙照：《传统审判制度近代化研究》，吉林人民出版社，2009 年。

⑤　万昌华：《秦汉以来地方行政研究》，齐鲁书社，2010 年。

⑥　叶利君：《民国北京政府时期选举制度研究》，湖南师范大学博士学位论文，2004 年。

⑦　胡向东：《民国时期中国考试制度的转型与重构》，华中师范大学博士学位论文，2006 年。

⑧　薛恒：《民国议会制度研究 1911—1924》，中国社会科学出版社，2008 年。

⑨　毕连芳：《北京民国政府司法官制度研究》，中国社会科学出版社，2009 年。

⑩　秦昊扬主编：《民国文官考试制度研究 1912—1949》，国家行政学院出版社，2009 年。

⑪　冉绵惠：《民国时期四川保甲制度与基层政治》，社会科学文献出版社，2010 年。

⑫　湖北省新四军研究会等编：《鄂豫边区政权建设史》，湖北人民出版社，2005 年。

者分析了中国共产党在山东革命根据地的执政活动①;有学者以大众化司法制度为研究视角,集中于抗战时期的陕甘宁边区这一时间段对司法为民到人民司法的制度过程进行了研究探讨②;有学者则从苏维埃时期中国共产党局部执政角度切入,对局部执政党与苏维埃政权及社会团体在推动苏维埃运动和中华苏维埃共和国的政治经济文化和社会建设过程中的经验进行了探讨③。

"十一五"期间,中国古代、近代和民国时期的政治制度研究的特点主要集中在如下七个方面:

(1)对中国传统政治文化的研究,将研究视点引入文化史的范畴,并深入到政治与社会的基本问题。

(2)对历史上的中外政治制度的比较研究,将研究视点引向国际,进而突出中国在国际上的地位。此外,国外学者相关研究的翻译,也使研究视角得到扩展。

(3)对珍稀政治制度的史料挖掘和整理工作的展开。因为种种原因,中国有许多图书典籍、文物资料散失在世界各国及民间,许多学者花大气力收集和整理这些资料,不但使许多珍贵资料重归故土,而且使很多散失在民间的资料重见天日,丰富了研究的内容。

(4)对历史上的政治制度进行专题的研究,这种研究不但扩展了政治制度研究的领域,也使研究呈现多样化情景。

(5)对不同时期的政治制度情况进行分期研究,尤其是具有变化和特点的年代。

(6)对某些具体的政治制度和与政治制度相关的问题进行细致研究,力图从这些微小的变化和具体的事例中探求历史的真实。

(7)对历史上的少数民族政权和少数民族地区的政治状况的研究,以说明"因俗而治"的历史必然和发展趋势。

(二)当代中国政治制度研究的主要成果和特色

当代中国政治制度作为我国政治学研究的重要领域,一直受到学界的重视和关注。改革开放以来到20世纪90年代,有关当代中国政治制度的总括性著作多有出版。④ 其后,当代中国政治制度研究的总括性著作仍有出版⑤,但专题性研究

---

① 章猷才、陈朝:《党在山东革命根据地的执政研究》,黄河出版社,2006年。

② 侯欣一:《从司法为民到人民司法 陕甘宁边区大众化司法制度研究》,中国政法大学出版社,2007年。

③ 黄国华、陈廷湘:《苏维埃时期中国共产党执政经验研究》,四川人民出版社,2009年。

④ 其中代表性的如张永桃:《当代中国政治制度》,高等教育出版社,1990年;浦兴祖:《当代中国政治制度》,上海人民出版社,1990年;谢庆奎:《当代中国政府》,辽宁人民出版社,1991年。

⑤ 近年出版的主要著作有杨凤春主编:《中国当代政治制度》,中央广播电视大学出版社,2006年;朱国斌:《中国宪法与政治制度》,法律出版社,2006年;包玉娥主编:《当代中国政治制度》,高等教育出版社,2007年;杨光斌、李月军:《当代中国政治制度导论》,中国人民大学出版社,2007年;聂月岩:《当代中国政治制度》,首都师范大学出版社,2008年;沈士光:《当代中国政治制度发展研究(1977—1982)》,江西人民出版社,2008年;尹中卿:《中国政治制度》(英文版),五洲传播出版社,2007年。

成果更多出现,政治制度研究"深化、细化和具体化"的倾向明显。本章按照10个专题,对"十一五"期间的相关研究成果进行总结和整理。

1. 人民代表大会制度

人民代表大会制度是当代中国的根本政治制度。有关人大制度的研究历来是中国政治制度研究学者的最主要研究领域之一。近年,随着各级人大在国家政治生活中地位的不断强化和工作实践的不断发展,有关全国和地方人大制度的一般性著作与专题性研究成果日益增多。有学者陈述了人大工作中的规范用语,以利于人大工作的开展[①];有学者对特定城市片区建立"人大代表工作站"、设立"人大代表联络员"探索的实践进行总结,并结合社会反响,进行人大代表制度的理论探讨[②];有学者重点阐述了人大理论研究与立法工作实践[③];有学者阐述地方人大工作的方法和实践[④];有学者从人大制度基本理论出发,阐述了人大立法理论和实践、监督实践以及人大自身建设的研究,并从理论角度结合人大制度的完善来分析中国民主的发展[⑤];有学者则分别从新中国成立初期的探索与实践、人民代表大会制度全面建立后的初期实践与探索、新时期人民代表大会制度建设和人大工作、宪法与人民代表大会制度及综述性文章和关于前苏联苏维埃制度的历史考察等方面,对人民代表大会制度的历史和现状进行了阐述和分析[⑥];有学者从第一次大革命时期的省港罢工工人代表大会、农民代表大会及上海市民代表大会开始,系统阐述了工农兵苏维埃制度、参议会制度和各届人民代表会议制度的发展历程,直到1949年第一届人民政治协商会议和中华人民共和国的成立,以及1954年第一届全国人民代表大会的召开和中华人民共和国宪法的制定,标志着人民代表大会制度在全国的正式确立[⑦];有学者以回放形式重现了地方人大常委会发展进程中的44个重要事件,介绍了事件发生的情景及产生的社会影响[⑧];有学者则对三十年来全国各个地方的地方人大常委会制度本身和各方面的工作进行分析,对工作中的问题的产生和解决作了探索性研究,总结了一些重要的共性经验。[⑨]

就人大制度的具体内容而言,有关各级人大立法制度的研究成果也很丰硕。有学者从地方立法与和谐社会、地方立法权的历史考察、地方立法实证分析、地方立法权扩张的背景及原因、地方立法的完善与控制、地方立法的发展趋势等诸方

① 张洪明、王波、王云奇:《人大规范用语探析》,中国民主法制出版社,2006年。
② 邹树彬主编:《构建和谐社区:深圳市月亮湾片区"人大代表工作站"个案研究》,重庆出版社,2007年。
③ 尹中卿主编:《中国人大研究报告》,中国民主法制出版社,2009年。
④ 蔚立臻:《地方人大工作创新与实践》,中国民主法制出版社,2007年。
⑤ 蔡定剑:《一个人大研究者的探索》,武汉大学出版社,2007年。
⑥ 刘政:《人民代表大会制度的历史足迹》,中国民主法制出版社,2008年。
⑦ 张希坡:《人民代表大会制度创建史》,中共党史出版社,2009年。
⑧ 刘维林、席文启主编:《地方人大常委会30年:重大事件回放与点评》,人民日报出版社,2010年。
⑨ 刘维林、席文启主编:《地方人大常委设立30年研究》,中国法制出版社,2010年。

面,探讨了地方人大立法的完善与发展现状①;有学者则对中国物权法制度建设、物权法制定过程中产生的争议以及运用物权法的法理解决现实问题进行了研究②;有学者从自身参加宪法、国家机构、民事、刑事、诉讼、行政、经济等方面一些法律的起草、制定和修改的工作经历,描述了中国改革开放三十年的立法实践③;有学者从社会学的角度出发,以草原法立法为案例,对立法的生发、法案的形成及法案到法的过程进行了具体分析④;有学者结合国内外学术界的相关研究成果,运用民族学、法学、历史学、社会学等学科的研究方法,对我国民族自治地方立法问题进行了研究和总结⑤;有学者结合自己的立法参与经历,整理了其多年参与立法工作的几部专家建议稿⑥;有学者从地方立法的立法权限、扩张趋势、正当性、人性表达、立法质量、立法主体、立法民主程序、成本效益评估、立法实效性、立法形式等多个方面,对地方立法进行分析,并对改进中国地方立法工作提出建设性意见⑦;有学者根据上海地方法律法规的立法手记,讲述以人为本立法等方面内容,比较具体、深入地分析了上海地方立法工作⑧;有学者对民族区域自治地方经济立法制度和民族区域自治制度进行了梳理和思考⑨;有学者以关于中央与地方立法关系的理论分析作为研究的逻辑起点,以对中国问题的实证研究作为落脚点,力图将中央与地方立法关系问题的共性研究与个性研究有机地结合起来,进而提出当代中国中央与地方立法关系所具有的特定的历史内涵、所面临的突出问题以及产生这些问题的症结所在⑩;有学者坚持"内部性说明"和"外部性诠释"相结合,从民族平等权、地方自治以及习惯法文化等多角度阐释了自治条例立法的合理性⑪;有学者围绕政党与立法问题,立足中国国情,以中国共产党领导立法的理论与实践为重心展开研究,分别对政党与立法的关系、政党对立法的作用,以及中国共产党领导立法的实践等问题展开专题研究⑫;有学者认为中国已经建立起中国特色的民族区域自治法律制度和民族区域自治理论体系,同时对在全球化、现代化背景下如何应对

---

①　崔卓兰、赫然主编:《中国地方立法研究》,东北师范大学出版社,2006年。

②　孙宪忠:《争议与思考:物权立法笔记》,中国人民大学出版社,2006年。

③　顾昂然:《立法札记——关于我国部分法律制定情况的介绍(1982—2004年)》,法律出版社,2006年;《新中国改革开放三十年的立法见证》,法律出版社,2008年;《回望:我经历的立法工作》,法律出版社,2009年。

④　布小林:《立法的社会过程:对草原法案例的分析与思考》,中国社会科学出版社,2007年。

⑤　康耀坤、马洪雨、梁亚民:《中国民族自治地方立法研究》,民族出版社,2007年。

⑥　莫纪宏:《为立法辩护》,武汉大学出版社,2007年。

⑦　崔卓兰、于立深、孙波、刘福元:《地方立法实证研究》,知识产权出版社,2007年。

⑧　周慕尧主编:《立法中的博弈:上海地方立法纪事》,上海人民出版社,2007年。

⑨　王鑫、马绍红:《中国民族区域自治地方经济立法研究:以自治区经济立法为例》,中国社会科学出版社,2007年。

⑩　封丽霞:《中央与地方立法关系法治化研究》,北京大学出版社,2008年。

⑪　杨道波:《自治条例立法研究》,人民出版社,2008年。

⑫　陈俊:《政党与立法问题研究:借鉴与超越》,人民出版社,2008年。

发展与创新的挑战,推动国家民族法制建设提出了具体建议①;有学者对当代中国的立法过程进行了专门研究,探讨了立法过程的构成要素和基本特点、立法运作的具体过程、立法过程的法律控制、立法过程中的利益表达及规则的产生和变迁等一系列法治建设中的问题,提出了要使立法真正能够适应历史,必须找到立法背后的社会力量的看法②;有学者在对民主立法与公众参与进行理论分析的同时,对中国立法过程公共参与的理论与实践进行了研究③;有学者立足地方立法实践,分析和讨论了立法过程的特点,从提高地方立法的民主性、科学性,充分发挥地方立法积极性的角度进行了积极的探索,对完善地方立法制度展开了具体论证④;有学者从地方人大职权的视角,研究地方人大重大事项决定权的立法问题⑤;有学者对地方立法工作实践进行了总结和分析。⑥ 在这一时期,在有关全国人大立法制度和具体立法过程的记述性研究逐渐发展的同时,包括民族区域地方立法在内的有关地方立法制度与过程的实证性研究越来越得到研究者的重视。

有关各级人大监督制度和预算审查制度的研究逐渐深入。有学者详细回顾了监督法的制定过程和人大监督的程序与步骤,并在此基础上说明了人大系统的各类会议从开始准备到落实各项会议结果的各类具体会务组织工作和人大的代表、选举、立法工作、公文撰写工作以及乡镇人大工作等具体实务⑦;有学者从地方人大监督司法工作概述、我国监督司法制度的产生和发展、地方人大监督司法工作的主体与对象、地方人大监督司法工作的原则等方面,探讨了地方人大监督司法工作中的问题⑧;有学者对中国各级人大常委会开展监督工作的实践经验进行了总结和疏理⑨;有学者对地方人大工作中主要工作领域如听取和审议专项工作报告、财政预算监督等进行了分析⑩;有学者从关注部门预算入手,探讨了中国政府预算制度改革和人大审查监督的完善等问题⑪;有学者对于预算审查理论、预算编制与草案的审查、预算执行的审查、预算调整的审查、决算的审查以及审计监督与人大财政监督的关系进行了具体分析⑫;有学者从多学科视角分析了影响立法监督预算的宏观性因素,提出了加强和改进人大监督政府预算制度的改进思路,进而初步建

---

① 彭谦:《中国民族立法制度研究》,中央民族大学出版社,2008年。
② 王爱声:《立法过程:制度选择的进路》,中国人民大学出版社,2009年。
③ 李林主编:《立法过程中的公共参与》,中国社会科学出版社,2009年。
④ 王建华、杨树人:《地方立法制度研究》,四川人民出版社,2009年。
⑤ 刘文忠、李文华等著:《地方立法的民主性与科学性研究专论:地方人大及其常委会行使重大事项决定权立法的个案研究》,法律出版社,2009年。
⑥ 陈小君、张绍明主编:《地方立法之实证研究:以湖北省为例》,中国政法大学出版社,2009年。
⑦ 欧日胜主编:《人大监督与人大工作实务》,中国长安出版社,2006年。
⑧ 马永贵主编:《地方人大监督司法工作研究》,湖北人民出版社,2007年。
⑨ 李华菊主编:《人大监督工作手册》,中国民主法制出版社,2009年。
⑩ 吕发成、吕文广编著:《地方人大监督通鉴》,中国民主法制出版社,2009年。
⑪ 曹艳杰:《部门预算与审查监督》,知识产权出版社,2007年。
⑫ 孔庆芝主编:《政府预算审查监督》,河北人民出版社,2008年。

立了立法监督预算能力的衡量指标①;有学者梳理了新中国成立六十年来人大审批和监督预算的主要理论研究成果,对各级人大的预算审批和监督工作实践进行了总结,并汇总整理了一批有关法律和法规②;有学者在比较研究的基础上对中国预算制度的历史进行了回顾,对当前的预算运作制度进行了剖析,并对全国人大预算制度的完善提出了改进建议③;有学者从法律和财政业务的角度,阐释了人大代表如何进行预算审查与监督④;有学者以某地政府公共预算改革为研究个案,将连续几年涉及该地公共预算改革的有关文件、媒体报道、学者研究进行全面的整理和归纳,并据此解读了该地公共预算改革的经验⑤;有学者则结合实际调研提出了"流于形式型"、"投入导向类型"和"绩效导向型"的地方人大预算监督三类模式假说,并具体分析了人大预算监督现存问题及其成因,提出了中国人大预算监督逐步走向绩效导向型监督的提议和对策⑥。综上所述,在人大监督制度研究方面,一个突出的发展趋势就是,有关人大预算审批与监督制度的研究成为这一时期我国学界的研究重点。

有关各级人大选举制度的成果也相当丰富。有学者从理论、知识和方法三个层次,对选举活动、规则和方法展开论述,构建有关选举的理论和知识体系,较为系统地阐述了马克思主义选举理论,并对资本主义国家的选举基础理论、选举过程理论和选举行为理论进行系统梳理和批判分析⑦;有学者主要围绕着选的理论与历史、选举制度和程序、竞选和投票行为,梳理和介绍了相关领域的基本知识、理论体系和前沿问题,分析了当代世界选举体系中,多数代表制、比例代表制和混合代表制三种最基本的选举制度,指出不同选举制度安排会带来不同的政党体系和执政模式,并进而影响一个国家的公共政策产生模式⑧;有学者通过对乡镇选举发展概况、乡镇长选举改革试点追踪考察、乡镇党委书记选举改革试点调研、乡镇管理体制改革试点调研等,对乡镇选举制度改革的最新发展进行了分析⑨;有学者从县级人大选举机构,代表名额的确定和分配,选区划分,选民登记,提名、协商和确定代表候选人,代表候选人与选民见面等选举程序和流程等诸多方面对特定城市城乡基层民主建设及选举制度进行了研究⑩;有学者以特定城市乡级人大代表选举为切入点,对乡镇基层人大代表选举过程中的选举机构、代表名额的确定和分配、

189

① 王淑杰:《政府预算的立法监督模式研究》,中国财政经济出版社,2008年。
② 张献勇编著:《权力机关预算审批监督60年:理论与实践》,中国民主法制出版社,2010年。
③ 张献勇:《预算权研究》,中国民主法制出版社,2008年。
④ 黄振平编著:《人大代表如何进行预算审查与监督》,中国财经出版社,2009年。
⑤ 李凡主编:《温岭试验与中国地方政府公共预算改革》,知识产权出版社,2009年。
⑥ 徐曙娜:《走向绩效导向型的地方人大预算监督制度研究》,上海财经大学出版社,2010年。
⑦ 王浦劬主编:《选举的理论与制度》,高等教育出版社,2006年。
⑧ 何俊志编著:《选举政治学》,复旦大学出版社,2009年。
⑨ 史卫民等:《乡镇改革、乡镇选举、体制创新与乡镇治理研究》,中国社会科学出版社,2008年。
⑩ 袁达毅:《县级人大代表选举研究》,中国社会出版社,2008年。

选区划分、选民登记、预选、代表候选人与选民见面、投票站设置和工作程序的规范化问题等进行了分析①；有学者在对选举理论、选举制度进行说明的基础上，主要研究了中国基层直接选举的变迁和发展，并提供了案例分析②；有学者梳理了十余年来我国乡镇选举改革的实践历程及制度创新的意义，指出中国乡镇选举改革是在中央与地方合力推动下的地方政治创新实践③；有学者认为选举制度是民主政治中权力授受所不可或缺的环节。通过选举来获得执掌公共权力的合法性，是现代执政党必须面对的问题，提出在新的历史时期中国共产党应该围绕增强执政和发行来推进选举制度的改革与完善④；有学者围绕选举的理念与制度这个主题，同时附以具体案例进行解析，针对民主与法治和选举之间的关系、市场经济与公民社会对选举的重要意义、中国选举的历史、现状与路径选择，以及选举中的少数群体、弱势群体的权益维护等进行了分析⑤；有学者系统整理了十几年来全国各地乡镇半竞争性选举的发展情况，并通过大样本统计研究和小样本个案研究尝试解释出现这一发展的原因，并描述这一发展对我国政治体制的可能影响，论述了推动乡镇半竞争性选举对我国市场经济发展和社会政治稳定的积极意义，并探讨了推动乡镇半竞争性选举需要进行的配套制度改革⑥。

"十一"五期间，有关人大制度的研究呈现出如下发展趋势：在研究内容上，从重视全国人大制度与完善的研究到更加重视地方乃至基层人大制度，特别是各级人大制度创新的研究，从重视人大立法和监督制度及其完善的研究到更加重视预算审批与监督制度改革和创新的研究。其中，随着选举法修改进入全国人大议程和各级人大监督权的不断强化，选举制度及其完善问题（特别是"城乡选票同票同权"问题⑦）、"异地兼任代表"问题⑧和各级地方人大决策过程中渐多的"不通过"决

---

① 袁达毅、余敏、李欣：《乡级人大代表选举研究》，中国社会出版社，2008年。

② 张涛、王向民、陈文新：《中国城市基层直接选举研究》，重庆出版社，2008年。

③ 黄卫平、陈家喜：《中国乡镇选举改革研究》，人民出版社，2009年。

④ 胡小君：《执政党与当代中国选举发展：增强执政合法性的视角》，广东人民出版社，2009年。

⑤ 冯莉：《中国选举：理念与制度》，学林出版社，2009年。

⑥ 赖海榕：《中国农村政治体制改革：乡镇半竞争性选举研究》，中央编译出版社，2009年。

⑦ 有关此问题的研究主要有景跃进：《人大代表城乡同比的政治意蕴》，《学习月刊》，2008年第3期；夏益俊：《农民政治平等权的制度保障：按相同人口比例选举人大代表》，《党政干部论坛》，2008年第7期；郑明怀：《逐步实现平等选举权的维度：兼谈选举权"四分之一条款"》，《人大研究》，2009年第4期；张磊：《比例变迁中的渐进民主：逐步实行城乡按相同人口比例选举人大代表》，《齐齐哈尔大学学报》，2009年第6期；林开华：《农民期待：政治权力平等》，《人民论坛》，2010年第1期；张尤佳、王太金：《"同票同权"：农民平等选举权的有效实现》，《社会科学辑刊》，2010年第21期等。

⑧ 有关这一问题的研究主要有姜明安：《反思人大制度改革》，《法治资讯》，2008年第6期；丁爱萍：《法办"身兼两地富翁代表"风波之思考》，《法治与社会》，2008年第10期；翟峰：《人大代表可以两地兼任吗？——杜绝"身兼两地人大代表"现象应完善立法》，《公民导刊》，2008年第10期；若愚：《如何消除人大代表"双城记"》，《民主与法制》，2008年第14期；赵建都、褚建华：《人大代表身份问题与人大许可权制度探讨》，《人大研究》，2009年第1期。

定及其意义①的研究成为这一时期的热点研究问题。在研究方法上，有关人大立法、监督、预算审批和选举制度的经验和实证研究成果逐渐增多，研究深度得到了加强。

2. 国家主席制度

国家主席是中华人民共和国重要的国家机构，国家主席制度也是当代中国重要的政治制度之一。2004年的宪法修改进一步完善了国家主席制度，也引起学界对这一重大政治制度的关注和相关研究的出现。根据调研，近年来发表了不少这方面的学术研究论文。有学者提出国家主席的性质是国家元首，宪法中应该增加国家主席宣誓就职的规定，同时认为国家主席向全国人大提名国务院总理的规定不符合宪法精神，应予修改和在时机适当时应该规定由国家主席统率全国武装力量②；有学者从中国"国家主席"制度的地位、作用、完整性、独立性和权威性等方面，论证国家主席具有国家元首制度的实质内容和形式特点，是我国独具特色的国家元首制度，国家主席制度的发展，使我国政治文明的发展获得基础性宪政的体制结构和运作模式，能更好地实现政治体系的适当分工与合作，也有利于政治体制和机制的进一步调整、发展和完善③；有学者主要关注国家主席在中国外交事务中扮演的重要角色和发挥的重要作用，强调国家主席在外交政策和决策研究中未受到应有的重视，新中国成立后国家主席制度的曲折发展为我们理解国家主席外交职权的变迁提供了宪法分析的基础④；有学者则介绍了我国国家主席设立经历的四个阶段并对宪法对国家主席的基本职权、任职资格、产生、任期和继位补缺等制度规定进行了分析⑤；有学者认为中国元首外交是中国特色"首脑外交"的重要组成部分，20世纪90年代以来，中国元首外交在数量上渐显活跃，在形式上渐显多样，在内容和性质上渐具实质性意义。国内最高领导体制的转型，使中国国家主席成为集执政党总书记和军委主席于一身的"国家元首"。国内政治的"外溢作用"强化了国家主席的权力地位，拓展了元首外交的实践空间，进而使中国元首外交的兴起成为可能⑥；相关研究对国家主席制度的历史演变，国家主席与国家元首制度的关系和国家主席的外交职权的发展进行了一定的考察与分析，提出在中国政治生活中是国家主席和全国人大常委会结合行使元首职权的集体元首的传统观点⑦；也

---

① 有关论文主要有王勇：《人大"否决"的法理意涵及制度调适》，《人民之友》，2007年第6期；张献勇：《略论代表机关的预算否决》，《人大研究》，2009年第7期；胡康：《地方人大常委会行使否决权事例研究》，《行政与法》，2010年第2期。

② 林泰：《我国国家主席制度探析》，《中共郑州市委党校学报》，2006年第3期。

③ 段志超：《从元首制角度看我国国家主席制度》，《中共山西省委党校学报》，2009年第2期。

④ 宋斌、储江：《中国外交事务中的国家主席之制度分析》，《太原师范学院学报》，2009年第2期。

⑤ 赵远兴：《对我国国家元首制度的再认识》，《魅力中国》，2009年第19期。

⑥ 胡勇：《中国元首外交的兴起：一种国内政治的考察》，《外交评论》，2009年第4期。

⑦ 有关学术争论的综述请参见浦兴祖主编：《中华人民共和国政治制度》，上海人民出版社，2005年，第196～199页。

有学者进一步指出,当代中国国家主席职权在改革开放以后经历了从象征性、礼仪性向实质性介入和掌握外交权转变,并关注国家主席附属机构的新设(如设立主席特别助理和主席办公室等)①;在国家主席制度的改革与完善方面,有的学者探索提出了在宪法中"明确国家主席为国家元首"、"增加主席就职宣誓的规定"、"国家主席统率武装力量"和改变国家主席提名国务院总理制度等建议②。

3. 行政制度

行政制度是国家政治制度的一项基本内容,包括有关国家行政机关的组成、体制、权限、活动方式等方面的一系列规范和制度。改革开放以来,适应社会经济发展和经济体制改革的进程,中国的行政管理体制和机构改革也不断推进,关注中国行政制度和改革的研究也一直是学界研究的重点。

近年,有关中国行政制度的研究课题更加具体和深入,在府际关系、地方行政制度等方面的研究渐多。其中,政府间财政关系成为这一时期学界的研究热点。在有关中国横向与纵向政府间关系方面,有学者介绍了先秦至明清的中央与地方关系及基本模式,近代以来中央与地方关系的发展和变迁③;有学者则运用辩证的方法对马克思主义财产权学说进行了系统描述、分析和概括,对符合社会化大生产要求和市场经济一般规律的财产权关系进行了总结,以此为理论基础展开中央与地方之间国有资产产权关系问题的研究,并提出了改革中央与地方之间国有资产产权关系的目标模式④;有学者在对府际关系的基本理论和制度模式进行梳理的基础上,结合实际情况,就府际关系的制度创新进行了研究⑤;有学者在构建了中央与地方财政关系的理论框架的基础上,梳理了中国两千多年来中央与地方财政关系及其变迁历程,通过考证,在充分掌握资料的基础上,对两千多年来中国政府间财政关系变迁的规律及其制度成败和经验教训进行总结和分析⑥;有学者通过对典型企业进行实地调研,对中央和地方之间国有产权关系中存在的问题如中央与地方国有产权之间的流动机制不健全、中央与地方政府产权主体的利益冲突以及产权划分不合理等等进行了分析⑦;有学者围绕中国转型期制度环境、政府竞争、政府规模三条分析线索,从市场与政府的关系、政府间的分权和集权的关系、政府规模与政府行政能力的关系三个视角,运用公共选择理论系统分析转型期中央与地方关系对宏观调控的影响⑧;有学者通过理论分析与实证分析相结合,深度剖析了当代中国政府间关系的基本运行状态,力图揭示当代中国政府间关系运行中

---

① 杨凤春:《中国当代政治制度》,中央广播电视大学出版社,2006年,第167页。
② 林泰:《我国国家主席制度探析》,《中共郑州市委党校学报》,2006年第3期。
③ 李治安主编:《中国五千年中央与地方关系》,人民出版社,2006年。
④ 李松森:《中央与地方国有资产产权关系研究》,人民出版社,2006年。
⑤ 谢庆奎、杨宏山:《府际关系的理论与实践》,天津教育出版社,2007年。
⑥ 朱红琼:《中央与地方财政关系及其变迁史》,经济科学出版社,2008年。
⑦ 史言信:《国有资产产权中央与地方关系研究》,中国财政经济出版社,2009年。
⑧ 欧阳日辉:《宏观调控中的中央与地方关系》,中国财政经济出版社,2008年。

存在的问题,并对合理调整关系的路径选择作了切合中国实际的探索性分析①;有学者认为中国政府间关系的调整必须走出权力收放、无序博弈的局面,从整体上、自上而下地构建制度化分权体制,合理划分政府间的职责权限,用法律和制度来保障中央政府的权威性和各级地方政府的自主性,使地方政府逐渐从中央政府和上级政府的"代理机构"转化为地方公共利益的"合法代理者",发展和维护地方公共利益,促进地方社会经济的发展②;有学者认为中央与地方关系和司法体制是一个国家的宪法制度中最基本的两个问题,这两个问题紧密相关,在协调中央与地方关系过程中司法调控可以发挥重要作用③;还有学者对我国中央与地方财权、事权关系的改革目标、指导思想、任务、基本思路、配套措施等,提出了相关见解④。

在有关地方政府制度研究方面,有学者将苏南县、市级地方政府作为研究对象,从学理的角度梳理了苏南地方政府体制变迁的历程,分析了苏南地方政府的结构现状以及政府、人大、法院之间的关系⑤;有学者介绍了地方政府的历史发展、地方政府体系的结构、地方政府管理、城镇地区的社会管理、乡村地区的公共管理、中国的特别行政区政府等内容⑥;有学者主要根据结构、功能视角分析地方政府管理的制度和过程⑦;有学者通过对县制沿革与县政功能、县制"长寿"与"遗传密码"的解析、县级行政区划及其发展趋势、县政的财政基础、县级政府的收入等方面的研究,提出以财政改革为基础的当代中国县政改革思路⑧;有学者介绍了当代中国地方政府的形成、演变和结构,分析了当代中国不同类型的地方政府,对地方政府的若干基本问题和相互关系等进行了探讨⑨;有学者围绕"政府制度供给行为",剖析了转型期中国县级政府制度供给的困境,构建了转型期中国县级政府制度供给行为机理模型,并提出了转型期县级政府制度供给行为的优化方向及具体举措⑩;有学者把地方政府管理理论与方法相结合、地方政府管理理论与案例相结合,试图构建一个完整的地方政府管理框架体系⑪;有学者主要对地方政府结构与管理、地方政府组织机构、中国中央地方关系的历史沿革发展实践、中外地方政府比较等方面进行了分析⑫;有学者运用比较政治学和比较法学的研究方法,探讨了地方政府与

① 张紧跟:《当代中国政府间关系导论》,社会科学文献出版社,2009年。
② 马斌:《政府间关系、权力配置与地方治理:基于省、市、县政府间关系的研究》,浙江大学出版社,2009年。
③ 郭殊:《中央与地方关系的司法调控研究》,北京师范大学出版社,2010年。
④ 谭建立:《中央与地方财权事权关系研究》,中国财政经济出版社,2010年。
⑤ 沈荣华、金海龙:《地方政府治理》,社会科学文献出版社,2006年。
⑥ 曾伟、罗辉主编:《地方政府管理学》,北京大学出版社,2006年。
⑦ 吕育诚:《地方政府管理——结构与功能的分析》,元照出版公司,2006年。
⑧ 暴景升:《当代中国县政改革研究》,天津人民出版社,2007年。
⑨ 周平主编:《当代中国地方政府》,人民出版社,2007年。
⑩ 刘伟章:《中国县级政府制度供给行为研究》,山西经济出版社,2008年。
⑪ 李景平:《地方政府管理》,西安交通大学出版社,2008年。
⑫ 冉清文:《地方政府概论》,东北大学出版社,2008年。

地方制度的基本理论,并对中国和主要西方国家的地方政府和地方制度,包括地方政府体制概说、行政区划与地方政府的结构、地方政府组织机构、地方政府职能权限、中央与地方政府之间的关系等进行了比较①;有研究机构对 31 个省级政府、30个中心城市政府、100 个县级政府 2007 年度政府规模进行了量化评价,对武汉城市圈、深圳、随州、孝昌、博州、长沙、成都 7 个地方政府结构进行了分析,并利用20000 余份问卷调查数据对 43 个市、县政府社会认知规模进行了分层、分类分析②;有学者按照特定市政府在不同历史阶段所扮演的不同角色,将该地方改革开放 30 年的历史,依照时间顺序分为四个历史阶段并加以阐述③;有学者对中国地方政府的演变、中国地方政府权力与结构、职能、中国地方政府关系进行了分析④;有学者则试图构建一个较为系统的地方行政制度分析框架,认为地方行政制度主要涵盖行政区划、地方行政组织和地方政府运行机制三个方面,在此基础上,从历史的角度勾勒了中国共产党领导所创建的地方行政制度的基本发展脉络,总结和归纳了各个历史发展阶段地方行政制度创建与调整中的经验与教训,进而分析了在新时期地方行政制度改革与创新所面临的机遇和挑战,提出了当前改革与完善地方行政制度的创新思路⑤。综上所述,在地方行政制度研究中,除了一些总体性的研究成果外,更多的研究开始深入到不同级别和类型的地方政府制度的研究上来,有关"市"、"专区"和"县"政府的专著开始出现,也有一些学者开始展开对中外地方政府行政制度的比较分析。

同时,随着机构改革和行政管理体制改革的周期性实施与展开,有关中国行政管理体制改革的研究一直是学界关注的重点,近年来形成了不少成果。有学者介绍了行政区划的基本概念,回顾总结新中国行政区划工作的经验、教训,介绍现行行政区划概况,剖析关于行政区划全局的省制、市领导县体制、设市模式、县制等内容⑥;有学者对中国现代政府行政制度作了比较研究,并为行政改革提出了建议⑦;有学者在打造服务型政府的主题下,梳理了中国政府创新理论的相关研究,同时对国外政府创新的理论和经验作了介绍,对近年来国内各级政府创新实践进行考察,并在统计分析、抽样调查的基础上剖析了中国政府年度创新的现状及趋势⑧;有学

194

① 任进:《比较地方政府与制度》,北京大学出版社,2008 年;《中外地方政府体制比较》,国家行政学院出版社,2009 年。

② 武汉大学地方政府与公共事务研究中心编:《中国地方政府规模与结构评价蓝皮书·2008》,中国社会科学出版社,2009 年。

③ 江曙霞等:《改革开放中的地方政府:厦门变迁 30 年标本考察》,格致出版社、上海人民出版社,2009 年。

④ 张文礼主编:《当代中国地方政府》,南开大学出版社,2009 年。

⑤ 李金龙:《中国共产党领导创建的地方行政制度研究》,上海人民出版社,2009 年。

⑥ 浦善新:《中国行政区划改革研究》,商务印书馆,2006 年。

⑦ 张创新:《中国现代政府行政制度比较研究》,吉林人民出版社,2006 年。

⑧ 俞可平主编:《社会和谐与政府创新》,社会科学文献出版社,2008 年;《中国地方政府创新案例研究报告(2007—2008)》,北京大学出版社,2009 年。

者通过对地方政府制度变迁的分析,努力探讨转型期中国地方政府模式创新的实现途径①;有学者通过在全国范围内抽样调查,以量化的技术和手段对所有原始数据进行公式化、图表化整理和表达,对整理后的数据形态进行分析,通过数据分析展开对行政管理体制的实证研究,对中国行政管理体制总体和局部、宏观和微观、体系和结构进行描述,由此总结多次改革的成绩及其经验、不足及其症结,进而力图明确深化行政管理体制改革的方向和路径,有针对性地提出对策建议②;有学者选取了行政理念、行政体制、行政职能、行政机构、行政决策、人事行政、行政法治、政务公开、行政方法、廉政建设、行政监督和公共财政等行政领域,对当代中国改革开放 30 年来政府行政管理的发展进行了回顾与总结③;有学者对建立中国特色社会主义行政管理体制的改革进程、取得的重大进展进行了总结和分析④;有学者总结了改革开放 30 年来行政体制改革历程的不同面向和纵向脉络,描述了中国行政体制改革的重大事项,分析了中国式行政体制对打造中国经济发展奇迹的重要作用,并对政企分开、政社分开、政事分开、公务员制度改革等中国行政体制改革中的重大面向进行了梳理和分析⑤;有学者对中国行政体制改革的背景、脉络、特点、主要经验等进行了综合性分析,并涉及政府机构改革、纵向权力结构的调整、政府职能转变、政府与社会关系的调整、人事制度与国家公务员制度、改革示范区的行政体制改革、电子政务、建设服务型政府、未来行政体制改革的展望等领域⑥;有学者结合政治、历史、地理等学科的专门知识,探寻各朝代政区沿革的规律,透视其变化趋势,动态地介绍了中国行政区划的发展演变过程⑦;有学者围绕中国行政管理体制改革评析、继续深化行政管理体制改革、建设公共服务型政府、建设法治政府和责任政府、探索实行大部门体制等问题进行了分析⑧;有学者对行政管理体制改革的战略、建立社会主义公共行政体制的总体方案与建构战略、强化政府社会管理职能、强化政府社会管理职能、加强政府公共服务职能、改革和优化政府组织结构等问题进行了研究⑨;有学者对浦东新区制度改革与政府职能转变历程的考察,系统总结了浦东新区制度改革与政府职能转变的成功经验⑩;有学者回顾和总结了新中国成立以来行政改革的历程和经验,探讨了政府改革的相关问题,并提出了对策

---

①　陈广胜:《走向善治——中国地方政府的模式创新》,浙江大学出版社,2007 年。

②　石亚军主编:《中国行政管理体制现状问卷调查数据统计》,中国政法大学出版社,2008 年;石亚军著:《中国行政管理体制专项问卷调查数据统计》,中国政法大学出版社,2008 年;石亚军编:《中国行政管理体制实证研究:问卷调查数据分析》,中国政法大学出版社,2010 年。

③　沈亚平主编:《转型社会中的系统变革:中国行政发展 30 年》,天津人民出版社,2008 年。

④　魏礼群主编:《回顾与前瞻:中国行政管理体制改革 30 年》,中国言实出版社,2008 年。

⑤　周天勇:《中国行政体制改革 30 年》,格致出版社,2008 年。

⑥　汪玉凯等:《中国行政体制改革 30 年回顾与展望》,人民出版社,2008 年。

⑦　周振鹤:《体国经野之道:中国行政区划沿革》,上海书店出版社,2009 年。

⑧　陈哲夫主编:《中国行政管理体制改革》,红旗出版社,2009 年。

⑨　唐铁汉等:《中国行政管理体制改革战略研究》,国家行政学院出版社,2010 年。

⑩　苏宁等:《浦东之路:政府制度创新经验与展望》,上海人民出版社,2010 年。

和建议,同时对国外的政府改革进行了介绍①。在有关政府改革的研究成果中,中国地方政府创新研究团队关注各级地方政府在实践过程中的创新与改革探索,并进行持续的跟踪分析,在此基础上,开展"中国地方政府创新奖"的评比活动,推动了中国地方政府创新研究的深入发展。随着 2008 年新一轮机构改革的启动和 2009 年改革开放 30 周年的到来,有关行政区划改革、中国 30 年行政改革的经验、成效与不足和大部门体制改革②的研究成为学界的关注热点,相关著作与论文也多有发表。

4. 司法制度

司法制度是指司法机关的组织、职能与活动的原则以及工作制度等方面规范的总称。在我国国家政治制度中,司法制度占有重要的地位和作用。2008 年 11 月,中共中央政治局曾专门召开会议,讨论深化司法体制改革工作。"十一五"期间,学界有关司法制度的总体性研究和专题研究成果也不断推出。

有关司法制度总体分析的研究成果丰硕,有学者梳理了从古至今中国司法制度的历史沿革,以及当代中国司法制度的现状③;有学者以中国的法律、法规和有关司法解释为依据,论述中国现行的包括审判制度通述、刑事审判、民事审判、行政审判、检察制度、侦查制度、监狱制度、律师制度等在内的司法制度体系④;有学者⑤强调以审判制度为中心环节,突破传统的审判、检察、侦查、律师、监狱、调解、仲裁和公证八项司法制度,增补了司法行政、司法程序、违宪审查(宪事司法)、军事司法、司法区际合作和司法国际合作六项司法制度,并将新增加的人民陪审、劳动教养、法律援助、司法考试、司法鉴定、死刑复核、司法执行、司法证据、司法裁判文书和诉讼费十项司法制度分别纳入审判制度、司法行政制度和司法程序制度体系之中,形成民事司法、刑事司法、行政司法、宪事司法和军事司法五大司法制度体系;有学者从审判基本理论与制度、民商事审判理论与制度、刑事审判理论与制度、行政审判理论与制度、执行理论与制度、法官职业理论与制度六个领域对中国特色社会主义司法制度进行研究⑥;有学者对中国人民司法制度的性质、人物、原则及各项司法制度的具体内容等进行了介绍和阐述,并对各项司法制度存在的问题及改革完善进行了探讨⑦;有学者介绍了中国现行的司法制度,包括审判制度、检察制度、侦查制度、刑罚执行制度、律师制度、公证制度、仲裁制度、人民调解制度、法律

---

① 吴爱明、刘文杰:《政府改革:中国行政改革模式与经验》,新华出版社,2010 年。
② 有关大部门体制改革的文献综述请参看:郭帅、云兵兵:《党的十七大以来大部门体制改革研究综述》,《才智》,2009 年第 5 期;郭海宏、卢宁:《关于实行大部制改革的研究综述》,《生产力研究》,2009 年第 8 期。
③ 王圣诵、王成儒:《中国司法制度研究》,人民出版社,2006 年。
④ 张柏峰主编:《中国当代司法制度》,法律出版社,2006 年。
⑤ 熊先觉、刘运宏:《中国司法制度学》,法律出版社,2007 年。
⑥ 曹建明:《中国特色社会主义司法制度探索》,人民法院出版社,2008 年。
⑦ 谭世贵:《中国司法制度》,法律出版社,2008 年。

援助制度、司法协助制度等内容，既从实质、特点、作用以及各种司法组织的性质、任务、职权范围、组织体系、活动原则等方面进行阐述，也对司法实践中存在的问题和司法改革的热点、难点进行了分析①；有学者论述了中国特色社会主义司法制度的历史形成、特色内涵，并提出了发展与完善中国特色社会主义司法制度的具体建议②；有学者比较分析了中国内地及港澳台地区司法制度和国外司法制度，并对中国司法改革的问题进行了理论探讨③；有学者侧重研究一些重大的基础理论问题、在理念上存在困惑和纷争的问题以及司法实践中存在的突出问题，并力求为改革和完善我国司法制度提供建设性意见④。

有关检察制度方面的研究也趋向深入。有学者对我国检察权的演进、性质、职权等进行了研究分析，并就完善相关权能提出了建议和构想⑤；有学者围绕检察制度的"中国特色"，从检察机关的宪法地位、法律功能、民主监督等多个角度进行了论述⑥；有学者围绕中国检察制度建设与发展的主题，分析了检察制度产生的历史根源和发展脉络，寻找蕴涵在其中的发展规律，对丰富和充实中国检察理论进行了探索⑦；有学者则从检察制度的一般历史流变过程入手，揭示检察权天生的法律监督色彩；从中国独特的宪政体制、历史文化与国家权力结构出发进行研究，进一步得出中国的检察权作为法律监督权、检察机关作为法律监督机关具有充分的正当性与合理性的结论⑧；有学者围绕着检察权的定位、功能、运作、构成等一系列检察权的核心问题、焦点问题进行了系统分析和论述，为研究中国检察制度打开了新视窗，拓展了研究方法，厘清了认识上的一些误区⑨；有学者对法律监督体制的内涵及外延作了新诠释，并就如何完善现行检察监督体制提出了诸多操作性建议⑩；有学者回顾和分析了中国共产党领导下人民检察制度的建立和演变过程⑪；有学者对世界各国检察制度的多样性和我国检察制度的特殊性进行思考和探讨，力图通过研究世界各国检察制度的一般原理，从现实出发加以考量，客观性地认识我国检察制度的属性和职能⑫；有学者力求通过对中外检察制度的比较、对现有不同改革观点的分析和对中国国情实际的考量，阐述我国检察制度的基本特色，探索各项法律监督职能及其保障机制的完善措施，提出具有操作性的检察体制和工作机制改

---

① 李军：《中国司法制度》，中国政法大学出版社，2009年。
② 沈德咏主编：《中国特色社会主义司法制度论纲》，人民法院出版社，2009年。
③ 李卫平主编：《司法制度原理》，郑州大学出版社，2009年。
④ 陈光中：《中国司法制度的基础理论问题研究》，经济科学出版社，2010年。
⑤ 李征：《中国检察权研究：以宪政为视角的分析》，中国检察出版社，2007年。
⑥ 韩大元主编：《中国检察制度宪法基础研究》，中国检察出版社，2007年。
⑦ 甄贞等：《21世纪的中国检察制度研究》，法律出版社，2008年。
⑧ 蒋伟亮、张先昌：《国家权力结构中的检察监督：多维视野下的法学分析》，中国检察出版社，2007年。
⑨ 万毅：《一个尚未完成的机关：底限正义视野下的检察制度》，2008年。
⑩ 尹吉、倪陪兴：《当代中国检察监督体制研究》，中国检察出版社，2008年。
⑪ 王雨林、卞宏波、孙谦：《人民检察制度的历史变迁》，中国检察出版社，2009年。
⑫ 陈国庆：《检察制度原理》，法律出版社，2009年。

革的意见和建议①；有学者对于检察制度的萌芽进行了研究，对检察制度在两大法系的产生和发展分别进行了研究，梳理了中国的检察制度史，展望了检察制度的发展趋势②；有学者侧重于法律监督运行机制的研究，即法律监督操作层面的分析和探索③；有学者对当代中国检察制度的主要内容，尤其是改革开放和检察机关恢复重建30年以来所形成的符合国情和社会主义司法制度规律的检察体制和工作机制等进行了总结④。

有关法院审判制度的研究成果也比较丰富。有学者运用材料数据分析和个别访谈相结合的方法，以经验研究为主、法条规范分析为辅的分析方法，试图展现最高法院的实际运行情况以及在中国国家机构中所处的具体位置⑤；还对最高人民法院的外部关系协调、最高人民法院的内部组织管理、最高人民法院法官的决策过程、最高人民法院大法官群体的角色和最高人民法院的功能定位等问题进行了研究⑥；有学者运用比较分析法，在对中西典型案例具体分析的基础上，对构建中国宪政体制下法院的角色进行深入分析和思考⑦；有学者对法院管理模式的一般理论，国外法院管理模式比较研究，中国法院管理模式的历史演进，中国法院管理模式改革的理论与实践，中国法院管理模式的重构等问题进行了阐释⑧；有学者考察了1978—2005年人民法院建设的历程，展现了人民司法传统由中断→恢复与发展→部分断裂→部分复兴的历史际遇⑨；有学者试图对法院调解制度的概念范畴、渊源流变、价值平衡、社会功能、法律性质、基本原则、结构要素、制度协调和改革完善等方面进行研究⑩；有学者从公开审判的形式内涵和实质内涵界定入手，论述了公开审判制度的理论基础、制约因素、价值及功能，在此基础上，又从规范和实践两个层面对我国公开审判制度的现状以及如何加以完善进行具体分析⑪；有学者回顾总结了改革开放以来人民法院司法改革的进展和经验，研究探讨了新世纪新阶段人民法院司法改革的目标任务、重点领域和发展方向⑫；有学者则从多个方面论述推进司法改革，必须围绕确保审判机关的独立性、统一性和权威性这"三性"作计划性的探索等问题⑬；有学者通过对中国古代司法审判制度的演进、传统诉讼审判机

---

①　童建明、万春主编：《中国检察体制改革论纲》，中国检察出版社，2008年。

②　何勤华：《检察制度史》，中国检察出版社，2009年。

③　盛美军：《法律监督运行机制研究》，中国检察出版社，2009年。

④　孙谦：《中国特色社会主义检察制度》，中国检察出版社，2009年。

⑤　侯猛：《最小影响的部门——中国最高法院研究》，法律出版社，2006年。

⑥　侯猛：《中国最高人民法院研究——以司法的影响力切入》，法律出版社，2007年。

⑦　李晓兵：《宪法体制下法院的角色》，人民出版社，2007年。

⑧　梁三利：《法院管理：模式选择与制度构建》，中国法制出版社，2008年。

⑨　何永军：《断裂与延续：人民法院建设(1978—2005)》，中国社会科学出版社，2008年。

⑩　樊崇义、闫庆霞：《法院调解制度研究》，中国人民公安大学出版社，2008年。

⑪　张睿：《公开审判制度研究》，河南人民出版社，2008年。

⑫　公丕祥：《回顾与展望：人民法院司法改革研究》，人民法院出版社，2009年。

⑬　黄素萍：《法院组织制度研究》，群众出版社，2009年。

制的近代化转变、民国审判制度的嬗变、人民审判制度的创建、新中国审判体制的建构、审判制度的变通、审判制度的重建与发展、司法审判制度改革(1980—1997年)等专题研究来展示中国司法制度的历史①。

需要指出的是,一直以来,关于司法制度的研究主要是在法学界展开的。政治学界在有关中国政治制度的总体研究中虽然也会涉及司法制度②,但是迄今为止,系统研究司法制度的政治学成果还很少见。③ 依法治国和司法制度改革与完善无疑是中国政治文明建设与政治体制改革的重要组成部分,就此而言,"司法政治"研究已经成为中国政治学界亟待加强的研究领域。

5. 军事与国防制度

军事与国防制度是指国家武装力量的领导体制、武装力量的构成、兵役制度等有关国家军事和国防领域的制度和规范,是当代中国政治制度的重要组成部分之一。近年出版了不少有关当代中国国防和军事制度的著作。有学者从历史和现实的视角,回溯了中华民族自国家建立以来几千年战略思想和国防政策的演变,即"从先秦到民国"、"当代中国国防:以战备为中心的国防"、"服从和服务于经济建设的国防"、"跨向新世纪的中国国防",并着重介绍新中国成立后的军事工作,阐述了解放后局部战争和地区性军事冲突的由来和过程,分析了战略指导和决策的得失,并说明迈向新世纪的中国安全环境和国防政策、国防体制和国防建设,还特别就台湾问题等热点作了详尽的介绍,说明了中国当前的军事斗争准备的目的和要求④;有学者从国防与党的自身建设论述了国防现代化的问题⑤;有学者从政治学角度对国防视野中的政治与政治视野中的国防、国防的国家母体、国防的政治制度基础、国防的意识形态导向、国防与民族宗教问题、国防与国际政治、国防与国际恐怖主义等方面的内容展开研究⑥;有学者论述了国防和军事指导理论,就国防和军队建设面临的机遇与挑战、国防政策和军事战略、国防领导体制、国家武装力量、人民军队的建设和发展、国防经济与国防科技、兵役制度、国防动员与国防教育、国防资产与军人合法权益保护等问题进行了探讨⑦;有学者以邓小平理论和"三个代表"重要思想为指导,以国防法律现象及其发展、变化的过程和规律为研究领域⑧;有

---

① 张培田:《法的历程:中国司法审判制度的演进》(国家社科基金项目),人民出版社,2009年。

② 胡伟:《司法政治》,生活·读书·新知三联书店,1994年;程汝竹:《司法改革与政治发展:当代中国司法结构及其社会政治功能研究》,中国社会科学出版社,2001年。

③ 在我们调研的范围内,2006年以来涉及"司法政治"研究成果只发现了高其才、左炬和黄宇宁著的《政治司法:1949—1961年的华县人民法院》(法律出版社,2009年)和杨力的《最高法院的政治决策过程:以中国农村土地流转问题为视角》(《政法论坛》,2010年第1期)。

④ 徐焰:《中国国防导论》,国防大学出版社,2006年。

⑤ 张云、薛小荣、苏世伟:《中国共产党与国防现代化》(上海市哲学、社会科学"十五"规划重点课题研究成果),宁夏人民出版社,2006年。

⑥ 姜汉斌主编:《国防政治学》,人民出版社,2007年。

⑦ 李继耐:《新世纪新阶段国防和军队建设》,人民出版社,2008年。

⑧ 王耀辉、毛光宏:《国防法学概论》,湖北人民出版社,2008年。

学者从不同侧面和角度反映了改革开放 30 年中国国防和军队现代化建设所取得的辉煌成就①；还有学者从中国共产党的军事指导理论、体制编制改革调整、军事工作、思想政治建设、院校教育、后勤建设、武器装备建设、国防后备力量、抢险救灾、对外军事交流十个方面，汇总和整理了新中国成立 60 年来国防和军队建设的光辉历程和辉煌成就②；有学者从党和国家主要领导人关于国防和军队法制建设思想、武装力量法规制度、军事司法、非战争军事行动、法制建设 60 年经验等多个专题，整理了新中国 60 年来国防法制建设的成果③。

与司法制度研究的现状大致相同，目前有关国防和军事制度的研究，绝大多数都是军队系统的研究者和工作者完成的，政治学界在有关中国政治制度的总体论述中也会关注到国防和军事制度，但主要局限于对中国国防和军事制度的记述，系统研究国防和军事制度的政治学成果尚且不多。可喜的是，现在已有学者开始积极倡导建立"军事政治学"④，唤起理论界更多地从政治学的视角来研究中国军事与国防制度。在军队和军事研究工作者在军事和国防研究领域积极吸收政治学研究成果的同时，中国政治学界无疑也应更加自觉地运用政治学的理论和知识体系来深入研究当代中国的军事和国防制度。

6. 政党制度与政协制度

2005 年 2 月和 2006 年 2 月，中共中央分别颁发了《中共中央关于进一步加强中国共产党领导的多党合作和政治协商制度建设的意见》，和《中共中央关于加强人民政协工作的意见》。2007 年 11 月，国务院新闻办公室发布了《中国政党制度白皮书》。这些指导性文件的出台，为政治学界深化中国共产党领导的多党合作与政治协商制度的研究进一步提供了明确的指南。有关中国政党制度与政治协商制度研究的新成果不断丰富。在政党制度与政治协商制度的研究领域里，近年大致已经形成了中国特色政党制度、执政党研究、参政党研究和人民政协研究等重点分支领域。

有关中国特色政党制度研究的成果较多，中央社会主义学院中国政党制度研究中心组织出版了《中国政党制度年鉴》(2006 年、2007 年、2008 年)。有学者展开了"和谐社会的制度基础：合作性的政党制度"、"构建和谐社会的政治资源：参政党的作用"、"完善多党合作制度的理论与实践"等方面的研究⑤；有学者对中国共产

---

① 姜廷玉：《跨世纪的辉煌：改革开放 30 年中国国防和军队建设》，党建读物出版社，2008 年。
② 姜廷玉：《新中国国防和军队建设 60 年》，党建读物出版社，2009 年。
③ 丛文胜：《新中国国防法制建设六十年》，军事科学出版社，2009 年。
④ 参见姜汉斌教授主编《国防政治学》；高民政、赵景刚：《政治学与军队政治工作学——兼论构建中国军事政治学之可能》，《军事历史研究》，2006 年第 2 期；高民政：《军政现象与军政关系探微：兼论军事政治学的研究对象与核心问题》，《军事历史研究》，2009 年第 1 期；高民政：《当代世界的军政关系实践形态及其评价：兼论军事政治学的研究方法》，《军事历史研究》，2009 年第 2 期；高民政：《关于重视和加强军事政治学研究的思考》，《军事历史研究》，2009 年第 4 期。
⑤ 金安平、陈忧主编：《多党合作与和谐社会　首届"北京大学政党研究论坛"论文集》(2006)。

党领导的多党合作和政治协商制度的理论渊源、历史背景、党派关系、制度内容、组织形式等进行了研究①;有学者论述了当代中国政党制度的形成、发展和优势,当代中国政党制度与社会主义民主政治的关系等问题②;有学者对当代中国政党制度和民主党派制度的产生、发展、地位、作用等进行了分析和探讨③;有学者阐述了以邓小平同志为核心的第二代中央领导集体对多党合作理论政策的拨乱反正,以江泽民同志为核心的第三代中央领导集体对多党合作理论政策的创新和突破,以及以胡锦涛同志为总书记的中央领导集体对我国多党合作理论政策的丰富和发展,展示了我国多党合作事业所取得的辉煌成就,总结了中国共产党同各民主党派团结合作的宝贵经验④;有学者从政党制度创新角度探讨了中国政党制度改革问题⑤;有学者史论结合,集基础理论、重大史实和当代实践于一体,以中国政党发展为主线,纵论百年,横跨两岸,远涉台港澳,对我国不同历史时期的政党与政党制度建立的起因与发展、兴盛与衰亡、功过与是非,进行比较和评论,对各个时期交替出现的四种政党制度的形成、建立、形式、内容、特点、性质和成败原因,作出系统介绍和分析⑥;有学者系统阐述了新中国成立60年来中国共产党领导的多党合作和政治协商制度的发展历程,研究总结了制度建设取得的伟大成就和历史经验,梳理了发展的脉络和理论创新的成果,分析了发展中面临的问题,提出了发展和完善的思路和举措,展示了发展的前景⑦。

参政党研究得到积极展开,是"十一五"期间我国政党制度研究的新特点。有学者对新时期参政党面临的新形势和新任务,参政党的参政规律和如何更好履行参政党基本职能进行了研究⑧;有学者对参政党建设中存在的许多疑难问题进行了多角度、多层次的思考和研究⑨;有学者研究了参政党的基本理论、参政党能力建设、组织建设与思想建设、参政党的功能及其代表性等领域的问题⑩;有学者研究了参政党建设的一般理论和自身建设的基本原理,构建参政党建设的理论框架,重点分析了参政党的性质及基本特征、参政党的定位,阐述了参政党和执政党之间的关系及其关系的构建原则、双方的合作机制及合作的主要特点。同时,以巩固执政基础为着眼点,阐明了参政党建设与执政党建设相互促进的内在关系,分析了参政党建设的必要性、重要性和特殊性,阐述了加强参政党建设是提高中国共产党执

---

① 张作祖:《中国特色政党制度概论》,新疆人民出版社,2007年。

② 周域:《当代中国政党制度研究》,云南大学出版社,2007年。

③ 李春:《当代中国政党制度的形成与发展》,云南民族出版社,2007年。

④ 杜青林:《中共十一届三中全会以来多党合作理论、政策和实践的创新与发展》,华文出版社,2008年。

⑤ 金勇兴:《另一只看得见的手:政党制度创新》,中国社会科学出版社,2008年。

⑥ 李朝录:《中国政党与政党制度》,湖南人民出版社,2009年。

⑦ 林尚立:《新中国政党制度研究》,上海人民出版社,2009年。

⑧ 郑宪等:《中国参政党建设新论》,中共中央党校出版社,2006年。

⑨ 孙瑞华:《中国参政党建设研究》,华文出版社,2008年。

⑩ 中央社会主义学院中国政党制度研究中心:《中国参政党建设理论研究》,解放军出版社,2008年。

政能力的重要含义,论述了参政党建设目标体系、重要原则和基本要求以及参政党建设的途径与方法①;有学者对政党和政党制度、中国特色参政党的理论渊源和中国特色多党合作制度的确立发展、中国特色政党制度基本内涵、参政党的形成与发展、参政党建设、参政党与和谐政党关系等内容进行了研究②;有学者主要围绕"改革开放三十年与参政党建设"这一主题,对改革开放与参政党建设的关系、改革开放30年参政党建设的成就和经验、参政党建设与中国政治发展、改革开放与参政党自身建设、参政议政与民主监督、参政党的利益表达和代表性等问题进行了研究③;有学者试图在梳理"参政党"概念的历史演变的基础上,明晰参政党的性质、地位、功能、作用以及参政党建设与执政党建设的关系,在理论层面解读参政党的存在对中国这样一个超大规模社会平稳转型的特殊意义和理论价值④。

"十一五"期间,有关人民政协和政协制度的研究成果较为丰富。有学者整理和汇总了人民政协的有关政策性文件和理论成果,以作为人民政协的工作用书⑤;有学者则从历史、理论和现实的角度,论述了如何处理执政党和参政党的关系,发挥政协参政议政能力,不断提高民主治国水平,推动我国政治文明建设等问题⑥。

有关执政党研究的成果集中体现在执政能力建设和党内民主的课题研究上,有关党内民主的研究方面,有学者在实地调研的基础上对特定省特定县乡镇党委班子"公推直选"的党内民主试点进行了个案研究,并从比较的角度考察了不同地方基层党内选举制度创新的做法,从理论和国际视角对党内民主问题进行分析,揭示了中国共产党党内民主基层制度创新的发展趋势⑦;有学者则以中国共产党的党内民主理论研究为题,分别研究"党内民主"的概念与演变、理论范畴、组织原则、制度范式,以及党内民主的诸种关系等问题,分析"党内民主"与"民主集中制"的关系、"民主集中制"中"民主"与"集中"的关系,以及"党内民主"与"人民民主"等关系⑧;有学者探讨了当前中国共产党党内民主健康发展在理论、观念、制度、体制等方面存在的问题与矛盾,并在此基础上提出了若干建设性建议⑨;有学者主要研究新时期党内民主建设问题,包括时代发展与党内民主建设,党内民主建设:严峻而紧迫的任务,以"三个代表"重要思想为指导加强党内建设,党内民主建设的核心在

---

① 魏晓文:《当代中国参政党建设研究》(2009 年国家社科规划项目成果),中共中央党校出版社,2009 年。

② 陈述涛:《中国特色参政党理论概论》,黑龙江人民出版社,2009 年。

③ 张惠康:《改革开放进程中的中国参政党》,中共中央党校出版社,2009 年。

④ 董石桂:《改革开放时代参政党建设研究》,知识产权出版社,2009 年。

⑤ 谈世中:《人民政协理论与实践创新(上、下)》,人民日报出版社,2006 年。

⑥ 殷理田:《政治协商制度与政治文明发展》,人民出版社,2006 年。

⑦ 王长江:《中共党内民主制度创新:一个基层党委班子"公推直选"的个案研究》,中央编译出版社,2007 年。

⑧ 孙应帅:《中国共产党党内民主理论研究》,合肥工业大学出版社,2007 年。

⑨ 肖立辉等:《中国共产党党内民主建设研究》,重庆出版社,2006 年。

于健全和落实民主集中制,探索新时期加强党内民主建设的有效途径①;有学者涉及党内民主制度发展历程、党员民主权利保障制度和党内选举制度等诸多领域,总结了近年来党内民主法规制度建设中重点和热点问题,并注重增强理论研究的针对性和实用性,努力探索符合中国具体国情和党情的对策措施②;有学者以案例调研为出发点,归纳总结了改革开放,尤其是 20 世纪 90 年代以来党内民主发展的基本历程,以及党内民主探索的路径选择,并把党内民主的探索与国际视野结合起来,采用实证研究方法,在个案研究与国际比较的视野中深化了对中国共产党党内民主的基本发展规律的认识③;有学者从民主选举、民主决策、民主管理与民主监督等方面,对党内民主的建设进行了战略思考,从而凸显了既注重党内民主的制度建设,也兼顾党内生活的民主化,综合推进党内民主的战略选择④。有关执政能力建设的研究方面,有学者借鉴了政治学关于执政的本质、功能及过程的基本观点,从理论到实践,对执政能力建设的基本理论与党的执政能力建设的目标、路径及其对策进行了探讨⑤;有学者论述了政治生活中执政党、执政、执政能力的相互关系,分析了执政能力建设的核心价值、基本原则和目标定位,阐述了执政能力建设的战略空间、执政能力建设的路径选择,列举分析了执政能力建设的紧迫课题,分析了以执政能力建设推进民主政治建设的问题⑥;有学者就新中国成立头七年中共政治文明建设的重要经验和教训、科学发展观与政治文明建设、社会主义民主政治建设的经验教训、向依法执政转变是加强执政能力的重要途径等内容,对党的执政能力与政治文明展开了研究⑦;有学者立足于党政关系,从理论前提、历史经验、内涵构成、影响因素和路径选择等方面阐述了党的执政能力建设问题⑧;有学者则对领导与执政的中国逻辑、执政能力建设的基本战略、用制度建设统一党的执政能力与先进性建设、基层组织与党的执政资源等内容展开了研究⑨。

就政党制度和政协制度研究领域而言,从研究主体上看,在执政党研究方面,党校系统的研究力量比较强大,在参政党研究方面,社会主义学院系统的研究者的成果比较突出。近年高校政治学者也开始较多关注上述课题的研究。⑩ 同时,西方协商民主理论的研究成果引起关注,也有助于政治协商制度研究的理论深度与

---

①　余丽君:《新时期的党内民主建设》,中国地质大学出版社,2009 年。

②　夏赞忠:《党内民主法规制度研究》(国家社科规划项目),中国方正出版社,2009 年。

③　王勇兵:《党内民主的制度创新与路径选择基于基层和地方党内民主试点的实证研究》,中央编译出版社,2010 年。

④　高建、佟德志:《党内民主》,天津人民出版社,2010 年。

⑤　陈蔡志:《中国共产党执政能力新论基于执政理论的整体性思考》,中央党校出版社,2007 年。

⑥　刘杰:《执政能力建设:从理论创新到战略推进》,上海人民出版社,2007 年。

⑦　黄宗良等:《党的执政能力与政治文明》,上海人民出版社,2008 年。

⑧　孙艺兵、孙志明:《党政关系视域中的执政能力建设》,人民出版社,2009 年。

⑨　林尚立:《党的执政能力建设》,重庆出版社,2009 年。

⑩　虞崇胜:《非对称性政党制度的特点和优势:中国多党合作制度的内在机理分析》,《理论探讨》,2009 年第 6 期。

学理层次的提高①。

7. 民族区域自治制度

民族区域自治制度是当代中国的基本政治制度之一,2001 年民族区域自治法的颁布和 2005 年 2 月国务院新闻办公室发布《中国的民族区域自治》白皮书,推进了中国民族区域自治制度的法制化和规范化。"十一五"期间,民族区域自治制度的研究受到学界更多重视,形成了较多的著作和学术论文,有高校研究机构组织出版了一套中国民族自治地方政府管理研究丛书②;有学者从政府构建、政府权力、政府关系、政府管理、政府财政、政府文化、政府能力、政府发展等方面,对民族自治地方政府进行了现状描述、结构分析、机理说明和理论论证③;有学者运用政府发展理论,从我国的民族自治地方体系与发展、地方政府发展的环境、地方政府发展模式、地方政府能力与政府活力建设、地方政府改革、地方政府创新六个方面对我国地方自治政府的发展进行了研究④;有学者在分析中国民族区域自治制度的基础上,提出了建立民主协商机构和设立民族自治市的政策建议⑤;有学者在总结实施民族区域自治法二十多年实践经验的基础上,从"中国的民族区域自治制度"、"民族自治地方经济社会发展自主权"以及"民族区域自治法学研究体系"三个方面,选择若干个重大的理论与实践问题进行了研究,尤其是对民族区域自治制度的作用与特色、自治机关立法自治权、自治地方制定自治条例的立法机制、自治地方政府自治权实施的法律保障机制等问题进行了探讨⑥;有学者研究了民族区域自治地方的立法权、产业政策法、财税自治、环境资源法治、扶贫开发制度、文化管理

---

①　有关西方协商民主理论的主要翻译成果有:詹姆斯·博曼、威廉·雷吉主编的《协商民主:论理性与政治》(陈嘉刚等译,中央编译出版社,2006 年)、德雷泽克的《协商民主及其超越:自由与批判的视角》(丁开杰等译,中央编译出版社,2006 年)、詹姆斯·菲什金和彼得·拉斯莱特主编的《协商民主论争》(张晓敏译,中央编译出版社,2009 年)和约·埃尔斯特主编的《协商民主:挑战与反思》(周艳辉译,中央编译出版社,2009 年)等。有关协商民主与中国政治协商和民主发展的关联性的研究成果主要有:陈剩勇和何包钢主编的《协商民主的发展:协商民主理论与中国地方民主国际学术研讨会论文集》(中国社会科学出版社,2006 年)、王维国和何深思编著的《协商民主与政治发展》(红旗出版社,2007 年)、金安平和陈忱主编的《民主协商与协商民主:当代中国政党的理论与实践　第二届北京大学政党研究论坛论文集》(中国文联出版社,2007 年)、罗豪才的《软法与协商民主》(北京大学出版社,2008 年)、李贺林和左宪民主编的《中国特色协商民主研究》(中共中央党校出版社,2008 年)、韩冬梅的《西方协商民主理论研究:兼论比较视野中的中国协商民主理论构想》(中国社会科学出版社,2008 年)、陈家刚的《协商民主与当代中国政治》(中国人民大学出版社,2009 年)、王心岳的《中国特色社会主义协商民主》(青海人民出版社,2009 年)、莫吉武和杨长明、蒋余浩著的《协商民主与有序参与》(中国社会科学出版社,2009 年)、李后强和邓子强著的《协商民主与椭圆视角》(四川人民出版社,2009 年)与高建和佟德志主编的《协商民主》(天津人民出版社,2010 年)等。

②　中央民族大学中国少数民族地区公共管理与公共政策研究中心组织出版的"中国民族自治地方政府管理研究丛书"(共 4 册,已出 3 册,2009 年)。

③　周平、方盛举、夏维勇:《中国民族自治地方政府》,人民出版社,2007 年。

④　方盛举:《中国民族自治地方政府发展论纲》,人民出版社,2007 年。

⑤　金炳镐:《中国民族区域自治形式创新研究》,黑龙江教育出版社,2008 年。

⑥　宋才发:《民族区域自治制度重大问题研究》,人民出版社,2008 年。

自治权①；有学者在实地调研的基础上展开对民族区域自治问题的研究，内容涉及民族区域自治地方的自然资源和文化资源开发、生态环境保护与少数民族生活方式、都市化与工业化进程中的民族区域自治与少数民族文化、少数民族社会固有的社会组织规范与国家法律的实施和民族乡制度等问题②；有学者从少数民族与国家之间、少数民族与政党之间、少数民族与汉族之间、各个少数民族之间以及少数民族内部等不同角度，分析了中国的少数民族政治关系，同时考察了少数民族政治关系与少数民族经济关系、少数民族文化关系、少数民族宗教关系之间的关系，不仅分析了少数民族政治关系的不同侧面，还建构了少数民族政治关系研究的框架③；有学者以"地方政府"为研究主体，通过对地方政府的超越"权力与利益"的"权利"认识角度，分别讨论中央与一般地方政府关系以及中央与民族自治地方政府关系，对中央与地方关系进行深入的剖析，并对中央与民族自治地方政府关系价值进行反思。④

近年民族区域自治制度的研究，大致呈现如下趋势：在研究内容上，逐渐从主要以制度规范研究为主，发展到更加关注制度运行过程的经验实证研究和具体案例分析；在研究对象和范围上，从民族区域自治制度的总体性阐释和以民族自治区研究为主，逐渐深入扩展到自治州（盟）、自治县（旗）和城市民族区、民族乡的研究；在研究方法上，在民族学既有研究方法的基础上，积极吸收和应用其他学科如政治学中的新制度主义政治学等研究方法和范式来研究民族区域自治问题⑤。围绕新形势下民族区域自治制度的完善课题，有学者尝试提出一些探索性的观点和建议，比如，和人大与政协相对应建立民族协商机构、设置民族区域自治市等⑥。

与此同时，我们也注意到，目前民族区域自治制度的研究队伍主要还是集中在民族学研究和民族实务工作者群体，政治学取向的研究成果相对有限，学理层次和理论深度有待进一步提高。

8. 基层自治制度

十七大报告首次将"基层群众自治制度"纳入中国特色社会主义基本政治制度范畴，在其引导下，我国学界关于基层群众自治制度的研究在原有突出村民自治研究的基础上向城市和乡村基层自治研究并重的方向拓展，研究也更加深入。目前，基层群众自治制度研究的领域，大致可以划分为"村民自治"、"城市社区自治"和"职代会制度"三个分支领域。

"十一五"期间，有关村民自治的主要研究状况在本书中国基层政治与治理一

---

① 熊文钊：《大国地方：中国民族区域自治制度的新发展》，法律出版社，2008年。

② 周勇、马丽雅：《民族、自治与发展：中国民族区域自治制度研究》，法律出版社，2008年。

③ 杨顺清：《中国少数民族政治关系分析》，云南人民出版社，2008年。

④ 高韬芳：《当代中国中央与民族自治地方政府关系研究》，人民出版社，2009年。

⑤ 参见唐凯：《民族区域自治制度的新制度主义理论视角分析》，《中央民族大学学报》，2007年第6期；徐珩：《以新制度经济学理论浅析民族区域自治制度》，《现代商业》，2007年第26期。

⑥ 参见金炳镐：《中国民族区域自治形式创新研究》，黑龙江教育出版社，2008年。

章已有较为详细的介绍。从制度角度出发,学者也进行了卓有成效的研究。有学者从学理分析、实地研究、政策研究三个方面对村委会选举与乡村政治进行了探究①;有学者主要涉及村庄性公共领域与村民自治、村庄性公共领域中的权力结构、村庄的社会分层及其挑战、东部较发达地区的农村新经济及其政治影响、村庄性公共领域的若干离散因素等问题②;有学者围绕社会主义新农村建设和村民自治制度的推进,多方面探讨了政治文化建设的路径,通过设计适合当前农村土壤和符合农民政治习惯的政治社会化模式,使村民自治的民主政治价值真正进入农民心里,为和谐农村政治塑造现代意义上的农民③;有学者以国家制度支持、各级政府主导推动、农民群众勇于创新和积极参与村民自治为经,以"村民自治政策与理论解读"、"组织(村委会、村党支部、村民小组)及机制探讨"、"制度创新与实践探索"、"群体政治参与探究"为纬,将社会分层、农民职业分化纳入村民自治研究视野,将静态透视和动态追踪二者结合,事实陈述与理论分析相互交融,探讨了村民自治的若干问题④;有学者以村治为主要研究对象,围绕公共权力的配置与运作,重点研究村的治理方式与过程,以寻求有效的治村之道,在注意了解、借鉴外国的经验和理论的同时,特别注重将学术研究深深根植于中国的乡村大地,从丰富生动的政治实践经验中提升出富有创造性的理论,以此促进乡村的有效治理⑤;有学者关注农村政治文化与村民自治的互动关系,提出了中国特色的农村政治文化发展模式⑥;有学者运用国家—社会关系的分析范式,剖析中国村民自治发生的逻辑和实践中存在的问题⑦;有学者对于村民自治的产生、村民自治的发展、村民自治的基本理论、村民自治权的实现等问题展开研究⑧;有学者对我国农村基层民主政治建设从实践到认识、从高层决定到国家立法及其在国内、国际产生的特殊而重大的影响,进行了描述和阐述⑨;有学者以法律社会学为研究视角,以村民自治制度中的自制规章为切入点,探讨了国家法与村民自制规章在中国特殊环境下的相互关系及其特色⑩;有学者引入了相当多案例与分析,从村民自治权益保障的角度总结与研究我国村民自治的理论与实践问题⑪;有学者结合特定省村民自治的实践,运用社会秩序二元论的分析视角,研究了村民自治选举与农村基层政权职能转换、农

① 仝志辉:《村委会选举与乡村政治》,中国农业出版社,2006年。
② 毛丹、任强:《中国农村公共领域的生长:政治社会学视野里的村民自治诸问题》,中国社会科学出版社,2006年。
③ 戴玉琴:《村民自治的政治文化基础:苏北农村个案分析》,社会科学文献出版社,2007年。
④ 王道坤:《村民自治的多视角研究》,四川大学出版社,2007年。
⑤ 徐勇、徐增阳:《乡土民主的成长:村民自治20年研究集萃》,华中师范大学出版社,2007年。
⑥ 王会玲:《农村政治文化视域下的村民自治》,河南人民出版社,2008年。
⑦ 黄辉祥著:《村民自治的生长国家建构与社会发育》,西北大学出版社,2008年。
⑧ 时树菁:《当代中国的村民自治》,西安出版社,2008年。
⑨ 王布衣:《震惊世界的广西农民:广西农民的创举与中国村民自治》,广西人民出版社,2008年。
⑩ 赵一红:《中国村民自治制度中自制规章与国家法律关系研究》,中国社会科学出版社,2008年。
⑪ 朱中一、郭殊:《村民自治权益保障的理论与实践》,中国社会出版社,2008年。

民经济合作组织和农业互助保险模式、农村社会秩序与社会关系网络类型以及政治文化在村民自治中的生长与构建等问题①；有学者探讨了自从实行村民自治制度以来，广东农村基层民主的发展、农村治理模式的变化以及村民自治的相关制度、法律与技术问题②；有学者运用抽样方法，分析阐述了中国村民自治制度的历史与现状、方法与经验、坎坷与平坦、成就与问题、现实与未来、困境与出路、光荣与梦想③；有学者对中国村民委员会选举进行总体性研究，不仅分述 1980—2008 年历次村民委员会选举的情况，收集了同期研究村民委员会选举的主要成果，而且按照"各省、自治区、直辖市村民委员会选举综合比较"，在省级单位统计数据的基础上，对村民委员会选举的组织化程度、选举程序规范化进程、选民参选率、选举竞争性、村民委员会成员的构成等进行分析和比较，并指出了村民委员会选举走向"常态化"的重要特征④；有学者对中央和地方不同层级的政治精英的角色构建与策略展开深入分析，并对村民选举与村庄政治家的互动进行了研究⑤；有学者收录了特定地方从启动村委会换届选举工作到选举结束整个过程各个操作环节出现的具体案例，力图反映选举工作的全流程⑥。

有关城市社区自治的成果相当丰富。有学者以中国独特的社区组织——居民委员会的历史过程，包括它的生成、发展与变迁为研究对象，分析了居民委员会法律上一贯强调的"自治性"和实际上不能摆脱的"行政性"的一体两面特征⑦；有学者讨论了社区建设的法律基础和政策依据，在理清社区建设发展状况的基础上，对社区概念、社区建设的基本原则与与主要内容、政府在社区建设中的作用、社区组织建设模式、社区居民委员会的角色与职能、社区居民委员会选举、社区中介组织、社区居民参与和居民自治、社区服务、制约社区建设发展的因素等进行了专题研究⑧；有学者以舆情相关理论为基本依据，根据舆情在党和国家决策中的地位和作用，依照舆情发生、变动、结束和残留等变动规律，从理论上探讨舆情疏导机制的含义、目标和原则、基本内容和工作环节等概念，从汇集传达社情民意、解决居民实际问题、宣传和动员、建设和谐社区文化、调解矛盾纠纷、维护社区稳定与安全等方面，探讨社区居委会具体工作实践中的舆情疏导功能和工作方式⑨；有学者对中国

①　付金柱：《内部生发与外在规制的互动：黑龙江省村民自治及乡村治理考察》，黑龙江人民出版社，2009 年。

②　王金红：《南粤政治：广东农村村民自治》，中国社会科学出版社，2009 年。

③　詹成付主编：《全国村民自治状况抽样调查报告》，中国社会出版社，2009 年。

④　史卫民、郭巍青和汤晋苏等：《中国村民委员会选举：历史发展与比较研究（上、下）》，中国社会科学出版社，2009 年。

⑤　朗友兴：《发展中的民主——政治精英与村民选举》，西北大学出版社，2009 年。

⑥　张晶：《村民委员会换届选举案例选析》，中国社会出版社，2010 年。

⑦　郭圣莉：《居民委员会的创建与变革：上海市个案研究》，中国社会出版社，2006 年。

⑧　潘小娟等：《城市基层权力重组：社区建设探论》（共分为上、下两篇），中国社会科学出版社，2006 年。

⑨　陈月生：《社区居委会舆情疏导机制研究》，天津社会科学院出版社，2007 年。

居民委员会的选举制度、选举过程与程序进行了研究。①

另外,学者还对我国城乡基层自治展开了整体性研究。有学者以中国的间接选举、乡级人大代表选举、村民自治、社区建设、乡镇治理等研究为基础,着重对2000—2005 年中国基层民主政治建设的发展进行了总体说明,不仅介绍基层民主政治建设所取得的成就,还指出了基层民主政治建设发展面临的种种问题,并对学术界就基层民主政治发展的政治、经济、社会基础等方面的研究状况进行了概括,梳理了未来基层民主政治建设发展的基本思路②;有学者阐述了社区工作的基本操作规则和操作技巧,并且对于城乡社区民主自治典型案例进行了分析③;有学者对中国城市与农村基层民主的发展、北京市社区管理模式、公共服务社会化体系与构建和谐社会等问题进行了研究④;有学者对村(居)民委员会的基层群众自治的组织形式、民主选举与基层群众自治、村(居)民会议等基层群众自治的权力机关的地位与功能进行了具体分析⑤。

调研显示,2006 年以后,有关职代会制度研究的作品尚不多见。有学者基于对中国工会的基层民主选举进行调查的资料来研究中国工人公民权利的衍生,提出了工人的公民权利意识和公民权利行为的逐渐形成和发育是工会基层民主选举中最有意义的成果等观点。⑥ 有学者研究了中国特色的社会主义企业制度。⑦

这一时期,基层自治制度的研究的主要特点是:乡村自治制度的研究成果非常丰富,在研究方法和理论构建等方面都得到进一步发展;伴随着城市化进程的推进,城市社区自治制度及其发展引起学界的更多关注和重视,并开始形成一批系统的研究成果,研究范围也从传统的居委会研究扩展到社区自治的更广范围;与此同时,与城乡基层自治制度研究的较快进展相比较,有关职代会制度和实际运作的研究还比较薄弱。⑧

9. 一国两制与特别行政区制度

"十一五"期间,有关"一国两制"的总体性研究的成果丰硕。有学者研究了1997—2007 年十年间"一国两制"在香港法治实践中的法理学专著,借助比较、典

---

① 史卫民:《中国社区居民委员会选举研究》,中国社会科学出版社,2009 年。
② 史卫民、潘小娟等:《中国基层民主政治建设发展报告》,中国社会科学出版社,2008 年。
③ 徐勇:《城乡社区自治实务》,湖北科学技术出版社,2008 年。
④ 于燕燕:《社区:自治与和谐》,中国人事出版社,2009 年。
⑤ 陈斯喜:《中国基层群众自治制度》,中国民主法制出版社,2009 年。
⑥ 其中,2009 年出版的冯同庆的《中国工人的命运:工会民主选举与工人公民权利衍生》一书是少见的成果之一。
⑦ 高占稳、高云鹏:《创新发展职代会制度——推进基层民主政治建设》,《党史博采》,2006 年第 8 期;倪豪梅:《职工代表大会制度是具有中国社会主义特色的企业民主管理制度》,《中国工运》,2006 年第 4 期;阎向东、褚德勤:《对加强职代会制度建设的几点思考》,《工运研究》,2007 年第 5 期;王久高:《改革开放以来我国职工代表大会制度民主建设的历史考察》,《中共石家庄市委党校学报》,2009 年第 2 期。
⑧ 有关这一时期基层政治与治理研究现状的文献综述请参考徐勇:《"十一五规划"期间中国基层政治与治理研究状况及下一步研究的重点问题分析》,2010 年 5 月。

型案例解析和社会冲突理论等分析工具,多维度地展示了"一国两制"法治实践中的宪政、立法、司法等法制冲突,探究了这种冲突的社会、制度、意识形态和法学方法等成因,对冲突的制度、社会和理论效应进行了价值评价,探讨了一国两制宪政体制及其法律载体《基本法》的整合空间①;有学者探讨了"一国两制"与港、澳基本法的基本理论以及实施过程中的一些具体问题,内容涉及"一国两制"的原则及其宪法学意义、单一制理论及其分类问题、国家行为和政治问题、法院管辖权的概念及其内在限制和外在限制,以及全国人大及其常委会在特别行政区的宪法地位,香港回归后立法制度的演变及其对行政主导的影响,澳门行政长官与行政会、行政机关的关系等。②

在有关香港特别行政区政治制度研究,也是"十一五"期间学术研究的热点。有学者研究了香港近二十多年来的政治发展③;有学者论述了1997年前香港选举制度的发展和特点,1997年后香港特别行政区选举制度的发展和原则,并且与外国选举制度进行了比较,对2007年后选举制度进行了展望④;有学者以香港廉政公署成立以来的社会发展为背景,以廉署所成功侦办的多起惊心动魄的大案为经纬,阐述廉署的历史和作用⑤;有学者通过对1843年以来香港立法机关历史演变的考察,阐述了各个时期立法机关在香港政制中的地位、与香港社会的关系变化,尤其指出香港特别行政区立法机关所拥有的权力大大超过了港英政府时期,揭示了160多年以来香港政制发展的状况和特点⑥;有学者根据经济学原理,从微观规制、宏观调控以及香港特别行政区对外经济活动三个角度,分析了香港政府行为的特点与成效⑦;有学者研究了香港回归以来政党与选举政治⑧;有学者运用文本分析研究法和历史比较分析法,比较系统地分析解读香港公共管理方面官方权威的文本,特别是《基本法》、回归以来行政长官的历年《施政报告》和财政司司长的财政预算案等,同时注重对研究对象历史发展脉络的探讨,以期理解这一公共管理模式的特殊历史背景、现实特点和演变方向⑨;有学者分析了香港的以行政为主导的政治体制,并对行政长官的产生、地位与职权,行政长官与中央的新型关系,行政长官与行政会议、行政机关、行政长官与立法机关的关系等进行了分析。⑩

随着香港政治发展进程的推进,2007年底,全国人民代表大会常务委员会通

---

① 陈友清:《1997—2007:一国两制法治实践的法理学观察》,法律出版社,2008年。
② 王禹:《"一国两制"宪法精神研究》,广东人民出版社,2008年。该书收录了作者就"一国两制"与基本法方面发表的七篇学术论文。
③ 周平:《香港政治发展1980—2004》,中国社会科学出版社,2006年。
④ 范振汝:《香港特别行政区的选举制度》,三联书店(香港)有限公司,2006年。
⑤ 何亮亮:《解密香港廉政公署》,中信出版社,2006年。
⑥ 朱世海:《香港立法机关研究》,中央编译出版社,2007年。
⑦ 袁持平:《香港政府行为研究》,北京大学出版社,2008年。
⑧ 周建华:《香港政党与选举政治1997—2008》,中山大学出版社,2009年。
⑨ 陈瑞莲、汪永成:《香港特区公共管理模式研究》,中国社会科学出版社,2009年。
⑩ 傅思明:《香港特别行政区行政主导政治体制》,中国民主法制出版社,2010年。

过了《关于香港特别行政区 2012 年行政长官和立法会产生办法及有关普选问题的决定》,对香港选举制度的改革和行政长官与立法会的"双普选"的实施进程作出了相应的规定,有关香港的政治改革和选举制度完善成为香港政治发展的重要课题,并成为学者关注的研究热点。① 另外,有关澳门特别行政区政治制度的成果逐步增加。有学者对过去三十年澳门研究学术成果进行系统梳理和总结,分析了近代以来澳门政治发展演变过程,并且对于澳门政治进行了理论阐述和案例分析②;有学者回顾检察制度在澳门逐步形成和发展的历程,说明了澳门特别行政区检察制度重新建立的背景,介绍了检察院的权限和运作、检察官制度、司法辅助人员制度,进而归纳出澳门特别行政区检察制度的主要特点③;有学者梳理了澳门政治发展的错综复杂的历史脉络,勾勒了澳门生存之道的制度和文化基本轮廓。④

　　"十一五"期间,在台湾地区政治制度研究方面,有学者借鉴政治分析框架,从"政治文化"、"政治结构"、"政权体制"、"政党政治"、"政治参与"、"大陆政策"、"对外政策"等不同视角进行系统的研究,力图寻找出台湾政治这些层面之间的政治逻辑关系⑤;有学者将台湾地区放在广阔的社会历史、两岸关系和国际背景下,对台湾的政治生态及其发展趋势作了分析⑥;有学者介绍了台湾选举的演进、台湾政党诸生态、选民的价值取向、"蓝绿对峙"的政治版图、选举的策略与技术要素、影响选举的重要因素、"立法委员"选举的技术性比较、县市长、直辖市长选举策略比较、台湾选举的未来走势等⑦;有学者对民进党成立后至新党成立前、新党成立后至"政党轮替"前、"政党轮替"以来这三个时期的政党互动进行了阐述,并对 2005 年底"三合一"选举后台湾政党互动格局进行了分析,剖析了台湾政党互动的特征及其影响因素⑧;有学者在梳理台湾政党政治演变的历史脉络的基础上,从理念、过程与特质三个侧面对台湾政党政治的全貌进行了分析⑨;有学者主要探讨民进党"执政"以来的活动轨迹及其对台湾政局、两岸关系等各方面产生的影响。⑩ 在台湾地区政治制度的研究中,因应台湾地区政治局势的变迁,学者比较集中关注岛内的政

---

① 比如朱孔武:《香港选举制度的宪法政治分析》,《暨南学报》,2009 年第 2 期;程洁:《地区普选的宪制基础研究——以香港普选问题为出发点》,《清华法治论衡》,2009 年第 1 期。
② 余振、林媛:《澳门人文社会科学研究文选:政治卷(2009)》,社会科学文献出版社,2009 年。
③ 王伟华:《澳门检察制度》,中国民主法制出版社,2009 年。
④ 吴志良:《澳门政治制度史》,广东人民出版社,2010 年。
⑤ 刘国深等:《台湾政治概论》,九州出版社,2006 年。
⑥ 钮汉章:《台湾地区政治发展与对外政策》,世界知识出版社,2006 年。
⑦ 史卫民:《解读台湾选举》,九州出版社,2007 年。
⑧ 林劲、郭红斌:《当代台湾政党互动分析》,九州出版社,2008 年。
⑨ 徐锋:《当代台湾政党政治研究》,时事出版社,2009 年。
⑩ 傅玉能:《民进党主政下的台湾》,台海出版社,2009 年。

党制度和选举制度变迁的情况以及司法制度的相关方面。①

10. 干部人事制度与公务员制度

官员制度是现代国家政治制度的重要组成部分,在当代中国政治制度中,这一制度体现为干部人事制度。改革开放以来,建立和完善公务员制度成为中国干部人事制度改革的重点和主要方向。2005 年公务员法的正式颁布,标志着中国公务员制度的基本建立。干部制度和公务员制度研究一直以来也是中国政治制度研究的重要领域,"十一五"期间,这一方面的研究成果较为丰富。

学者围绕干部制度及其改革展开研究。有学者较为系统地记述了中国共产党的一些重要的干部制度的建立过程,并试图分析党的干部制度建设取得的重大成就和存在的不足与问题,探讨进一步深化改革的方向和需要完善的方面,内容涉及干部的离退休制度、选拔任用制度、国家公务员制度、干部考核制度、干部教育培训制度和干部监督制度的建立与完善等方面②;有学者在实地调研的基础上对特定省特定县乡镇党委班子"公推直选"的党内民主试点进行了个案研究,并从比较的角度考察了各地基层党内选举制度创新的做法,从理论和国际视角对党内民主问题展开分析,阐述了中国共产党党内民主基层制度创新的发展趋势③;有学者对特定省份干部选任制度改革实践进行跟踪调研后的理论概括和经验总结,对于其探索如何从源头上遏制腐败的实践有进一步了解,阐述了干部选任制度的改革能够从源头上有效遏制腐败的理论④;有学者研究了古代和国外"选官"制度,回顾了我党干部选拔任用制度的发展和改革历程,特别是深入总结研究了"三票制"的实践过程、成功经验、运用价值、制度比较、个案实证、未来展望等⑤;有学者将党内干部监督制度建设问题放在党的执政能力建设和先进性建设这一主题下,在建立健全惩治和预防腐败体系的大实践中,从理论与实践、历史与现实、党史与党建相结合

① 这方面主要研究成果如余功德:《试析台湾的"两党制"及对两岸关系的影响》,《现代台湾研究》,2006 年第 6 期;何翔:《从台湾选举看其政党制度的演变与发展》,《世纪桥》,2006 年第 12 期;刘凌斌:《国民党与民进党提名制度浅探》,《现代台湾研究》,2007 年第 1 期;黄伟伟:《台湾选举制度改革对政党格局的影响》,《现代台湾研究》,2007 年第 1 期;李鹏:《从"排蓝民调"看民进党政治生态的滑轨与嬗变:一种交易成本政治学的观察视角》,《台湾研究集刊》,2007 年第 1 期;蔡泉水:《当前台湾"两党制"雏形初探》,《现代台湾研究》,2007 年第 4 期;郑振清:《选举制度、社会分歧与台湾政党政治新形态的形成:台湾第七届"立委"选举案例的政治社会学分析》,《台湾研究》,2008 年第 3 期;陈健:《略论选举制度、政府体制与政党体系的相关性:对我国台湾政治实践的思考》,《太平洋学报》,2009 年第 4 期;陶元浩:《我国台湾地区政党体制的历史演变与发展》,《大连干部学刊》,2009 年第 9 期;顾慕晴:《公务人员贪污检举制度研究:台湾经验的分析》,《公共管理研究》(第 5 卷),2008 年;林则奘:《台湾地区检察官制度面临的几个问题》,《国家检察官学院学报》,2008 年第 1 期等。

② 王旸:《新时期党的干部制度建设》,中共党史出版社,2006 年。

③ 王长江:《中共党内民主制度创新:一个基层党委班子"公推直选"的个案研究》,中央编译出版社,2007 年。

④ 杨丹娜:《干部选任制度改革的调研与思考——兼对广东个案的分析》,中共中央党校出版社,2008 年。

⑤ 王璋:《"三票制"选"官":干部选拔任用制度创新的实践与思考》,中共中央党校出版社,2007 年。

的角度,从历史维度、价值维度、规律维度、效能维度的视角,对党内干部监督制度建设进行多角度、多层面的探讨研究。①

学者围绕人事制度展开了研究。有学者对改革开放以来中国政府的人事治理制度改革的历程和成果进行了整理和研究②;有学者运用多学科的知识,对人事权力及其运行特点、人事权力异化及其根源、监督与制约在人事权力运行中的作用、我国人事权力监督与制约的历史、国外人事权力监督与制约的理论与实践、人事权力监督与制约的基本模式及其框架设计与制度安排进行了研究③;有学者从新的角度解说了中国人事行政方式④;有学者分析了我国事业单位人事法律制度包括人事流动法律制度、人事档案法律问题、人员激励机制的法律保障、人员的社会保障法律问题⑤;有学者就人事宏观管理、机关、事业单位、企业、专业技术人员、工资福利、人才资源开发、人事监督管理以及军转安置、大学生就业、国际职员等方面的人事管理制度展开系统研究,汇总和整理了干部人事制度改革的最新理论和实践成果⑥;有学者以中国人事档案制度为对象,开创性地研究了单位身份制问题⑦;有学者分别从改革的背景和进展、体制环境、人才管理与开发、职称评定、人才培训、激励机制、人才流动、公务员制度、老年人才问题等多方面来对我国事业单位人事制度的改革提出相应的研究分析⑧;有学者阐述了公共人事制度的基本知识,包括职位管理制度、选拔制度、职务管理制度、工资福利保险制度、公共人事体制等⑨;有学者回顾特定省份人事改革的历程和成果,总结其人事改革的实践经验,剖析影响和制约其人事改革的主要问题,探索其人事改革的方向,由此努力揭示地方人事改革的一般特点⑩。

学者围绕公务员制度及其改革进行了多方面研究,有学者探讨了公务员的考取、类别、工作等操作流程以及公务员法的相关内容⑪;有学者研究了包括公务员的条件、权利、义务、职位分类、录用、考核、职务任免、职务升降、奖励、纪律和行政处分、培训、交流、回避、工资、保险、福利等方面的内容⑫;有学者系统分析了中国公务员考核体系、中国公务员考核的涵义及发展趋势、中国公务员考核的价值取向与原则,在此基础上,重点考察了以绩效管理为基础的公务员绩效考核模式等地方

---

① 董瑛:《党内干部监督制度建设论》,人民出版社,2010年。
② 丁茂战:《中国政府人事治理制度改革》,中国经济出版社,2006年。
③ 黄高荣、何隆德、尹国杰:《人事权力的监督与制约机制研究》,研究出版社,2006年。
④ 李志更:《中国人事行政方式改革初论》,大象出版社,2007年。
⑤ 黄锡生、刘丹:《我国事业单位人事法律制度研究》,中国检察出版社,2007年。
⑥ 徐颂陶、孙建立:《中国人事制度改革三十年》,中国人事出版社,2008年。
⑦ 陈潭:《单位身份的松动:中国人事档案制度研究》,南京大学出版社,2007年。
⑧ 陆学艺、顾秀林:《中国事业单位人事制度改革研究》,社会科学文献出版社,2008年。
⑨ 刘俊生:《公共人事制度》,河南人民出版社,2009年。
⑩ 解毅:《云南人事改革实践与探索 1978—2008》,云南大学出版社,2009年。
⑪ 张锋:《国家公务员制度新论》,中国人民公安大学出版社,2006年。
⑫ 周美雷:《中国公务员制度的理论与实践》,北京出版社,2006年。

政府公务员考核模式[1];有学者结合对工业化和后工业化国家的公务员层级结构及其变化的研究,对中国公务员层级结构的改革与完善进行了深入分析[2];有学者阐释了中国基层政府中的公务员的常态量化绩效的全新管理模式[3];有学者探讨了在行政现代化背景下中国公务员制度的改革与完善问题[4];有学者对公务员流动机制与绩效管理的一般理论、公务员流动机制的历史沿革、中外公务员流动机制和绩效管理进行了分析[5];有学者回顾和梳理了公务员制度的研究提出、试点论证、实施条例直至起草制定公务员法的过程[6];有学者梳理了新中国成立以来公务员工资制度演进的脉络,结合各个历史时期经济、社会发展的特点,科学、严谨地划分出我国公务员工资制度演进阶段,并作出评价,同时,通过构建基于两部门框架的工资决定机制模型,建立了公务员工资收入决定机制转换的理论解释框架[7];有学者侧重研究探讨中国公务员激励理论和相关公务员制度的创新[8];有学者分析了公务员规模和大部门体制改革在内的政府体制改革问题,在推动建设服务型政府的框架下,就政府机构和编制改革、公务员规模调整等行政改革问题提出了看法[9];有学者从理论上通过分析政府与公务员间的关系,对公务员责任体系的总体价值、基本内容及当代的权能重心进行了合理定位,并分别从角色、性质和内容形式三个维度对公务员责任的结构层次、主要特征、各自要求及内在关联等进行了研究剖析[10];有学者探讨了我国公务员分类制度、考核制度、职务升降制度、培训制度、薪酬制度、申诉控告制度等[11];有学者研究了我国公务员工资制度的历史沿革、制度变迁及社会效果,提出了新的公务员工资制度改革的方向——新供给制[12];有学者则紧扣《公务员法》的规定,在内容上按照"四大板块"展开研究:第一板块是公务员制度概述和中外公务员制度的历史发展,第二板块是当代中国公务员的身份管理制度,第三板块是当代中国公务员的在职管理制度,第四板块是当代中国公务员在职管理的支持和保障制度。[13] 有学者在对当代中国政治制度、政府体制与运行机制进行总体介绍的基础上,重点分析了国家公务员报考的程序、制度、考试内

① 何凤秋:《公务员考核体系理论与实践》,中国人事出版社,2007年。
② 溪流:《现代国家公务员层级结构及其变迁》,中国人事出版社,2007年。
③ 朱凯杰:《我国基层政府公务员常态量化绩效管理与评价》,黑龙江人民出版社,2007年。
④ 张子良:《公务员制度与行政现代化》,上海社会科学院出版社,2007年。
⑤ 梁丽芝:《公务员流动机制与绩效管理研究》,湖南人民出版社,2007年。
⑥ 侯建良:《公务员制度发展纪实》,中国人事出版社,2007年。
⑦ 张力:《中国公务员工资收入决定机制转换研究》,首都经济贸易大学出版社,2008年。
⑧ 蒋硕亮:《中国公务员复合利益均衡激励论》,北京大学出版社,2008年。
⑨ 朱光磊:《中国政府发展研究报告(第1辑):公务员规模问题与政府机构改革》,中国人民大学出版社,2008年。
⑩ 王美文:《当代中国政府公务员责任体系及其实现机制研究》,人民出版社,2008年。
⑪ 吴春华、温志强:《中国公务员制度》,南开大学出版社,2008年。
⑫ 毛飞:《中国公务员工资制度改革研究》,中国社会科学出版社,2008年。
⑬ 薛立强、杨书文:《当代中国公务员制度》,天津大学出版社,2009年。

容等考录制度。①

近年来,在干部人事制度和公务员制度研究领域内,干部的财产申报制度和干部年轻化政策引起了学界的持续关注并成为这一时期的研究热点。相关研究对改革开放以来党政干部财产申报制度的建立和近年地方政府在此方面的制度创新进行了跟踪研究,越来越多的学者提出应该加快干部财产申报和公开制度的落实和完善。②

由此可见,近五年来,当代中国政治制度研究有了长足的进步,新的研究视角不断被引入,研究对象呈现多元化和精细化的趋势,研究成果不断面世,所有这些都为中国政治改革实践的发展提供了相关理论和智力支撑。其特点主要表现在以下三个方面:

第一,研究内容不断深化和细化。在当代中国政治制度研究中,有不少研究者尝试采用多种理论视角来观察中国政治制度的核心内容,特别是在人民代表大会制度、政治协商制度和政党制度研究中,学者对于新时期下这些制度的发展与创新,尤其是制度实施环节的具体化研究取得积极进展。随着中国市场经济的纵深发展,城市化进程不断推进,流动的社会阶层和群体对于传统的政治参与制度和政治选举制度形成了较大的挑战,这些问题也引起了相关学者的关注,由此扩展了研究视野,拓展了研究的深度。党的十七大以来,以实践探索和制度创新为依据的中国政治体制改革研究呈现新的趋向,针对复杂的改革,学者开始考虑如何结合社会发展和阶层分化,突出政治参与和利益表达的制度化,使之有利于构建和谐社会的利益平衡机制。

第二,总结了大量的地方体制创新的实践经验,为深化改革和制度建设提供了学术研究基础。源于促进经济发展动力的地方政治制度的创新,实际上已经超出了经济的发展,对于政治发展和社会发展起到了良好的促进作用。"十一五"期间,许多研究成果通过分析地方政治制度创新的经验和实践过程中出现的问题、反映的情况,深化了人们对于实践的认识,学者也据此提出了积极的政策建议,为深化改革和制度建设提供了研究依据。

第三,"中国特色"的政治制度研究开始凸显。在"十一五"期间,恰逢我国改革开放三十周年和新中国成立六十周年,政治学界认真总结中国政治制度的发展历程和相关经验,切实开展中国特色的社会主义政治制度研究。结合国外学术界对于"中国模式"的热烈讨论,我国政治学者认识到,由于当前中国政治制度的独特性,使得我国的研究者有可能在经济社会发展的基础上,构建有利于促进中国政治

---

① 于水:《中国政府管理与公务员考录》,中国人民大学出版社,2009年。

② 曾金胜:《财产申报制让贪官"现形"——解读〈关于党员领导干部报告个人有关事项的规定〉》,《人民论坛》,2006年第19期;张军:《我国官员财产公开制度的完善策略:以新疆阿勒泰为例》,《福州党校学报》,2009年第2期;黎慈:《论我国公务员财产申报制度的有效构建:兼评新疆阿勒泰地区的领导干部财产申报制度》,《新疆社科论坛》,2009年第3期。

建设的理论框架,从而为中国特色社会主义政治建设和发展作出贡献。例如政治协商制度的内在弹性,"两会机制"的创新等制度研究,都会为未来中国政治发展提供新的生长点。

(三)中国政治制度研究的主要方法与视角

政治制度研究,一直是政治学的重要研究领域,制度分析是政治学重要分析方法。从正式的宪法和法律入手关注政府制度和结构是近现代政治学的重要研究取向,战后行为主义革命的兴起推动了关注政治行为和政治过程的经验实证研究取向的发展,而20世纪80年代以来,新制度主义的兴起则重新唤起学界对更为广泛意义上的制度分析的关注和重视,制度分析与行为—过程分析的相互结合,已经成为政治学研究方法的重要发展趋势。就中国政治制度研究而言,作为一个研究领域,主要是研究中国政府与政治的制度;作为一种研究方法,它主要是制度分析途径在中国政府与政治研究过程中的应用。随着中国政治学研究的逐步完善和走向成熟,中国政治制度研究在研究方法和研究视角上也呈现出一种新的综合发展的态势,这一点在"十一五"期间我国政治学一系列研究进展上已经初步得到体现。

总结和整理这一时期的总体性与专题性的研究成果,可以发现,中国政治制度研究在研究方法上逐步趋向成熟,研究视角趋向丰富,"政治制度研究的细化"①特征逐步明显。

第一,中国政治制度研究呈现出从描述性研究向解释性研究转变,法理文本描述与理论解析相结合的研究取向逐步突出。在中国古代、近代和民国时期政治制度研究领域,我国政治学者已经积极努力,试图强调运用政治学的学理规范和理论视角来研究历史上的中国政治制度,而非局限于政治制度史的铺陈与记述性研究。在当代中国政治制度研究领域,随着法治国家建设进程的深入,监督法与公务员法等法律的颁布和《中国的民族区域自治》与《中国政党制度》等白皮书的发布、在法律制度层面推进了当代中国政治制度的规范化和法制化的水平不断加强,也为学界从规范角度加深对当代中国政治制度各个方面的法理解释和描述研究提出了进一步的要求。同时,在传统法理解释和描述性研究有所扩展的基础上,一些学者更加重视考察各种政治制度存在和演变的内在逻辑机理并探求进行理论性解释和分析②,尝试提出理解中国政治制度发生和变迁的理论范式③。

第二,中国政治制度研究呈现出从以静态研究为主向同时关注动态研究的转变,制度分析与经验分析相结合的研究取向更加受到重视。有学者曾提出,当代中

---

① 参见王邦佐先生为浦兴祖教授主编的《中华人民共和国政治制度》所作的序言,浦兴祖:《中华人民共和国政治制度》,上海人民出版社,1999年。

② 有关新制度主义政治学在中国的引入,请参见杨光斌:《新制度主义政治学在中国的发展》,《教学与研究》,2005年第1期。

③ 如杨光斌试图提出一种理解当代中国政治发展的"制度"范式,参见杨光斌、高卫民:《探索宏观的新制度主义》,《中国人民大学学报》,2007年第4期。

国政治制度研究要实现"制度研究与经验研究相结合"并在其研究中进行了开创性的探索和努力[①]。近年来,中国政治制度研究的很多研究成果正是沿着"制度研究与经验研究相结合"的思路开始趋向深化,越来越多的政治制度研究成果不仅关注制度的法律内容,而且更加关注对不同历史时期各种制度的实际运作过程的分析。

第三,中国政治制度研究呈现从宏观研究为主趋向更加重视微观研究的转变,法内制度与法外制度研究相结合的研究取向趋于明显。从改革开放到20世纪90年代,在前辈学者们的积极推动下,有关中国政治制度的研究成果主要体现为对不同时期的中国政治制度的总体性分析和把握上。进入新世纪以来,在中国政治制度研究领域,更多成果体现为对中国政治制度的具体方面和具体环节的分析,学者在重视法律规定的政治制度内容的同时,对包括法外制度在内的更为广泛意义上的制度安排的分析更为重视。

二、"十一五"期间中国政治制度研究的薄弱环节

"十一五"期间,中国政治制度研究有了长足的进步,然而我们也必须清醒地直面当下有关中国政治制度研究存在的主要不足和薄弱环节:

(一)古代、近代和民国时期中国政治制度研究的不足

第一,历史学研究至今仍是古代、近代和民国时期中国政治制度研究的主流,围绕历史上的中国政治制度的总体分析和专题研究,需要进一步引入政治学的研究方法和理论。

第二,与上述不足相关,断代性的政治制度史的研究取向仍是古代、近代和民国时期中国政治制度研究的主要研究模式,专题性的政治制度研究取向开始增多,但还有待进一步完善和深化。

第三,在中国政治制度研究领域,对历史上的政治制度安排研究的"现实感"还不强,学者对于历史上的政治制度安排对当代中国政治制度建设的正反两方面影响关注不够,对历史变迁过程中政治制度的延续与"遗传"重视不足。历史上的政治制度研究成果一般都较少或者没有将1949年以后的中国政治制度纳入考察范围,而当代中国政治制度的研究者在分析现今政治制度时也很少深入思考当代各种制度安排的历史传统和制度起源问题。

(二)当代中国政治制度研究的不足

1. 当前中国政治制度研究体系尚不健全

主要体现在三个方面,一是研究方法使用问题。在当前政治制度研究中存在着两种趋势:一种是"只见森林,不见树木",即传统的政治文本研究,从事大而化之的宏观政治制度研究,对于个案和地方政府制度创新视而不见;另外一种是"只见

---

① 浦兴祖:《中华人民共和国政治制度》,上海人民出版社,1999年,第46~54页。

树木,不见森林",即当下流行的专注于个案分析的实证研究,过于强调注重实地经验和个人体验,但是忽视了实证研究的局限性,特别是从局部经验上升到普遍规律总结时,缺乏理论研究的深度和广度,导致了部分研究沦为经验总结或者是泛泛的政治评论,毕竟复杂的政治现象远不是单单利用定量或数学公式推算能够验证或论证的。总之,认识到研究方法的不足并不困难,困难的是克服这些不足,实现研究方法上的创新与拓展。这种"有实践基础,缺理论提升"的研究,在一定程度上影响了中国政治制度研究的深入拓展。如何把理论研究和实践研究有效结合起来,将是未来中国政治制度研究方法论创新的重要突破节点。

二是研究中概念的统一和规范有待进一步加强。目前的研究中有不少似是而非的核心概念,特别是在跨领域借鉴的时候,忽视不同学科背景概念范畴的含义,导致部分研究由于核心概念的先天不足而无法成立。另一方面,随着研究队伍的年轻化和外语能力的提升,一些具有典型的西方背景的制度研究范式被介绍到中国政治制度研究当中,虽然在一定程度上开阔了视野,但是尚未得到中国实践的科学验证。

三是政治制度领域中非正式规则与环节的研究不足。如果仅仅局限于中国政治制度框架性制度的研究,很难解释中国近年来所取得的政治发展。在当前中国政治社会运行中,存在诸多非正式制度,这些"非正式制度"起着制度"润滑"的特殊作用,促进了中国制度运行的有效磨合,需要深入研究。

2. 有关"司法制度"的政治研究不足,是当前政治制度研究的缺失

有关"司法制度"的政治研究不足,从某一侧面反映了制度研究的一个困境,即"问题意识"缺乏,致使一些重要课题,比如法治国家建设、人权、祖国统一问题等,流失到了相关学科。政治学科体系还不完整,有不少空白点,比如"依法治国"的关键,并非法律和制度本身,而是对宪法、法制的"政治定位"问题。对这些问题政治学应该承担研究责任。

当前中国政治制度研究对于立法和行政制度研究相对比较充分,但是对于司法制度的政治研究尚嫌不足。实际上自 2007 年起,最高法院就开始采取具有"民主"特色的"公民动议司法解释"和"公开征求意见"机制。最近,最高人民法院提出,"今后一个时期人民法院深化司法改革,要注意增强政治性,确保正确方向"。这些表明,实践再次走到了理论研究的前面。

目前我国法学界及实务界对司法制度的关切多停留在裁判刑、民纠纷、保障法律实施、维护社会秩序等纯司法功能,对各地不断出台的地方性司法政策在社会发展进程中所发挥的实际功效、司法权力在社会转型时期与国家的经济战略、政治目标、社会政策方面的政治互动、法律支持的研究相对比较缺乏。因此,需要加强这些方面的研究。

3. 有关中国政治制度变迁逻辑的分析不够清晰

中国政治制度的研究必须与中国社会实践发展平衡和有机结合。当前有些中国政治体制变迁的研究逻辑不够清晰。实际上,中国的多数问题,都与"大"且不平衡有直接关系。对于一个发展中国家来说,从某种意义上讲,"大"就等于"问题"多。很多"大"的问题分解之后,也就变成了"小"问题。从这些小问题入手,展开体制变迁研究,应该是未来研究的路径选择。

4. 比较政治制度研究不足,直接导致中国特色社会主义政治制度特点阐述不足

由于比较政治制度研究不足,国别政治制度研究仅仅停留于一般性的知识和相关理论介绍,相对缺乏深入具体的国别政治制度研究成果。同时,我国的比较政治研究集中于几个发达国家的制度研究,对于大量的发展中国家关注不够,也使得国外制度研究的中国化具有局限性。

比较政治的不足,对于中国政治制度研究最为直接的影响,就是有关研究理论的国际视野不足。"北京共识"和"中国模式"等国外有关中国发展道路的探讨不断发展,但是基于中国本土政治制度的研究却回应不足,其障碍在于我们本身对于"华盛顿共识"和所谓"拉美模式"、"东亚模式"等比较政治制度的研究不够,无法与国外学者搭建深入沟通的理论平台。中国学者的比较研究不足,不仅妨碍了中国政治制度对于其他国家的借鉴的实现,同时也导致了国内研究的国际视野缺失。

5. 对策性制度研究缺乏针对性,流于一般化

实际上,近年来,有关政治制度的研究已经开始强调实际面向,单纯的评价性研究已经不多。不少研究者在问题意识和问题导向作用下,在相关研究中都设计了对策性建议或者对策性思路,但是这些思路不少都是针对性不足,流于一般化。若干对策性研究思路甚至流于公式化,例如加强制度建设、加强监督、加强人员素质提高、突出非政府组织的作用、加强基层民主建设、强调市场作用等等。这种状况,一方面是因为某些研究者实践经验不够,无法实现对策研究的具体深化;另一方面也影响着实践工作者对于理论研究的评价和对研究者的信任,造成学术研究与实际工作之间的鸿沟。因此,需要不断探索学界与实践工作者之间有效的沟通机制,增加理论研究的实践基础,以有效地实现理论和实践发展齐头并进。

6. 制度研究对于新技术导致的制度变革反映不够及时

当下,有关网络政治参与的社会现象和存在问题不断出现,有关环保和生态政治的理念成为现实社会发展的需要。同时,我国高速铁路的发展,极大地扩大人员和资源流动的频度,政府间的合作和竞争将更加彰显。所有这些新的信息技术和交通设施的高速发展,都使得社会管理和政治发展趋于复杂化。如何在制度建设中应对这些变化,增加相应的制度预设,突出制度变迁的社会发展导向,是技术和社会发展带来的重要新课题。可是,从目前我国的政治制度研究来看,反应相对迟缓,相关的研究中尽管多少体现了这些情况,但是从"应急式"的研究过渡到严谨的"制度研究"的转变显得有些不足。今后应高度重视网络政治、生态政治、低碳效应以及区域治理等对于当前中国政治制度传统研究形成的"技术挑战"。

三、"十二五"期间中国政治制度研究的建议课题

（一）古代、近代和民国时期中国政治制度的重点研究领域

"十二五"期间，古代、近代和民国时期的中国政治制度研究会趋于更加严谨和科学。随着从事政治制度史研究的队伍不断扩大，学科研究领域扩大，学科对社会的影响也日益提高，许多新问题将逐渐成为研究热点。就目前来看，预计"十二五"期间的研究可能主要集中在如下六个方面：

第一，中国历史上的政治体制、政治社会背景、政治根据、政治结构、政治运行过程，以及因政治而产生的各种制度。这其中既有国家正式制定的典章制度，也有在政治运行过程中起到规范作用和调节作用的传统习惯、潜在规则，以及调节家族、宗族、乡里内部关系的"家法族规"、"乡规民约"等特殊形式的社会规范，还有各民族在国家允许和国家默许范围内的民族规范。这些规范是静态范围的，是研究历史上的中国政治制度的基本依据。通过对这些规范的研究，可以了解历史某一时期、某一政权、某一民族的基本政治制度情况，也可以看到政治制度的因循和发展。通过对这些问题的研究，可以从动态的角度来理解政治制度，达到体用结合，既可以得到政治制度之形，又可以得到政治制度之神。了解政治制度的执行情况和实际的政治状况，不但可以加深对历史上的中国政治制度的理解，而且可以对中国社会情况有更加深入的了解。

第二，中国历史上的政治状况，包括国家机关的组织结构、形式，职、权、责、利的划分和运用，以及与政治密切相关的行政、立法、司法、军事、监察、考试、选举、政党、财政、文教卫生、礼仪、民族、文书、职官管理等制度。国家的组织形式和结构是否完善，主要表现在各级国家机关和官吏的职、权、责、利划分和运用是否合理和有效，相互之间是否衔接、配套、协调，是否职如其权，权符其责，责称其权，利当其责。一般说来职是职务和职位，权是因其职务而掌握的权力，责是为履行职权而应负的责任，利是由此而取得的物质上、社会地位上和荣誉上的权益。这种职、权、责、利的划分和运用，上至最高统治者，下至低级文武官吏都包括其中，其划分和运用是否合理，直接关系到国家机构统治的效能。行政、立法、司法、军事、监察、考试、选举、政党、财政、文教卫生、礼仪、民族、文书、职官管理等制度，是国家对全社会进行管理的体系，这些制度既相辅相成，又相互影响和制约，并构成政治制度的主体，应该构成今后中国古代、近代和民国时期政治制度研究的各侧重面。

第三，中国历史上的政治制度对历史和现代所产生的影响，包括政治制度与社会、政治制度与现实、政治制度的社会效益及对后世的影响。这些研究既可以对特定的历史时期政治制度进行总体评价，又可以显示历史上的政治制度对后世的影响。

第四，政治制度的运用是政治的表现形式，也是政治制度的直接体现，更是政

治付诸实践的过程,因此应该予以高度重视。在政治制度运用过程中,与之相关的政治人员的具体行为,将直接关系到政治制度的公正,政治人员的心理活动无时无刻不在影响着政治制度,如果不对这些政治人员进行监督,使他们按照规定的政治制度去行使其权力,徇私舞弊的情况就不可避免。有关政治人员管理的各种制度,包括人员管理体制、人员管理的实施程序和过程、人员管理实施的效果和影响,以及因人员管理产生的各种形式的法律规范等,是政治人员管理制度的主要内容。中国政治制度史所关注的问题,因为政治人员是比较特殊的,他们应该熟悉政治制度,懂得政治制度运行程序,可以说是一种比较专门的学问,因此,对政治人员的培养、任用、考核也具有专门的特点,需要展开专门的研究。

第五,历史上的中国政治制度是世界文化遗产,而世界范围对中华政治制度史的看法,也应该是中国政治制度史研究的内容。中国政治制度在漫长的发展历史过程中,不但具有政治的社会特征,而且还有典型的东方文化特征,因此,一直是世界关注的对象。我们在注意西方人和亚洲人的看法的同时,可以从现代化的视角来看中国政治制度史,也可以看到中国政治制度史所面临的问题,进而可以寻找解决问题的方法。因此总体评价中国政治制度史的研究,也将是研究者特别关注的问题。

第六,珍稀政治制度文献和史料的挖掘和整理需要持续性研究。随着研究队伍的扩大,新的研究力量因为繁体字的原因,在阅读和理解历史文献方面已经存在困难,而研究的深入又导致对稀见历史文献的渴求。因此与历史政治制度有关的历史文献将成为点校出版的重点,而随着点校本的出版,相关的研究也会随之深入,进而丰富相关研究领域。

(二)当代中国制度的重点研究领域

1. 人民代表大会制度的发展与完善

2007 年 7 月,胡锦涛主席在十七大报告中,对人民代表大会的建设作了重要部署,提出要"支持人民代表大会依法履行职能,善于使党的主张通过法定程序成为国家意志;保障人大代表依法行使职权,密切人大代表同人民的联系,建议逐步实行城乡按相同人口比例选举人大代表;加强人大常委会制度建设,优化组成人员知识结构和年龄结构"。

在新形势下,如何坚持和完善好人民代表大会制度、做好人大工作,既需要实践层面的探索和推进,也需要理论层面的支持和引导。理论研究作为人大的一项基础性工作,是提高人大及其常委会履职能力、工作水平的重要支持和保障。"十二五"期间,关于人大问题研究的重点应包括两个层面:其一,在制度层面,进一步研究如何更好地坚持和完善地方人民代表大会制度,推进民主政治建设;其二,在实践层面,围绕人大常委会在立法、监督等履职过程以及人大代表活动中存在的各种问题开展研究,并提出对策性建议。

具体而言,"十二五"期间,根据党的十七大的战略部署,重点关注的课题包括:

①如何更好发挥人大民主作为主渠道发挥实现民主政治的作用。人民通过选举、投票行使权利,是我国社会主义民主的两种重要形式之一,人民代表大会作为这一主渠道民主的制度载体,应如何更好发挥作用。②如何使人大更好地行使重大事项决定权,将党的主张和人民的意愿通过法定程序转化为国家意志。当前,应重点研究人大的重大事项决定权与党委决策权、政府行政决定权的关系,应从制度层面细化研究人大讨论决定重大事项的范围和程序。③研究密切人大代表同人民的联系。研究如何进一步拓宽人大代表了解和反映社情民意的渠道,人大代表反映民意的广泛性和准确性。④研究进一步加强人大常委会制度建设。这是当前和今后各级人大常委会一项重要的基础性的工作。应进一步研究常委会工作规范化、程序化问题,从制度上完善人大常委会的议事制度,保障人大常委会各项工作依法有序高效的开展。⑤协调好人大常委会与专门委员会的工作。应注重研究人大常委会和专门委员会的职责定位、工作分工的原则,研究探索发挥人大常委会和专门委员会职能和各自优势的有效办法和措施。

2. 中国共产党领导的多党合作和政治协商制度发展

坚持和完善中国共产党领导的多党合作和政治协商制度是建设社会主义政治文明的重要内容,也是"十二五"期间中国政治制度领域研究的重要课题之一。当前,研究的重点应包括两个层面:其一,总结中国特色多党合作和政治协商制度的发展规律;其二,研究如何进一步推进中国共产党领导的多党合作和政治协商制度发展。

在总结中国特色多党合作和政治协商制度的发展规律方面,应加强以下四个课题的研究:①进一步论证"坚持中国共产党的领导是多党合作的首要前提和根本保证",阐述中国共产党领导的多党合作与政治协商制度的优势和机制;②进一步总结中国共产党和各民主党派在多党合作和政治协商的长期实践中形成的一些重要政治准则;③进一步研究执政党建设与参政党建设相互促进的课题;④进一步研究中国共产党领导的多党合作和政治协商制度发展进程中无党派人士的作用。

在推进中国共产党领导的多党合作和政治协商制度发展方面,需要加强以下课题的研究:①中国共产党领导的多党合作和政治协商制度发展趋势研究;②进一步研究新时期如何更好地坚持中国共产党的领导,应从提高党的执政能力、发展社会主义民主、构建社会主义和谐社会、进一步推进改革开放和现代化建设等实践层面方面,探讨如何更好加强和改善中国共产党对多党合作和政治协商的领导;③进一步研究发挥民主党派在国家政治生活中的作用的途径和实现形式,探索进一步加强民主党派加强自身建设的措施;④进一步研究如何从制度层面完善中国共产党与各民主党派进行政治协商的机制,研究如何进一步规范政治协商的内容、形式和程序,以充分发挥民主党派和无党派人士的政治协商、民主监督和参政议政的作用;⑤研究人民政协工作中的重大问题,进一步研究如何确保人民政协围绕团结和民主两大主题,认真履行政治协商、民主监督、参政议政的职能。

3. 选举制度发展研究

2010 年 3 月 14 日，十一届全国人大三次会议通过了选举法修正案草案关于修改选举法的决定，中国城乡居民选举首次实现"同票同权"。选举制度的日渐完善，是中国民主政治建设取得的重大成就之一。今后，选举制度的完善仍任重而道远，我国的政治学研究应以选举法修改为契机，加快推进中国选举制度的进一步完善，保障公民选举权利的充分实现，推进社会主义民主政治健康、有序地向前发展。"十二五"期间，有必要在深入总结选举工作实践经验的基础上，针对选举法的具体实施，从理论上研究完善各项具体的选举制度的基本途径和实施细则，推进选举制度的进一步发展和完善。

需要重点研究的问题主要包括：①研究如何从制度上保证一线的工人、农民的代表比例。新修改的选举法规定："全国人民代表大会和地方各级人民代表大会的代表应当具有广泛的代表性，应当有适当数量的基层代表，特别是工人、农民和知识分子代表。"当前，应重点研究如何在实践中，确保在各级人大代表中来自一线的工人、农民和知识分子代表保持一定的数量。②人大代表退出机制研究。新修改的选举法规定：常委会接受辞职，须经常委会组成人员的过半数通过。接受辞职的决议，须报送上一级人大常委会备案、公告。理论界应加快研究实践中如何具体实施人大代表辞职，如何从程序上保证，当代表不能履行职责时，可以通过合理的退出机制辞去人大代表职务。③研究如何拓宽群众参与国家政治生活的渠道。从制度上保证一线的工人、农民的代表比例，其目的是扩大人民代表大会制度的群众基础，扩大人民民主，增强广大群众对国家政治生活的参与。在实践中，应加快探索有效拓宽群众参与国家政治生活的渠道和机制保障。④研究如何落实选民享有的对代表候选人的知情权。新修改的选举法：选举委员会根据选民的要求，应当组织代表候选人与选民见面，由代表候选人介绍本人的情况，回答选民的问题。应加快研究贯彻选举法这一规定的实施细则。⑤研究实践中选举法细则的可操作性。例如，应积极研究设立秘密写票处、加强流动票箱管理等操作细节，在选举实践中的运作情形和存在问题，提出改进的合理化建议。

4. 司法制度的政治学研究

一个国家的法治发展状况，代表着这个国家政治文明的水准，影响着百姓生活的幸福指数。随着中国法制的逐步完善，司法成为影响社会变迁的重要方面。司法制度的研究不仅仅是司法独立的研究，在政治制度研究中，要突出司法制度对于法律的监督作用，司法制度对于政府间关系的协调作用，司法制度对于政府职能定位的界定作用等等。今后应加强政治学和法学的合作，加强司法制度的政治研究，为进一步实施社会主义法治，形成市场分权下的国家法律的有效集权提供坚实的理论支撑。

5. 基层群众自治制度的发展与创新

十七大报告对基层群众自治制度的建设作出了详细部署。从理论上探讨进一步优化发展基层群众自治制度,保障人民依法直接行使民主权利,实行自我管理、自我服务、自我教育、自我监督,是中国政治制度研究的重大课题。"十二五"期间,这方面需要重点关注的课题包括:①研究和探索如何贯彻将保障人民的民主权利作为基层群众自治工作的指导思想。基层群众自治应当建立在群众参与、民主决策、民主管理和民主监督的基础上。②研究如何进一步加强基层党组织的民主建设。发展基层民主政治要从加强基层党组织的民主建设着手。当前,应加快建立和健全相关的法律制度体系和制约监督机制,确保基层党组织在贯彻落实党的政策和国家的法律过程中,切实尊重人民的民主权利,尊重人民群众的自治意愿,而且自身也能够严格按照民主原则办事。③研究如何进一步推进基层群众自治的范围。在相关社区、社会组织或者是社会团体,凡是涉及人民群众切身利益的事情,人民群众都应享有充分的民主自治权利。④研究如何更好发挥居民委员会和村民委员会的职能。中国居民委员会、村民委员会在基层群众自治中担负着重要职能,并在许多方面发挥了重要的社会治理作用。但目前,一些地方在执行城市居民委员会组织法、村民委员会组织法的过程中还存在一些问题,亟待解决。⑤研究如何规范乡镇政府与村民委员会的关系,尤其需要重视从制度层面规范乡镇政府与村民委员会的关系。

6. 民主决策制度研究

政府决策是政府管理的核心和关键。政府决策,尤其是中央政府的决策,关系国民经济和社会发展全局,只有进一步实现科学民主决策,才能有效保证决策的正确性和有效性。加快推进决策的科学化、民主化,对于中国民主政治建设以及社会全面进步都具有重大意义。长期以来,党和政府一直在积极推进决策科学化、民主化的制度建设,理论和实践上经历了不断的探索和前进,至今,党和政府已经形成了深入了解民情、充分反映民意、广泛集中民智的决策机制,推进决策科学化、民主化,提高决策水平和工作效率。在新形势和发展过程中,需要进一步加强决策科学化民主化,按照十七大报告的要求,"推进决策科学化、民主化,完善决策信息和智力支持系统,增强决策透明度和公众参与度,制定与群众利益密切相关的法律法规和公共政策原则上要公开听取意见"。

"十二五"期间,如何推进政府决策科学化、民主化,建立健全科学民主决策机制建设,将是中国政治制度研究的重要课题。具体而言,应重点关注的课题包括:①研究进一步完善重大决策的规则和程序,通过多种渠道和形式广泛集中民智。需要积极探索拓宽政府与群众之间的交流与互动的渠道,为群众参与政府决策提供便利的途径。②研究如何有效提高决策的透明度。需要积极探索如何全面推进包括决策公开的政务信息公开,应从制度上确定政府决策公开的内容、范围、方式、时限和责任等问题。需要研究加快建立和完善与群众利益密切相关的重大事项社会公示制度。③研究完善决策信息和智力支持系统的基本途径。研究努力探索建立公众参与、专家论证和政府决定相结合的行政决策机制,充分利用好专家资源和社会群策的优势,以有效推进依法决策、科学决策、民主决策。④研究建立公众直接参与的决策制度,与群众利益密切相关的重大事项、群众普遍关心的热点事项的社会听证制度。⑤进一步研究和探索"把政治协商纳入决策程序"的实现和保障机制。特别需要研究把政治协商纳入决策程序,就重大问题在决策前和决策执行中进行协商的程序。

7. 民主监督制度研究

"十二五"期间,探讨如何进一步完善民主监督制度,将是中国政治制度研究领域的紧迫的课题。具体而言,应重点关注的问题包括:①研究如何在实践中把党内监督、法律监督、群众监督有效结合起来。一方面,需要深入探索如何更好地完善三种监督形式;另一方面,应从三种监督形式互相促进的内在逻辑出发,积极探索三种监督形式结合的方法、途径和保障机制。②进一步研究如何完善对权力运行的制约监督机制。应通过深化改革,完善监督法制,在全面推进政务信息公开的基础上,切实建立社会多方共同参与的社会监督体系,从而加强民主监督的作用。③研究进一步加强民主监督在制度层面的完善。在健全民主监督制度的基础上,切实贯彻用制度管权、管事、管人,建立健全决策权、执行权、监督权既相互制约又相互协调的权力结构和运行机制。④研究进一步完善各类公开办事制度,提高政府工作透明度。推行更大范围的政务信息公开,尤其是政务过程信息的公开,切实提高政府透明度。⑤研究如何更好发挥舆论监督的作用。舆论是一种强大的社会力量。新闻舆论监督力度的强弱,是现代社会政治文明程度的重要标志。舆论监督是民主监督的重要组成部分,其监督作用的有效发挥,有利于增强民主监督的合力。《中国共产党党内监督条例(试行)》要求全体党员特别是领导干部要自觉接受舆论及媒体的监督。这是党内监督制度的一项重大突破。当前,应重点研究落实舆论监督的具体机制建设。

本章调研和编写主持人:南开大学周恩来政府管理学院朱光磊教授

参与调研和编写人员:南开大学周恩来政府管理学院贾义猛、张志红、盛林、安月梅、李忠礁

本章由朱光磊、贾义猛、张志红、盛林执笔完成,南开大学柏桦教授对"中国古代政治制度"研究评述部分给予了学术指导与帮助,安月梅、李忠礁在资料搜集和整理方面做了大量工作

第六章 西方政治制度

"西方政治制度"研究是政治学科的重要研究分支,是政治学科进行比较政治研究的基础。对西方政治制度的研究既可以提升我们对西方国家政治历史与现实的认识,理解西方国家政治制度的特性和实质,又可以为我国政治制度的改革与发展提供帮助和借鉴,推进我国社会主义和谐社会的建设。

"十一五"期间,我国政治学界努力贯彻《中共中央关于进一步繁荣发展哲学社会科学的意见》精神,按照《国家哲学社会科学研究"十一五"(2006—2010 年)规划》要求,在西方政治制度研究领域积极展开研究,使得这一领域的学术研究获得了长足发展,研究队伍不断壮大,学科建设得到进一步完善,研究内容进一步深化,取得了丰硕的研究成果,推动了政治学科在"十一五"期间的总体发展。

一、"十一五"期间西方政治制度研究基本进展

(一)研究进展综述

"十一五"期间,围绕着西方政治制度的研究,高等学校和研究机构组织多次学术交流活动,获得了多项国家科研项目立项,取得了丰硕的研究成果。

在学术活动方面,"十一五"期间,围绕着西方政治制度领域的研究,在加强自身学科建设的同时,高等院校和科研机构积极开展科研活动和学术活动。对西方国家政治制度问题的探讨构成政治学科各种学术和科研研讨活动所围绕的核心主题之一。自 2006 年到 2009 年,中山大学、中国政法大学、天津师范大学、武汉大学分别承办了每年一届的中国青年政治学论坛。在论坛研讨中,若干学者以西方政治制度的研究视角为切入点,围绕论坛设定的"政治发展与政治文明"、"民主政治建设与国家建设"等主题,对西方政治制度的研讨,推动了西方政治制度的学术探讨和研究。

在科研项目方面,西方政治制度研究的相关研究项目得到了国家社科基金项目与教育部人文社科项目的资助。在国家社科基金项目方面,共有 5 项研究课题

获得资助。① 在教育部人文社科基金项目方面,共有 7 项研究课题获得资助。②

"十一五"期间,西方政治制度研究的主要成果是学者发表的著作和论文。据初步统计,5 年来,围绕着西方政治制度的研究,共发表著作 53 部,译著 24 部,论文 1680 篇。这些著作和论文基于先前的科研成果,进一步推进和深化了学界对西方政治制度的研究。

(二)重点研究领域及特征

梳理"十一五"期间围绕着西方政治制度研究所出现的上述研究成果,可以发现,当前的研究主要围绕着特定的重点研究领域展开,研究领域和主题比较集中,体现出国别研究和专题研究的双重特征。

1. 对西方政治制度的总体研究、历史研究与国别研究相结合,更为注重国别研究

"十一五"期间,有学者将西方政治制度视做一个整体,进行总体性研究。有学者将研究的范围限定在当代世界发达资本主义国家民主政治制度方面,全书虽然有具体制度的分析比较,却更为注重从整体的角度,将西方国家政治制度视做一个整体来进行研究。通过对西方国家宪法、议会制度、行政制度、司法制度、选举制度、政党制度、社会参与和社会监督制度八个方面的研究,系统地阐述了作者对西方政治制度的整体观点。③ 有学者将西方国家政治制度视做一个整体,将西方国家政治制度、东亚国家政治制度与东亚社会主义国家政治制度进行了比较研究。通过对西方国家与东亚国家在政治制度的生长环境、宪法制度、政党制度、选举制度、代议制度、行政制度和司法制度等方面不同的比较,作者揭示了西方国家政治制度的特征。④ 此外,有学者选取从政治制度人性预设的角度、从利益集团与政党的视角来对西方政治制度进行总体性的研究。⑤ 这些对西方政治制度的总体性研究,将西方政治制度视做区别于我国政治制度的独特整体来进行探讨,为我们认清西方政治制度的特征,辨识我国与西方政治制度的根本差异,借鉴西方政治文明推

---

① 国家行政学院李军鹏的"责任政府理论与西方政府问责制比较研究"获得 2006 年国家社科基金一般项目,南开大学谭融的"西方发达国家官僚制的理论与实践——英美、法德模式比较研究"获得 2007 年一般项目,中共中央党校吴辉的"西方政党学说史"、南京师范大学王立新的"三十年来中俄政治改革与政治发展比较研究"获得 2008 年一般项目,南京中医药大学陶林德"转型时期俄罗斯利益集团政治参与研究"获得 2009 年青年项目。

② 复旦大学孙哲"美国国会对社会问题的治理研究"获得 2006 年重点基地项目,燕山大学何强"欧洲社会党执政经验和教训研究"获得 2007 年青年基金项目,辽宁师范大学韩秀义的"文本·结构·权能:欧洲议会与中国政治协商制度比较研究"获得 2008 年度规划基金,复旦大学美国研究中心楚树龙的"美国政府、政治和政策研究"获得 2008 年重大项目,华东政法大学高奇琦的"国外政党与公民社会的关系研究:以欧洲与东亚为例"、西南大学王勇的"美国副总统职位研究"获得 2009 年青年项目。

③ 兰华:《西方政治制度比较研究》,山东人民出版社,2008 年。

④ 常士闇等:《现代国家及其政治制度:东亚与西方》,中国社会科学出版社,2008 年。

⑤ 如袁明旭:《论西方政治制度中的人性预设》,《云南行政学院学报》,2007 年第 1 期;沈永东:《从利益集团与政党的视角认识西方政治制度》,《科教文汇》,2008 年 3 月。

进我国的政治文明建设提供了帮助。[1]

　　相对于这些总体性研究的是对西方古希腊、古罗马、中世纪政治制度的历史研究，以及国家政治制度的国别研究。针对古希腊和古罗马政治制度的研究相对薄弱，中世纪政治制度的研究则最为薄弱。近代西方政治制度的演变缺乏总体性研究，基本分散在国别研究当中。在国别研究中，大多数的学者都选取西方某一国家的特定制度作为自己的研究主题，国别的对象主要是美国、英国、法国、德国及日本等发达国家的政治制度。

　　（1）古希腊政治制度研究

　　学者对于古希腊政治制度的关注主要集中在城邦制度方面。有学者结合希腊政治思想，探讨城邦政治与家庭、宇宙之间的关系，并考察了雅典城邦的兴起。[2]有学者探讨了古希腊城邦的若干形式，进而指出小邦寡民、公民整体主义与邦内自给自足共同构成了希腊城邦的主要特征。[3]有学者通过古希腊民主城邦制中的公民资格、公民权利义务以及机构设置等多个方面的讨论，论证了其与现代民主制的关系。[4]有学者以古希腊城邦制度的形成为切入点，论证了"正义"观念的盛行与古希腊城邦制度的确立之间的关系。[5]有学者指出，城邦中的公民并未涵盖全体社会成员，将城邦生活视做现代公共生活的原型是不正确的，城邦生活只是一种共同生活的形态。[6]虽然在希腊尚未有"宪法"一词，但是古希腊出现的"政体"一词是宪法概念产生的萌芽。[7]

　　古希腊民主制是另一理论热点。有学者回顾了近年来我国学界对于希腊民主制的研究成果。[8]有学者指出，古希腊民主制度的形成主要有三个关节点：荷马时代"神王"观念的消失，古风时代早期君主制被贵族制政体的取代，梭伦改革对民主制度初步确立。[9]有学者讨论了地缘因素对于希腊民主制兴起的影响。[10]有学者通过历史考察指出，公元前4世纪雅典的民主制具有很多"激进民主制"的特征。[11]

　　① 龚莹：《中西方政治制度差异原因初探》，《中共宁波市委党校学报》，2009年第2期；丁毅明、李春园、蔡禾欣：《借鉴西方政治文明，推进中国政治文明建设》，《重庆科技学院学报》（社会科学版），2010年第4期。
　　② 肖厚国：《古希腊的思想与历史》，上海人民出版社，2010年。此外，还有一些国外对于古希腊城邦制度研究的专著被翻译成中文，主要有：[英]戴维斯：《民主政治与古典希腊》，黄洋、宋可即译，上海人民出版社，2010年；[英]波默罗伊等：《古希腊政治、社会和文化史》，周平等译，上海三联书店，2010年。
　　③ 杨共乐：《古代希腊城邦特征探析》，《北京师范大学学报》（社会科学版），2008年第6期。
　　④ 胡骏：《古希腊民主城邦制与西方民主宪政思想的萌芽》，《华东政法大学学报》，2008年第5期。
　　⑤ 郭长刚、王新玲：《"正义"思潮的盛行与古希腊城邦制度的确立》，《上海大学学报》（社会科学版），2007年第2期。
　　⑥ 张康之、张乾友：《变形的镜像：学术界对古希腊城邦生活的误读》，《学术月刊》，2009年第4期。
　　⑦ 王青林：《古希腊和古罗马的宪法概念与宪政制度探析》，《史学集刊》，2010年第4期。
　　⑧ 魏凤莲：《古希腊民主制研究的历史考察》，山东大学出版社，2008年；魏凤莲：《近年来国内古希腊民主制研究的思考》，《史学月刊》，2009年第9期。
　　⑨ 史海波：《古希腊民主制度起源和形成的社会史考察》，《北方论丛》，2008年第3期。
　　⑩ 虞崇胜、杨刻俭：《古希腊民主制度的地缘因素探析》，《云南行政学院学报》，2009年第5期。
　　⑪ 李尚君：《公元前4世纪雅典的"激进民主制"》，《复旦学报》，2009年第3期。

（2）古罗马政治制度研究

对古罗马政治制度的研究主要集中在对共和政体及古罗马从共和转向帝制的过程的讨论。"十一五"期间，有数本有关古罗马政治制度研究的外文著作被翻译成中文，为我国学者进行相关研究提供了便利。① 有学者通过分析古罗马社会组织并列和权力分享机制的形成与发展进程，论证了古罗马共和国政治制度的特点。② 有学者认为，监察官制是古罗马共和国宪政制度的重要组成部分，它体现了罗马社会的民主性、罗马人的权力观以及对道德的重视。③ 有学者考察了罗马共和国早期执政官的历史及职权范围。④ 有学者对罗马人民大会的权力、人民大会权力的局限性以及人民大会和罗马政制中的民主因素问题进行了探讨。⑤ 有学者指出，罗马共和制度的精神在于共和制度和个人的道德与自由紧密联系在一起。⑥

有学者从奴隶制发展和国家经济壮大两个方面入手，对罗马共和政体衰亡的原因进行探析。⑦ 有学者研究了公元 3 世纪罗马帝国的政治制度，认为在这一阶段帝国的政治体制完成了从元首制向君主制的转型。⑧ 有学者指出，罗马帝国时期广泛流行的帝王崇拜集中体现了臣民对皇帝权力合法性的认可，但皇帝统治具有被动性的特点。⑨ 有学者认为，古希腊罗马是宪政发源地，但希腊罗马的宪政之路却不是历史的常态，而是特定条件造就的一种历史特例。⑩

（3）中世纪政治制度研究

在"十一五"期间，我国政治学界对于中世纪政治的重视明显加强，突出表现就是一批关于中世纪政治研究的国外著作被译介成中文。⑪ 有学者指出，中世纪的自治城市孕育和加强了西方社会的世俗自由权利，为西方法治传统的形成奠定了基础。⑫ 有学者认为，近现代西方的民主政治不是起源于古代希腊和罗马的民主

---

① 其中有代表性的包括：[英]吉本：《罗马帝国衰亡史》，席代岳译，吉林出版集团有限责任公司，2008年；[俄]科瓦略夫：《古代罗马史》，王以铸译，上海书店出版社，2007年。

② 米辰峰：《多元并存与分权制衡：古罗马社会结构政制机制初探》，《烟台大学学报》（哲学社会科学版），2007年第1期。

③ 贺五一：《略论古罗马共和国的监察官制》，《广西社会科学》，2006年第4期。

④ 王悦：《论罗马共和国早期的执政官》，《史学集刊》，2007年第4期。

⑤ 晏绍祥：《人民大会及其在古典罗马共和国政治生活中的作用》，《世界历史》，2007年第2期。

⑥ 刘圣中：《共和制的精神及其启示——以罗马共和国的历史经验为例》，《人文杂志》，2007年第4期。

⑦ 杨共乐：《罗马共和政体衰亡原因新解》，《河北学刊》，2010年第4期。

⑧ 王振霞：《3世纪罗马帝国政治体制的变革》，《历史教学》，2009年第2期。

⑨ 宋立宏：《罗马帝国行省体系中的皇帝——以罗马不列颠为例》，《南京大学学报》（哲学·人文科学·社会科学版），2006年第5期。

⑩ 程汉大：《古希腊罗马为何成为宪政发源地》，《甘肃社会科学》，2007年第5期。

⑪ 主要译著包括：[英]爱德华·甄克斯：《中世纪的法律与政治》，屈文生、任海涛译，中国政法大学出版社，2010年；[美]本内特·霍利斯特：《欧洲中世纪史》，杨宁、李韵译，上海社会科学院出版社，2007年；[德]毕尔麦尔等编著：《中世纪教会史》，[奥]雷立柏译，宗教文化出版社，2010年。

⑫ 雷勇：《西欧中世纪的城市自治——西方法治传统形成因素的社会学分析》，《现代法学》，2006年第1期。

政治,而是起源于西欧中世纪的封建政治。① 有学者考察了教会的司法管辖权,进而指出在司法实践中,教会法庭与世俗法庭既有分工,又有协作。② 有学者研究了中世纪西欧的中世纪西欧的城市特许状制度,认为这一制度促进了整个西欧封建经济的发展,从而推动了西欧封建社会向近代社会的转型。③

有学者以英国为切入点具体探讨中世纪西方政治制度,认为英格兰十户联保制向乡村社区的成功渗透提醒人们需要深入检讨过去认为中世纪英格兰封建割据、王权孱弱的旧说。④ 有学者指出,中世纪晚期在英国乡村实际生活中,以农奴为主体的村民们在法律事务中的高度合作、协商一致,使乡村社会表现出很强的"自治"性。⑤ 有学者指出,中世纪晚期的英国乡绅开始组成一股独立于国王的力量,其为后来英国地方政府的改革奠定了基础。⑥ 有学者认为,在中世纪的英国,社会权力呈现出多元的结构,间接民主在多元权力结构中萌芽并开始成长。⑦ 有学者指出,随着 12 世纪以后英国王权的进一步增强,王权还不断尝试突破既有的特权,使地方自治的实践日益成为王国统一政府体系的有机成分。⑧

(4)美国政治制度研究

对美国政治制度的研究是西方政治制度研究的重要领域。"十一五"期间,政治学界进一步深化了对这一传统领域的研究。这种深化首先表现在大量译著的出版发行,一系列研究美国政府与政治制度的经典著作被译介到国内。⑨ 这些译著涵盖了美国政治制度的各个方面,极大地推动了国内学者对美国政治制度的认识。

除去这些译著之外,国内学者也发表了大量关于美国政治制度的研究著作和论文。有学者将美国社会与美国政治制度有机地结合起来进行研究,对美国政治制度进行了系统梳理,多角度分析影响美国政治制度的各类因素,力图全面展示美国社会和美国政治制度的整体框架。研究者注重运用实践中典型的事例诠释和剖析美国政治制度,将宏观研究与微观研究相结合,对美国政治制度体系进行了细致系统的考察。⑩ 有学者则着眼于对美国政治制度运行机制的探讨,分别从政府运

---

① 陈文滨:《西方近现代民主政治的中世纪基础》,《江西社会科学》,2006 年第 5 期。

② 罗辉:《中世纪西欧教会的司法管辖权》,《社会科学辑刊》,2010 年第 4 期。

③ 冯正好:《中世纪西欧的城市特许状》,《西南大学学报》(社会科学版),2008 年第 1 期。

④ 李云飞:《论十户联保制与中世纪英格兰的王权制》,《暨南学报》(哲学社会科学版),2007 年第 2 期。

⑤ 王玉亮:《中世纪晚期英国村庄共同体的法律"自治"》,《天津师范大学学报》(社会科学版),2009 年第 4 期。类似的文献还有:赵文洪:《中世纪欧洲村庄的自治》,《世界历史》,2007 年第 3 期。

⑥ 陈日华:《中古英国地方主义研究述评》,《东北师大学报》(哲学社会科学版),2009 年第 1 期。

⑦ 郭爱民:《中世纪英国多元权力社会结构与间接民主起源》,《北方论丛》,2007 年第 4 期。

⑧ 蔺志强:《中古英国政府对地方特权的政策初探》,《中山大学学报》(社会科学版),2010 年第 3 期。

⑨ 关于美国政治制度研究的主要译著有:[美]R. 道格拉斯·阿诺德:《美国国会行动的逻辑》,邓友平译,上海三联书店,2010 年;[美]波尔斯比:《总统选举:美国政治的战略与构架》,北京大学出版社,2007 年;米尔奇:《美国总统制:起源与发展(1776—2007)》,尼尔森译,华东师范大学出版社,2008 年;[美]詹姆斯·伯恩斯等:《民治政府:美国政府与政治》,吴爱明等译,中国人民大学出版社,2007 年;[美]威廉·多姆霍夫:《谁统治美国:权力政治和社会变迁》,吕鹏、闻翔译,译林出版社,2009 年。

⑩ 黄秀丽:《美国政治基础》,北京大学出版社,2010 年。

行的政治规则、行政部门的运行机制、国会运行方式、司法部门运行方式、政党运行机制及利益集团运行机制六个方面，剖析了美国政治制度内在的运行机理。① 另外有学者以对美国政治制度的研究为基础，探析制度背后的建构原则，认为美国联邦政治制度是在共和思想的推动下初步建成的，这种政治制度既保护了地方自治和多元化，又保证了政令统一和国家的权威，同时又以三权分立与制衡制度对政府的权力和人民的主权进行了必要的限制。学者认为，正是基于共和原则的这样一套政治制度的建立为美国后来迅速崛起并成为世界强国奠定了坚实的制度基础。② 还有学者从美国政治制度的建立背景入手，揭示美国政治制度的独特性。③

　　除了对美国政治制度的整体研究之外，不少学者选取美国政治制度的某一专题进行研究。学者集中探讨了美国的三权分立制度、国会制度、司法审查制度以及政党制度等主题。学者认为，美国的分权制度在制度安排上有其合理性与有效性，但是在分权制度的构成要素之间有其内在张力，这表现为美国的政治生活总是围绕着两个时期——"跛脚总统"时期和"全权政府"时期——而不断演变的一种循环过程。④ 关于美国的国会制度，学者探究了美国国会的听证制度、表决制度、国会中的两党分化以及美国国会在监督政府和防治腐败等方面所发挥的作用。⑤ 有学者认为，虽然美国国会的行政监督存在一些问题，但相比之下还称得上是有序、有力、有效的。⑥ 但也有学者认为，美国国会治理腐败的举措治标不治本，导致迄今为止腐败仍然是美国民主政治中的顽疾，而美国资本主义社会的性质和开放的政治制度决定了今后惩治腐败的难度。⑦ 在对美国司法审查制度的研究方面，有学者指出，虽然美国宪法中并没有明文规定，但是马伯里的判决扩大了最高法院的司法权限，使它拥有了宪法没有明文赋予的司法审查权，成为美国政治体制中一项重要的政治制度。⑧ 有学者通过对美国政党与司法的关系的研究指出，在以政党政治为核心的政治体制下，美国政党以暗度陈仓的方式影响司法，美国司法独立更多的是一种理想。⑨

　　除学界集中探讨的上述主题外，也有学者对美国地方政治制度、美国的联邦制等问题进行了研究。学者认为，美国联邦制在长期的政治实践中，从宪法层面对中

　　① 李文良：《美国政府运行机制》，吉林大学出版社，2008年。

　　② 朱卫卿：《思想与现实的交错：共和思想视阈下的美国政治制度建构》，《重庆交通大学学报》（社科版），2007年12月。

　　③ 游宏炳：《美国的政治制度为何其他国家难以效仿》，《前进论坛》，2010年2月。

　　④ 薛文熹：《美国的分权制度：理论渊源、制度安排及"跛脚总统"和"全权政府"的政治循环》，《哈尔滨市委党校学报》，2007年1月。

　　⑤ 张光、刁大明：《美国国会研究手册》，复旦大学出版社，2008年；谢韬：《美国国会两党分化的原因及后果》，《国际论坛》，2009年1月。

　　⑥ 袁兆霆：《美国国会监督政府的积极性、能力及存在的问题》，《人大研究》，2010年第2期。

　　⑦ 孙哲、赵可金：《美国国会对腐败问题的治理》，《清华大学学报》，2009年第2期。

　　⑧ 吴霁月：《论美国联邦最高法院违宪审查权》，《法制与社会》，2006年12月。

　　⑨ 李雅云：《政党与司法的关系——以美国联邦大法官为例》，《中共中央党校学报》，2008年10月。

央与地方的权限进行比较具体的划分,实行中央与地方二元结构的立法体制,形成了分权合作型的中央与地方关系,在一定程度上避免了有利同争、无利躲避的权力交叉和空当现象,但也不可避免地存在着政府间相互扯皮、推诿、效率不高等问题。① 有学者对美国州宪法的历史发展、改革的原因、目标、进程和特点进行了深入的剖析,对美国州和地方政府的政治体制改革,包括州行政体制、司法体制、地方政府机构的改革进行了详细的研究。② 也有学者对美国学界美国政治研究的新进展做了介绍,区分了美国学界研究美国政治的地区主义、阶级冲突、多元主义、精英主义和共识主义五个主流研究范式。③

(5)英国政治制度研究

在英国政治制度研究方面,除了《当代英国政治》《论英格兰的法律与政制》、《国家、信托与法人》等研究英国政治制度的经典作品被译介到国内之外,④国内学界也对英国政治制度的历史形成及其现实特征进行了多方面研究。有学者认为,与其他国家相比,英国的政治制度中君主制与民主制的结合,"议会至上"的议会内阁制以及风格独特的两党制体现了其既古老而又有鲜明的特色,这些特色源于英国的政治制度发展过程中岛国文化心理、保守主义的价值观和绅士风度的政治文化三方面因素的影响。⑤

有些学者则认为,英国政治制度发展的一个显著特点是,近代政治制度的许多方面如贵族体制、贵族与王权、议会以及其他权力机构的关系都是渐进性地发展而成的,可以从过去找到它们的胚胎或原型。有学者探讨了英国近代贵族寡头体制的历史渊源,也有学者系统论述了英国国家财政、枢密院、司法系统、地方政府、议会、教会、王权及社会等级在 16 世纪逐步产生实质性变革的进程,研讨了 16 世纪英国国家机构与职能的变革,进而阐述了英国近代国家形成的历史根源。⑥

在对英国政治制度的具体研究方面,有学者通过梳理英国选举制度的历史演化、具体内容和理论构造,考察了选举制度这项英国古老的宪政制度背后决定性的

231

---

① 夏丽华:《美国联邦制特点及其功能探析——以联邦与州的分权为视角》,《河南师范大学学报》(哲学社会科学版),2009 年 4 月。

② 李世安:《美国州宪法改革与州和地方政治体制发展》,人民出版社,2009 年。

③ 赵可金:《美国学界对美国政治的研究》,《美国研究》,2010 年第 1 期。

④ 研究英国政治制度的主要译著有:[英]比尔·考克瑟、[英]林顿·罗宾斯:《当代英国政治》,孔新峰、蒋鲲译,北京大学出版社,2009 年;[英]约翰·福蒂斯丘、[英]谢利·洛克伍德:《论英格兰的法律与政制》,袁瑜玲译,北京大学出版社,2008 年;[英]梅特兰:《国家、信托与法人》,樊安译,北京大学出版社,2008 年。

⑤ 王卫:《英国政治制度的特点及其文化分析》,《理论导报》,2007 年 11 月;方江海、陈朋:《英国政治制度的特点及其政治文化渊源》,《重庆工学院学报》,2006 年 9 月;汤孝锦:《英国宪法与基本政治制度的变革》,《世纪桥》,2007 年 4 月;刘骞、蒋媛萍:《英国式政治民制的发展特性及其文化溯源》,《学术论坛》,2007 年 2 月。

⑥ 阎照祥:《英国近代贵族体制研究》,人民出版社,2006 年;郭方:《英国近代国家的形成——16 世纪英国国家机构》,商务印书馆,2007 年。

历史和社会因素,显示了对于政治制度变迁背后的复杂的深层原因的关注。① 有学者采用交叉研究方法,从审判制度、检察制度、警察制度等八个方面,系统阐述了英国司法制度的来龙去脉,对蕴含于英国司法制度背后的价值内涵和运行机制进行了剖析,指出了英国司法制度的个性特点和独特经验。② 有学者从英国政党竞争和政党轮替的角度,通过对英国政党政治制度与福利制度相互关系的分析,梳理了自第二次世界大战以来英国社会保障政策与社会福利制度的发展历程。③ 除此之外,对英国的文官制度、政党制度学界也进行了很多研究。有学者认为,中国古代的科举制构成英国文官制度的渊源,从科举制 18 世纪中晚期传至英国到 19 世纪中晚期英国文官制度确立,英国的文官考试制度在很多方面不受科举制的影响。④ 也有学者探究了英国公务员制度的培训机制、评估机制和制约机制等方面。⑤

(6)法国政治制度研究

对法国政治制度的研究主要围绕着法国政党制度、司法制度、违宪审查制度以及公务员制度等主题展开。有学者认为,法国是世界上较早产生资产阶级政党的国家之一,它的政党制度经历了由极化多党制向温和多党制转变的过程,形成左右两翼的政治格局;法国政党制度的起源可追溯至法国大革命时期、第二共和国时期、第三共和国前期的政治派别与团体的发展。有学者着重研究论述了法兰西第三共和国至第五共和国时期的政党与政党制度及其演变过程。⑥ 有学者追溯了法国司法制度随法国社会的变迁而不断进行改革的发展过程,对法国司法制度的理论基础、基本原则、司法法院体系及其运行状况进行了研究。⑦ 也有学者研究了法国司法制度的现代化过程,认为法国是实现法制现代化最早的国家之一,作为大陆法系的发源地,近代历史上最早的民法典、刑法典、商法典、刑事诉讼法典、民事诉讼法典等大批成文法典都可以追溯到法国。⑧ 关于法国的违宪审查制度,有学者认为其在国家政治生活中具有重要的作用,起到缓和政治冲突、协调国家权力、保障宪法秩序的政治平衡功能,构成这一制度基础的是宪法至上、基本人权的保障、

---

① 聂露:《英国选举制度》,中国政法大学出版社,2006 年。

② 程汉大、李培锋:《英国司法制度史》,清华大学出版社,2007 年。

③ 孙洁:《英国的政党政治与福利制度》,商务印书馆 2008 年。

④ 梁宁森:《科举制:英国文官制度的起源》,《学术交流》,2007 年 5 月。

⑤ 周莉:《英国及发达国家公务员培训比较》,《考试周刊》,2009 第 13 期;邓岩:《英国公务员培训制度评述及其对我国的启示》,《管理观察》,2009 年 8 月;王家合:《英国公务员绩效评估的实践及其启示》,《云梦学刊》,2009 年 1 月;郭利:《英国公务员绩效评估及其启示》,《理论研究》;2007 年 4 月;李静埜:《英国的公务员制约网络》,《中国社会导刊》,2006 年 3 月。

⑥ 吴国庆:《法国政党与政党政治》,社会科学文献出版社,2008 年;姜艳:《略论法国政党制度的起源与形成》,《法制与社会》,2008 年 8 月;张宏艳:《法国政党政治研究》,《黑龙江省社会主义学院学报》,2008 年第 2 期。

⑦ 金邦贵:《法国司法制度》,法律出版社,2008 年。

⑧ 程乃胜:《论法国司法制度现代化》,《法制现代化研究》,2009 年 10 月。

现代法治国家等观念。但是也有学者指出,与其他欧洲国家相比,法国违宪审查制度存在着缺陷,主要表现在宪法委员会的法律地位不明确,个人不能直接向宪法委员会提出违宪审查的请求,宪法委员会仅对法律实施事先审查等方面。①

关于法国的公务员制度,学者主要探究了法国公务员的培训机制。有学者指出,法国政府把公务员培训作为提高行政管理现代化水平,实现社会、经济发展战略的重要条件。按照法国《公务员总章程》规定,公务员有接受培训的权利和义务,公务员有权利享受经常性的职业培训。从 20 世纪 90 年代起,法国政府就提出"培训工程",要求公务员在职业生涯中,每三年至少要接受一次更新知识、提高能力的强制性培训。同时,公务员本人还可以自愿要求参加培训与进修,规定凡以提高工作能力为目的的进修,费用全部由国家负担。时至今日,法国已经形成了一套健全的公务员培训制度,在培训机构、培训者、培训对象、培训内容和培训方法上都呈现出许多特点,积累了许多有益的经验,对其他国家的公务员制度有很强的借鉴意义。②

(7)德国政治制度研究

对德国政治制度的研究主要集中于德国政治体制的转型过程,以及政党制度和政党政治的发展等问题展开。有学者依据 19 世纪德国统一以来三部宪法中国家元首从皇帝到礼仪元首的嬗变,分析德国政治制度的民主化进程,认为近代以来德国所经历的是"外植内生结合型政治现代化模式",所走的是渐进与突变相结合(改良革命型)的曲折道路。③ 有学者探究了二战后德国政治体制转型中的政治文化因素。④

在德国政党制度研究方面,有学者从资本主义国家宪政的视角勾勒了产生晚于其他西方国家的德国政党制度的法治化发展过程,对德国宪政体制和联邦宪法法院在德国政党政治法治化过程中的地位和作用进行了讨论。也有学者将德国政党制度的发展同德国的宪政建设结合起来进行研究,剖析了德国《基本法》中对政党的定位,探究了 1967 年德国《政党法》颁布实施后,德国政党制度的稳定发展过程。学者认为,《政党法》巩固了联邦德国的准两党制,给予了德共等左翼力量重建、重组的机会,促成了社民党进一步扩大社会基础并在此后长期执政,也对后来

① 吴天昊:《论法国违宪审查制度的政治平衡功能》,《法学》,2006 年第 10 期;李滨:《法国违宪审查制度探析》,《北方法学》,2008 年第 3 期。

② 周莉:《法国公务员培训研究》,《科技风》,2009 年 8 月;池俊胜:《借鉴法国、欧盟公务员培训经验加强和改进我国公务员培训工作》,《广东行政学院学报》,2009 年 2 月;李亚平:《法国公务员培训制度特色及其对我国的若干借鉴》,《科教文汇(上旬刊)》,2008 年 6 月;马润青:《法国公务员培训模式对我国的借鉴意义》,《成人高教学刊》,2007 年 4 月;尚虎平:《法国领导职公务员能力培训:系统管理与结果决定职位》,《行政与法》,2007 年 5 月;袁金辉:《法国公务员培训及其启示》《湖南行政学院学报》,2007 年 2 月。

③ 陈从阳:《从皇帝到礼仪元首——从德国国家元首地位的嬗变看德国政治民主化》,《武汉大学学报》,2009 年 6 月。

④ 唐虹:《战后德国政治体制转型因素分析》,《欧洲研究》,2006 年第 4 期。

加入联邦议院的绿党、民社党形成约束，将之纳入准两党制体制，从而形塑了德国政党格局从"两大一小"、"两大两小"到"两大三小"的发展历程。①

另外，有学者探究了德国的政党制度与选举制度之间的关系，认为选举制度作为一种政治实践，是为政党制度服务的，有什么样的政党制度，就有与之相匹配的选举制度。德国的"比例代表制"就是德国政党特有的存在状态——一面是德国典型的多党性，另一面是德国特有的稳定性的反映。② 有学者探究了德国投票制度对直接民主制度的限制，指出由于德国法理论将公民投票视为人民直接参与国家权力运作的一种形式，因此，德国对公民投票制度的引入非常谨慎，在联邦层次基本上否定了公民直接参与国家权力运作的可能；在州和地方层次的公民投票的范围受到较为严格的限制，同时，公民投票还要受到司法机关的司法审查。③

（8）日本政治制度研究

"十一五"期间，对日本政治制度的研究取得了极为丰硕的成果，研究涉及日本政治制度的诸多方面。有学者以当前日本政府发布的公开官方史料为基础，采用实证研究的方式，论述了近代日本政治体制与其对外扩张政策之间的内在联系。④有学者选取二战后日本的"保守政治体制"为研究对象，认为这一体制是在二战后民主化改革所奠定的民主、宪政的前提下，融合日本固有的保守政治文化和社会文化所形成的政治运行方式；其反映了日本在战后冷战环境中所面对的历史现实，是一种具有较强"包容"能力的政治体制，但同时有着保守的政治取向和保守的行为取向。⑤

对日本政党制度和政党政治的研究构成日本政治制度研究的重要领域。有学者将日本政党制度的基本特征归结为"自民党一党优势政党制"，在此基础上，从政治生态分析的视角，考察了这一日本型现代政党制度生成、发展、演化的过程，认为这一政党制度是日本特定的政治生态环境下的产物。⑥ 也有学者认为，日本政党的"55年体制"于1993年崩溃后，还处在转型过程中，现在已出现新"一党优位"体制的端倪。而有学者则认为，在日本众议院议员现行的多数代表制与比例代表制的混合选举制度下，一方面多数代表制具有两党化倾向，另一方面比例代表制又助长多党制，由此导致产生了多党制与两党制的"分裂性政治效果"，日本政党体制呈现为"准两党制"的特征。对日本政党政治的研究同对日本选举制度的研究紧密相

① 张文红：《德国政党制度的发展与宪政建设》，《当代世界与社会主义》，2007年4月；崔英楠：《政党的宪法地位和实际角色——德国"政党国家"的批评及启示》，《科学社会主义》，2007年3月；崔英楠：《德国宪制中的政党民主》，《法学》，2007年2月。
② 秦亚男：《德国"比例代表制"背后的政治考虑》，《青年科学》，2009年4月。
③ 田芳：《宪政之下的直接民主——基于德国公民投票制度理论与实践之反思》，《南京大学法律评论》，2010年第1期。
④ 殷燕军：《近代日本政治体制》，社会科学文献出版社，2006年。
⑤ 李莹：《日本战后保守政治体制研究》，世界知识出版社，2009年。
⑥ 张伯玉：《日本政党制度政治生态分析》，世界知识出版社，2006年。

连。《日本国会选举》一书在吸收前人研究成果的基础上,追随了日本国会选举的发展历程,研究了日本国会选举的选区制度和选举过程,对日本的国会选举作了全面、系统的论述和探讨。有研究进而探究了日本选举中的政治捐款制度及其发展趋势。[①]

除此之外,学者也对日本的司法审查制度、天皇制度、地方行政制度进行了研究。有学者探究了战后日本在美国占领当局的主导下引入普通法院审查型的违宪审查制度的过程,界定了日本违宪审查的性质、对象和具体程序。[②] 关于日本的天皇制度,有学者探究了日本天皇制背后的天皇文化,剖析了天皇制与日本近代国家形成之间存在的关联。有学者认为,日本近代民族国家的打造是凭借"民族主义"的教义来实现的,而天皇制的传统资源将岛内散在的氏族部落力量整合成一体化的民族力量,形成了岛国型的民族主义,从而促进了日本民族国家的形成,巧妙地完成了日本政治与社会的近代转型。[③]

此外,"十一五"期间,也有学者探究了瑞士、俄罗斯和东欧国家政治制度某些方面,对葡萄牙、西班牙等其他西方国家则少有涉猎。

2. 对西方政治制度的整体研究与专题研究相结合,更为注重专题研究

从上述对西方政治制度国别研究的梳理中可以发现,虽然有些学者尝试从整体上把握西方政治制度的特征,但无论是对西方政治制度的总体研究、历史研究还是国别研究,基本上都是以对政治制度特定方面的研究为基础的。"十一五"期间,我国政治学者对西方政治制度的研究大都围绕着西方政治制度的某一层面展开,学者的研究主要集中于对西方政党制度、议会制度、选举制度、司法制度等专题方面。

(1)西方政党制度与政党政治研究

对西方政党制度的研究是"十一五"期间西方政治制度研究成果最为丰富的领域。围绕着西方政党制度与政党政治专题,出现了"西方政党政治译丛"和"当代西方政党研究译丛"等系统性的翻译丛书,译介出版了不少经典的西方政党政治研究

---

① 研究日本政党制度与选举制度的主要论文有:吕耀东:《日本保守两党制的构想与实践》,《日本学刊》,2009 年第 6 期;张伯玉:《日本民主模式及政党制形态转变的可能性与不确定性》,《日本学刊》,2009 年第 6 期;何晓松:《日本两大保守政党制的流变》,《国际信息资料》,2009 年第 3 期;周杰《新选举制度对日本政党体制的影响——"迪韦尔热效应"的实证分析》,《日本学刊》,2009 年第 4 期;何晓松:《当代日本两大保守政党制的流变——日本的新保守主义集权》,《日本研究》,2008 年第 4 期;张宏艳:《独具特色的日本政党政治》,《攀登》,2008 年第 5 期;廉德瑰:《日本的议会、政党及派阀》,《当代世界》,2008 年第 10 期;徐万胜:《参议院选举与日本政党体制转型》,《日本学刊》,2008 年第 1 期;徐万胜:《政治资金与日本政党体制转型》,《日本学刊》,2007 年第 1 期;李莹:《试论日本政党体制的转型》,《当代亚太》,2007 年第 5 期。

② 裘索:《日本违宪审查制度》,商务印书馆,2008 年。

③ 武心波:《"天皇制"与日本近代"民族国家"的建构》,《日本学刊》,2007 年 3 月;刘峰搏:《论日本天皇文化社会功能的二重性》,《山东师范大学学报》(人文社会科学版),2008 年 2 月。

文献。① 这些西方政党研究最新前沿成果的译介出版,深化了国内学界对西方政党制度和政党政治的认识。

在我国政治学者对西方政党政治的专题研究中,既有对西方政党体制的系统性研究,也有对西方政党体制某一侧面的研究。中共中央组织部党建研究所课题组汇编出版了三卷本的"国外政党专题研究报告",分别从国外政党处理社会矛盾问题的方式、国外主要政党的动态以及全球化、信息化背景下国外主要政党的组织发展趋势三个角度对国外政党的发展进行了系统研究。② 有学者从理论纲领、政策主张、组织力量、群众团体、党报党刊、党际交往等多个维度,介绍了当代国外主要政党的概况。③ 有学者集中探讨了 20 世纪 90 年代中后期西欧社会民主党所经历的"选举政治复兴"现象,通过对英国、法国和德国 2001—2002 年间大选的个案分析,作者认为,重新执政后的西欧社民党的确试图赋予传统的民主社会主义模式以新的含义,但它们在选举政治中的成败更多的是任期内的执政表现尤其是经济管治成效和特定政治机会环境下的选举战略共同作用的结果。④

在对西方政党制度的定位方面,学者认为,政党的产生和发展是世界文明演进史上一个具有里程碑意义的事件。西方是世界最早出现政党的地区,是世界政党制度的发源地。西方近代政党制度的产生,以及由此逐步形成的政党政治,使西方国家的上层建筑实现了革命性飞跃,对本国政治、经济、社会文化的发展产生深远的影响,也对世界大多数国家的政治演进带来了重要影响。有学者认为,西方政党制度构成西方宪政制度的灵魂,在三权分立的体制中,西方国家执政党对议会、政府、司法机构都有相当大的影响,但主要还是通过对政权的间接控制来执政,政党

---

①　相关译著主要有:[意]萨托利:《政党与政党体制》,王明进译,商务印书馆 2006 年;[美]阿伦·李帕特:《选举制度与政党制度:1945—1990 年 27 个国家的实证研究》,谢岳译,上海人民出版社,2008 年;[美]阿伦·利普哈特:《民主的模式:36 个国家的政府形式和政府绩效》,陈琦译,北京大学出版社,2006 年;[美]史蒂芬·弗兰泽奇:《技术年代的政党》,李秀梅译,商务印书馆 2010 年;[法]布隆代尔:《政党与政府:自由民主国家的政府与支持性政党关系探析》,史志钦译,北京大学出版社,2006 年;[法]布隆代尔:《政党政府的性质:一种比较性的欧洲视角》,曾森译,北京大学出版社,2006 年。

②　中共中央组织部党建研究所课题组:《国外政党专题研究报告》(第一卷:国外政党处理社会矛盾问题研究),党建读物出版社,2007 年;中共中央组织部党建研究所课题组:《国外政党专题研究报告》(第二卷:国外主要政党动态研究),党建读物出版社,2008 年;中共中央组织部党建研究所课题组:《国外政党专题研究报告》(全球化信息化背景下国外一些主要政党的组织发展趋势研究),党建读物出版社,2008 年。

③　王家瑞:《当代国外政党概览》,当代世界出版社,2009 年。

④　郇庆治:《当代欧洲政党政治:选举向度下的西欧社会民主党研究》,山东大学出版社,2007 年。

体制由此构成西方宪政体制中重要的构成要件之一。①

也有学者探究了自 20 世纪 60 年代以来，由于社会结构的变化、现代通讯技术的发展、"后物质主义"价值观的兴起和"选举市场"中新竞争者的出现，所导致的西方政党运行环境的重大变化。有学者指出，这种变化使得西方发达国家的主流政党在意识形态、选民基础、组织结构、选举策略、运作方式、政策取向等方面都受到了日益严峻的挑战。在这种复杂多变的环境中，西方国家的一些主要政党进行了一系列的自身改革，当代西方政党更为重视意识形态的地位，注重党内民主的建设和政党认同的培养。除此之外，学者还探讨了西方政党与西方公务员制度、政党人数的变化与西方政党的发展趋势等问题。②

（2）西方议会制度研究

对西方议会制度的研究构成西方政治制度研究的主要专题之一，学者探究了西方议会的监督权、立法权、财政权、西方议会与政党的关系以及议会党团等方面的问题。在对议会监督权的研究方面，学者认为，西方议会的监督权包括不信任投票权，对政府的政策、决策、行为进行的质询和调查权，对财产收支计划的完成情况、财政收支情况和财政政策实行的检查权，对外交和战争的监督权及对政府及其工作部门人员的弹劾和任命批准权等方面。③ 但是也有学者指出，在议会制国家、总统制国家和半总统制国家中，西方议会进行监督的手段和方式是不尽相同的。在比较分析英国、美国、法国、德国、意大利、日本等国议会的议事规程的基础上，学者认为，议会的监督权主要通过政府行为的审查批准、人事监督、质询、对政府的活动调查、请愿的受理等监督手段来实现。④

同样，学者也对西方议会立法权的不同行使程序进行了探究。有学者运用比较社会学的方法，从议会正式立法程序提出法案、审议法案、表决法案和公布法案

---

① 刘娟：《从党政关系看西方国家的政党政治》，《当代世界与社会主义》，2009 年 6 月；李美玲：《当代西方政党意识形态观的基本趋势》，《社会科学家》，2009 年 10 月；高奇琦：《西方国家政党与社会关系的变迁——一种自由主义与共和主义的二元分析》，《上海行政学院学报》，2009 年 5 月；柴宝勇：《西方政党组织与政党认同的关系》，《当代世界社会主义问题》，2009 年 2 月；章德彪：《西方国家政党政治与政党制度》，《当代世界》，2007 年 12 月；柴宝勇：《西方"政党政府"理论的新解读——含义、运转、理论困境与发展趋势》，《探索》，2007 年 4 月；陈澜：《政党政治——现代西方宪政的灵魂》，《思想政治课教学》，2007 年 5 月；宋国华：《西方政党党内民主发展趋势及其经验启示》，《科学社会主义》，2007 年 2 月。

② 金英君：《20 世纪 60 年代以来西方政党运行环境的变化》，《当代世界与社会主义》，2007 年 1 月；陈崎：《从党员人数变化看当代西方政党的发展趋势》，《当代世界与社会主义》，2007 年 1 月；陆锋明：《西方政党制度与公务员制度关系研究》，《兰州大学学报》，2006 年 6 月；徐锋：《当代西方政党组织形态变化述评》，《欧洲研究》，2006 年 4 月。

③ 王国聚：《西方发达国家议会监督制度探析》，《人大研究》，2009 年 8 月；吕艳滨：《西方主要国家议会监督手段之比较（上）》，《山东人大工作》，2007 年 2 月；吕艳滨：《西方主要国家议会监督手段之比较（下）》，《山东人大工作》，2007 年 3 月。

④ 吕艳滨：《西方主要国家议会监督手段之比较（上）》，《山东人大工作》，2007 年 2 月；吕艳滨：《西方主要国家议会监督手段之比较（下）》，《山东人大工作》，2007 年 3 月。

四个阶段对世界主要国家的议会立法程序进行比较研究。① 有学者认为,20 世纪以来在法律和政治理论上处于优越地位的西方国家议会都呈现出一种共同趋势,即立法机关的地位实际下降了,政府在很大程度上主导,甚至支配着立法。为应对此种变化,当代西方国家议会趋于在统一掌握立法最终审议权和控制权的前提下,广泛采用各种更灵活的立法形式,越来越重视其民主监督功能的发挥,以期一方面强化政府立法的民主保障,加强对政府立法的监督和控制;另一方面改革和完善议会制度,以实质性地强化其立法审议和立法监督能力。②

在对西方议会制度与政党制度的关系研究方面,有学者基于对当今世界议会政治与政党政治共存的普遍的政治现象的考察,追溯了这种政治现象在西方的产生过程,就此指出,从西方国家议会和政党的产生、发展历史来看,议会与政党存在着非常紧密的联系。西方国家议会民主制为政党的产生提供了制度空间,为政党的活动提供了舞台,同时,政党的出现也为议会运行提供了强大的动力,促进了议会民主制度的发展。③ 有学者对西方的议会党团制进行了研究,认为议会党团作为议院内为协调政党或政治倾向相同的议员的集体行动所形成的组织集团,在议会运行过程中发挥着重大作用,绝大部分提交全体议会讨论表决的议案、动议都必须首先在议会党团内部讨论、酝酿,得到一致见解,议会党团成为议会活动的真正发动机和决策中心。④

(3)西方选举制度及代议制民主研究

西方选举制度以及基于选举基础之上的代议制民主体制,构成西方政治制度研究的另一个专题。有学者认为,当前选举已成为西方国家权力更替的唯一合法性途径。选举制度作为一种政治理念和政治实践,也日益被看做西方现代民主政治制度的重要基石。有学者探究了西方选举制度对政府问责的影响,学者指出,西方国家的选民主要通过直接路径、间接路径和复合路径三种方式来向政府问责。这三种问责路径与西方国家的选举活动和选举制度密切相关,选举对政府问责有着很大的影响。⑤ 也有学者探究了选举制度同西方政党制度之间的关联,认为选举是西方政党生存、发展和变革的动力,选举对政党至关重要,只有通过参加选举并在选举中胜出,才能够掌控公共权力,自己的政治理念和施政方案才能够更好地

① 易有禄:《各国议会立法程序比较》,知识产权出版社,2009 年。
② 王保民:《西方国家议会立法改革趋势之探析——兼论政府在立法中的功能角色》,《行政与法》,2008 年 2 月;王泽伟:《西方国家的议会党团分析》,《法制与社会》,2007 年 6 月。
③ 郭凌燕:《西方的议会与政党》,《天津市社会主义学院学报》,2007 年 2 月;俞佩君:《试论西方国家的政党制度与议会制度之间的联系》,《内蒙古统战理论研究》,2006 年 6 月;石世峰:《西方国家政党与议会的关系》,《吉林人大工作》,2006 年 3 月。
④ 王泽伟:《西方国家的议会党团分析》,《法制与社会》,2007 年 6 月。
⑤ 汪君元:《西方国家选民问责政府的路径分析——兼谈西方国家选举对政府问责的影响》,《当代世界与社会主义》,2007 年 5 月。

实现。① 由于这种关联的存在,学者认为,西方国家的选举环境发生的重大变化,
迫使各国政党把变革提上了议事日程。在这样的背景下,选举技术正在逐渐打破
传统的政党意识形态分野,而成为西方政党所共享的新意识形态。这一点主要表
现在政党意识形态的中间化、政党选举活动的职业化和政党组织结构的商业化这
三方面。②

　　以对西方选举制度的研究为基础,学者对以选举为基础的西方代表制和代议
制民主进行了反思和批评。有学者指出,当代西方代表制正在遭遇信任危机,代表
不一定由多数选民产生以及代表在多元利益诉求中无所适从的尴尬,使其饱受批
评,克服这种困境的突破点在于以公民美德促成协商政治。③ 也有学者指出,以选
举为基础的西方代议制民主乃是一种伪民主,民主的本质是人民当家做主,而西方
国家精英贵族为了排斥大众对政治的参与,以异化了的民主即代议制民主取代民
主本身,但是这种所谓的"民主"并没有造就一个人民掌权的政府,其在现实运行中
的困境是其内在矛盾的必然展现。④

　　(4)西方司法制度及违宪审查制度研究

　　对西方司法制度的研究主要集中于对西方国家司法权属性、检察制度以及违
宪审查制度的研究。在司法制度的研究方面,有学者从宏观上对英、美、德、法四个
国家立法、司法和行政的关系以及法院的组织情况作了具体的阐述;⑤有学者对英
法的司法权及其制度建构进行了探究,并对现代国家司法权发展的趋势进行了预
测。⑥ 在违宪审查制度的研究方面,有学者从宪法法院组织系统的视角对世界上
的各类宪法诉讼与宪法审查制度进行系统的研究,论述了西方及其他国家的宪法
法院制度及其对宪法的保障制度。⑦ 也有学者对违宪审查制度同普通法传统之间
的关联进行了探究,学者认为,违宪审查制度在美国而不是在其他国家出现,是由
美国普通法的法律传统决定的。普通法传统接受自然法学说,而按照自然法高于
人定法的判断,依据宪法审查人定法不过是对自然法与人定法关系原理的扩大使
用。普通法法律至上学说的自然延伸是宪法至上,其间接的结果就是以司法权审
查违宪的立法。⑧

　　除此之外,学者对美国、德国、法国、俄罗斯以及意大利等国家的违宪审查制度

239

---

① 朱熹:《现代西方国家选举制度评析理论》,《导报》,2006 年 8 月。

② 王瑜:《西方政党选举环境的变迁及其应对措施》,《中共石家庄市委党校学报》,2007 年 8 月;高奇琦:《选举技术作为西方政党意识形态的兴起及其评析》,《社会主义研究》,2009 年 3 月。

③ 李永刚:《多元利益诉求下的信任危机——西方"代表制"的现实困境》,《南京大学学报》,2006 年第6 期。

④ 汪志飞:《民主视角下西方代议制的反思》,《中国青年科技》,2008 年 12 月;韩冰:《对西方代议制宪法地位的探讨》,《人大研究》,2008 年 2 月;王建强:《西方代议制民主的困境》,《当代世界》,2007 年 6 月。

⑤ 韩苏琳:《美英德法四国司法制度概况》,人民法院出版社,2008 年。

⑥ 程春明:《司法权及其配置:理论语境、中英法式样及国际趋势》,中国法制出版社,2009 年。

⑦ 胡建淼:《世界宪法法院制度研究》,浙江大学出版社,2007 年。

⑧ 徐祥民:《普通法传统与违宪审查制度的形成》,《烟台大学学报》,2007 年 2 月。

进行了比较研究。有学者对东欧国家转型之后违宪审查制度的建立和发展过程进行比较系统的整理和研究。① 有学者总结了东欧转型之后新宪法的制定以及违宪审查制度得以确立的过程，论述了东欧国家违宪审查制度的运行现状，并对其制约因素作了探析。通过对各国违宪审查制度的探析，有学者总结了分别以美、法、德三国为代表的司法审查、宪法委员会审查和宪法法院审查三种不同的违宪审查制度模式，剖析了三种模式的不同特色和现实中不同的实践状况。也有学者分析了西方违宪审查制度对我国健全违宪审查制度的借鉴意义。②

上述四个专题是"十一五"期间我国政治学界西方政治制度研究所集中探讨的主题，除此之外，"十一五"期间，我国政治学者对于西方国家中央与地方关系尤其是西方国家的联邦制度、西方国家的政府制度和文官制度等专题也进行了研究。在联邦制研究方面，有学者在对美国、瑞士、加拿大、德国、奥地利和澳大利亚等国比较研究的基础上，指出了六个联邦制国家由于在建立联邦时所面临的问题不同，对联邦与州的分权这一功能所提出的要求不同，从而导致的制度化形式的差异。有学者认为，西方国家中多种多样的联邦制模式，体现的正是各个国家具体情况的多样性。③

（三）存在的主要问题与薄弱环节

通过对"十一五"期间西方政治制度研究状况的梳理，可以看出，我国政治学界"十一五"期间在西方政治制度研究领域取得了很大发展。与此同时，这一领域的研究仍然存在着一些明显的问题。从研究主题的选择到研究范式和方法的运用，当前的研究都还存在着缺陷和不足，这些不足构成了西方政治制度研究需要强化的薄弱环节，主要表现在以下四个方面：

1. 在研究主题的选择上，局限于特定的国家和专题，对学科的体系性、历史的线索性和宏观的共同性挖掘得还不够充分和深入

240

西方政治制度研究主要以西方国家的政治制度为研究对象。由于特定国家政治制度所具有的代表性，西方政治制度研究无须处理所有的西方国家，注重对特定国家的国别研究是西方政治制度研究领域的正常现象。但是从上述对当前研究状况的梳理中可以发现，当前的研究过于注重对英、美、德、日、法等国家的研究，相比之下，对俄罗斯、东欧等具有代表性的国家政治制度的研究则很不充分。而且当前的研究又过度集中于对上述国家政党制度、议会制度、选举制度等专题的研究，对政治制度的其他层面则少有涉及。

---

① 王卫明：《东欧国家违宪审查制度比较研究》，中国政法大学出版社，2008年。

② 乔小明：《欧美违宪审查制度及其对我国的启示》，《云南师范大学学报》（哲学社会科学版），2010年2月；吴红：《美、法、德违宪审查制度及实践模式比较》，《商丘师范学院学报》，2008年5月；柯润菲：《美日两国违宪审查制度之比较》，《法制与经济》，2008年8月；黄小育：《从域外违宪审查制度看我国相关制度的完善》，《行政与法》，2007年11月。

③ 童建挺：《联邦制的分权功能——基于美国、瑞士、加拿大、德国、奥地利和澳大利亚的比较》，《经济社会体制比较》，2009年3月。

当前研究过度局限于特定国家、特定政治制度的研究现状，是西方政治制度学科建设缺乏体系性的表现，对西方政治制度的历史演变脉络和宏观内在共性还缺乏深入的研究。由于对学科的体系性、历史的线索性和宏观的共同性挖掘得还不够充分和深入，学科的一些分支研究领域，尤其是比较宏观的领域，还没有受到足够的重视。

2. 在研究范式上，以横向的现实研究为主，缺乏纵向的历史研究

对西方政治制度的研究既需要研究西方政治制度的现状，也需要追溯相关制度的历史形成过程。只有在梳理相关制度历史发展历程的基础上，实现历史研究和现实研究的相互结合，才能达致对相应政治制度的建构及运行原则的全面认识。当前对西方政治制度的研究中，历史脉络的纵向研究还很缺乏，对制度的来龙去脉、复杂演化大多一笔带过，学者还都局限于对政治制度的运行现状进行横向的描述和阐释。虽然有学者采用了制度史的研究进路，但是还仅仅局限于对特定国家、特定制度的历史形成过程的研究，还没有充分认识到制度史研究本身对宏观共性的内在要求，历史研究的目的仅仅是为了揭示特定制度的演进过程，缺乏从历史维度对制度原则和精神的把握。同时，更没有出现从宏观层面对西方政治制度历史演进和生成过程的整体阐释。

当前研究缺乏历史维度探讨的研究现状是由于当前西方政治制度学科还局限于传统的研究思路，同政治学科的政治理论研究、政治思想研究等分支领域相互割裂，缺乏互动的结果。这导致西方政治制度研究满足于对西方政治制度宏观架构的研究，缺乏从制度历史变迁维度和政治思想史演进维度进行的对现实制度运行之基本原则的研究。

3. 在研究方法上，以传统政治学制度主义的描述性研究为主，缺乏对现代政治学新方法的利用

当代政治学的研究方法经历了从行为主义革命到后行为主义的转变，西方政治制度的研究需要利用现代政治学的新方法，以不同的方法探究西方政治制度的不同层面问题。当前的西方政治制度研究还仅仅局限于传统政治学制度主义的描述性研究方法，对西方政治制度的研究主要以相关国家的法律法规为基础，通过对法律法规的文本分析，对特定政治制度进行静态的描述性研究。行为主义的研究方法以及后行为主义的新制度主义研究方法都没有得到重视，对西方政治制度的研究缺乏实证性数据和材料的支撑，研究的主观性色彩较强，缺乏对西方政治制度的动态认识。

4. 在研究的规范性上，学科的规范性不足，研究成果多有重复，研究的创新性不足

在学术研究的规范性上，当前的西方政治制度规范性程度不足，缺乏本学科的创新性评价标准，致使大多数学者对以往的研究成果不重视。规范性的不足导致西方政治制度研究从主题的选取到观点的提出，尚缺乏创新性发展，研究成果相互重复较多,影响了学科知识增量的累积,限制了学科的进一步发展。

二、"十二五"期间西方政治制度研究发展趋势

根据"十一五"期间西方政治制度领域的研究状况,"十二五"期间西方政治制度研究的进一步推进,需要进一步明确西方政治制度研究的学科定位,把握西方政治制度研究需要深化的重要领域和课题。

(一)"十二五"期间西方政治制度研究的学科定位

"十二五"期间西方政治制度学科的发展需要明确学科的自身定位,以此为基础,以多方面的努力深化对西方政治制度的研究,最终从整个政治学科协调发展的角度,推进西方政治制度研究与政治学科其他分支领域的互动发展。

1. 明确西方政治制度研究的学科定位,通过西方政治制度研究为我国政治制度的改革实践提供借鉴。作为政治学科的分支学科之一,西方政治制度研究既具认知性又具实践性。对西方政治制度的研究首先有助于提升我们对西方国家政治制度的认知能力;在此基础上,我们也需要将西方政治制度作为参照物,深化对我国社会主义政治制度的认识,同时,通过深刻认识西方政治制度的本质和特点,划清资本主义民主制度与社会主义民主制度的界限,正确积极地推进中国特色社会主义的政治实践,因而需要加强中西(中国与西方各国)政治制度的比较研究。西方政治制度研究需要进一步明确学科研究的这一职责,在具体的研究中注重认知性和实践性的统一,唯此才能够创造有价值的研究成果。

2. 从扩展研究主题,转换研究思路、更新研究方法、加强本学科规范性建设等角度入手,提升本学科领域的研究水平。在明确学科定位的基础上,"十二五"期间西方政治制度研究的进一步发展,需要着眼于当前研究所存在的不足之处,弥补研究中的薄弱环节。推进西方政治制度的研究,首先需要在注重现有国别研究和专题研究的基础上,进一步扩展研究的主题和范围,重视宏观问题的研究;其次需要通过研究思路与范式的转换,将对西方政治制度的历史研究与现实研究相结合;再次还需要引进新的研究方法,注重对西方政治制度的实证研究和动态研究。与此同时,西方政治制度研究的规范性建设需要进一步加强,进一步增强本研究领域的体系化建设和系统性建设,避免重复研究,推进本领域的创新发展。

3. 注重与政治学科其他分支领域的互动,推进政治学科的整体发展。西方政治制度研究构成政治学科的一部分,同政治学基本理论与方法论研究、比较政治研究、西方政治思想史研究以及中国政治制度研究等学科之间都存在紧密的关联。西方政治制度研究的进一步发展需要及时掌握政治学科其他分支领域的最新研究动向,及时吸收政治学科其他领域的最新研究成果,根据其他分支领域的发展状况,调整自身的研究重点和研究主题,推进政治学科的协调发展。

（二）"十二五"期间西方政治制度研究的重点领域和课题

"十二五"是我国社会主义和谐社会建设的关键时期,在"十二五"期间,西方政治制度研究应该根据我国社会主义政治建设实践发展的需要,通过对西方国家政治制度的研究,为我的政治实践提供把握正确政治方向的折射参照目标和认识坐标。结合我国政治实践发展的需要和当前西方政治制度研究的发展现状,"十二五"期间西方政治制度研究的重点领域和课题是如下五方面:

1. 对西方政治制度的通史性研究,或者典型西方政治制度纵向演变的长时段历史研究,包括西方现代主权国家的形成过程、西方民主制度的历史演变、西方分权制衡制度的历史演变、西方代议制度的历史演进等研究课题。

2. 对俄罗斯和东欧国家政治制度转型的研究,包括俄罗斯和东欧国家政治制度的历史形态、政治制度转型原因与过程、转型后政治制度面临的现实困境等研究课题。

3. 全球化背景下西方传统政治制度面临的挑战研究,包括全球化背景下美国对国际政治制度的重新塑造以及对其他国家主权构成的挑战与威胁、欧盟对西方传统主权国家制度的挑战与升华、全球治理及全球公民社会对西方政治制度的挑战与升华等研究课题。

4. 西方国家公共财政体系与我国公共财政建设比较研究,包括西方国家财政制度的历史演进及其在西方政治制度体系中的特殊地位、西方国家议会财政监督权研究、西方国家公共财政制度的民主化问题、西方国家财政部和中央银行制度研究等课题。

5. 西方政府(行政)制度发展研究,包括信息社会条件下西方国家行政制度挑战研究、西方国家行政机构膨胀对三权分立体制的挑战研究、西方国家行政权力与NGO关系制度化等研究课题。

本章调研和编写主持人:中国政法大学张桂琳教授

参与调研和编写人员:中国政法大学政治与公共管理学院常保国教授、马华丰

第七章 比较政治

根据国际通行的学科分类,比较政治是政治学的主要分支学科之一,国外的大学一般在政治学科下设有比较政治方向,其内容包括除本国以外的其他国家的政治制度和政治过程即各国的国内政治现象,一般不包括国家之间的政治和外交。在我国的学位专业目录中,比较政治则被归入政治学一级学科下的二级学科"中外政治制度"专业,而在国标《学科分类与代码》(GB/T13745-92)中则设有"外国政治制度"、"比较政治制度"、"国际比较政治"以及各国国别政治等二、三级学科。本报告在搜集资料过程中,综合参照上述分类作为调查和检索的依据,检索的平台主要有国家社会科学规划办、国家图书馆、中国知网、主要高校图书馆网站、主要高校研究生招生专业目录以及当当网、卓越网等网站。

一、"十一五"期间比较政治学科点和研究机构建设

在硕士研究生培养层次,2006 年以前,国内已有 16 所学校设有"中外政治制度"专业硕士点,"十一五"期间又有 20 所高校和科研院所增设了"中外政治制度"专业硕士点,见表1:

表1 "十一五"期间增设的中外政治制度专业硕士点

截至 2005 年已设有"中外政治制度"专业硕士点的高校和研究机构		"十一五"期间,增设中外政治制度专业硕士点的高校和科研机构	
共 16 个		共 20 个	
北京大学	四川大学	中共中央党校	郑州大学
复旦大学	云南大学	辽宁大学	河南大学
中国人民大学	南京大学	黑龙江大学	湖北大学
华中师范大学	华东理工大学	同济大学	中南财经政法大学
吉林大学	中央党校	厦门大学	南昌大学
南开大学	四川省社会科学院	湖南师范大学	暨南大学
武汉大学		华东师范大学	青岛大学
浙江大学		上海师范大学	深圳大学
中国政法大学		山东师范大学	西南交通大学
南京师范大学		华南师范大学	青海民族学院

　　此外,还有一些学校在"政治学理论"或"国际政治"专业硕士点设立了比较政治研究方向,如复旦大学、北京师范大学、外交学院、中国矿业大学(北京)、中国社会科学院研究生院、中共北京市委党校、山西大学、华东理工大学、山西大学、东北师范大学、外交学院等。

　　在博士培养层次,2001 年以前主要是拥有"政治学理论"专业博士学位授予权的北京大学、复旦大学、武汉大学在该专业设立了"比较政治(学)"研究方向,北京大学还在"国际政治"专业博士点设立了有关地区研究的方向。"十五"期间,有五所高校在获得政治学一级学科的博士学位授予权的条件下先后设立了"中外政治制度"专业博士点,并在该专业设立了"比较政治(学)"或"比较政治制度"研究方向。"十一五"期间,又有两所高校在一级学科博士点下设立"中外政治制度"专业博士点,即复旦大学、北京大学、中国人民大学、华中师范大学、武汉大学、南开大学、天津师范大学,并设立了"比较政治"或地区、国别政治的研究方向。此外,还有一些大学在政治学理论、国际政治、国际关系等专业设立了比较政治类的研究方向。见表 2:

表 2　博士培养层次比较政治研究专业分布*

专业 单位	政治学理论	中外政治制度	国际政治 国际关系	其他
北京大学	欧洲学(欧洲政治)	比较政治学 比较政党 比较政治学理论与方法	南亚地区研究 东南亚地区研究 欧洲研究 亚太地区研究 非洲研究	俄罗斯东欧政治发展与对外关系
中国人民大学		比较政治制度 欧洲问题研究 政党与政党制度比较研究	美国问题研究 欧洲问题研究	政体比较研究
武汉大学		比较政治		
复旦大学	比较政治	比较政治制度	美国政治与外交 日本政治与外交 俄罗斯政治与外交	
中国政法大学	亚太地区研究			
华中师范大学		比较政治学	国别政治	

专业 单位	政治学理论	中外政治制度	国际政治 国际关系	其他
华东师范大学	比较政治制度		俄罗斯政治与外交 欧盟研究 美国政治与外交 欧洲政治与外交	
天津师范大学	中西政治文化比较	比较政治制度		
苏州大学	比较政府与政治			
吉林大学	比较政治学		东北亚区域政治 日本政治与外交	
南开大学		外国政治制度 美国政治制度		
山东大学			东亚政治 欧洲政治	当代国外共产党的理论与实践 政党政治比较
中国社会科学院研究生院	政治比较与国别政治		日本政治、拉美政治 非洲政治、美国政治 欧洲政治、亚太政治	

＊据中国研究生招生信息网 2005 年博士生招生目录统计。

　　近年来，有的高校设立了研究比较政治和政治制度的专门机构，如武汉大学比较政治研究中心、浙江大学比较政治与公共管理研究所、上海交通大学比较政治系（隶属于国际与公共事务学院）。同时，适应国内外形势的发展，有些高校设立了一些新的综合性研究机构，如北京大学欧洲研究中心、北京大学希腊研究中心等。在此期间，原有的一些涉及国别政治和政治制度的相关研究机构得到继续发展，如中国社会科学院的美国研究所、欧洲研究所等有关研究所，复旦大学的美国研究中心、日本研究中心、韩国研究中心等，北京大学世界现代化进程研究中心，武汉大学法国研究所，四川大学南亚研究所，辽宁大学日本研究所，东北师范大学日本研究所，暨南大学东南亚研究所等，但这些机构都是以某一国家或地区为对象的综合性研究机构，涉及这些国家和地区的政治、经济、社会、历史、文化等各个方面。

　　研究比较政治与政治制度的人员除分布在政治学学科教学和科研机构外，在法学、历史学等学科也有不少研究有关国家政治和政治制度的学者,如:北京大学(国别史、地区史)、南开大学(美国史、日本史研究)、南京大学("英国及英联邦国家发展史"研究)、武汉大学(德国史研究)、河南大学(英国史研究)、东北师范大学(美国史、日本史研究)、中山大学(法国史、东南亚史研究)、山东师范大学(美国史研究)、厦门大学(美国史、东南亚史研究)等。

二、"十一五"期间比较政治学研究的主要成就和动向

总体上看,关于比较政治和政治制度的研究在"十一五"期间(2006—2010 年)有了进一步的发展。该领域的研究坚持了以中国化的马克思主义作为总的指导思想,以面向世界、认识世界、借鉴各国为目的,依然坚持了为我国全面建设"小康社会"构筑有利的国际环境、为我国政治发展和政治文明建设提供借鉴的价值取向;研究成果的数量有所增加,研究内容的选择有所突破,研究的范围和视野有较大扩展,对发达国家政治研究的有所深化,对发展中国家政治的研究数量和质量都有较显著的提高;国别研究的成果仍然占有较大比重,跨国比较研究开始产生一定数量的成果;由描述性介绍转向分析性研究的趋向比较明显;研究的总体水平有了一定的提高,研究中所运用的理论与方法有了实质性的改进。

(一)更加重视比较政治理论与方法的研究和多个视角、多种方法的运用

关于比较政治研究的理论和方法的探讨继续受到重视。一方面,"十一五"期间专门讨论比较政治研究的基本理论与方法的著作虽然不多,但都从不同的角度探讨了比较政治作为一个学科应有的基本研究规范和主要方法。有学者比较详尽地介绍了比较政治学领域的有关知识内容,介绍各种理论流派的不同观点,并追寻了这些流派之间的师承关系以及在学术发展史上的相对位置和地位,分析了它们之间的论争焦点和分歧根源,考察了比较政治学的发展趋势与最新进展。研究者在相对广阔的视野下讨论了三个主题:一是作为方法论的比较政治学,二是作为理论知识的比较政治学,三是发展中的比较政治学。在此基础上,研究者认为,"从知识论的角度来看,比较研究是人类认识未知事物的主要方法之一。同样的道理,利用比较方法研究政治也是政治学中最常见的方法之一。实际上,政治学就是源自于比较政治研究,政治学的许多基本概念只有在比较和对比的意义上才能得到充分理解,并得到恰当的使用"。[1] 有学者探讨了比较政治分析的路径,并在介绍不同类型国家的政府结构、政治体制和对外政策时贯彻了"各国有权选择适合自己的政治制度"的理念,注重从不同国家的经济背景、社会形态、文化传统出发来观察该国政府与政治的特征,从而揭示政治秩序存在和发展的深层背景。[2] 也有学者探

247

---

①　张小劲、景跃进著:《比较政治学导论》,中国人民大学出版社,2008 年。
②　袁峰著:《比较政府与政治》,上海人民出版社,2008 年。

讨了作为政治经济学和比较政治学的混合产物的比较政治经济学,认为无论是政治经济学还是比较政治学都存在着学科或领域内部结构上的缺陷,而作为一个新兴的学科,比较政治经济学在国内刚刚起步,因而试图为这一领域的规范化和在中国的成型与发展作出贡献。该书从历史、范式两个方面分析了国家、社会与经济的关系,探讨了国家的生存与发展,进而具体探讨了在发达国家、发展中国家和转型国家中国家、社会与经济的互动。①

另一方面,探讨比较政治研究方法的论文的数量在"十一五"期间有了较大的增加,共约 30 余篇。其中既有对比较政治研究方法的整体评价,也有对不同的具体方法的探讨;既有对中国人运用比较政治分析的总结和挖掘,也有不少对西方比较政治研究方法的梳理和分析。有学者从总体上对比较政治研究的方法进行了检视,指出面对今天的政治现实,比较政治学的四种传统分析框架即系统理论、政治文化理论、发展理论与不发达理论、阶级理论,已经不足以解释现在的政治现象,提出新的分析框架以研究新的政治问题,是摆在比较政治学家们面前的主要任务。② 比较研究的方法是多样的,不同的方法提供了不同的视角。如有学者认为:"比较政治分析的基本逻辑是在复杂而多重的关系中探索政治现象之间的关系,使那些在非比较研究中无法排除或认为由于相互抵消而不起实际作用的变化成为解释的一个有机组成部分。"而不同方法的运用和操作,如个案方法、集中比较、真伪对照、统计分析等等,可以满足人们对政治现象或个案进行深入而全面的研究和理解,也可以满足人们对大量的相关变项进行量化分析。③ 有学者从邓小平的思想中发掘了比较政治分析的方法,认为开阔的比较视野、客观的比较标准、多样的比较维度、辩证的比较方法和丰富的比较对象构成邓小平分析政治问题的基本框架,在此基础上,研究者探讨了邓小平比较政治分析的基本逻辑,指出比较方法是政治分析的基本方法,也是邓小平开展政治设计、创新政治理论、推进政治发展的重要方法。邓小平以弄清楚"什么是社会主义,怎样建设社会主义"这个根本问题为比较政治分析的逻辑起点,以"客观事实"为比较政治分析的逻辑支点,以"走自己的路,建设有中国特色社会主义"为比较政治分析的逻辑落点。④ 比较政治研究首先要解决研究对象国的选择问题,也就离不开对国家的分类。有学者认为,中外比较政治学者在有关比较政治研究的路径、分析工具及价值标准等问题上,已经形成了一些代表性的观点,但对于进行国家分类却存在着局限性。对国家分类问题的研究,应当选择历史与现实相结合的分析路径、采用基本分析变量与特殊分析变量相结合的

---

①　朱天飚著:《比较政治经济学》,北京大学出版社,2006 年。
②　欧阳景根:《比较政治学的理论困境与发展前景》,《社会科学》,2005 年第 3 期。
③　李路曲:《比较政治分析的逻辑》,《政治学研究》,2009 年第 4 期。
④　乔湘流:《试析邓小平的比较政治分析方法》,《苏州大学学报》(哲学社会科学版),2008 年第 1 期。

分析工具,并在寻求共性价值的基础上尊重各个国家自身的价值理念和价值选择。① 有学者通过对 20 世纪中期以来泰国政治现代化研究发展脉络的批判性总结,归纳了泰国政治研究的几种视角,认为已有研究存在的主要问题在于:学者囿于东方主义视角,试图用西方的政治概念规范泰国的历史与现实,剥离了研究对象自身的复杂性,在一定程度上阻碍了对于泰国政治现代化进程的特殊性和可能性的认识。作者进一步指出,对于非西方国家的政治现代化过程,只有承认各国政治发展的内在逻辑和被研究对象的主体地位,才有可能超越概念与现实之间的错位,作出符合其本来趋势的总体判断。②

比较政治研究从来就存在国别研究和跨国比较研究两种取向,如何认识这两种取向,人们也有不同的评价。有学者发表论文指出,比较政治研究是从对单个国家和单一政治现象的研究起步、逐步向多国比较研究发展的,而目前这两种研究路径都仍然是这一学科的重要组成部分。而在一国研究中引入比较方法为研究提供了新的分析工具和新的分析视角,这为全方位地分析和解释复杂的政治现象提供了可能性和合理性。案例研究方法由于本身所具有的单一性和比较性,成为在一国研究中引入比较方法的重要路径。③

对西方学者比较政治分析方法的介绍和评述仍然是较多学者的话题。有学者认为,20 世纪 50 年代以来,西方比较政治学取得了引人注目的发展和进步,从 60 年代"黄金时期"发展主义范式的衰落,到其后各种替代性研究范式的兴起,比较政治学在分化组合中得到了发展。进入经济全球化时代以来,对宏大理论范式的追求逐渐失去了吸引力,而基于特定区域、特定政策议题的中观层次的理论建构成了比较政治学的研究重心。④ 有学者从西方比较政治学研究兴起的时间、思维方式、理论建构方式等方面,概述了西方比较政治学研究范式的转变,即从传统的、规范的比较政治学研究范式,向经验的、实证的比较政治学研究范式转变;再从经验的、实证的比较政治学研究范式,向历史的、循环的比较政治学研究范式转变。在对这三种研究范式进行分析与批判的基础上,主张寻求一种新的比较政治学研究范式,即历史的、辩证的比较政治学研究范式。⑤ 有学者认为,国外比较政治学是基于两个核心问题而不断展开的:其一,在"比较"研究中,着重关注普遍性理论建构和个案研究之间的关系;其二,在"政治"分析中,重在界定比较"政治"的研究范围。进而作者对行为主义、中层理论、理性选择理论、新制度主义、阐释学理论、系统功能分析、政治社会学等分析方法和研究路径进行了梳理,探讨了国外比较政治研究的

---

① 袁峰:《论国家分类问题研究的路径、工具及价值标准——比较政治学的视角》,《晋阳学刊》,2008 年第 6 期。

② 龚浩群,《泰国政治现代化研究述评——站在非西方国家的角度思考》,《东南亚研究》,2008 年第 3 期。

③ 李路曲:《从对单一国家研究到多国比较研究》,《政治学研究》,2009 年第 6 期。

④ 陈剩勇、李力东:《20 世纪 50 年代以来的西方比较政治学发展述评》,《政治学研究》,2008 年第 6 期。

⑤ 刘路军:《西方比较政治学研究范式的分析与批判》,《中北大学学报》(社会科学版),2009 年第 2 期。

发展的内在逻辑。① 还有学者分别对西方学者所使用的某一种研究方法进行了评述,如关于行为主义、新旧制度主义、政治稳定理论、比较政治研究中的个案研究等等。②

在此期间,对国外比较政治研究理论和方法的论著的翻译介绍在这五年里呈现出多样化的趋势,数量比较可观。阿尔蒙德是过去数十年里美国最有影响的比较政治研究学者,以往国内已有上海译文出版社和商务印书馆先后翻译出版过他关于比较政治学的概论性著作的不同版本,最近国内又出版了最新版本的中译本,即《当代比较政治学(第8版更新版)》(杨红伟等译,上海人民出版社,2010年),此外,还出版了比较政治方面的新译作,③台湾学者的作品于2008年首次在内地出版。④

近几年值得注意的一个趋向是中国政治学界对研究方法的教学和训练给予了高度关注,每年夏天都有一些大学与国外大学开办专门探讨政治学研究方法的训练班,并受到青年政治学者的普遍欢迎。在此期间,国外的政治学研究方法的转变迅速传到国内,如新制度主义的兴起很快就在国内有了相当详细的介绍,并且开始有人尝试运用新制度主义的方法来研究中国政治问题。这表明,中国政治学与国外政治学的距离和隔膜正在缩小和消除。

对研究方法的重视在近些年的研究成果中,在近几年的硕士论文、博士论文中都有生动的体现,从研究的选题到研究方法、论证方法和表达方式,与十多年前相比都有了很大的变化,新的研究方法初步有所运用,借鉴兄弟学科研究方法的努力也有所见。如有的学者与加拿大学者合作,以中国上海和加拿大温哥华地区为样本,对社区建设和社区服务进行了深入的实证研究,体现了政治学与社会学的融合。⑤ 有人选取泰国中部的曲乡这样一个普通村庄进行了田野调查,探讨了当代泰国在建构公民身份过程中的得失,其研究以规范的人类学长期田野调查为基础,

---

① 黄冬娅:《国外比较政治学研究的发展及其内在逻辑》,《中山大学学报》(社会科学版),2009年第3期。

② 陈家喜:《地区研究与比较政治学的理论革新》,《教学与研究》,2007年第1期;雷艳红:《比较政治学与历史制度主义的渊源》,《社会科学研究》,2006年第1期;汪志强、袁方成:《西方行为主义政治学方法论评述》,《江汉论坛》,2005年第6期;左宏愿:《国外政治稳定理论研究综述》,《燕山大学学报》(哲学社会科学版),2009年第4期;刘欣、李永洪:《新旧制度主义政治学研究范式的比较分析》,《云南行政学院学报》,2009年第6期。

③ 新近翻译出版的有以下五种:威亚尔达主编:《非西方发展理论:地区模式与全球趋势》,董正华、昝涛、郑振清译,北京大学出版社,2006年;[英]黑格等著:《比较政府与政治导论》,张小劲等译,中国人民大学出版社,2007年;[美]扎哈里亚迪斯主编:《比较政治学:理论、案例与方法》,宁骚等译,北京大学出版社,2008年;[美]马克·I. 利希巴赫、阿兰·S. 朱克曼编:《比较政治:理性、文化和结构》,储建国等译,中国人民大学出版社,2008年;何俊志、任军锋、朱德米编译:《新制度主义政治学译文精选》,天津人民出版社,2007年。

④ 吴文程:《政治发展与民主转型:比较政治理论的检视与批判》,吉林出版集团,2008年。

⑤ [中]马西恒等、[加]鲍勃·谢比伯等:《中加社区治理模式比较研究:以上海和温哥华为例》,上海人民出版社,2006年。

构建了一个生动而丰富的民族志文本,体现了政治学问题的人类学视角。①

（二）研究内容表现出全方位、多侧面、重细节和为我所需的特点

"十一五"期间的比较政治和政治制度研究的成果在数量上有了较大增加,在研究内容的选择上有如下特点:

1. 对某些国家的具体制度和制度细节给予了较多关注

政府绩效问题、地方决策中的公众参与、社区建设、电子政务、媒体政治、思想库发展都被纳入了研究视野,并出版一批专著和论文。适应国内对政府绩效、政府机构改革等问题的关注,有学者对相关国家的相关问题进行了考察,从理论、历史和现实三个层面,探讨了不同历史时期美国联邦政府绩效评估的理论基础和实践运作,显示了联邦政府绩效评估的整体样态及其借鉴价值。② 有学者考察了英国近代政府机构的演变,分别讨论了英国的国家财政、枢密院、司法系统、地方政府、议会、教会、王权及社会等级在 16 世纪逐步发生的变革进程,并对这些变革在近代西方国家形成中的重要历史作用作了探讨。③ 有学者考察了英国公共行政改革的历程和经验,从理论到实践,从中央政府到地方政府,从整体调控到分项管理,从机构改革到公务员制度改革,都进行了比较全面深入的阐述。④ 有学者以"国家—社会"和"结构—行为"为分析框架,研究了美国政府的媒体宣传行为对美国民主政治的影响,分析了美国政府如何利用媒体影响和控制社会、追求和维护政府的权威性和合法性,以成功达到其对内、对外政策的政治目的,指出媒体是现代社会重要的沟通方式和渠道,控制媒体就等于控制社会。⑤ 有学者从美国思想库的角度切入,探讨美国与中国内地和台湾之间的关系,考察了不同类型的美国思想库在事实性和规范性议题上对美国对华政策的影响,其中既有中长期也有短期性的影响,并指出美国思想库为其对外政策走向的风向标。⑥ 自 90 年代末有学者出版了《总统是靠不住的》等"近距离看美国"系列之后,有学者致力于从细微之处考察发达国家的民主政治,如有的著作以生动笔触、细致入微的观察,把民主和市井生活、油盐酱醋联系起来,把"美国的民主"这样一个概念性的东西拆解成点点滴滴的事件、政策和人物去描述,为读者展示了美国的政治生活。⑦ 电子政务的发展是近 10 年来受到各学科广泛关注的话题,有学者注意考察发达国家电子政务的发展,企图从中获得有益的经验,如有人通过对中国、美国或其他国家的政府网站、电子政府研究机构网站、统计咨询企业的公开信息,以及联合国的相关公开研究报告的收集、整理,考

① 龚浩群著:《信徒与公民:泰国曲乡的政治民族志》,北京大学出版社,2009 年。
② 张强:《美国联邦政府绩效评估研究》,人民出版社,2009 年。
③ 郭方:《英国近代国家的形成:16 世纪英国国家机构与职能的变革》,商务印书馆,2007 年。
④ 王鼎:《英国政府管理现代化:分权、民主与服务》,中国经济出版社,2008 年。
⑤ 沈国麟:《控制沟通:美国政府的媒体宣传》,上海人民出版社,2007 年。
⑥ 张春:《美国思想库与一个中国政策》,上海人民出版社,2007 年。
⑦ 刘瑜:《民主的细节:美国当代政治观察随笔》,上海三联书店,2009 年;《送你一颗子弹》,上海三联书店,2010 年。

察了中美电子政务的发展现状、经验和问题。① 有学者对法国近代的结社观念进行了考察，分析了近代启蒙思想、社会契约理论、市场个人主义以及大革命对结社观念的塑造和影响。②

2. 重视研究各国的地方和基层政府及治理

以往对外国政治和政治制度的研究都聚焦于国家和中央层面，对各国地方和基层政府及治理的研究过去一直比较薄弱，"十五"期间已经开始受到重视，"十一五"期间，这方面研究又有了进一步的发展。有学者考察了从罗马统治的殖民时期一直到20世纪英国地方治理的历史，认为英国的地方治理的变迁体现在职能由政治统治为主向公共服务为主的转变，治理主体经历了单一与多元之间的反复变化，治理方式经历了由早期自治——加强中央集权过渡——现代地方自治——多主体协作治理的演进。③ 有学者考察了20世纪80年代以来美国地方政府的改革，认为这一改革的趋势主要体现在组织形式上的多样化导向、政府间关系的合作化导向、公共产品和服务对象上的顾客导向、纵向权力关系上的分权导向、内部管理上的企业化导向。尽管中美两国在政治制度和文化传统等方面存在较大差异，但美国地方政府的改革经验仍然对中国行政体制改革特别是地方政府改革具有一定借鉴意义。④ 也有学者考察了加拿大的地方治理创新，认为面对着经济全球化、政治民主化以及国内外一系列经济、政治、社会困境，加拿大不仅对联邦政府的职能、府际关系、运行形式等进行了一些调整，而且遵循着有利于节约、公平、消除地区冲突的原则，对地方政府的政府职能、组织结构、公民参与形式等治理机制进行了一系列创新。⑤

在政治与公共行政学者推动下，重视预算的政治意义，开展对预算问题的研究渐成风气。有学者考察了美国地方政府公民参与预算的经验，指出公共预算的核心问题是资源配置问题，而在资源配置中，最核心的决策是确定支出的重点，也称支出优先顺序确定。在资源配置中纳入公民参与有助于提高预算决策的合理性和公共责任。⑥ 外国大城市的管理和治理一直是我国学者比较关注的问题，有学者考察了美国围绕大都市的治理机制的选择所展开的争论，分析了巨人政府论、多中心治理和新区域主义等治理主张，认为在治理实践中，任何治理机制都不是全能的。因此，大都市区的治理机制应该是多元化的，而具体的治理机制应该遵循交易

---

① 覃正、李艳红、黄骁嘉主编：《中美电子政务发展报告》，科学出版社，2008年。
② 乐启良：《近代法国结社观念》，上海社会科学院出版社，2009年。
③ 陈国申编著：《从传统到现代：英国地方治理变迁》，中国社会科学出版社，2009年。
④ 张智新：《美国地方政府改革及其对中国的借鉴意义》，《上海行政学院学报》，2006年第1期。
⑤ 张小明、陈虎：《加拿大地方治理创新及其启示》，《北京科技大学学报》（社会科学版），2006年第3期。
⑥ 马骏、罗万平：《公民参与预算：美国地方政府的经验及其借鉴》，《华中师范大学学报》（人文社会科学版），2006年第4期。

费用经济学所主张的"区别性组合"逻辑来选择。① 对外国的地方政府治理进行实地调查和制度研究,对于目前的中国学者来说还存在较多的困难,但近年来已有了这方面的成功尝试,如有学者通过对美国不同地区 10 多个地方政府案例的研究,比较系统地介绍了美国在地方政府治理方面的经验教训。②

在东亚、南亚以及东南亚诸国的地方治理研究方面有突出的表现,贡献了不少对地方和基层研究的著作和论文。有学者介绍了韩国的新村运动为实现从农业国向工业国转型过渡,并实现城乡、区域和谐与均衡发展所积累的经验和教训。③ 有学者考察了越南的省级政府改革,认为在二十多年的市场化导向改革后,省级政府对越南的政治、文化和社会发展都作出了巨大贡献。作为连接中央和地方政府的桥梁,省级层次的政府改革给转型国家的国家行政改革树立起一个典范。④ 从研究状况看,我国学者对外国地方政治的研究,目前还比较难以深入到某个国家的某个地方的具体考察,但现在已有这方面的尝试,如有学者考察了印度政府所谓的"阿鲁纳恰尔邦"推行的新边境政策,分析指出,该政策的实施重点是基础设施,特别是交通设施的建设及优先发展贸易和旅游业,但实施效果并不理想。⑤ 值得注意的是,对不同国家的地方和基层的研究表现出一定的区别,就经济较为发达的国家而言,研究对象的地方化、基层化意味着研究的深入,有可能把政治制度的宏观分析与微观考察结合起来,例如上面所列举到的韩国和新加坡;而就经济欠发达的国家而言,因为相关文献、资料的欠缺,一般还只能从微观个体出发,从而为宏观整体的研究储备和累积资料和文献。

2004 年开始出版的"地方政府与地方治理译丛"继续出版,近几年又陆续出版了《加拿大不列颠哥伦比亚省地方政府》、《日本地方政府法选编》、《英国地方政府(第三版)》、《重塑澳大利亚地方政府:财政、治理与改革》、《协作性公共管理:地方政府新战略》、《地方政府经济学:理论与实践》等。

253

3. 研究对象国的范围有了进一步的拓展

比较政治制度的研究过去主要集中在发达国家,这种缺憾在"十五"期间开始有所改变。进入"十一五"时期后,对亚洲、非洲、拉美各国和东欧、前苏联各国的政治和政治制度的研究的重视仍在继续。

(1)关于东亚、东南亚和南亚各国的研究

就地区研究来说,对东亚、东南亚以及南亚国家的研究是这 5 年中相当活跃的领域,成果也较为丰富。首先,东亚模式和政治文化是东亚分地区综合研究的鲜明

---

① 张紧跟:《当代美国大都市区治理的争论与启示》,《华中师范大学学报》(人文社会科学版),2006 年第 4 期。

② 高新军:《美国地方政府治理:案例调查与制度研究》,西北大学出版社,2007 年。

③ 李水山著:《韩国新村运动及启示》,广西教育出版社,2006 年。

④ 阮中杰、聂勇浩:《越南省级政府改革》,《公共行政评论》,2009 年第 4 期。

⑤ 邵育群:《关于印度在"阿鲁纳恰尔邦"推行新边境政策的个案研究》,《南亚研究》,2009 年第 3 期。

特点,如有学者对东亚各国政府与政治作了系统的探讨和研究,涉及东亚各国宪法、国家元首、国会、法院的机构、权力以及各国利益集团与公民社会的发展等。① 有人深入考察与分析了东亚政党制度的形成与发展、政党格局的嬗变与调整、政治参与的扩大与政治多元化发展等理论问题与现实问题,揭示了政党政治在政治参与逐渐由无序向有序转变的过程中所发挥的重要作用。② 有人探讨了儒家理念对于中、日、朝三国历史上王权思想的演变和最终形成所起的作用。③ 东亚国家的政治转型,是近 20 年来国内学界普遍感兴趣的话题,这方面发表了不少有描述、有分析、有见解的论文,所涉及的问题也非常广泛,有公民社会的建构、民众的政治宽容、政治权力的谱系、宪政主义、政治合法性等。④

　　在东亚地区的国别研究方面,对日本、新加坡、印度、韩国、泰国的研究最为引人瞩目。作为东亚地区唯一的发达国家,日本一直是我国学者关注的目标,此间出版的著作就有 11 部、论文近 80 篇、博士论文 5 篇。研究范围比较系统广泛,其中既涉及当代日本政治体制及其最新发展,也涉及近代日本政治的发展。有学者从制度与文化交互作用的视角,探讨了日本宪政制度的发展过程,评价了东方文化背景下积淀起来的日本宪政经验,解释了宪政制度突破与传统文化变迁的复杂互动关系及其规律。⑤ 日本的政党政治也是中国学者比较感兴趣的课题,例如自日本"55 政党体制"在 1993 年解体后,对日本政党政治的新发展已经有人进行了比较深入的研究,比较全面地分析了从 1996 年 1 月桥本内阁诞生直至 2009 年 9 月麻生内阁垮台民主党上台期间的政党体制,即以自民党为核心联合执政的所谓"1996年体制"。⑥ 也有学者从政治生态分析的视角,考察了日本"自民党—党优势政党制"的生成、发展、演化过程,认为这种政党体制是日本民族国家政治生态环境的产物。⑦ 有学者对日本的民族主义进行了考察,认为日本的"民族保守主义"是在冷战后国际政治格局的重组和日本国内政治生态变化的背景下生成的,它已成为当今日本主流派政治家的政治理念和保守政党的政策实践,引领着日本走向其心目中既定的"政治大国"目标。⑧ 此外,对日本的天皇制、政治资金、政商关系、派阀政

---

① 叶富春:《东亚政府与政治比较研究》,黑龙江人民出版社,2008 年。
② 李文主编:《东亚:政党政治与政治参与》,世界知识出版社,2007 年。
③ 徐洪兴、小岛毅、陶德民著:《东亚的王权与政治思想:儒学文化研究的回顾与展望》,复旦大学出版社,2009 年。
④ 参见高奇琦:《公民社会与民主巩固:东亚政治实践对西方经典理论的检验》,《晋阳学刊》,2009 年第 2 期;马得勇:《东亚地区民众政治宽容及其原因分析——基于宏观层次的比较研究》,《武汉大学学报》(哲学社会科学版),2009 年第 3 期;许开轶:《东亚威权主义体制下的政治权力谱系》,《理论导刊》,2009 年第 10 期;邹平学:《反省与超越:东亚宪政主义发展的路径与模式》,《环球法律评论》,2007 年第 1 期;杨鲁慧:《论当代东亚国家政治合法性转型》,《当代亚太》,2007 年第 11 期。
⑤ 魏晓阳著:《制度突破与文化变迁:透视日本宪政的百年历程》,北京大学出版社,2006 年。
⑥ 徐万胜:《冷战后日本政党体制转型研究:1996 年体制论》,社会科学文献出版社,2009 年。
⑦ 张伯玉:《日本政党制度政治生态分析》,世界知识出版社,2006 年。
⑧ 张进山:《当代日本的民族保守主义:生成、概念和释疑》,《日本学刊》,2007 年第 3 期。

治、官僚体制、选民的投票行为等等,也都有研究涉及。

新加坡由于其特殊的民族构成和有特色的发展道路,也是我国学界关注和研究的国家,近5年出版的关于新加坡的著作和论文的总量仅次于日本而与关于印度的论著数量相当。有学者以"一党长期执政何以保持活力、廉洁"、"和谐社会是怎样建成的"两个问题为线索,探讨了新加坡的治国方略。① 新加坡的威权政治仍然是我国学者比较热衷的问题,有学者力图运用马克思、恩格斯社会政治发展理论对新加坡威权政治的形成、制度架构、思想基础及其发展作了比较全面的讨论和分析。② 关于新加坡人民行动党则是另一个多有研究的问题。没有人民行动党就没有现代的新加坡,一部新加坡的经济腾飞史就是一部人民行动党执政史。早在20世纪80年代,我国学术界就启动了新加坡人民行动党的研究,取得了丰富的研究成果,并且从最初研究其执政经验,逐渐深入至意识形态、组织机构、执政理念、执政前景等。③ 有学者从制度环境、制度安排、政策和策略等方面对新加坡执政的人民行动党及其政府如何处理与其他政党、社群组织和普通选民的关系和社会控制方式进行了分析,指出在制度设计上,一定程度的多元制衡的一党独大,以行政为主导的软权威主义是新加坡的政体特点。在处理与反对党的关系方面,执政党的基本原则是一方面对其严格限制和控制,采取一切"合法的"手段把其摒弃在国家权力之外;另一方面则保证其在一定程度上的发言权,以对执政党进行一定程度的监督,反映不同的利益和政见。在处理与社群组织和选民的关系方面,通过推行国家合作主义的政策,把人民群众纳入执政党所设定的政治发展进程之中;实行一种具有多元利益表达和一定民主性的、提倡体制内合作的自上而下的制度。④ 对新加坡人民行动党的研究是多方面的,涉及一党独大体制、党群治理、意识形态、新加坡的国家创建与人民行动党的发展的关系、基层治理、反腐养廉、族群融合等。⑤

印度作为一个人口大国和新兴经济体,既属于我国的周边国家,又由于其在二

---

① 吕元礼:《新加坡为什么能》(上、下册),江西人民出版社,2007年。该书作者是目前国内新加坡政治研究领域的一位很有建树的中年学者,他在此期间还出版了另外两部著作,即《鱼尾狮的政治学:新加坡执政党的治国之道》(江西人民出版社,2007)和《新加坡研究》(论文集,重庆出版社,2009)。

② 卢正涛:《新加坡威权政治研究》,南京大学出版社,2007年。关于新加坡威权政治的研究成果还有不少论文,如孙景峰:《世界民主浪潮下的新加坡威权体制》,《吉林大学社会科学学报》,2007年第4期;王文智:《新加坡"软威权主义"政治分析》,《云南社会科学》,2008年第1期;赖静萍:《新加坡的威权政治及其历史走向——基于政治生态系统的分析》,《南京师大学报》(社会科学版),2007年第3期。

③ 王荣阁:《中国学者对"新加坡之谜"的新解读——近年来我国学术界对新加坡人民行动党研究评述》,《郑州大学学报》(哲学社会科学版),2006年第6期。

④ 李路曲:《新加坡人民行动党政府的社会控制方式》,《东南亚研究》,2006年第4期。

⑤ 这些成果如孙景峰:《试论新加坡一党独大的政治体制》《国际问题研究》,2007年第5期;高奇琦:《新加坡人民行动党的党群治理与社会资本》,《中央社会主义学院学报》,2009年第6期;吴敏:《新加坡人民行动党基层支部为民服务的经验及启示》,《上海党史与党建》,2009年第4期;李路曲:《新加坡国家意识形态的变迁》,《武汉大学学报》(哲学社会科学版),2009年第3期;乔印伟:《论新加坡国家创建对于人民行动党成立与发展的意义》,《河南师范大学学报》(哲学社会科学版),2009年第3期;高奇琦:《公民社会在民主化中的作用:对新加坡的个案考察》,《东南亚研究》,2009年第3期。

战后的民族独立国家中独树一帜的政治发展道路,成为我国政治学界重视的研究对象国。印度与中国都是世界上少有的人口超级大国,在历史上有许多共同点,近几年出版了两部对中印两国的政治现代化进行比较的著作。有学者提出,中印两国是在同样贫弱的基础上走上现代化道路的,中印两国的现代化模式哪种更为成功？进而从经济现代化、政治现代化和文化现代化三个层面对中印两国进行了系统的比较研究。① 还有学者指出,中印两国选择了不同的经济发展模式,却都取得了令人瞩目的成就,并以中国人的视角,通过严谨的实证考察,全面系统地对中印两国的自然资源、历史背景、综合国力、工业、农业、社会保障制度、文化宗教、国际地位与外交战略等因素进行了阐述、比较和分析。② 此间产生的两篇关于印度政治的博士论文也有相当分量,一篇以印度政党制度演变的过程为分析对象,考察不同阶段社会结构对政党竞争的影响,从而揭示社会结构之间与政党制度的关系,认为政党竞争的多元化和地方化并没有使得后国大党时代的印度在政治上走向分裂。在经历了政党联盟的分化组合和短暂的政治动荡后,印度的政党制度正在朝着稳定的两大党制下的多党竞争格局发展。③ 另一篇则从对中印两国的公民政治参与及其发展进行比较的视角,将当代中国公民政治参与的发展置于现代化发展这一广阔历史进程,探讨了现代化进程中公民政治参与发展演进的共性与规律,评估公民政治参与可能带来的一系列效应,总结其中的经验与教训。④ 此外,还有 60余篇论文涉及印度政治和政治发展的各个方面,包括印度式民主的模式,印度的民族、宗教、语言与印度的国家整合,国大党和政党政治,社会分层和种姓制度、贱民政治,印度的数个共产党等问题。

　　探讨韩国民主化的过程,是"十一五"期间我国政治学者比较热衷的话题。有学者将韩国与日本和中国台湾地区的民主化作了比较,指出日本、韩国和中国台湾长久以来处于同一文明轨道,都是儒家文化或者深受儒家文化的影响,在民主转型过程中它们都面临政治文化的价值重构问题。它们的社会和经济发展激发了普通民众的民主政治诉求,推动了政治精英通过自上而下的途径建立自由民主制度的历史进程,在政治现实中艰难地实践着民主理想。⑤ 还有学者根据韩国和中国台湾的经验认为,建立民主体制容易,坚守和巩固民主难。要从"选举民主"政体发展到自由民主政体,培育出"羽翼丰满的民主制度",还需要有文化、社会和政治的巨

----

① 李云霞:《中印现代化比较研究》,社会科学文献出版社,2010年。
② 左学金、潘光、王德华:《龙象共舞:对中国和印度两个复兴大国的比较研究》,上海社会科学院出版社,2007年。
③ 陈金英:《社会结构与政党制度:印度独大型政党制度的演变》,复旦大学博士论文,2007年。
④ 赵刚印:《现代化进程中公民政治参与的比较研究——以中国和印度为例》,华东师范大学博士论文,2006年。
⑤ 李凯、李永洪:《东亚民主化过程比较分析——以日本、韩国和中国台湾为比较对象》,《科学社会主义》,2009年第2期。

变。① 有学者分析了韩国政治中根深蒂固的地域主义现象,指出韩国政治中"地域主义"具体表现为在国会选举、总统选举和政党运作中以政党领导人的出生地为标准划线,挑动民众之间的对立情绪来达到政党的政治目标和政府人事上以出生地为标签的人事任用。地域对抗的空间形式对选举制度的演进、国家的成长、政党政治的发展产生着巨大的影响。② 此外,在"十一五"期间,由复旦大学韩国研究中心编辑、世界知识出版社出版的《韩国研究论丛》(第十二辑至第二十一辑,共十辑),收录的论文对朝鲜半岛南北关系、朝核危机、韩国工业化、中韩贸易往来以及韩国传统文化等问题进行了探讨与分析。

关于泰国的政体和政治发展,"十一五"期间我国政治学界也有所关注。有学者探究了泰国的政治文化与政治发展之间的互动作用,认为由历史传承的家长制和宗教信仰的小乘佛教组成的泰国文化有碍其政治的发展。③ 由于该国近十多年来的周期性动荡,所发表的论文也比较多地集中在讨论和分析泰国式民主的困境及其根源。不少学者认为,泰国的乱局是"民主的困局"、"民主的尴尬"。有学者认为,军事政变一方面作为结束遭遇合法性问题的统治者的手段具有一定的合理性,但另一方面它严重影响了泰国的民主化进程。完善的民主制度是解决政治纷争的有效方法,只有它才能为政治体系提供长久的合法性基础。④ 也有学者认为,政变的发生取决于一个国家的社会结构因素和政治制度因素,其中政治参与的无序化与领导人退出机制的不完善是引发军事政变的最重要原因。虽然军人干政在历史上曾经起过积极作用,但在现代社会,军人干政已经不适应甚至危害民主政治的发展。为解决这个问题,发展中国家应该从调整社会结构、扩大政治参与和提升政治制度化水平等三个方面持续地付出努力。⑤ 还有学者从宪法制定的角度分析了泰国政治不稳定的原因,指出泰国政变频繁发生、宪法频繁更迭的一个主要原因在于,大多数宪法是在宪法制定权主体缺位的情况下制定出来的,缺少程序的正当性和内容的正当性,得不到人民的认同和拥护。⑥ 但也有学者认为,尽管泰国多次发生军事政变,但从政治稳定的四个层次即国家政权体系的稳定、权力结构的稳定、政治过程的稳定和社会政治心理的稳定来分析,泰国 2006 年的政变只是一种政治上的人事变动,仅仅是政局动荡,泰国的政治总体上说仍然是稳定的。⑦ 其他一些研究则从泰国政治文化的内在矛盾、他信政府的治国政策、城乡的差别和对立、传

①　林震:《东亚民主化比较研究:以台湾地区和韩国为例》,《东莞理工学院学报》,2009 年第 4 期。

②　马东亮:《制度与革新:韩国国会政治中地域主义现象的制度解读》,《云南行政学院学报》,2008 年第 1 期;王菲易:《地域主义与韩国民主化转型:一种过程分析》,《当代韩国》,2008 年夏季号。

③　潘梦生:《泰国政治文化与政治发展研究》,《东南亚之窗》,2008 年第 1 期。

④　赵海立:《民主的倒退与民主的尴尬:泰国政变的合法性分析》,《南洋问题研究》,2007 年第 1 期。

⑤　唐昊、陈乔之:《从泰国军人干政看发展中国家政治制度危机》,《东南亚研究》,2007 年第 1 期。

⑥　王子昌:《人民制宪权的行使与政局的稳定:对泰国政变频发的法学思考》,《暨南学报》(哲学社会科学版),2007 年第 3 期。

⑦　李有江:《试论泰国的政治稳定问题》,《东南亚南亚研究》,2009 年第 3 期。

统性与现代性之间的矛盾、强君主弱立宪的特点等方面,多视角地探讨了泰国的政治发展和政治稳定问题。①

但是对亚洲各国的研究也极不平衡,对日本、印度、新加坡、韩国的研究较多,而对其他国家研究较少,以东北亚政治研究为例,对蒙古和朝鲜当代政治的研究基本上是空白,关于蒙古有少数几本著作和译著出版,但主要是关于历史上蒙古帝国的研究,②而关于朝鲜,可见到的出版物则多是关于朝鲜战争的研究和回忆。

(2)关于拉丁美洲各国的研究

拉丁美洲仍然是国内比较政治研究比较关注的地区,近年出现了较为全面系统阐述拉美政治的专著,对拉美国家的政治发展进程、政治体制、政党和政党制度、思潮、工会和其他社会团体和社会运动、拉美主要国家的政治概况进行了比较清楚的介绍。拉美的政治民主化进程是研究的核心话题。③ 伴随着民主化的进程,拉美一些国家的政党制度也发生了相应的演变,这引起我国学界的广泛兴趣,其中墨西哥革命制度党在执政71年后失去政权引起人们的关注。有学者介绍和分析了墨西哥革命制度党的兴衰,着重分析该党在执政71年后下野的原因,以及该党在下野后总结经验教训的情况。④ 有学者对阿根廷正义主义思想理论的演变及其执政政策进行了系统的考察,分析了正义主义产生的理论渊源及历史背景;庇隆阶段、梅内姆阶段和基什内尔阶段正义主义的演变,以及这三个阶段正义党政府的政策主张。⑤

拉美各国长期存在贫困、收入分配极端不公等难题,社会矛盾复杂,不稳定因素增多,因此如何维护政治社会稳定、提高治理的实现程度即可治理性成为人们关注的一个重要议题,产生了一系列论文。有学者分析了拉美国家的体制缺陷以及政治、经济、社会发展的脆弱性和缺陷,民主化进程的发展与政治体制缺陷的矛盾,

---

① 参见张锡镇:《泰国民主政治的怪圈》,《东南亚研究》,2009年第3期;潘梦生、常晓君:《从社会权力结构分析泰国上层政治不稳的原因》,《东南亚之窗》,2008年第3期;焦佩、马晓雯:《军事政变和独裁交替下的泰国民主化道路——泰国民主化的特征与未来》,《南洋问题研究》,2009年第1期;邓慧强、陈姿颖:《泰国式民主值得反思》,《学习月刊》,2009年第9期;张宇炎:《泰国政局变动的深层次原因分析》,《亚非纵横》,2009年第3期;唐晓:《论"泰国式民主"的困境》,《云南行政学院学报》,2009年第5期;陈利:《从泰国前总理他信治国政策解读泰国政治风波》,《东南亚纵横》,2007年第7期;刘勇智、张学艺:《泰国民主政治的发展道路及其成因》,《国际论坛》,2008年第5期;周方治:《泰国政治格局转型中的利益冲突与城乡分化》,《亚非纵横》,2008年第6期;刘立之:《泰国2006年政变原因探析——以威权主义与民主主义的张力为视角》,《中南大学学报》(社会科学版),2008年第5期。

② 宋宜昌、倪建中主编:《风暴帝国:解读世界历史上版图最大的蒙古帝国》,中国社会出版社,2008年;[瑞典]多桑著,冯承钧译:《多桑蒙古史》,上海书店出版社,2006年。

③ 徐世澄:《拉丁美洲政治》,中国社会科学出版社,2006年;张凡:《当代拉丁美洲政治研究》,当代世界出版社,2009年。

④ 徐世澄:《墨西哥革命制度党的兴衰》,世界知识出版社,2009年。

⑤ 李紫莹:《阿根廷正义主义研究》,世界知识出版社,2010年;李紫莹:《阿根廷正义主义的确立、背离与回归》,《拉丁美洲研究》,2009年第3期。

经济改革与可治理性的矛盾,民主文化的缺乏,严重的社会分层和社会排斥现象等。① 民粹主义(民众主义)在拉美地区的表现十分引人注目,有学者认为,拉美民粹主义以城市劳工为主体,具有卡里斯马型权威政治倾向和经济上的改良主义取向。民粹主义弥补了寡头阶层和大众社会之间的裂痕,确立了追求民族经济独立、打破半封建社会结构、促进社会公正的目标,成为现代拉美社会控制的主要政治形式;民粹主义在这一地区的发生与盛行,代表着一种对社会转型所带来的结构性危机的激烈政治反应,而庇隆主义则是它的经典注解。② 有学者则认为,阿根廷的民众主义则是拉美民众主义的缩影,民众主义在阿根廷兴起的内因源于现代化进程中阿根廷经济和政治的发展和变化,民众主义的兴起在一定时期加快了阿根廷现代化进程的步伐。③

(3)关于中东、非洲各国政治的研究

关于中东、非洲各国的政治,以往我国学界研究不多,在 20 世纪 90 年代开始出现零星的研究成果,新世纪初有所发展,"十一五"期间,研究有了进一步的拓展。关于中东和非洲政治的专题研究比较集中地关注以下四个问题:

第一,关于中东、非洲国家的政治发展和政治稳定。有学者围绕阿拉伯、伊斯兰、冲突、革命和石油这五个核心概念,展示了战后 60 余年来中东各国政治与社会的发展变迁。④ 有学者从历史、经济、社会、文化和外因等方面对非洲的政治发展进行了多学科的分析,尤其是从文化和宗教视角、从非洲的部族矛盾以及独特的社会经济结构分析非洲的政治发展,揭示了非洲政治发展特殊性的根源。⑤ 有学者认为,全球化一方面从整体上推动了非洲政治民主变革的步伐,另一方面也加剧了一些国家的政治和社会动荡,造成了政治衰败或政治不发展。⑥ 有学者分析了殖民主义与非洲之间的关联,通过对荷兰、法国等西方国家殖民非洲的观念和行为进行特例剖析,重点探讨了西方国家殖民非洲的深层心理根基和各种现实动因,对西方国家在非洲进行殖民掠夺的方式作了综合性比较和典型性分析。⑦ 有学者在分析近年来非洲政治发展的成就与问题的基础上指出,非洲政治和安全形势一直呈现"总体稳定、局部动荡"的特点,非洲国家众多、地区发展不平衡,许多国家有根深蒂固的部族、宗教和地区矛盾。只要这些结构性的矛盾因素存在,非洲局部地区和国家的冲突、动荡就难以根除。⑧

第二,中东和非洲的民族主义问题是国内学者中比较热门的话题,产生了比较

---

① 袁东振:《可治理性与拉美国家的可治理性问题》,《拉丁美洲研究》,2007 年第 5 期。
② 林红:《论现代化进程中的拉美民粹主义》,《学术论坛》,2007 年第 1 期。
③ 潘芳:《阿根廷现代化进程中民众主义兴起的内因》,《拉丁美洲研究》,2006 年第 1 期。
④ 王联:《中东政治与社会》,北京大学出版社,2009 年。
⑤ 张宏明:《多维视野中的非洲政治发展》(第二版),社会科学文献出版社,2007 年。
⑥ 贺文萍:《全球化与非洲政治发展》,《中国农业大学学报》(社会科学版),2009 年第 4 期。
⑦ 孙红旗:《殖民主义与非洲专论》,中国矿业大学出版社,2008 年。
⑧ 贺文萍:《近年来非洲政治发展的成就与问题》,《亚非纵横》,2006 年第 5 期。

多的成果。其中,有学者探讨了中东穆斯林民族的民族主义问题,分析了全球化与世界民族主义、中东民族主义和伊斯兰文化之间的复杂关系。① 有学者认为,在中东现代化进程中,现代与传统间产生矛盾的重要原因在于民族主义和伊斯兰教两种意识形态之间的复杂关系,并从中东民族主义对伊斯兰教的冲击、伊斯兰原教旨主义对民族主义挑战的回应、民族主义与伊斯兰教的矛盾对中东政治发展的影响及其前景作了分析。② 由于市民社会的成长,民主阿拉伯民族主义成为阿拉伯民族主义的一个重要流派,有学者对此作了探讨,考察、分析了民主阿拉伯民族主义的产生和发展及其主要主张,认为民主阿拉伯民族主义是多元化阿拉伯民族主义的一个重要流派,其坚持恢复市民社会自治、强调民主的价值和重要性、追求作为文化实体而非政治实体阿拉伯统一的主张既有重要的现实意义,也有一定的理论价值,对维护阿拉伯民族团结有积极的作用。③ 还有不少学者从族群认同与国家认同的关系、现代伊斯兰主义与民族主义的区别与关联、阿拉伯复兴社会党理论与实践中的民族主义因素等不同角度来分析中东的民族主义④,也有学者分别对中东各国的民族主义的内容和国别特征进行了分析。⑤ 关于非洲民族主义的研究,有学者认为,非洲的民族主义是有别于西欧国家之民族主义的,非洲民族主义的产生正是西方国家对非洲的殖民统治带来的后果之一。非洲民族主义自产生以来便深深地扎根在非洲的各个民族、各个阶级和各阶层人民之中,有着其特殊的精神鼓舞力量。⑥ 有学者分析了新殖民主义背景下的非洲民族主义,新殖民主义表面上承认原殖民地、附属国人民的独立权利,而实际上采取多种手段尤其是经济渗透和政治控制的手段,对已获得政治独立的国家实行控制和渗透。新殖民主义实施的场所主要集中在拉丁美洲和非洲,激起原殖民地人民的强烈反抗,他们打起民族主义的旗帜在政治、经济与文化领域里进行反对新殖民主义的斗争。⑦ 有学者

---

① 陈德成:《全球化与现代阿拉伯民族主义》,中国社会科学出版社,2009年。

② 刘中民:《中东民族主义与伊斯兰教关系评析》,《阿拉伯世界研究》,2007年第3期。

③ 陈德成:《民主阿拉伯民族主义探析》,《西亚非洲》,2007年第6期。

④ 何芳:《试析现代伊斯兰主义与中东民族主义的关系》,《南方论刊》,2008年第5期;刘中民:《从族群与国家认同矛盾看阿拉伯国家的国内冲突》,《阿拉伯世界研究》,2008年第3期;王亮:《阿拉伯复兴社会党理论与实践中的民族主义因素探析》,河北师范大学硕士论文,2008年。

⑤ 陈德成:《全球化时代的埃及阿拉伯民族主义》,《西亚非洲》,2008年第2期;慈志刚、姚大学:《阿尔及利亚民族主义道路及其发展趋势》,《西亚非洲》,2006年第4期;韩志斌:《从革命民族主义到超越民族主义——利比亚现代化的跃迁》,《西亚非洲》,2009年第12期;赵克仁:《从阿拉伯民族主义到巴勒斯坦民族主义——巴勒斯坦民族的成长历程》,《世界民族》,2007年第1期;杨辉:《试论巴勒斯坦民族构建问题——本土与流亡民族主义的磨合与分歧》,《西亚非洲》,2006年第9期;昝涛:《土耳其的民族主义与现代化——论齐亚·格卡尔普"托古制制"式的民族主义》,《西亚非洲》,2008年第8期;刘中民:《从原始共同体到民族共同体——齐亚·格卡尔普的土耳其民族主义思想研究》,《西亚非洲》,2008年第8、9期;韩志斌:《伊拉克复兴党民族主义建构进程中的特点》,《西亚非洲》,2009年第6期;刘中民:《从"烟草抗议"到"宪政革命"——伊斯兰教与19世纪末20世纪初的伊朗民族主义》,《西亚非洲》,2008年第12期。

⑥ 王虹:《非洲民族主义初探》,《天府新论》,2008年第2期。

⑦ 王冬丽:《新殖民主义语境下的民族主义研究》,《四川理工学院学报》(社会科学版),2008年第6期。

阐释了十八九世纪非洲知识分子在种族歧视和殖民统治背景下,面对西方文明及其价值观念的冲击所作出的理论回应和对种族命运、非洲前途的思索。[①] 有学者从语言、宗教的角度研究尼日利亚的民族主义问题,在分析方法上独树一帜,研究得出的结论指出,尼日利亚是一个多民族、多语言国家,语言问题是该国民族建构面临的一大难题。尼日利亚的语言状况非常复杂,国语问题在尼日利亚将长期存在,如果处理不当,将对国家民族建构产生不利的影响。[②]

第三,关于中东、非洲各国的宪政、议会制度、政党制度等中观层面的制度性问题。其中,埃及是我国学者关注其政治和政治发展最多的国家,有学者分析了2005年、2007年由穆巴拉克总统直接主持的两次重大宪法修订,允许全民通过直接选举从多个候选人中选出总统,同时禁止以宗教名义建立政党和从事政治活动,将反对恐怖主义写入宪法,推动了埃及政治改革的进程,加速了埃及社会改革的步伐,对埃及国内和周边地区产生了积极的影响。[③] 有学者分析了20世纪初以来埃及现代政党政治的演变,认为民族主义政党与民主主义政党的此消彼长、世俗政党与宗教政党的错综交织、议会政党与非议会政党的激烈角逐,集中体现了埃及现代化进程中政治层面的历史运动。[④] 有学者分析了埃及2005年修改宪法后的大选,指出埃及是成熟、自信的中东大国;埃及人民渴求政治稳定,并能处理好自己的事务;从短期看,大选的象征意义大于实际意义,但从长期看,它是埃及政治制度政治民主化进程的里程碑。[⑤] 也有学者对执政的埃及民族民主党进行了考察,认为该党自1978年7月成立迄今,已连续执政20多年,始终保持一党独大的优势,执政地位也一直比较稳固。而2002年9月,该党对党的理论纲领、组织机构等进行重大改革,确定了以改革求发展的"新思维",在该党推动下,埃及的政治改革步伐加快,经济改革也有所起色。[⑥] 对其他中东国家的论文则比较分散,所涉及的国家有摩洛哥、沙特阿拉伯、伊拉克、巴林等。如有学者分析了伊拉克的民主化,指出2003年美国发动伊拉克战争、推翻萨达姆政权后,开始对伊拉克实行民主化改造。尽管美国对伊拉克民主化满怀信心,但由于缺乏稳定的国内环境和有利的外部环境,伊拉克民主化进展缓慢。[⑦] 有学者结合对伊拉克民主化的分析,探讨了伊斯兰文明与民主的关系问题,认为伊斯兰文明与民主是相容的,伊斯兰文明中包含着民主因素,伊斯兰世界也有民主发展的成功案例,但在伊斯兰世界实现民主化,会具有鲜明的伊斯兰特色,形成伊斯兰民主的模式。[⑧]

① 张宏明:《近代非洲思想经纬:18、19世纪非洲知识分子思想研究》,社会科学文献出版社,2008年。
② 李文刚:《试析尼日利亚国家民族建构中的语言问题》,《西亚非洲》,2008年第6期。
③ 孔令涛:《埃及宪法的创设、沿革及其修订》,《阿拉伯世界研究》,2009年第5期。
④ 哈全安:《埃及现代政党政治的演变》,《南开学报》(哲学社会科学版),2007年第4期。
⑤ 王泰、焦玉奎:《宪政民主下的埃及大选及其影响》,《西亚非洲》,2006年第4期。
⑥ 前卫:《求新改革的埃及民族民主党》,《当代世界》,2007年第3期。
⑦ 姚君:《浅析伊拉克民主化》,外交学院硕士论文,2007年。
⑧ 林波:《伊斯兰文明与伊拉克民主化》,中共中央党校硕士论文,2006年。

以色列也是中东国家,是中东冲突的另一方,过去我国学界对该国的内部情况少有了解。关于以色列,其富有特色的"基布兹"制度使中国学者感到兴趣,称之为以色列的"人民公社"。但也有人指出,基布兹作为以色列的一种建立在平等和公平基础上的独特社会组织,在其建立和发展过程中起过重大作用,然而作为一种特定时代的产物,基布兹已经走过黄金时期,正慢慢地走向衰落。① 土耳其则是中东的另一个非阿拉伯国家,有学者分析了土耳其的四大政治文化遗产,指出其传统威权主义的军人政治遗产、伊斯兰政治文化遗产、凯末尔主义遗产和多党民主政治遗产,都在现代土耳其国内政治的发展变化中起独特作用;同时,现代土耳其的种种矛盾现象,正是这些历史文化遗产与现当代社会现实相互冲撞和冲突的产物。②

对非洲国家的国别政治研究,主要集中在政治民主化、公民社会、政党和政党政治、部族政治等问题。如关于南非,有学者分析了南非 2009 年举行的废除种族隔离制度后的第四次大选,认为这次大选是对南非新宪政体制的考验。虽然非国大因内部权力斗争而导致分裂,以及全球性金融危机对南非经济的影响,使这次大选的不确定性因素增多,但大选的过程和结果显示,南非民主宪政制度有稳定的基础。竞选过程中多种形式的政策辩论,是对南非发展道路的集体反思和探讨,使南非未来发展的方向更加清晰。③ 有学者分析了尼日利亚的民主化问题,认为尽管尼日利亚的民主化遭受了很多挫折,但迈向持久民主的艰难步伐一直没有停止,即使是在旷日持久的军人执政时期也是如此。尼日利亚民主化必须应对它所面临的重大挑战。同时又分析了 20 世纪 90 年代以来,尼日利亚出现了大量地方民族组织,一方面,一些地方民族组织以和平方式提出合理诉求,要求政府进行政治、经济等方面的改革,有助于推动民主化的发展;另一方面,许多地方民族组织倾向于以暴力手段谋求利益,有的甚至要求本民族脱离尼日利亚独立或按照民族界限重组联邦,这些影响对国家民族建构程度较低的尼日利亚民主化非常不利。④ 有学者分析了一些非洲国家的部族政治,认为部族主义仍然是许多非洲国家政治和社会生活中最强大的力量,部族冲突时有发生,有的甚至演变成种族大屠杀,导致非洲政党政治的部族化,许多政党都是以部族为基础成立的。政治家或政党为了争夺在新政权中的统治地位,往往利用部族间的固有矛盾,激发部族主义情绪,挑起暴力冲突,达到打击对手、获取政治利益的目的。部族作为部落联盟与现代民族之间的过渡族体会长期存在,只有随着这些国家政治建设的成熟和经济社会的不断发展,部族界限才能在民族发展的过程中逐渐消失。⑤ "十一五"期间一个值得注意

---

① 魏雪静:《今日的以色列"基布兹"》,《理论前沿》,2008 年第 10 期。
② 姜明新:《影响土耳其当代政治发展的历史文化遗产》,《西亚非洲》,2009 年第 3 期。
③ 杨立华:《考验宪政体制的南非第四次民主大选》,《西亚非洲》,2009 年第 8 期。
④ 李文刚:《尼日利亚民主化:特点及问题》,《西亚非洲》,2006 年第 5 期;《尼日利亚地方民族组织的缘起与演化——兼评尼日利亚地方民族组织对民主化的影响》,《西亚非洲》,2009 年第 9 期。
⑤ 焦丽萍、张崇防:《从肯尼亚骚乱看非洲部族政治的危害及出路》,《中国党政干部论坛》,2008 年第 8 期。

的现象是一些以往大多被忽视的非洲小国开始受到我国学者的注意,如埃塞俄比亚、坦桑尼亚、毛里塔尼亚、加纳、莫桑比克、塞舌尔、赞比亚、尼日尔、毛里求斯、安哥拉、马达加斯加、乌干达等国,都有一些相关论文涉及这些国家,尽管其中一些论文限于一般介绍,缺乏较深入的分析。[①]

第四,宗教的作用及其与政治的关系。中东、非洲国家的宗教比较复杂,对政治的影响无所不在,不少研究都从宗教与国家认同的关系的角度来进行分析。有学者指出,在当代非洲,由于国家能力的相对弱化与政府治理或多或少的缺失,各类宗教非政府组织在解决冲突、救济灾难、人道主义援助以及推进经济发展方面发挥了特殊作用,但对非洲年轻世俗国家的构建与政府权威的塑造产生复杂而有争议的影响。[②] 有学者分析了尼日利亚的宗教问题,指出尼日利亚宗教问题主要表现为伊斯兰教和基督教之间的矛盾与冲突,它往往同民族问题搅缠在一起,时有爆发,且经常造成人员伤亡和财产损失。因此,以政治、经济、文化等一体化与培育统一的归属感、认同感为主要内容的国家民族建构,是包括尼日利亚在内多数非洲国家面临的艰巨任务。[③] 中东阿拉伯国家与伊斯兰教的关系更为引人注意。有学者分析了沙特阿拉伯的宗教政治,指出宗教政治在沙特阿拉伯王国的政治领域中占有重要地位。官方宗教政治与民间宗教政治的消长,是该国历史的重要特征。官方宗教政治的膨胀是沙特家族集权政治发展的结果,民间宗教政治的异军突起则是沙特王国现代化发展的产物。官方宗教政治与民间宗教政治的矛盾运动,以及90年代以来民间宗教政治的多元化倾向,构成沙特王国宗教政治发展的历史模式。官方宗教政治为沙特家族的统治提供了合法性保障,民间宗教政治则为沙特民众广泛的政治参与开辟了道路。[④] 有学者从宗教派别的集体认同与国家构建的关系分析了黎巴嫩的宗教问题,指出19世纪中叶以来,现代黎巴嫩民族国家逐渐形成。黎马龙派、逊尼派和德鲁兹派接受了以黎巴嫩为"永恒祖国"的原则,并将之作为构建黎巴嫩民族国家的基础。但黎什叶派传统的以封建家族首领为核心的教派认同,在经历了阿拉伯民族主义的挑战后,转变为以什叶派政治组织和民兵武装为基础的新什叶派教派认同。这种集体认同所具有的亲伊朗和叙利亚的属性,对构建黎巴嫩民族国家形成挑战。[⑤]

263

---

① 肖玉华:《公民社会在当代埃塞俄比亚的崛起及功能》,《西亚非洲》,2009年第7期;赵慧杰:《毛里塔尼亚政变透析——兼论非洲民主化进程》,《西亚非洲》,2009年第2期;肖宏宇:《加纳政治民主化实践及其启示》,《西亚非洲》,2007年第11期;谢奕秋:《"街头政府"震荡马达加斯加》,《南风窗》,2009年第5期;刘金源:《曲折中的发展:塞舌尔政治现代化论析》,《安庆师范学院学报》(社会科学版),2006年第2期;余洵:《毛里求斯民主政治解析》,华中科技大学硕士论文,2006年;魏翠萍:《从"无党政治"到多党民主——乌干达政治体制演变探析》,《西亚非洲》,2009年第9期。

② 马恩瑜:《宗教非政府组织在非洲国家的角色参与及影响》,《西亚非洲》,2009年第7期。

③ 李文刚:《尼日利亚宗教问题对国家民族建构的不利影响》,《西亚非洲》,2008年第11期。

④ 吴彦:《沙特阿拉伯宗教政治初探》,《西亚非洲》,2008年第6期。

⑤ 吴冰冰:《什叶派集体认同与黎巴嫩民族国家构建》,《阿拉伯世界研究》,2009年第3期。

（4）关于俄罗斯和中亚、东欧各国的研究

由于地缘政治的关系，也由于对苏联东欧剧变的原因及剧变后各国政治发展的关注，俄罗斯、中亚和东欧等国是"十一五"期间比较政治研究的热点地区，这方面的成果也比较丰富。有的学者分析了苏东剧变的原因，指出苏东剧变绝非偶然，而是有着深刻的诸多方面的原因。全面、深入地探讨这些原因特别是主要原因，无论是在理论上还是在实践上，都有着十分重大的意义。[①] 有学者以波兰团结工会的发展过程分析了这场剧变的历史缘由，指出团结工会的产生是社会主义国家历史上的一次惊天剧变。团结工会的出现向执政的波兰统一工人党提出了严峻的挑战，形成团结工会与波兰统一工人党双方对峙的局面，它们之间矛盾斗争的关系演变，直接左右了波兰国家的局势，影响了波兰民族的命运。[②] 有学者从苏联时期的官僚特权阶层入手来探寻苏东剧变的原因，认为正是由苏联各级党委会任命的"花名册"干部构成了苏联官僚特权阶层：他们由国家直接任命，有权支配国家资源，按照官位等级享有国家规定的合法特权。苏联官僚特权阶层是在苏联的社会政治经济结构中占据一定的地位、履行一定的管理职能，并根据官位等级的高低享受大小不等的合法特权的人的总和，它是苏联特定历史条件下的必然产物，是苏联社会真正的统治者。苏联官僚特权阶层是诱发苏联演变的一个重要因素，深入研究苏联官僚特权阶层，有助于弄清苏联剧变的真正原因，有助于总结社会主义革命和建设的经验教训，有助于社会主义国家杜绝官僚化问题。[③] 还有学者从对列宁与十月革命问题的重新认识、对斯大林以及斯大林时代的重新认识等四个方面分析了20世纪90年代初苏联解体、苏共垮台这一重大的历史事件。[④] 有学者介绍了剧变后的俄罗斯、乌克兰、白俄罗斯、摩尔多瓦、波罗的海三国、中亚和外高加索国家的政治进程、政治发展、政治体制与社会变化概况。[⑤] 也有学者从文化哲学的视角对俄罗斯宪政问题进行关注，它不局限于宪法制度本身的问题，更侧重于从宪法制度确立的合法性基础、宪法实施的本土文化根基、宪法运行中的深层文化困境等方面展开了讨论。[⑥] 近些年来，中亚国家相继发生"颜色革命"，有学者对此进行了分析，认为所谓颜色革命并不是一时的闹剧，它给这个地区播下了变革和动荡的种子，无论将来中亚国家的道路如何行进，颜色革命的影响却是不可忽视的。[⑦] 苏联解体后，民族问题成为前苏联各国的重要问题。有学者讨论了俄罗斯人在新的历史条

---

①　刘廷合：《苏东剧变主要原因探析》，山东大学出版社，2008年。

②　张文红：《团结工会的兴与衰》，中国社会出版社，2008年。

③　赵鹤梅：《苏联官僚特权阶层研究》，山东大学博士论文，2008年。

④　李慎明、吴恩远、王立强：《历史的风——俄罗斯学者论苏联解体和对苏联历史的评价》，人民出版社，2009年。

⑤　潘德礼：《俄罗斯东欧中亚政治概论》，中国社会科学出版社，2008年。

⑥　杨昌宇、陈福胜：《俄罗斯社会转型与宪政之路——文化哲学的视角》，社会科学文献出版社，2009年。

⑦　潘志平：《"颜色革命"袭击下的中亚》，新疆人民出版社，2006年。

件下的民族和国家认同问题,指出苏联解体后俄罗斯人被新的民族国家疆界所分割,成为地区范围内最大的跨界民族,分析了俄罗斯人寻求个人前途和改变集体命运的种种策略选择。① 也有学者对苏联解体后产生的五个中亚"斯坦"的政治和民族问题进行了探讨。②

4. 政治现代化和民主化的研究依然十分踊跃

80 年代后期以来,现代化问题一直是我国学者十分重视的一个研究领域,政治现代化和民主化的比较研究则构成其中的一个重要方面。在"十一五"期间,对各国政治发展和政治现代化进程的研究依然是我国学界热衷的话题,不过学者表现出更多的理性和冷静。由一批学者担纲的《世界现代化历程》已推出了六卷(总论卷、东亚卷、拉美卷、中东卷、西欧卷和北美卷,江苏人民出版社,2010 年)。有学者对世界不同地区、不同国家政治现代化进行系统的比较研究,运用现代政治学的各种理论和方法,探寻东西方政治现代化的共性和特性及其深刻的历史和现实原因,综合研究了人类社会政治形态从传统走向现代的机理、过程及模式和结果的规律。③ 而对中印两国现代化进程的比较,是不少学者努力探究的一个领域。有学者从经济现代化、政治现代化和文化现代化三个层面对中印两国进行了全面透彻的比较研究,认为中印两国是在同样贫弱的基础上走上现代化道路的,并就中印两国的现代化模式哪种更为成功进行了分析。④ 有学者认为,两个大国选择了不同的经济发展模式,却都取得了令人瞩目的成就。并以中国学者的视角,通过严谨的实证考察,全面系统地对中印两国自然资源、历史背景、综合国力、工业、农业、社会保障制度、文化宗教、国际地位与外交战略等因素进行了阐述、比较和分析。⑤

"十一五"期间,我国学者关于政治现代化和民主化研究,更多地将目光投向了发展中国家,其中关于东亚和拉美地区的政治现代化研究成果较为丰富。在关于东亚(含东南亚、南亚)各国政治现代化和民主化的研究中,有学者分析了东亚国家在二战后实行的资本制度与威权体制的结合,适应了现代化的历史要求,而威权体制与资本理性之间的矛盾和冲突又最终造成"硬威权主义"向"软威权主义"转变。⑥ 有学者考察了深受儒家文化影响的东亚国家,在实现民主化的进程中受到的来自民本传统和民粹倾向的双重干扰。⑦ 有学者就作为一种社会资本的宽容在社会经济政治生活中具有的意义进行了讨论,以实证考察为基础对中(包括台湾)、

① 杨育才:《帝国民族的碎片》,中国社会科学出版社,2009 年。
② 石岚:《中亚费尔干纳:伊斯兰与现代民族国家》,民族出版社,2008 年。
③ 施雪华:《政治现代化比较研究》,武汉大学出版社,2006 年。
④ 李云霞:《中印现代化比较研究》,社会科学文献出版社,2010 年。
⑤ 左学金等:《龙象共舞:对中国和印度两个复兴大国的比较研究》,上海社会科学院出版社,2007 年。
⑥ 傅景亮:《东亚型资本政治:威权体制、资本理性与现代化》,《中共天津市委党校学报》,2009 年第 4 期。
⑦ 朱松岭:《论东亚民主政治发展对民本与民粹的超越》,《河南师范大学学报》(哲学社会科学版),2006 年第 6 期。

日、韩三国民众的宽容状况及其变迁作了比较分析,认为中国民主政治的健康发展,不仅需要制度层面的建设,民众的宽容意识对民主的良性发展与和谐社会的构建同样具有重要作用。①

关于东亚各国政治现代化的研究也产生了丰富的成果。关于日本政治现代化,有学者探讨了日本宪政制度的发展过程,评价了在东方文化背景下积淀起来的日本宪政经验,解释了宪政制度突破与传统文化变迁的复杂互动关系;②有学者分析了日本近代史上的"大正民主运动",认为该运动是日本近代第二次民主运动高潮,在不否定君主制的前提下,提出了普选制等进步主张促进了日本资产阶级民主化的发展,其重要成果就是有限制的普选,正是这种有限制的普选为法西斯分子的上台留下了空间。③ 关于韩国,有学者认为,韩国政治转型较为完整地经历了威权政体的崩溃、民主政体的创设、民主政体的巩固三个阶段。④ 关于新加坡,有学者考察了新加坡公民社会在国家培育和推动下的发展,认为公民社会的发展增加了执政党政府的合法性,并将是民主政治巩固的决定性因素。⑤ 还有学者分析了儒家文化与西方文化在新加坡的交汇与融合,认为儒家政治文化在对新加坡产生深远影响的同时,也在发生着现代性的转变。⑥ 关于印度,有学者剖析了印度的民主与现代化的关系,认为过早确立民主制使得印度的政治呈现出弱政府、多政党、傀儡领袖、政府效率低下的现状,在一定程度上阻碍了现代化的发展速度。⑦ 也有学者认为印度政治现代化进程中的宗教问题主要表现为各教派主义的挑战与政党大打教派政治牌的负面影响,只有尊重文化的多样性与民族习惯、实行宽容的宗教政策才可以促进政治现代化进程。⑧ 泰国近几年的周期动荡引起学界的颇多关注,有的学者批判地总结了20世纪中期以来泰国政治现代化研究的脉络,主张从国家政治制度、地方社会结构、传统权威与文化观念这三个视角来研究泰国的政治现代化,并进而提出只有承认各国政治发展的内在逻辑和被研究对象的主体地位,才有可能对于非西方国家的政治现代化作出符合其本来趋势的总体判断。⑨ 有学者以马来西亚为例,分析了伊斯兰教在政治民主化中的作用,探讨了伊斯兰原教旨主义与政治民主化的关系。⑩ 有学者分析了菲律宾民主化进程受挫的多重因素,认为根植

① 马得勇:《东亚地区民众宽容度比较分析》,《北京行政学院学报》,2008年第5期。
② 魏晓阳:《制度突破与文化变迁:透视日本宪政的百年历程》,北京大学出版社,2006年。
③ 司艾华:《"大正民主运动"与日本普选》,《河北理工大学学报》(社会科学版),2009年第3期。
④ 郭锐:《韩国政治转型研究:一种民主化序列的分析范式》,《学术论坛》,2009年第8期。
⑤ 高奇琦:《公民社会在民主化中的作用:对新加坡的个案考察》,《东南亚研究》,2009年第3期。
⑥ 张宁彬:《试析新加坡现代化过程中的儒家政治文化》,《传承》,2009年第14期。
⑦ 倪正春:《民主与现代化的悖论——强大政府视角下的印度现代化》,《理论界》,2009年第8期。
⑧ 张也均:《论印度政治现代化进程中的宗教问题》,《西南大学学报》(社会科学版),2008年第4期。
⑨ 龚浩群:《泰国政治现代化研究述评——站在非西方国家的角度思考》,《东南亚研究》,2008年第3期。
⑩ 范若兰:《伊斯兰教与马来西亚政治民主化》,《东南亚研究》,2007年第6期。

于人们头脑中的政治文化理念和价值观念是影响民主化进程中的一个重要原因。[①]

拉丁美洲是政治现代化和民主化研究中另一个比较受关注的地区。有学者对拉美国家的政治现代化的进程作了比较系统的分析。[②] 有学者通过对拉美国家工业化进程、现代化进程中的农业与农村、经济改革和政治体制变革与现代化的关系、国际环境、社会变迁、城市化、拉美文化与现代化等的分析,讨论了拉美国家现代化的指导思想、现代化集成的阶段及进程的特点。[③] 有学者从巴西各社会阶级、集团在现代化模式和战略选择上的分歧与斗争入手,分析了军人政权产生的根源、采取的经济政策及其成败、威权主义统治的特点和后期向民主政治的转变,并对同一时期拉美国家盛行的军人政权和第三世界政治现代化道路的独特性作了有意义的探讨。[④] 有学者对"拉国家现代化的起始时间"、"发展模式转换的'钟摆现象'"、"工业进程的大反复"、"农业现代化的路径选择"、"城市化进程与工业化进程不协调"、"社会变迁与社会分化"、"政治现代化的曲折经历"等重要现象或问题作出了阐释。[⑤] 有学者分析概括了拉美国家政治发展的主要经验:以政治稳定作为最基本的政治诉求,建设一个强有力的、高效的和有威望的国家,要创建一个有广泛群众基础的、能团结全国力量致力于现代化建设的强大的政党。有学者则指出影响拉美政治发展前景的关键因素是能否遏制腐败,能否使军队成为政治发展进程中的"稳定器",能否解决社会问题。[⑥] 有学者探讨了拉美政治现代化中的民众主义(民粹主义)问题,认为民粹主义在这一地区的发生与盛行,代表着一种对社会转型所带来的结构性危机的激烈政治反应,并成为现代拉美社会控制的主要政治形式。[⑦] 有学者分析民众主义在阿根廷兴起的内因源于现代化进程中阿根廷经济和政治的发展和变化,认为民众主义的兴起在一定时期加快了阿根廷现代化进程的步伐。[⑧]

关于中东各国的政治现代化,尤其是伊斯兰教与政治现代化的关系,是近几年学界比较关注的另一个问题。有学者选取土耳其、埃及和伊朗三个国家为个案,从经济秩序、社会结构、政治生活和宗教思潮等方面分析了中东诸国现代化进程的基本模式和演进趋势。[⑨] 有学者从中东历史发展的广度和深度上探寻中东国家民主化迟缓的原因,探究中东国家民主化道路的独特性,分析中东国家民主实践的前

① 李兴刚、赵珉:《浅析影响菲律宾民主化进程的因素——以公民政治文化的视角》,《云南民族大学哲学学报》(哲学社会科学版),2009 年第 6 期。
② 刘维广:《拉美国家的政治民主化》,中国社会科学院博士论文,2006 年。
③ 苏振兴:《拉美国家现代化进程研究》,社会科学文献出版社,2006 年。
④ 董经胜:《巴西现代化道路研究》,世界图书出版公司,2009 年。
⑤ 曾昭耀:《拉美现代化进程中政治发展的几点经验》,《江汉大学学报》,2006 年第 1 期。
⑥ 江时学:《"第三波民主化浪潮"后拉美政治发展进程的特点》,《国际政治研究》,2009 年第 1 期。
⑦ 林红:《论现代化进程中的拉美民粹主义》,《学术论坛》,2007 年第 1 期。
⑧ 潘芳:《阿根廷现代化进程中民众主义兴起的内因》,《拉丁美洲研究》,2006 年第 1 期。
⑨ 哈全安:《中东国家的现代化历程》,人民出版社,2006 年。

景。在中东国家民主化进程中,伊斯兰传统政治文化、社会经济发展的状况、政治权力的运作方式、外部因素等构成了影响民主化实践的几个重要变量。诸变量之间的相互作用决定着中东国家民主化的起始、进程和走向,也在不同国家形成了不同发展水平、不同层次的民主实践类型。① 此外,"十一五"期间学者还发表了大量讨论中东、非洲政治现代化和民主化的论文,分析了中东国家现代化过程中呈现的特殊性,列举了中东国家政治现代化所面临的困境,分析了中东国家现代化运动所遭遇挫折的原因,并且对中东国家的民主实践尤其是伊斯兰教与民主化的关系进行了阐释。② 对中东政治现代化的分国别研究的成果也十分可观,有学者比较系统地论述了埃及国家、社会和政治伊斯兰在威权主义的构建、转型和政治民主化问题上的演进,为中东和第三世界的政治现代化研究提供了个案分析和启示。③ 作为伊斯兰世界典型的政教合一的国家,沙特阿拉伯的现代化也备受关注,有学者将重要能源资源——石油与沙特的政治发展联系起来,视角较为独特。④ 还有一些学者所涉及的内容趋向某个微观的层面。⑤ 关于中东国家政治现代化过程中的宗教影响,是人们关注这个地区的一个重要理由。⑥ 有学者则探讨了伊斯兰文明与民主的相容性,并探讨了一种新的民主发展模式——伊斯兰民主,即国家宪法、政党活动、选举制度等方面都会呈现出伊斯兰文明的印记。⑦ 有学者则认为霍梅尼创建的伊斯兰共和国政体是政治现代化的一种新尝试,并对其设计原理、政体的基本特点、神权与民主的关系作了比较系统的讨论。⑧

关于非洲国家的政治现代化,首先是民族国家构建以及宗教对政治的影响问题。非洲的民族问题比较复杂,往往同一个国家存在多种不同的宗教信仰和宗教派别、同一个国家存在多个民族、同一个民族跨越多个国家的国界,使得民族国家

① 王林聪:《中东国家民主化问题研究》,中国社会科学出版社,2007年。

② 王铁铮:《伊斯兰教与中东国家现代化的基本特点》,《西亚非洲》,2008年第12期;孙溯源:《中东伊斯兰国家民主化改革——压力、困境与选择》,《西亚非洲》,2007年第4期;王铁铮:《关于中东国家现代化问题的思考》,《西亚非洲》,2007年第2期;王林聪:《中东国家政教关系的变化对民主实践的影响(上)》,《西亚非洲》,2007年6、7期;《中东国家民主实践模式的思考》,《当代世界》,2007年第11期。

③ 王泰博士论文:《当代埃及的威权主义与政治民主化问题研究》。

④ 徐波霞:《民主化浪潮下的沙特阿拉伯》,《昆明大学学报》,2008年第3期;马明贤:《沙特阿拉伯王国的法制现代化》,《西亚非洲》,2008年第6期;唐娅:《石油与沙特阿拉伯的政治现代化》,福建师范大学硕士论文,2008年;韩志斌:《从革命民族主义到超越民族主义——利比亚现代化的跃迁》,《西亚非洲》,2009年12月,《阿曼"参与型政治"的发展》,《西亚非洲》,2008年第8期;闫伟、姚大学:《论阿富汗民主化进程及其特征》,《西亚非洲》,2009年第12期。

⑤ 哈全安:《伊朗现代化进程中的世俗政治与宗教政治》,《史学理论研究》,2008年第3期;王泰:《埃及现代化进程中妇女的政治参与问题》,《西亚非洲》,2007年第2期。

⑥ 吴彦:《沙特阿拉伯宗教政治初探》,《西亚非洲》,2008年第6期;李伟建:《伊拉克教派冲突背后的宗教文化博弈及对地区形势影响》,《西亚非洲》,2008年第3期;韩志斌:《伊拉克教派结构与政治分裂危机》,《西亚非洲》,2006年第9期。

⑦ 林波:《伊斯兰文明与伊拉克民主化》,中共中央党校硕士论文,2006年。

⑧ 唐颖:《神权共和下的民主——伊朗伊斯兰共和国政体研究》,武汉大学硕士论文,2006年。

的构建面临重重困难。不少学者对此作了多方面、多角度的探讨。有学者集中探讨了尼日利亚国家的民族建构问题;①有学者分析了非洲公民社会发育的不成熟及其产生的脆弱性,指出公民社会在非洲民主巩固和发展时期的作用是有限的,非洲公民社会的发展和完善将是一个长期过程。②

相形之下,学者对于发达国家政治现代化和民主化的研究,则注意研究其微观和技术的层面。有学者系统地考察了英国公共行政改革的历程和经验,从理论到实践、从中央政府到地方政府、从整体调控到分项管理、从机构改革到公务员制度改革,都进行了阐述。③有学者深入探讨了二战后西方盟国对德国西占区实行了一场强制性的民主化改造,对研究德国与世界和平的稳定发展有着重要的理论意义和现实意义。④有作品把目光投向全球历史的发展趋势,引用了大量文献,对欧洲的民主化提出了一些宏大的、非传统的观点。⑤有学者对战后日本官僚制民主化的成因进行了初步的探讨,主要从与官僚制民主化有着直接密切关联的历史因素、宪政制度、政党政治、利益集团、社会监督等方面进行了分析。⑥其他相关研究内容涉及西欧现代制度文明成长的内在机理分析、英国的政治发展、英国宪政文化的发展与特性、德国市民社会的历史嬗变及其特点等。⑦

5. 对外国的反腐廉政、政党执政方式等问题表现出持续的兴趣

我国政治学在研究本国反腐倡廉的同时,也把目光转向其他国家,试图从域外获得某种启示和借鉴。有学者采用历史分析、综合分析、典型分析等方法从不同角度分析了各种不同类型、不同社会制度的国家的廉政建设,包括相关廉政理论、政治运行机制、法规体系、重大历史事件、大案要案等,具有较强的知识性和可读性。⑧有学者描述和分析了美国、英国、瑞典、日本、韩国、新加坡以及我国台湾和香港地区的廉政体系构成与运作的基本情况,介绍了透明国际、经济合作与发展组织、世界银行等国际金融组织和联合国、欧盟等全球或区域性国际组织的反腐实践及政策建议。⑨对单个国家反腐养廉的介绍,以新加坡最为丰富,有学者对新加坡

---

① 李文俊、谢立忱:《索马里民族国家重构的困境与出路》,《南京师大学报》(社会科学版),2009 年第 2 期;李文刚:《试析尼日利亚国家民族建构中的语言问题》,《西亚非洲》,2008 年第 6 期;《尼日利亚宗教问题对国家民族建构的不利影响》,《西亚非洲》,2007 年第 11 期。

② 陈尧:《非洲民主化进程中的公民社会》,《西亚非洲》,2009 年第 7 期;焦丽萍、张崇防:《从肯尼亚骚乱看非洲部族政治的危害及出路》,《中国党政干部论坛》,2008 年第 8 期。

③ 王鼎:《英国政府管理现代化:分权、民主与服务》,中国经济出版社,2008 年。

④ 张沛:《凤凰涅槃:德国西占区民主化改造研究》,上海人民出版社,2007 年。

⑤ 查尔斯·蒂利著:《欧洲的抗争与民主》,陈周旺等译,上海人民出版社,2008 年。

⑥ 淳于淼冷:《宪政制衡与日本的官僚制民主化》,商务印书馆,2007 年。

⑦ 参见:唐皇凤:《理性化与民主化——西欧现代制度文明成长的内在机理分析》,《武汉大学学报》(哲学社会科学版),2007 年第 7 期;陆明丽:《从公共权力的转移看英国的政治发展》,《重庆科技学院学报》(社会科学版),2008 年 11 月;吴彬彬:《英国宪政文化的发展与特性》,《湖南科技学院学报》,2007 年 6 月 1 日;郭原奇:《德国市民社会的历史嬗变及其特点》,《中共济南市委党校学报》,2006 年 3 月 20 日。

⑧ 宋振国编著:《各国廉政建设比较研究》,知识产权出版社,2006 年。

⑨ 李秀峰主编:《廉政体系的国际比较》,社会科学文献出版社,2007 年。

在法治和吏治方面的措施作了详细阐述。① 此外,对韩国、德国、尼日利亚、南非等国的经验也有介绍和分析。②

6. 关于当今世界的共产党和社会主义派别的研究

第三世界一些国家的共产党至今仍然十分活跃,以不同方式从事政治斗争和政治活动,我国比较政治和国别政治研究者这方面的研究相对比较稳定,如印度存在的几个思想和政策纲领差异较大的共产党组织,国内均有人注意。③ 而尼泊尔的共产党经过长期武装斗争向议会斗争的转变,也是国内学者普遍关注的,有学者总结了尼共(毛)从武装斗争再到议会道路,从"枪杆子"再到选票,屡屡获得成功的原因和经验,认为尼共(毛派)成功实现策略调整和战略转型,正逐步成为一支合法的、能与政府平起平坐进行和谈的政治力量,走向以武力为依托的议会民主道路。④

在第三世界的一些国家,近些年来,左翼力量在委内瑞拉、巴西、玻利维亚等一系列国家通过选举取得执政地位,被称为"粉红色浪潮",对此我国政治学界给予了较大关注。因此,关于第三世界社会主义的研究首先是关于拉美左派的崛起和拉美社会主义样式的问题。有学者对冷战后拉美左翼运动的崛起作了分析。⑤ 有学者指出拉美左派通过民主选举的方式上台执政,对内不同程度地奉行社会主义政治理念,并推行社会主义导向的社会政策,拉美左翼政府的社会主义虽然与科学社会主义有一定的关联,但绝非科学社会主义。⑥ 有学者则认为,尽管当今拉美的社会主义运动尚不是科学社会主义运动,但它们试图以"21世纪社会主义"替代"资本主义",这对拉美一些国家发展的社会走向无疑具有重要的意义。⑦ 有学者探讨了这些国家左翼力量壮大并接连赢得大选上台执政的政治和社会基础。左派上台

---

① 陈新民:《反腐镜鉴的新加坡法治主义》,法律出版社,2009年;此外还有相关论文十余篇,如陈胜才、高勇:《新加坡廉政建设的经济与地理因素分析》,《学术论坛》,2009年第12期;李路曲:《新加坡的精英主义与高薪养廉及其启示》,《深圳大学学报》(人文社会科学版),2009年第1期;高勇:《新加坡廉政建设的法治与文化因素探析》,《河南大学学报》(社会科学版),2009年第3期;金波:《新加坡的制度反腐经验》,《国际关系学院学报》,2009年第4期;吕元礼:《新加坡一党长期执政何以保持廉洁》,《理论导报》,2008年第3期;师雯、李路曲:《新加坡治理腐败的政治与文化基础》,《理论探索》,2006年第1期。

② 孙晓翔、刘金源:《韩国现代化进程中的腐败问题》,《东北亚论坛》,2010年第1期;《南非的反腐败战略和机制初探》,《西亚非洲》,2006年第3期;李姗姗:《德国政府的廉政机制》,《党政论坛》,2007年第10期;赖早兴、洪细根:《国际因素与尼日利亚的反腐败实践》,《西亚非洲》,2006年第7期。

③ 祝彦:《印度共产党(马)在地方长期执政的经验》,《科学社会主义》,2007年第2期;韩冰:《印度共产党(毛)的历史发展与现状》,《当代世界与社会主义》,2007年第6期;高鹏怀、宫玉涛:《印度共产党:建设"第三种替代性力量"》,《廊坊师范学院学报》,2008年第2期。

④ 汪亭友:《独树一帜的尼泊尔共产党(毛主义者)——从武装斗争到议会道路》,《国外理论动态》,2009年第2期;王伟、蓝建学:《尼泊尔共产党(毛派):从丛林走向议会》,《南亚研究》,2006年第2期。

⑤ 宋黎明:《冷战后拉美左翼研究》,中国人民大学博士学位论文,2008年。

⑥ 沈跃萍:《拉美"社会主义热"——拉美左翼政府特征简论》,《学术界》,2009年第4期。

⑦ 赵汇:《论拉美社会主义运动的影响及其意义》,《学术界》,2008年第4期。

后纷纷推出所谓"21 世纪的社会主义"、"社群社会主义"等施政纲领,①有学者分析了拉美社会主义思想和运动的基本特征、拉美"21 世纪社会主义"的思想和实践、发展的趋势等问题,②还有一些学者分别探讨了拉美社会主义国别特色。③

关于中东和非洲的社会主义思潮研究内容涉及伊朗左翼(社会主义)运动的产生和发展,非洲社会主义的历史透视与反思,坦桑尼亚社会主义的历史与现状,突尼斯宪政民主联盟的宪政社会主义实践等。④

发达国家的社会党和社会民主主义仍然是我国学界持续关注的问题,成果也相当丰富。有学者汇集了近 20 年来在民主社会主义理论和欧洲社会民主党研究方面的学术成果,涉及欧洲各国社会民主党在不同历史时期在理论和组织方面的发展变动。⑤ 有学者通过对西欧国家特别是英国、法国和德国 2001—2002 年间大选的个例分析认为,重新执政后的西欧社民党的确试图赋予传统的民主社会主义模式以新的含义,但它们在选举政治中的成败更多的是在任期间的执政表现尤其是经济管治成效和特定政治机会环境下的选举战略共同作用的结果。⑥ 有学者选取法国、意大利这两个具有充分典型性的个案国家,对战后西欧社会党与共产党在意识形态、政策主张、力量与影响和经济社会性根源等方面进行了全面、系统的比较分析和考察。⑦ 而关于英国工党的研究始终是成果较为丰富。⑧ 也有学者对以往研究较少的澳大利亚工党进行了考察,梳理了该党百年来社会政策的演变历程。⑨ 除此之外,近五年的研究涉及的内容还有欧洲社会民主主义的缘起与演进、全球化与欧洲社会民主党的转型、瑞典社会民主党的历史理论与实践、瑞典社会民

---

①　苏振兴:《拉美左派崛起与左派政府的变革》,《拉丁美洲研究》,2007 年第 6 期;《拉美民主政治发展中的新景观》,《高校理论战线》,2009 年第 3 期。

②　袁东振:《拉美社会主义思想和运动:基本特征与主要趋势》,《拉丁美洲研究》,2009 年第 3 期。

③　张登文:《委内瑞拉"21 世纪社会主义"再研究》,《科学社会主义》,2009 年第 3 期;范蕾:《玻利维亚的"社群社会主义"》,《拉丁美洲研究》,2009 年第 4 期;[厄瓜多尔]拉斐尔·科雷亚·德尔加多:《厄瓜多尔的"21 世纪社会主义"》,《拉丁美洲研究》,2008 年第 1 期;徐世澄:《巴西劳工党及其"劳工社会主义"》,《当代世界社会主义问题》,2008 年第 4 期。

④　王泽壮:《伊朗左翼(社会主义)运动的产生和发展(上)——从"正义党"到"八一九"政变》,《西亚非洲》,2007 年第 2 期和《伊朗左翼(社会主义)运动的产生和发展(续)——左翼党别与伊斯兰革命》,《西亚非洲》,2008 年第 12 期;杨显生:《关于非洲社会主义的历史透视与反思》,《当代世界与社会主义》,2006 年第 5 期。这些文章分析了社会主义在非洲遭受挫折的原因,相关论文还有李文俊:《非洲社会主义思潮的历史解读》,《泰山学院学报》,2009 年第 2 期;门晓红:《坦桑尼亚社会主义的历史与现状》,《科学社会主义》,2009 年第 5 期;向文华:《突尼斯宪政民主联盟的宪政社会主义实践》,《当代世界与社会主义》,2009 年第 6 期。

⑤　殷叙彝:《民主社会主义论》,中央编译出版社,2007 年。

⑥　郇庆治:《当代欧洲政党政治:选举向度下的西欧社会民主党研究》,山东大学出版社,2007 年。

⑦　韩灵:《战后西欧社会党与共产党比较研究:以法、意为个案》,中央编译出版社,2006 年。

⑧　如李华锋:《英国工党与工会关系研究》,人民出版社,2009 年;李媛媛:《英国工党地方性组织嬗变研究》,中国社会科学出版社,2009 年;胡昌宇:《英国新工党政府经济与社会政策研究》,中国科学技术大学出版社,2008 年;孙洁:《英国的政党政治与福利制度》,商务印书馆,2008 年。

⑨　秦德占:《塑造与变革:澳大利亚工党社会政策研究》,河南人民出版社,2009 年。

主义模式述评、民主社会主义思潮评析等。① 而另一项重要成果则是"欧洲社会民主主义暨欧洲社会党译丛"。② 此外,生态社会主义和绿党的兴起也是当代欧美各国值得注意的现象。③

（三）跨国、跨地区的比较研究有了较大发展

近年来,从单纯的国别研究发展到跨国家、跨地区的比较研究有了较大发展,而比较的视角和问题也呈现出多样化的趋向,

1. 地区性发展综合研究产生了一些重要成果

地区性发展综合研究成果主要体现为一系列的以"年度发展"为主题的综合报告,并且从 2006 年开始,按 2005—2006 年、2006—2007 年、2007—2008 年、2009—2010 年的顺序连年持续编撰出版,这些报告对俄罗斯、中亚、东欧、拉美地区、非洲各国在过往一年中政治、经济和社会发展以及内政、外交的重大事件作了综合性的评述,为人们了解这些地区和国家的发展全貌提供了相关资料和概括。④

2. 跨国的比较研究有了进一步的发展和提升

第一,从两国间的比较研究迈向多国间的比较研究。在此期间,国别和地区（包括中国台湾地区）比较依然占据很大的比重。⑤

第二,从地区内部的比较研究迈向地区之间的比较研究。同属某一地区的国家,因为地缘上的接近性,所以有诸多相似性和可比性。所以地区内的比较和研

---

① 刘成、马约生:《欧洲社会民主主义的缘起与演进》,重庆出版社,2006 年;史志钦:《全球化与欧洲社会民主党的转型》,中央编译出版社,2007 年;袁群:《瑞典社会民主党的历史理论与实践》,云南人民出版社,2009 年;高锋、时红编译:《瑞典社会民主主义模式——述评与文献》,中央编译出版社,2009 年;周新城:《民主社会主义思潮评析》,社会科学文献出版社,2008 年;张传鹤:《全球视野下的民主社会主义研究》,中共中央党校出版社,2009 年。

② 目前已出版上市六种,包括《社会民主党的改革能力:西欧六国社会民主党执政政策比较》(沃尔夫冈·麦克尔、亚历山大·佩特林、克里斯蒂安·亨克斯等,童建挺译,2009 年)、《社会民主主义的困境:思想意识、治理与全球化》(斯图亚特·汤普森,贺和风、朱艳圣译,2008 年)、《德国社会民主党:从无产阶级到新中间》([德]瓦尔特著,张文红译,2008 年)、《新工党,新福利国家——英国社会政策中"第三条道路"》(马丁·鲍威尔著,林德山等译,2010 年)、《瑞典与"第三条道路":一种宏观经济学的评价》(菲利普·怀曼、刘庸安、彭萍萍等,2008 年)、《荷兰的奇迹:荷兰的就业增加、福利改革和法团主义》(费舍、黑姆耶克著,张文成译,2008 年)。

③ 时青昊:《20 世纪 90 年代以后的生态社会主义》,上海人民出版社,2009 年;王芝茂:《德国绿党的发展与政策》,中央编译出版社,2009 年。

④ 邢广程主编:《俄罗斯东欧中亚国家发展报告》;江时学、苏振兴主编:《拉丁美洲和加勒比发展报告》;杨光主编:《中东非洲发展报告》。

⑤ 林震:《东亚民主化比较研究:以台湾地区和韩国为例》,《东莞理工学院学报》,2009 年第 4 期;黄兴球:《老挝、泰国跨境民族形成模式及跨境特征》,《广西民族大学学报》(哲学社会科学版),2008 年第 2 期。从两国比较跨向多国(包括台湾地区)比较,例如李卓编:《近代化过程中东亚三国的相互认识》,天津人民出版社,2009 年;李宜春:《日本、印度、新加坡、墨西哥等国家党政体制述论》,《山东行政学院学报》,2007 年第 2 期;常士間:《全球化背景下的大国政治构建——以中国、俄罗斯、印度为例》,《天津师范大学学报》(社会科学版),2007 年第 4 期;孔祥利:《民主化进程中东南亚国家的华人政治参与——以菲律宾、马来西亚和印度尼西亚为例》,《东南亚研究》,2008 年第 5 期。

究,一直以来都是研究的热点和重点,"十一五"期间也不例外,①然而仔细观察"十一五"期间对东亚、南亚、东南亚诸多的研究状况就会发现,比较研究已经不再拘束于同一地区内部,而是迈向了地区之间的研究。②

第三,从单一的国别之间、地区之间比较研究迈向国别与地区相结合的比较研究。③

(四)比较研究的选题有所拓展

在拓展研究对象国的同时,研究的问题也得到拓展,比较研究的内容涉及的范围有政治结构④、政治转型⑤、政治文化⑥、政党政治⑦、公共治理⑧、公民参与⑨、民族问题⑩等等。

(五)翻译介绍国外比较政治和政治制度研究的成果更为丰富

在比较政治研究领域,翻译介绍国外的研究成果一直都是许多学者从事的工作。在"十一五"期间,翻译出版的著作和文献不仅数量多,而且出版了一大批国外

---

① 李文主编:《东亚:政党政治与政治参与》,世界知识出版社,2007 年;叶富春:《东亚政府与政治比较研究》,黑龙江人民出版社,2008 年;徐洪兴、小岛毅、陶德民:《东亚的王权与政治思想:儒学文化研究的回顾与展望》(复旦大学儒学文化研究中心丛书),复旦大学出版社,2009 年;李文主编:《东南亚:政治变革与社会转型》,中国社会科学出版社,2006 年;邹平学:《反省与超越:东亚宪政主义发展的路径与模式》,《环球法律评论》,2007 年第 1 期。

② 常士誾等著:《现代国家及其政治制度:东亚与西方》,中国社会科学出版社,2008 年;邓国宏:《民族国家的发展阶段与国家主权——从西欧民族国家的历史进程看东南亚民族国家的发展》,《湖北社会科学》,2006 年第 7 期;高奇琦:《公民社会与民主巩固:东亚政治实践对西方经典理论的检验》,《晋阳学刊》,2009 年第 2 期。

③ [美]布鲁斯·卡明斯,曾军荣、吴帅译:《从拉美经验看韩国政治体制的民主化》,《经济社会体制比较》,2009 年第 2 期;田文林:《从巴基斯坦管窥第三世界面临的几个共性问题》,《现代国际关系》,2009 年第 7 期。

④ N.拉加拉姆、李鹏:《印度与中国的中产阶级:问题与关注》,《江苏社会科学》,2008 年第 5 期。

⑤ 龙异:《菲律宾与印度尼西亚民主转型原因之异同——对〈第三波〉转型原因观点的验证》,《东南亚研究》,2008 年第 2 期。

⑥ 陆梅:《从文化传统的差异看中国与印度体制的选择》,《求索》,2007 年第 11 期;马得勇:《东亚地区民众政治宽容及其原因分析——基于宏观层次的比较研究》,《武汉大学学报》(哲学社会科学版),2009 年第 3 期。

⑦ 姜崇辉:《重新执政的印度国大党、日本自民党的治党模式反观》,《中共云南省委党校学报》,2008 年第 2 期;张宏艳:《日本与其他发达国家政党政治之比较》,《学术交流》,2008 年第 8 期。

⑧ 李玉华、杜晓燕:《全面剖析新加坡、中国公共治理现状:基于 1996—2007 年全球治理指数》,《华东经济管理》,2009 年第 12 期。

⑨ 赵刚印:《现代化进程中公民政治参与的比较研究——以中国和与印度为例》,华东师范大学博士论文,2006 年。

⑩ 曾少聪:《东南亚国家的民族问题——以菲律宾、印度尼西亚、泰国和缅甸为例》,《世界民族》,2008 年第 5 期;黄兴球:《老挝、泰国跨境民族形成模式及跨境特征》,《广西民族大学学报》(哲学社会科学版),2008 年第 2 期。

的最新研究成果。① 在翻译出版的选题上,出版机构和译者都更加注意原著作者的学术影响和作品的质量,近年出版了不少国外政治学者的著作。②

（六）博士论文成为比较政治领域研究成果的重要组成部分

近年来,一些高校的政治学博士点设立了比较政治的研究方向,产生了一些由博士研究生撰写的比较政治研究的博士学位论文。由于他们能够集中两三年的时间专注于所研究的对象国,比较系统地了解该国的政治和社会、经济、历史和文化等,因此能比较详细地研究相关国家的政治问题。③ 这些论文对于我们深入地认识和了解这些国家,推进相关研究作出了一定的贡献。

（七）形成了中外学者合作研究的成果

"十一五"期间,出现了中国学者与外国学者合作开展比较政治研究的成功事例,产生了相应的成果,如 2008 年 9 月 17—18 日,上海市人民政府法制办公室与艾伯特基金会组织联合组织了"公共决策过程中的公众参与"研讨会,该办公室应艾伯特基金会邀请派出一个代表团访问了德国,对德国的地方公众参与进行考察,双方就以下问题进行了探讨:在地方决策中至今形成了哪些公众参与形式？ 各种形式各自有哪些优势与劣势？ 参与机会被公众接受了还是被他们拒绝了？ 通过公众参与,城市行政管理机构作为的合法性是否提高了,抑或对地方政治的批评反而增加了？ 双方作出的研究报告最后结集出版。④ 前面提到的中国学者与加拿大学

---

① 宁骚主编的"比较政府与政治译丛"（北京大学出版社）在"十五"已出版了部分,"十一五"期间已基本出齐,新出版的有《比较政治学:理论、案例与方法》、《总统选举——美国政治的战略与构架》、《当代英国政治》、《非西方发展理论——地区模式与全球趋势》、《现代化和官僚威权主义:南美政治研究》、《东南亚政府与政治》、《非洲政府与政治》等。

② 阿伦·厉普哈特:《民主的模式:36 个国家的政府形式和政府绩效》、西达·斯考切波:《国家与社会革命:对法国、俄国和中国的分析》、斯迪芬·海哥德、罗伯特·R. 考夫曼的《民主化转型的政治经济分析》、让·布隆代尔、毛里齐奥·科塔的《政党与政府——自由民主国家的政府与支持性政党关系探析》等。

③ 关于日本政治研究的博士学位论文如《日本天皇制研究》（解晓东,吉林大学,2009 年）、《现代日本选举制度改革研究》（周杰,中国社会科学院,2008 年）、《近代日本的藩阀政党化研究》（陈伟,中国社会科学院,2009 年）、《战后日本政党政治的演变及其特征研究》（闫国生,吉林大学,2008 年）、《日本违宪审查制度的形成、发展及其对中国的启示》（裘索,华东政法大学,2008 年）,关于俄罗斯和东欧中亚的《转型期俄罗斯中产阶级问题研究》（王广振,山东大学,2007 年）、《俄罗斯民主化研究（1992 年以来）》（刘洋,吉林大学,2009 年）、《"第二次转型"与俄罗斯的重新崛起》（杨成,华东师范大学,2008 年）、《转型以来韩国与俄罗斯政治精英的比较研究》（杨景明,华东师范大学,2010 年）、《吉尔吉斯斯坦政治转型研究》（焦一强,华东师范大学,2009 年）、《苏联官像特权阶层研究》（赵鹤梅,山东大学,2008 年）、《宪政转型国家违宪审查制度研究:以东欧国家为例》（王卫明,北京大学,2007 年）。研究其他国家和地区的博士论文,这里举例如下:《美国国会预算权研究》（周军华,武汉大学,2006 年）、《二战后英国劳资关系的政治学分析》（巨英,武汉大学,2008 年）、《社会结构与政党制度:印度独大型政党制度的演变》（陈金英,复旦大学,2007 年）、《拉美国家的政治民主化》（刘维广,中国社会科学院,2006 年）、《当代埃及的威权主义与政治民主化问题研究》（王泰,西北大学,2008 年）、《政治学视野中的巴以民族冲突》（马守途,中央民族大学,2009 年）、《当代阿拉伯国家社会结构与社会分层研究》（詹晋洁,西北大学,2009 年）、《发展中国家社会均衡发展与政府作用比较研究:以拉美五国为分析案例》（田春芳,吉林大学,2007 年）。

④ 刘平、鲁道夫·特劳普—梅茨主编:《地方决策中的公众参与:中国和德国》,上海社会科学院出版社,2009 年。

者对上海和温哥华的社区建设和社区服务所作的研究同样是这方面的成功范例。中、日、韩三国学者共同探讨东亚的现代化进程，也是近年来比较活跃的合作领域，如讨论东亚三国在思想、文化、政治、外交等各个领域相互认识的问题。①

三、"十一五"期间比较政治学研究和发展的薄弱环节

虽然我国的比较政治与政治制度研究在"十一五"期间取得了一定的进步，成果也比较显著，但仍然存在不少问题和缺失。这些问题和缺失基本上是"十五"期间问题的延续，有的问题甚至有所扩大，主要是：

（一）比较政治与政治制度学科的建设相对滞后

1. 学科建设的配置不够合理

无论是硕士点还是博士点，比较政治与政治制度的学科专业的发展严重滞后，在布点数量上不能与政治学其他分支学科相匹配。由于多方面的原因，比较政治和政治制度方面的学科建设一直发展比较缓慢，许多学校在设立政治学理论专业硕士点多年以后，甚至仍无法设立比较政治研究方向。通过对"中国研究生招生信息网"的"2010年硕士研究生入学考试科目查询"和"2010年博士生招生目录"的查询，全国"比较政治"研究方向和专业布局仍然凸显了这个学科的不合理性。（见表3、表4）从某种意义上说，政治学恢复至今已有30余年，取得了不可小视的成就，但是如果就政治学的学科结构来说，至今中国的政治学仍然有欠完整。之所以这样说，就是它的某些分支十分繁荣，繁荣得甚至在某种程度上成了一种泡沫，而另一些分支尤其是比较政治学却是惨淡经营，成果不成比例，队伍日益萎缩，政府和社会支持趋近于零。而随着我国综合国力的增强和国际地位的提高，将有更加频繁的国际交往，也将更多地介入国际事务，这将对比较政治研究的学科布局、人员构成和研究成果提出很高的要求，显然上述学科发展不平衡的状况亟待改变。

275

表3 硕士生培养层次比较政治和政治制度研究方向分布 *

学科专业、研究方向		设有专业、研究方向的大学	在相关专业设方向的大学	合计
政治学理论		82²	—	82
中外政治制度	中国政府	24	33	57
	比较政治	25	22	47

表4 博士生培养层次比较政治和政治制度研究方向分布 **

学科专业、研究方向		设有专业、研究方向的大学	在相关专业设立研究方向的大学	合计
政治学理论		18²	—	18
中外政治制度	中国政府	7	11	18
	比较政治	7	7	14

＊表3据"中国研究生招生信息网"2005年博士生招生目录统计。

---

① 李卓编：《近代化过程中东亚三国的相互认识》（论文集），天津人民出版社，2009年。

＊＊统计数包括"中国政治"、"比较政治"、"国别政治"等，但剔除了"（中国、外国、西方）政治思想"、"（中国、外国、西方）政治文化"项，保留了"中国政治（史）"、"中国政治制度（史）"、"中国政治与政府"、"中国政治发展"、"中国政治建设"、"政治现代化"等项。这类方向分别设在"政治学理论"、"中共党史"、"科学社会主义与国际共产主义运动"、"马克思主义理论与思政教育"等专业。

2. 研究队伍比较薄弱

学科专业点布局的不平衡反映了研究队伍的不平衡，比较政治与政治制度的研究人员在政治学整个研究队伍中所占的比例较小。目前，除了政治学学科发展较好的少数学校外，许多学校基本上没有专门从事比较政治和政治制度研究的教师。不少学校虽然开办了政治学与行政学本科专业，却没有专门从事这方面研究的教师来承担比较政治和政治制度的课程，因而教学与科研脱节。

3. 资金投入严重不足

在政治学整个学科的投入中，比较政治和政治制度研究所占的份额较少。可以说，自政治学恢复以来，对比较政治和政治制度研究的资金支持在政治学学科的资金投入中所占的比例是很少的，在历年的国家社会科学基金的申报指南中，这个领域的选题就一直处于一个很不起眼的位置，个别年度的指南甚至就是空白。"十一五"期间，这种状况没有任何改变（参见表5）。同时，中国企业家目前还没有成熟到愿意支持比较政治研究的程度，因此，比较政治研究除了国家支持外，基本上不可能从社会获得所谓横向项目的资助。

表5　2006—2009年国家社会科学基金资助政治学学科项目统计

	资助的项目总数				总计	比较政治和政治制度研究项目
	2006 年	2007 年	2008 年	2009 年		
合　计	66	70	74	87	297	17
重点项目	4	3	4	3	14	0
一般项目	43	41	42	45	171	9
青年项目	19	26	28	39	112	8

（二）研究成果较少

就比较政治研究成果的总量来看，在政治学研究成果中所占的比例也是较少的，可以用"不成比例"来形容。仅以《政治学研究》（2006—2010 年）为例，学术类文章总计为 347 篇，其中属于比较政治研究的论文有 12 篇，仅占所发表论文总数的 3.46％，这与某些发达国家比较政治研究在政治学学科中所占的比例相比，距离相差太远。

（三）研究方法仍然比较单一，研究质量相对较低

在比较政治与政治制度研究中，目前国别研究仍然占了较大的比重，比较研究

依然很不发达。就国别研究而言,不少研究仍停留在制度介绍和现实政治局势评述的层面,尤其是对除欧美、东亚以外的国家的研究,大多数仍然属于这类情况。

（四）国别研究的比例不平衡

尽管近年来,研究的对象国有了一定程度的增加,研究的视野有了拓展,但由于搜集资料、语言语种上的困难,偏重于欧美发达国家和各地区主要国家的状况并没有得到根本改变。在同一地区中,也是比较集中于对几个主要国家的研究,见表6:

表6　东亚各国政治研究成果统计

	著作	论文	博士论文	译著
东亚研究	6	12		
日本	11	77	5	1
韩国	7	13	2	2
朝鲜				
蒙古				
东南亚综合	4	14		
新加坡	5	62		1
越南		18		
老挝		4		
柬埔寨		4		
泰国	2	36		
缅甸		10		
马来西亚		25	1	
文莱		2		
印度尼西亚	2	5	1	
菲律宾		15		
东帝汶		2		
南亚综合				
印度	2	64	2	
巴基斯坦		18		
斯里兰卡		6	1	
尼泊尔		15		

四、"十二五"期间比较政治学研究的进一步发展趋势

进入"十二五"后，随着社会主义政治文明建设的发展、民主法治的推进、社会科学的繁荣，我国的政治学也必将有一个大的发展。作为政治学的重要分支之一，比较政治和政治制度的研究理应并且可能实现更快的发展。具体来说，将出现如下趋势：继续坚持以历史唯物主义作为总的指导，以更加开放的眼光面向世界、认识外国，对比较政治和政治制度的研究总体水平将进一步有所提高，比较政治和政治制度的研究方法将更加多样化，将出现更多的具有国际求学经历的学者和一些在运用科学化的研究方法方面比较成熟的中青年学者，将会有更多的分析性和实证的研究成果，研究的范围和视野将进一步拓展，对发展中国家的研究水平将会有显著的提高，对文明的多样性和政治制度的多样性将有更深入的研究理解，学者将更加关注与我国社会主义政治文明建设和政治发展、与我国社会发展出现的种种问题相关的国外正反两方面的经验。

（一）比较政治学学科建设将获得缓慢但稳步的发展，政治学学科分支配置不合理的局面将会有所改进

（二）比较政治学的理论与方法研究和运用正酝酿较大的突破

近年来，比较政治研究的方法问题已经引起越来越多的学者的重视，成为我国比较政治学研究的重要内容。总体上说，比较政治研究中单纯的国别研究、表层性制度介绍将继续占有一席之地，但所占的比例将有所减少，而比较研究将有所加强。由于国外比较政治学所采用的诸多分析模式已被广泛地介绍到国内，不少学者已超越了单纯介绍的阶段，开始有意识地运用这些理论模式进行比较政治和政治制度的研究。但总的来说，我国学者在历史唯物主义的指导下，将对这些分析模式加以消化、改造，立足于对现实的国内社会政治条件创造性地运用。

（三）国别政治研究的范围将进一步拓展，逐步形成"多极化"

国别政治研究的基本趋势主要是：

1.发达国家政治和政治制度研究将进一步深化和成熟。

2.东亚、中东、拉美国家的政治和政治制度研究将继续走向繁荣。

3.俄罗斯、东欧、中亚政治研究将在稳步发展中深入。

4.中东国家政治研究将引起更多关注。

5.热点地区的政治和政治制度研究将不断提出新的课题。

（四）问题研究将更加"多样化"

问题研究可以预见的研究课题主要包括：

1.各国政治现代化、民主化的模式分析及其比较研究。

2.政治发展与政治稳定的比较研究。

3.各国法治和宪政发展及其比较研究。

4.政党政治和各国政党执政方式、执政规律的比较研究。

5.议会制度和议会政治及立法监督的比较研究。

6.不同制度条件下腐败的表现形式和反腐败的制度建设比较研究。

7.国家与社会关系的跨国比较研究。

8.各国政府对经济进行干预和控制的模式。

9.各国处理突发事件和灾难的机制研究。

10.各国社会利益的协调机制、控制大规模群体事件的方式及其政治学分析。

11.宗教政治研究,尤其是国家与宗教、宗教与社会关系的研究。

12.全球化背景下伊斯兰的复兴及其面临的挑战研究。

13.大国国际战略和外交政策形成的利益性机理和制度性机制研究。

14.国家结构形式与民族整合、国家认同研究。

(五)关于加强比较政治和政治制度研究的建议

随着我国综合国力的增强和国际责任的增加,对外开放的深化和海外投资的增加,我国十分迫切地需要加强对外国的了解和研究,其中毫无疑问地包括对外国政治和政治制度的了解和研究。无论是大国还是小国,无论是什么性质的国家,也无论某个国家与我国的关系如何,它们都随时有可能成为国际上的焦点和热点,因此我们应该未雨绸缪,应把对外国政治的研究提高到战略需要的高度。为此,我们提出如下建议:

1.比较政治和政治度研究。无论资料搜集、实际调查还是学术交流,都需要比一般理论研究和本国政治研究付出更高的成本。因此,国家应加大资金支持的力度,至少第一步要改变目前投入过少、与政治学其他分支学科不成比例的状况。

2.比较政治和政治制度研究。这对学者在外国语的掌握、背景知识的积累上,都有更高的要求,研究也有更大的难度,更需要学者具有甘于寂寞、拒绝浮躁、潜心治学的精神。因此,国家对他们应多予鼓励。在认识上要继续严格区别面向世界、了解世界和"全盘西化"、"崇洋媚外",要确立下述观念:基础研究与现实问题研究同等重要,本国问题研究与外国问题研究同等重要,面向世界与面向社会基层同等重要。

3.目前我国使用的学科专业目录,存在一些与国际通行学科分类相悖的情况,政治学学科尤其如此。其中,"中外政治制度"可以参照国际通行的专业设置,分为"中国政府与政治"与"比较政府与政治"。

附录一 "十一五"期间比较政治研究重要课题一览表(共34项)

	课题题目	项目来源
1	亚非拉社会党及其民主社会主义思潮的现状与演变	国家社科基金项目
2	20世纪以来东欧国家政党与政治思潮研究	国家社科基金项目

	课题题目	项目来源
3	当代西方国家与社会关系思想研究	国家社科基金项目
4	宪政民主与西方政治文明的内在矛盾	国家社科基金项目
5	比较视野中的政党政治与当代中国政治发展	国家社科基金项目
6	当代社会民主主义政治理念研究	国家社科基金项目
7	中外政治思想文化视野中的当代中国政治价值体系建构方法研究	国家社科基金项目
8	东南亚地区民族国家的形成及其发展研究	国家社科基金西部项目
9	西方发达国家官僚制的理论与实践——英美、法德模式比较研究	国家社科基金项目
10	西方国家权力监督制衡机制研究	国家社科基金西部项目
11	越南政治革新研究	国家社科基金青年项目
12	经济全球化与第三世界社会主义研究	国家社科基金青年项目
13	中非关系全面提升背景下中国如何在非洲与西方化解利益冲突、实现合作多赢问题研究	国家社科基金西部项目
14	西方生态主义政治理念研究	国家社科基金项目
15	当代社会主义国家执政党巩固执政地位的战略举措比较研究	国家社科基金项目
16	三十年来中俄政治改革与政治发展比较研究	国家社科基金项目
17	独联体国家共产党的理论与实践研究	国家社科基金项目
18	老挝社会主义的理论与实践研究	国家社科基金项目
19	社会民主主义的若干历史与理论问题研究	国家社科基金项目
20	世界社会主义运动视阈中的国外社会主义流派研究	国家社科基金项目
21	当代俄罗斯马克思主义研究	国家社科基金项目
22	20世纪90年代以来德国马克思主义研究动向	国家社科基金项目
23	西欧社会党利益整合的经验教训对中国构建社会主义和谐社会的启示研究	国家社科基金项目
24	地方与基层治理转型的国际经验及对中国乡村治理的启示	教育部人文社会科学重点研究基地重大项目
25	中国的东北亚区域发展战略与朝鲜半岛问题	国家社科基金项目

	课题题目	项目来源
26	西方参与式民主理论发展研究	国家社科基金项目
27	当代西方政治思想中的参与式民主理论研究	国家社科基金项目
28	转型时期俄罗斯利益集团政治参与研究	国家社科基金项目
29	地方治理转型的域外经验与我国地方治理改革	国家社科基金项目
30	当代国外马克思主义中的人权与公正思想研究	国家社科基金项目
31	当代西方国家左翼运动和思潮研究	国家社科基金项目
32	印度政党政治中的左翼政党问题研究	国家社科基金项目
33	苏东剧变后西欧共产党的理论与实践研究	国家社科基金项目
34	当代资本主义国家共产党的理论与实践研究	教育部人文社会科学研究重大课题攻关项目

本章调研和编写主持人：武汉大学比较政治研究中心谭君久教授

参与调研和编写人员：武汉大学比较政治研究中心彭姝、夏德峰、高聪颖、闫帅、罗干

第八章　中国政治思想史

本次调研按照国家哲学社会科学基金规划委员会政治学科组的部署进行,经过调研组同仁 3 个月的努力,现已完成调研任务,兹将调研情况汇报如下:

一、"十一五"期间中国政治思想史研究取得的成果

"十一五"期间,关于中国政治思想史的研究在学术视阈上不断扩大,在研究方法上不断整合和创新,在研究内容上逐步深化和拓展,有许多具有创新性和标志性的研究成果得以问世。调研组经过认真梳理,将搜集到的"十一五"期间出版的学术专著分为九类:中国政治思想史通论、断代政治思想、人物政治思想、儒家政治思想、其他各家政治思想、政治思想专题、政治哲学、政治文化、中西政治思想比较。另外,梳理 5 年来发表的 1200 多篇期刊文章,并把这些文章划分为总论、断代史思想研究、人物和专题研究四部分,将有代表性的研究视角、研究方法、研究路径进行了初步归纳。

(一)书籍与重大课题调研汇总

1. 学术成果概况

"十一五"期间出版的中国政治思想史类著作共 693 种,其中中国政治思想通论 53 种,断代政治思想 201 种,人物政治思想(绝大多数是人物评传)和除儒家外其他各家政治思想 96 种,儒家政治思想 128 种,政治思想专题 104 种,政治哲学 38 种,政治文化 63 种,中西政治思想比较 10 种。

专门以中国政治思想为研究对象和研究重点的专著 208 种,包含中国政治思想通论 15 种,断代政治思想 78 种,人物政治思想和除儒家外其他各家政治思想 2 种,儒家政治思想 19 种,政治思想专题 67 种,政治哲学 14 种,政治文化 7 种,中西政治思想比较 6 种。

涉及政治思想的著作 431 种,包含中国政治思想史通论 30 种,断代政治思想 106 种,人物政治思想和除儒家外其他各家政治思想 93 种,儒家政治思想 94 种,政治思想专题 32 种,政治哲学 21 种,政治文化 51 种,中西政治思想比较 4 种。

再版或重印的著作 55 种,包含中国政治思想通论 8 种,断代政治思想 17 种,儒家政治思想 15 种,人物政治思想和除儒家外其他各家政治思想 1 种,政治思想专题 5 种,政治哲学 3 种,政治文化 6 种。

"十一五"期间,国家教育部人文社会科学研究基金项目中关于中国政治思想史的研究项目共有 29 个,其中的重点研究方向和重点研究课题是关于中国传统和谐治理观的研究。国家社会科学基金项目主要有:2006 年度课题为"中国传统和谐治理观研究",2007 年度为"中国传统和谐政治思想和治国方略研究",2008 年度为"中国传统政治文化与现代公民教育的关系研究",2009 年度为"中国传统政治文化的现代化研究",2010 年度为"中国传统政治价值资源及其现代化研究"。

2. 研究方向与内容

"十一五"期间,中国政治思想的研究内容范围广泛,现按以上所分 9 类,将其研究状况概括说明如下:

(1)中国政治思想史通论

从总体上看,"十一五"期间有关中国政治思想史研究的课题其内容横亘古今,研究范围很广,主要内容如下:

①关于中国政治思想发展史上重大流派的研究。这一类研究把各个重大流派的政治思想作为主要研究对象。学者们给予先秦诸子学派的政治思想以极大关注,儒、道、墨、法四家思想阐释最多,尤以儒家思想为甚。同时,学者对以往甚少关注的纵横家和兵家等流派的政治思想也进行了探讨,并形成了一定的阐释与认知。此外,秦汉以后至辛亥革命前后各主要流派的政治思想也得到了研究。

②关于政治思想史研究方法的研究。这一类研究从论著上看数目比较少,但从不同角度涉及中国政治思想史学科的研究对象与方法,既有宏观思考,又有专题性讨论。[①]

③关于统治者治国策略的研究。其中既有统治集团的政治思想和治国策略的研究(以曹操统治集团政治思想研究为代表),也有统治者个人治国理政策略的探讨,以探讨统治者"孝治"政治实践为代表。

④政治人物个人政治思想及其著作政治思想的专题性研究。这一研究有两方面特点:一是除了延续传统,研究先秦以至于民国前各主要政治家、政治思想家的政治思想之外,一些通常甚少涉及的思想家,如尸子、袁枚、崑光典、朱一新等人的政治思想引起学者们关注,亦有研究成果问世。二是学者们注重研究政治家和思想家的政治思想与社会的互动,注重其政治思想与政治实践的互动研究。

⑤重要政治命题、政治范畴、政治概念的研究。中国政治思想史上的一些重要政治命题、政治范畴、政治观念等等引起学者关注。如"民本"、"孝治"、"民和"、"君道"、"臣道"、"德治"、"仁政"、"王道"、"霸道"、"皇权意识"等成为这一时期研究的主要论题。

⑥关于政治哲学和政治文化的研究。这类研究主要有两个特点:一是相关研

283

---

① 刘泽华等编著:《思想的门径:中国政治思想史研究方法论》,天津古籍出版社,2006 年。书中收集了 18 篇文章。

究多以政治人物为研究载体，二是研究大多侧重于政治人物的政治意识、政治心理、政治人格等层面。

（2）断代政治思想

这一时期的政治思想研究几乎对每一朝代都有所涉及，按照儒学的兴起、鼎盛与衰亡进程，以先秦、宋明和清朝研究为多。

①先秦政治思想。其一，比较研究著述较多。学者往往从儒、墨、道、法各家入手，先介绍各家基本观点，进而阐释各流派之间的融合、借鉴与冲突，最后探讨各家政治思想之精髓，或是分析整个先秦时期政治思想的特点，提出的观点多少具有一定的创新性，以期对当代中国社会现实政治形成某种参照或指导意义。其二，研究先秦政治思想的某个命题或层面，以现代学理作为切入点，如政法理论、领导思想、和谐观念或是政治哲学等，研究和阐释先秦政治思想家们的思想精髓，截取其思想中的闪光点，为当代中国现实政治提供参照。①

②秦汉政治思想。研究主要集中在三个方向：其一，对秦汉时期的经典作出新的解读和诠释；其二，围绕皇权展开论述，研究儒学士人与皇权的互动；其三，研究秦汉个别人物的政治思想专题，其中包括一项国家重大课题。②

③魏晋南北朝政治思想。着眼点基本集中于政治制度与历史现实的视角，学者关注曹魏时期的霸府政治研究，这是一个较新的研究课题。

④隋唐五代政治思想。研究这一时期的政治思想的著作很少，这种状况具有某种一贯性。隋唐五代政治思想历来不能引起学者们的关注，前人研究则主要集中在通史类著作。由于史料限制和方法论的局限，后人在这一阶段难有创新之处，也会影响到人们的研究兴趣。

⑤宋元明政治思想。这一阶段研究相对丰富，成果较多。主要研究层面有：使用政治文化的方法，从政治心态角度入手研究宋明时期的儒士；通过海疆与外交等政策研究宋明时期的外交政治思想；研究以宋明理学为代表的宋明儒家传统思想，其中有针对某一特定主题的，更主要的是对儒家思想在宋明时期的新发展——理学与经学进行创见性探讨。③

⑥清朝政治思想。有从宏观上对清朝政治思想进行总体概括的，从微观上对个别学术流派进行深入研究的，也有通过研究政治行为和政策分析来总结政治思

① 如山东大学王成：《先秦诸子领导思想的现代解析》，中国大百科全书出版社，2006 年；安徽大学陆建华承担的国家课题"先秦诸子礼学研究"；教育部基金项目有清华大学陈琪的"春秋时期的国家间干涉与国际关系理论的中国经验"。

② 湖南省邵阳学院胡克森的课题"春秋至秦汉时期从分裂走向统一的文化思考"。

③ 这一阶段的一项国家课题为南开大学罗宗强的"明代后期士人心态研究"。教育部基金项目包括东北师范大学刘晓东的"晚明社会变迁与士人生存伦理的演变"，复旦大学姜鹏的"唐宋政治思想转型视域中的《资治通鉴》"，聊城大学唐明贵的"宋代《论语》诠释与理学的构建"，中国人民大学向世陵的"宋代经学与哲学研究"，山东大学王新春的"易学与宋代理学的形成"，河北大学姜锡东的"理学与宋金元文明"等。

想的。①

⑦民国政治思想。其中有专门对民国政治思想的总述,也有对某一思潮如尊孔思潮、无政府主义思潮进行深入剖析的。②

（3）人物政治思想

"十一五"期间,大多学者以思想家们的生平及其各个方面的思想为研究线索,试图把人物置于时代和社会的广阔背景中予以审视,考察人物所处的时代特色和人物的阶级属性对其思想所赋予的色彩。该类研究的内容大体可按时间顺序分为三个阶段:

①秦朝建立之前。对这段时期人物思想的研究,主要有周公、老子、孔子、孟子、墨子、韩非子这几个人,大多通过他们对社会的认识,来阐述他们各自的政治理想、治国理念,以及对于治国人才的态度。这段时期的研究,除了对这一时期人物思想的深化认识之外,更加注重现代性,具有时代感和现实意义。

②秦朝到明末清初时期。内容主要涉及帝王将相的治国谋略和士人们的政治思想。帝王处在不同的历史时期,但共同点是都重视统治方式的转变以维护和巩固皇权,不同的是治国理念和方法的调整;将相和士人的思想多属于修身、齐家、治国平天下。

③清朝中后期及以后。反抗外来侵略欺侮是中国近现代思想的最重要的主题,对这一时期人物思想的研究是比较多的,着重于救国图存的思想和运动,并没有什么超越。但也有著作提出了将理论模式和分析工具与具体历史个案相结合,以政治发展观的角度为切入点的新的研究途径。③

国家项目与课题。包括"王阳明与阳明学派系列研究","顾炎武思想研究"。教育部基金项目为"融合和发展—王阳明心学之研究"。

（4）儒家政治思想

①儒家总论研究。有学者探讨了孔子与儒家之道及其发展、影响与作用、社会政治的和思想文化的后果。④

②新儒家研究。包括新儒学及其政治法律思想研究、儒家生活世界研究、现代新儒学的走向研究。⑤

285

---

① 国家课题:复旦大学吴震的"明末清初'功过格'运动的思想研究";教育部规划基金项目:辽宁师范大学赵毅的"空间转换与士人价值观念的塑造——明清时期山东士人群体考察";教育部重点基地项目:中国人民大学杨念群的"清代政治文化研究"。

② 教育部基金项目为福建师范大学陈友良的"民初'甲寅派'的政治思想研究"。

③ 国家项目与课题包括浙江省社会科学院吴光的"王阳明与阳明学派系列研究",苏州大学政治与公共管理学院周可真的"顾炎武思想研究"。一项教育部基金项目为宁波大学何静的"融合和发展——王阳明心学之研究"。

④ 林存光:《儒家式政治文明及其现代转向》,中国政法大学出版社,2006年。

⑤ 宇培峰:《新儒学新儒家及其政治法律思想研究》,中国政法大学出版社,2006年;顾红亮:《儒家生活世界》,上海人民出版社,2008年;宋志明:《现代新儒学的走向》,北京师范大学出版社,2009年。

③儒家专题研究。这些著作大都不是直接对儒家的一些范畴进行政治学解读,而是直接关于法学、社会学或哲学的研究,但他们在论述这些问题时都涉及对政治思想的研究。其中对和谐社会理论的研究最为突出,它们并非仅仅阐释了儒家的和谐理论,而且对儒家的和谐理论在当代的价值进行了研究。另外也有学者对儒家的天下观和华夷观展开研究。

④通俗读物。一些介绍儒家政治思想的通俗读物也在"十一五"期间出版,不仅有利于普通大众了解儒家思想,而且作者的一些观点也有利于推进儒家政治思想研究。

⑤蒋庆的政治儒学研究和批判。包括蒋庆本人的政治儒学观点,以及一些学者从不同角度对蒋庆的政治儒学观进行分析和讨论。主要讨论的问题为儒家与民主宪政的关系、中国文化与基督教信仰的问题、儒家王道的问题。

⑥国家项目与课题。"十一五"期间的国家社科基金项目主要有 9 个,包括"儒家思想对构建东北亚区域'和谐'文化环境的角色定位","儒学的现代命运——儒学在现代社会中的理论演进和功能","20 世纪 90 年代以来的大陆新儒学思潮研究","现代新儒家的文化价值论","儒家政治思想与现代社会,传统儒学的合理内核和当代价值研究","儒道互补的理论结构及其现代价值","现代新儒学的走向","儒家政治理论及其现代价值研究"。教育部基金项目包括"孔子'仁'学中的大爱思想与和谐社会的建构"、"儒学原理研究"。

(5)除儒家外其他各家政治思想

对于各家的政治思想研究,不像儒家那样有着系统和专门的大量专著,更多的是散布于各类书籍中,且以道家政治思想研究为主。专门性的政治思想即对某一派或几派的政治思想进行系统性介绍少之又少。集中于将政治思想作为其中一部分,主要是对某派思想做整体解读时将其作为其中的一部分。

①道家方面的研究内容丰富,成果很多,从政治哲学、政治实践、治国思想、现代意义等各方面都有研究,其中对老子的研究最多,对庄子的研究相对较少。[①]

②法家的治国思想经常与儒、道互补,是政治思想研究的重要对象,此间也有很多研究成果。

③墨家、兵家、阴阳家等思想研究资料有限,成果不多。[②]

(6)政治思想专题

中国政治思想专题领域较多,且每一专题角度各异、观点不同,主要集中在以下专题上:

①治国思想。主要是综观历史长河,总论中国古代治国之道,以及从地域角度

---

① 其中一项国家重点课题是四川大学卿希泰的"中国道教思想史",一项教育部人文社会科学重点研究基地重大项目为华中师范大学刘固盛的"近代中国老庄学研究"。

② 有一项教育部基金项目即山东大学郑杰文的"墨家学说对中国社会发展的影响"。

节选某一地区,对这一地区古代的治国之道进行探讨和阐述。①

②民族思想。研究集中在从历史主义的角度通过对民族思想或是民族政策某一方面的考察,探讨其产生、发展、变迁的过程以及这一过程的前因后果;选取某一时期的民族政策或是某一地区的民族观念入手,探索其相应的系列内容。②

③人性思想。主要探讨了儒法两家的人性思想。如有学者认为:荀子和韩非均不为性恶论者,荀子是性朴论者,而韩非则对性之或善或恶问题不关注。③

④法治与德治思想。研究多集中在分析德治与法治之间的关系问题,专门论述德治或法治思想两个方向。④

⑤伦理道德思想。其中大多数以儒家伦理为研究对象,对儒家道义观的历史文化背景进行分析的同时,对其现代性启迪也进行了阐发。有对某朝代伦理进行研究的著作,也有针对儒家道德中的某种观点进行专门探讨的专著。⑤

⑥权术思想。这一领域的著作以通俗历史读物为主,而学理性研究较少。

⑦王权思想。大体存在以下研究方向:全面讲述王权思想的王权思想通论,分不同历史时代研究断代王权思想,以地域为界限研究地方皇权主义思想,通过政治制度、礼仪、经典来研究皇权思想。

⑧民本及民主思想。民主思想以清末民初为主,以近代中国对民主之追求与探索为线索,展现近代众多学术大家对民主政治的思想和论述。民本思想的研究成果较多,有的以民本思想的历史发展为线索将其分期研究,有的全面阐述民本思想的发生、发展以及作用机制,还有阐述个别人物的民本思想。⑥

(7)政治哲学

①整体研究。从宏观上、整体上来把握中国传统政治哲学的内容、特点以及发展进程。

②专题研究:断代、流派与人物。中国政治哲学的断代研究主要包括春秋战国时期、秦汉时期、中国近代及现代的政治哲学思想。对于流派思想的研究更侧重于集中、深入分析某一流派政治思想的某一方面。或者说其研究的纬度和视角更加

----

① 治国方略的研究是"十一五"期间国家课题研究的重点,其中重要的研究课题有:东北师范大学国际关系学院王立仁的"韩非的治国方略研究",内蒙古大学蒙古学学院苏德毕力格的"晚清治理边疆思想研究",教育部基金项目有长春工业大学唐冰开的"中国行政管理思想史研究"和西北大学陈峰的"宋代治国理念及其实践研究"。

② 国家课题有烟台大学民族研究所崔明德的"隋唐时期民族关系思想研究"。

③ 周炽成:《荀韩:人性论与社会历史哲学》,中山大学出版社,2009年。

④ 国家重要课题包括湘潭大学哲学与历史文化学院刘启良的"中国历史上的德治思想研究",中共中央党校哲学教研部戴木才的"法治与德治相结合基本治国方略研究"。

⑤ 国家课题有中共河北省委党校哲学部王秀华的"为政治立'法':毛泽东政治伦理思想研究"。教育部基金项目有徐州师范大学王健的"秦汉伦理政治研究"和中国人民大学钱广荣的"中国古代和谐伦理思想研究"。

⑥ 国家重点课题有:南京大学政治与行政管理学系闾小波的"中国近代民主史研究(1840—1949)",南开大学历史学院张分田的"民本思想与中国古代统治思想的关系研究"。

独特,而研究也更加深入。对人物的政治哲学思想进行了整体上的重新定位与审查,对他们的政治思想的理论体系、理论转变及现实意义的研究作了有益探索,也提出了很多重要观点。

③国家与教育部项目。包括教育部基金项目"中国古典思想中的政治正当性问题"、"中国正义论传统的现代性研究"和"儒家政治哲学的现代重构研究"。

(8)政治文化

①研究中国古代或近代政治文化演进、性质、特点、结构等整体性的成果。它们从整体上对中国传统政治文化作了介绍,但各有不同的侧重点。

②传统"官文化"研究。主要介绍了中国历史上政客、思想家们对为官从政的深刻见解。

③对中国古代、近代或国外知识分子的政治文化观研究。

④对儒家思想的政治文化及其与中国现代文化关系的探讨。

⑤对中国传统道德伦理的政治文化进行解读。

⑥研究中国政治文化从传统向现代,或是从近代向现代的转型问题。

⑦在讨论中国文化的大背景下涉及的中国政治文化研究。

⑧对某一时期的某一现象或制度的政治文化分析。

⑨国家与教育部项目。国家课题包括"中国传统政治文明及其转型研究"、"中国传统的道义理念与当代政治文明建设"、"传统政治文明与现代政治文明关系模式比较研究"、"'官本位'与'民本位'的政治文化学研究"、"台湾地区政治文化与政治参与"。教育部基金项目包括"中国传统政治文化的现代化研究"、"政治权力、文化统治与社会建设——中国古代的文化政策与社会发展"、"'忠孝礼义'的当代性研究与传播"、"传统思想与中国特色社会主义的文化资源"、"中国传统价值观创新研究:以信仰和信念为中心"和《洪范》与中国传统文化研究"。

(9)中西政治思想比较

该类著作数量不多,学者们以不同的层面、不同的视角对中西政治思想进行比较,以探究中西政治文化的差异与互参。在探讨近代中国政治哲学思想时,都将近代中国政治思想提出的观点与西方传统的政治思想加以对照分析。①

3. 研究特点分析

(1)研究方法多样、研究内容广博

这一期有关中国政治思想的研究中,学者们结合自身研究视域和学术取向,采用了包括个人列传式研究、流派研究、重大政治命题、政治范畴、政治观念研究、政治哲学和政治文化等研究方式,基于问题意识的考量,展开了关于中国政治思想的理论研究。其课题研究范围和内容极度广博并颇有深化,既对传统上的政治思想

---

① 胡伟希提出"哲学古今中西之辨",通过个案与西方政治思想的比较分析,来梳理和分析中国哲学传统。其中包括两项教育部基金项目即华东师范大学许纪霖的"中西思想史中的政治正当性研究"和天津师范大学佟德志的"比较政治文化研究"。

研究对象给予关注,也在一些以往研究中甚少关注的领域取得了可喜成果。

(2)注重现实与注重理论并重

虽然从个体学者的角度上来看,其研究的理论性取向和现实性取向存有差别,但就总体而言,这一时期有关中国政治思想的研究对现实的关照和对理论的考量基本都受到学者们的同等性重视。

(3)现代政治学的研究方法和理论在相关研究中得到了更多的运用

在这一期的中国政治思想研究中,有关现代政治学研究中通常采用的诸如政治文化研究、行为主义研究等研究范式和个案调查、问卷调查、统计分析等技术手段在有关研究中被广泛运用。而诸如专制、民主、平等、自由等成为分析、评价政治思想的工具,学者用这些现代政治学视域下的词汇来作为认识和分析问题的手段,并据此进行评估,作出解释,概括意义。

4. 研究创新之处

"十一五"期间出版的学术著作中不乏较之以前研究出现的新颖方法、理论、观点,其主要体现在:

(1)中国政治思想史通论

①扩展了学科研究的视域,主要体现在一些以往甚少或者不被讨论的人物或流派的政治思想,或者那些被经常讨论的流派或人物思想的某一个在以往的研究中被忽视的部分进行了一定的研究,前者的代表主要有对纵横家、兵家政治思想的阐释和对尸子法治主张的探讨,后者的代表是以苏轼有关"乌台诗案"的诗文为主要材料,探寻苏轼帝王观念的情感层面。总之,这一时期的研究成果在很大程度上拓宽了中国政治思想史研究的范畴和维度。

②社会和思想的整体性互动研究成绩显著。这种注重政治思想与政治实践相统一的研究方法在这一时期的诸多成果中有明显表现。

(2)断代政治思想

研究方法多样,从传统的以文献研究为主的方法,扩展到政治文化视角尤其是心态研究的方法,更深入地研究了士人的政治思想。研究的着眼点较多,从政治制度、政策、儒家经典诠释、礼仪规范等多个角度着手,对各代政治思想进行了全方位探究。

先秦政治思想的研究扩展了专题领域,魏晋政治思想也开创了霸府政治新方向,在宋明理学与经学研究上创新性观点较多,研究也较深刻,学术价值相对较高。民国时期的研究注重了某一政治思潮的专门解读,有利于研究的深入开展。

(3)人物政治思想

①政治思想研究更加世俗化,更加贴近普遍的民众心理。研究注重经验总结,甚至还涉及如何将昨天的治术运用到今天的实际生活中来。

②注意从时代背景和人物背景入手,能够对思想家的思想渊源进行细致梳理,注重同时代思想家相互联系,真正把握住那一时代学术思想的本质内容、流变规律

和真实价值。

③人物评传和思想研究的时代多集中在明末清初之后到中华民国时期。这段历史，是中国的危难史，面临严重的民族危机和国家危机，思想家很多，对其研究的也甚多，比如对康有为、宋育仁等。对思想家的研究进一步深化细微，也更具理性。还有一个鲜明的特征是避免研究过分强调传统与近代之间的断裂，细致梳理明清时代与近代发展的关联，自觉做到将传统近代相连贯。

④研究方法也不再仅仅局限于以人物思想为研究线索，而是转变视角，引入新的研究工具，或者引入其他学科的研究工具，并将研究工具与具体的历史案例研究相结合。

(4)儒家政治思想

①研究方法的创新。之前的研究大都从马克思主义阶级分析论出发，认为儒家思想是封建腐朽的，从阶级斗争角度对儒家思想进行分析和研究。这一时期一些学者在研究中国儒家思想时，开始自觉地对中国儒家思想和西方政治和哲学思想进行比较研究。由于中西思想的碰撞和融合，大量学术成果问世。

②学科之间的相互借鉴也是学术创新的途径之一。愈来愈多的学者在研究儒家政治思想时，采用其他社会科学方法进行研究。

(5)除儒家外其他各家政治思想

这一时期的研究注重各家思想的现代意义，并且从多个角度对其进行解读，如将道家思想与民主政治、社会批判结合起来，认为老子的思想含有民主成分，对现代民主政治建设有重要意义；将"无为而治"与以人为本建立和谐社会、"不以兵强天下"与建立和谐世界联系起来等。

(6)政治思想专题

能够突破前人框架和已有理论学说的束缚，提出新的观点或思路。对王权思想的研究较为全面，研究王权思想的理论观点大部分集中在王权主义的产生过程，以及用王权主义解释中国几千年来朝代更替却无法从封建主义走向资本主义、无法产生民主的思想文化原因。有学者以"双向锁死"理论为讲述王权思想的创新理论，从政治思想角度有力地解释了中国历代兴衰更替怪圈产生的原因。[①] 从地缘视角来看王权思想也是颇为新颖的视角。

(7)政治哲学

①文献资料运用上的贡献。这时期学者在对某个专题或者某个主要政治人物的研究中，深入挖掘、广泛采用文献资料，不再局限于既有的资料。这些著作包含了丰富的政治思想及相关内容，有助于从整体上、深层次的挖掘和研究其思想，使得学者的研究更为深入和全面。

②研究视角的独特。对于流派思想的研究更侧重于集中、深入分析某一流派

---

① 李剑宏：《王权论》，社会科学文献出版社，2009年。

政治思想的某一方面,或者说其研究的维度和视角更加独特,而研究也更加深入。

③研究领域的拓展。从调研组掌握的这些资料里可以看出,很多学者不拘泥于传统研究的领域和范围,以独特的视角另辟蹊径,将政治哲学的研究领域大大拓展了。

(8)政治文化

①采用多学科的研究方法。采纳了马克思主义的理论分析框架思考传统,运用当代政治文化的理论分析框架和分析方法、历史学的研究方法,并借鉴宗教社会学、文化人类学、心理学和社会学等理论成果和分析方法,以及比较研究等综合研究方法进行研究。

②视角新颖,有利于拓展政治文化的研究范围。

③问题意识明显增强。其中有些著作对中国传统政治文化的研究已经不仅局限于提出问题了,追求的是解决问题。

(9)中西政治思想比较

有学者提出的"古今中西之辨",是一种从事哲学研究的立场或姿态,它体现于哲学家们的具体哲学研究实践活动中。它不同于中西文化或中西哲学之间的论战或争论,也不意味着中西文化或中西哲学之间的趋同或一致,而是说要辨明何者是中国文化与传统哲学,何者是西方文化或哲学传统。

另外,"十一五"期间中国古代政治思想的国家研究项目集中在儒家、新儒家以及儒家思想的现代化研究、关于政治文化的研究、关于治国方略的研究上,其他项目涉及民本、民主、民族思想,王阳明、顾炎武的政治思想,道家思想,边疆治理的思想。教育部关于中国政治思想史研究的项目当中研究断代思想的较多,有 10 个项目,且以宋明理学与经学为主,其中又以士人群体的研究为创新特色,其他研究涉及春秋、清朝、民国等时期。政治文化与政治哲学的研究项目也有很多,政治哲学问题中关于政治正当性的研究较为新颖。政治思想专题的研究中以政治伦理与治国理念与方略为主。其他各家政治思想涉及墨家与道家思想的研究,且对墨家思想的现代价值进行了较为新颖的探讨。值得注意的是,关于中西政治思想的比较研究有两个,涉及政治哲学与政治文化的中西比较。另外,关于儒家思想及其现代化和王阳明思想研究也有所涉及。

(二)论文调研汇总

1. 中国政治思想史总论综述

归入中国政治思想史总论部分的内容虽然不多,但五年里发表的文章涉及的范围比较广,分别就中国政治思想史研究的对象、意义、流派、特点、重点、现代价值作了梳理,可以说体现了当前对中国政治思想史的最新的认识,比较全面。

(1)中国政治思想史的研究对象

中国政治思想史研究的对象是非常丰富的,尤其是中国政治思想与哲学、伦理学思想联系紧密。中国政治思想史研究的对象主要包括与国家政治发展及演变过程中相关的各项因素:哲学、伦理学思想、国家的政治制度、治国之道,政治权术等等。① 有的学者从政治学研究对象如政治权力、政治利益以及各种政治现象出发,认为中国政治思想史的研究对象是关于政治权力、政治关系、政治行为与规则,以及政治角色等各种政治现象的思想和理论认识。②

(2)研究流派

有学者回顾了中国政治思想史学科的发展,认为以方法论为参照,近百年来在中国政治思想史研究上大体上可以划分为"新学历史学"、"马克思主义历史学"和"现代政治学"三个流派。③

(3)研究立场与思路

对政治思想史的研究,要注意四个方向:①要综合考虑各种思想产生的社会历史背景和生产、生活状况,参照具体的历史语境,才能确定和判断具体研究对象的内涵,了解其精髓,把握规律。④②中国的政治思想史研究,需要立足中国的国情,把我国优秀的传统文化发扬光大。③需要着眼于世界的高度,吸取西方政治思想的精华。④要站在时代的高度,为当代中国的政治决策与实践提供思想指引。⑤有学者主张因为中国政治思想区别于西方,它有很强的务实性,因此只有融入纯粹的东方语境,以东方的思维模式为框架,考虑构建中国本土的哲学体系,注意和西方学术体系、研究成果相比较,注意和已有的研究成果相结合,才能取得突破。⑥

有学者认为,中国古代社会的一个根本特点是王权支配社会、支配经济,是中国传统思想文化的主脉,甚至诸子百家思想的主流和归宿是政治,诸子百家所论归根结底就是"治"——王权和王制。因此,从王权概念出发研究中国思想史的一个重要思路。⑦有学者还指出了中国政治思想史研究的几种基本范式,如认为历史研究、逻辑研究、意识形态研究和价值研究是政治思想史研究的四种基本范式。⑧

(4)探索中国传统政治思想的现代价值

有文章专门论述了研究中国传统政治思想的现代意义,比如,和谐思想为构建社会主义和谐社会提供思想资源,义利思想培育见利思义的伦理规范,廉政思想蕴含为政之德的行为准则,民本思想启示以人为本的执政理念。在该问题上,学者认为,揭示中国传统政治思想的现代价值是一个不断深入的探索历程,要遵循一种基本的研究思路,应该把传统、现代和未来三者有机地统一起来,而不能把思想史看成是历史上已经逝去的东西。作者认为我们不能因为精神财富的宝贵而搞儒学复兴,也不能因为思想观念的守旧而彻底抛弃,必须在弘扬优秀传统、清除封建糟粕

① 化建琼:《中国政治思想史研究的对象》,《传承》,2009 年第 1 期。
②③④ 葛荃:《近百年来中国政治思想史研究综论》,《文史哲》,2006 年第 5 期。
⑤ 化建琼:《中国政治思想史研究的对象》,《传承》,2009 年第 1 期。
⑥ 李义松、吴国振:《中国传统政治思想的研究理路——比较的视角》,《求索》,2008 年第 3 期。
⑦ 刘泽华:《中国政治思想史研究之思路》,《学术月刊》,2008 年第 2 期。
⑧ 戚兴元:《政治思想史研究方法论探析》,《山西师大学报》(社会科学版),2009 年第 1 期。

の基礎上，探求传统与现代的结合点，充分展现中国传统政治思想的现代价值。①
更有学者从近代政治思想史转型的角度出发，特别是从戊戌变法前后的改良思潮
入手，研究了政治思想史的一次飞跃式发展。②

中国政治思想史研究，除了个别学者能高屋建瓴，从宏观方面把握学科特点
外，大多数学者都从某个方面切入，谈及思想史的部分内容。因此，这一时期的文
章体现了对中国政治思想史总体把握水平尚有不足。

2. 断代史部分综述

①对先秦时代的政治思想研究仍是重点。对先秦时期中国政治思想的研究
中，主要研究侧重点在先秦的儒家、道家思想方面以及仁、义、礼、中庸、德治、重民
等方面。其中对儒家思想的研究最多，对儒家思想中的德治思想的研究较为深刻，
比较研究德治与法治的关系，对当代中国"以德治国"和"依法治国"有重要的意义。
对于"重民"思想的研究比较全面，从积极性和局限性两方面都进行了考察。对于
法家思想的研究，张分田教授研究得比较全面，强调应当充分估价法家学说的积极
因素。③ 同样，对于德治的许多研究也从其积极和消极影响两方面来分析论述，例
如其中的"敬天"、"忠君"思想是我们应该摒除的。对秦汉时期政治思想的研究，重
点也是在儒、法两家思想及二者的关系。④

②对王权研究、统治阶级政治思想研究更加细化。无论治世还是乱世，治国策
略的提出都很有针对性。为了维护王权统治，封建统治上层官员和士大夫都会提
出治国方略。对上述思想的研究热度仍在持续，这种研究集中反映在儒法道各学
派的治国思想、皇帝的统治之术等方面，并且研究正朝更加细化的方向发展。⑤

③研究某一时段的政治生活现实和思想产生的背景成为断代史研究的一个特
点，尤其是研究社会变革时期的社会的主导思想。社会变动时期正是改造旧的治
国方略、提出新的政治见解的时期，因此对某个历史阶段的思想产生变化情况进行

293

① 曹德本、陈飞：《中国传统政治思想现代价值简论》，《政治学研究》，2009 年第 2 期。
② 林连芳：《简论中国近代政治思想史的重要转型》，《学理论》，2009 年第 31 期。
③ 张分田：《略论先秦法家规范君权的政治思想》，《天津师范大学学报》（社会科学版），2006 年第 2 期。
④ 卜涛：《试比较先秦儒法两家法思想的道论基础》，《滁州学院学报》，2006 年第 4 期；刘长江：《先秦时期德治与法治关系辨析》，《四川文理学院学报》，2006 年第 6 期。
⑤ 柏维春：《先秦儒墨道法有关国家政治体制诉求论析》，《政治学研究》，2007 年第 4 期；孙晓春：《先秦儒家王道理想述论》，《政治学研究》，2007 年第 4 期；张分田：《略论先秦法家规范君权的政治思想》，《天津师范大学学报》（社会科学版），2006 年第 2 期；韩刚：《先秦儒家的"王权本位"思想》，《攀枝花学院学报》，2009 年第 5 期；张分田：《秦汉之际法、道、儒三种"无为"的互动与共性——兼论"无为而治"是中国古代的一种统治思想》，《政治学研究》，2006 年第 2 期；孙景坛：《西汉初期的"黄老之治"新探》，《南京社会科学》，2007 年第 4 期；李少兰：《唐太宗执政思想及其现代意义》，《中州学刊》，2007 年第 4 期；孙兴彻：《北宋的改革思想管见》，《人文杂志》，2007 年第 1 期；成积春：《论康熙以"理"治国的理论与实践》，《齐鲁学刊》，2006 年第 2 期。

深入分析,是能够给人以启迪的角度。①

④更加注重传统思想的现代意义及两者的互通之处。在近五年的研究中,学者们很注意将传统思想和现代政治概念进行对比研究,并且将对传统思想中的有益部分加以提炼,作为当下政治生活的思想借鉴。在这方面可以说成果颇丰,很有意义。②

⑤关注政治伦理。由中国传统政治思想的特点所决定,政治伦理的研究也比较深入。③

⑥对传统政治哲学研究相对深入。理解政治思想,若从其哲学层面入手往往更能深刻理解其内涵。而这个方向构成了过去五年的研究重点之一,也有一些成果出现。④

断代史研究的另一个角度:断代史研究涉及面很广、话题广泛,做到深入细致地梳理不易。比如,三国两晋南北朝时期的政治思想,有对魏晋玄学、东晋门阀政治以及诸葛亮政治思想等进行研究分析的。在对隋唐宋元时期政治思想的研究中,有对唐太宗执政思想的研究,张九龄、陆九渊政治思想的研究等。总的来说,在对先秦、秦汉、三国两晋南北朝、隋唐、宋元、明清政治思想的研究中,还是以儒、道、法思想为主,其中也有对特殊政治现象或个别人物政治思想的研究。学者的研究涵盖面很广,分析比较全面,对于同一思想能够看到不同的见解和评价。

---

① 王杰、顾建军:《先秦时期神权政治思想的演变》,《中国哲学史》,2008 年第 2 期;郝虹:《汉末魏晋时期儒家政治思想的发展》,《孔子研究》,2006 年第 2 期;高小泉:《儒、道、法显学思想的碰撞——试论我国秦汉时期政治思想的嬗替现象》,《科技信息》,2007 年第 5 期;袁德良、袁刚:《论汉武帝前期政治思想的嬗变——兼论"罢黜百家,独尊儒术"与"悉延百端之学"》,《山西大学学报》(哲学社会科学版),2008 年第 6 期;杨永俊:《西汉议禅思潮及王莽禅汉的儒家仁政礼治文化背景》,《甘肃社会科学》,2009 年第 5 期;赵丹:《中国近代宪政失败的原因探析》,《山西省政法管理干部学院学报》,2008 年第 1 期;郭绍敏:《清末改革和国家转型对当代中国的启示》,《党史文苑》,2009 年第 12 期;王敏:《从苏报案看晚清政府对政治危机的应对》,《社会科学》,2009 年第 6 期;杨天石:《戊戌变法:比较完全意义上的改革运动》,《北京日报》,2009 年 1 月 12 日,第 19 版。

② 王成:《先秦民本思想与当代民主精神之会通》,《山东社会科学》,2008 年第 9 期;杨俊:《论西周的德治思想及其现代社会的意义》,《中南论坛》(社会科学版),2007 年第 4 期;冯铁城、董岑:《论中国春秋战国时期未能形成民主制度的原因》,《黑龙江科技信息》,2007 年第 3 期;刘传喜:《先秦儒家思想对当代政治参与的启示》,《船山学刊》,2009 年第 4 期;陈西茜:《先秦儒家文化中的仁政思想对现代和谐社会建构的影响》,《改革与开放》,2009 年第 8 期。

③ 王杰:《春秋时期伦理政治价值观的转向》,《文史哲》,2006 年第 1 期;陈光田:《从"敬"字玺论先秦时期儒家的修身准则》,《辽宁工学院学报》(社会科学版),2006 年第 1 期;陈兴安:《先秦儒家人性论及其德育意蕴》,《天津市教科院学报》,2006 年第 2 期;夏忠龙:《冲突与融合——先秦儒道伦理思想之比较研究》,《学术交流》,2006 年第 8 期;王杰:《超越神权政治——西周时期伦理政治的形成与确立》,《哲学动态》,2006 年第 6 期;杨高男:《春秋时期两大思潮与孔学伦理政治》,《怀化学院学报》(社会科学),2007 年第 3 期;赵炜:《伦理政治困境中的春秋战国之变》,《广西社会科学》,2008 年第 3 期;向仲敏:《两宋道教政治伦理思想研究》,《社会科学研究》,2007 年第 3 期。

④ 张彦修:《春秋战国哲学流派研究的反思》,《管子学刊》,2006 年第 2 期;杨高男:《春秋时期两大思潮与孔学伦理政治》,《怀化学院学报》(社会科学),2006 年第 3 期;唐明燕:《论先秦儒家教化哲学的理论根基》,《中国石油大学学报》(社会科学版),2009 年第 5 期;张威:《先秦儒家人性论的政治哲学意义》,《学海》,2009 年第 4 期。

3. 人物思想研究综述

该类别主要分析了孔子等思想家的研究状况。

(1)孔子思想研究综述

①从不同角度讨论孔子思想的总体价值

对孔子主要思想的认识已经基本形成,这一类文章阐释其产生的背景与现实意义。比如,有的学者说明了孔子的政治思想以"仁"、"礼"为中心,论述了孔子思想在当时社会政治生活中不成功的一面。① 又如,有的学者论述了孔子所处的时代特点是"礼崩乐坏",孔子的政治哲学思想主要从政治意识形态和伦理道德观念来寻找周王朝"礼崩乐坏"即政治合法性危机的根源,提出用德治、礼治和人治三位一体的治国方略。② 王权至上的国家主义和民本思想共同构成了孔子政治哲学两个主要方面的特点。有的学者从合法性的角度考察了孔子思想的意义,认为中国传统政治哲学是从道义的角度来探讨治权的合法性问题,而孔子主要从德的角度来讨论王者政治权力来源及其使用的合法性问题。③ 还有学者认为孔子具有丰富的合法性思想,他提出的克服合法性危机的方法是"正名",恢复秩序的方法就是恢复周礼。④

②从伦理政治角度审视孔子思想的现代价值

有学者肯定了孔子思想中的民本、民主、贵民等积极因素,认为当下可以借鉴其德治与法治统一、个性完善与社会完善统一、物质追求与精神追求统一、理性主义与人文精神统一的安邦治国的慧识。⑤ 又有学者认为,孔子的伦理观可概括为以"仁"为核心的伦理原则,注重枚举孔子的伦理观对于现代人的重要意义。⑥ 还有学者认为,"仁"已变成了一种治国学说,在解释"仁的政治"的基本含义之后,分析了它的价值。⑦

③孔子的德政思想、义利观、忠恕思想、中庸之道思想仍是研究的重点问题

关于德政思想,有学者从哲学层面以及与刑政的关系等角度作了阐释,有学者认为中国秩序重建有两条路径——"道之以德"与"道之以政",传统治道虽然有力地支撑了中国文明的发展,但其历史局限不容忽视⑧;还有学者认为为政者首先要

---

① 周益跃:《论孔子的政治思想》,《山西高等学校社会科学学报》,2006 年第 7 期。

② 王新华:《论孔子政治哲学及其特点》,《湖州职业技术学院学报》,2008 年第 2 期。

③ 吴根友:《道义论——简论孔子的政治哲学及其对治权合法性问题的论证》,《孔子研究》,2007 年第 2 期。

④ 谢晓东:《孔子的政治合法性思想探析》,《江淮论坛》,2007 年第 5 期。

⑤ 温克勤:《略谈孔子"论政"——兼论先秦儒家政治、伦理相贯通的伦理政治思想》,《伦理学研究》,2006 年第 3 期。

⑥ 郭岩:《孔子的伦理观及其现代启示》,《山东省农业管理干部学院学报》,2009 年第 4 期。

⑦ 张民省:《论孔子"仁"的思想意蕴及价值》,《太原师范学院学报》(社会科学版),2006 年第 5 期;高英彤、邵德门:《孔子伦理政治哲学论要》,《政治学研究》,2009 年第 1 期。

⑧ 朱苏人:《"德礼"?"政刑"?"道之"——从孔子的"道之以德"说看传统中国治道》,《北方工业大学学报》,2009 年第 2 期。

自身品行端正,"德政"要有仁德的政治措施或政绩。① 关于义利观,有学者认为对于义利的讨论始于孔子,孔子肯定了追求物质利益和求富济贫是人的天性,主张平均、平等的思想,以现代的新视角来审视孔子的义利观,对于构建现代和谐社会有着重要的启示;② 又有学者认为义利观是孔子思想及各家学说的一个重要内容,孔子并没有以义否定利,主张在处理义利二者关系时,强调以义制利,以义生利。③

关于忠恕思想的论述,有学者认为"忠恕"在孔子儒学中具有方法论的重要意义,忠恕在孔子学说中具有方法论意义,也是作为实现"仁"的根本途径,忠恕体现的是由独善向兼济的逻辑顺序。④ 还有学者从训诂义献出发,研究了"忠""恕"的关系,同时说明了"忠""恕"则是"仁"的实践方式。⑤

中庸思想的阐发也从政治哲学层面开始,有学者认为孔子的"中庸"思想具有执两用中、和而不同通权达变的含义,目的是为了在理想与现实实现张力性的协调平衡关系,并最终使儒家思想政治化。⑥ 还有学者从中庸思想的现代意义进行了阐发。⑦

对于孔子思想的研究,除了哲学和伦理层面的研究外,其他层面和制度层面的分析也比较多。

(2)孟子政治思想研究综述

通过对"十一五"期间对于孟子政治思想的研究看,孟子一直是学术界研究的重点和热点。综合这几年的研究成果,可以发现,对他的研究有以下三个趋势:

①研究的内容更加系统化、多样化(细化)

研究的内容更加系统化、多样化表现在:首先,研究不再仅仅集中于对孟子政治思想的性质、评价和地位的论述,而且注重对其思想渊源、内在逻辑性以及与其他学说衔接性及其与当代思想的继承发展性的研究。其次,从学者们论述的视角来看,近些年对孟子思想的研究主要集中于其仁政思想、民本思想、德治思想、民族思想以及对其政治思想的评价和借鉴方面,论述内容走向系统化,论述角度走向多元化。

②研究的重点和热点主要集中在对其仁政思想、民本思想和德治思想上

首先,仁政思想一直是研究的重点和热点,且研究注重内在逻辑冲突及其对性

---

① 张玉梅:《孔子德政思想评析》,《山东社会科学》,2007 年第 7 期;钱秋月、张红:《孔子的德法思想与当代的德法建设》,《新世纪论丛》,2006 年第 1 期;马明策:《对孔子德治思想的哲学诠释》,《船山学刊》,2006 年第 1 期。

② 蒋玉涛:《论孔子的义利观及对构建现代和谐社会的启示》,《商丘师范学院学报》,2009 年第 7 期。

③ 李凌颖:《中国传统文化中孔子的义利观》,《广西大学学报》(哲学社会科学版),2006 年第 2 期。

④ 邢培顺:《孔子"忠恕"思想发微》,《管子学刊》,2009 年第 3 期。

⑤ 卜师霞:《孔子忠恕思想的内涵》,《孔子研究》,2007 年第 5 期。

⑥ 马云志:《中庸:一种古典的政治哲学精神——孔子政治哲学的精神追求》,《孔子研究》,2006 年第 4 期。

⑦ 杨琳莉、潘福元:《孔子中庸思想对构建和谐民主政治的启示》,《山西高等学校社会科学学报》,2008 年第 11 期。

善论的继承发展性和对当代的借鉴意义。比如,有学者尝试"以行政哲学的视角"来透析孟子行政思想,揭示其内在逻辑冲突,以期于孟子思想体系的全面理解、于中国传统行政文化的深度反思能有所裨益;①另有学者立足于孟子性善论和仁政思想的内在联系,阐明孟子是以人性善为其仁政思想的逻辑起点,通过分析孟子从"不忍人之心"到"不忍人之政"的推理,从而论述孟子仁政思想的伦理可能性;②还有许多学者等则主要阐述了仁政思想对当代的借鉴意义。③

　　其次,学者们对民本思想的研究,不再是盲目地去给孟子的民本思想定性,而是具体情况具体分析,实事求是地再现历史,再现其思想的真义,并根据自己研究角度和研究重点的不同,提出了自己的观点并对其进行价值评判。比如:有学者在谈及民本思想时,主要围绕经济上富民、惠民,政治上宽民、爱民,思想上教民、化民三个方面,详细阐述了孟子的民本思想对中国古代政治的发展产生了深远的影响。④还有学者详细分析了孟子民贵思想的主要内容,并阐释了民贵思想的现代价值;⑤另有学者认为,孟子思想其实并不是为中国古代专制社会服务的,孟子思想中有着较为系统的民主因子,孟子的理想政治虽然还不是近代意义上的民主政治,但是它又绝对不是专制政治,可以说是界于民主政治与专制政治之间的一种过渡政治,它的最后政治形式可以发展为专制政治,也可以发展为民主政治。⑥也有学者认为孟子的民本思想显现出了其固有的正价值和负价值,而其负价值主要体现在孟子民本思想中,没有赋予人民相应的政治权利以及其民本思想缺乏制度保障两个方面;⑦同时有学者针对许多论者将孟子的王道政治理解为以民为政治主体的民本论,作者通过分析认为,孟子提倡的是君权而不是民权,是君主统治而不是民主政治。⑧还有学者则指出,孟子的"贵民说"与"牧民说"是他对官民关系的两种概括:"贵民说"表明了对"民"的价值的肯定和尊重;"牧民说"则清楚地揭示了贵民的虚伪性。正是因为这种局限性的存在,在现代中国社会,则需要"对重民思想进行现代转换"。⑨

　　再次,相对于仁政思想和民本思想,对于德治思想的研究相对较少。有学者认为,孟子的德治思想是带有理想色彩的超前方案,尽管这套学说从根本上说是为维护封建统治秩序服务的,但其中不乏合理的成分,并可为当今我国社会主义"德治"

①　汤浩:《论孟子行政思想的内在逻辑冲突》,《求索》,2006年第11期。
②　储昭海:《孟子的性善论和仁政思想的内在联系》,《法制与社会》,2006年第17期。
③　蔡芹:《孟子"仁政"思想的由来及其意义》,《江苏教育学院学报》(社会科学版),2006年第4期;李旦、赵超:《浅议孟子的"仁政"思想及其当代意义》,《哈尔滨学院学报》,2006年第6期。
④　胡君:《论孟子的民本思想》,《重庆科技学院学报》(社会科学版),2009年第2期。
⑤　孙大为:《孟子的民贵思想及其现代价值》,《新视野》,2008年第6期。
⑥　胡克森:《试论孟子的民主思想》,《邵阳学院学报》,2006年第3期。
⑦　李影:《试论孟子的民本思想及其价值评判》,《湖北第二师范学院学报》,2009年第12期。
⑧　杨东:《试论孟子"民本思想"之真义》,《信阳师范学院学报》(哲学社会科学版),2008年第2期。
⑨　张军强:《孟子的"贵民说"与"牧民说"》,《山西高等学校社会科学学报》,2008年第8期。

提供有益的借鉴。①

　　③研究与社会现实相结合

　　近年来关于孟子政治思想的研究,不再仅仅对孟子的政治思想进行本义上的阐述和价值判断,而更多的是从其思想精华对当代社会的借鉴意义和价值影响上进行阐述,旨在对当今和谐社会的构建和以德治国等提供思想上的指导和借鉴。很多学者都认为:对孟子的"仁政"思想重新进行解读,能够为我们全面建设小康社会、坚持科学发展观的重要实践提供中国传统文化的支撑,对社会主义社会的和谐发展也具有特殊的借鉴意义。② 有学者认为,孟子的德治思想不乏合理的成分,仍可为当今我国社会主义"德治"提供有益借鉴。③

　　(3)老子思想研究综述

　　就近五年的文章来看,老子及道家思想研究已经相对成熟。同时,也有一些新的特点。

　　①研究层次不断深化,研究视野更为开阔。学者们不仅能立足新的层面,揭示出老学的深层意蕴,而且能着眼于新的视角,涉及了过去没有涉及的东西。譬如对老子思想及道家思想的评价问题,学者们不仅从宏观上作空泛论述,而且深入到其思想内部,对其各要素作具体分析与评论。如对老子思想的阐释的方式问题,有学者明确了对老子思想研究存在着以西学为框架和以传统为框架两种解释方式,认为只有还原老子生活时代的背景才能真正理解其思想内涵。④ 又如对老子思想的内涵已经扩大到本体论、价值观、方法论和社会理想的多重叙述,有学者清晰指出"以道为基的本体论、以民为本的价值观、'无为而治'的方法论和'小国寡民'的社会理想构成了老子政治哲学思想理论体系的主要内容"⑤。其他文章也从不同高度和角度论述了老子及道家思想。⑥

　　②对"无为"思想论述较多,但创新之处很少。学者们从无为思想产生的历史原因:奴隶社会向封建社会转型这一特点,描述了其背景,或者从老子及道家的治

---

①　张平:《论孟子德治思想及其现代价值》,《求索》,2007 年第 8 期。

②　姜鹏:《孟子的"仁政"思想对现代的价值及启示》,《理论界》,2010 年第 2 期;彭振泉:《孟子的仁政学说与和谐社会的构建》,《黄河水利职业技术学院学报》,2007 年第 1 期;王亚云、王云祥:《孟子"仁政"观念及其当代意义》,《重庆工学院学报》(社会科学版),2009 年第 9 期;王云龙:《孟子的性善论及其现实意义》,《滨州学院学报》,2008 年第 1 期;赵金磊:《孟子"仁政"思想中的和谐性》,《西藏民族学院学报》(哲学社会科学版),2008 年第 6 期。

③　张平:《论孟子德治思想及其现代价值》,《求索》,2007 年第 8 期。

④　陈联营:《近代中国学者对老子思想的政治阐释及其问题》,《周口师范学院学报》,2009 年第 3 期。

⑤　丁小芬:《老子政治哲学思想理论体系探析》,《新西部》(下半月),2009 年第 4 期。

⑥　李广义:《道家伦理思想及其普世价值》,《河西学院学报》,2009 年第 3 期;王希坤、赵成斐:《老子论社会治理的三重境界及其意义》,《船山学刊》,2008 年第 2 期;梁承碧:《老子政治思想内容与主题浅析》,《湖南行政学院学报》,2008 年第 1 期;邓联合:《道的功能向度与老子社会政治思想的特质》,《南京社会科学》,2006 年第 8 期。

国理念入手揭示其在政治生活中的指导意义。①

③从哲学层面对老子及道家思想进行分析。学者们从哲学角度出发或研究其理论体系本身或用现代政治理论对老子思想进行分析。②

④强调老子及道家思想的现代意义。从和谐社会建设的生态政治角度出发，或从政治文化的角度入手，学者们都从某个方面再次阐释了老子及道家思想的现代意义。③ 总的来说，老子及道家研究都是一般论述，尽管有阐释其现代意义的方式，但没有大的突破。

(4)先秦诸子(荀子、管子、墨子)政治思想研究综述

关于先秦诸子(主要是荀子、管子、墨子)政治思想的研究，相对于孔子、孟子和老子来说，数量较少。但是就对诸子的研究成果看，其研究内容也越来越多元化。其研究趋向也大体表现在以下三方面：

①研究内容多元化，但过于分散。对于荀子政治思想的研究有义政思想、义利思想、臣道思想和社会控制思想等等。④ 对于墨子政治思想的研究，主要有德治思想、兼爱思想、尚贤尚同和民本思想的研究。⑤ 对于管子政治思想的研究，主要涉及民本思想、社会稳定思想、忠思想、富民思想、霸权思想以及廉思想等。⑥

②研究越来越趋向比较性的探索，主要体现在：其一，对诸子各家之间进行的

---

① 蒋意春：《析〈老子〉中的"无为""无不为"》，《宜春学院学报》，2006年第3期；师晓霞：《人性另一面的深刻揭示——老子"无为而治"政治思想新探》，《新东方》，2006年第2期；蓝佩玲：《论道家"无为"思想中的政治思想及其时代价值》，《襄樊职业技术学院学报》，2008年第3期；寇颖丹：《浅析老子"无为而治"的政治思想》，《法制与社会》，2008年第14期；伍媛媛：《老子无为政治的研究》，《黑龙江史志》，2008年第12期；蓝佩玲：《论老子的"无为"思想对当今治国之鉴》，《无锡商业职业技术学院学报》，2008年第1期；刘志荣：《道家的"无为"思想浅析》，《黑龙江史志》，2010年第1期。

② 丁小芬：《老子政治哲学思想理论体系探析》，《新西部》(下半月)，2009年第4期；姜涌：《老子"无为而治"的政治哲学》，《武汉科技大学学报》(社会科学版)，2009年第5期；何霞：《道家哲学及其社会价值》，《学理论》，2009年第8期；张小平：《道家哲学的民主精神》，《哲学动态》，2009年第6期。

③ 刘红峰、刘慧良：《论老子的社会政治思想及哲学启示》，《柳州师专学报》，2006年第1期；梅良勇、孙晓静：《老子"无为"思想对当代中国政治文化构建的启示》，《中共济南市委党校学报》，2009年第1期。

④ 冯兵：《论荀子的义政思想——以荀子礼、法制度的制度伦理蕴涵为中心》，《河南大学学报》(社会科学版)，2008年第2期；冯兵：《论荀子的政治伦理思想》，《华南农业大学学报》(社会科学版)，2008年第4期；杨帆：《浅谈荀子义利思想及当代价值》，《辽宁教育行政学院学报》，2009年第3期；杨铮铮、胡可涛：《荀子的"臣道"思想探析》，《求索》，2009年第4期；傅剑波、黄婷：《荀子的社会控制思想及其现代意义》，《学习月刊》，2009年第24期。

⑤ 李梦影：《尚贤与尚同——墨子政治思想的两个基础》，《华夏文化》，2007年第2期；陈小葵：《墨家"德治"思想简论》，《平原大学学报》，2007年第2期；李岩：《试论墨子"尚贤"思想及其对现代人才观之启益》，《理论界》，2008年第8期。

⑥ 房晓军、胡业福：《管子"廉"思想探析》，《管子学刊》，2008年第4期；王成、裴植：《管子忠思想研究》，《管子学刊》，2007年第3期；池万兴：《论〈管子〉的民本思想及其治国实践》，《管子学刊》，2007年第3期；王瑞芳：《管子的社会稳定思想及其对构建和谐社会的启示》，《管子学刊》，2007年第1期；张越：《论〈管子〉的富民思想》，《管子学刊》，2007年第1期。

比较研究；①其二，中西比较研究。②

③研究与社会现实相结合，旨在分析其现代意义。③

(5)董仲舒政治思想研究综述

董仲舒一直是政治学界研究的热点和重点，近几年的研究成果主要有三种倾向：

①研究内容主要集中在董仲舒的大一统思想、天人观、德治思想以及君主观念上，而尤以"大一统"最为繁多。④

②研究越来越倾向丁比较研究，主要表现在董仲舒政治思想对先秦诸子思想的承继与创新发展上。有学者认为，董仲舒既承袭了先秦儒家的"德治"学说，同时也吸收了法家的"法治"学说，把二者结合成"刑德并用"；大量地依据和改造了阴阳五行家学说要义；采择征引道家的某些思想，主要体现在"无为"论的取舍上；对墨家学说的吸收、改造，主要体现在对"义"和"尚同"思想的改造上。因而得出结论：董仲舒积极地吸收了阴阳家、法家、道家、墨家学说中对己有用的成分，由此明显地呈现出开阔的"兼容并收"的重要特征。⑤ 有学者认为，董仲舒的德治思想主要体现在"道德教化、德主刑辅以及圣王君主合一"三个方面，继承了先秦儒家的德治传统，并根据时代的要求吸收了各家思想，开创了一种不同于先秦儒家的德治体系。先秦儒家的德治思想经过董仲舒的改造，使德治更加适应于现实政治的需要，儒家的部分思想也最终转化为现实的制度，并取得历史上的正统地位。⑥ 有学者指出：董仲舒的改造突破宗法血缘限制，否定了先秦儒家的"亲亲"之仁、"敬长"之义，从人我的角度对仁义思想进行区分，把"仁"和人、"义"和我联系起来，提出了"仁之法在爱人，不在爱我。义之法在正我，不在正人"的仁义法思想，从而赋予"仁"和"义"

① 郭慧云、张祥干：《从荀子的政治思想看他与儒法两家的联系》，《科教文汇》，2008 年第 14 期；马庆玲、徐长忠：《墨子的伦理、政治思想——兼与儒家、法家比较》，《哈尔滨市委党校学报》，2007 年第 6 期；黄阳华：《墨子伦理思想的"民本"精神——从儒、墨比较谈》，《内蒙古农业大学学报》(社会科学版)，2008 年第 4 期。

② 黄芸：《从"性恶"到"先王制礼义"——荀子政治伦理思想的内在逻辑兼与霍布斯比较》，《道德与文明》，2008 年第 4 期；王日华：《〈管子〉的霸权思想及其现代化——兼与西方霸权理论比较》，《世界经济与政治》，2007 年第 3 期。

③ 傅剑波、黄婷：《荀子的社会控制思想及其现代意义》，《学习月刊》，2009 年第 24 期；李岩：《试论墨子"尚贤"思想及其对现代人才观之启益》，《理论界》，2008 年第 8 期；王瑞芳：《〈管子〉的社会稳定思想及其对构建和谐社会的启示》，《管子学刊》，2007 年第 1 期。

④ 李天雪：《论董仲舒的"大一统"思想对中华民族凝聚力的影响》，《江南社会学院学报》，2006 年第 3 期；孙丽娜：《从荀子到董仲舒：试论"大一统"思想的形成》，《三峡大学学报》(人文社会科学版)，2007 年第 6 期；周桂钿：《董仲舒政治哲学的核心——"大一统"论》，《中国哲学史》，2007 年第 4 期；徐岿然、王曼：《从"大一统"谈董仲舒政治思想》，《黑龙江史志》，2009 年第 11 期；梁国楹：《董仲舒"大一统"理论的思想来源》，《山东师范大学学报》(人文社会科学版)，2009 年第 5 期。

⑤ 张科：《略论董仲舒对诸子思想的整合》，《青海民族学院学报》，2006 年第 4 期。

⑥ 张文英：《董仲舒对德治思想的发展与改造》，《华南农业大学学报》(社会科学版)，2007 年第 4 期。

新的内涵。① 而另有学者认为,荀子是先秦儒家思想的集大成者,荀子的思想开启了儒法合流的先河,董仲舒接受荀子思想并且将阴阳、五行学说纳入自己的学说中,为儒家学说在以后的发展中能够兼容并包、开拓创新、焕发青春活力奠定了基础;并通过分析董仲舒对荀子思想的意向性选择表现为显性和隐性两种特质,来阐述了两种思想学说之间的承继关系。② 还有学者认为,董仲舒分别在"仁"的内涵、"博爱"原则以及"仁"与"义"的区别上阐述了与儒家仁学的继承与发展,并指出,我们应该看到董仲舒对早期儒家仁义思想资料的梳理、提炼、引申、发挥、总结、概括,从而提出新见、新说。③

③研究倾向于与当今社会现实的结合。把董仲舒政治思想与当今的社会实践结合起来,旨在分析其政治思想的价值评判及借鉴意义,指导当今的社会实践。有学者把研究董仲舒与贯彻落实科学发展观、建设和谐社会相联系,探讨了董仲舒的社会和谐思想;④有学者将董仲舒的惠民观与当今的民生建设和预防贫富分化结合起来,探讨其借鉴意义;⑤还有学者对大一统思想对中华民族凝聚力的影响进行分析,探讨其对巩固国家统一的作用。⑥

总体看来,近几年史学界对董仲舒的研究成果丰硕。可以预见,随着时间的发展,对董仲舒的研究会受到更多学者的关注。

(6)黄宗羲政治思想研究综述

黄宗羲民本政治思想性质的定位问题,一直是学术界争论的焦点。尽管一般都承认其历史的进步性,但在对它是否具有民主性进行评价时,学者们的看法是见仁见智,莫衷一是。目前对黄宗羲政治思想性质的研究,大体可以归纳为两种观点:

第一种观点认为:黄宗羲政治思想并不是近代意义上的民主思想,只是儒家传统民本思想的发展,其政治制度的设计起点于如何发扬"人性",政治构想的终极目标就是要建立一个以贤人为君臣的儒家三代社会,本质上仍属于传统封建制度下的贤人政治形态。有学者认为,黄宗羲政治思想的内核还明显停留在"儒家传统贤人政治的范畴内",⑦虽然黄宗羲做的某些思考在中国政治思想发展史上开始与近代民主政治理论有了一些交叉,这些交叉无一不体现了黄宗羲的政治思想由古代到近代的过渡倾向,但由于时代和经济发展阶段的局限,它不可能在一个还是小农经济占主导地位的国家实现。

---

① 崔迎军:《董仲舒对儒家仁义思想的改造及其意蕴》,《宜宾学院学报》,2008年第9期。

② 刘桂荣:《董仲舒对荀子思想的接受研究》,《安徽师范大学学报》(人文社会科学版),2009年第2期。

③ 王钧林:《董仲舒对儒家仁学的创新与发展》,《济南大学学报》(社会科学版),2009年第6期。

④ 高春菊:《董仲舒政治思想中的社会和谐观念》,《衡水学院学报》,2006年第4期。

⑤ 赵清文:《董仲舒的惠民观及其借鉴意义》,《衡水学院学报》,2008年第5期。

⑥ 李天雪:《论董仲舒的"大一统"思想对中华民族凝聚力的影响》,《江南社会学院学报》,2006年第3期。

⑦ 陈振华:《论黄宗羲政治思想的终极目标》,《南通纺织职业技术学院学报》,2007年第1期。

有学者认为:"黄宗羲的思想仍然属于儒家民本思想的范畴,但在很多方面都对传统民本思想有了重大的超越,因此可以说它是中国古代民本思想发展的高级阶段;黄宗羲的思想不同于诞生于西方社会背景下的民主思想,将其视为中国的民主主义启蒙思想是不正确的,这种说法只看到了民本思想和民主思想在外在表现上的某些相似性,而没有深入考察两者的内在精神实质。"①

还有学者认为,黄宗羲的政治思想既继承了中国传统儒家的民本思想,又对传统的君主专制制度进行了深刻的批判。还指出,黄宗羲的民本政治思想中渗透着他的治国方略,他的一些治国思想,为后世政治家提供不少启迪和借鉴。②

第二种观点认为,黄宗羲的民本思想是近代民主思想或者至少是民主思想的萌芽,具有朴素的民本性。有的学者认为:"不能简单地把黄宗羲的社会政治思想看作是儒家传统民本思想的延续,而应是传统民本思想的巨大突破,蕴藏着初步的民主启蒙思想;虽然黄宗羲提出过一系列渗透着主权在民意识、政体监督意识及工商皆本意识等近代民主启蒙色彩的政治主张,但是也不能简单地认为黄宗羲的政治思想就是与西方同一个时期的资产阶级民主思想。"③

有的学者认为,黄宗羲的思想"具有朴素的民主性,具有早期民主启蒙特色",通过对黄宗羲《明夷待访录》中的民主内涵及其历史地位进行解读,认为"《明夷待访录》如同一颗已经发了芽的民主思想种子,有着顽强的生命力,奠定了黄宗羲作为中国 17 世纪最伟大的民主启蒙思想家的历史地位"④。

还有学者通过民本思想的观念来解读《明夷待访录》,认为:"黄宗羲政治思想的理论基础虽是中国传统文化中的民本思想,但他从传统民本思想中得出的进行社会改造的政治结论,却超越了民本思想,是具有民主启蒙意义的'新民本思想'";但是黄宗羲新民本思想中的历史局限性使"它没有也不可能成为引发中国近代民主革命的理论"⑤。

对黄宗羲民本思想的现代意义的研究,具有不可忽视的理论参考价值与现实启迪。比如有学者认为,黄宗羲新民本思想之"新",就在于其超越了传统民本思想的"君以民为本"、"臣为民请命"的"为民做主"的旧范式,而提出了"民为主、君为客"的主权在民、君为民服务的思想,提出了以"天下之法治天下"的民治主张;因此,其虽然有其历史的局限,但其具有重要的现代意义。⑥ 还有学者认为,"公其非是于学校"思想是黄宗羲反对封建君主专制的民本思想在教育上的突破;要实现"公其非是于学校"的学校职能和政治主张,必须明确"无无师之士"、"亦无不用之

① 李伟:《从制度设计看黄宗羲的民本思想》,《船山学刊》,2006 年第 2 期。
② 汪鹏:《黄宗羲的民本政治思想及治国方略》,《许昌学院学报》,2007 年第 1 期。
③ 刘业兴、陈绪敖:《试论黄宗羲民主启蒙思想之历史地位》,《安康师专学报》,2006 年第 4 期。
④ 吴光:《论黄宗羲思想的民主内涵及其历史地位》,《杭州师范学院学报》(社会科学版),2006 年第 1 期。
⑤ 潘起造:《论黄宗羲新民本思想的启蒙意义及局限》,《浙江学刊》,2006 年第 5 期。
⑥ 吴光:《黄宗羲新民本思想的理论结构、思想渊源及现代意义》,《宁波通讯》,2006 年第 5 期。

人"的办学思想,这对于我们今天的教育思想和教学改革仍有借鉴意义。①

（7）孙中山思想研究综述

这一时期对孙中山思想的研究主要围绕孙中山的民权思想及其内在分支理论为基础展开研究。关于孙中山主张的革命程序论（军政、训政、宪政）的论述较少,其平等自由论也鲜有论及,五权宪法论仍有一定的讨论,但多以民权为论述主线,其中探讨孙中山及其思想在历史中的作用的文章占有相当比例。

①关于对孙中山实际革命过程的研究以及对历史的作用、意义。这种类型的文章分析了当时的背景情况,对比了各政治派别的立场,说明了孙中山在一定环境下作出特定决定的原因。有的文章说明了孙中山的思想受理性主义的影响;②有的文章通过描述孙中山所经历的历史事件来介绍其思想;③有的文章分析了孙中山宪政思想的发展轨迹,认为孙中山晚年不再以自由主义作为根基而以国家主义作为立足点,不再强调分权制衡而强调万能政府;④也有的文章强调了孙中山思想对后世的影响。⑤

②关于孙中山民权思想的研究。在这一类研究中大多将民权思想视为西方民主的一个代名词,有的文章涵盖的意义范围较广,民权概念要包括五权宪法等主张。有的文章所指比较具体,认为"民权"即"民主","民权"与民本、重民思想相通。⑥

③关于孙中山宪政思想的研究。在这一类研究中,众多学者比较全面地概括

---

①　谢玲玲:《浅论黄宗羲的民本思想在教育中的体现》,《宁波经济》,2006 年第 10 期。

②　刘保刚:《试论孙中山政治思想中的理性主义》,《唐都学刊》,2006 年第 3 期。

③　贾熟村:《孙中山集团与袁世凯的恩怨》,《云梦学刊》,2009 年第 4 期;王高伟、葛喜梅:《孙中山让位于袁世凯原因新探》,《黑龙江史志》,2009 年第 8 期。

④　邓丽兰:《孙中山的中西文化观及其宪政思想的演进》,《中共长春市委党校学报》,2006 年第 2 期。

⑤　钱文华、齐卫平:《孙中山与中国现代化进程中的政治文明建设》,《民国档案》,2006 年第 1 期;唐凯麟:《孙中山的伦理思想述要——纪念孙中山诞辰 140 周年》,《伦理学研究》,2006 年第 6 期;张磊、张苹:《孙中山的理论与实践之历史意义》,《思想理论教育导刊》,2006 年第 12 期;邓婵:《试论孙中山五权宪法思想及其当代价值》,《和田师范专科学校学报》,2007 年第 1 期;吴贤辉:《孙中山政治思想的几个特点及其意义》,《重庆工学院学报》（社会科学版）,2007 年第 11 期。

⑥　程美东:《孙中山的民权主义理论》,《北京科技大学学报》（社会科学版）,2006 年第 1 期;张红军:《孙中山民权主义思想论析》,《中共山西省委党校学报》,2006 年第 3 期;颜德如、贾磊:《重议孙中山民权观》,《北京科技大学学报》（社会科学版）,2006 年第 4 期;卢珂:《孙中山直接民权思想之探析》,《贵州文史丛刊》,2007 年第 1 期;马成成、白洁:《孙中山民权政治述评》,《职业圈》,2007 年第 15 期;卢彭:《孙中山"五权宪法"理论探析》,《经济研究导刊》,2009 年第 14 期;冯靖:《真诚的民权思想——浅谈孙中山的民权主义》,《文教资料》,2009 年第 35 期;李嘉:《论孙中山民权思想对中国传统民本思想的继承和展开》,《广东社会科学》,2007 年第 2 期;曾成贵:《孙中山民族主义思想再认识》,《湖北社会科学》,2010 年第 2 期。

了孙中山宪政思想以及五权宪法的主要特点。①

④其他研究从不同角度阐释了孙中山的庞大的思想体系中的某一类认识。②

总结来说，这个时期的孙中山研究范围和思路有一定拓宽，多数学者借鉴了西方综合研究的理论，并和传统思想进行对比，将孙中山的思想以及实践作为整体进行全方位的考察。但研究的方法稍显陈旧，有待进一步提高。

4. 中国政治思想史专题研究

(1)"和"之思想研究综述

五年来，学者们对传统和谐思想的产生、内涵、意义等方面进行了深入的探讨，并试图找到当下建设和谐社会所需要的传统文化支撑。比较有代表性的研究方向是孔子"和为贵"的思想和道家"天人合一"的思想。

①分析传统和谐思想产生的时代背景的文章较多

有的学者从词义角度考察，认为和合思想与和谐思想同义。以《易经》为代表的"和合"概念既有和谐、团结的意思，又有向内聚拢的意思，体现了人与人、人与社会及人与自然关系的整体性。③ 有学者认为西周时期太史史伯最早进行了相关论述，春秋时期齐国晏婴作了进一步阐发。就和谐思想产生的时代背景来说，主要是从天人关系上而来，认为人是自然的一部分，人和自然是一个整体，都服从统一的普遍关系。对这一点道家阐释的更为清晰。④

有学者总结了儒家"天人合一"对和谐社会建设的意义，认为"天人合一"思想的基本内容包括先秦儒家"天人一性"的思想、董仲舒的"天人一类"的思想、综合儒道佛诸说的"天人合一"思想。儒家"天人合一"观所蕴含的"和谐社会"的思想包括人与天地万物相统一、适度开发利用大自然、"以人为本"。在处理人与自然的关系上要崇尚自然，和谐共生；在人与人、人与社会关系中要贵和尚中，仁爱不争；加强个人自我修养，在双赢中寻求自我价值。⑤

②从哲学层面论述传统和谐思想的内涵是一个分析方向

① 卢彭：《孙中山"五权宪法"理论探析》，《经济研究导刊》，2009年第14期；邓丽兰：《孙中山的中西文化观及其宪政思想的演进》，《中共长春市委党校学报》，2006年第2期；臧运祜：《孙中山五权宪法思想的演进孙中山五权宪法思想的演进》，《史学月刊》，2007年第8期；贾孔会：《孙中山权力制约思想述略》，《三峡大学学报》(人文社会科学版)，2009年第1期；孙翔翔：《孙中山宪政思想的内在逻辑》，《唯实》，2009年第6期；张小花：《浅评孙中山宪政思想》，《法制与社会》，2009年第3期。
② 范彬：《从传统到现代——孙中山的优抚思想与实践》，《绥化学院学报》，2006年第1期；刘保刚：《试论孙中山政治思想中的理性主义》，《唐都学刊》，2006年第3期；刘仁坤、刘兴华：《论孙中山国民性改造问题》，《北方论丛》，2006年第3期；朱汉国：《孙中山关于中国政党政治模式的探索》，《史学月刊》，2006年第6期；解桂海：《孙中山的廉政思想探析》，《理论界》，2007年第4期；路金龙：《孙中山的地方自治思想述论》，《唐都学刊》，2007年第4期；于维君：《孙中山与国民党意识形态》，《重庆工学院学报》(社会科学版)，2009年第10期。
③ 蒋同业：《和合哲学思想与构建"和谐世界"》，《和田师范专科学校学报》，2007年第1期。
④ 梁刚：《中国传统文化中的和谐思想及其现代价值》，《社科纵横》，2009年第8期。
⑤ 于永军：《传统儒家"天人合一"思想对和谐社会构建的意义》，《河北理工大学学报》(社会科学版)，2009年第6期。

比如有学者认为,尚和去同的认识从哲学的角度来讲就是主张把差异和矛盾当做统一体的固有内容来把握,同时又主张把统一与和谐当做差异和矛盾的本来根据来把握。①

③从"关系"角度理解和谐思想的内容,学者们的认识大多相似

可以侧重于指人与人之间的和谐、人与社会的和谐,还可以拓展到人与自然环境、人与动植物的和谐。在身与心的关系上,也保持和谐,保持平和恬淡的心态,正确处理理与欲的关系。② 从具体的内容来看,分为若干实现方式和途径。③ 具体来说有以下内容:其一,"和而不同"。和而不同,是社会事物和社会关系发展的一条重要规律,也是人们处世行事应该遵循的准则,是人类各种文明协调发展的真谛。其二,"和为贵"。"和为贵"是中国传统思想文化中实现人与社会和谐的基本方法和途径。稳定是和谐的前提和基础,安定有序是社会主义和谐社会的特征。其三,"天人合一"。"天人合一"是中国传统思想文化中生态伦理的体现。在儒家思想中,天是自然之天,具有客观必然性和规律性,人与自然应该和谐相处。④

④对各思想流派和谐思想的针对性研究也比较深入

关于和谐的文章,学者们对儒家和道家着墨较多,很多文章研究了孔子(儒家)、老子(道家)以及墨家的和谐思想。

有的文章从孔子的"和"入手,详细划分了其对"和"的几种划分。孔子的"和"有"和而不同"、"致中和"、"和为贵"三种表达形式,这是孔子"和"的思想的基本组成部分,这三种表达形式,为研究孔子"和"的思想提供了理论基础。⑤ 有的文章从另外的角度分析了儒家的"和"的思想,比如,虽然儒家哲学的根本精神是"和而不同",但荀子提出了"明分"。荀子的"明分"和孟子的"求合"代表了"和而不同"的两条路向,中国文化的主流是过度亲和"和谐",而忽视了对"分"的强调。"明分"是荀子哲学的内在逻辑,从天道观、正名主义方法论、人性论和社会历史观等方面探讨了荀学"明分"的特征,进而指出"明分"最终还是指向和谐的,即"明分"的精神最终指向"和"。⑥

有学者分析了墨家的和谐思想,认为墨家道德理想的主要思想就是"兼爱",进而说明互相关爱、"交相互助利"、节用等思想都可以是和谐思想中的内容。⑦

有学者从儒家"仁"、礼乐教化来看其对人际关系和生活秩序的意义,进而谈到

①　梁刚:《中国传统文化中的和谐思想及其现代价值》,《社科纵横》,2009 年第 8 期。

②　冯德光、赵晓燕:《谈儒家的和谐思想》,《前沿》,2007 年第 5 期。

③　朱瑞:《中国古代和谐思想对构建社会主义和谐社会的启示》,《中共云南省委党校学报》,2006 年第 1 期。

④　陈茹:《构建社会主义和谐社会:对传统和谐思想的继承与创新》,《西南农业大学学报》(社会科学版),2009 年第 4 期。

⑤　王罡:《孔子思想中"和"的三种表达》,《安顺学院学报》,2008 年第 5 期。

⑥　程文利:《荀子"明分"思想与儒家"和而不同"文化精神》,《中共浙江省委党校学报》,2008 年第 4 期。

⑦　刘邦凡:《浅谈墨家思想对我国社会主义和谐社会建设的启示》,《科学社会主义》,2007 年第 5 期。

如何完成对和谐社会的构建。①

还有学者以《论语》为切入点研究和谐思想，认为孔子将"和"的观念与"礼"相结合，丰富了"和"的内涵，使"和"凸显为礼乐政教的话题，被置于儒家思想体系的核心之一。"和"，凡指社会和谐的，一般都与"礼"直接相关。"和"就是"礼"之内的结构性功能。"和而不同"是中华民族生存发展的智慧。②

⑤文章普遍认为要在具体分析基础上完成对传统和谐思想的升华

当代发展和谐思想仍有借鉴传统和谐思想的必要。比如在哲学及文化伦理层面上，儒家"和"文化是儒家最高的道德精神要义。"和"与"同"、"中"具有深刻的哲理关系。儒家伦理意蕴包含"执两用中"、"和而不同"两个基本方面，即"和"文化包括"天人合一"自然价值取向，"和为贵"社会伦理取向以及身心和谐个人价值取向，都很有借鉴之处。儒家"和"文化为当代和谐社会提供了哲学智慧、伦理处事原则、社会理想图式的丰富思想资源和重要启迪意义。"和为贵"的社会伦理取向包括三个方面：其一，人际关系的和谐；其二，社会整体的和谐；其三，民族、国家间关系的和谐。③ 有的文章介绍了对构建社会主义和谐社会有价值的一些中国传统政治思想："民则无恒产，因无恒心"的经济定国战略，"损有余而益不足"与"不患寡而患不均"的分配定律，"鳏寡孤独废疾者皆有所养"的社会保障构想，"群居和一"的和谐理政方法，"大者宜为下"的和平邦交策略等等，并重点讲了儒家以及老子思想对构建和谐社会的影响和意义。④

尽管传统思想有很长的历史发展过程，且有很多可取之处，但学者们指出了现在建设和谐社会必须完成对传统和谐思想的超越，具体表现为它们具备的生存环境不一样了。如传统和谐思想以家庭为核心，社会主义和谐思想以社会为核心；传统和谐思想以个体修养为出发点，最终落脚于统治者利益的维护，社会主义和谐思想以"德治"和"法治"的结合为出发点，最终落脚于人民利益的实现；传统和谐思想中的"民本"是为稳固统治秩序，社会主义和谐思想中的"以人为本"是为实现人的全面发展；传统和谐思想追求静的统一，社会主义和谐思想强调动的和谐；传统和谐思想以实现"大同社会"为理想，社会主义和谐思想以实现"自由人联合体"为终极目标。⑤

当代在借鉴的过程中需要注意传统和谐思想的缺陷。大多数学者指出传统和谐思想对当代和谐社会建设有借鉴意义，但也有部分学者发现了传统和谐思想的缺陷。比如，有学者认为传统和谐思想的不足存在于片面强调社会整体秩序的合

---

① 冯德光、赵晓燕：《谈儒家的和谐思想》，《前沿》，2007 年第 5 期。

② 刘丹忱：《孔子的"和而不同"与社会和谐》，《中国青年政治学院学报》，2007 年第 1 期。

③ 唐海燕：《儒家"和"文化的伦理意蕴及其现代价值》，《广西师范大学学报》（哲学社会科学版），2008 年第 3 期。

④ 刘春雷：《中国传统政治思想的现代价值探析》，《福州大学学报》（哲学社会科学版），2009 年第 2 期。

⑤ 陈茹：《构建社会主义和谐社会：对传统和谐思想的继承与创新》，《西南农业大学学报》（社会科学版），2009 年第 4 期。

理性与重要性，为维持封建宗法等级秩序服务。社会秩序在相当程度上靠"礼"来维持，古代各派思想家所倡导的和谐、秩序，是一种与民主、自由、平等的现代价值原则相悖的封建等级秩序；忽视个人利益和个人创造性，人的主体地位缺失。在传统和谐思想看来，社会是与人抽象对立的一种整体性存在，个人只是这个整体的组成部分，因而传统和谐思想强调社会整体秩序的绝对优先性。在儒家伦理法则所形成的人际关系格局里，除帝王之外，每个人都是作为他人的附属品存在，谈不上人的主体性存在；片面追求稳定，缺乏竞争和革新意识。这种价值取向必然压抑个体的积极性。正是因为传统和谐思想将稳定视为和谐，因而反对经商、竞争等任何有可能导致社会不稳定的行为。[①]

⑥其他思想也可以形成和谐思想的理论基础

这一类型的文章以古代近代大同思想为主体。传统文化中蕴含的大同思想代表了古代中华民族追求理想社会的美好愿望，成为争取社会进步的伟大旗帜。中国近代三大理想社会蓝图——太平天国、康有为的《大同书》、孙中山的天下为公思想，也从古代大同思想中汲取了丰富的营养。该类文章认为，继承弘扬中华民族传统文化中的大同思想是十分必要的。传统文化中的大同思想具有财产公有、政治民主、生活安定、和平与幸福四个特点，利权均等、协调有序、天下为公、人本色彩这些因素使得大同思想对和谐社会的建设具有现实意义。[②]

⑦对传统和谐思想的批判性观点较少

有文章对"君子和而不同"进行了辨析，认为儒家"和而不同"价值观念既代表着一种下对上、周边民族对中原民族绝对服从的权威意识，也暗含着与统治集团相结合，以压制其他文化发展的意识形态化要求；惟有把它的"君子"人格设定转变成世俗人人性建构，才能适合当代多元化社会发展的需要。作者首先认为儒家只拥有"君子和而不同"的理念，它实质代表一种以宗法等级制为基础的下对上绝对服从的权威意识。儒家"和而不同"思想暗含着与统治集团相结合，以成压制其他文化发展的意识形态化要求，这是被历史经验事实所证实的，所以要想建设当代意义上的"和而不同"精神，必须辩证地批判儒家"和而不同"文化。"和而不同"文化观念只能建立在市民社会所产生的多元组织共生共存的基础上，是市民社会物质交往活动下的产物。儒家"和而不同"文化可以实现创造性的转化。[③]

⑧这一时期对和谐思想研究的缺憾在于未能在当下的时空条件下对比和谐思想的社会基础的变化所带来的变迁

（2）民本思想、以人为本思想对比研究综述

在国家政治学"十一五"规划中，有以人为本与社会精神文明建设的专项课题，那么在传统社会中，与之对应的思想是"民本思想"。在这一时期，"民本思想"与

---

① 李爱芳：《中国传统和谐思想之内在不足论析》，《社会科学战线》，2009 年第 8 期。

② 张俊：《大同思想及其对和谐社会建设的现实意义》，《襄樊职业技术学院学报》，2006 年第 1 期。

③ 张刚：《儒家"和而不同"价值观念的批判及转型构想》，《玉溪师范学院学报》，2008 年第 1 期。

"以人为本"思想对比研究的文章数量很大,研究角度很多,观点各异。

①对民本思想的总体研究已相对比较成熟。在宏观方面,这一课题分析了民本思想在各个历史阶段的发展,对传统社会各时段特点把握已比较清楚,对以儒家为代表的民本思想在传统社会发展中所具有的作用也大致梳理完毕。特别是对民本思想的内涵,如贵民、爱民、安民、养民、富民等内容已经概括得较为清晰。

②对民本思想的发展过程及时代特点论述得较为清晰,并提炼出对当代"以人为本"思想的参考价值。有的文章通过对民本思想发展的历史过程进行梳理,指出"以人为本"思想是对传统民本思想的一种继承,在内涵发展上有着连续性。在当今时代进行转换,强调传统民本思想的积极作用,可以将其发展为具有现代意义的思想,来指导现实社会发展。这种结论强调了民本思想的继承性。[①]

③对民本思想的局限性有了较为深刻的认识。有的文章进一步指出,虽然"以人为本"思想与"民本思想"之间存在着内容上的相通性,但是其本质是不一样的,"民"的所指,一是公民,一是臣民,地位不一,特别是"民本思想"是以君主专制统治为核心的,是统治阶级站在自己的立场上,维护自己地位从而调节社会生活的一种手段、一种道德关怀。这种结论强调了民本思想与"以人为本"思想的差异性[②]。

④对比研究较多,特别是分析了"民本"与"民主"思想的差异。有的文章还对比了"民本思想"与"民主"之间的关系。指出,民本思想尽管带有重视民众力量与利益的方面,但是并没有赋予人以平等的地位,民本思想不可能自发地演变为民主思想。[③]

⑤对不同历史时期、人物的民本思想的论述较为深入。有的文章以人物为研究重点,研究了不同时代人物所倡导的民本思想内容,比如以孟子、欧阳修为研究内容,有的以《论语》为中心研究孔子的民本思想。有的以时代为线索,研究了春秋时代、清末维新时期的民本思潮。有的从哲学层面加以阐释或者以合法性为中心探讨民本思想在政权发展中的作用。[④]

⑥辩证地分析了传统民本思想的现实意义。通过对传统民本思想的研究以及对现实生活中"以人为本"思想的研究,对不同历史阶段的民本思想有了深刻的认

---

① 诸凤娟:《论民本思想对中国民主进程的积极影响》,《理论导刊》,2006年第5期;周家荣《民本思想与社会主义政治文明的契合点分析》,《商丘师范学院学报》,2008年第11期。

② 聂鑫、王鑫:《论中国传统民本思想的历史发展与专制特性》,《理论观察》,2007年第6期;刘清平:《儒家民本思想:工具性之本,还是目的性之本》,《学术月刊》,2009年第8期。

③ 马鑫焱、马维振:《中国民本思想和民主思想之比较》,《陕西师范大学学报》(哲学社会科学版),2006年第6期;丁艳平:《略论儒家民本思想的历史作用和局限性及现代意义》,《宿州教育学院学报》,2007年第2期。

④ 唐富满、刘运勋:《在民本与民主之间:试论王韬的民本主义思想》,《社科纵横》,2007年第10期;庄恒恺:《论传统民本政治哲学的逻辑发展》,《山西高等学校社会科学学报》,2007年第10期;郭红明、王永灿:《孟子的民本思想及其当代启示》,《齐齐哈尔大学学报》(哲学社会科学版),2007年第2期;国风:《论春秋时期民本思想的勃兴》,《河南社会科学》,2008年第5期;李勇:《儒家民本思想与西方"被统治者同意"理念之比较》,《吉林师范大学学报》(人文社会科学版),2009年第2期。

识。在对"民本思想"及"以人为本"思想的研究上，大多数学者认为，两者性质不同，差异很大，不能单纯地讲"以人为本"思想是对"民本思想"的继承，在建设"以人为本"的社会过程中，"民本思想"有其一定的借鉴方面，但不能夸大其中的作用。

⑦民本思想研究的不足之处依然存在。多数文章思路相近，首先是梳理传统民本思想，其次指出它对现代以人为本的思想的意义。或者针对某个时间段、某个人物进行具体分析，固然有新的发现，但是分析套路略显单一。能从其他角度切入分析民本思想的文章较少。

(3)儒家思想研究综述

对于儒家思想的研究，学者们研究的角度是多方面的，如对儒家的民本思想、教育思想、伦理道德、价值观念、政治制度等等进行了阐发，这也说明了儒家思想的博大精深。

①在这一时期，学者对儒家的文典作出新的阐释，特别是很多人的研究侧重于从儒家的内在理路和某个角度出发讨论儒家的现代价值。比如在儒家思想的来源、内涵上作了进一步探讨。①

②儒学与现代化的关系仍是讨论热点，用现代政治学语言重新审视传统政治思想的意义的研究更加突出。众多学者企图从儒家文化中提炼更多的理论营养来促进现实生活的进步。用现代政治学的一些概念、分析角度来研究传统思想，从传统资源特别是儒家资源中吸收营养，并力图找出其中的现代因素为政治生活所吸收。②

③与当前政治发展紧密相连的研究趋向，尤以和谐思想、民本思想居多。这些文章相对全面地分析了儒家上述思想的主要理论内涵，将其与现在所提倡的"以人

---

①　杨高男、何咏梅：《原始儒家伦理政治的理论创设》，《云南社会科学》，2006 年第 1 期；李祥俊：《儒学差异思想阐微》，《哲学研究》，2006 年第 3 期；李承贵：《当代儒学的五种形态》，《天津社会科学》，2008 年第 6 期。

②　王淑珍：《儒家文化在现代化中的作用》，《合肥工业大学学报》(社会科学版)，2006 年第 1 期；李春青：《儒学现代性问题之反思》，《中国文化研究》，2006 年第 3 期；周茂春：《解构儒家传统政治文化对政治发展的影响》，《大庆师范学院学报》，2007 年第 1 期；胡锐军：《儒家政治秩序的基本设计体系》，《孔子研究》，2007 年第 6 期；李承贵：《儒家思想的当代困境及其解之道》，《中山大学学报》(社会科学版)，2007 年第 6 期；王锐：《论先秦儒家的革命观念》，《广西师范学院学报》(哲学社会科学版)，2008 年第 3 期；李定文、任远：《论先秦儒家的忧患意识及其现代转化》，《兰州学刊》，2008 年第 11 期；罗翠梅、梁俊仙：《论儒家传统思想的现代价值》，《河北北方学院学报》(社会科学版)，2009 年第 6 期；张强：《超越传统"儒教"问题的模式探析》，《晋阳学刊》，2010 年第 1 期；栾亚丽、宋严：《儒家民本思想与民主化进程》，《辽东学院学报》，2006 年第 1 期；康中乾：《论传统儒学思想在弘扬中华民族精神中的作用》，《廊坊师范学院学报》，2006 年第 1 期；张星久：《从民主政治的"深层结构"看儒家文化的现代境遇》，《学习与实践》，2006 年第 6 期。

为本"的政治理念、构建和谐社会相联系，提取一些可资借鉴的思想。①

④对细化之下的儒家思想进行研究，以"德治"为中心的儒家思想进行归纳研究，文章数量相对较多，内容庞杂。②

(4)法家思想综述

法家思想研究相对成熟，近五年来文章数量较少。总体而言，文章的研究超脱了对具体思想的阐释，分析法家思想对当时政治生活的实际意义。

①对韩非的法家思想研究较多，结合了其思想特点并结合其思想在当时历史背景下的作用作了阐释。③

②对法家思想的内涵研究，从其思想来源、精神底蕴、思想逻辑等方面进行了探讨，增加了对法家思想的研究深度。④

---

① 张分田：《儒家的民本思想与帝制的根本法则》，《文史哲》，2008 年第 6 期；范明华：《论儒家的和谐思想及其局限》，《湖南大学学报》（社会科学版），2009 年第 4 期；杨静：《儒家"天人合一"思想对构建和谐社会的积极作用》，《理论界》，2009 年第 8 期；周桂钿：《儒家民本观的现实意义》，《孔子研究》，2009 年第 2 期；允春喜：《儒家民本思想的极限——黄宗羲政治思想研究》，《宁波大学学报》（人文科学版），2009 年第 6 期；郝海涛：《儒家文化中的和谐理念及其当代价值》，《理论探索》，2006 年第 1 期；田广清：《儒家和谐治理观与国家治理的制度化——从制度文明视角扬弃传统和谐治理观》，《江苏行政学院学报》，2006 年第 3 期；姚新中、朱辉宇：《儒学和之道的诠释与反思》，《伦理学研究》，2006 年第 3 期；白奚：《儒家礼治思想与社会和谐》，《哲学动态》，2006 年第 5 期；王波：《人性本善、天下为公、暴力战争——儒家民本思想发生发展之三维依托》，《船山学刊》，2006 年第 3 期；张雪梅：《中国古代思想家对政治和谐的追求》，《政治学研究》，2006 年第 3 期；杨玉凤：《传统儒家和谐社会与现代和谐社会伦理构架之异同》，《龙岩学院学报》，2006 年第 5 期。

② 吴立群：《儒家仁学思想的现代意义》，《南昌航空工业学院学报》（社会科学版），2006 年第 1 期；高青莲：《"位"在儒家学说中的意义》，《理论月刊》，2006 年第 2 期；涂秋生：《儒家德治思想及其价值论析》，《天府新论》，2007 年第 1 期；曹英：《开明专制与圣人之治——儒家"礼治秩序"思想引论》，《黄冈师范学院学报》，2006 年第 2 期；杨雅丽、杨丁桥：《儒家德治主张与教育思想的人文性及现实意义》，《唐都学刊》，2006 年第 3 期；李振宏：《儒家"平天下"思想研究》，《中国史研究》，2006 年第 2 期；杨效雷：《"王权至上"与儒教教化》，《湖南科技学院学报》，2006 年第 6 期；司德坤、张网成：《儒家道德主义和平思想解析》，《中国社会科学院研究生院学报》，2006 年第 4 期；吴啸飞、杨曦希：《先秦儒家人治思想流变及影响》，《理论界》，2006 年第 8 期；胡伟希：《儒家社群主义略论》，《文史哲》，2006 年第 4 期；陈晓光：《儒家"德治"管理思想及其启示》，《锦州医学院学报》（社会科学版），2006 年第 3 期；刘淑梅：《先秦儒家思想中的道德与政治观》，《中州学刊》，2006 年第 5 期；刘辉：《先秦儒家哲学中"德"的基本内涵阐释》，《北方论丛》，2006 年第 5 期；张喜军、蒋龙祥：《先秦儒家德治思想解析——一种中国传统政治哲学视野下的研究》，《社会科学战线》，2007 年第 3 期；潘泉：《先秦儒家德政思想的考察》，《西南科技大学学报》（哲学社会科学版），2007 年第 5 期。

③ 许家鹏：《"法家独尊"何以可能——试析韩非为确立"大一统"帝国统治思想所做的理论努力》，《社会科学家》，2007 年第 1 期；宋洪兵：《韩非子政治思想再研究纲要——共识视域中政治价值与政治措施的有机融合》，《东北师大学报》（哲学社会科学版），2007 年第 2 期；高旭：《韩非应为"势家"论》，《渤海大学学报》（哲学社会科学版），2007 年第 5 期。

④ 江合友：《韩非术治理论的思想渊源摭论》，《船山学刊》，2006 年第 2 期；靳平川：《韩非政治法律思想的逻辑分析》，《山西高等学校社会科学学报》，2006 年第 4 期；周炽成：《法家政治思想中的现实主义和个人主义倾向》，《学术研究》，2006 年第 4 期；肖顺昌：《先秦法家思想的深刻底蕴和精神品格》，《船山学刊》，2006 年第 3 期；黄卓龄：《解读法家法治思想》，《法制与社会》，2008 年第 4 期。

③以韩非的思想为主轴,探讨了其治国思想,并分析了法家思想的实际影响。[①]

④关于法家思想的细微之处,学者也进行了研究。比如对韩非以及法家思想的伦理思想阐释、对君臣观和民众观的解读等等,这些研究扩大了法家思想的涉及范围。[②]

⑤法家思想对当代生活的意义研究已相对较少。[③]

总之,法家思想研究较为深入,能提出更为新颖的观点的文章相对缺乏。

（5）理学研究综述

①关于理学的研究,这一时期进一步阐明了程朱理学形成、发展的轨迹,认为程朱理学是儒学转型,是在新的历史条件下作出的新发展。[④]

②在内容研究上,扩大了程朱理学的研究领域,不仅注意研究二程、朱子的理学思想内涵,而且注意研究他们基于理学思想的其他问题,以及和其他思想的对比研究,深化了程朱理学研究的原有课题。[⑤]

③注意研究理学在传统社会的多方面的影响。[⑥]

（6）政治哲学研究综述

对于政治哲学的研究,学者们的研究非常广泛,如政治哲学的性质、对象、范围、方法、类型、功能等,专题性的文章也比较多。学者们对某一人或某一方面思想中的政治哲学观念进行了具体分析,或者将政治哲学作为视角剖析某些观点、问

---

① 张平、刘力锐:《利、威、名:韩非治道论新解——韩非的人性论及治国方略构建》,《东北大学学报》(社会科学版),2006年第1期;冯兵:《韩非子的治国思想探微》,《青海师范大学学报》(哲学社会科学版),2006年第3期;王立仁:《韩非奉献给君主的根本治国方略》,《政治学研究》,2007年第3期;王立仁、孟晓光:《韩非的治国方略述论》,《东北师大学报》(哲学社会科学版),2008年第5期;杨春晔:《论法家思想对秦国发展的影响》,《边疆经济与文化》,2007年第10期;蒋业琼、桂治强:《论法家的政治形式和治国方略》,《今日科苑》,2007年第24期。

② 于霞:《韩非伦理思想研究述评》,《燕山大学学报》(哲学社会科学版),2006年第4期;王锐:《韩非之民众观试析》,《经济与社会发展》,2008年第8期;高旭:《论韩非的君臣观》,《太原师范学院学报》(社会科学版),2006年第6期;高旭:《君主专制下的两难言说——论韩非的"谏说"思想》,《长春工业大学学报》(社会科学版),2007年第4期。

③ 师建峰:《法家思想的思想主张及对我国法制建设的现实意义》,《法制与社会》,2007年第6期;赵金科:《法家法律政治思想及其现代性评析》,《社科纵横》,2009年第3期。

④ 曾文鸿:《周敦颐与儒学的转型》,《湖南行政学院学报》,2009年第6期;宋志明:《论宋明理学的成因和变迁》,《吉林大学社会科学学报》,2009年第6期;高国希:《二程理学与德性伦理》,《中州学刊》,2009年第6期。

⑤ 周永健:《渴求"真儒"——朱熹政治人才思想探析》,《重庆三峡学院学报》,2008年第1期;李锋:《天理与道义的彰显——朱熹王道思想的政治哲学解析》,《贵州师范大学学报》(社会科学版),2008年第4期;朱良用:《简述朱熹的刑罚思想》,《法制与社会》,2008年第29期;谢晓东:《宋明理学中的道心人心问题——心学与朱熹的思想比较》,《厦门大学学报》(哲学社会科学版),2009年第6期。

⑥ 李禹阶:《从主体道德自觉到集体道德理性——论朱熹"修、齐、治、平"的社会控制与整合思想》,《重庆师范大学学报》(哲学社会科学版),2006年第6期;陈利华:《朱子理学乌托邦及其对封建意识形态的影响》,《赤峰学院学报》(汉文哲学社会科学版),2009年第10期。

题,不仅使我们对中国政治哲学有了全面的了解,而且开创了政治哲学分析问题的不同视角。

①关于政治哲学的内涵。在这一类文章里,大多认为政治哲学是哲学与政治学相互渗透所产生的交叉学科,它既是哲学在政治领域的应用与发展,又是政治理论在哲学高度的抽象和概括;它是政治思想的一个重要组成部分和研究范畴,并且是政治思想的最高层次;它是以哲学方法论为指导,以政治价值为内容,对政治生活进行价值评价的学科体系。① 还有学者认为,政治哲学依其承担的学术使命可以划分为三种基本类型:一种是哲学在政治研究领域的展开,被当做政治学精华的浓缩;一种是在政治学中与所谓实证研究对立起来的规范研究,主要使命是阐述政治的本质或价值;一种以统一政治学研究中的价值理论与经验科学为目标。在对这三种类型系统阐述的基础上,认为政治哲学不仅要阐述政治生活的价值,还要承担起政治学的反思、批判职责,要把政治认识和政治思维过程纳入自己的研究范围,关注政治学发展中提出的一切哲学问题。② 有些文章分析了政治哲学的研究框架。基本的研究框架体现为对作为政治社会本质最高层面的价值判断和意义的研究,体现为对现实政治社会正当性的理性批判与价值建构,并由此显现政治哲学与其他相关学科的区别。有些文章还讨论了政治哲学的功能。政治哲学的功能表现为三个方面:一是政治哲学以其特定的政治世界观和方法论来阐释现实政治社会的"是其所是",并根据政治实践的价值指向进行自我完善和自我修复,从而维护其隶属阶级的根本利益;二是政治哲学对非主流意识形态和现实政治实践具有同化和否定功能;三是政治哲学协调政治生活中的利益冲突,规范政治实践的发展方向,构思未来社会的理想模式,展示政治生活的"应然性"。③

②学者们对中国传统哲学进行详细的分析,概括出相应的特点。有的学者从三个方面对中国传统政治哲学理论特质进行了分析:在思维方式上,其基本特点表现为历史生成主体观、人文内容逻辑政治和思维的实践指向,其他特点可由这三者推演出来并受这三者的制约;在理论内容方面,中国传统政治哲学最为突出的就是以政治责任为中心和以德治为社会秩序和政治秩序的实现方式;在价值追求方面,中国传统政治哲学同西方政治哲学相比,最为突出的就是"和而不同"(对比西方的排斥性);最后总结出,中国传统政治哲学在思维方式、理论内容、价值追求上都具有强烈的历史主义和现实主义倾向。④

③学者们将传统政治文化和西方的有关政治哲学进行了对比研究。有的学者对先秦时期的"圣王政治"和西方的柏拉图推崇哲学家统治的思想进行了对比,指

312

①③ 王岩:《政治哲学论纲》,《哲学研究》,2006 年第 1 期。

② 郑敬高、王涛:《政治哲学的三种类型》,《青岛大学学报》,2006 年第 4 期;马云志:《政治哲学之思:内涵、学科属性与主题》,《齐鲁学刊》,2006 年第 2 期。

④ 王小丁:《中国传统政治哲学理论特质分析》,《郑州航空工业管理学院学报》(社会科学版),2008 年第 2 期。

出了西方古希腊政治哲学可以说遵循的是以制度为中心来寻求解决城邦政治出路问题的思维路向,而中国古典政治哲学家对圣王统治的推崇,则主要体现了中国古典政治哲学以国家整体为中心来寻求解决政治出路问题的思维路向。①

④政治哲学与现代性意义研究。在分析传统政治哲学特质的基础上,试图找到其对现代政治生活的意义。②

⑤针对思想家、某种思想的政治哲学研究。这种研究扩宽了政治哲学的研究领域,细化了政治哲学的研究对象。③

针对某位思想家和流派的文章比较多,足见研究的层次局限于个别思想家、流派的哲学探讨,尚缺乏从哲学层面和政治哲学层面把握传统政治哲学特点的能力,因此能从宏观上分析政治哲学的文章较少。

(7)政治文化研究综述

这一时期的政治文化研究有一个重点,也就是在政治文化的概念上不再进行更多的分析,而是具体分析传统政治文化和当代生活之间的张力,详细剖析传统政治文化的某些特质对当代政治生活的意义和不良影响。

对比现代性研究传统文化的文章较多,从总体上看,已有研究成果多数集中于传统政治文化的反思及对当代中国政治的影响方面。比如有学者利用从文化研究向政治研究回溯的方法,从性善论、清官意识和实用理性这三个核心观念对中国传统文化观念的政治诉求进行了全面论述,并分析这些政治诉求是如何不利于现代法律和民主政治建设的。④ 还有学者认为我国政治文化结构内官方政治文化与民间政治文化存在很大差异和对立,协调好各方面政治诉求,才能有助于政治体制的发展和完善。⑤ 更有学者分析了传统文化中的反民主因素,认为包括义务本位的价值观、个人主义思想的缺失、权威崇拜、重礼轻法、公共精神的缺乏等因素都构成了反民主的要素。同时指出近代中国的政治统治者不力图破除中国传统政治文化中的反民主因素,反而向传统政治文化寻求精神支撑,这是民主政治制度在近代中

---

① 林存光:《中国古典政治哲学论纲——一项基于中西比较视角的审视与分析》,《天津社会科学》,2006 年第 2 期。

② 谢俊春:《论中国古代政治文明及其现代价值》,《河西学院学报》,2007 年第 4 期。

③ 艾昆鹏:《试析严复政治哲学思想中的矛盾》,《河南师范大学学报》(哲学社会科学版),2006 年第 3 期;李进:《民"自然"君"无为"——〈老子〉政治哲学发微》,《江西社会科学》,2006 年第 9 期;惠昌:《论〈庄子〉的自然主义政治哲学》,《中共中央党校学报》,2006 年第 6 期;刘建设:《老子政治哲学研究》,《濮阳职业技术学院学报》,2008 年第 2 期;王在朴:《浅谈转型期严复法哲学与政治哲学思想》,《大众文艺》,2008 年第 5 期;李芳、李荣亮:《董仲舒的政治哲学》,《内蒙古农业大学学报》(社会科学版),2008 年第 6 期;方同义、黄瑞瑞:《民生之维:老子政治哲学的内核》,《广西社会科学》,2008 年第 10 期;沈素珍:《中国传统政治哲学中的"德治"与"和谐"——以〈大学〉为中心的解析》,《安徽大学学报》(哲学社会科学版),2009 年第 5 期;方军:《中国古典政治哲学中天人关系与政权合法性的论述——以〈潜夫论〉和〈春秋繁露〉为分析对象》,《人文杂志》,2010 年第 1 期;林存光:《中国古典政治哲学论纲——一项基于中西比较视角的审视与分析》,《天津社会科学》,2006 年第 2 期。

④ 俞吾金:《中国传统文化观念的政治诉求》,《探索与争鸣》,2009 年第 4 期。

⑤ 姚远:《中国政治文化的双重性及其对立性》,《经营管理者》,2009 年第 4 期。

国失败的重要原因之一。①

　　这一类文章说明了当前学者对社会转型期传统文化的影响极为重视,认为文化传统对一个国家的现代化进程具有相当大的影响,他们试图找到传统文化与现代政治生活之间的价值延续关系。中国有千年的传统历史,政治系统在今天的发展不可能完全脱离于历史文化之外,因此甄别、判断传统政治文化中与现实政治发展之间的理论联系,显得极有必要而且充满着挑战性。在这一问题上,有学者进行了比较成功的探索。就传统思想的某些方面,不仅仅从传统文化与现代生活的关联意义上来考察,而是分析了某一类传统思想在传统社会中产生的社会背景和该种思想对当时生活的作用。这种观点承认某种传统思想的合理性,但同时认为不能简单地在现代政治生活中自然地延续这种时过境迁的"合理性",更不能因为词汇表面意义上的接近就简单地实现概念的嫁接以及阐释其现代价值。特别指出,传统社会政治思想与文化的主体价值结构是"君权至上、父权至尊和伦常神圣"。②

　　学者们的研究认为,从政治价值的视角来分析得出的结论是:传统政治思想的主体价值结构与现代化理念是矛盾的,甚至儒学的"基本价值准则都是不适应现代文明社会发展需要的"。③这就在一定程度上否定了直接从中国传统政治思想与文化中挖掘现代化因素的路径。那么如何解决传统政治思想和文化与现代性的关系问题呢?这就需要扬弃的方法。首先要界定传统政治文化的精华和糟粕。那些并不具有现代性的、为"传统政治价值结构所维系着的"、"有着明确的政治功利取向的政治概念与命题是糟粕","中国传统政治思想的合理显现即是精华"。④在理论上解决了这一问题,分析途径便豁然开朗。在此基础上,可以分析现代政治价值理念所需要的政治文化环境和成长因素,进而拓展了政治文化研究领域。⑤

　　学者从上述研究方向上,既分析传统政治文化的特性,又挖掘出具有现代政治

　　① 孙发锋:《中国传统政治文化中的反民主因素分析》,《黑河学刊》,2009年第2期。这一类的文章很多,如李景鹏:《政治文化历史变迁析论》,《天津社会科学》,2006年第5期;徐志宏、张弘政论:《论中国传统政治文化的现代转型》,《中共天津市委党校学报》,2006年第1期;马凤棋:《论中国传统政治文化的现代转换》,《湖南工业职业技术学院学报》,2006年第9期;任瑩:《论全球化中的中国政治文化》,《科学社会主义》,2006年第4期;马乐:《中国传统政治文化的现代思考》,《辽宁行政学院学报》,2006年第8期;黄颂、黄琳:《关于传统政治文化对政治现代化之影响的思考》,《孝感学院学报》,2006年第5期;谢俊春:《论中国古代政治文明及其现代价值》,《河西学院学报》,2007年第4期;李娟、李哲:《中国传统政治文化的民主异质性问题探要》,《世纪桥》,2008年第4期;李欢:《简析近代中国政治文化转型的制约因素》,《社科纵横》,2009年第12期;王秀良:《试论中国传统政治文化的现代转型》,《云南行政学院学报》,2009年第2期;葛荃:《论传统儒学的现代宿命——兼及新保守主义批判》,《清华大学学报》,2006年第4期;袁德良、江荣海:《试论中国古代帝王政治文化传统及其现代转化》,《四川行政学院学报》,2009年第2期。

　　② 葛荃:《传统儒学的政治价值结构与中国社会转型析论》,《山东大学学报》(哲学社会科学版),2007年第6期。

　　③④ 葛荃:《论"王权主义"的理论价值与儒学现代性》,《天津社会科学》,2009年第3期。

　　⑤ 葛荃、鲁锦寰:《论王权主义是一种极权主义——对中国传统政治文化的一种解读》,《山东大学学报》(哲学社会科学版),2006年第4期。

价值理念的因素。① 有破有立,在分析传统政治文化的价值结构基础上,弃其糟粕取其精华,发展了有利于现代政治价值理念成长的积极因素,可以说在处理传统与现代的这一核心问题上取得了长足进展。

其他政治文化方面的分析也向更深入的方向发展,如从政治文化的角度剖析某个政治人物的时代性和人格的调试性,或者从某一类政治角色的政治人格作为研究基点,阐释政治人格的成长及社会化。② 有学者从某一类思想中发掘传统思想在传统社会的表现及意义。

总而言之,虽然学者在研究政治文化问题的视角上有所集中,所提出的观点也有启发性,但存在着一个问题,那就是大多数学者尽管详尽地分析了传统政治文化思想,但对变化中的现代政治文化思想研究不够,也就是说,无法将传统和现代政治文化进行有效的关系构建,缺乏对当下政治文化的形成和发展过程的反思。要对现实政治生活产生影响,必须注重政治文化传统与现代诸多因素对政治体系的联合效应,也就是不能只研究传统文化对现代的意义,还有结合当今具体的政治现实来分析其影响。

(8)对比研究综述

对比研究的内容比较庞杂。对比研究就是要通过传统社会有相近思想的人物之间的理论对比以及中西方之间思想家之间的观点比较,来加深对某一类问题的认识。

①有的文章对生活在某一个时代的不同人物进行对比,研究其对待特定历史问题的不同思想。比如,孔子与老子都生活在春秋战国的变革之期,其思想的异同表现在:孔子以"仁"、"礼"为基础的"为政以德"的政治哲学,与老子的以"道"为基础的"无为"而"无不为"的政治哲学存在着差异;孔子的政治理念奠定了人在政治中的主体性,强调了人的主动性,老子则强调不要对百姓过多干扰,要顺其自然。③有文章对比了墨子、韩非子在大变革、大动荡的时代背景下提出的君主专制的理论,尽管两位思想者论述不一,但目标一致。④ 对比研究的方法有助于人们更加深刻地理解某个时代的特点以及人们对政治生活不同的应对方案。

②有的文章对不同时代的人物具有的相近思想进行对比,研究某一类思想的演变状况。比如有文章对比了管子和董仲舒的有关思想,认为管子在强调重礼和尊君的同时,非常重视国君的身体力行;董仲舒的礼在尊君的同时,更结合了天道

---

① 葛荃:《"大跃进思维定式"析论》,《思想战线》,2008 年第 6 期;《教化之道:传统中国的政治社会化路径析论》,《政治学研究》,2008 年第 5 期;《中国化的宽容与和谐——从传统到当代的政治文化整合》,《华侨大学学报》,2006 年第 4 期;《社会主义政治价值理念与宽容社会愿景——关于中国特色社会主义的一种政治文化解读》,《理论学刊》,2008 年第 9 期。

② 葛荃、贾乾初、刘坤:《张之洞政治人格刍议——基于政治文化的视角》,《山东大学学报》,2010 年第 1 期。

③ 武娟:《孔老政治哲学异同之新探》,《中华文化论坛》,2007 年第 3 期。

④ 贾军霞:《墨子与韩非君主专制思想的比较》,《山西煤炭管理干部学院学报》,2007 年第 4 期。

与阴阳五行的因素。① 这一类文章通过人物思想的对比可以使人们明确思想的继承性,以及一种思想流派随着时代任务不同而加以修正的必然性。

③有的文章对中外思想家的有关思想进行了对比研究,阐释了中外思想的不同特点。比较有代表性的讨论主题集中在伦理政治、法家法治、术治、西方与黄宗羲民本思想对比等方面。② 这类文章既表达了中西方思想的相同之处,又凸显了对西方思想的借鉴意义。有学者还分析了面对相同的时代问题出现具有相近思想的思想家的现象。③

该类对比类文章数量还不多,但是从一个角度拓展了人们对中国与西方、古代与当代政治思想的认识。中国传统思想内的对比研究,由于沿着时代发展脉络进行梳理、比较,文章较多,而中西方之间思想的对比研究则需要花费更多的气力,因此这一类课题有较大的发展空间。

二、“十一五”期间中国政治思想史研究存在的问题

“十一五”期间理论界有关中国政治思想史的研究,其内容的广博性、方法的多元性、成果的丰富性,都是值得肯定的。集中体现了这一时期有关学者有关政治思想研究的思维理性。无论这些研究成果所得出的结论取向如何,无疑都是基于学者们在逻辑思维论述的基础上对中国政治思想史相关研究视域的一种理性阐释和认知。综合起来看,这一时期有关中国政治思想的研究问题与成就同在。这些问题也正是未来中国政治思想领域研究的重点所在。

(一)中国政治思想通论

问题之一在于创新性、高水平的专著出版数量不多,除了刘泽华的著述有诸多创新之处而别具一格,并获得学界普遍共识之外,其他学者关于中国政治思想史研究的专著出版数量有限,大抵因袭前贤,甚少创建。无论是理论架构还是观点取向,大多没有超过以往学者的认识水平。以往著名学者的研究成果在这一时期一再被重新出版,均不能作为这一时期研究成果的体现。

问题之二是研究成果的侧重点大多集中于先秦诸子,以及秦汉以后著名的政治人物、思想家或者政治流派的研究,对那些知名度相对较低的学派或人物的研究过少,领域拓展不足。

---

① 郑明璋:《论董仲舒与管子思想的差异及其成因》,《社会科学家》,2007年第1期。

② 闫莉:《古希腊与中国儒家伦理政治观之比较》,《淮南师范学院学报》,2007年第2期;蒋九愚、占林光:《康德与孟子伦理思想之比较》,《江西社会科学》,2009年第10期。在法家法治方面,曹绪红:《管仲和亚里士多德法治思想异同论》,《管子学刊》,2007年第1期;陶钟灵:《西宪理论与法家学说基本论点之辨析》,《贵州大学学报》(社会科学版),2008年第2期。在术治方面,雷信来:《先秦法家的术治思想与马基雅维利的术治思想之比较研究》,《安徽史学》,2008年第2期。在西方与黄宗羲民本思想对比方面,允春喜、丁其涛:《黄宗羲民本主义理念与卢梭人民主权学说》,《山东社会科学》,2008年第4期。

③ 金芮蕊:《马基雅维里与韩非政治思想比较》,《集宁师专学报》,2007年第2期。

（二）断代政治思想

首先，除先秦和宋元之外，其他朝代的著作基本以历史读物尤其是通俗读物为主，专述政治思想的还不多。其次，在研究内容上，魏晋玄学作为魏晋南北朝时期的主要思想成就，现有著作基本是从哲学角度进行研究，从中搜寻政治思想主题的研究还很少，应从这方面加以深入；涉及隋唐、元朝政治思想的著述极少，可以选取这些朝代思想的某一专题领域进行细致的研究，而不必讲述总体思想状况；对清朝末期的新思想研究还较为缺乏。

（三）人物政治思想

在人物政治思想研究方面，已有成果不断重复历史上人物的思想并加以罗列，而对其思想的解读却缺乏创新性；对人物思想研究还不够细致，多是泛泛而谈，形式化的研究较多，个性化的东西少，宏观归纳的多，微观研究的少。研究的方法和手段比较单一化，缺乏新的视角去观察问题，对西方理论的运用生硬，缺乏自有理论工具，缺乏本土自有的理论框架。因此，在以后的研究工作中要把握好以下四点：

（1）在关注时代背景的前提下，加强人物的深化和细致研究。

（2）积极寻找新的研究视角，灵活运用西方研究的理论工具，结合本土实际，如实反映中国本土固有的政治思想文化资源在社会演变中的作用，以展示思想界多元互动的生动格局。

（3）努力创新，开创出适合本土的人物思想研究方法。

（4）构筑适合本土的理论研究框架。

（四）儒家政治思想

一是对儒家政治思想的研究大都以论文集出现，很少以专著形式出现；二是儒家专题研究大都从哲学、法学或社会学而非政治学角度解读；三是对于儒、道、墨、法等学派政治思想的比较研究，学术界鲜有作品问世；四是对新儒家的政治思想进行整体性介绍的著作较少，仅仅从文本出发，并没有对其进行深层次的解读。因此在以后的研究中应该加强对儒家整体政治思想的研究，并对儒、道、墨、法的政治思想进行比较研究，且对儒家的一些范畴从政治学角度进行分析，加强对新儒家政治思想的研究。

（五）其他各家思想

研究集中于道家、法家思想，对墨家、兵家等研究极少，应加强这方面的研究。另外，该领域的研究极少出现政治思想研究专著，都是对某家思想的全面概括，缺乏针对性。今后可以从某家政治思想探究方面着手，展开深入细致的专门研究。

（六）政治思想专题

在内容上按历史时间段讲述皇权的著作还不多，已有著作基本集中于皇权思想产生的先秦与几近终结的明清，可以多关注一下隋唐、宋明等时间段内的皇权思想；关于权术思想的学理性著作还很少见；人性思想集中于伦理道德范围内的探究，对其政治解读较为缺乏。

（七）政治哲学

在政治哲学方面，有两点问题应引起注意。一是主题较为零散。虽然涵盖面非常广泛，各学者讨论的内容、研究的视角也多种多样，但这也从另一个侧面反映了学者对这些问题的讨论主题过于零散，学者们基本上各自为战，没有形成统一的、整体的、有机的研究体系。二是评析不够深入。往往描述性胜于评论性，且大多数内容深度不够，只是在总体的、概述的、含义的层面进行阐述和介绍，资料运用得仍然不够深入和细致，也往往存在论述含混不清之处。

（八）政治文化

一是专门论述中国政治文化的著作比较有限，虽然这一期间政治文化研究取得了不少成果，但论述大多分散而零散，只是在论述其他问题时，涉及中国政治文化。二是研究不够全面。这些对中国古代政治文化的研究大多集中于对先秦政治文化的研究，集中于对儒家政治文化的研究，集中于对孔子、孟子、老子、韩非子等政治文化思想的研究，而对秦以后各朝代，儒家以外其他各派，孔孟、老庄、韩非子等以外各派代表人物的政治文化思想研究得较少。另外，对中国近代政治文化的研究主要集中于孙中山、张之洞、曾国藩等人的政治文化思想方面。三是研究成果创新性很少，大多老生常谈。如对儒家、道家等政治文化思想研究的视角相同，结论也大同小异。

（九）中西政治思想比较

在中西政治思想比较研究方面，已有成果的比较意味不足。虽然这期间也有很多学者致力于中西政治思想比较研究，以求探究中国传统政治思想与西方传统政治思想的分歧与互参，并且形成了一定理论成果，但就目前的材料来看，大部分学者仍然是将这两个部分分开讨论，缺少真正意义上的比较研究。

三、"十二五"期间中国政治思想史研究的发展趋势

就中国政治思想史研究领域而言，所涉及内容将更加丰富，可研究的方向也日益增多，有望形成整体发展局面的繁荣。对各个时期政治思想的梳理，对各流派、人物思想的概括已经形成相对成熟的研究局面，学者们倾向深化主题并细化研究对象的某个方面。尤其是在对传统政治哲学、学科总体理解上，有望形成突破。

学者们将更加注意挖掘传统政治思想对于现代政治生活的意义，比如民本思想、"和"之思想。两种倾向的分歧将继续存在，即要么全面否定传统文化的现代意义，要么拔高传统思想的价值高度。在如何联系传统和现代的问题上需要方法论上的解决方案。

针对上述局面，中国政治思想史研究需扩大视野，在全面把握中国传统政治思想史发展的基础上，充分理解现代政治生活的基本特点，并以当今政治现象为出发

点反观中国传统政治思想,并寻求两者的共性。

在人物思想研究上,注意包括思想家在内的任何历史人物都有其独特的生活背景,他生活在一定的时代之中,他的行为和思想的特点表现怎样,归根到底都是时代的产物。只有认识到历史人物所处的时代以及环境的繁杂,才能找寻历史人物思想和实践的历史意义。不应局限于一种方法和视野,而应从政治视角去追寻,而且能运用政治学、经济学、社会学、文化学的方法对人物思想进行大视角的审视、全面的考察。

因为研究领域的特点,需要在重新发掘和整理材料的基础上开拓新的研究领域,注意从多方面搜集对研究对象的资料文献。在宏观研究和微观研究两方面寻求研究领域的突破。

总体而言,中国政治思想史研究不应成为单纯的思想描述,中国政治思想史研究在方法论上将继续寻求新发展,尤其在使用政治学基本概念的框架内增加新的知识点,基于政治价值形成独特的研究领域特征。在对历史及历史人物的研究上,突出其时空特性,注意研究对象的时代背景与历史参照环境。在思想研究中,既把目光投向统治思想的方面,更注意对平民思想的研究,注意两者的区别,更多挖掘传统思想另外的维度——一般民众的心理和文化。

四、"十二五"期间中国政治思想史研究的发展建议

(一)"十一五"期间国家课题资助回顾

"十一五"时期中国政治思想史学科的重点研究方向和重点研究课题是关于中国传统和谐治理观的研究,重要研究项目有:

1. 儒家思想及其现代化

项目:儒家思想对构建东北亚区域"和谐"文化环境的角色定位

儒学的现代命运——儒学在现代社会中的理论演进和功能

20世纪90年代以来的大陆新儒学思潮研究

现代新儒家的文化价值论

儒家政治思想与现代社会

传统儒学的合理内核和当代价值研究

儒道互补的理论结构及其现代价值

现代新儒学的走向

儒家理论及其现代价值研究

2. 政治文化研究

项目:中国传统政治文明及其转型研究

中国传统的道义理念与当代政治文明建设

明末清初"功过格"运动的思想研究

传统政治文明与现代政治文明关系模式比较研究

春秋至秦汉时期从分裂走向统一的文化思考

"官本位"与"民本位"的政治文化学研究

台湾地区政治文化与政治参与

明代后期士人心态研究

3. 治国方略与德治、法治思想研究

项目：韩非的治国方略研究

中国历史上的德治思想研究

"法治与德治相结合"基本治国方略研究

为政治立"法"——毛泽东政治伦理思想研究

4. 民族思想研究

项目：隋唐时期民族关系思想研究

5. 民主思想研究

项目：中国近代民主史研究（1840—1949）

6. 民本思想研究

项目：民本思想与中国古代统治思想的关系研究

7. 人物思想研究

项目：王阳明与阳明学派系列研究

顾炎武思想研究

8. 其他

项目：中国道教思想史

晚清治理边疆思想研究

先秦诸子礼学研究

可见，"十一五"期间中国古代思想史的研究项目集中在儒家、新儒家以及儒家思想的现代化研究、关于政治文化的研究、关于治国方略的研究上，其他项目涉及民本、民主、民族思想，王阳明、顾炎武的政治思想，道家思想，边疆治理的思想。

（二）"十一五"期间教育部课题资助方向回顾

"十一五"规划期间，教育部人文社会科学研究基金项目中关于中国政治思想史的研究项目共有 29 个，具体情况如下：

1. 断代政治思想

（1）规划基金项目：空间转换与士人价值观念的塑造——明清时期山东士人群体考察

晚明社会变迁与士人生存伦理的演变

（2）重点基地项目：宋代经学与哲学研究

清代政治文化研究

（3）青年基金项目：民初"甲寅派"政治思想研究

唐宋政治思想转型视域中的《资治通鉴》

宋代《论语》诠释与理学的构建

(4)后期资助项目:春秋时期的国家间干涉与国际关系理论的中国经验

(5)重点基地项目:易学与宋代理学的形成

理学与宋、金、元文明

2. 关于政治文化的项目

(1)规划基金项目:政治权力、文化统治与社会建设——中国古代的文化政策

与社会发展

"忠孝礼义"的当代性研究与传播

传统思想与中国特色社会主义的文化资源

中国传统价值观创新研究——以信仰和信念为中心

(2)青年基金项目:《洪范》与中国传统文化研究

3. 政治思想专题

(1)规划基金项目:中国行政管理思想史研究

宋代治国理念及其实践研究

(2)后期资助项目:秦汉伦理政治研究

(3)重点基地项目:中国古代和谐伦理思想研究

4. 关于政治哲学的项目

(1)规划基金项目:中国古典思想中的政治正当性问题

中国正义论传统的现代性研究

(2)青年基金项目:儒家政治哲学的现代重构研究

5. 儒家外其他各家政治思想

(1)重点基地项目:墨家学说对中国社会发展的影响

近代中国老庄学研究

6. 儒家政治思想

(1)省市社科项目:孔子"仁"学中的大爱思想与和谐社会的建构

(2)重点基地项目:儒学原理研究

7. 中西政治思想比较

(1)重点基地项目:中西思想史中的政治正当性研究

(2)后期资助项目:比较政治文化研究

8. 人物政治思想

规划基金项目:融合和发展——王阳明心学之研究

由上可见,"十一五"期间,教育部关于中国政治思想史研究的项目当中研究断代思想的较多,有 10 个项目,且以宋明理学与经学为主,其中又以士人群体的研究为创新特色,其他研究涉及春秋、清朝、民国等时期。政治文化与政治哲学的研究项目也有很多,政治哲学问题中关于政治正当性的研究较为新颖。政治思想专题

的研究中以政治伦理与治国理念与方略为主。其他各家政治思想涉及墨家与道家思想的研究,且对墨家思想的现代价值进行了较为新颖的探讨。值得注意的是,关于中西政治思想的比较研究有两个,涉及政治哲学与政治文化的中西比较。另外,关于儒家思想及其现代化和王阳明思想研究也有所涉及。

(三)"十二五"期间重点资助方向设计

(1)中国政治思想史研究中的政治学理论运用问题。此前的研究,在理论方法方面基本是以历史学为主,辅之以哲学、历史唯物论和辩证唯物论,很少用到政治学理论与方法。中国政治思想史的学科归属是政治学,在方法论上,既要借鉴西方当代政治学理论,更要结合中国历史与国情,形成本土化理论。因而需要在"中国政治思想研究方法论创新"方面设置攻关课题。

(2)中国政治思想史的系统化和完善性。从"十一五"的研究状况看,中国政治思想史的研究领域基本延续了中国哲学史或思想史的脉络和框架,鲜有突破。事实上,每一个历史时代都有众多没有引起关注没有开发的思想家和政论家,在政治思想断代研究方面应设置重点课题,使得各断代政治思想史在研究领域上进一步拓展,在思想体系上得以进一步完善,以至最终形成有别于中国哲学史的中国政治思想史知识体系。

(3)中国政治思想史的价值问题。中国传统和近代以来的政治思想是否具有普适性? 对于当代中国社会政治发展是否具有切实的参照或指导意义? 这涉及对本民族文化价值判断的问题,应该在这一方面形成集中研究。

(4)儒家思想的普世价值和作为政治指导思想的问题。弘扬儒学是继承民族文化,也是对中华文化的张扬。但是就当前学术界提出的问题看,传统儒学是否具有现代性,是否可以奉为"国教",甚至取代马克思主义,是需要严肃对待和进行深入探讨的。因而需要在传统儒学的现代性,以及是否可以奉为国教,甚而上升为国家意识形态等问题上进行专门研究。

(5)中国政治思想史研究的操作性价值与功能问题。大凡研究思想史者,都会强调本项研究的实践意义,可以用为历史的借鉴与参照。那么政治思想史对于中国社会政治实践究竟有什么积极作用? 是否有可能成为行为主体之行为选择的主观驱动力? 如何把思想与行为连接起来? 这些都需要把握思想与行为之间的"中介环节",需要就这个层面进行深入的专题研究。

(6)中国政治哲学、政治思想、政治理论的分层研究与分段研究。这几个理论层面相互关联又有所区别。就"十一五"研究状况看,论者在一些基本的概念和表述方式上,仍然有些模糊不清。特别是常常将政治哲学与政治理论混在一起。为此需要在这个层面上设置攻关课题,从理论领域、理论构架、基本规定性和思维方式等方面予以正本清源,为学科领域的明确、准确并全面提升研究水平奠定理论基础。

(7)中国政治文化与政治社会化专题研究这一研究领域方兴未艾,尚有诸多领域是空白,比如政治信仰、政治思维定式、政治心态模式等等。有些领域已有研究,但明显不足,如政治道德、政治价值观等等。因而需要在这些领域设置专题,进行研究。政治文化与政治社会化研究与当代中国社会政治实践的联系是极为紧密的,其社会实效最为明显。因而设置这一领域的课题,具有明显的社会政治效益。

(8)中外政治思想的比较研究。这一领域的研究,对于学者的学术积累和理论要求很高,故而迄今学术界鲜有研究,涉及甚少。无论古代当代,政治思想的比较研究都是十分必要的,其对于构建中国特色社会主义政治学理论具有直接的促进意义。因而需要加强这一方面的课题设计,以形成集中研究,推动中国政治思想史学科的进一步发展。

本章调研和编写主持人:山东大学政治学与公共管理学院葛荃教授
参与调研和编写人员:山东大学政治学与公共管理学院王成教授负责调研总体规划与组织工作,张欣辉、范煦分别负责论文与书籍(含课题)调研及报告初稿撰写工作,另有20余位青年教师、博士研究生、硕士研究生参与了调研活动

第九章 西方政治思想史

一、"十一五"期间西方政治思想史学科的发展状况

"十一五"期间,我国西方政治思想史在学科建设、项目资助、学术刊物、基础教材、专题研究等方面取得了显著的发展。

(一)学科建设

西方政治思想史是政治学和历史学的交叉学科,既是政治学的组成部分,又是历史学的分支学科。"十一五"期间,我国高校政治学专业普遍开设了《西方政治思想史》课程,已经成为政治学理论和方法论教学的基础课程。在北京大学、复旦大学、人民大学、吉林大学、中国政法大学等高校,形成了较为稳定的教学科研群体,建立了侧重不同的研究机构。天津师范大学于1996年获批设立中外政治思想博士点后,该校政治学理论专业又于2007年被批准为国家级重点学科,成为国内唯一以研究西方政治思想为主的国家级学科,为深化国内政治思想研究奠定了基础。天津师范大学政治文化研究中心、中国政法大学政治学研究所、复旦大学思想史研究中心、吉林大学政治学与国家建设研究中心,业已成为荟萃专业学者、研究西方政治思想史的重要学术机构。与硬件建设相平行,天津师范大学"政治文化研究网"、复旦大学"思想史研究中心"、华东师范大学"思与文"等学术网站,通过发布学术信息、共享学术资源,逐渐成为学者相互交流的智能平台。

(二)项目资助

国家社科基金项目和教育部人文社科规划项目是我国社会科学研究的高级别项目,它既为深入开展学术研究、特别是基础类研究提供了物质保障,也为研究工作提供了指导。自2006年以来,西方政治思想史研究共有23项课题获国家社科基金资助(见附表1),其中重大项目1项,重点项目2项,一般项目7项,青年项目13项;11项课题获教育部人文社科规划项目资助(含后期资助),其中一般项目3项,后期资助1项,青年项目7项(见附表2)。承担国家社科基金项目和教育部人文社科规划项目的主要高校有天津师范大学(9项)、中国政法大学(2项)、中山大学(2项)。西方民主理论、自由主义理论及前沿思潮跟踪研究是资助的主要对象。总体而言,国家社科基金项目和教育部人文社科规划项目资助的重点研究课题偏少,资助的力度有待加强。青年项目的数量不断增加,项目主持人年轻化的趋势明

显,这说明青年工作者已逐渐成长为国内西方政治思想史研究的重要力量。

（三）学术刊物

提高西方政治思想史的研究水平,既需要积极译介国外学者的最新研究成果,密切追踪学术前沿,也需要加强国内学者之间的交流互动,促进学术分工与合作。长期以来,国内西方政治思想史学者主要通过中国社科院政治学所主办的《政治学研究》等数量有限的刊物发表学术成果,开展学术批评。"十一五"期间,各种学术辑刊逐渐成为学者刊发学术论文的重要载体。具体包括,华夏出版社发行的《经典与解释》、复旦大学思想史研究中心主办的《思想史》、复旦大学社会科学高等研究院主办的《复旦政治哲学评论》,华东师范大学中国现代思想文化研究所主办的《知识分子论丛》、南开大学周恩来政府管理学院主办的《南开政治学评论》,中山大学政治与公共事务管理学院主办的《中大政治学评论》,武汉大学政治与公共管理学院主办的《珞珈政治学评论》。① 在现有的出版条件下,各种学术辑刊初步实现了交流渠道的多元化。尤其需要指出的是,天津师范大学政治文化研究中心在连续出版 7 辑《中西政治文化论丛》的基础上,于 2010 年正式创办《政治思想史》杂志。该刊以中外传统政治思想研究、当代政治理论评介、中外政治思想比较和理论创新为主要内容,努力建成国内外学者切磋争鸣的学术园地。

（四）基础教材

西方政治思想史研究的持续发展,不仅表现为学术成果的不断涌现,而且表现为基础教材的推陈出新。形式多样、特色鲜明的西方政治思想史教材,能够显示既有研究成果积累的深度,满足不同层次的教学需要。我国新时期政治学学科恢复重建以来,政治思想史教材主要表现为两种类型:一是坚持历史唯物主义的基本原则,按照时间顺序研究诸代表人物的政治思想;另一是选择特定历史时期的研究主题,依次述论代表人物的政治思想。② 在此基础上,还有学者立足于第一手的原始资料,吸收国内外政治思想史研究的最新成果,系统地分析了西方政治思想史中的主要理论及流派。此类研究型教材突破了思想史的传统写作方法,在历史分期的基础上,以政治思想本身的发展作为主要线索展开叙述,体现了西方政治思想的完整性与连续性。③

（五）专题研究

我国对西方政治思想史的考察主要以社会经济形态的变迁作为分期依据,逐

325

---

① 《经典与解释》,华夏出版社;《思想史》,上海人民出版社;《复旦政治哲学评论》,上海人民出版社;《知识分子论丛》,江苏人民出版社;《南开政治学评论》,天津人民出版社;《中大政治学评论》,中央编译出版社;《珞珈政治学评论》,武汉大学出版社。

② 徐大同:《西方政治思想史》,天津教育出版社,2000 年。2005 年,以徐大同教授为组织者的研究群体推出了多卷本《西方政治思想史》,初步构筑了西方政治思想研究的通史体系,参见徐大同总主编《西方政治思想史》(1~5 卷),天津人民出版社,2005 年。马啸原《西方政治思想史纲》,高等教育出版社,1997 年。

③ 唐士其:《西方政治思想史》,北京大学出版社,2008 年。该书首次出版于 2002 年,修订版进行了较大幅度的扩充,新增内容近 13 万字,是我国"十一五"期间出版的代表性研究型教材。

次论述各思想流派、代表人物的基本观点。随着政治学学科的发展，将西方政治思想史从宏观研究转向中观和微观研究便被提上日程。"十一五"期间，我国政治思想史研究的趋势之一是，不同于教材编纂模式的专题研究日益普遍，出版学术著作约 50 部（见附表 3）。

首先，我国西方思想史研究的重点长期停留在近现代，而对于中世纪基督教政治哲学鲜有问津。有关奥古斯丁和阿奎那政治思想著作的出版改变了这一状况。①

其次，我国西方政治思想史研究的范围主要限定在英、法、美等主要西方国家，而对于澳大利亚、加拿大等国的政治思想关注得较少。有学者在对多元文化主义进行总体探讨的基础上，紧紧围绕澳大利亚文化多样性的形成与发展，动态地考察澳大利亚多元文化主义由多元文化社会现实、多元文化社会思潮到多元文化社会政策的客观发展过程。②

再次，在具体代表人物的个案研究方面，我国学界的研究成果较为丰富。既有近代人物的专题研究，如霍布斯、托克维尔政治思想的研究；也有现当代人物的专题研究，如诺齐克、鲍曼政治哲学的研究。③ 其中，针对哈贝马斯的公共领域理论、罗尔斯的正义理论和阿伦特的政治哲学的研究尤为突出④，而有关德沃金、列奥·施特劳斯等代表人物的学术论文也日渐增多，分别达到 70 篇和 40 篇（见附表 4）。⑤

最后，我国学者对西方主要思想流派的专题研究获得了长足发展，具体内容包括保守主义、浪漫主义、法团主义、多元文化主义等，其中社群主义、生态主义的学

① 夏洞奇：《尘世的权威——奥古斯丁的社会政治思想》，上海三联书店，2007 年；刘素民：《托马斯·阿奎那自然法思想研究》，人民出版社，2007 年。

② 杨洪贵：《澳大利亚多元文化主义研究》，西南交通大学出版社，2007 年。有关加拿大多元文化主义的研究可参见：常士闾：《超越多元文化主义——对加拿大多元文化主义政治思想的反思》，《世界民族》，2008 年第 4 期。

③ 王利：《国家与正义：利维坦释义》，上海人民出版社，2008 年；胡勇：《一种中道自由主义——托克维尔政治思想研究》，武汉大学出版社，2007 年；文长春：《逻辑在先的个人权利：诺齐克的政治哲学》，中央编译出版社，2006 年；郭台辉：《齐格蒙特·鲍曼思想中的个体与政治》，上海人民出版社，2007 年。

④ 季乃礼：《哈贝马斯政治思想研究》，天津人民出版社，2007 年；童世骏：《批判与实践：论哈贝马斯的批判理论》，三联书店，2007 年；李佃来：《公共领域与生活世界：哈贝马斯市民社会理论研究》，人民出版社，2006 年；王晓升：《哈贝马斯的现代性社会理论》，社会科学文献出版社，2006 年；葛四友：《正义与运气》，中国社会科学出版社，2007 年；谭安奎：《政治的回归：政治中立性及其限度》，中央编译出版社，2007 年；龚群：《罗尔斯政治哲学》，商务印书馆，2006 年；李志江：《良序社会的政治哲学：罗尔斯分配正义理论研究》，人民出版社，2009 年；陈伟：《阿伦特与政治的复归》，法律出版社，2008 年；王寅丽：《汉娜·阿伦特：在哲学与政治之间》，上海人民出版社，2008 年；涂文娟：《政治及其公共性：阿伦特政治伦理研究》，中国社会科学出版社，2009 年。

⑤ 有关德沃金、列奥·施特劳斯的学术论文可以参见：高景柱：《平等与运气：以德沃金为中心的考察》，《现代哲学》，2009 年第 6 期；陈建洪：《施特劳斯论古今政治哲学及其文明理想》，《世界哲学》，2008 年第 1 期。

术论文分别达到 88 篇和 41 篇(见表 4)。有学者对当代西方流行的多元文化主义政治思想进行了较为全面的研究,认为多元文化主义主要是一种以寻求多族群共存为主要内容的政治思想和政策实践。①

二、"十一五"期间西方政治思想史研究的学术前沿

我国西方政治思想史学科的发展受益于改革开放的推动,"十一五"期间改革开放的深入发展,进一步促进了我国西方政治思想史研究的学术交流。区分西方政治思想的精华与糟粕,比较中西政治思想的哲学基础、演化特征,成为我国学者思考的重要课题。改革开放作为富民强国的基本国策,具有较强的经济效率导向,随着改革进程的不断深入,经济发展的社会政治效应逐渐显现。在我国,社会经济的发展导致各种新兴阶层、群体的出现,价值观念逐渐多元化,社会正义问题日益受到人们的关注;在国际方面,20 世纪 80 年代以来,全球政治格局发生了重大变化,自由主义思潮开始在发展中国家广泛传播。面对上述国内外形势,从学理上批判自由主义的普遍主义倾向,考察自由主义与社会主义之间的争论,吸收西方民主理论的合理元素,发展社会主义民主政治,整合社会多元利益,成为西方政治思想史研究的前沿课题。②

(一)中西政治思想比较

国人对西方政治思想的关注,源于中西两种政治文化的碰撞与融合。在全面建设小康社会的时代背景下,比较中西方政治思想的异同,不仅有利于加深对西方政治文明的了解,而且有助于将我国传统文化转变为中国特色社会主义政治建设的思想资源。我国学者对中西政治思想的比较研究主要包括如下方面:

首先是对中西政治思想研究学科地位的比较。有学者指出,政治思想史学科的建立和发展与民族和国家的社会政治状况、历史发展、文化传统、思维方式紧密相连。西方早在古代就建立了政治学学科,西方传统政治学注重制度建设即政体问题,而中国传统政治学重视统治原则和方式方法。我国西方政治思想史研究必须警惕教条主义,准确认识中西方传统政治,构建具有民族特色的政治学体系。③

其次是对中西政治思想哲学基础的比较。有学者认为,中西政治思想的哲学基础和价值观念深受古典时代的影响,它们各自奠定了中国和西方的文化主题。中西方的思想家对政治世界的思考方式不同,与中国相比,西方的政治哲学更具有理性精神,而中国的政治哲学则具有强烈的伦理特征,关注世俗问题。近现代以来,中国传统伦理本位的政治哲学在遭遇西方充满理性精神的政治哲学的挑战时,表现出了主动接纳的意愿和强烈求变的心态,西方政治哲学的普适价值观念应该

---

① 常士誾:《异中求和:当代西方多元文化主义政治思想研究》,人民出版社,2009 年。
② 高建、高春芽:《西方政治思想史研究 30 年》,《政治学研究》,2009 年第 3 期。
③ 徐大同:《政治学学科发展史略——兼论中西传统政治学的差异》,《政治学研究》,2007 年第 1 期。

根植于中国传统文化的土壤并关照中国的现实。①

最后是对中西政治思想基本模式的比较。有学者指出,西方传统政治文化的原初模式源于古希腊罗马时期,是经历多次转换具有多元结构和多重体系的法治文化复合体。与西方模式经历多次转换不同,传统中国长期奉行"一以贯之"的礼法文化模式,其表征是中央集权的中华民族政治共同体,价值取向是"大一统"的政治文化心理、民本主义和以"仁爱"为核心的人文传统。它孕育了与西方理性主义交相辉映的中华人文精神。在全球化的条件下,必须凸显传统文化的自我认同,成就中华民族的伟大复兴。②

我国中西政治思想比较研究的一般特征是,学者主要关注两种思想体系的特殊性及其形成的社会历史原因,侧重于传统而非近现代政治思想的比较。中西政治思想比较研究既在于考察两种思想体系发生形态、演化机制的不同,也在于确定合理的参照对象,选择明确的切入点,秉持"深入、比较、借鉴"的原则,实现两种文明、两种政治文化传统的平等交流与对话。

(二)普遍主义(普世价值)的论争

"十一五"期间,普遍主义(普世价值)成为我国政治学界讨论和交锋的重要话题。有关普遍主义具体内涵和价值基础的研讨,经常伴随着对民主理论和自由主义的论辩。这一学术现象不仅体现了学术界内部的不同认识,而且反映了中国对自身发展道路和制度选择的积极探索。

首先,学者对普遍主义的研究首先是对普遍主义概念和类型的分析。有学者指出,为了更好地理解"普遍主义"的概念,有必要对普遍主义的类型进行分析。普遍主义有宗教的和世俗的两种类型。在世俗普遍主义中,有以观念的可接受性程度为核心的普遍主义,也有以观念的涉及范围为核心的普遍主义。在以观念的可接受性程度为核心的普遍主义中,有以单个价值为核心的价值普遍主义和以价值体系或诸多价值排序方式为核心的文化普遍主义;在价值普遍主义中,有强调交往的普遍意义的对话普遍主义和以为某人或某民族是可以单方面或独白地决定何种事物具有普遍有效性的独白普遍主义。为了避免西方中心论,必须把本质主义的普遍主义与建构主义的普遍主义区分开来,通过观念层面的沟通和现实层面的交往实现二者的良性互动,在未来的共同实践中建构包容多样性的普遍性。③

其次是对普遍主义性质的界定。有学者认为,民主实质上是一种国家形式或国家形态。世界上从来没有抽象的、纯粹的民主,而只有具体的、历史的民主。因此,根本就不可能有什么全人类共同享有的民主、自由、平等与人权。以美国为首的民主、自由、人权理论,是对自由资本时代资产阶级的自由、平等、博爱等理论的

① 施雪华、李凯:《伦理本位与理性精神:中西政治哲学的价值取向》,《上海行政学院学报》,2009 年第 1 期。

② 武经纬:《中西传统政治文化模式的历史演变》,《思想战线》,2008 年第 4 期。

③ 童世骏:《普遍主义之种种》,《华东师范大学学报》(哲学社会科学版),2008 年第 6 期。

继承和发展。我们不能简单地否认各种具体民主形式上的普遍性,但也不承认西方民主从形式到内容的"普世价值"。发展社会主义民主,加强社会主义政治文明建设,必须深入贯彻落实科学发展观,坚定不移地走中国特色社会主义民主政治道路。[①]

再次是对普遍主义误导性的学理批判。有研究指出,价值问题非常复杂,"普世价值"概念遮蔽了这种复杂性,对于指导人们的价值选择缺乏实质性意义,而具有把人们对价值的认识引向混乱和导入误区的作用。第一,它容易把某一历史阶段形成的具有特定社会属性和内容的价值视为超时空的价值;第二,它容易把充满分歧和冲突的价值观念简单化,无视其中的差异、矛盾和冲突;第三,它容易混淆科学问题与价值问题的区别;第四,它容易滋长非历史地看问题的形而上学思维,陷入普遍主义的误区,形成新的教条主义;第五,它容易为专制主义和霸权主义提供借口。[②]

此外,对普遍主义价值的辩护也值得关注。有学者认为,中国对于现代性政治的拒斥基本上是基于特殊主义的理由,对于普遍主义基点上建立的现代性政治的认同处于矛盾的心理状态。特殊主义尽管具有历史依据的支持,但它不是一个自洽的立场。审视特殊主义的局限性,正视普遍主义对现代政治理念、政治制度、政治生活的基本论证价值,具有支持中国现代化向深度发展的动力作用。

普遍主义争论的背后包含着巨大的现实政治意蕴,它反映了人们对现代化和全球化这两个重大历史趋势的不同理解,也折射着中国在推进现代化的过程中所面临的难题和困境。我们必须立足于现实国情,在构建社会主义核心价值体系的同时,加强中西方的对话与交流,探索具有民族性和现代性的政治制度模式。

(三)西方民主理论学说的批判解读

"十一五"期间,我国的改革开放不仅取得了巨大的经济成就,它还产生了积极的社会效应。随着生活水平和教育水平的提高,人民的权利意识不断增强,政治参与的愿望空前高涨。党的十七大报告指出:人民民主是社会主义的生命,发展社会主义民主政治是我们党始终不渝的奋斗目标。客观的经济形势与现实的政治需要,都要求我国学者加强对西方民主理论的研究。

学者对西方民主理论的研究,首先是考察民主形态的历史演变。有学者指出,古典希腊民主政治和现代西方民主政治存在根本性差别,但雅典民主政治是一套稳固而行之有效的政治制度,正是雅典的民主政治将希腊文化推向了高峰。古代民主和现代民主的根本不同在于对大众与精英关系的不同理解,以及对个人自由所持的不同态度。[③]

其次,是在叙述西方民主理论历史发展的基础上,批判民主价值的局限性。有

---

① 李慎明:《关于民主和普世民主的思考》,《马克思主义研究》,2009 年第 6 期。
② 马德普:《价值问题的复杂性与"普世价值"概念的误导性》,《政治学研究》,2009 年第 1 期。
③ 黄风:《古代与现代的民主政治》,《史林》,2007 年第 3 期。

学者认为,从民主与法治对立统一的角度出发,西方宪政民主存有内在张力。民主从社会和集体的角度整合公民意见,但不可能做到个人与共同体的完全一致。为了避免民主失败,以法治规制民主,并使两者之间的紧张关系实现均衡成为西方政治文明的基本经验。①

最后,我国学者对代议民主、多元民主、精英民主等流派开展了深入研究,其中有关参与式民主和协商民主理论及其借鉴价值成为讨论的热点。有研究认为,20世纪中期在西方兴起的参与式民主理论复兴了参与在民主中的地位,将民主从狭隘的政治领域扩展到整个社会生活,主张公民从基层、从社区积极参与决策过程,通过自下而上的民主化路径,建构一种参与性的社会,最终实现每个人自由和平等的发展。社会主义民主应当从与民众紧密相关的公共生活开始,逐渐培养公民的民主素养和能力,营造参与性氛围,进而上升到国家层次的民主。② 还有学者指出,协商合作内在的多元性、包容性、妥协性、交互性的特点和优势,使之与选举竞争一样,已经成为当代民主政治的重要实现形式。协商合作作为当代民主的重要形式,不仅在多个维度上推动了民主政治理论和实践的发展,甚至可以预测它将成为未来民主政治发展的主流方向。③

我国的民主政治建设要坚持从国情出发,总结自己的实践经验,同时借鉴人类政治文明的有益成果,但绝不照搬西方政治制度的模式。在我国现有基层民主和党内民主政治实践的基础上,推进对西方协商民主理论的研究,比较中西方协商政治的指导原则与运行机制,能够为建设和谐社会提供理论依据。

(四)共和主义与自由主义的辩驳

作为系统完整的政治观,自由主义是随着资本主义经济的发展而逐步转变为西方政治思想的主流。但自由主义并非西方唯一正宗的传统,在主流政治思想外部存在社会主义对自由主义的批判,在主流政治思想内部存在自由主义与共和主义的争论。

我国学者对自由主义和共和主义争论的研究,首先是对共和主义传统的历史透视。有学者指出,公共性是共和主义的基本价值关怀,古典共和对这个议题的索解导出了两种交叠互补的治国路线:一是"德治",即通过美德教育,引领公民对公共利益作出优先选择;二是"法治",即通过混合均衡,防范公共权力蜕变为操控在个别人或个别集团手中的私器。这两个方案的互补性复合,构成了古典共和传统的弹性框架。在近代政治大变革时期,激进民主主义者用公共意志支持高度集权的政制模式,但这种模式无法解决后革命时代的国家治理问题。在新的时代条件下重申并发扬共和传统,应该恰当地把握温良中道的共和气质。④

① 佟德志:《在民主与法治之间》,人民出版社,2006年。
② 陈尧:《西方参与式民主及其对社会主义中国民主政治的启示》,《社会主义研究》,2008年第1期。
③ 虞崇胜、王洪树:《协商合作:未来民主政治发展的新方向》,《江汉论坛》,2009年第10期。
④ 张凤阳:《共和传统的历史叙事》,《中国社会科学》,2008年第4期。

其次是以自由主义为参照,系统论述共和主义、特别是古典共和主义的基本内涵。有学者认为,共和主义的中心内容具体涉及:共和主义认为人性包含社会性或者说政治性的道德目的;共和主义依据自治来理解政治自由的含义,自由意指保持政治共同体的独立和实现对共同体的自我治理;共和主义的理想政治制度是混合政体或平衡政体。古典共和主义的诸多遗产为自由主义所继承,它突出地表现为对绝对权力的强烈敌视。[①] 第三种研究类型是讨论共和主义对自由主义的批判及其局限。有研究认为,共和主义对当代自由主义的改造具有重要的启示意义,它试图超越积极自由与消极自由的二分法,重构人们对自由的基本观念。但限于现代性条件下平等主义与多元主义的压力,将共和主义作为一种替代性的意识形态或政治方案并不可取。比复兴共和主义更为紧迫的是,将自由主义丰富的思想传统从意识形态的枷锁中解放出来,在创造性的发展中为其注入公民政治的活力。[②]

我国学者对共和主义的研究,主要是在梳理经典文献的基础上评述共和主义的基本观点和价值倾向。进一步考察共和主义演变的思想轨迹及其与自由主义消长融合的关系,不仅有利于认清西方主流政治思想演变的复杂性,而且有助于发挥政治参与和公民美德在现代政治过程中的积极作用。

三、"十一五"期间西方政治思想史研究的基本特点

"十一五"期间,我国的西方政治思想史研究取得了较快的发展,研究主题日趋多元,研究领域逐渐拓展,研究成果不断涌现。总结西方政治思想史的研究特点、正视其中存在的问题,将为我国"十二五"西方政治思想史研究提供经验和借鉴。

（一）"十一五"期间西方政治思想史研究的主要特点

首先,西方政治思想史重要著作的译介是我国学术发展的助推力量。西方政治思想史研究的拓展深化,必须以准确及时地了解当代西方研究状况作为先决条件。"十一五"期间,江苏人民出版社的"当代西方政治哲学读本"、吉林人民出版社的"人文译丛"、译林出版社的"人文与社会译丛"等系列译著,在加强我国学者了解西方学术前沿方面发挥了重要作用。由于西方政治思想史代表性论著的及时引进,国内外学术研究的同步性得以提高,国外政治思想研究的前沿能够迅速地传递到我国学术界。

其次,西方政治思想史研究初步实现了学科间的互补融合。西方政治思想史作为历史学和政治学的交叉学科,其形成与发展离不开其他学科的支援。"十一五"期间,西方政治思想史在保持学科自主性的前提下,与其他学科之间的交流趋于增强。具体表现为,从事哲学、伦理学以及世界史等领域的学者融入西方政治思

---

① 刘训练:《共和主义与自由主义:一个思想史的考查》,《学海》,2006年第5期。
② 刘擎:《反思共和主义的复兴:一个批判性的考察》,《学术界》,2006年第4期。

想史的学术队伍，为西方政治思想史研究提供了新的理论视角和方法论支持。①学科间的协作顺应了交叉研究的潮流，促使人们更加全面地审视价值观念、历史情势的变迁对西方政治思想史发展的影响。

最后，西方政治思想史的学术研究与我国的政治进程之间实现了互动。政治学作为一门社会科学，其学科的性质决定了它必须关注现实政治，其学科的价值决定于对现实政治的回应能力。"十一五"期间，西方政治思想史研究的主题大多来自现实社会发展提出的课题。例如，在我国提出建设和谐社会、确立科学发展观后，有关西方生态主义、协商民主理论成为我国研究的热点。这就表明，西方政治思想研究已经与我国的政治发展之间形成了良性互动关系。中国的政治发展是中国政治学发展的积极推动力量，西方政治思想史研究只有建设性地关注现实政治、回应现实政治，才能获得良好的发展空间。

(二)"十一五"期间西方政治思想史研究存在的问题

首先，西方政治思想史研究的学科地位尚待夯实。具体表现为，在学术队伍方面，从事基础理论研究的专业人员较少，学者间难以形成稳定的分工。这一问题在高校规模不断扩张的形势下显得尤其突出。在学科点建设方面，我国中外政治思想的硕士点、博士点主要分布于综合性重点大学和少数师范大学，且主要集中于东部省份。在学科点总数逐步增加的同时，其分布结构失衡现象日益凸显。在学科依托方面，我国专业性政治学期刊相对较少，不能适应我国政治学学科的发展趋势，需要拓宽学者学术交流的平台。

其次，西方政治思想史研究的创造性尚需提高。我国西方政治思想史研究的总体特征是，介绍型研究居多，重复研究较为严重，难以在知识积累的基础上推陈出新。政治思想的国别研究、比较研究、方法论研究需要进一步的强化，学术视野有待拓宽。由于大部分研究成果以描述为主，缺乏深刻的学术批判和明确的理论观点，加之对学术共同体内部的研究进度缺乏了解，导致学术批评难以展开，学术积累动力不足。我国西方政治思想史研究必须营造健康的学术环境，加强国内外学者之间的交流。

最后，西方政治思想史研究的本土化有待加强。鉴于我国西方政治思想史研究的起点较低，学术积累相对不足，积极引进国外学者的研究成果成为必要的选择。然而学术著作的大力译介也使我国学者面临有待解决的问题，比如重要学术概念(如协商民主、法团主义等)使用上的分歧。学术概念使用上的不一致，表明学者对西方政治思想的基本术语缺乏共识，有碍于学术交流。此外，我国的部分研究热点往往是复述国外学者的争论，缺乏对中国现实的关照。我国当前的政治文化正经历深刻的变迁，这为研究工作提供了生长点。我国学者有必要坚持学术研究

---

① 这种趋势以《英国政治思想史》的出版为代表。参见阎照祥：《英国政治思想史》，人民出版社，2010年。

的本土化,积淀中国政治学的学术传统,实现西方政治思想史学科的繁荣发展。

四、"十二五"期间西方政治思想史研究的建议课题

根据已有的研究成果可以发现,我国西方政治思想史研究正在向纵深阶段发展:一方面,对当代西方政治思潮形成了新的认识;另一方面,民主政治、公民文化等诸多主题受到广泛关注。我国政治思潮的研究大多能够与中国问题形成呼应,凸显了西方政治思想史研究的现实性。为了强化这种态势,以下在"十二五"期间西方政治思想史的研究课题值得关注:

(一)当代西方政治思潮跟踪研究

当代西方政治思潮处于不断发展的过程中,如何围绕现有政治思潮开展全面的跟踪研究,从而更为清晰地认识当代西方政治学的发展趋势,应该成为我国西方政治思想史研究的重大课题。

"十二五"期间西方政治思潮研究可以考虑如下领域课题:①自由主义政治思潮跟踪研究,②民主主义政治思潮跟踪研究,③保守主义政治思潮跟踪研究,④社会民主主义政治思潮跟踪研究,⑤共和主义政治思潮跟踪研究,⑥多元文化主义政治思潮跟踪研究。

(二)当代西方政治科学研究

中国现代政治学建立在中国特色社会主义理论的基础之上,但中国政治学的发展离不开对当代西方政治学基本理论优秀成果的借鉴。这需要加强对当代西方政治科学的研究。当代西方政治科学的研究是以政治学基础理论为主,交叉了西方政治思想史的研究。西方政治思想史对这部分内容的研究不够,选题大多限于政治思想家,尤其是政治哲学家,甚至是法哲学理论家的研究上。

对于政治科学研究的缺乏,使得我们对当代西方政治学出现了一种错误的判断,认为当代西方政治思想只是政治哲学家的哲学思考。诸多西方具有重要影响的政治学基本理论,比如夏皮罗的民主理论、英格尔哈特的政治文化研究、维巴等人的政治参与研究实际上并非政治哲学理论,但是国内学者对于这些理论并不了解,而这些理论对于发展政治学科、推动学术研究与政治实践的良性互动具有重要的借鉴作用。

"十二五"期间西方政治科学研究可以考虑如下领域课题:①公民文化理论的研究,②政治参与理论研究,③新制度主义政治学研究,④新政治经济学研究。

(三)西方民主理论研究

随着中国民主政治建设的发展,中国学术界对民主的研究正在不断升温。就中国经济与社会发展的情况来看,对民主理论的关注将持续成为中国未来政治学理论研究的重中之重。作为舶来品,近代民主政治源于西方,对民主实践的考察需要正确认识西方民主,加强对于西方民主理论的研究。在这其中,西方政治思想史

学科应发挥主力军作用,为政治学整体研究提供更为坚实的基础。

西方民主理论研究包括重要理论学说的译介、评析、批判和创新等方面,在主题上广泛涉及当代西方重要的民主理论模式,包括经济民主、协商民主、结盟民主、宪政民主等方面。在代表人物方面,达尔、利普哈特、夏皮罗等人应引起更多的关注。

"十二五"期间西方民主理论研究可以考虑如下领域课题:①西方经济民主理论研究(包括经济与民主关系的研究),②西方宪政民主理论研究(包括政治与民主关系的研究),③西方协商民主理论研究,④西方结盟民主理论研究。

(四)中西政治文化比较研究

在中国,对西方政治思想史的研究有一个明确的目标,那就是在划清重大理论是非界限的基础上,使得西方政治思想史的研究为中国的政治建设和文化建设服务。因此,加强中西政治思想的比较研究也应是重要的选题。中西政治思想的比较研究已经突破单纯人物之间比较的层次,开始集中于国别政治文化的比较。

"十二五"期间中西方政治文化比较研究可以考虑如下领域课题:①中西公民文化比较研究,②中西政治观念比较研究,③中西政治价值比较研究。

附表1 "十一五"期间西方政治思想史国家社科基金项目资助课题

序号	课题名称	立项时间
1	"马克思主义理论研究与建设工程"哲学社会科学重点编写教材《西方政治思想史》	2007年
2	中外政治思想文化视野中的当代中国政治价值体系建构方法研究	2006年
3	哈贝马斯的交往行动理论与历史唯物主义	2008年
4	西方政治思想专题研究	2007年
5	宪政民主与西方政治文明的内在矛盾	2007年
6	当代西方国家与社会关系思想研究	2007年
7	公民与共和:当代西方共和主义对自由主义的批判	2007年
8	协商民主、票决民主及其关系之研究	2008年
9	当代西方无政府主义思想研究	2008年
10	女性主义公民资格与社会正义	2008年
11	西方生态主义政治理念研究	2008年
12	西方政党学说史	2008年
13	西方宪政民主的价值冲突与演进趋势研究	2008年
14	当代族际政治民主化取向与中国特色族际政治整合模式研究	2008年
15	当代西方多元文化主义对自由主义的批判	2008年

序号	课题名称	立项时间
16	公民间的伦理——政治关系与和谐社会的道德动力研究	2008 年
17	西方反现代性发展思潮对中国实践科学发展观的镜鉴与挑战	2008 年
18	当代西方政治思想中的参与式民主理论研究	2009 年
19	西方集体行动理论发展跟踪研究	2009 年
20	西方参与式民主理论发展研究	2009 年
21	价值多元论与自由主义关系问题之争追踪研究	2010 年
22	20 世纪 70 年代以来西方政治哲学中的平等理论跟踪研究	2010 年
23	西方古典政治哲学基本范畴研究	2010 年

附表 2 "十一五"期间西方政治思想史教育部人文社科规划项目(含后期资助)资助课题

序号	课题名称	立项时间
1	普京思想研究	2006 年
2	当代西方政治哲学方法论研究	2007 年
3	施特劳斯政治哲学研究	2007 年
4	比较政治文化研究	2008 年
5	自由的意蕴及其当代价值	2008 年
6	政治正义的维度研究	2008 年
7	政治哲学视野中的自治理论研究	2009 年
8	当代社会契约论研究	2009 年
9	协商民主与代表理论:一种质疑性研究	2009 年
10	制度主义及其在西方的经验研究	2009 年
11	思考与判断:阿伦特政治哲学研究	2009 年

附表3 "十一五"期间西方政治思想史著述一览

序号	作者	名　称	出版社
1	顾　肃	理想国以后	江苏人民出版社 2006 年版
2	王恩铭	美国黑人领袖及其政治思想研究	上海外语教育出版社 2006 年版
3	龚　群	罗尔斯政治哲学	商务印书馆 2006 年版
4	储建国	调和与制衡：西方混合政体思想的演变	武汉大学出版社 2006 年版
5	文长春	逻辑在先的个人权利：诺齐克的政治哲学	中央编译出版社 2006 年版
6	金纬亘	政治新境的开拓：西方生态主义政治思潮研究	天津教育出版社 2006 年版
7	张　茗	从美国民主到法国革命：托克维尔及其著作	上海社会科学院出版社 2006 年版
8	张凤阳	政治哲学关键词	江苏人民出版社 2006 年版
9	庞金友	现代西方国家与社会关系理论	中国政法大学出版社 2006 年版
10	钱满素	美国自由主义的历史变迁	三联书店 2006 年版
11	袁柏顺	寻求权威与自由的平衡：霍布斯洛克与自由主义的兴起	湖南人民出版社 2006 年版
12	佟德志	在民主与法治之间：西方政治文明的二元结构及其内在矛盾	人民出版社 2006 年版
13	王晓升	哈贝马斯的现代性社会理论	社会科学文献出版社 2006 年版
14	李佃来	公共领域与生活世界：哈贝马斯市民社会理论研究	人民出版社 2006 年版
15	刘　擎	悬而未决的时刻：现代性论域中的西方思想	新星出版社 2006 年版
16	王连伟	密尔政治思想研究	黑龙江大学出版社 2007 年版
17	季乃礼	哈贝马斯政治思想研究	天津人民出版社 2007 年版
18	童世骏	批判与实践：论哈贝马斯的批判理论	三联书店 2007 年版
19	胡　勇	一种中道自由主义：托克维尔政治思想研究	武汉大学出版社 2007 年版
20	刘素民	托马斯·阿奎那自然法思想研究	人民出版社 2007 年版
21	夏洞奇	尘世的权威：斯丁的社会政治思想	上海三联书店 2007 年版
22	葛四友	正义与运气	中国社会科学出版社 2007 年版

序号	作者	名　称	出版社
23	谭安奎	政治的回归:政治中立性及其限度	中央编译出版社 2007 年版
24	姚大志	何谓正义:当代西方政治哲学研究	人民出版社 2007 年版
25	李宏图	从"权力"走向"权利":西欧近代自由主义思潮研究	上海人民出版社 2007 年版
26	杨洪贵	澳大利亚多元文化主义研究	西南交通大学出版社 2007 年版
27	郭台辉	齐格蒙特·鲍曼思想中的个体与政治	上海人民出版社 2007 年版
28	王寅丽	汉娜·阿伦特:在哲学与政治之间	上海人民出版社 2008 年版
29	靳继东	在权利与功利之间:近代自由主义视域中的休谟政治哲学	长春出版社 2008 年版
30	陈义平（主编）	当代西方政治思潮	安徽大学出版社 2008 年版
31	唐士其	西方政治思想史	北京大学出版社 2008 年版
32	王　利	国家与正义:利维坦释义	上海人民出版社 2008 年版
33	任剑涛	政治哲学讲演录	广西师范大学出版社 2008 年版
34	周　濂	现代政治的正当性基础	三联书店 2008 年版
35	佟德志	现代西方民主的困境与趋势	人民出版社 2008 年版
36	刘　擎（主编）	权威的理由:中西政治思想与正当性观念	新星出版社 2008 年版
37	陈　伟	阿伦特与政治的复归	法律出版社 2008 年版
38	万俊人	政治哲学的视野	郑州大学出版社 2008 年版
39	李志江	良序社会的政治哲学:罗尔斯分配正义理论研究	人民出版社 2009 年版
40	刘宏斌	德沃金政治哲学研究	湖南大学出版社 2009 年版
41	张翠梅	论罗伯特·诺齐克之资格正义理论	科学出版社 2009 年版
42	许耀桐	西方政治学史	外语教学与研究出版社 2009 年版
43	何霜梅	正义与社群:社群主义对以罗尔斯为首的新自由主义的批判	人民出版社 2009 年版

序号	作者	名　　称	出版社
44	常士訚	异中求和：当代西方多元文化主义政治思想研究	人民出版社 2009 年版
45	高春芽	理性的人与非理性的社会：奥尔森集体行动理论研究	中国社会科学出版社 2009 年版
46	丛日云 庞金友 （主编）	西方政治思想与政治文化	社会科学文献出版社 2009 年版
47	张桂琳 常保国 （主编）	政治文化传统与政治发展	社会科学文献出版社 2009 年版
48	涂文娟	政治及其公共性：阿伦特政治伦理研究	中国社会科学出版社 2009 年版
49	阎照祥	英国政治思想史	人民出版社 2010 年版
50	艾克文	霍布斯政治哲学中的自由主义	武汉大学出版社 2010 年版

附表 4　中国期刊网西方政治思想史论文检索统计（2006－2010）

检索词（人物）	洛克	卢梭	阿伦特	德沃金	罗尔斯	诺齐克	施密特	施特劳斯	哈贝马斯
命中篇数	167	148	60	70	289	47	7	40	190
检索词（流派）	自由主义	民主主义	共和主义	生态主义	法团主义	社群主义	多元文化主义	保守主义	浪漫主义
命中篇数	592	613	53	41	55	88	30	23	20

注：(1)专栏栏目：政治军事与法律

　　(2)检索项：篇名/摘要（部分检索结果进行了人工排除与分离）

　　(3)截止日期：2010/4/28

本章调研和编写主持人：天津师范大学政治与行政学院高建教授

参与调研和编写人员：天津师范大学政治与行政学院佟德志教授、高春芽副教授

第十章　公共行政学

在《国家哲学社会科学研究"十一五"（2006－2010 年）规划》引导下，"十一五"期间我国公共行政学研究进展喜人。为了在"十二五"期间进一步推动中国公共行政学研究的发展，有必要对"十一五"期间的研究进行评估，总结在这一段时间的研究状况，分析其不足，进而规划未来五年的研究。

一、"十一五"期间公共行政学研究的总体进展

"十一五"期间，中国公共行政学研究取得了重要进展，主要体现在：公共行政学者大大增加，研究数量增长迅速；紧扣现实，形成了一些重点研究领域；研究反思形成高潮，在很大程度上提升了研究质量；内地学者的研究成果在海外发表的数量增加，并开始形成国际显示度。具体进展如下：

（一）政府理论研究成果丰硕，学科根基更为巩固

公共行政学的学科基础是政治学。正如国际著名政治学家和公共管理学家埃里森指出的那样："公共管理与企业管理在最不重要的地方是相同的，但在最重要的地方都不同。"之所以会不同，主要是因为公共管理在本质上是政治过程的一部分，离开政治学永远不可能理解公共管理的本质。"十一五"期间，公共管理的政治基础成为学者讨论的核心问题。这主要体现在政府理论的研究取得了丰硕的成果，进一步夯实了学科的基础。

有学者认为，我国公共行政学存在严重的管理主义甚至工程主义倾向，存在着严重的政治与行政两分，这将极大地制约中国公共行政学的发展。[1] "从中国近些年的公共行政研究来看，它的技术主义传统得到了极度放大，仇视理论探索的风气正在生成，尤其是表现在对发达国家公共行政技术的盲目引进中"[2]。有学者尖锐地指出，今天中国的公共行政，无论是在理论上还是在实践上，不同程度地流行一种管理主义的思维方式，而诸如人类幸福、美好生活等规范性的价值问题则被远远地抛在了一边，少人问津。[3] 因此，公共性应该成为全体行政学学者的一个准则。从长远来看，公共行政学研究政治性和公共性的匮乏不仅将伤害到整个学科的发

---

① 马骏、刘亚平：《公共行政学的身份危机》，《中国人民大学学报》，2007 年第 3 期。
② 张康之：《公共行政研究中的技术主义》，《理论与改革》，2008 年第 2 期。
③ 颜昌武、刘云东：《西蒙－瓦尔多之争：回顾与评论》，《公共行政评论》，2008 年第 4 期。

展,也会对实践产生难以预料的负面影响。这一时期的政府理论分别从责任政府、服务型政府和法治政府等几个维度深化了公共管理的政治性和公共性的研究。

首先,具有公共性的政府必须是责任政府。① 责任政府的理论基础是人民主权理论。② 人民主权理论表达了以下理念:第一,政府权力来源于人民,没有人民主权,政府权力就会失去合法性;第二,政府是人民在同意基础上的理性选择,政府权力必须受到人民主权的制约;第三,政府在行使权力之时必须承担相应的责任,即对公意负责。政府行为的责任涉及职业标准、公民偏好、道德问题、公法,以及最终的公共利益等复杂的外部控制网络中的竞争性规范和责任的平衡。所以公共行政人员不是寡头,也不是企业家,而是引导者、服务员和使者,通过对话、讨价还价、公民的授权和基于广泛的公民参与的基础,来解决存在的问题,制定相应的政策。从责任政府理念出发,政府行为目标不仅被界定为效率,更在于社会责任与公共服务。

其次,具有公共性的政府必须是服务型政府。这一点与责任政府紧密相关。服务型政府倡导一种新的价值理念,即以公民为中心,强调公民权利的第一性,强调公共利益的实现。从服务型政府理念出发,政府行为要求以公众为导向,将服务置于中心位置。

再次,具有公共性的政府必须是法治政府。法治政府与责任政府对政府行为而言犹如一块硬币的两个面。法治政府的一切制度设计都围绕着行政权力的控制与公民权利的保护而建立,它要求没有不受控制的行政权力。法治政府要求"程序正义",程序正义被称为是"看得见的正义",即"正义不仅应该得到实现,而且要以人们看得见的方式加以实现"。与此同时,在社会基本结构与制度的供给中,法治政府要勇于担当起"代际公正"的法律与道义责任。有学者认为,关于中国政府行政权力边界的问题,当前的重点应是通过"政府自觉"来真正实现。③

以上讨论,阐明了政府行为的核心特征,也厘清了公共行政学的学科性质。即公共行政学不仅仅是"管理的",更是"政治的"、"法律的"和"心理的"。管理学强调政府行为效率、效益的理性,政治学则强调了政府行为的价值,法律则赋予政府行为寻求稳定的制度工具,心理学强调的是政府行为的个体理性和具体情境④。

---

① 有关责任政府的综述可以参见罗大明、蒲燕玲:《我国近二十年来责任政府研究概况》,《广州大学学报》,2007 年第 9 期。

② 周晓丽、毛寿龙:《责任政府:理论逻辑与制度选择》,《河南大学学报》,2008 年第 4 期。

③ 刘祖云:《法治政府:"德性"内涵的三重解析》,《江苏社会科学》,2008 年第 4 期;李鸿渊:《法治政府:权利与权力良性互动的理性回归——改革开放以来政府法治的建设历程》,《行政与法》,2009 年第 3 期。

④ 关于公共行政学的心理学视角已经越来越受到关注。比如《公共行政评论》2010 年第 2 期刊登了斯托克的《治理的微观基础:为何是心理学而不是经济学可以成为改进政府间关系的钥匙》一文,而第 3 期则刊发了"公共管理心理学"专栏,主要包括以下文章:张光:《程序公平社会心理学研究及其在法律政治和公共管理中的运用》;林炜双等:《作为组织政治行为的潜规则:维度与机制》;赵玉芳等:《群体性事件的社会认知研究》。

（二）基于中国经验的研究越来越多，学科重点领域形成

公共行政学的研究一直具有强烈的现实关怀，并形成了与社会发展热点密切相关的优良传统。"十一五"期间，我国公共行政学研究进一步加强了理论与实践的良好互动，不仅对国家政治建设和改革的发展需求进行了及时回应，也进一步形成了学科重点研究领域，包括行政体制改革研究、公共预算研究、公共政策研究、社会管制研究、区域公共管理研究、绩效评估研究，等等。

1. 行政管理体制改革研究

改革是 1978 年以来中国发展的主要基调，行政管理体制改革一直是公共行政学研究的热点和重点。"十一五"期间，这一领域的研究取得了新的进展：

首先，有学者系统总结了中国行政管理体制改革历程。[①] 研究认为，30 年中国行政管理改革呈现出"一个过程、三个阶段"的特点[②]，这三个阶段是指：第一阶段行政管理改革旨在突破政治、经济一体化的中央高度集权的体制束缚，重点是"简政放权"；第二阶段行政管理改革是为了适应计划经济向市场经济体制的转轨，重点是转变政府职能；第三阶段行政管理改革是以建设服务型政府为目标，重点是推进政府管理模式的转变。另一项研究则对 1949 年以来国务院（政务院）机构改革的全部数据进行了分析。该项分析认为，运动式推进、经济体制改革驱动、政府与市场关系和政府与社会关系双重维度的调整，这是理解 1949—2007 年间国务院机构变迁逻辑的三个角度。对于国务院机构改革来说，首要的任务是通过良好的行政结构安排，在对市场进行有效监管的基础上，为社会公平地提供优质服务。[③]

其次，从战略层面展开对于我国行政管理体制改革的研究。比如，国家社会科学基金重大攻关项目《中国行政管理体制改革战略研究》，从我国行政管理体制改革的战略分析入手，从政治与行政、政府与社会、战略与政策、体制与机制等方面的结合上，紧密结合我国行政管理体制改革的实际，分析我国行政管理体制改革的深层次矛盾，系统地阐述了建立和完善中国特色社会主义行政管理体制的总体战略和实际路径。[④]

再次，基于大量样本的行政改革系统研究开始展开。比如，国家社科基金重大课题《中国行政管理体制现状调查与改革研究》，以大规模的问卷调查为我国行政管理体制改革的系统研究提供了更多量化数据，并以此构成了更立体化的中国行政管理体制改革的整体图景。这项研究得出的基本结论是，行政体制与行政机制、

---

① 参见：张成福、孙柏瑛：《社会变迁与政府创新——中国政府改革 30 年》，中国人民大学出版社，2009 年；何颖：《中国政府机构改革 30 年回顾与反思》，《中国行政管理》，2008 年第 12 期。

② 周光辉：《从管制转向服务：中国政府的管理革命——中国行政管理改革 30 年》，《吉林大学学报》，2008 年第 3 期。

③ 何艳玲：《国务院机构改革中国国务院（政务院）机构变迁逻辑：基于 1949—2007 年间的数据分析》，《公共行政评论》，2008 年第 1 期。

④ 唐铁汉等著：《中国行政管理体制改革战略研究》，国家行政学院出版社，2009 年。

部门动力、政府法治的不对称关系，是造成各种体制问题的根本症结和最终缘由。①

复次，众多研究开始讨论中国行政管理体制"下一步改革"的路线图。以1978年为起点，2009年意味着中国又站在了下一个30年的起点上，下一步改革怎么走？中国政府改革的路线图②是什么？这些研究，往往与省管县体制改革、服务型政府构建③、和谐社会建设④等实践热点结合起来进行更操作化的讨论。

又次，大部制改革成为研究聚焦点。2008年的十一届全国人大四次会议通过了国务院机构改革的人部制方案，大部制随即成为关注焦点。有学者认为，应当将大部制改革放到整个行政管理体制改革的全局来定位和设计。⑤ 有学者从政府规模变化、职能变化、权力运行、政府改革目标等方面论述了大部制与小政府的内在统一性⑥。有学者则论述了在大部制情况下，如何处理部内监管机构的设置模式与监管机构独立监管职能发挥之间的关系问题。⑦

除此之外，行政管理体制改革的一些专门领域的研究得到了拓展，并在一定程度上填补了空白。比如一项对于中国劳动监察体制的研究认为，在市场转型和失业危机并存的背景下，中国劳动监察体制很可能同时面临着规制危机和合法化危机。缺乏多元参与，使得作为社会对话的劳动监察难以出现；反过来，利益相关者缺乏表达途径也限制着国家触角可以抵达的范围，这是中国劳动监察遭受高成本困扰的根本原因。⑧

值得注意的是，在相关领域的研究中，学者开始分析更宏伟的中国行政国家建设问题。比如，一项研究借用波兰尼在《大转型》中双向运动的概念来阐释中国国家过去30年的路径。⑨ 该研究认为，从经济改革直到最近的治理转型，中国的国家重建主要是在市场化运动这个单向运动的推动下进行的。然而进入21世纪后，国家重建不得不在市场化运动和社会自我保护运动这两个方向相反的"双向运动"的张力中展开。为了应对这一挑战，中国必须重构国家、市场和社会之间的关系。

---

① 石亚军：《中国行政管理体制改革：基于全国调研基础上的理论思考与对策建议》，《中国行政管理》，2008年第3期。

② 参见中国（海南）改革发展研究院的有关研究。

③ 燕继荣：《服务型政府建设：政府再造七项战略》，中国人民大学出版社，2009年。

④ 王甲成：《政府成长：和谐社会构建中的政府改革与建设》，河北人民出版社，2009年。

⑤ 石亚军、施正文：《探索推行大部制改革的几点思考》，《中国行政管理》，2008年第2期；李军鹏：《大部门体制的推进策略》，《中国行政管理》，2008年第3期。

⑥ 张创新、崔雪峰：《大部制改革与小政府模式辨析》，《中国行政管理》，2008年第3期。

⑦ 马英娟：《大部制改革与监管组织再造：以监管权配置为中心的探讨》，《中国行政管理》，2008年第6期。

⑧ 岳经纶、庄文嘉：《转型中的当代中国劳动监察体制：基于治理视角的一项整体性研究》，《公共行政评论》，2009年第5期。

⑨ 马骏：《改革以来中国的国家重建：双向运动的视角》，苏力、陈春生主编：《中国人文社科三十年》，三联出版社，2009年。

这种分析，无疑加深了中国行政管理体制改革研究的深层洞察力。

2. 公共预算研究

公共预算研究在"十五"期间兴起后，在"十一五"期间已经成为公共行政学研究的重要领域。

首先，研究的视野更为开阔。比如，有学者从新中国成立以来中国政府间财政关系的梳理入手，试图对以下重大问题作出回答：在不同的政府间财政关系制度下，财富和收入在国家与社会之间是如何分配的？国家财政收入在中央与地方之间、在不同的地区之间是如何分配的？谁是受益者？谁是受损者？其对经济增长产生了何种影响？[①] 在某种意义上，这些问题的提出本身就具有重要意义。

其次，尝试用更丰富的数据展开精细研究。一项研究基于 1979—2005 年的面板数据对中国省级政府财政收入与支出的关系进行研究发现：中国省以下财政分权状况存在着显著的省际差异；这些差异无法以经济发展水平省际差异之类"客观"因素解释，而主要取决于各省不同的财政体制安排；财政分权程度对各省的施政绩效和社会经济发展具有显著的正相关影响，在其他条件保持不变的情况下，我国的居民特别是农村居民，在财政分权程度较高的省级行政区的境遇，一般将显著好于在财政高度集权省区的境遇。[②]

再次，更多的研究开始延伸到更微观的财政领域。比如，有学者关注地方领导对于预算内教育经费支出的影响。该项研究以地级市为例，通过数据分析发现人事制度即地级市市长的教育水平和职业发展路径，对地级市教育财政投入规模的影响，大于地级市财政自给度和财政分权类型的影响。[③] 有学者则探讨了过去 30 年我国财政体制改革对义务教育公平与充足的影响，提出财政体制改革在增加我国义务教育经费投入、促进义务教育在全国的发展等方面发挥了巨大作用。但是改革带来的以财政收入相对集中和义务教育支出责任下放为特点的纵向财政不平衡，增大了地方政府义务教育的经费困难，加剧了不同地区间的经费差异。[④]

公共财政和公共预算的问题对中国来说显得如此重要，以致公共财政和公共预算的学者呼吁，中国必须走向"预算国家"。在中国国家建设过程中，重构财政制度至关重要，财政转型可以在很大程度上引导国家治理制度转型。[⑤]

3. 公共政策研究

"十一五"期间，公共政策研究取得了很大的进展。从公共行政的角度看，主要表现在以下两个方面：

---

① 张光：《中国政府间财政关系的演变(1949—2009)》，《公共行政评论》，2009 年第 6 期。

② 张光：《财政分权省际差异、原因和影响初探》，《公共行政评论》，2009 年第 1 期。

③ 林挺进：《地级市市长对于预算内教育经费支出的影响》，《公共行政评论》，2009 年第 1 期。

④ 王闻：《中国义务教育财政改革与地区差异分析：教育财政的公平与充足》，《公共行政评论》，2009 年第 2 期。

⑤ 参见：马骏、王浦劬、谢庆奎、肖滨主编：《呼吁公共预算：来自政治学、公共行政学的声音》，中央编译出版社，2008 年；王绍光、马骏：《走向"预算国家"：财政转型与国家建设》，《公共行政评论》，2008 年第 1 期。

第一，政策执行研究开始被关注。有学者提出了嵌入性政策执行理论。该研究认为，在政策执行过程存在着两个可分的、处于嵌入关系中的系统，而且这种嵌入主要表现在行为主体互动的社会网络中，但更为广阔的文化政治背景也并非排除在分析之外。公共政策的执行不能脱离于其所处的社会脉络，公共政策的执行嵌于由政治、经济、文化及历史等多重因素所型构的社会脉络之中。[1] 有的研究开始运用多种理论模型直接分析真实政策的执行。比如，一项关于"985 工程"政策执行效果的研究认为，在政策执行中存在的三种委托代理关系：政府与项目学校之间的委托代理关系、项目学校与"平台"、"基地"之间的委托代理关系和"平台"、"基地"与"成员"之间的委托代理关系。在这三种委托代理关系下，因利益目标冲突和信息不对称必定会引发委托代理问题——道德风险问题。[2] 与此同时，在方法上，统计分析法和计量经济分析法日益成为公共政策执行分析的主流方法。

第二，尤为重要的是，社会政策研究开始崛起。不少学者认为，中国已经迈向社会政策时代。有学者认为，面临国际金融危机的挑战，各种社会问题会更加尖锐，社会对政府满足其基本生活和发展的期望也会更高。在这样的背景下，我国政府如何满足人民的各种基本需求？政府制定社会政策的能力如何？社会政策是否得到有效施行？我国社会政策应该如何发展？这一系列问题必须引起学界关注。

首先，学者开始将中国社会保障制度置于社会政策学视野下进行总结与反思。有学者认为，我国社会保障制度建设已经从社会身份本位过渡到人类需要本位，人类需要的满足和公共福祉的增进开始成为社会保障改革的出发点。[3] 未来我国的社会保障制度建设应该以建立社会主义福利社会作为目标模式，使社会主义福利社会和民主政治及市场经济一道，共同构成中国特色社会主义的三大支柱。

其次，具体的社会政策研究呈现出新的分析视角。一项关于妇幼保健政策的研究认为，妇幼保健不能被笼统地定位为"公共卫生服务"，面向某些群体的服务属于公共物品，而另外一些面向个体的大多数服务则纯属私人物品。[4] 为了推进"私人物品型"妇幼保健服务的普遍覆盖，可以通过具有强制性的社会保险方式来筹资，推动公立社会保险机构以恰当的方式为参保者购买这类服务。对于属于"公共物品"的妇幼保健服务，则可以通过建立事业单位的方式直接提供。有学者基于社会性别公平理念和公共政策系统协调性分析框架，运用内容分析法，分析了我国出生性别比偏高问题治理的公共政策失效的原因。研究显示，公共政策系统的不协

---

① 郑石明：《嵌入式政策执行研究——政策工具与政策共同体》，《南京社会科学》，2009 年第 7 期。

② 周建民、丛军、高云：《"985 工程"政策执行中的委托代理关系探究》，《东北大学学报》，2009 年第 4 期。

③ 岳经纶：《社会政策学视野下的中国社会保障制度建设——从社会身份本位到人类需要本位》，《公共行政评论》，2008 年第 4 期。

④ 顾昕：《中国城市妇幼保健服务的普遍提供——社会保险制还是事业单位制？》，《公共行政评论》，2008 年第 1 期。

调是出生性别比偏高问题未能得到有效治理的主要原因,该不协调体现在政策的主体子系统内部、客体子系统内部、主体与客体子系统之间、本政策系统与其他政策之间以及本政策系统与环境之间五个方面。①

再次,一些较少得到关注的社会政策领域也开始被关注。比如有学者对中国控烟运动和控烟政策的发展历程进行了梳理,指出中国的控烟运动是一场"多方不情愿的运动"②。该项研究还运用公共政策的理论和概念,分析了中国控烟运动疲弱的原因。有学者以新型农村合作医疗项目为分析对象,从新型农村合作医疗的筹资责任、制度启动费用、政治收益、制度运行和维持成本等方面分析了地方政府面临的激励结构。研究发现,目前的激励结构难以使地方政府持续地投入,这为该制度的长远发展带来了不确定性。③ 另有学者则以国家助学贷款为例,强调了社会政策的设计和执行应该强调关注社会公平和关心人类福祉的价值取向,认为虽然教育部在 2004 年后进行过几次有针对性的政策调整,不同程度地把贫困大学生的还款能力、违反合约的情况纳入政策考虑,但始终没有触及和解决机制设计中贷款银行的商业性和贷款政策的公平性之间存在内在紧张关系的深层次矛盾。④

4. 社会管制研究

随着食品安全、药品安全等多起公共事件的出现,社会性监管成为中国公共行政学研究的重要研究领域。这些研究主要分布在食品监管、药品监管、环境监管,等等。

首先,有学者提出要重构我国食品安全问题政府规制⑤。有学者以"馒头国标"事件为典型案例,从政策学习的地方性角度对我国传统食品行业通过标准化的形式进行食品安全规制的过程进行了分析。研究认为行动者对于标准的异质的地方性认知,导致了标准在形成之前、之中和之后所承载的社会功能发生了显著的变化,而这种偏离也最终背离了实现保护消费者食品安全的初衷。⑥ 与此相关联,也有学者重述了政府在农产品质量安全监管中的职能定位问题,认为农产品质量安全问题的复杂性决定了政府监管职能的定位应立足于协调市场准入秩序,理顺管理体制和完善监管手段,同时还应考虑我国农产品生产主体状况、监管部门的责任分工、政府干预的范围、管理成本及管理效益等问题。⑦

345

---

① 杨雪燕、李树茁:《出生性别比偏高治理中的公共政策失效原因》,《公共管理学报》,2008 年第 4 期。

② 岳经纶、陈泽涛:《不情愿的控烟运动:中国控烟政策的发展及其局限》,《公共管理研究》,第六卷,2008 年。

③ 刘军强:《激励结构与政府投入:从地方政府视角看合作医疗制度的可持续性》,《公共行政评论》,2009 年第 6 期。

④ 陈永杰:《学生贷款的成效评价与中国实践:社会政策的视角》,《公共行政评论》,2009 年第 6 期。

⑤ 林闽钢、许金梁:《中国转型期食品安全问题的政府规制研究》,《中国行政管理》,2008 年第 10 期。

⑥ 王程韡:《中国食品安全规制政策的社会学习:以"馒头国标"为例》,《公共管理研究》,2008 年第 4 期。

⑦ 陈彦彦:《论政府在农产品质量安全监管中的职能定位》,《中国行政管理》,2008 年第 6 期。

其次,药品监管越来越受到关注。有学者对于美国药品规管体制变迁100年历史进行了梳理,认为美国药品规管体制可以分为事后型规管、事前型规管和全过程规管三个阶段。以此为启示,在风险社会的视野下,中国药监改革必须同时兼顾商业化、工业化和信息化三种趋势,并从规管独立性、规管信息能力建设、规管工具的有机组合、规管体系的问责性建设以及规管基础设施建设的强化五个方面来推进规管体系的改革。①

再次,环境监管研究开始出现。有学者以理念、承诺、能力、赋权为线索,分析了自由市场面对环境问题的无力,并论述了政府干预背后的理念及干预的程度。②也有学者基于经验分析,论述了环境综合治理中的合作参与机制。③

5. 区域公共管理研究

中国不断增多的跨行政区公共问题,使行政区行政的弊端逐渐显现。回应实践需要,"十一五"期间区域公共管理研究得到了长足发展。

首先,区域公共管理的重要性得到彰显。有学者从政府治理形态嬗变的角度讨论了从行政区行政到区域公共管理的治理转型,指出这一政府治理方式的制度变迁过程充斥着不同利益主体的博弈,最终形成的新制度即是相关因素充分博弈后的契约格局。④

其次,研究问题大大拓展。目前区域公共管理研究主要集中在:第一,区域公共管理专门问题研究,包括区域公共物品治理、区域公共管理制度创新、区域政府公共管理职能的变革。第二,政府间竞合关系研究。随着地方政府间横向关系的蓬勃发展,越来越多的学者进行了地方政府间关系协调、地方政府间合作、地方政府间竞争以及长三角、珠三角、环渤海区域合作等问题研究⑤。第三,流域治理研究。有若干篇博士论文开始围绕"流域水污染网络治理机制"、"珠江流域公共治理中的政府间关系协调"和"政府主导下的流域生态补偿机制"等问题进行研究。还有不少学者就流域污染治理机制、流域治理制度框架、流域治理中的政府间环境协作机制、流域治理模式等方面问题进行研究。⑥

再次,深入操作层面讨论区域公共管理的实现。比如,有学者考察了区域公共管理视野下的行政区划改革⑦,有学者讨论了区域经济发展视野下不同行政区的

---

① 刘鹏:《风险社会视野下的美国药品规管体制变迁:教训与启示》,《公共行政评论》,2008年第4期。

② 李万新:《中国的环境监管与治理:理念、承诺、能力和赋权》,《公共行政评论》,2008年第5期。

③ 刘淑妍、诸大建:《上海市苏州河环境综合治理中的合作参与研究》,《公共行政评论》,2008年第5期。

④ 金太军:《从行政区行政到区域公共管理》,《中国社会科学》,2007年第6期。

⑤ 其主要成果包括中山大学研究团队完成的如"当代中国政府间横向关系协调研究"、"当代中国政府间竞争关系研究"、"政府间竞合关系研究"、"珠三角公共管理模式研究"、"长三角区域合作研究"等论著和论文。

⑥ 具体参见陈瑞莲、孔凯:《中国区域公共管理研究的发展与前瞻》,《学术研究》,2009年第5期。

⑦ 张紧跟:《区域公共管理视野下的行政区划改革:以珠三角为例》,《中山大学学报》,2007年第5期。

组织架构和运行机制问题①。

6. 绩效评估研究

"十一五"期间,绩效评估成为热门领域,研究队伍急剧壮大。该领域研究的系统化主要表现在:

首先,研究重点从绩效评估扩展到绩效管理。不少学者开始关注绩效评估与战略规划、绩效计划、绩效监测、绩效信息利用的结合,从而形成系统的绩效管理过程。

其次,研究问题不断深化。有学者关注绩效评估指标体系的建构②,建议"把具体指标分成要素指标、证据指标和量化指标三种类型;可以从绩效要素结构、关键绩效指标、标杆管理、围绕专题绩效、因果关系和 QQTC 等多个角度进行指标设计"③。还有学者探讨了政府绩效评估的主体资格,认为完备的政府绩效评估主体应该具备独立性、专业性、权威性、成熟的政治理性和评估成本的低廉等特性,④而有效的政府绩效评估还有赖于绩效管理和评估的法制化建设。⑤ 但也有学者认为,"如何使西方发达国家政府绩效评估的实践经验能够结合我国的实际并加以本土化、如何使企业绩效评估的方法能够结合政府公共管理特征并加以制度化、如何探索构建中国特色的政府绩效评估体系和实施方法、如何消除政府绩效评估施行的体制性障碍等问题,还迫切需要研究"⑥。此外,也有学者专门研究了政府绩效评估中非常重要的社会维度,即政府绩效评估中的公民参与问题。研究认为,我国政府绩效评估中的公民参与尚处于有限参与阶段。对我国来说,推进政府绩效评估中的公民参与并不是一个仅靠工具理性可以解决的技术问题,而是一个涉及政治和行政管理体制全面改革的系统工程。⑦

再次,开始出现大型地方政府绩效测量行动。比如,一项研究对 2006 年广东全省 21 个地级以上市及 121 个县级政府的整体绩效指数进行了量化分析。⑧ 研究发现,从方法论的角度,关于绩效评估的一些理论与技术层面问题尚待深入探讨,比如动态与静态的关系、结果与过程的关系、短期与长期的关系、统一性与差异性的关系,等等。

最后,开始对研究本身进行反思。有学者认为,我国学术界和政府管理实践领域都存在为评估而评估的倾向,缺乏从政府绩效评估与治理过程相结合角度的考

---

① 王川兰:《从二分到合作:区域经济发展中的公共行政机构与范式》,《学术月刊》,2007 年第 5 期。

② 焦厚嘉、安晓燕、韩丽、徐春生:《创新型国家政府绩效评估指标体系研究》,《统计与决策》,2007 年第 19 期。

③ 卓越:《政府绩效评估指标设计的类型和方法》,《中国行政管理》,2007 年第 2 期。

④ 谢吉晨:《政府绩效评估的"主体资格"探微》,《理论导刊》,2007 年第 3 期。

⑤ 胡税根:《我国政府绩效管理和评估法制化问题研究》,《公共管理学报》,2007 年第 1 期。

⑥ 蔡立辉:《政府绩效评估:现状与发展》,《中山大学学报》(社会科学版),2007 年第 5 期。

⑦ 周志忍:《政府绩效评估中的公民参与:我国的实践历程与前景》,《中国行政管理》,2008 年第 1 期。

⑧ 郑方辉:《第三方评价地方政府整体绩效的实证研究》,《中国行政管理》,2008 年第 5 期。

察。因此,要从变革传统政府治理模式的高度审视政府绩效评估,把绩效评估作为政府再造的一个利器、实现政府职能转变和建设和谐社会的战略工具及建设民主行政的一个重要途径。①

（三）学科研究反思成为热潮,学科认同性增强,国际显示度初步形成

从 2006 年开始,对公共行政学学科建设的科学化、本土化研究和对公共行政学"身份"认同的反思,成为"十一五"期间中国公共行政学研究一个异军突起的热点领域。②

首先,反思工作逐渐细化。除了对不同来源的样本继续进行定量分析以外③,还开始对公共行政学研究作者的成熟度进行文献计量学分析④。学者的研究分析表明,中国行政管理学研究的作者队伍已经具有相当规模,但尚未形成稳定的高产核心作者队伍,作者合作程度还处于较低水平;学科研究具有相当程度的关联性,但偏低的自引率说明研究人员自身的研究缺乏足够的连续性;对专著的引用远远超过期刊,显示作者对最新的研究成果的关注相对较弱。

其次,开始反思公共行政学研究的基本定位。一般认为,公共行政学研究是指向对策的研究。但在近来的讨论中,这一点开始被质疑。有学者认为,行政学研究并非一定要直接指向实践问题的解决,而应该指向问题研究。"行政学研究要寻求理论创新……必须以问题研究作为其现实支点,强化问题研究意识,增强问题研究能力,进而提升其理论的解释力和包容性。"⑤"作为研究者和学者,我们能够为公共行政实践作出贡献的方式在于教育的层面,即帮助实践者更好地认知公共行政现实。"⑥如果将行政学研究定位在帮助实践者更好地理解其身处的现实上,则我们可能能够更好地指导公共行政的实践,而这一点也正是行政学研究真正能做的贡献。因此,我国公共行政学研究必须"指向真实的公共行政实践"⑦。

再次,有学者开始对近年来中国行政学研究的反思工作进行总结。我国行政学研究反思工作的一个基本共识是行政学在学科快速发展的同时仍然存在本土化与规范化问题,这一双重困境使行政学发展隐含着一定程度的身份危机,而建立"中国的"公共行政学(即具有中国风格、中国气派、中国标准的行政学)就成了迫在眉睫的任务。⑧ 从我国行政学研究的现状来看,指向真实行政实践的行政学经验

---

① 陈天祥:《不仅仅是"评估":治理范式转型下的政府绩效评估》,《公共管理研究》,2008 年第 6 卷。
② 马骏:《反思中国公共行政学:面对问题的勇气》,《中山大学学报》,2006 年第 2 期;马骏、刘亚平:《中国公共行政学的"身份危机"》,《中国人民大学学报》,2007 年第 4 期。
③ 陈辉:《中国公共行政学研究的评估与反思》,《行政论坛》,2008 年第 6 期。
④ 郭薇、常健:《中国行政管理学研究作者成熟度的文献计量学分析》,《学海》,2008 年第 4 期。
⑤ 芮国强:《问题研究:行政理论创新的实践起点》,《学术界》,2008 年第 4 期。
⑥ 刘亚平:《公共行政中的对策研究:批判与反思》,《中国人民大学学报》,2008 年第 2 期。
⑦ 何艳玲:《指向真实实践的中国公共行政学研究》,《中国行政管理》,2009 年第 8 期。
⑧ 何艳玲:《我国行政学研究反思工作述评(1996—2008)》,《公共行政评论》,2009 年第 5 期。

研究的积累非常重要。①

在这其中,中国特色行政管理体制问题研究逐步发展成为我国行政管理学研究的重要课题。有学者概括和阐述了关于中国特色社会主义行政管理体制的基本特征、基本内容、完善路径等核心理论问题。② 有学者分析了建设中国特色社会主义行政管理体制的历史必然性和时代必要性,总结了建设中国特色社会主义行政管理体制的基本经验,阐述了建设中国特色社会主义行政管理体制的基本依据、主要特征和重点内容。③ 有学者围绕中国特色社会主义行政管理体制的研究价值、基本特征、建设原则、发展路径和重点焦点展开了论述。④ 也有学者分析了中国特色社会主义行政管理体制运行机制,从机制创新的角度对于行政管理体制改革进行了论述。⑤ 此外,有学者系统总结和进一步反思了各专门领域的研究状况,比如公共预算、应急管理、绩效评估、行政伦理等领域⑥。这些研究都探讨了如何推动本土化研究的问题。

中国公共行政学研究反思行动的推进,不仅清楚地指明了现有研究存在的问题,在一定程度上也促成了公共行政学自身的合法性和认同感。

(四)重视研究的学术规范性,研究质量显著提升

得益于公共行政学的学科反思工作,中国公共行政学学术共同体开始注重研究的规范性,对研究质量的关注逐步成为共识。在"十一五"期间,许多重要期刊都开设了"研究方法"专栏或发了相关文章。目前已经形成的共识是:尊重社会科学的一般学术规范是公共行政与公共管理学研究的前提。在此前提下,具体研究方法与技术的运用只是一种基于不同学术训练、不同问题体验的选择。对学科研究来说,没有"最好的方法",只有"最合适的方法"。

有学者认为,中国公共行政学研究应该大力加强行政学方法论建设⑦,关注知

① 何艳玲:《指向真实实践的中国行政学研究:一个亟待关注的问题》,《中国行政管理》,2009年第8期。

② 王建明:《关于中国特色社会主义行政管理体制的几个问题》,王澜明主编:《中国特色社会主义行政管理体制研究》,新世界出版社,2010年。

③ 高小平:《建设中国特色社会主义行政管理体制》,王澜明主编:《中国特色社会主义行政管理体制研究》,新世界出版社,2010年。

④ 王浦劬:《关于深化中国特色社会主义行政管理体制研究的几点认识》,王澜明主编:《中国特色社会主义行政管理体制研究》,新世界出版社,2010年。

⑤ 张维平:《中国特色社会主义行政管理体制运行机制的创新》,王澜明主编:《中国特色社会主义行政管理体制研究》,新世界出版社,2010年。

⑥ 参见武玉坤:《中国公共预算研究述评:对期刊论文的评估(1998—2007)》,《公共行政评论》,2009年第1期;高小平、刘一弘:《我国应急管理研究述评》,《中国行政管理》,2009年第8、9期;周志忍:《我国政府绩效管理研究的回顾与反思》,《公共行政评论》,2009年第1期;罗蔚:《我国行政伦理研究状况的分析与反思》,《公共行政评论》,2009年第1期。

⑦ 郭小聪、肖生福:《中西行政学研究方法论建设比较分析》,《江西社会科学》,2007年第1期。

识的增进和研究的规范性①。中国行政学的学科建设与研究必须强调科学化和本土化②，摆脱国内行政学研究的"美国化"③。要摆脱公共行政学的"身份危机"，获得国际同行和实际部门的认同，需要强化研究的本土化、增强对真实世界和历史的了解、强化规范理论研究并提高研究质量，形成研究规范进而增强理论研究对实践的指导能力。④

针对国内行政学研究对规范研究的误读，有学者回顾了知识发展史上规范研究的历史兴替，阐明了规范研究的基本要素、质量标准，在此基础上审视了中国目前规范研究的得失。⑤有学者认为，规范研究的贫乏使得中国的公共行政学无论在理论上还是实务上都面临合法性危机，并呼吁重新审视和确立规范研究的路径。

尤其需要指出的是，中国公共行政学在研究方法上也关注了新科学对行政学研究的影响。20世纪中期以来，新科学如混沌理论、量子理论等等对社会科学的影响越来越大。有学者认为，在我国行政学研究的未来发展中，"需要更加重视新科学在社会科学领域的进展，并探讨在新科学影响下我国行政学研究的领域与范式"⑥。在应用层面，也有学者在回顾公共管理科学和复杂性科学研究进展的基础上，通过复杂性科学在农民工流动问题研究中的应用实例，说明将复杂性科学用于公共管理科学研究的必要性和可行性。⑦

在研究科学化和本土化两种价值的倡导下，我国公共行政学研究越来越倾向于通过科学的设计寻找对经验世界的解释，或是通过科学的程序来完成规范的理论研究，研究质量得到显著提升。

（五）学术研究与国际研究渐趋接轨，研究的前沿性有所增强

在理论上，国内研究与国际公共行政学研究越来越接轨，前沿性、对话性都有所增强。这些研究主要体现在政策网络研究⑧、政治问责研究⑨、有关治理测量⑩的研究、公共价值管理研究⑪等等。此外，也有的研究团队正在致力于国外公共行

---

① 何艳玲：《问题与方法：近十年来中国行政学研究评估（1995—2005）》，《政治学研究》，2007年第1期。

② 郭小聪、肖生福：《中国行政学学科建设：科学化和中国化》，《中山大学学报》，2007年第3期。

③ 乔耀章：《行政学美国化：理论支点及其引发的批评与启示》，《湘潭大学学报》，2007年第9期。

④ 马骏、刘亚平：《中国公共行政学的"身份危机"》，《中国人民大学学报》，2007年第4期。

⑤ 颜昌武、牛美丽：《公共行政学中的规范研究》，《公共行政评论》，2009年第1期。

⑥ 朱春奎：《公共行政学的新范式》，《公共行政评论》，2008年第3期。

⑦ 朱正威、杜海峰、李树苗、白萌：《公共管理中复杂性科学研究的进展与展望：以农民工流动研究为例》，《中国行政管理》，2009年第4期。

⑧ 参见：朱亚鹏：《公共政策研究的政策网络分析视角》，《中山大学学报》，2006年第3期；胡伟、石凯：《理解公共政策："政策网络"的途径》，《上海交通大学学报》，2006年第4期。

⑨ 马骏：《政治问责研究：新的进展》，《公共行政评论》，2009年第4期。

⑩ 马得勇、张蕾：《测量治理：国外的研究及其对中国的启示》，《公共管理学报》，2008年第4期。

⑪ 何艳玲：《公共价值管理：一个新的公共行政学范式》，《政治学研究》，2009年第6期。

政理论前沿的总结。①

（六）论文的国际发表量明显增加，学术成果的国际显示度初现

"十一五"期间，我国学者在 SSCI 或者重要学术期刊上发表英文文章的数量越来越多。尤其需要指出的是，2009 年中国行政学学者的国际发表取得了重大进展。当年，美国《公共行政评论》（Public Administration Review）组织了一期专刊，专门讨论中国的财政税收政策、社会保障政策和公共服务供给问题，我国学者的中国问题研究为国际行政学界带来了新的声音②，产生了重要影响。

二、"十一五"期间公共行政学研究存在的问题

我国的公共行政学在"十一五"期间取得这些成绩的同时，学术研究仍然存在一些不足之处，主要体现在如下六方面：

（一）对国家科学发展和体制转型的重大问题关注不够

"十一五"期间，经验研究开始成为中国公共行政学研究的主流。越来越多的学者开始深入真实世界展开调查研究，采用定量或者定性的方法研究中国公共行政实践。这是极其可喜的变化，有助于推动中国公共行政学尽快实现本土化，也有助于提高我国公共行政学理论回应本土实践问题的能力，弥合理论与实践之间的鸿沟。但是这也同时带有一定的局限性。在研究细化的同时，从整体上看，除了个别研究之外，我国公共行政学对于国家科学发展和体制转型的重大问题还缺乏足够的关注。

（二）管理主义倾向严重

政治和行政的关系一直是国内外公共行政学最基本的问题。对于这一问题的不同解答，意味着不同的公共行政学研究取向。在国外公共行政学的发展历史上，曾经有过政治与行政二分的做法。这使得公共行政视野狭窄，不能把握公共行政的实质。在五六十年代，政治与行政二分法受到强烈批评。这些年来，国外公共行政学一直在融合政治与行政，例如 80 年代以来的公共管理实质上就是企图融合政治与行政。在我国，尽管在这一时期公共行政的管理主义倾向继续被批评，政府理论研究也取得了丰硕成果，但是公共行政研究中的管理主义仍然很流行。在现有文献中，存在着不少完全忽略政治问题的纯管理主义的研究，对现实的探究缺乏政

① 中山大学行政管理研究中心：《国外公共行政理论前沿》，教育部人文社科重点研究基地 2007 年重大项目。

② 参见 Jun, Ma & Yilin Hou, 2009, Budgeting for Accountability: A Comparative Study of Budget Reforms in the United States during the Progressive Era and in Contemporary China, *Public Administration Review*, 69(S1), pp. 53－59；Arie, Halachmi & Kinglun Ngok, 2009, Of Sustainability and Excellence: The Chinese Academia at a Crossroad, *Public Administration Review*, 69(S1), pp. 13－20；Yijia Jing & E. S. Savas, 2009, Managing Collaborative Service Delivery: Comparing China and the United States, *Public Administration Review*, 69(S1), pp. 101－107.

治分析深度。

（三）高质量的规范研究缺乏

经过30年的改革，我国社会的改革发展已经到了一个关键时刻。如果说前30年，我国改革发展的重点是经济改革，以及为适应这一改革而重构体制，那么在未来30年，我国国家发展的重点将是国家相关体制改革重建。其目标是，适应经济社会变迁带来的挑战，重新调整国家与社会、国家与市场的关系。这就需要我国的政治学与公共行政学界立足中国的现实，积极展开批判性和建设性思考，整体性提出体制改革规范性框架和远景。对公共行政学来说，需要在这个人的规范框架下，思考若干基本的规范性问题。例如，什么是美好社会？谁的美好社会？在其中政府应该扮演什么角色？我国行政体制的中国特色、合法性和正当性的基础是什么？然而目前公共行政学对这些问题的探讨很少。这就使得我们的研究常常缺乏规范性研究的指导，而没有规范理论的公共行政学实际是没有方向的，只能陷入实证主义的经验陷阱。

（四）公共行政的中国理论建构很少

公共行政学的实践品格要求它能够对当时和当地的问题作出自己及时而恰当的反应，并在此基础上提炼具有普遍解释力的理论。依此来看，我国公共行政学仍然面临着研究的本土性与国际性双重短缺的问题。比如，关于街头官僚的研究，关于科层制以及科层制中的人乃至人之间关系（科层制与社会资本）的研究、关于决策过程的研究，这些研究既是国际公共行政学讨论的焦点与热点，对于解释我国的行政经验事实也具有特定意义。但从目前的研究来看，这些研究要不还处于刚起步阶段，要不尚属于空白地带。

这里存在的一个问题是中国公共行政学研究的研究资料匮乏，这源于两方面原因：第一，公共行政研究资料，尤其是关于政府制定过程和执行过程的官方资料，在研究中并不容易获得。学者做研究，通常通过自身的田野调查以及定量的问卷调查进行。第二，通过这些方式取得的资料少有共享。由于这些数据的获得是学者们个人劳动的付出，数据被认为是个人的私有财产而鲜有公开的。即使公开，也存在各个数据之间的不可转换性。

（五）某些领域迄今仍缺乏研究，对前沿的知识仍然缺乏关注

公共行政学涉及政府管理的许多环节和领域，但是迄今为止，一些关键性的领域例如行政沟通、领导和战略管理、组织文化、行政法等仍然无人问津，或者缺乏真正的学术研究，教材多于研究，同时，对于最近这十年左右国际学术界涌现的各种新知识，例如，新科学的研究成果、认知科学的理论等，国内学者的关注也比较少。

（六）研究方法与研究质量仍然存在问题

研究方法与研究质量方面的问题主要体现在：其一，有大量的研究仍然没有明确的研究方法意识，也很难界定其研究类型；其二，相当数量的研究仍然只是在思辨层次上针对某一个现实问题提出对策，研究缺乏问题意识，对知识增长的影响力

非常微弱;其三,学者之间的对话性很弱,在不同研究问题上都存在相当数量的重复研究。

三、"十二五"期间公共行政学术研究课题建议

"十二五"期间,是我国公共行政学进一步提高和深化发展的关键时期。在这一时期,国家应通社会科学规划,实现如下目标:

第一,关注国家和行政管理体制转型重大问题,探讨公共管理的政治基础。在未来五年,中国公共行政学应该努力摆脱管理主义倾向,加强对国家和行政管理体制转型的重大问题的研究,将公共行政学的研究置于国家经济、政治、文化、社会建设的大背景下进行研究。同时也应该加强在行政管理体制巨大转型过程中的规范理论的研究。

第二,研究本土化亟需提上日程。公共行政学研究的本土化,不是强调一定要形成完全原创的、所谓"原汁原味"的中国公共行政学理论,而是需要强调与西方公共行政学概念、范畴与理论开展对话,但要找到它们在我国行政实践背景下的真实内涵以及适切性和适用性;如果找不到现成的概念、范畴与理论,则有必要在大量的、有质量的研究基础上建构"中国的"概念、范畴与理论。在此过程中,需要特别警惕的是,西方公共行政学概念、范畴与理论所立足的前提不应该是"不言自明"的预设,而需要在我国的背景下重新"清零"或者重新验证。

第三,构建有历史意识的中国行政学研究。对西方(美国以及美国之外)行政学说史梳理已经迫在眉睫,尤其要改变将西方行政学等同于美国行政学的误区,对欧陆行政法传统的非美国行政学给以必要的关注。同时要特别注意对中国(古代)行政学说史的梳理。思想史的梳理不仅可以有助我们了解整个行政学发展的整体图景,而且可以对一些争论与分歧正本清源以保证我们有一个共同的对话平台。

第四,关注"新科学"对行政学研究的影响。20世纪中期以来,"新科学"如混沌理论、量子理论等等对社会科学的影响越来越大,公共行政学将在新科学的影响下呈现出新面貌。在我国行政学研究的未来发展中,需要更加重视新科学在社会科学领域的进展,并探讨在新科学影响下我国行政学研究的领域与范式。

第五,进一步加强科际整合。目前,整个人文社会科学都在发生从"以学科为中心"的新知识产生途径到"以问题为中心"的知识产生途径的转型。在此背景下,公共行政学必须与其他人文和社会科学学科以及自然科学学科相融合,让知识生产方式得到更新。而后现代主义的发展也极大地繁荣了公共行政与公共管理学的研究工具,许多传统的学科问题将得到新的诠释。

提倡研究取向的多元化。研究的多元化,即指公共行政学研究不仅局限于实证主义的解释性研究,更应该有进行理论思考的诠释性研究和批判性研究;实证主义的研究不仅仅要有对策型研究,更要发展问题取向型的研究。在继续发展解释

研究的同时,如果能更多地关注诠释性研究和批判性研究,这必将更大地推动我国公共行政研究的深入以及与国际学术界的对话。

基于以下这些考虑,建议"十二五"期间将以下项目列入规划:

1. 西方行政国家建设的历史比较研究

在国家建设的过程中,借鉴是必要的,但借鉴必须具有历史意识。为了更好地理解当代中国行政改革面临的许多问题,有必要研究 19 世纪和 20 世纪初,西方行政国家建设的经验。在历史上,现代市场经济以及工业化和城市化的发展,对这些国家的国家建设带来了巨大的挑战。它们如何应对这些挑战建立行政国家,有什么经验和教训,这些都是非常值得我们去研究的。这些经验都将有助于我们更好地理解现在面临的是一些什么性质的治理挑战,也有助于我们更好地寻找解决之道。

2. 近代以来中国行政理论的认知研究

在纯粹的学术研究中,知识问题始终是起点和目的。近代以来,中国传统中央集权君主政治的解体,也形成了大国治理的行政知识的断裂。在与西方的接触交流中,中国人对现代行政知识作出相应的认知尚未得到研究。体现为知识的词汇/概念表达的是观念的认同和行动的展开,折射的是解决问题的勇气和责任,在现代行政词汇/概念认知、选择和创造中,我们看到的是对治国变迁的重心的敏锐反应,其结果则是治国智识的进化。然而面对现代性、民族性和意识形态的缠绕,我们始终不能发现中国人对现代行政知识认识的轨迹,难以在认知之镜中建构合理的知识之己。对后现代研究方法的探索及相关学科已经形成的研究个案,能够为我们进行这项纯粹的学术研究提供借鉴。因此,需要从学术上梳理、分析近代以来中国人理解、建构的行政知识体系,探究其哲学基础。同时,结合中国大国转型的经验,对之进行重构,并与西方的行政知识体系展开对话。

3. 中国公共行政的价值内核、发展与平衡

有中国特色的社会主义公共行政学,必须建立在对于中国公共行政价值的有效理论构建上。其中关键的问题是,如何处理西方(尤其美国)传统、中国传统与马克思主义之间的关系,如何在中国化的马克思主义指导下吸收西方行政学和中国传统的治国思想。同时,价值体系的建构需要对中国现实具有最基本的关怀。在此基础上,需要结合中国的未来,提出 21 世纪公共行政的价值内核以及主要的价值面向(例如管理、政治和法律的价值),分析其内涵与相关取向、历史与制度生长的脉络、相互依存与矛盾关系,探索取得价值平衡的改革思路。课题要求运用马克思主义基本立场、观点和方法,结合西方文献和中国经验进行深入总结和理论构建,能够在宏观和微观角度构建价值分析框架,能够创造性地运用价值观点解释中国特色的行政体制改革和发展。

4. 民意与公共治理问题研究

依据民意治理是现代政府的一项基本准则。但是在规范层面,对精英决策与

民意冲突如何解释？在经验层面，如何衡量民意与政府决策的一致性？这些都是当今国内公共治理实践中必须作为前提性问题给予解决的难题。伴随民意对政府施政的压力和冲击，公共行政学研究缺乏对民意与公共治理关系的系统研究，甚至在公共行政教育中还没有像样的课程开设，这些都是亟待通过专题性调研要去解决的"短板"。更何况在一个精致化的生活政治时代，创新公共服务不能在意识层面作粗放的规划和抉择，而只能依赖一国政府民调的积累和长期性分析的结果。相形之下，西方现代国家民意理论研究和数据积累在国家治理中发挥着巨大的作用，也成为其有效治理的依据。

5. 公众参与和民主行政

内部控制与外部控制是公共行政理论和实践中的两个基本取向。内部控制以效率为导向，强调理性化原则的运用，追求公共行政的精确与高效。外部控制注重公共行政的社会责任，强调民主、回应性、公民参与等价值，重视公共行政在民主社会中的适当角色。我国改革开放三十多年来，行政改革主要偏向于政府组织内部管理的理性化，职能转变、机构调整、人事改革等大多以提升管理效率为依归。这种改革取向有其现实合理性，并取得了显著成效。但毋庸讳言，由于缺乏外部责任视角，传统行政改革受到很大的局限，并要为当前很多社会问题的出现承担责任。应该倡导公共行政中民主价值的回归，注重民主行政与理性行政的价值融合，剖析公民参与公共行政的可行性和现实路径，并在对各种公民参与案例研究的基础之上，建构出中国特色的社会主义民主行政理论，提炼出符合中国实际的具有实操性的公民参与的制度框架。同时，近年来，公民参与以多种形式在我国各地兴起，急需对之进行理论上的总结和分析。

6. 我国政府治理效能的国际比较研究

在经济全球化时代，提高政府治理效能一直是公共管理学科中富有挑战性的议题，治理效能隐含着现代国家治理正当性、合理性、竞争性等多项要求，也是全球治理时代执政成败的关键评价所在。强调对我国政府治理效能的国际比较性研究，一是可以对我国政府管理改革实践中被割裂的领域进行有价值的整合，二是避免政府管理改革的目标和实践受到任期效应和部门效应的束缚，去除央、地政府自我评价中的误区，从而真正将政府管理改革纳入国家治理发展的民族大业中。国际上相关研究的积累比较丰富，形成了几种不同的指标体系，对我们自身来说，这一研究可以促进我国学者对公共行政体制改革的反思和改革目标的探求。

7. 我国《政府伦理法》立法问题研究

行政伦理立法是突破传统行政法定势而形成的民治政府的建设途径，它不是以限制为导向的消极地规范公共权力，也不是以特定政治伦理的服从和效忠为目标的内部管制体系，当今行政伦理立法的宗旨就是在公共性准则下促进公共权力积极有为、服务人民，以及满足社会对政府期待的政府法制建设。尽管我国颁布了多项接近行政伦理法内容的法规、条例，但都与行政伦理法在立法宗旨、目标等关键问题上有很大差别。一个良政善治的政府的建设不能没有一部"政府伦理法"作为基础,对我国《政府伦理法》立法问题的研究,将会深化我们对公共行政的认识,立法研究中的争议最终也会提升国家和社会的精神品质,立法的成功将使得干部和公务员在公共性精神引导下获得人格解放和塑造"多做多对"的职业伦理观,进而才有可能谈得上分析、评价和建设诚信的政府。

8. 预算改革与民主国家建设

民主从诞生那天起,就是个有争议的概念,因而民主国家建设的路径也不尽相同。然而从国家的演进过程来看,不同类型的财政收入的汲取和支出投向直接影响了国家与社会关系的重塑,预算管理在不同类型的国家构建中起着至关重要的作用。预算改革不只是单纯的技术上的改进,更重要的,通过预算权力的改变,重构国家与社会的关系。因而理解预算改革与国家转型间的张力是推动民主国家建设的关键。特别是在我国政治体制既定前提下,分析如何通过预算改革加速我国的社会主义民主建设进程,既有深刻的理论意义,也有重要的现实意义。

9. 社会政策与社会管理体制改革

建立和谐社会是中国社会发展的战略目标。这一方面需要实现政策格局转型,构建社会政策体系,另一方面需要建立新的社会管理体制。进入 21 世纪以来,随着国家启动社会政策体系的重建,同时对原有的社会管理体制进行改革,在这一方面已经取得了一些成绩,但是我国在这方面面临的问题和挑战仍然很多很大,需要在未来的十到二十年付出巨大的努力才能完成改革,最终建立起一个和谐社会。因此,急需深入地研究我国社会政策体系重建和社会管理体制改革的进展及其面临的挑战。

10. 转型城市与中国大城市公共服务供给机制研究

当代城市又称为"转型城市",其特征之一是城市的蔓延与城市社会的重构,以及由此伴随而来的众多新的城市问题。由于我国存在特殊的城市农村二元制度安排,城市尤其是大城市转型过程中面临的问题更为复杂。从政府治理的角度来说,任何一个城市问题(交通、污染、城市贫困等)的解决都可能成为政府有必要供给的公共服务。因此,面对转型城市中涌现的众多问题,寻找恰当的中国大城市公共服务机制成为非常迫切的问题。对于这一问题的研究,需要回答并解决:中国当前大城市公共服务供给状况如何;对于可能存在的大城市公共服务供给短缺,其短缺的内在机理是什么;城市公共服务的提供者、生产者和消费者三者应该构建怎样的良性互动关系,并在激励结构、组织意蕴、制度边界、政策条件等方面进行全新界定,等等。以上问题都需要在大量经验与数据分析的基础上给以系统、深入的研究。

11. 财政改革与地方政府能力建设

党的十七大以来,包括税收、支出和预算在内的中国财政体制改革在稳步推进。这些改革对进一步转变政府职能、建设服务型政府产生了有力的促进作用,同时也提升和改善了政府能力,有效缓解了社会矛盾,增强了政府的合法性基础,促进了社会公平正义与和谐稳定。目前,我国实施公共财政体制的核心分税制,这一体制要求合理划分中央与地方的财政权限,而财权的划分又是以中央与地方之间权责的划分为前提的。我国地方政府在履行职能过程中遇到的重要困难就是财力不足,这就导致了地方政府的施政能力下降,无法保证其在社会"短腿"事业,如义务教育、基础医疗和公共卫生、基本社会保障、廉租房建设、环境保护等方面的有效投入。因此,"十二五"期间的课题就应研究公共财政改革如何促进中央与地方关系的优化,如何健全中央和地方财力与事权相匹配的财税体制,完善省以下财政体制,提高行政效能,最终加大公共服务领域投入,改善民生。

12. 责任政府与中国食品安全监管能力建设

当前我国关于食品安全监管制度的实证性研究,多从监管制度本身(多部门监管)解析监管有效性及其原因。这样的研究在有些情况下会犯自我循环论证的错误,即多部门监管的不协调导致了食品安全监管效能低下,而食品安全监管效能低下的表现形式却是多部门监管的不协调。即使不考虑这种自我循环论证的错误,对当今欧美食品安全监管体制的考察也显示了多部门监管并非一定是食品监管效能低下的原因。因此,需要从食品监管制度之外的角度来解析中国食品安全监管的有效性及其原因,而财政问责将是可能走出以上研究困境的一个非常有前途的研究切入点。这是因为,食品安全监管不仅仅是监管问题,它与政府的问责机制,尤其与财政问责机制密切相关。在此框架下,以下三方面的研究需要展开:①历史考察。考察欧洲和美国的食品安全监管的历史发展,进行历史比较分析,从中发现他们各自的模式以及相应的条件,探索适合中国的模式。②横截面比较。对广东、香港和北京进行实证性研究,进行跨地区、跨体制的比较研究。③对策性研究。在前两方面研究的基础上,形成适应中国国情的政策建议型论文或者研究报告。

本章调研和编写主持人:中山大学政治与公共事务学院马骏教授

参与调研和编写人员:中山大学政治与公共事务学院何艳玲教授、倪星教授,南京大学政府管理学院孔繁斌教授,厦门大学公共事务学院张光教授

第十一章　公共政策

根据国家哲学社会规划委员会政治学科组的统一安排和分工,本调研小组主要根据国家社会科学项目立项和研究状况,对政治学科公共政策分支学科在"十一五"规划期间的发展状况进行了总结分析,并根据相关调研,为制定"十二五"规划提出了研究领域和项目建议。

一、"十一五"期间公共政策研究基本情况分析

公共政策从传统的政治学科和公共行政学科中发展而来,并逐渐成为一个比较成熟的新兴学科。"十一五"期间,我国的公共政策研究取得了重要进展。

（一）"十一五"国家社科基金规划公共政策立项及研究的总体情况

公共政策的内涵包括狭义和广义两种理解。狭义的公共政策是指政府制定的政策,而广义的公共政策则包括政府公共管理制度、管理模式和具体政策项目等内涵,涉及政府管理的各个方面。由于狭义的公共政策并不能完全概括公共政策研究的全部内容,在此将按照广义的公共政策来总结"十一五"规划期间公共政策研究的总体状况。

"十一五"期间,国家社科基金政治学科总共立项355项,公共政策立项共205项,占总项目数的57.7％。其中公共政策研究的重点课题7项,占总项目中重点项目的36.8％;一般课题立项120项,占总项目一般项目的57.7％;青年课题立项77项,占总项目中的青年项目60.6％。从这些数据来看,公共政策研究一直是政治学科立项的重点内容之一,其所占的比例近6成。每年的重点项目也不缺乏政策领域相关问题的研究,其比例也达到重点项目总数的近4成。以上情况显示,公共政策研究越来越成为政治与公共行政学研究的重点,与政府政策行为相近和相关的制度、机制方面也成为政策研究的组成部分。国家社科规划项目越来越重视政治与行政学研究的实用性和社会性,更加关注具有实践性特征的具体制度和政策行为的研究。另一方面,这也反映了政治和社会现实的客观需要越来越迫切,越来越需要知识的介入,为具体的政府管理和社会发展提供有价值的咨询和参考。

时间及总比例	重点课题政策研究数和比例	一般项目政策研究数和比例	青年项目政策研究数和比例	研究项目集中关注的政策研究主题
2005 年 36/58	3/5	22/37	11/15	1.国际安全与民族地区安全问题研究 2.公民参与政策过程与制度研究 3.农村公共服务供给与政策冲突问题研究 4.事业单位改革与中介组织管理研究 5.公共财政与预算监督研究 6.政府治理模式变革与公民社会参与政策研究 7.公共资源管理与水污染防治研究 8.政府绩效与公务员能力建设研究 9.西部开发、东北振兴战略研究
2006 年 39/66	1/4	26/43	12/19	1.区域协调与政府间关系研究 2.政府责任制与行政效能研究 3.社会组织管理与政策参与研究 4.乡镇管理改革、债务化解与公共服务研究 5.科学发展观指导下的国家战略与政府决策能力研究 6.事业单位管理改革研究 7.电子政务与预警体系研究 8.强县扩权与省直管县体制改革研究 9.医患关系、水库移民等问题研究
2007 年 44/70	1/3	26/41	17/26	1.和谐社会的公共管理和公共政策研究 2.公共危机与社会风险管理研究 3.新农村建设与土地资源管理研究 4.政策过程与政府执行力研究 5.公共事物民营化与服务型政府能力建设研究 6.卫生、教育及信息管理政策研究 7.公共服务均等化、收入平衡与扶贫政策研究 8.农村社会保障与相关政策研究 9.预算监督与反商业贿赂研究

时间及总比例	重点课题政策研究数和比例	一般项目政策研究数和比例	青年项目政策研究数和比例	研究项目集中关注的政策研究主题
2008 年 35/74	1/4	18/42	15/28	1.政策合作与区域公共事物治理研究 2.政府执行力与行政能力研究 3.政策网络与社会参与研究 4.公共卫生服务与农村合作医疗问题研究 5.社会风险防范与应急机制研究 6.政府与公共部门机构改革、问责制度和审计监督研究 7.城乡社会公共服务供应政策研究 8.防治腐败体系研究 9.林权制度改革与乡村治理研究
2009 年 51/87	1/3	28/45	22/39	1.理论研究,关于政策制定和评估的基本理论模式 2.政策体制和机制研究,关于地方治理、城乡治理、公共服务供给、反腐败模式等方面 3.政策过程中的公众参与和民意表达问题研究 4.社会保障、社会福利等方面的研究 5.社会治理与公共政策中的合作与互动研究 6.互联网与反腐败的政策研究 7.政府政策执行力研究 8.土地资源的保护与开发政策研究 9.农村公共物品供应与村级治理研究

注:表中数据比例中的分子为政策研究项目数,分母为总项目数。

从"十一五"期间各年度所立项目集中关注的研究主题来看,所有研究主题既有一定的连续性,又有一定的特殊性。连续性主要体现在对公共政策基本理论、公共政策执行、公共政策效果、社会服务体制和供应、农村治理、社会保障和福利等方面的不间断的关注。这些主题每年都会出现相关的研究项目,恰恰是社会发展过程中的重大问题,适应了社会发展的根本要求。特殊性则体现在每年的立项都有一定的特殊项目,例如 2005 年对国际与地区安全、西部开发和振兴东北、公共资源管理等主题的研究,2006 年对区域协调、电子政务、强县扩权、医患关系等主题的研究,2007 年对公共危机与社会风险、新农村建设、卫生与教育政策、反商业贿赂等主题的研究,2008 年对农村合作医疗、政府问责制度、林权改革等主题的研究,2009 年对互联网与反腐败、土地资源的保护和利用、村级治理等主题的研究。这些特殊性的研究立项都结合了每个年度的政治热点,反映了时代发展的需要。

(二)"十一五"国家社科基金规划公共政策研究的主要进展

1. 基础理论研究更加系统,方法论研究也取得一定成果

"十一五"期间出现了一部分从事公共政策基础理论的研究、特别是方法论方面的研究成果,这一批成果立足既有研究基础,从方法论的新模式、方法论的新领域和方法论的新构造等方面进行了创新尝试,取得一定成绩。其中如对政策执行理论、评估理论、政策网络理论等都进行了系统而专门的研究,是对以往理论的较大突破。具体包括以下三个方面:

(1)理论模式总结的新拓展

有学者从政策分析的主体、影响、过程和领域四个方面展开分析,深化了政策分析的既有方法论。该研究的主要特色在于实现了研究范式上的三个重要转变:一是在政策决定的主体上,从传统的自上而下的精英性的政策机制,转变为基于利益相关者参与合作治理的机制;二是在政策价值的判断上,从传统的经济增长决定型的政策制定与评估,转变为权衡可持续发展所要求的经济、社会、环境的综合效益;三是在政策过程的分析上,从传统的脱离利益相关者参与和脱离可持续性三重底线考虑的政策过程,转变为新的多主体、多目标的过程。① 有学者从社会系统动力学的基本原理和规律出发,研究了公共政策如何利用社会系统动力学方法来分析其因果关系、流图和结果,重点探讨了社会经济系统的基本运行规律和政策研究原理和方法,同时将前面提出的政策研究原理和方法应用到工商管理、公共管理和系统思考中,包括经营策略、库存策略、人口政策、节能降耗政策以及供应链中牛鞭效应的系统思考等。这是将自然科学和社会科学有机结合的有益尝试,富有很大的启发性。②

(2)政策工具和策略的新研究

有学者基于公共管理与公共政策的内在联系,把公共政策放在公共管理的背景下进行了系统而深入的研究。该研究对公共政策的历史和逻辑渊源,公共政策的体系、环境、类型、主体以及公共政策的价值标准与价值选择进行了探索,最后对公共政策的执行、公共政策的分析与评估等问题进行了系统全面的理论讨论,并在此基础上提出了公共政策异化产生的原因和治理的有效措施。其创新性主要体现在既有研究方法的扩展和深入上,尤其在执行研究方面。③ 有学者选取 20 世纪 40年代至今,国际上在不同时期将内容分析方法用之于政策分析的著名案例,包括国际政治危机中的政策策略、美国总统竞选过程中新闻媒体的报道、内容分析在教育政策分析中的运用、对于中国教育政策执行过程群众自发诉求反映的定量分析,以

---

① 诸大建:《政策分析新模式》,同济大学出版社,2007 年。
② 李旭:《社会系统动力学:政策研究的原理、方法和应用》,复旦大学出版社,2009 年。
③ 黄维民:《新范式与新工具:公共管理视角下的公共政策》,中国社会科学出版社,2008 年。

及对于美国学校办学理念的语义规律分析等。①

(3)政治过程研究的进一步发展

有成果对当代公共政策理论发展中的政策执行与政策评估进行了深入研究，对如何建立有效的政策执行机制，如何评估执行后的政策影响或结果进行了特别的探讨，提供了三代政策执行模式的动态观点，以及政策评估的理论、类型、策略、研究设计，并强调理论结合实践的应用意义。②

2. 实证研究逐渐增多，分布在各个热点领域

"十　五"期间，公共政策研究开始从以前的规范研究转向各个角度的实证研究，实证研究成果在成熟的方法论支持下取得一定的突破。实证研究集中在具体的政策领域，主要表现在以下五个方面：

(1)对农村公共政策和公共服务的实证研究

如2005年国家社科基金立项的"地方政府涉农政策同农民参与的互动研究"、"中国西北乡村政治与公民参与问题研究"、"将农村纳入公共服务体系的政策与实现机制研究"、"构建和谐社会与农民工政治参与问题研究"、"政策介入与社会拒斥：乡村治理中的博弈分析"、"基层政府公共服务职能的重构：农村小城镇公益事业民营化研究"、"税费改革后农村公共产品供给机制与对策研究"、"小康社会进程中农村公共服务保障体系创新研究"等。2006年国家社科基金立项课题大多数都具有实证性，注重所研究问题的实践特征和具体过程，如"取消农业税后我国乡镇债务与基层政权建设研究"、"取消农业税后农村公共产品和公共服务供给问题研究"、"粮食主产区公共产品供给成本分担机制的实证研究"等。2007年包括"社会主义新农村建设中村卫生室的社会角色模型及其实现路径研究"和耕地保护等研究在内的项目。2008年"均等化目标下农村公共卫生服务多元化供给模型及其路径研究"和新型农村医疗合作制度研究等项目。2009年则有"村民自治中的'重难点'村治理研究"和耕地保护和农产品安全问题的研究等。

(2)对公共安全、社会风险与危机应对的实证研究

如2005年的重点项目"民族关系与边疆安全问题研究"，"大型活动公共安全社会化管理研究"，"非传统因素对边境安全稳定的影响与对策研究"；2006年的项目"城际重大危险源应急网络协同机制研究"，"低收入群体问题的预警指标体系研究"，"公共危机管理中的公众危机教育体系构建研究"，"社会矛盾预警指标体系及运行机制研究"；2007年的"公共安全整合管理机制的理论创新与实证研究"，"公共危机事件社会影响的扩散网络及应对机制研究"；2008年的"社会风险防范与治理机制研究"，"网络舆情突发事件预警机制研究"，"社会减灾能力信任对公众应急行为决策的影响研究——以长江流域水灾为例"，"西北地区生态风险综合评估与

① 李钢：《公共政策内容分析方法：理论与应用》，重庆大学出版社，2007年。
② 台湾学者李允杰和丘昌泰在大陆出版的《政策执行与评估》(2008)。

安全保障研究";2009 年的"互联网政治生态危机预警与治理机制研究","互联网大规模协作在公共危机中的作用","网络架构下的国家安全走向及对策研究"等。以上项目包括了国家安全、大型活动安全、社会危机、生态危机、社会风险防范、突发事件预警等方面,从不同角度涵盖了当前安全和危机应对诸领域,成为国家社科项目研究关注的重要课题。

(3)对公共政策执行与互动机制的实证研究

国家社科基金项目在公共政策领域强调政策过程的实证性分析,对政策的执行力、执行过程以及其他变量之间的互动过程进行实地调研和分析,研究问题主要集中在公共政策执行过程、公共政策影响因素、公共服务运作等方面,如 2005 年的"中国公民社会的兴起对政策过程的影响研究",2006 年的"科学发展观与政府决策能力研究",2007 年的"和谐社会构建中的地方政府政策执行力研究"、"提高公共政策执行力研究"、"中国政策过程的实证研究和优化理论"、"和谐语境下的利益集团对教育政策影响的研究"等。2008 年的国家社科基金立项课题继续在实证性研究方面拓展。与上年相比,课题更加具体化,研究主题更加具有针对性、集中性,如"转型时期中国公共政策转移研究"、"土地使用权征用制度安排与农民损失及补偿政策研究"、"中国县级政府公共政策执行机制创新研究"、"均等化目标下农村公共卫生服务多元化供给模型及其路径研究"、"加强地方政府执行力建设的理论思路和现实路径研究"、"我国政策网络实证研究"等。2009 年公共政策的课题立项除了在既有的公共政策过程方面加强研究以外,还拓展了网络时代的公共政策特征,如互联网和反腐倡廉的互动关系等。这些项目均将主要方向对准了政策执行过程和互动情况,并设计了实证研究的步骤、方法。这些实证研究可以帮助解释政府执行政策的真实特征,更好地了解政策过程及其形态。

(4)对社会合作与民主参与的实证研究

2005 年的"地方政府涉农政策同农民参与的互动研究"、"中国西北乡村政治与公民参与问题研究"、"网络时代政治参与问题研究"、"公共政策过程中公民有序参与机制研究",2006 年的"农民专业合作组织的政治参与问题研究"、"地方政府与非营利组织互动机制研究",2007 年的"中国政策过程的实证研究和优化理论"、"和谐语境下的利益集团对教育政策影响的研究",2008 年的"改革开放以来中国妇女参与政治决策的实证研究"、"我国政策网络实证研究"、"地方政府与第三部门合作策略框架实证研究"等。2009 年国家社科项目立项的特点是强调公共治理和公共政策过程中的多因素互动与合作的研究,如"县级政府决策科学化民主化的制度建设实证研究"、"城乡统筹的公共服务网格机制研究"、"民主党派参与公共政策制定的实效性研究"、"金融危机背景下我国行业组织的政策参与研究"、"公共投资建设项目决策中的公共参与机制研究"、"乡镇治理机制:从'自治'到'共治'"、"人口双向流动趋势下西部地区农民政治参与的政策对策研究"、"跨区域环境治理中地方政府合作机制研究"、"城市社区公共物品供给机制研究"、"政府社会性管制政策过程民主化研究"、"公共政策制定过程中的民意表达途径研究"等。以上研究立项集中在政策过程中的合作与参与问题，这是我国公共政策执行中的重要问题。这些项目涉及农业政策、非营利组织互动、利益集团政策参与、妇女参政、政策网络、行业组织的政策参与、地方政府合作机制、民意表达等主题，涵盖了政策过程中诸多主体与政策互动的问题。

(5)实证性学术成果不断涌现

这一时期公共政策领域的实证性研究也取得了一定的学术成果，有些是国家社科项目立项的研究成果，有些是其他课题资助的项目研究成果或者自我研究的成果。有学者对公共政策转移进行了创新性的理论概括，对政策转移的基本理论问题、政策转移的变量、结构与过程、新中国成立初期公共政策转移的发展历程等进行了深入的论述。① 有学者运用13个电子政务的实验来实证性地提供电子政务的知识和技能，积极建议提高电子政务的管理与处理能力。② 有学者根据对湖北、安徽、山东等省的实地调研，通过对乡镇干部的问卷调查探索从管治到服务的变化，反映了乡镇政府职能转变的文化基础和社会动力。③ 此外，相关研究涉及高等教育大众化的多元化、市场化和秩序化政策研究、土地流转与乡村治理等。④

3. 研究领域逐步拓宽，涵概经济、教育、卫生、住房、社保等领域

随着社会的发展，各种复杂的社会问题层出不穷，"十一五"期间国家社科基金政治学科的立项领域不断拓宽。无论经济、政治、社会，还是教育、卫生、住房和社保，都有研究立项。

(1)国家社科基金政治学科中的立项课题专注于体制创新方面的比较多

如2006年的立项课题偏向于体制创新方面，包括"西部大开发中的政府治理创新研究"、"我国非政府组织管理中的理事会制度研究"、"区域协调互动机制与地方政府职能研究"、"公共危机管理中的公众危机教育体系构建研究"、"教育与卫生管理体制分类改革研究"、"强县扩权与省直管县体制改革"、"转型期国家战略管理的理论和实践"等。2007年的"合作博弈与和谐治理——中国未来民主政治体制改革战略研究"，2008"事业单位分类改革研究"、"当代中国的跨省区域公共治理中政府协调体制创新研究"等，都属于这方面的立项。

(2)有关应急管理和公共安全问题的研究逐渐增多

有关应急管理与公共安全等方面的研究立项如下：2007年的"公共安全整合管理机制的理论创新与实证研究"探讨公共安全如何建立整合型管理机制，"公共

---

① 魏淑艳：《中国公共政策转移研究》，东北大学出版社，2006年。
② 邓崧：《电子政务实验》，云南大学出版社，2009年。
③ 吴理财：《从"管治"到"服务"：乡镇政府职能转变研究》，中国社会科学出版社，2009年。
④ 刘海波：《高等教育大众化的多元化、市场化和秩序化政策研究》(2009)；徐勇和赵永茂主编：《土地流转与乡村治理：两岸的研究》(2010)。这些成果也都有效地运用了实证性研究方法和研究手段，并得出了较有创新性的理论成果。

危机事件社会影响的扩散网络及应对机制研究"研究危机事件应对中的社会影响扩散网络问题,"城市突发事件风险评估与应急管理平台研究"则研究危机的风险评估;2008年在社会风险防范与应急方面,有"社会风险防范与治理机制研究"、"网络舆情突发事件预警机制研究"、"西北地区生态风险综合评估与安全保障研究"、"社会减灾能力信任对公众应急行为决策的影响研究——以长江流域水灾为例"、"基于流程优化的政府应急管理机制研究";2009年的"互联网政治生态危机预警与治理机制研究"、"互联网大规模协作在公共危机中的作用"、"网络架构下的国家安全走向及对策研究"等。

(3)教育和卫生政策问题研究的立项得到重视

教育与卫生政策方面的立项如2006年的"教育与卫生管理体制分类改革研究"、"新型农村合作医疗的问责制研究"、"医患关系对构建和谐公平社会的影响及对策研究",2007年的"和谐语境下的利益集团对教育政策影响的研究"、"社会主义新农村建设中村卫生室的社会角色模型及其实现路径研究",2008年的"均等化目标下农村公共卫生服务多元化供给模型及其路径研究"、"推进新型农村合作医疗制度建设研究"等。

(4)土地、住房和社保方面的政策研究立项成为关注点

土地、住房和社保方面的政策立项如下:2007年的"当前城镇化进程中的农村居民点集约用地模式及其调控研究"、"建立健全面向中低收入家庭的住房保障体系研究"、"贫困背景下中西部民族自治地区农村社会保障问题研究",2008年的"土地使用权征用制度安排与农民损失及补偿政策研究"、"集体林权制度改革后的中国乡村治理状况研究",2009年的"我国耕地保护的障碍因素与政策创新研究"、"城市空间增长管理及其政策工具的作用机制研究"、"城市土地集约利用潜力挖潜分析与政策选择研究"、"中国社会保障基金运营监管机制研究"、"财政社会保障支出的公平性实证研究"、"城乡统筹医疗保障体系构建研究"、"我国适度普惠型社会福利制度发展研究"。

(5)形成了一批从不同角度拓展公共政策研究范围的研究成果

有学者从政务公开、电子政务、政务信息、行政服务性机构、现代行政管理方式等方面分析了政府管理和服务方式创新的途径。[①] 有学者从政府管理、城市管理、公共财政、教育文化管理、非营利组织、政策争鸣、海外摘编、博士生论坛和书评等方面开展研究,成为专门的公共政策研究成果。[②] 还有学者以广西县级政府为实证基础,进一步研究了政策执行力的逻辑基础、政策执行的特点及政府执行力现状评估。[③]

有学者从权利与权力的关系研究教育公共政策,论述了教育权利中的教育公

---

① 高小平主编:《政府管理与服务方式创新》,国家行政学院出版社,2008年。
② 参见董克用主编:《公共管理与政策评论》,中国人民大学出版社,2006年。
③ 莫勇波:《公共政策执行中的政府执行力问题研究》,中国社会科学出版社,2008年。

平与教育民主问题,教育权力中的教育公共政策的制定问题,阐述分析了国外教育政策过程与实践,展现了教育政策过程中权力分配和权利保护的双向关系。① 有学者则关注最新涌现的互联网时代的民意表达与政府监管问题。研究指出,互联网的开放、自由、匿名、加密等技术特征,为各种话语和集体行动找到了新的突破口,也给传统意义的政治参与和政治控制模式增添了一些新的元素。尤其是对互联网四种角色的研究充满现实意义,互联网四种角色是充当主导者的中央政府、充当执行者的部门与地方政府、充当协作者的运营机构以及充当自律和相互监督者的网民。②

其他亦有一些研究成果分散在经济、教育、卫生和社保等热点领域,为公共政策研究的进一步发展提供了动力。有学者以北京、云南等地的城市和乡村的调研材料为基础,结合全球性医疗体制改革的特点,对医疗体制改革的障碍、道路等进行了深入的研究,并指出中国医疗体制改革新出路是走向"有管理的市场化",重新建构政府新职能而不是放弃市场化。③ 有学者研究了公共预算体系的建设、公共预算的复式方法和整合、公共预算的赤字问题,其中对我国的部门预算改革进程、公共预算改革的国际背景、公共预算编制模式等也给予了独到的研究,为我国财政政策改革提供了有益的借鉴。④ 有学者以一般很少有人关注的中国思想库为研究对象,从公共政策基本理论出发,结合社会资本、知识运用、社会结构等相关理论,阐释了中国思想库在当代中国政策过程中实现影响力的机制。研究对中国 25 个省市的思想库的问卷调查数据进行了统计分析和假设检验,同时,通过 3 年多时间的参与式观察和半结构式访谈,详细考察了六个典型思想库的运作模式与特点,对政策研究机构、软科学研究机构以及旨在推进决策科学化民主化均有现实意义。⑤

4. 综合交叉性研究不断出现,取得一定的突破

"十一五"期间,公共政策研究还显示出各种学科综合交叉的特点,成为公共政策研究的一大亮点,拓展了公共政策研究的空间,同时也丰富了公共政策研究的理论体系。这些综合交叉性研究出现在不同领域,主要集中在城市化、新闻媒介、网络文化、经济发展、社会治理等方面。

有学者运用经济学、管理学和政治学等方法对网络效应标准竞争与公共政策的关系进行了理论研究,研究内容涉及标准及标准竞争概述、网络效应、同代标准竞争、代际标准竞争、虚拟网络标准竞争、标准竞争公共政策等。其中重点研究了一种特殊的网络标准竞争——具有间接网络效应的虚拟网络标准竞争,认为中国

---

① 金安平主编:《权利与权力:教育公共政策的政治学研究》(教育部人文社会科学研究项目),中国文联出版社,2007 年。

② 李永刚:《我们的防火墙:网络时代的表达与监管》,广西师大出版社,2009 年。

③ 顾昕、高梦滔和姚洋:《诊断与处方:直面中国医疗体制改革》,社会科学文献出版社,2006 年。

④ 杨君昌等著:《公共预算:政府改革的钥匙》,中国财政经济出版社,2008 年。

⑤ 朱旭峰:《中国思想库:政策过程中的影响力研究》,清华大学出版社,2009 年。

标准竞争应该为发展中国家改变世界经济秩序、实现发展目标提供机遇,将后发劣势转变为后发优势,确立合适的技术进步方向,实施恰当的竞争战略。①

有学者结合生态学、管理学和政治学等学科的方法从生态的本质、人类的本位、政府的职责出发,结合中国生态管理的实际,以行政管理体制改革和加强政府生态管理职能为主线进行分析和探讨,提出了生态管理体制和机制创新、机构改革的思路。② 有学者对城市化过程中公共政策的演变和作用进行了研究,交叉运用了城市地理、经济学、社会学和政治学等学科的知识与方法,指出中国城市化异于西方城市化的一个重要特征,就是"政府主导"的因素大于"市场自然演变"的因素,政府是城市化战略的制定者、城市化制度的供给者、城市化进程的执行者、城市化绩效的评定者。③ 另有学者在吸收国内外公共政策研究成果的基础上,以大都市为视角,不仅探讨了大都市公共政策的基本原理和基础理论,而且探讨了大都市的诸多公共政策实践,同时在有些大都市公共政策实践内容的选择上,结合当今大都市社会发展出现的一些新问题、新情况,探索了能够有效解决现实问题的公共政策方略。④

有学者将传媒与政治政策之间的关系作为研究对象,运用传播学、政治学和其他学科的方法进行综合交叉性研究,以新闻媒体在政府政策问题与议程建构、政策论辩和政策执行与评估等主要环节应当产生的作用作为研究话题,就新闻传媒的微观政治功能进行深入而集中的探讨,包括新闻媒体作为政府政策行为的辅助手段,在完善决策机制、提高决策水平、实现民主与科学决策、增强政策效能方面,尤其在提高政策活动代表民意的深度与广度、决策的合理性程度、客观监督与评价政策效果的可信度等方面发挥了重要作用。研究通过大量的案例分析,切实地呈现出媒体在公共决策中的积极作用。⑤ 有学者结合政治哲学、公共政策学和经济学诸学科的方法,从"有限理性利益人"的人性假设出发,对公共政策学的逻辑结构进行了深入的探讨,为构建以"有限理性利益人"的人性假设为基础的理论体系提供了思路。⑥

367

(三)"十一五"期间公共政策研究存在的问题和薄弱环节

1. 公共政策研究主体仍局限在体制和机制方面,缺乏复杂变量的多样化研究

目前,从公共政策主体角度来说,公共政策研究的主流还基本上局限在体制和机制方面,大多数研究成果还是以如何构建某个领域或者某个问题的体制和机制问题为目标。这方面的比重约占 30%。这种研究状况,一方面反映了当前我国公

---

① 熊红星:《网络效应、标准竞争与公共政策》,上海财经大学出版社,2006 年。
② 高小平:《政府生态管理》(国家"985 工程"建设项目:西部经济社会发展哲学社会科学创新基地研究成果),中国社会科学出版社,2007 年。
③ 谷荣:《中国城市化公共政策研究》,东南大学出版社,2009 年。
④ 叶海平和陶希东:《大都市公共政策》,北京大学出版社,2007 年。
⑤ 陈堂发:《新闻媒体与微观政治:传媒在政府政策过程中的作用研究》,复旦大学出版社,2008 年。
⑥ 王春福:《有限理性利益人与公共政策》,中国社会科学出版社,2008 年。

共政策领域的确存在体制和机制的不完善，需要进一步加强体制和机制的改革；另一方面也反映了研究人员在选择研究对象方面的局限性。而且有关体制和机制问题大多集中在公共服务、公共决策、民主参与、信息运用、危机应对、公共物品供应等方面，在一定程度上束缚了研究的深入和研究范畴的拓展。这种方法的研究往往容易忽略公共决策中更加复杂的内外环境的多重变量，例如地理、人文、历史、社会文化、各类资源、组织模式、科学技术等变量。而在很多时候，这些变量常常对公共政策的演变产生重要的甚至是决定性的作用。面对这方面的不足，学界一方面需要继续保持体制和机制研究的思路，同时更要注意对关键复杂变量的分析与研究，尤其是要发现在特殊政策问题背后的决定性变量，例如决策者个人的和决策者复杂关系的变量。通过对这些变量的研究，能够更加深入地透析中国公共政策的复杂特征。

2. 公共政策研究实证性方法的运用还不够科学和系统

尽管"十一五"期间公共政策研究显示出前所未有的实证性研究的趋向，在国家社科基金规划和其他研究方面，将近一半甚至更多的研究项目都或多或少地运用了实证研究方法。这对我国政策科学的发展具有重要的意义。但是从严格意义上讲，一些成果中所运用的实证研究方法的科学性和系统性还很不够。例如，在有关公共政策问题的研究项目中，大多数运用的方法还是一般性的实证方法，如社会调研、官方统计数据的运用、实验性方法等，这些方法本身还不够规范。社会调研大多数是随机性的调研，在很多项目中，由于社会条件、经济条件和研究条件等方面的制约，社会调研方法并没有那么规范和科学，存在明显的缺漏。一些学者对实证研究方法不够熟悉，也直接影响了这一方法的运用。所以实证性研究在中国公共政策领域的运用还有很长的路要走，还需要大力加强实证方法的培训，需要建立更多、更统一和更科学的信息平台，为日益发展的科学研究服务。

3. 公共政策的研究主题还需要进一步深入和细化

从目前公共政策研究的情况来看，我国公共政策研究与过去相比有了很大的进步，从以往的体制和机制研究逐渐向更加具体的公共政策领域，如政策过程、政策执行、政策评价、政策影响力、政策变量以及各个具体行业和范围的政策要素的研究转变，并且涌现出大量的研究成果。这些研究成果还需要深化和系统化。目前大多数研究还是集中在一些热点性问题，如新农村建设和农村问题、社会危机应对问题、公共服务问题、社会民主参与决策问题、公共财政、社会保障等方面，对这些问题背后的更深层次的要素以及相关领域的问题研究尚嫌不够。例如对农村问题至关重要的人口和文化问题研究的成果很少，对社会危机应对问题的危机产生变量和演变过程研究不够，对公共服务的非正式组织和社会动力研究不够，对社会民主参与决策中的内部运作和外部关系问题研究不够，对公共财政的内部分配过程研究不够，对社会保障的地区差距和统一障碍以及实施细节研究不够，等等。而这些问题恰恰是决定相关研究是否深入和透彻的关键。另外，在公共治理和公共政策更加复杂性的领域,研究非常缺乏,例如环境保护、生态平衡、资源管理、地区协调、文化动力、人口作用、地理条件等方面的开发拓展的研究成果比较少。所以从这一方面看,公共政策研究还有着很大的发展空间。

4. 综合交叉性方法的运用还有待进一步完善和深化

目前,随着大量的研究方法的引进和部分从其他学科转入本领域的研究生走到研究队伍中来,公共政策研究已经开始有意识地运用各种学科综合交叉方法,从而有效地拓展了公共政策研究的新空间和新路径。数学、经济学、心理学、计算机科学和其他自然科学的方法被逐步运用到公共政策研究中,这为公共政策研究带来了巨大的进步。但是严格来看,这些方法的运用还远远不够。大多数交叉研究都是停留在比较表层的水平,实质性的、高质量的交叉研究成果还不多。例如运用20世纪最流行的生态学和复杂性科学来进行公共管理和公共政策问题研究的成果很少,而在当今时代,随着环境问题越来越成为全球性至关重要的问题,这种方法的掌握和运用成为公共政策研究更上一层楼的关键。目前国内有一部分人开始从事这方面的基础性介绍,但是尚缺乏专题性和深层次的研究成果。另外,公共政策领域还明显缺乏有深度的人口学与公共政策研究相结合的成果。人口问题是中国重大的国策问题,几乎所有公共政策问题都与人口问题密切相关。而这方面的研究还严重缺乏。除此以外,在计算机科学、数学、政策分析学、经济学等方面的交叉方法的运用也仍然有待进一步发展。

二、"十二五"期间公共政策学深化研究的建议

"十二五"期间,我国公共政策的环境将发生新的重要变化,公共政策的制定和执行都将面临新的压力和挑战。适应新形势,迎接新挑战,要求公共政策学科在以往研究的基础上,更加紧密地结合我国改革与发展的实际,加强公共政策重大理论与实践问题研究。

(一)"十二五"期间公共政策理论问题研究

1. "十二五"期间公共政策环境变化研究

"十二五"期间,国际国内环境将继续发生重大变化,这些变化从外部和内部影响着我国公共政策的制定和执行。国际环境包括:国际政治体系的演变,大国关系的新变化,全球非政府组织的结构变化和新特点,全球合作机制发展的新动态,全球变暖引起的生态环境危机与变化,局部地区民族冲突及发展趋势,全球经济体系的结构变化和发展趋势,全球风险的结构特点及其防范等。国内环境包括:政治体制的结构化特点和动态变化,不同层级和不同地方的政府之间的关系变化,经济体制的结构变化和动态趋势,传统文化与现代文化的矛盾与冲突,生态环境的现状和局部变化,地理及人口等关键变量的新变化,国内社会风险的特点与防范等。对"十二五"期间公共政策环境变化的研究,应该成为我国公共政策研究的一个新的

重点问题。

2. 公共政策理论与方法创新研究

"十二五"期间,作为公共政策研究基础的公共政策理论与方法问题仍然是学术前沿问题和未来发展方向。如包括公平与效率等要素在内的公共政策价值问题研究;包括公共性、社会性等要素在内的公共政策性质的研究,发达国家和地区公共政策理论研究的新进展和新特点,结合中国实际的公共政策分析的新模型研究,公共政策过程理论,公共政策执行理论,公共政策分析的团体理论等内容。在方法论创新方面,将注重结合最新的自然科学与社会科学研究成果,将其运用到公共政策研究领域,如复杂性理论和方法在公共政策研究中的运用和创新,网络分析方法在公共政策中的新运用,社会风险理论在公共政策中的运用,非政府组织与生态组织学理论在公共政策过程分析中的应用等。

3. 深入贯彻落实科学发展观与公共政策理论创新研究

科学发展观是我国公共政策的根本战略指导和根本方针,如何贯彻落实科学发展观,将科学发展观的基本思想和原则充分运用到公共政策理论研究中来,并积极展开理论创新,是公共政策研究的重大要求,也是公共政策理论在新时期取得重大发展的保证。

4. 公共政策制定的科学化、民主化与法治化问题研究

"十二五"期间,公共政策制定的科学化、民主化、法治化问题仍然是公共政策研究的重点问题。决策科学化应研究的内容包括:科学决策中信息方法的发展与具体运用研究;互联网与信息处理技术在公共政策制定中的运用和创新研究,社会调查与反馈机制在公共政策制定中的运用和创新研究,专家咨询制度、咨询程序和方法研究等。决策民主化应研究的内容包括:民主投票机制在公共政策制定中的运用和发展研究,协商民主在公共政策制定中的作用及实践研究,公共政策中的社会合作与互动研究,社会组织在公共政策制定中的参与研究,组织内部的决策民主化路径与方法研究等。决策法治化研究的内容包括:完善公共政策制定的法律法规体系研究,公共政策制定的合法性与合法过程研究,立法机关在公共政策制定中的作用和地位研究,公共政策制定的听证制度与实施研究,公共政策制定的信息公开与社会参与法制化问题研究,公共政策制定的法律保障机制研究等。

5. 公共政策制定过程中专家咨询的程序和机制问题研究

在公共政策制定过程中,专家咨询必须遵循一定的程序,并且需要建立健全专家咨询的机制。如何建立这一程序,以及确定这一程序的内涵和步骤,是研究政策制定过程中专家咨询问题的关键内容。通过科学的程序和机制形成专家咨询模式,也是值得研究的问题。

6. 现代信息技术发展与公共政策变革研究

现代信息技术的高速发展为公共政策制定和执行提供了重大的变革动力,信息技术的发展如何为政策过程提供帮助,如何影响公共政策的制定和执行,信息技术如何改变政策制定和执行的组织结构,如何保证政策制定和执行的科学性,提高政策制定和执行的效率,是这一主题研究的应有之义。

7. 当代国外公共政策最新理论与发展趋势研究

当代国外公共政策的最新理论和发展趋势,也是当前公共政策研究必须进一步关注的问题。公共政策价值、公共政策制定、公共政策执行、公共政策评估、公共政策周期、公共政策社会影响等方面的最新研究都需要进一步总结和发掘,从而为我国公共政策研究的发展提供支持。

8. 国外公共政策制定与实施的比较研究

将比较方法运用到公共政策研究中来,是未来公共政策研究发展的一个重要方向。运用比较方法来研究公共政策制定和实施的模式、特征、效果等问题,有助于更好地了解国际公共政策制定和执行的差异性和共通性。运用比较方法研究中国和外国公共政策制定与实施的差异,也是这一主题的重要方面。

(二)"十二五"期间公共政策实践问题研究

1. 公共政策制定的体制机制改革研究

"十二五"期间,公共政策制定的体制机制改革应该成为我国公共政策研究的重点问题之一。公共政策制定的决定性变量是其体制和机制因素,对这些问题的研究将有着重大的社会意义。公共政策制定的体制机制改革具体包括:国家层面的公共决策体制改革研究,国家政治体制的发展趋势及改革研究,国家经济体制的结构特点及对公共政策的影响研究,国家文化体制改革与公共政策研究,中央政府与地方政府关系及其变革研究,公共政策过程中的政府间合作机制研究,政府决策与社会参与的动态合作机制研究,跨区域经济与社会治理的合作互动机制研究,公共政策实施的资源整合机制研究,公共政策实施的风险防范机制研究,各领域公共政策实施的微观机制研究,等等。

2. 公共政策评估的体制、机制和方法研究

"十二五"期间,公共政策评估问题仍然是值得重点关注和研究的领域,公共政策评估的体制、机制与方法问题是检验公共政策效果的关键。在过去研究的基础上,进一步探索公共政策评估的体制、机制和方法创新,将是未来公共政策评估研究的前沿和方向,具体内容包括:公共政策评估的法律体系建设研究,公共政策评估的合法化与法律规范化问题研究,公共政策评估主体构成及其法制化研究,公共政策评估的第三方介入机制研究,公共政策评估的信息处理与反馈机制研究,公共政策评估中的民意调查研究,公共政策评估的负反馈机制研究,公共政策评估的执行与调控机制研究,公共政策评估的数量模型与信息处理方法研究,公共政策评估的综合模式研究,公共政策评估的内外评估结合模式研究,不同领域和不同层级政府部门制定的公共政策评估的多样化指标体系研究等。

3. 教育、卫生、就业、社保、环保、住房、公共安全等领域的社会政策研究

社会分成不同的行业领域,行业分化是现代经济与社会发展的结果,而这种分化本身就是一种问题，分化导致了原有的整合的复杂的社会关系的断裂和隔离，分化导致了社会资源的分割与破碎，导致了文化规范下的冲突。因此，不同行业领域的综合性政策与治理问题成为当前公共政策研究的难点之一。不同行业例如医药行业、教育行业、国有企业、环境保护行业、体育文化行业等等都有自己的政策需要。如何在充分了解这些政策需要的基础上，结合更加复杂而基础性的社会背景，制定综合性政策，是新公共政策研究的特殊要求。"十二五"期间，社会政策研究是未来公共政策领域研究的重中之重，其具体内容包括：教育政策的社会公平问题研究，教育资源公平分配的标准与路径研究，教育机构的组织建设与功能研究，教育改革的政策制定与实施研究，卫生保健政策的制定与实施研究，卫生体制改革的困境与变革研究，卫生资源公平配置及效能研究，其他各个领域如就业、社保、环保、住房、公共安全等方面的政策制定与实施以及政策效能评估研究，跨地域、跨行业的综合性社会政策制定与实施研究，综合性社会政策的体制变革与机制创新问题研究等。

4. 公共政策执行力研究

"十二五"期间，公共政策执行力问题仍然是公共政策领域值得关注的重点问题。公共政策最终需要通过执行来实现政策目标，没有有效的执行，公共政策就不可能达到应有的效果和预期的目标。"十一五"期间，公共政策执行问题一直受到重视，国家社科规划也频频立项，但是随着社会形势的变化，公共政策执行问题仍然需要不断地深入研究，并探索新的方法和路径。其具体研究问题包括：国家与地方政策制定与执行的互动关系和效果研究，影响地方公共政策执行的环境因素研究，公共政策执行的工具和技术研究，公共政策执行的公众参与研究等。国家与地方在政策制定中的地位和关系，其价值目标差异、动力系统和组织结构的不同、资源动员能力的强弱等都影响着政策的实施效果。这一问题涉及国家对公共政策的价值认识和总体规划，中央与地方关系的变化，地方面对中央政策压力采取的策略，地方之间的协作等问题。

5. 公共政策后评价制度与方法研究

公共政策执行之后是否达到了预期的效果，是否符合既定的目标，必须通过公共政策评估才能了解。因此公共政策后的评价环节是重要的研究内容。公共政策后评价的制度和方法则是这一主题的关键，既有的后评价制度是否健全、有效，是否需要进行制度创新，后评价的方法包括哪些以及如何创新等，都是研究这一问题应包括的内容。

6. 公共政策制定与执行的责任机制研究

公共政策的制定和执行需要有责任机制作保障，任何政策都必须建立一定的责任机制。在我国，迫切需要完善公共政策制定和执行的责任机制。具体包括公共政策制定和执行的责任机制的关键要素和具体内容、责任机制的功效等问题。

7. 推进城乡统筹发展的机制与政策研究

城乡统筹发展是当前我国社会发展的重要问题。城乡统筹发展不仅仅是制度规定的问题,同时也需要从社会发展机制和综合政策实施入手加以推动。城乡统筹发展的机制和政策包括城乡统筹的制度统筹、管理机构统筹、社会资源统筹、人口结构统筹、经济社会发展步伐统筹,推动这些方面的统筹需要制定和实施既能全面协调,又能发挥作用的各项政策。

8. 深化国民收入分配改革的政策问题研究

经济的高速发展带来收入分配的不公平,收入分配不公导致了复杂的社会矛盾和冲突。因此,必须深入研究国民收入分配改革的政策问题。国民收入分配改革涉及社会资源的统筹调配体系、社会资源再分配的政策体系、工资政策、住房政策、教育卫生政策、社会福利政策等,需要全方位、多角度地进行深入系统的研究。

9. 深化社会管理改革的政策问题研究

随着经济水平的快速提高,各种社会问题层出不穷,社会管理改革成为今后我国社会管理工作中的重中之重。社会管理改革政策问题涉及社会管理体制的变革、社会管理机制的健全、社会组织的合法地位和功能、复杂社会问题的根源及治理、社会管理中的公众参与、社会管理的网络化模式和技术、社会管理的综合模式等问题。认真探究这些问题的根源、变化和治理对策,探究政策制定的方向、内容和实施的保障等问题,可以推动社会管理改革的有效实施。

10. 新世纪我国人口政策研究

进入 21 世纪,人口问题仍然是我国的突出问题,它明显地影响着各项公共政策的制定和执行,是我国公共政策必须面对的现实。研究新世纪我国人口政策问题,必然涉及有关人口变量的所有问题,如人口结构、变化、素质、关系、历史文化、功能等方面,特别需要研究制定和实施能够推动社会经济发展和社会管理水平提升的新的人口政策,制定和实施人口发展与社会发展相协调的政策。研究新世纪我国人口政策问题,是公共政策研究的基础,必须运用包括人口学、统计学、社会学、经济学、管理学等学科在内的理论和方法。

11. 现阶段农民工弹性保障制度的研究

农民工是当今中国的典型弱势群体,如何保护这一弱势群体的利益,维护社会公平是当前公共政策亟待研究和解决的问题。而保护这一弱势群体的最大措施就是建立社会保障制度,为这一群体提供及时有效的社会保障。农民工弹性保障制度则是满足当前我国农民工保障制度衔接不灵、运转不畅这一问题的关键措施,这一研究涉及既有社会保障制度在农民工保护方面的不足问题、弹性保障制度的特点和优势、弹性保障制度的内容、弹性保障制度推广的困难和障碍、弹性保障制度相关要素的关系和效用、弹性保障制度的可持续发展等。

12. 节能减排与环境保护政策研究

我国经济发展模式基本上还属于高能耗经济,这一模式给能源保护和生态环境保护带来了极大的压力,迫切需要研究节能减排和环境保护政策问题。研究节能减排和环境保护政策包括节能减排的新技术运用、政策支持、社会条件、经济激励政策、综合性调节政策、环境保护补充机制、环境保护激励机制、环境保护监控机制等方面。

13. 构建住房保障体系的基本政策研究

住房保障问题是当前影响社会安定与和谐的重要问题，构建住房保障体系是社会发展的要求。因此，构建住房保障体系的基本政策研究是公共政策研究的重要内容。这一主题的研究涉及构建住房保障体系的一系列相关问题，如住房保障体系的构成、住房保障的财政支持、保障性住房的建设和分配、保障性住房的长期管理、保障性住房在房地产结构中的比例和调节作用等问题。研究住房保障体系的公共政策还要研究住房保障体系相关的政策制定、政策影响因素、政策实施、政策公平等问题。

14. 新时期我国扩大就业的政策创新研究

新时期就业问题也是影响我国社会和谐发展的重要问题，因此，扩大就业的政策创新研究就成为公共政策的研究热点。扩大就业政策创新涉及经济结构的调整政策、就业人才的需求和培养、大学专业培养改革和创新政策、社会促进就业的产业发展政策、就业与创业的推进政策、再就业人口的分层培训政策、有针对性的就业人口社会保障政策等。

15. 应对 21 世纪人才培养战略的基础教育改革研究

人才培养是一个国家创新与发展的前提，而影响人才培养战略实施的关键是基础教育改革。对当前我国的客观实际来说，应对新世纪人才培养战略的基础教育改革问题是迫切需要研究的问题，这一问题的研究影响到国家基础教育战略的制定和实施，影响到国家人才培养政策的制定和人才创新能力的发展。这一主题涉及基础教育的现状、基础教育资源投入的结构和实际状况、基础教育城乡差别、基础教育管理体制改革、基础教育教材和教学管理制度的变革、基础教育学校管理政策的变革、基础教育发展的推动力等问题。这一主题研究应该重点关注基础教育资源配置的结构和公平性问题，关注基础教育中的学校管理及人才培养效果评估问题以及教师培养和配置问题。

16. 深化医药卫生体制改革研究

医药卫生管理体制改革是当前我国公共服务领域普遍关心的重大问题，对这一问题的研究有着重大的社会意义。当前我国医药卫生管理体制存在严重的弊端，是导致看病难、看病贵的重要原因之一。这一主题将会涉及既有医药卫生管理体制的现状、医院管理和主管卫生行政部门的关系、医院管理的内部结构和关系、医疗卫生资源的配置效率与公平、地区医药卫生资源的整合、医药卫生管理体制的地区差别、医生技术资格和激励机制、社区医疗卫生服务等问题。

17. 风险社会的公共治理与政策效能研究

风险社会是现代工业和科技发展的结果，它给各国政府和地区造成严峻的压力和挑战。如何应对风险社会，制定最佳的政策来控制风险，维护社会的稳定与安全是各国政府公共政策的重要目标。这一主题的研究涉及风险社会产生的根源、风险社会对公民产生的影响和危害、风险社会运作的内在机理及危害发挥作用的过程、风险社会控制的组织和技术动力、风险社会中的不确定决策、风险社会的国际变化和影响等。对这一主题的研究还包括对关系到风险社会治理的公共政策制定、执行和效能评估等问题。

18. 互联网与公共政策的创新研究

互联网给世界带来巨大的变化,互联网将地理空间缩小,对各国和世界均产生重大的影响。因此,需要研究政府与社会的传统关系在互联网的推动下将受到什么挑战,如何进行变革以更好地协调二者的关系,促进社会和谐健康的发展;公共政策将如何面对互联网对社会结构的影响,并利用互联网来加强公共政策的制定与实施;公共政策在互联网的影响和支持下如何进行更大程度和范围的创新,以适应更加不确定的互联网社会;互联网对公共政策制定的民主参与、公共政策的执行、公共政策的效能评估等问题的影响,以及互联网对我国政府机构廉政效能建设、组织机构内部治理问题的影响也是这一主题应该重点关注的问题。

本章调研和编写人员:公共政策分支领域调研工作组

第十二章 政治学交叉学科(上)

　　"十一五"时期是我国加快发展、深化改革、维护稳定、促进和谐社会建设的关键时期,也是繁荣发展哲学社会科学的重要时期。国家哲学社会科学研究"十一五"(2006—2010年)规划明确提出,在建设哲学社会科学创新体系方面取得新的实质性进展是"十一五"期间哲学社会科学研究的重要任务,而重点建设一批立足学术前沿、注重前瞻研究的新兴学科和交叉学科则是改进研究方法,提高研究水平,实现创新哲学社会科学体系的题中应有之义。在党中央对哲学社会科学的高度重视和指导下,在国家哲学社会学科研究"十一五"规划的引导下,在"推进和谐社会建设"与"全面落实科学发展观"的进程中,我国的政治学与社会学、经济学、心理学、生态学、科学技术等学科和知识体系的互动与融合,使政治学交叉学科的研究与建设取得了重要进展,形成了一批有分量的研究成果。

一、"十一五"期间政治学交叉学科的主要进展

(一)政治社会学研究不断深入细化

　　作为政治学与社会学的交叉学科,政治社会学将政治看做深嵌于社会背景之中的现象,强调政治与社会之间的密切联系。按照《布莱克维尔政治学百科全书》的定义,政治社会学是"政治科学的一个分支",它集中探讨政治决策、大众行为和领导精英形成的社会背景。在政治学交叉学科中,政治社会学在我国政治学研究中起步较早,发展也相对成熟。在"十一五"期间,随着我国社会主义和谐社会战略的不断推进,以及完善社会管理体制工作的展开,政治社会学研究不仅在各个主题领域不断深入和细化,更在我国的治理模式转型与基层民主建设实践中获得了理论与实践的生命力。总体来看,"十一五"期间政治社会学的研究重点主要集中在以下领域:

1. 公民社会理论与实践研究

　　公民社会是政治社会学研究的传统领域与核心主题。在"十一五"期间,我国学界对于公民社会的研究的最大特点表现为:研究重心由理论引介逐步转变为对现实的关照;研究视角由宏观归纳逐步转变为微观分析;研究内容由以西方公民社会为核心转变为探讨多种社会模式下公民社会类型,逐步掀起了公民社会研究本

土化、实证化、多元化的研究之风。其中中国公民社会现状评估①、中国公民社会发展的社会环境探讨②、中国公民社会的建设路径分析③、新兴公民社会在社会治理中的作用④，以及非、欧、美国家的公民社会发展等领域成为众多学者关注的焦点，而案例研究的实证分析方法在这阶段的公民社会研究中得到了较为广泛的应用。

2. 社会资本与地方治理研究

村民自治与社区自治是我国推行基层民主建设的重要举措，也是创新地方治理模式的重要途径。经过二十多年的实践，我国的村民自治与社区自治已经取得了突出成绩，探索了许多实践模式。在理论研究领域，学界对于以社区自治与村民自治为代表的地方治理的研究已经突破了以往单纯的理论探讨与价值呼吁，对地方各种实践经验进行细致深入的分析，其中以社会资本为理论视角的研究最为突出。概括起来，"十一五"期间社会资本与地方治理的研究大致可以分为：社会资本对于中国政治发展的意义研究⑤，以社会资本为视角分析当代中国基层民主与公民政治参与的研究⑥，探讨特定地区社会资本的结构、功能及其在社会治理模式变迁中的演变的研究，以社会资本为分析视角探讨特定社会群体及特定社会组织的研究⑦。

---

① 高丙中：《社团合作与中国公民社会的有机团结》，《中国社会科学》，2006年第3期；赛明明、孙发峰：《论当代中国生态政治建设》，《中州学刊》，2006年第5期；华安德：《转型国家的公民社会：中国的社团》，《中国非营利评论》，2007年第1期；周俊、郁建兴：《中国公民社会发展的温州模式》，《浙江社会科学》，2008年第6期；陈坚：《公民社会评价指标体系之比较及基于中国情况的思考》，《中国非营利评论》，2008年第1期；贾西津、孙龙：《公民社会测度指数及其本土化探讨》，《中国非营利评论》，2008年第1期。

② 俞可平：《改善我国公民社会制度环境的若干思考》，《当代世界与社会主义》，2006年第1期；何增科：《中国公民社会发展的制度环境影响评估》，《江苏行政学院学报》，2006年第4期；李友梅：《社区治理：公民社会的微观基础》，《社会》，2007年第2期；郁建兴、徐越倩、江华：《温州商会的例外与不例外——中国公民社会的发展与挑战》，《浙江大学学报》（人文社会科学版），2007年第6期。

③ 罗亮：《转型期中国公民社会的建构探析》，《四川行政学院学报》，2008年第6期；王春光：《中国城市化进程中的公民社会实践》，《浙江社会科学》，2009年第1期；章明：《试论人民政协在构建公民社会中的作用》，《中央社会主义学院学报》，2009年第9期；计宁：《中国公民社会的建构：演进与路径》，《广东广播电视大学学报》，2009年第5期。

④ 顾昕、王旭、严洁：《公民社会与国家的协同发展——民间组织的自主性、民主性和代表性对其公共服务效能的影响》，《开放时代》，2006年第5期；党秀云：《论公民社会在公共治理中的正当角色》，《教学与研究》，2006年第9期；吴新文：《公民社会的培育与中国经济伦理的改善》，《上海财经大学学报》（哲学社会科学版），2006年第6期。

⑤ 燕继荣：《中国的改革：另一种民主化经验》，《人民论坛》，2007年第8期。

⑥ 胡荣、黄旌芮、蔡晓薇、阎小雨：《农村民间组织的发展与农民自组织能力的培育——以福建安溪珍田茶业专业合作社为例》，《西北大学学报》（哲学社会科学版），2009年第5期；姜振华：《论构建城市社区社会资本的制度供给》，《理论前沿》，2008年第17期；黎珍：《社会资本与民族地区基层民主建设》，《前沿》，2010年第2期。

⑦ 季文、应瑞瑶：《农村劳动力转移的方向与路径：一个宏观社会网络的解释框架》，《江苏社会科学》，2007年第2期；王朝明、郭红娟：《社会资本视阈下城市贫困家庭的社会支持网络分析——来自四川省城市社区的经验证据》，《天府新论》，2010年第1期。

3. 公民身份与公民权责研究

公民身份与公民权责研究指向更为基础化的个人权利问题,关注公民与国家之间的制度关系,是近年来国际政治社会学中新兴的热点领域。随着我国经济体制改革的推进、政府职能的转变以及各项社会保障制度的建立与实施,我国公民与国家之间的制度关系已经悄然发生变化,公民的主体意识、权利意识觉醒,民主观念形成、参与公共事务的热情提高。这一系列的变化引起了政治社会学界的普遍关注。总体来看,理论界公民身份与公民权责的研究主要围绕以下几个方面展开:西方公民身份的理论发展源流的梳理与当代演变的分析①,公民身份与社会保障制度建设研究②,全球化时代的公民身份与公民认同③,转型期中国公民身份变迁探讨④,公民身份与公民教育的理论与实践研究⑤。

4. 社会阶层与社会结构研究

社会阶层与社会结构研究是政治社会学传统研究领域。改革开放以来,我国逐步形成了多元化的利益格局,社会的阶层结构与权力结构发生了巨大的变化,这是我国社会转型时期面临的重大社会现实问题,也是我国构建和谐社会重大战略的社会背景,我国学界也对此领域给予了高度关注。政治社会学领域对与社会阶层与社会结构的研究大致可以分为以下层面:社会分层的理论标准探讨⑥,当代中

---

① 褚松燕:《论公民资格的构成》,《上海行政学院学报》,2006 年第 1 期;李艳霞:《公民身份理论内涵探析》,《人文杂志》,2005 年第 3 期;郭忠华:《公民身份的研究范式——理论把握与本土化解释》,《学海》,2009年第 3 期;宋建丽、冯考中:《古典自由主义的公民资格观念及其正义局限》,《河南师范大学学报》(哲学社会科学版),2008 年第 2 期;肖滨:《两种公民身份与国家认同的双元结构》,《武汉大学学报》(哲学社会科学版),2010 年第 1 期。

② 李艳霞:《后福利国家社会政策发展的理论路径与现实选择——基于"公民身份"的思考》,《文史哲》,2007 年第 3 期;王元华:《公民资格理论的历史演变及运用前景分析》,《江西行政学院学报》,2005 年第 3期;李艳霞:《资本主义福利制度模式:以公民资格为视角的比较分析》,《教学与研究》,2006 年第 2 期;欧阳景根:《作为一种法律权利的社会福利权及其限度——公民身份理论视野下的社会公平正义之省察》,《浙江学刊》,2007 年第 4 期。

③ 马珂:《欧盟合法性与共同公民身份》,《学术探索》,2007 年第 1 期;吕亚军:《欧盟移民公民资格评析》,《法制与经济》(上半月),2008 年第 5 期;陈钟林、吴伟东:《公民资格制度:全球化背景下的发展》,《南开学报》(哲学社会科学版),2007 年第 6 期;赵光锐:《欧洲公民与国家公民:欧盟双重公民身份问题研究》,《同济大学学报》(社会科学版),2008 年第 5 期。

④ 商红日:《公民概念与公民身份理论——兼及中国公民身份问题的思考》,《上海师范大学学报》(哲学社会科学版),2008 年第 6 期;俞可平:《新移民运动、公民身份与制度变迁——对改革开放以来大规模农民工进城的一种政治学解释》,《经济社会体制比较》,2010 年第 1 期。

⑤ 李艳霞:《公民资格视域中国公民意识培育基础初探》,《人文杂志》,2007 年第 3 期;李艳霞:《转型期中国公民治理的主体性制约因素分析》,《东南学术》,2007 年第 3 期;陶建钟:《公民身份、公民文化与公民教育——一种民主与国家理论的共治》,《浙江学刊》,2009 年第 3 期。

⑥ 李强:《试分析国家政策影响社会分层结构的具体机制》,《社会》,2008 年第 3 期;刘祖云、戴洁:《农民工:转型中的中国社会的特殊阶层》,《江汉论坛》,2006 年第 1 期;仇立平:《阶级分层:对当代中国社会分层的另一种解读——基于学理层面思考的中国阶级分层》,《上海大学学报》(社会科学版),2007 年第 2 期。

国社会分层状况的实证评估①,当代中国社会分层的现实影响分析②,当代中国社会分层的动力机制探讨③,当代中国新型社会阶层研究④。

政治社会学在我国政治学交叉学科发展中的历史较长,研究范式相对明显。尤其是在我国社会转型的时代背景下,政治社会学作为解析社会变迁与政治现象关系的学科能够发挥其学科优势,可以较好地解释、分析与预测社会发展运动状况和趋势,具有较强的理论研究空间和现实应用价值。

(二)新政治经济学研究迅速发展

20世纪六七十年代,政治经济学在西方学术界复兴,诞生了政治学与经济学的交叉学科——新政治经济学(New Political Economy)。新政治经济学反对把政治学与经济学隔绝,强调结合研究政治过程中的经济行为和经济过程中的政治行为,认为个人在政治领域和经济过程中均以寻求利益最大化为目的,两者的区别仅在于政治的机制和市场所带来的机会和附带的约束的不同,正是在适用同一种行为原则的意义上,而不是在具有因果联系上,政治学与经济学可以实现统一。作为当代政治学新兴交叉学科,"十一五"期间,我国政治学界对于新政治经济学的研究呈现出积极发展的势头,形成了一系列研究成果。

1. 新政治经济学理论流派研究

学者们梳理了西方学者关于新政治经济学的研究文献,系统厘清了新政治经济学主要的理论流派:①公共选择理论;②发展的政治经济学;③政治的经济学;④新制度主义经济学;⑤法律经济学;⑥规制政治经济学;⑦国际政治经济学。并对各个流派的主要观点进行了系统的评述。⑤

2. 公共政策的政治经济学研究

公共政策的政治经济学是新政治经济学在政策分析运用方面的产物。20世纪80年代以来,政策分析的政治经济学途径越来越突出。在综合运用宏观经济学、博弈论和社会选择理论的基础上,当代政策分析逐步形成了一个新兴的研究领

---

① 戴洁:《现代社会分层理论范式探析——兼论转型中国社会阶层分化的启示》,《江西社会科学》,2009年第1期;李强:《试析社会分层的十种标准》,《学海》,2006年第4期。

② 杨荣军:《我国社会分层机制与政治稳定》,《中共四川省委党校学报》,2007年第3期。

③ 朱旭峰:《寻租、市场转型与中国的社会分层——与刘欣先生商榷》,《中国社会科学》,2007年第2期;李金:《市场化条件下身份格局的变化:分化、延续与转换——从身份的视角看中国社会分层秩序问题》,《社会科学研究》,2006年第3期;韩克庆:《社会分层中的国家作用:以经济全球化为背景》,《河南社会科学》,2008年第1期。

④ 董运生、王岩:《网络阶层:一个社会分层新视野的实证分析》,《吉林大学社会科学学报》,2006年第2期;郑琦:《论新的社会阶层的统战工作——基于30家社团的实证研究》,《理论与改革》,2007年第3期;吕鹏:《社会分层中女性的阶级位置与阶级认同——对30年来西方社会学相关文献的综述》,《妇女研究论丛》,2007年第4期。

⑤ 陈振明、黄新华:《政治经济学的复兴》,《厦门大学学报》(哲学社会科学版),2005年第1期;宋盛洲:《理解西方新政治经济学》,《经济评论》,2005年第5期;黄新华:《当代西方新政治经济学》,上海人民出版社,2008年;陈振明、黄新华:《新政治经济学导论》(第二版),中国人民大学出版社,2010年。

域——公共政策的政治经济学。基于理性选择分析、交易成本分析和比较制度分析,公共政策的政治经济学形成了一套特色鲜明的理论,并应用在财政政策、货币政策、分配政策、汇率政策、环境政策、规制政策等不同领域的公共政策分析中。政策分析的政治经济学弥补了政治分析所缺乏的微观基础和理性假设,以及经济分析无法解释的现实政策与理论的冲突与偏差,加深了对政策问题的理解。"十一五"时期,学者们探析了公共政策的政治经济学的分析视角、理论主题与应用领域。[①]

3. 交易成本政治学研究

交易成本政治学(Transaction Cost Politics,也译为交易费用政治学)是"新政治经济学"的前沿领域,是交易成本经济学在政治领域的运用。20世纪80年代以来,交易成本经济学开始被用来研究政治领域的许多问题。基于"把交易成本分析推广到政治交换中"的道格拉斯·诺斯(Douglass North)在1990年发表的《政治学中的交易成本理论》一文,则被认为是交易成本政治学诞生的标志。1996年,阿维纳什·迪克西特(Avinash Dixit)首先提出了交易成本政治学的概念。此后,交易成本政治学在西方学者中引起了广泛的重视和深入的研究,大量的学术论文和专著开始出版。"十一五"期间,我国学者在追踪政治学交叉学科发展的趋势中开始关注交易成本政治学的研究,并对交易成本政治学的理论主题、分析框架、应用领域及其争议与未来进行了初步探讨。[②]

(三)政治心理学研究初具规模

政治心理学主要指运用社会心理学的概念、理论和方法对政治行为进行研究,其研究对象包括社会情景对政治心理的影响,以及政治心理、政治态度对政治行为的影响等。改革开放以来,我国逐步实现了由社会主义计划经济向市场经济的转型。社会发展进入了一个新的历史时期,即由传统社会向现代社会转型的时期。在这场历史性的转变过程中,我国公民的政治心理发生了明显的变化,呈现出新的特征。从主流看,我国公民的政治心理正朝着成熟、理性、健康的方向发展,同时存

---

① 周业安:《政策制定过程的新制度经济学视角》,《管理世界》,2005年第1期;罗润东:《当代政治经济学研究的新进展》,《经济学动态》,2005第6期;黄新华:《政府规制、公共企业与特许经营权竞拍》,《东南学术》,2006年第1期;黄新华:《发展的政治经济学理论——新发展经济学述评》,《天津社会科学》,2006年第3期;黄新华:《论官僚的经济人性质及其危害和治理》,《甘肃行政学院学报》,2008年第4期;黄新华:《论决策的政治本质对政策选择的影响》,《财经问题研究》,2008年第8期。

② 张敏:《交易政治学的两个范式:方法形成及其模型评介》,《南京社会科学》,2005年第3期;徐斌:《经济政策分析中的政治交易费用视角》,《集团经济研究》,2005年第7期;刘伟丽:《公共选择理论和交易成本政治经济学的分析框架》,《财经问题研究》,2005年第10期;索彦峰、高虹:《规则还是相机抉择:货币政策选择的交易成本政治学视角》,《经济评论》,2006年第1期;杨瑞龙、钟正生:《政治科斯定理述评》,《教学与研究》,2007年第1期;闫大卫:《科斯定理在政治市场中的应用——一个文献综述》,《社会科学家》,2007年第1期;王宝恒、雷艳红:《经济学的政治经济研究:目的、方法与路径》,《中国行政管理》,2007年第5期;罗鹏部、吴志敏:《交易成本政治学理论的核心概念及其效率争论》,《兰州学刊》,2007年第8期;黄新华:《政治交易的经济分析——当代西方交易成本政治学述评》,《厦门大学学报》(哲学社会科学版),2009年第5期。

在着一些如失衡与迷茫、焦虑与浮躁、自危与怀旧、冷漠与无助、愤怒与担忧、心理矛盾与评判标准的二元化等非主流特征。这些政治心理特征在很大程度上决定了公民的政治行为,成为国家各项制度运行与决策实施的重要社会背景。总体来看,在政治心理学领域,学者们重点关注并探讨了以下三方面的问题:

1. 当代中国公民政治心理与政治态度研究

近年来,政治学界对于我国公民政治心理与政治态度问题给予了高度的关注,并且学者们在分析政治心理与政治态度的问题时更加倾向于定量研究或案例研究等实证主义的研究方法。从研究重心上看,政治学界对于公民政治心理与政治态度的研究主要包括以下主题:对新中国成立以来公民政治心理与政治态度变迁历史的梳理[1];特定群体的政治态度研究,如中产阶层的政治态度研究[2]、当代农民的政治心理研究[3]、跨界民族的政治心理分析[4]等;政治心理与政治态度的影响因素探讨[5]。

2. 政治信任问题研究

所谓政治信任在微观上主要指公民对政治体系相信和托付的心理;在宏观上,政治信任表现为公民与政治体系之间的互动、合作及趋近的关系,是政治体系存续和发展的重要基础。"十一五"期间是我国社会各领域改革逐步进入深水区的时期,也是社会各种矛盾集中凸显的关键时期。在顺利化解矛盾、构建社会和谐的过程中,能否采取有效的途径,构建政府与公民之间的互信尤为重要。在针对政治信任问题的研究中,学界关注的主要领域包括:政治信任的理论来源及构成要素分析[6];政治信任起源与生成基础研究[7];政治信任的影响与社会功能研究[8];当前中国政治信任现状评估,包括评估指标的设定,以及特定社会群体的政治信任状

---

① 刘明:《当代中国社会政治心理的嬗变与发展》,《中共四川省委党校学报》,2008年第2期。

② 张翼:《当前中国中产阶层的政治态度》,《中国社会科学》,2008年第2期;李春玲:《中产阶级的社会政治态度》,《探索与争鸣》,2008年第7期。

③ 王琪瑛:《自治与变迁:农民政治心理嬗变的历史图像与反思》,《西南政法大学学报》,2008年第5期;霍海燕:《现阶段中国农民阶层的政治态度与价值取向分析》,《郑州大学学报》(哲学社会科学版),2007年第6期。

④ 张明:《我国跨界民族的政治心理分析》,《法制与社会》,2009年第16期。

⑤ 聂伟迅:《试论民主对公民政治心理的负面影响》,《江汉论坛》,2008年第9期。

⑥ 上官酒瑞、程竹汝:《政治信任研究兴起的学理基础与社会背景》,《江苏社会科学》,2009年第1期;龚群:《政治信任:合法性与合规范性》,《天津社会科学》,2007年第1期。

⑦ 马德勇:《政治信任及其起源:对亚洲八个国家和地区的比较研究》,《经济社会体制比较》,2007年第5期。

⑧ 孙昕、徐志刚、陶然、苏福兵:《政治信任、社会资本和村民选举参与——基于全国代表性样本调查的实证分析》,《社会学研究》,2007年第4期;邱国良:《政治信任与村级民主的路径——以C县和T县四十个村为例》,《理论与改革》,2009年第1期;邱国良:《政治信任:乡村治理的社会基础——以仲村"5·31"事件为个案》,《社会主义研究》,2009年第3期。

况①；当代中国政治信任问题、成因及对策研究。②

3. 政治认同问题研究

所谓政治认同是指人们产生的一种对现存政治体系的情感归属与共识。政治认同是社会和谐的心理基础，尤其在社会转型与变革时期，政治认同对于一国的发展与政治稳定尤为重要。"十一五"期间，我国政治学界对于政治认同的研究主要集中在以下领域：政治认同的理论逻辑研究③④；当代中国政治认同现状研究⑤；当代中国公民政治认同构建研究⑥；当代中国特定群体政治认同问题研究，如农民政治认同问题研究⑦、少数民族政治认同问题研究⑧、民主党派政治认同问题研究。⑨此外，在政治心理学领域，当代中国公民，尤其是农民与青少年的政治冷漠问题研究、公民的政治效能感研究、公务员的政治心理问题研究也受到学者们一定程度的关注，形成了相应的研究成果。

总体来看，"十一五"期间，我国的政治心理学研究呈现出积极进取的发展势头，这种研究态势一方面反映出社会转型期我国社会政治心理发生了一系列显著的变化，需要理论界予以及时的总结与分析；另一方面，政治心理作为政治行为的动力，作为国家制度设置的重要背景，作为影响社会稳定与发展的重要因素，对于正处于改革关键期和社会矛盾突发期的中国尤为重要。随着我国社会各领域改革的不断深入，我国公民的政治心理将会持续变化，政治心理学研究将会有更为强劲的现实动力和更为广阔的发展空间。

---

① 闫健：《居于社会与政治之间的信任——兼论当代中国的政治信任》，《南昌大学学报》（人文社会科学版），2008 年第 1 期；胡荣：《农民上访与政治信任的流失》，《社会学研究》，2007 年第 3 期。

② 裴斌：《对当前农村基层政治信任构建滞后的思考》，《理论探讨》，2007 年第 3 期；曹沛霖：《社会转型中的政治信任与政治不信任——政治学分析视角》，《中国浦东干部学院学报》，2009 年第 4 期；齐卫平：《社会转型期中国政治信任的动态建构及其路径》，《中国浦东干部学院学报》，2009 年第 4 期；陈明明：《为什么政治信任成为一个问题》，《中国浦东干部学院学报》，2009 年第 4 期。

③ 胡元梓：《民主转型与政治冲突：以政治认同为视角》，《学术界》，2007 年第 5 期；孔德永：《政治认同的逻辑》，《山东大学学报》（哲学社会科学版），2007 年第 1 期；薛中国：《国外政治认同心理机制理论评述》，《社会科学战线》，2009 年第 9 期。

④ 程浩：《中国协商式民主实证研究》，《中共中央党校学报》，2007 年第 3 期；彭庆军：《现代政治认同与和谐社会》，《上海行政学院学报》，2006 年第 5 期。

⑤ 程波辉：《转型期中国政治认同的价值取向及重构探析》，《理论研究》，2007 年第 6 期；管秀雪：《当前中国农民政治认同的现状剖析——辽南三村的调查与思考》，《科学社会主义》，2008 年第 6 期。

⑥ 胡建、刘惠：《社会公正：政治认同的制度性资源》，《理论探索》，2009 年第 5 期；孔德永：《对转型时期我国公民政治认同重构模式的思考》，《当代世界与社会主义》，2006 年第 6 期。

⑦ 孔德永：《农民政治认同的逻辑——以社会主义为对象分析》，《齐鲁学刊》，2006 年第 5 期；彭正德：《新农村建设中的农民政治认同：类型、基础与影响因素》，《兰州学刊》，2007 年第 3 期；彭正德：《世界范围内农民政治认同的类型与我国农民政治认同的基础》，《政治学研究》，2006 年第 3 期；李默海：《农民的政治认同：以社会主义为对象的分析》，《理论导刊》，2006 年第 11 期。

⑧ 陈纪、高永久：《少数民族政治认同概念的内涵探讨》，《新疆社会科学》，2009 年第 1 期。

⑨ 刘菊香：《论以文化认同推进民主党派政治认同》，《湖北省社会主义学院学报》，2009 年第 4 期。

(四)生态政治学研究逐步兴起

人与自然和谐相处是生态政治学的核心理念,也是我国构建和谐社会的基本目标之一。近年来,随着人们对全球生态问题的日益关注,生态政治学、绿色政治学和环境政治学也悄然兴起,引发了政治学理论与实践领域的"绿色变革"。生态政治学在我国是一个新兴的政治学交叉学科。近年来,学者们在生态政治学领域的研究主要集中在以下领域:国外绿色政治理论与实践探讨[1],当代生态环境问题的政治影响及其应对措施[2],生态政治理念下的治理问题研究[3]等。总体来看,国际的生态政治学兴起时间较短,研究范式尚未成型。我国政治学界对于生态政治学的研究也尚处于起步阶段,研究成果数量不多,研究方法略显单一,研究内容也大多局限于就事论事。但从长远看,随着社会的发展,环境政治学将有着广阔的理论发展空间。

(五)科技政治学研究初现端倪

当前,科学技术与政治的联系日益紧密,科学的政治化与政治的科学化特征越来越明显,引发了一系列值得深入思考的问题,也引起了社会科学工作者的关注。科技政治学在我国社会科学界的研究可谓刚刚起步,学者们重点关注的领域主要包括科学技术政治学的学科体系构建[4]、科学技术与政治的相互关系[5]、科学技术在国家治理过程中的作用[6]、科技发展的政治效应等领域。[7] 值得指出的是,近年来随着网络的普及、网络社会的形成,网络作为一种新型的传播媒介改变了人们的传统沟通方式,也在很大程度上改变了人们的政治参与方式、政治认同类型以及国家的治理理念与治理模式。互联网背景下的政治问题分析也成为我国社会科学界日益关注的研究领域,主要表现在以下方面:网络政治学的内涵与外延研究[8],网

---

[1] 邢来顺:《生态主义与德国"绿色政治"》,《浙江学刊》,2006 年第 1 期;刘然:《西方绿党的绿色社会政治思想》,《高校理论战线》,2006 年第 10 期;许晓春:《生态政治视阈中的参政党建设》,《社会主义研究》,2008 年第 1 期。

[2] 许晓春:《生态政治视阈中的参政党建设》,《社会主义研究》,2008 年第 1 期。

[3] 郭庭天:《当代中国社会主义生态政治的特征分析》,《中国软科学》,2006 年第 1 期;黄爱宝:《政府作为"理性生态人":内涵、结构与功能分析》,《社会科学家》,2006 年第 5 期;黄爱宝:《从生态政治的视角看节约型政府建设》,《江苏社会科学》,2006 年第 2 期;黄爱宝:《"生态型政府"初探》,《南京社会科学》,2006 年第 1 期;黄爱宝:《生态文明与政治文明协调发展的理论意蕴与历史必然》,《探索》,2006 年第 1 期;黄爱宝:《生态型政府理念与政治文明发展》,《深圳大学学报》(人文社会科学版),2006 年 2 期。

[4] 胡春艳:《科学技术政治学的"研究纲领"——对科学技术与政治互动关系的研究》,湖南人民出版社,2009 年。

[5] 徐治立:《科技政治空间的张力》,中国社会科学出版社,2006 年;张爱军、孙贵勇:《科学技术与民主政治的二重关系》,《自然辩证法研究》,2006 年第 10 期。

[6] 王原平:《技术政治视角下的科学执政》,《当代世界与社会主义》,2009 年第 2 期;陈万求、李丽英:《论科学技术的政治功能》,《长沙理工大学学报》(社会科学版),2007 年第 2 期。

[7] 张萌:《马克思主义视野中的当代科学技术与政治的功能》,《法制与社会》,2006 年第 18 期。

[8] 李斌:《网络政治学导论》,中国社会科学出版社,2006 年。

络时代公民政治参与问题研究①，网络时代政府与政治研究②，网络时代的政治民主、政治沟通问题研究。③

二、"十一五"期间政治学交叉学科的存在问题

（一）研究内容方面

政治学交叉学科研究的覆盖范围与研究视角仍不够广阔，尚且难以很好地解释和回答我国经济、社会和政治发展中的重大现实问题。当代中国政治学交叉学科的研究基础仍需进一步夯实。

首先，政治学交叉学科的学科体系不够完善，政治学交叉学科的基础性研究不足，权威的政治学交叉学科专著与教材数量较少，尚且不能满足政治学交叉学科进一步发展以及人才培养的需要。

其次，政治学交叉学科的研究内容不够丰富，学术前沿领域的研究成果与针对我国社会发展中的热点、难点问题的研究成果数量不多，一些新兴的研究领域没有得到很好的拓展，尚且不能发挥政治学交叉学科客观描述现实、深入分析现实的学科优势。

再次，政治学交叉学科的研究成果深度不够，存在着相当数量的以"短、频、快"为核心特点的"快餐式"成果，经过长时间思考、锤炼的有分量的研究成果并不多见，这在很大程度上制约了政治学交叉学科发展的速度。

（二）研究方法方面

当代中国政治学交叉学科在研究方法虽取得了很大进步，但是仍存在着研究方法运用不规范、研究方法单一、跨学科的研究方法应用较为呆板的现象。政治学交叉学科的最大优势即在于运用另一个学科的研究视角与研究方法分析、解释政治问题，从而跳出既有的惯性思维，对传统理论与社会现实问题取得更为新颖与深入的认识。从我国现有的政治学交叉学科的研究成果上看，有许多研究成果仍停留在就事论事的层面，缺少应有的理论框架与科学规范的研究方法。在实证研究中，定性的研究成果居多，而定量研究成果较少。在统计分析方法的运用过程中，描述性统计的成果居多，解释性和推论性统计的成果较少。在案例研究的成果中，以表面观察为基础的研究成果居多，以深度参与为基础的研究成果较少。这些都在相当程度上影响了研究成果的理论深度与现实价值。

---

① 罗迪：《大学生国家安全意识调查研究——以广州大学生为例子》，《青年探索》，2007年第1期；张亚勇：《试论网络政治参与的无序性及其规范》，《求实》，2007年12期；盛馨莲：《网络环境下公民参与政策过程的问题与对策》，《东南学术》，2007年第4期。

② 袁峰：《中国形态协商民主的缘起与内涵》，《理论与改革》，2006年第6期；袁峰：《科学发展观的提出与中国形态协商民主的成长》，《福建省社会主义学院学报》，2008年第1期。

③ 淦家辉：《中国网络政治沟通研究》，中共中央党校学位论文，2009年。

（三）理论创新方面

创新是任何一种交叉学科产生的原动力与发展的落脚点，而当代政治学交叉学科研究在一定程度上仍囿于引介与验证西方现有的理论流派与理论观点，理论创新性亟待加强。首先，现有的政治学交叉学科研究成果中引介、翻译西方理论的研究成果居多，对中国传统文化与近现代历史发展进行深入挖掘的研究成果较少。其次，以西方的理论流派解释分析中国社会现实的成果居多，而立足于中国现实的本土性研究较少；再次，理论继承性的研究成果居多，而理论批判性的研究成果较少。这些在一定程度上影响了我国政治学交叉学科的理论发展进程。

（四）学科融合方面

经过多年的发展，政治学与各个学科的交叉研究已经取得的重大进展，但是不容否认的是，政治学与不同学科之间的交叉研究无论在研究内容、研究方法、理论框架方面，还是在人才培养和学科队伍建设方面，学科融合程度仍显不足。研究人才的培养与研究队伍的壮大是学科发展的关键。由于政治学交叉学科的学科特殊性，政治学交叉学科的研究队伍一直存在着规模小、队伍分散的局面，难以形成团队的分工与合作，在一定程度上影响了研究成果的质量。因此，在今后的政治学交叉学科发展过程中应当高度重视政治学交叉学科的学科融合、学术交流、资源共享以及分工合作，加大政治学交叉学科的科研支持力度，创造政治学交叉学科研究人员沟通与交流的学术平台，开创政治学交叉学科的理论研究阵地，为政治学交叉学科的蓬勃发展创造良好的环境和基础。

三、"十二五"期间政治学交叉学科前沿与趋势

"十二五"期间是我国全面落实科学发展观与构建社会主义和谐社会伟大战略关键的五年，也是我国政治体制改革不断深入发展的五年。根据我国政治、经济与社会发展的总体情况，依照社会科学研究发展的基本逻辑，参照近五年国外政治学交叉学科研究进展，[①]"十二五"期间，在政治学交叉学科中应重点发展的研究领域包括：

（一）新政治经济学研究

新政治经济学跨学科的视野对分析现代社会所面临的问题具有巨大的潜力。但是复兴后的新政治经济学的含义与传统政治经济学已大不相同。新政治经济学包括对一系列政治学和经济学共同关注的问题的分析。作为当代政治学最典型的交叉学科，新政治经济学的"新"主要体现在三个方面：一是用经济学的分析工具把政治过程纳入了分析对象；二是通过分析决策背后的政治约束，新政治经济学打开

---

① 根据对于 *American Political Science Review*，*Journal of Political Economy*，*New Political Economy*，*Journal of Theoretical Politics*，*Political Studies*，*Politics & Society* 等刊物的检索。

了经济政策形成的"黑箱"；三是通过整合政治学和经济学的研究，政治学和经济学的研究对象都被纳入到新政治经济学的研究中来。新政治经济学拓展了政治学和经济学的研究视野，增强了社会科学解释和解决现实问题的能力。因此，"十二五"期间，我国的政治学应重视对新政治经济学及其在中国的适用性研究。

（二）政治社会学研究

"十二五"期间，我国的改革开放即将迈入第四十个年头，各领域的改革发展都进入了关键性的阶段。历史发展的逻辑决定了"十二五"期间既是我国各项事业取得重大成就的时期，也是各项矛盾集中凸显爆发的时期。总体来看，与政治社会学相关的我国政治发展中的主要矛盾体现为：现实发展的社会结构与理想的有利于稳定的社会结构之间的矛盾，公共权力体系与公民自治及社会生活之间的关系矛盾，公民不断增强的民主权利意识与现实的利益表达机制之间的矛盾，我国的公民社会发展水平与现行治理模式之间的矛盾，现行的政治社会化与公民教育模式与未来社会对合格公民的要求之间的矛盾等等。这些矛盾是我国社会发展中难以回避的问题，能否妥善处理以上矛盾直接决定了我国今后改革发展成功与否与代价的大小。因此，"十二五"期间，对政治社会学研究应给予足够的重视与支持。

（三）政治心理学研究

新中国成立以来，我国社会各个领域都经历了较为深刻的社会转型，一系列的社会变化都对公民的政治心理产生了深远的影响。尤其是随着我国社会主义市场经济的不断推进、政治体制改革的逐步展开、社会治理模式的转变，一方面我国公民的权利意识、民主精神、参与热情都有了不同程度的提高，另一方面随着改革发展中各项社会问题与社会矛盾的凸显，我国公民的政治信任、政治认同水平与模式也发生着显著的变化，只有对其进行客观的评估，才能准确把握各项改革发展战略的社会心理背景与社会承受能力。因此，政治心理学应是"十二五"期间我国政治学重点关注和支持的研究领域之一。

四、"十二五"期间政治学交叉学科发展的领域

（一）收入分配结构改革的政治经济分析

改革开放以来，我国经济总量迅速增长，但经济结构不合理，居民收入在国民收入分配中的比重持续下降，制约着发展方式的根本转变。在这样的背景下，调整国民收入分配格局，推进收入分配改革，扩大内需，特别是扩大居民消费需求，对于转变经济发展方式至关重要。但是收入分配改革是一个经济问题，更是一个政治问题，基于政治学和经济学的整合研究，将有助于提高收入分配改革问题研究的科学性和针对性，克服目前理论研究落后于实践进展的倾向，回应社会对收入分配改革提出的重大理论和实践问题。

（二）政策过程、交易成本与治理机制研究

20世纪80年代以来，为了克服"政策分析的一般性规范方法将整个政策过程

视为一个社会福利最大化的黑箱导致的政策分析缺陷及其对制定有益的政策产生的误导"①，政策分析的(新)政治经济学途径的地位越来越突出。通过将政策制定过程的本质看做一个政治过程，该过程受到各种交易成本(如谈判和协调成本、代理成本、承诺成本等)的影响，政策分析的政治经济学为理解政策制定过程提供了一个新的、合理的解释窗口，为实践中的政策制定提供了有益的见解。

"十二五"期间，我国的政治学应重视对政策过程、交易成本与治理机制的研究，阐明我国社会转型期政策制定过程交易成本的制度内生性，研究我国在特定政治格局、政治环境和社会背景下形成的有中国特色的政策制定过程，更好地认识社会转型期政策制定过程变革的动力因素和约束条件，为推进决策科学化民主化，完善政策制定的各个环节和步骤提供意见或建议。

(三)合理社会结构与社会阶层问题研究

如果说我国的改革开放是一次社会结构重新分化与整合的历史过程，那么在改革开放 30 多年之后，我国的社会结构分化的过程已经全面铺开，新的社会结构正在逐步形成。这期间产生了许多新兴的社会阶层，如中产阶层、社会底层、农民工阶层等。这些新兴社会阶层的存在状态、心理特征、阶层结构等，在很大程度上影响了整个社会的政治文化氛围与社会结构特征。因此，对新兴的特定阶层以及我国现有的社会阶层结构进行客观的分析，在此基础上探究构建合理社会结构的战略、方法、途径，是"十二五"期间我国政治学界应承担的重要研究任务。

(四)当代中国公民政治心理研究

随着社会转型的全面推进，我国公民的政治心理也发生了很大的变化，从基本发展趋向看，我国公民的政治心理正朝着成熟、理性、健康的方向发展，同时存在着一些问题亟待研究与解决。公民的政治心理决定了公民的政治行为，也与国家的和谐与稳定有着密切的联系。只有客观准确地把握当前我国公民政治心理与政治态度的现状，准确分析影响政治心理形成的各种因素，才能有针对性地制定相应政策，化解社会矛盾、促进社会和谐，为我国的改革发展创造良好的社会基础。

(五)当代中国公民政治信任研究

政治信任是政治文化领域的重要研究范畴。在微观上，政治信任主要指公民对政治体系相信和托付的心理；在宏观上，政治信任表现为公民与政治体系之间的互动、合作及趋近的关系，是政治体系存续和发展的重要基础。目前，我国正处于社会转型的关键时期，与所有的转型国家一样，我国也面临着公民政治信任流失的问题。近年来，社会矛盾网络化、网络舆论放大化、个人问题社会化、经济问题政治化、对抗程度暴力化的趋势，无疑都与公民政治信任程度与类型的变化有着密切的联系。现实的社会发展要求对政治信任的研究应更加细致、丰富、生动并有针对

---

① 阿维纳什·K. 迪克西特：《经济政策的制定：交易成本政治学的视角》，中国人民大学出版社，2004年，第 7 页。

性。对政治信任的纵向层次、横向结构、特点功能、影响因素、生成机理、运行模式、构建模型进行深入探讨，将有助于把握当代中国公民政治信任流失的根源，为政治信任的心理培育和环境构建提供理论支撑与现实依据，从而巩固政治与社会稳定。

（六）中国特色的政治社会化模式研究

作为公民对主导政治文化的内化，政治社会化可以增强一个国家和社会的凝聚力，缓解来自国内外的消极因素对政治体系造成的冲击，巩固和稳定其政治局面。改革开放以来的当代中国，既面临全球化负面影响的外部压力，又凸显出经济转轨、社会转型带来的深层次矛盾。因此，对于当代中国而言，在政治社会化研究的既有理论知识和实践经验的基础上，立足于本国实际，走出一条中国特色的政治社会化之路，通过不断丰富政治社会化的手段和完善政治社会化机构的职能，传播以马克思主义为核心的中国特色社会主义政治文化，促使我国公民学习并接受更多的政治知识、提高自身的政治素质、加深对我国政治制度和政治体系的认同，对我国当前的社会建设具有重大的现实意义。

本章调研和编写主持人：厦门大学公共事务学院陈振明教授

参与调研和编写人员：厦门大学公共事务学院黄新华、李艳霞

第十三章　政治学交叉学科（下）

民族政治学是"人们在思考民族政治问题、探索民族问题的政治解决方式、研究民族政治生活的过程中，逐步地构建起一门专门以民族政治生活和政治现象为研究对象的学科"，"是政治学的一个分支学科"。① 它初建于 20 世纪末期，并伴随着政治学的不断发展而逐步走向成熟。"十一五"期间，民族政治学研究取得了令人瞩目的成果和前所未有的发展。但是，随着民族政治学研究的进一步深入，一些问题和不足也逐渐暴露出来。因此，对"十一五"期间民族政治学的学术研究进行回顾和总结，梳理民族政治学的主要内容，发现民族政治学研究中的不足，根据现实的需要和研究的状况进一步明确民族政治学研究的发展趋势和有待研究的重点问题，无疑具有重要意义。

一、"十一五"期间民族政治学研究的发展概况

（一）民族政治学的发展

"十一五"期间，作为政治学分支学科的我国的民族政治学研究，取得了丰富的学术成果，得到了突飞猛进的发展，已经成为我国政治学中一个富有生机的领域和新的学术增长点。民族政治学研究的发展，主要体现在以下五个方面：

第一，研究项目和成果数量激增。近年来，涉及民族和民族问题的科研项目正以前所未有的速度增长。而在新增的有关民族和民族问题的科研项目中，相当一部分是严格意义上的民族政治学研究项目。从国家社会科学基金项目来看，在政治学学科和民族问题研究中设立的民族政治学研究项目就有 40 多项。同时，教育部项目、国家民委项目和省市社会科学项目中，民族政治学研究的项目也很多。与此相适应，民族政治学研究的成果大量涌现。据不完全统计，截至 2009 年底，国内出版民族政治学的著作就达 110 余部，在国内期刊上发表关于民族和民族问题的研究论文已有 3000 多篇，其中一半以上属于严格意义上的民族政治学研究范畴。

第二，研究水平和质量显著提高。民族政治学研究项目和研究成果迅速增多的现象也凸显了一个事实：民族政治学研究在广度和深度方面有了明显的进展。在民族政治学研究数量的增加中，研究面的拓展是一个显著的特点，出现了一些新

---

① 周平：《民族政治学》，高等教育出版社，2007 年，第 3 页。

的研究领域,如族际政治研究、民族国家研究、民族认同研究等。研究在向外拓展的同时,也不断走向深入。民族政治学研究在广度、深度方面有了明显的进展,再加上研究方法的创新及其学科基本理论的积淀,民族政治学研究的水平明显提高,高质量研究成果的数量增多,一批研究成果得以推广。《民族政治学》在被教育部选定为"十五国家级规划教材"后,又被教育部推荐为"研究生教学用书",在民族政治学的人才培养中发挥了积极的作用。

第三,研究的影响力迅速扩大。随着民族政治学研究成果数量的激增及被转载和应用的频率的明显提高,民族政治学研究在创新理论、解疑释惑、咨政育人、服务政府等方面的作用日渐凸显,影响力迅速扩大:一是促进了学科建设。民族政治学理论创新和现实研究的成果被应用于教学和人才培养,许多高校开设民族政治学的课程,设立民族政治学的博士点和硕士点,促成了民族政治学学科的建立与发展。二是澄清和纠正了民族政治问题上的许多模糊和错误的认识,影响了社会的民族政治观念。三是民族政治学研究中的一些成果被提交到党和国家的决策部门,为有关民族政治问题的决策提供了参考。

第四,学科发展备受关注和重视。随着研究成果数量的增多、水平的提高、影响的扩大,民族政治学学科发展受到了更多的关注和重视。国家社科基金项目、教育部研究项目、国家民委研究项目和省市级研究项目中民族政治学项目的不断增多,就是民族政治学受到重视的集中体现。此外,一些科研院所和大学如中国社会科学院、北京大学、云南大学、南开大学、中央民族大学等,设立了民族政治学的研究机构,有的还设立了硕士点、博士点,开展民族政治学专门研究和人才培养。教育部的质量工程项目、高校科研评奖、国家教学成果奖,都将一定的项目给予了民族政治学。①②

第五,研究获得了坚强的学科支撑。我国从政治学的角度对民族现象和民族问题进行的研究,起始于20世纪90年代。从政治学的角度研究民族问题,把民族现象作为社会政治现象,把民族问题作为政治问题,运用政治学的研究框架和概念工具对其进行研究,这无疑是研究领域和研究思维的创新。但这样的研究也存在明显的问题:概念工具有限,缺乏系统性,而且没有形成有特色的解释方式和论证方式。不过,这种状况在最近这些年有了根本性的改变。随着一批有深度的民族政治学理论成果的出现,不仅构建了一些该学科特定的概念,拓展了学科特色明显的研究领域,而且形成了完整的理论体系和富有特色的解释理论和论证方式。一些大学和科研机构还建立了民族政治学学科,从事民族政治学的专门研究和人才培养。这就给民族政治学研究提供了坚实的学科支撑,使民族政治学的研究更加专业化、系统化、规范化,促进了民族政治学研究向纵深发展。

---

①　教育部2007年评定的《民族政治学》国家精品课程,为云南大学的周平教授主持。

②　第六届国家教学成果奖授予云南大学的周平、张建东、方盛举、赵春盛、王燕飞团队的《民族自治学学科与人才培养体系的创建及实践》。

从总体上看,民族政治学研究的领域得到很大的拓展,研究逐步趋向深入,其规范性和成果质量明显提高。民族政治学研究取得长足的发展,拓展了政治学的研究领域,成为政治学学科发展新的学术生长点。

(二)民族政治学进一步发展的因素

民族政治学研究的快速发展绝非偶然,而是多种因素共同促进的结果。这些因素不仅促成了民族政治学研究快速发展并取得了显著的成就,而且还将促进民族政治学研究的进一步发展。

首先,民族政治问题在全球范围内凸显。21世纪以来,族际间的政治互动并没有像许多人预言的那样愈演愈烈,也并未出现"民族主义世纪"的征兆,但族际间的政治互动却变得更加广泛、更加深入了。不仅第二次世界大战后建立的新兴民族国家的民族问题突出,传统的欧美民族国家也出现了深刻的民族问题;不仅民族构成复杂的多民族国家的民族问题突出,民族构成较为简单的国家也出现了民族问题。超越国界的、国家间的和地区性的民族问题时有发生,并形成热点,而且族际政治互动的影响日渐深入。由此产生的一系列现实民族政治问题迫切需要进行学理性的阐释和现实解决方式的探索,于是便促成了民族政治学研究的快速发展。

其次,国内对民族政治学研究的现实需求趋旺。新中国成立以来,我国把马克思主义处理民族问题的理论和原则与中国的实际相结合,采取了一系列强有力的政策措施处理国内民族问题,有效地解决了历史上遗留下来的棘手的民族问题,促进了少数民族和边疆多民族地区的发展。但是,随着我国现代化进程的快速推进以及全球化浪潮的冲击,一系列少数民族发展起来以后要求更多权益的矛盾和问题日显突出。在少数民族发展程度较低基础上产生的民族问题得到解决以后,少数民族发展起来以后形成的新的民族问题逐渐显露。这在对传统的理论、思维和观念形成了严峻挑战的同时,也要求对新的问题给予新的解释,并寻求到解决问题的新思维和新路径,从而促进了我国民族政治学研究的迅速发展。

最后,民族政治学学科建设的快速发展。我国的民族政治学作为一个政治学分支学科的历史不算太长,但是由于有政治学、中国特色的马克思主义民族理论与政策以及民族学的研究成果和方法所提供的支持和丰富的资源,尤其是政治学理论中的范式、思维、概念和方法的大量移植,使民族政治学获得了迅速的发展。这样的发展,又为民族政治学研究提供了科学的范式、思维和方式,大大拓展了民族政治学的学术视野,为民族政治学的研究提供了丰厚的学科积淀,为民族政治学研究的迅速发展提供了强有力的学科支撑,从而成为民族政治学研究的内在推动力量。

二、"十一五"期间民族政治学研究的主要内容

自诞生以来,我国从事民族政治学研究的学者,主要是围绕着以下九个核心议题展开研究:

　　第一，民族政治学理论研究。民族政治学研究的快速发展，对民族政治学理论研究提出了更多和更高的要求，也为民族政治学理论研究提供了较为丰富的基础性成果。在这样的双重作用下，民族政治理论研究得到了快速的发展。其研究的内容主要集中在两个方面：一是民族政治学理论体系的构建①，二是民族政治学基本范畴和基础理论研究②。这方面的研究成果，确立了一些重要的民族政治学概念和理论体系，为研究的进一步拓展和深入提供了分析工具和理论支撑。

　　第二，全球化视野下的民族国家研究。在我国日渐融入全球化进程和民族国家形态转变已露端倪的情况下，民族国家问题再度凸显。民族政治学研究对民族国家问题给予了高度关注，并形成了内容丰富的研究成果。在国际范围内日渐显著的民族国家研究中，形成了中国的视野，发出了中国的声音。研究涉及的主要内容有：一是民族国家的性质和特点。有学者从国家形态演变的角度界定民族国家，厘清了民族国家的概念以及民族国家与多民族国家的关系，明确了民族国家的多样性特点。③　二是全球化与民族国家。有学者探讨了全球化对民族国家的影响，以及全球化与民族国家的未来走向等问题，④三是超国家联盟（如欧盟）及其对民族国家和民族国家体系的影响问题。⑤

　　第三，族际政治与族群政治研究。族际政治是民族政治的基本形态，而对族际政治进行研究既面临着理论问题更面临着实践挑战。族际政治问题的提出和族际政治研究的形成，是民族政治学研究的重要成果和亮点。这方面的研究主要是围绕以下问题进行的：一是族际政治作为一种政治形态的条件和影响问题。有学者把族际政治凸显成为一种常态性的政治形态。⑥　二是族际政治整合问题。有学者提出了多民族国家维系和巩固统一国家政治共同体的若干思路⑦。三是多民族国家的族际政治治理问题。有学者提出了多民族共治、族际民主化、族际和谐治理等一些令人关注的观点。⑧　此外，在族际政治研究不断引向深入的过程中，族群政治的问题也受到关注。有学者对族群的族性、族格和族群权利保护等问题进行了探

---

　　①　周星：《民族政治学》；周平：《民族政治学导论》、《民族政治学》；高永久等：《民族政治学概论》。

　　②　周平：《中国少数民族政治分析》、《政治文化与政治发展：对云南少数民族地区民主政治建设的考察》、《云南少数民族政治文化论》；杨顺清：《中国少数民族政治关系分析》；陈德顺等：《民族地区家族政治研究》。

　　③　周平：《对民族国家的再认识》、《民族国家与国族建设》。

　　④　贾英健：《全球化背景下的民族国家研究》；赵可金：《全球公民社会与民族国家》。

　　⑤　刘泓：《欧洲联盟：一种新型人们共同体的建构》，中国社会科学出版社，2008年。

　　⑥　王建娥、陈建樾等：《族际政治与现代民族国家》；周平：《论族际政治与族群政治研究》；陈建樾、周竞红：《族际政治在多民族国家的理论与实践》。

　　⑦　周平：《中国族际政治整合模式研究》，《政治学研究》，2005年第2期；《论多民族国家的族际政治整合》，《思想战线》，2010年第4期。

　　⑧　朱伦：《论民族共治的理论基础与基本原理》，《民族研究》，2002年第2期；王建娥：《族际政治民主化：多民族国家建设和谐社会的重要课题》，《民族研究》，2006年第5期；常士訚：《和谐理念与族际政治整合》，《政治学研究》，2009年第4期。

索和研究。①

第四,民族主义(含民族分裂主义)研究。随着民族主义影响的日益广泛和深入,我国民族政治学界对民族主义的研究也不断引向深入,并取得了丰硕的成果。对民族主义的研究主要涉及三个方面的内容:一是关于民族主义现象的研究,有学者的研究不仅涉及民族主义的性质、特征、类型等一般性的问题,也深入到民族主义的特殊类型,如民族分裂主义、民族分离主义问题;②二是民族主义对国家政治和国际政治的影响,有学者的研究涉及民族主义对多民族国家、地缘政治格局、国际政治格局的影响;③三是关于民族主义的国别研究,这方面研究涉及的内容一个是受民族主义影响的典型国家——苏联和南斯拉夫④研究,另一个是欧洲的民族主义研究⑤;四是民族分离主义研究,有学者分析了民族分离主义产生的根源和治理民族分离的思路。⑥ 此外,中国民族主义研究也受到了特别关注,形成了不少研究成果⑦,随着研究的日渐深入,对民族主义的认识不断加深,治理民族主义的思路也变得更加清晰了。

第五,中国民族国家建设的理论与实践研究。中国国家建设问题凸显和不断深入的研究,把中国的民族国家构建和民族国家建设问题突出了出来。中国的国家建设本质上是民族国家建设,所以从事民族政治学的一些学者们对中国的民族国家建设问题进行了较为深入的研究。这方面的研究主要围绕以下问题展开:一是中国的民族国家构建问题。近年来,中国的民族国家建设问题受到重视,产生了一些研究成果,有学者讨论了中国的民族国家构建的条件和开始的时间、中国民族国家构建的历史进程、中国民族国家构建的完成等内容。⑧ 二是中国的民族国家建设问题。中国的国家建设,本质上就是民族国家建设。具体又包括民族国家的

① 关凯:《族群政治》,中央民族大学出版社,2007年;王剑峰:《多维视野中的族群冲突》,民族出版社,2005年。

② 徐迅:《民族主义》,中国社会科学出版社,1998年;余建华:《民族主义:历史遗产与时代风云的交汇》,学林出版社,1999年;潘志平:《民族自决,还是民族分裂:民族和当代民族分立主义》,新疆人民出版社,1999年;房宁、王炳权:《论民族主义思潮》,高等教育出版社,2004年。

③ 程人乾:《涡流:20世纪民族主义潮汐透视》,西苑出版社,2000年;王联:《世界民族主义论》,北京大学出版社,2002年。

④ 郝时远、阮西湖:《苏联民族危机与联盟解体》,四川民族出版社,1993年;郝时远:《南斯拉夫联邦解体中的民族危机》,四川民族出版社,1993年;吴楚克:《民族主义幽灵与苏联裂变》,中国人民大学出版社,2002年;余建华:《民族主义、国家结构与国际化:南斯拉夫民族问题研究》,民族出版社,2004年。

⑤ 赵锦元:《欧洲民族主义发展新趋向》,中央民族大学出版社,1996年。

⑥ 王建娥:《民族分离主义的解读与治理——多民族国家化解民族矛盾、解决分离困窘的一个思路》,《民族研究》,2010年第2期。

⑦ 陶绪:《晚清民族主义思潮》,人民出版社,1995年;罗福惠:《中国民族主义思想论稿》,华中师范大学出版社,1996年;王立新:《美国对华政策与中国民族主义运动1904—1928》,中国社会科学出版社,2000年;罗志田:《乱世潜流:民族主义与民国政治》,上海古籍出版社,2001年;杨思信:《文化民族主义与近代中国》,人民出版社,2003年;王涛:《我们能够超越民族主义吗?》,三联书店,2004年。

⑧ 周平:《论中国民族国家的构建》,《当代中国政治研究报告Ⅵ》,社会科学文献出版社,2009年。

制度体系建设,民族国家的政治一体化建设,民族国家地方政治的多样性和统一性问题。① 三是中国的国族(中华民族)建设问题。具体包括对国家认同建设、中华民族认同建设和民族认同与国家认同关系问题的研究。②

第六,中国民族政治问题研究。中国民族政治问题研究,是民族政治学研究的根本性内容。目前,这方面研究的内容已经相当丰富,成果比较显著。研究主要集中于:一是在我国由传统社会向现代社会转型和全球化影响日渐深入的情况下,我国民族政治问题的现状、性质和特点问题,尤其是我国的民族问题的新特点;③二是边疆多民族地区的利益分化与少数民族的政治参与问题,以及它们与民族问题的关系;④三是民族认同与国家认同研究;⑤四是边疆多民族地区的政治发展与政治稳定,尤其是少数民族政治参与趋旺对政治稳定的影响;⑥五是国内民族问题的政治解决方式;⑦六是少数民族问题的"去政治化"。⑧

第七,民族政策研究。具体的民族政策问题,并不在民族政治学的研究视野中。但随着民族政策在解决民族问题中的作用日渐凸显,民族政策也引起了民族政治学学者的关注。民族政治学者开始从政治学的角度研究民族政策问题。这方面的研究主要围绕以下问题展开:一是民族政策的价值取向问题。这方面的研究主要涉及我国民族政策价值取向的特点,民族政策中的"民族主义"取向与国家主义取向的类型和影响,以及是否有必要对民族政策的价值取向进行调整等问题。⑨二是中国共产党的民族政策研究。有学者具体探讨了中国共产党民族干部政策的形成和发展的规律。⑩ 三是民族政策的国际比较问题。有学者把我国的民族政策与其他国家的民族政策进行了比较研究。⑪

---

① 林尚立:《制度创新与国家成长》,天津人民出版社,2005 年;《理性国家的成长》,重庆出版社,2005 年;《政治建设与国家成长》,中国大百科全书出版社,2008 年;徐勇:《现代国家、乡土社会与制度建构》,中国物资出版社,2009 年。

② 伍雄武:《中华民族的形成与凝聚新论》,云南人民出版社,2000 年;卢勋:《中华民族凝聚力的形成与发展》,社会科学文献出版社,2007 年。

③ 郝时远:《中国的民族与民族问题》,江西人民出版社,1996 年;王希恩:《当代中国民族问题解析》,民族出版社,2002 年;徐晓萍、金鑫:《中国民族问题报告》,中国社会科学出版社,2008 年。

④ 周平:《促进少数民族政治参与有序发展》,《中国民族报》(理论版),2008 年 3 月 14 日;于春洋:《刍议利益分化背景下的少数民族政治参与》,《黑龙江民族丛刊》,2008 年第 5 期。

⑤ 高永久、朱军:《多民族国家中的民族认同与国家认同》,《民族研究》,2010 年第 2 期;周平:《论中国的国家认同建设》,《学术探索》,2009 年第 6 期。

⑥ 马啸原:《边疆少数民族地区的政治发展与政治稳定》,云南大学出版社,2000 年;王宗礼等:《中国西北民族地区政治稳定研究》,甘肃人民出版社,1996 年。

⑦ 葛公尚:《当代政治与民族问题》,中央民族大学出版社,1995 年。

⑧ 马戎:《理解民族关系的新思路——少数族群问题的"去政治化"》,《北京大学学报》(哲学社会科学版),2004 年 6 期。

⑨ 周平:《中国民族政策价值取向分析》,《当代世界与社会主义》,2010 年第 2 期;《民族政策的价值取向及我国民族政策价值取向的调整》,《学术探索》,2002 年第 6 期。

⑩ 刘荣:《中国共产党民族干部政策研究》,社会科学文献出版社,2010 年。

⑪ 宁骚:《民族与国家——民族关系与民族政策的国际比较》,北京大学出版社,1995 年。

第八，民族自治地方政府和治理研究。随着民族自治地方政府在边疆多民族地区治理中地位的凸显，民族自治地方政府也成为民族政治学研究的重要内容。民族政治学对民族自治地方政府进行了较为深入的研究。涉及的问题主要有：一是民族自治地方政府在我国地方政府体系中的地位，以及民族自治地方政府的性质和特点问题；①二是自治区政府、自治州政府、自治县和民族乡政府的性质、特点和运行问题；②三是民族自治地方的政府管理和政府改革问题，③民族自治地方政府建设问题；④四是边疆治理问题，⑤我国的边疆多民族地区大多属于民族自治地方政府的辖区，边疆治理既有自己的独立性，又与民族自治地方政府治理紧密相连。边疆治理问题的提出和进一步的研究，对于边疆多民族地区的建设和发展具有重要价值。

第九，国外民族政治问题研究。对国外民族政治学的关注和研究，历来是民族政治学研究的重要方面。民族政治学研究十分关注国外的民族政治问题，并进行了大量卓有成效的研究。主要涉及：一是苏联东欧国家的民族问题及其影响，⑥二是东南亚国家的民族问题。⑦ 三是非洲国家的民族冲突和部族问题，⑧四是欧美国家新形态的民族问题。⑨

三、"十一五"期间民族政治学研究的主要不足

在"十一五"期间，民族政治学研究取得了显著的成就，但也存在着一些不足。

---

① 周平等：《中国民族自治地方政府》，人民出版社，2007年；戴小明：《中国民族区域自治的宪政分析》，北京大学出版社，2008年；王铁志等：《国际视野中的民族区域自治》，民族出版社，2002年。

② 李俊清：《自治区政府管理》，人民出版社，2009年；《自治县政府管理》，人民出版社，2009年；《民族乡政府管理》，人民出版社，2009年。

③ 李俊清：《中国民族自治地方公共管理导论》，北京大学出版社，2008年；《变革与繁荣——民族地区公共管理的问题与挑战》，人民出版社，2009年；《重构与超越——民族地区公共管理现状调查与分析》，人民出版社，2009年。

④ 方盛举：《中国民族自治地方政府发展论纲》，人民出版社，2007年。

⑤ 张植荣：《中国边疆与民族问题：当代中国的挑战及其历史由来》，北京大学出版社，2005年；吴楚克：《中国边疆政治学》，中央民族大学出版社，2005年；周平：《我国的边疆与边疆治理》，《政治学研究》，2008年第2期。

⑥ 赵常庆等：《苏联民族问题研究》，社会科学文献出版社，1996年；张建华：《苏联民族问题的历史考察》，北京师范大学出版社，2002年；郝时远：《帝国霸权与巴尔干"火药桶"：从南斯拉夫的历史解读科索沃的现实》，社会科学文献出版社，1999年。

⑦ 陈衍德等：《全球化进程中的东南亚民族问题研究——以少数民族的边缘化和分离主义运动为中心》，厦门大学出版社，2008年；曹兴：《僧泰冲突与南亚地缘政治：世界民族热点研究和最长民族纠纷》，民族出版社，2003年；潘志平：《中亚的民族关系：历史、现状与前景》，新疆人民出版社，2003年；陈衍德：《对抗、适应与融合：东南亚的民族主义与族际关系》，岳麓书社，2004年；张新平：《地缘政治视野下的中亚民族关系》，民族出版社，2006年。

⑧ 李安山：《非洲民族主义研究》，中国国际广播出版社，2004年。

⑨ 董小川：《现代欧美国家民族的同化与排斥》，上海三联书店，2008年。

正视存在的问题和不足，并总结经验和教训，是民族政治学研究在未来取得更大成就的必要步骤。当前民族政治学研究存在的不足，突出地表现在以下五个方面：

其一，研究的问题不够全面。如果说民族政治学研究的功能和目的可以被简明扼要地概括为"解释、评价和改善"的话，民族政治学研究的首要目的就在于有效地解释民族政治现象。只有对民族政治进行正确的解释，才能对民族政治现象进行客观的评价，并提出改善和改良的思路。而目前的民族政治学研究却远未达此目的。虽然民族政治学研究的范围明显拓展，但研究的问题仍然不够全面，或者说一些重要的民族政治问题未受到关注或关注度不够，并未展开有效的研究。因此，当前的民族政治学研究，与民族政治学理论完善自身的要求和现实对民族政治学研究的需要之间，还存在相当大的距离。

其二，研究的水平参差不齐。民族政治学研究的整体水平有了较大的提高，形成了一批高水平的研究成果。但从总体上看，高质量的研究和高水平的研究成果的数量较为有限，大多数研究的质量和水平都显得一般化，还有一部分研究是低水平重复，有的研究成果仅仅限于注释党的路线方针政策，或对民族政治问题进行意识形态的论证，缺乏观点创新、方法创新。从现有的研究成果来看，民族政治学研究的水平参差不齐，极大地影响了民族政治学研究总体水平的提升。

其三，研究范式转换尚未完成。民族政治学是一个新兴的学科。在当前从事民族政治学研究的学者中，绝大部分来自于政治学、民族学、社会学、国际政治、马克思主义民族理论与政策等相关学科，他们转向民族政治学研究以后都存在一个从原来的研究范式转换到民族政治学研究范式的过程。从目前的状况来看，研究范式的这样一种转换尚未完成，民族政治学研究的范式缺乏统一性和规范性。一些关于民族政治问题的研究成果，难以纳入民族政治学研究的范畴。这样一种状况的存在，制约着民族政治学研究规范化程度的提高。

其四，研究方法的创新不足。民族政治学学科构建的时间不长，尚未形成自己的研究方法。当前使用的研究方法大多来自于政治学、民族学、社会学、国际政治、马克思主义民族理论与政策等学科，而且采用的都是这些学科的传统方法。因此，研究方法显得过分地多样化而且比较传统。研究中经常采用的概念工具和解释性理论也来自于不同的学科。因此，一些研究成果在研究路径和研究方法上都十分模糊，既不是规范性研究，也不是经验性研究。研究方法创新的不足，制约了民族政治学研究质量和研究水平的提高。

其五，研究成果应用程度低。民族政治学研究的目的是为党和政府民族问题决策服务。这就要求必须把研究的成果应用于党和政府的决策。虽然我国目前的民族政治问题日益突出，现实的政治决策迫切需要民族政治学的研究成果，但民族政治学研究绝大多数成果滞留于理论层面，对策性研究成果较少，因而限制了民族政治学研究成果的实际应用。从目前的情况看，只有极少数的研究成果被决策层采用。

四、"十二五"期间民族政治学研究的发展展望

从目前的情况来看，那些在过去促成民族政治学研究较快发展的因素还会在以后相当长的一段时期内继续存在。而且民族问题日渐突出，而传统的理论和解决问题的方式又无法满足现实的需要，理论与现实之间的矛盾对民族政治学研究提出了更为强烈和更高的要求。与此同时，民族政治学研究的自觉性在不断提高，研究队伍的日益壮大，民族政治学学科建设的逐渐加强，研究规范化水平的逐步提升，学科自身积淀的日趋丰厚，都为民族政治学研究提供了更为有利的条件。在这样的条件下，民族政治学研究将会继续保持良好的发展势头，并得到更快的发展。

展望民族政治学未来五年的发展，民族政治学研究将会在研究队伍快速增长的基础上形成更强的研究能力，推动研究朝着广度和深度两个方向快速发展。在此基础上，研究的水平、研究成果的数量和质量，都会有较大的提升。民族政治学的理论体系将会更加完善，将会有比较多的研究成果服务于政府的决策，进一步提高民族政治学研究的学术影响力和现实影响力。这些发展会将民族政治学凸显为政治学学科中一个充满生机与活力的领域和新的学术增长点。

从目前的研究状况以及现实需要来看，民族政治学研究将会在进一步发展的基础上形成若干研究重点，或者说，应该在若干重点领域深入研究，产生更多的研究成果。

第一，民族政治学的基本理论和方法研究。作为一个新兴学科，民族政治学仍然面临着加强自身学科建设的历史重任。为了促进民族政治学自身的发展和完善，就必须在开展民族政治问题研究的同时，充分运用民族政治学研究的成果和其他相关学科的研究成果，加强民族政治学基本概念、基本理论和民族政治学理论体系的研究，拓展民族政治学的学术视野，丰富民族政治学的概念工具，夯实民族政治学的理论基础，构建完善的民族政治学理论体系。同时，还要加强民族政治学方法的研究，创新民族政治学的研究方法，使民族政治学研究既不囿于"学究式"的抽象笼统的哲学式分析，也不能过于片面地强调"科学方法"的运用。繁荣当代我国民族政治学科研究的当务之急应是加强经验研究或实证分析方法及技术的研究与引进，把定量分析方法及技术放在更加突出的位置。

第二，民族国家研究。民族国家既是世界近代以来基本的国家形态和世界体系的基本单元，也是迄今为止人类社会治理中最为有效的国家形态。同时，民族国家也是一个重要的理论问题，既是当今社会科学中许多学科构建的理论预设，也是观察和思考民族问题的理论前提和现实前提。随着民族国家自身的演变和全球化的深入，民族国家在当代出现了许多新的现象和新的问题，而学界在民族国家问题上存在着许多模糊甚至混乱的认识。因此，进一步加强对民族国家的研究十分必要。民族国家研究的成果，将会为具体的民族政治问题的研究提供理论支撑。对

民族国家的研究，不仅要从理论上进一步澄清对民族国家的认识，拓展民族国家的理论内涵，而且还必须关注诸如超国家联盟出现以后民族国家的演变、当今时代是否还处于民族国家时代、民族国家国际体系的新特点以及我国的民族国家建设等问题。

第三，族际政治研究。随着多民族国家族际政治的日益凸显，以及族际政治、族际政治整合等学术概念的形成和日益成熟，族际政治研究将会是今后相当长时间内民族政治学研究的重点问题。在族际政治常态化进而成为基本的政治类型以后，有效处理族际政治问题和构建恰当的族际政治模式，将是多民族国家面临的重大现实挑战。然而探求有效解决族际政治问题，协调族际政治关系的方式，既不能一蹴而就，更不能一劳永逸。而且族际政治问题的处理方式受到意识形态的深刻影响，各种思想的影响和相互激荡将难以避免，要达成族际政治研究的一致或共识必会遇到诸多的问题与障碍。因此，族际政治是必须给予高度重视的一个研究课题。

第四，民族主义研究。当今世界仍然处于民族国家时代，民族主义仍然具有广阔的市场，并且仍然是全球范围内影响最为广泛的意识形态。民族主义正在演变出许多新的类型。一些缺乏本土民族主义的国家，也会在自身发展的过程中接受或滋生出新的民族主义。我国作为多民族国家，很容易受到不同类型的民族主义的影响，我们必须对民族主义保持高度的警惕。为此，就必须加强对各种类型的民族主义的研究，使我们的研究产生对各种民族主义可能造成消极影响的预见性。在民族主义研究中，既要研究传统的民族主义，也要研究现当代的民族主义；既要研究国外的民族主义，也要研究本国的民族主义；既要研究本源意义的民族主义，也要研究民族主义的新类型。

第五，国内民族问题及其政治解决方式研究。我国长期处于多民族国家形态，民族问题是国内最为重要和持久的社会政治问题。新中国成立后，我们有效地解决了历史上遗留下来的民族问题，建立了平等、团结、互助的民族关系。但这并不意味着民族问题已经一劳永逸地解决了。事实上，我国的民族问题仍然存在，而且随着现代化的深入推进以及我国社会的快速转型，民族问题以新的形式表现出来，呈现出了新的特点。过去处理民族问题行之有效的方法是在处理这些新形势下的民族问题的过程中，面临着许多挑战。因此，深入研究我国民族问题的新情况和新特点，揭示新形势下民族问题的生成机制和演变规律，寻求新形势下民族问题的政治解决之道，是民族政治学研究面临的一项重要任务。

第六，我国边疆多民族地区的治理研究。我国的陆地边疆地区，也是典型的多民族地区，我国民族问题的绝大多数发生于这一区域。在我国现代化建设快速推进的过程中，边疆多民族地区面临着许多与内地不同的问题和矛盾。在我国全面建设和国家整体实力不断提高的同时，边疆多民族地区与内地尤其是与东部发达地区的差距在逐渐拉大。当前边疆多民族地区出现的许多社会矛盾和冲突，都与这种相对差距直接或间接相关。因此,加强对边疆多民族地区的治理,促进边疆多民族地区的建设和发展,是保持边疆多民族地区稳定乃至促进整个国家发展的必要条件。但是边疆多民族地区的治理不能照搬内地治理的成功经验,必须通过深入的研究来探求边疆多民族地区治理的有效途径和方式。

第七,国外热点地区民族问题研究。国外热点地区的民族问题不仅影响到国际关系格局和国际地缘政治格局,也会对我国民族问题的生成和演变产生直接或间接的影响。因此,我国的民族政治学研究,必须关注国外热点地区的民族问题,并加强这方面的研究,尽快形成有分量的研究成果。不仅如此,加强这方面的研究,还能帮助我们全面把握当今时代民族问题的演变规律,借鉴其他国家处理民族问题的成功经验,深化对我国民族问题的认识,寻找到有效解决我国民族问题的途径。在这方面的研究中,必须关注不同区域民族问题的特点和演变,总结其他国家处理民族问题的经验和教训,为我国民族问题的处理寻找他山之石。

第八,国外民族政治理论研究。随着全球范围内民族问题的凸显,以及族际政治和族际冲突影响的日渐突出,一些国家尤其是西方国家的学者对民族政治问题的关注和研究持续升温,就连著名的美国政治学家亨廷顿最后关注的也是美国的族际政治问题。于是,各种民族政治理论或族际政治理论不断涌现,在西方国家产生了明显的社会影响和政治影响。近年来,这些理论和思潮也以前所未有的速度传入我国。然而我国一些学者不顾东西方在民族国家构建以及传统的历史文化方面的差异,也不顾我国民族关系的历史和国情,力图用西方的理论和方式来解决我国的民族政治问题,对我国民族政治理论造成了实质性的影响。因此,加强对国外民族政治理论的研究,弄清其产生的背景、实质、利弊,尤其是在我国的适应性问题,应是我国民族政治学研究的当务之急。

面对日渐突出的民族政治问题和民族政治研究的快速发展,民族政治学的学者要解放思想,破除传统观念和传统思维的束缚,以更加开放的思维和心态,开展民族政治学研究。在民族政治学研究的过程中尤其要注意用科学的研究方法,进行规范化的研究。不仅要对现实中复杂的民族政治问题进行科学的解释,确立民族问题政治解决的正确价值导向,并且要探求有效解决各种民族问题的适用性对策,从而为我国有效处理各种民族问题提供智力支持。

本章调研和编写主持人:云南大学公共管理学院周平教授
参与调研和编写人员:云南大学公共管理学院陆海发

第十四章　政治学研究方法(上)

研究方法是认识主体在研究活动中为了探知客体的属性和运行规律,为了有所发现和促进知识积累而采取的实践方法与思维方法,它是学者为了更好地认知研究议题而采取的各种途径、手段、工具和方式的总和。任何一个学科的发展都离不开研究方法的支撑,研究方法"的成熟程度和独特性,是判断学科独立性和发展潜力的重要标准。无论何种学科领域,'最伟大而艰难的奋斗是关于理论基础和研究方法的'"①。政治学研究方法则是政治学领域知识累积、理论创新和观念发展的重要基础之一。在此,我们将对"十一五"期间我国政治学研究方法的发展进程进行回顾,分析存在的主要问题,并以此为基础,从"十二五"期间我国政治发展的要求和政治学学科发展的逻辑和需求出发,提出"十二五"期间中国政治学研究方法领域需要关注的主要目标、任务和措施。

一、"十一五"期间政治学研究方法的主要进展

新时期我国政治学研究起步较晚,研究方法在相当长的一段时期内受到轻视甚至忽略,从而严重地制约了我国政治学理论和研究的发展,使我国政治学研究在相当长的一段时期内表现出较为突出的"食洋不化"与"过度意识形态化"相并存的特点。可喜的是,随着我国政治改革实践的发展以及三十多年来研究的渐进积累和逐步深入,研究方法问题日渐引起中国学者的注意并进入研究议程。特别是在"十一五"期间,政治学研究方法受到前所未有的关注,在推介、思考和运用等方面取得显著进展。

(一)政治学研究方法的认知

"十一五"期间,一方面是国内诸多的教学、研究机构和学者们致力于政治学研究方法的推介,另一方面则是政治学学术共同体成员对研究方法的主动学习与吸纳。我国政治学领域对研究方法的认知开始走向系统化、深细化和普及化。

"十一五"期间,一批国外政治学科或社会科学的方法论经典著作相继被翻译

---

① 陈振明、李德国:《走向规范化的中国公共管理学研究》,《东南学术》,2009年第2期。

出版。其中一些著作是作为政治科学综合性译丛中的组成部分出版的。① 这类方法论著作的翻译出版反映出研究方法已经为政治学各个分支学科所重视。此外，一些出版社以研究方法丛书的形式集中出版了一批国外经典的社会科学方法论的著作，其中最具代表性的是"万卷方法"系列丛书。② 由此可见，"十一五"期间翻译出版的政治学研究方法经典之作在数量上与之前相比大大增加，甚至超过了之前二十年间的总量，反映出国内政治学界对研究方法的重视。国外政治学研究方法的经典著作相继被引入到国内，使得国内的学者能够比较全面地了解国际学术界在研究方法上的创新与运用的状况，更加自觉地更新自身的研究手段，为国内政治学研究的创新注入新的活力。此外，一些留美学者关于研究方法的专著也开始在国内出版。③

"十一五"期间，国内学者也出版了一批具有较高质量、针对中国国情的政治学及行政学类研究方法的教材和专著。④ 从内容上看，这些教材和著作不仅有对政治学行政学研究方法的一般性介绍，更有结合中国政治学行政学研究的实际状况而作出的创新尝试，体现了国内政治学与行政学领域学者对研究方法的理解和把握，从各方面推动了学科研究方法的进步，也在一定程度上提升了国内政治学界对研究方法的重视程度。

"十一五"期间，围绕政治学研究方法的学术交流活动日益增多。近年来，国内一些大学和研究机构开始定期或不定期地举办以研究方法为主要内容的培训班，在很大程度上提高了中青年政治学者在方法论上的素养。自 2003 年起，清华大学国际问题研究所每年举办一期"国际关系研究方法讲习班"；自 2006 年起，美国杜克大学在每年的暑期分别与中国人民大学国际关系学院、复旦大学国际关系与公共事务学院、吉林大学行政学院、上海财经大学等不同国内高校举办一期"政治学研究方法讲习班"；自 2007 年起，在国家自然科学基金委管理科学部的资助下，浙江大学公共管理学院在每年的暑期举办"公共管理与政策研究方法讨论班"；

---

① 如《政治学研究方法指南》（"世界政治与国际关系译丛"）、《政治科学的理论与方法》（"公共行政与公共管理经典译丛"）、《政治学理论与方法》和《政治科学研究方法》（"东方编译所政治科学译丛"）、《比较政治学：理论、案例与方法》（"比较政府与政治译丛"）、《公共行政研究方法》（"公共行政管理教材译丛"）。

② 该丛书从 2004 年起开始发行第一批研究方法译著，先后出版了《案例研究：设计与方法》、《案例研究方法的应用》、《调查研究方法》、《量表编制：理论与应用》、《研究设计与写作指导：定性、定量与混合研究的路径》、《电话调查方法：抽样、选择与督导》、《解释性交往行动主义》等多部具有代表性的研究方法著作。从 2007 年开始，该丛书又相继出版了《定性研究：方法论基础》、《定性研究：策略与艺术》、《定性研究：经验资料收集与分析的方法》、《定性研究：解释、评估与描述的艺术及定性研究的未来》、《质的研究设计——一种互动的取向》、《抽样调查设计导论》等一批研究方法著作。

③ 比如王德育：《政治学定量分析入门》，中国人民大学出版社，2007 年；吴量福：《政治学研究方法与论文撰写》，天津人民出版社，2007 年。

④ 如较早出版的《政治学方法论》在"十一五"期间被教育部推荐为研究生教学用书，近年则相继出版了《政治学研究方法》、《政治科学研究方法导论》、《公共管理研究与定量分析方法》、《公共管理定量分析方法》、《公共管理方法：原理与案例》、《公共管理定量分析：方法与技术》等。

2008年，中国社会科学院世界经济与政治研究所举办了一期以国际关系研究方法为主要内容的"国际政治研讨班"。参加这些讲习班的学员大多来自全国各地的高校和研究机构，并以中青年教师为主，也包括少数在读博士研究生。他们在讲习班上习得的研究方法通过大学课堂得以迅速地传播，对于政治学研究方法的普及起到了积极的推动作用。

为推动政治学行政学研究方法的深入研究，促进政治学行政学学科建设和发展，"十一五"期间还举办了若干以研究方法为主题的学术会议，如2005年10月25日至27日，由厦门大学公共事务学院主办的"公共管理与公共政策教学与研究方法国际研讨会"、2009年暑期由吉林大学行政学院主办的"政治科学研究方法及应用国际学术研讨会"等。这些会议有效地促进了国内政治学行政学界有关研究方法的交流，扩大了学界对研究方法的重视程度，使得更多有关研究方法的新思维、新途径得以传播。此外，一些杂志，如《中山大学学报》曾经开辟了"公共行政学研究方法的探索与思考"的专栏，《公共行政评论》也在2008年第3期辟出"研究方法"专栏进行专题研讨。

"十一五"期间，一些高等教育机构把政治学行政学研究方法纳入从本科到博士的教学计划和课程体系中，开始对学生进行较为系统的研究方法训练。例如中山大学在《行政管理硕博连读培养方案（2009级）》中规定，"定性研究方法"和"基础统计"是硕士阶段的必修课程，"政策科学方法论"是硕士阶段选修课程，博士阶段的必修课程则包括了"高级统计（I）"、"高级统计（II）"、"社会科学定性研究方法"和"高级研究设计"四门研究方法方面的课程。其他学校比如北京大学、南京大学也开始在本科、硕士和博士阶段设立了与研究方法相关的课程。

在前述旨在促进政治学研究方法传播和拓展的活动的推动下，中国政治学领域对研究方法的了解和认知开始走向系统化。从"十一五"期间出版和发表的相关文献来看，"十一五"期间对政治学行政学研究方法的介绍是系统而全面的。从得到介绍和阐述的类别来看，既有实证研究方法也有规范研究方法，既有定量方法也有定性方法，既有解释性研究、诠释性研究也有批判性、建构性研究方法，既有对具体研究方法的介绍也有对研究方法的方法——方法论的分析。对研究方法综合体系的进一步认知，使学者们开始自觉思索各种研究方法之间的关系。

规范研究方法和实证研究方法，是政治学研究乃至其他社会科学研究的两大基本方法类型。20世纪五六十年代，在西方国家政治学研究方法体系中长期居于主流地位的规范研究方法，曾一度被实证研究方法所取代。近些年来，学界对于规范研究与实证研究之间存在的优劣不再进行争论，而试图探索一条折中的道路，即将两者有机地结合起来，更好地、更全面地对政治学进行研究。如有学者认为政治学中的实证研究和规范研究其实是互补互利的，这种互补互利既"体现为政治学的实证研究者始终承认有些研究领域和重大问题，不是他们所能包办的，因此留下了规范研究进入的空间。同时也体现为规范研究者对于实证研究精确性和可靠性的承诺。这种承诺与他们各自在哲学层面上的沟通、在社会科学哲学层面的连接、在一般人文社会科学方法论上的对接是紧密联系在一起的。在人们的具体研究实践中，从来就不存在纯而又纯的实证方法或绝对单打一的规范方法。"①

对于研究议题中有关宏观问题、中观问题和微观问题的争论，有学者指出应当避免一种偏见，即自觉或不自觉地把对微观问题的定量分析视为是"规范"研究，而把其他研究看做不规范的，甚至断言就不应该研究。之所以产生这种偏见，其原因在于美国政治研究很少研究自己的政体，因为它已经发生并似乎已经不再是问题了。在这种语境下，更多的美国政治研究集中于既定政治制度下的各种中观的和微观的制度安排之间的互动与政治行为。在这种研究议程下，具有宏观属性的新制度主义自然被认为是一种中观性的研究方法，数学方法自然大有用武之地。而我国政治学所身处的语境则具有自身的独特性，是由经济改革所带来的经济体制和社会结构的革命性转型，以及在此基础上的民族国家建设和政治建设。这种语境的不同决定了我国政治学的研究方法应当同"美国政治"的研究方法有着较大的不同，其中国内政治中的宏观问题重于中观和微观问题。②

关于定量方法和定性方法关系的讨论，与在此之前人们更多更喜欢介绍定量方法不同，定性方法在这一时期得到了更多的关注。越来越多的学者开始体认到定量方法和定性方法的优劣取决于其与研究问题的匹配度，有学者提出了在对定量定性方法作选择时需要考虑如下三个因素：一是研究的方便性条件，二是研究者的能力，三是研究问题本身的特点。③ 此外，解释性研究、诠释性研究以及批判性研究三种研究取向也得到了普遍的介绍，并且认为三种研究取向"共同构成了完整的政治学研究过程"④。整个学科开始从单纯的提倡解释性的研究方法，向更全面地看待解释、诠释与批判性研究方法之间的关系过渡。

我国学术界在对研究方法的认识走向系统和全面的同时，也开始走向深化细化。"十一五"期间对政治学行政学研究方法的引介不仅覆盖面广，而且有对某一类方法的详细深入的介绍和分析，例如仅就定性研究而言，就先后翻译出版了多本专著，其内容覆盖了定性研究的认识论和知识论基础、研究设计、资料收集与分析、资料的诠释等质化研究过程中的各个环节，使得人们对定性研究方法的了解趋于深化和细化。⑤

一直以来，我国政治学行政学研究领域中的一些学者对定性研究有种种误解，往往将不是定量研究的统统归类为定性研究，甚至某些"有感而发"的议论也被归

---

① 任剑涛：《试论政治学的规范研究与实证研究的关系》，《政治学研究》，2008 年第 3 期。

② 杨光斌：《中国政治学的研究议程与研究方法问题》，《教学与研究》，2008 年第 7 期。

③ 牛美丽：《公共行政学观照下的定性研究方法》，《中山大学学报》，2006 年第 3 期。

④ 严强、魏姝：《政治学研究方法》，江苏教育出版社，2007 年，第 79 页。

⑤ 比如《解释性交往行动主义》、《定性研究：方法论基础》、《定性研究：策略与艺术》、《定性研究：经验资料收集与分析的方法》等。

类为定性研究成果。"十一五"期间内，一些学者对"定性研究"与"质的研究"的名称所展开的辨析引发了大家对"定性研究"含义的重新关注。有人认为，①定性研究是以后实证主义为主要哲学基础，在自然情境下通过研究者和研究对象之间的系统互动，并且综合运用多角化技术对社会现象或社会问题进行广泛深入探索的一种研究活动。定性研究与定量研究中的"定性"与"定量"和哲学上讲的"质"与"量"并不是对应的。因此，也有些学者主张使用"量化研究"和"质化研究"的概念，但无论是质化研究还是定性研究都有六个主要特点：定性研究强调在自然情境下进行、是对人的研究、是关于语言的游戏、强调研究者和研究对象之间的系统互动、讲述故事以及多维度解释社会问题和现象。有效性与可靠性对于定性研究尤为重要，而对可靠性的提升，尤其依赖其有效性。定性研究通常使用以下六种技术来提高有效性：①延长实地调查中观察的时间，②多角化技术，③参与者反馈，④同行评审，⑤自我反省，⑥模式匹配。定性研究中的道德问题比定量研究更为复杂，因此在定性研究中处理道德问题要注意：①自愿参与，②取得参与者和被研究对象或者其监护人的口头或书面上的同意，③对参与者不应造成任何现实或者潜在的伤害，④匿名，⑤保密。还有一些学者对定性研究的内涵和特征进行了阐述。

（二）政治学研究方法的运用

随着对政治学行政学研究方法认知的系统化和深细化，国内学者在实际研究中开始有意识地运用各种研究方法，政治学研究中的方法意识和运用研究方法的综合能力得到了明显提升。

为了较为全面地反映"十一五"期间国内政治学研究方法运用的情况，我们对九种具有代表性的期刊上 2006—2010 年间的论文进行了统计分析。期刊的选择主要是根据 CSSCI 的期刊排名进行的，其中包括政治学类期刊中排名第一的《世界经济与政治》和综合性较强的《政治学研究》，管理学类期刊中与政治学相关度较高的两本期刊《中国行政管理》和《公共管理学报》，综合性社会科学类期刊中的《中国社会科学》和《开放时代》，②高校综合性社科学报中的《中国人民大学学报》。③此外为了避免漏掉范围更为广泛的期刊上较为重要的论文，我们把人大复印资料《政治学》和《公共行政》也纳入了统计分析的范围。在统计时，以下几类文章未被纳入：文献综述、理论回顾和评价、会议信息、工作经验交流、领导讲话、译文以及对研究方法本身的研究。

通过对九种学术期刊论文的统计分析，并结合其他学者对中国政治学研究方法运用情况的总结性分析，"十一五"期间中国政治学研究方法运用的进展主要表现在以下六个方面：

---

① 牛美丽：《公共行政学观照下的定性研究方法》，《中山大学学报》，2006 年第 3 期。

② 排在第二位的是《学术月刊》，但是由于该刊物中政治学类论文很少，因此选择了排在第三位的《开放时代》。

③ 最初的选择包括《北京大学学报》（哲学社会科学版），后因为该学报中政治学类论文过少而放弃。

1. 政治学研究取向更加多元化，制度主义和系统结构功能取向仍居主流地位

政治学研究的策略取向既属于整个研究方法体系的一部分，同时又是研究方法设计的重要一环。研究的策略取向是研究者在实施具体研究规划之先，选择和确定的研究思路和对策。它包括研究者对政治活动主体的行为动机、政治生活运行的关键因素、政治生活转型发展的模式等方面的假设。研究的策略取向是开启研究者思路、引导研究者构建假设命题、选择具体研究工具、整理分析资料和证据的思路和对策。人们经常提到的研究取向包括心理行为研究取向、理性选择研究取向、制度主义研究取向、系统结构研究取向等。"十一五"期间中国政治学研究在研究取向上趋于多元化，各种不同的研究取向在研究中都有所运用，其中占据主流地位的是制度主义和系统结构两种研究取向。

自 20 世纪 80 年代政治学恢复建设以来，"制度"一直是政治学研究中的重点，这一方面与我国政治学研究的初始阶段有关，另一方面也与我国当前面临的时代任务即国家建设、制度建设和体制改革有关。从 20 世纪 90 年代起，我国学者开始引介西方的新制度主义，新制度主义传入中国的时间不长，但却对国内政治学在研究方法和研究对象两个方面都产生了重要的影响，对于中国的制度改革与发展也起到了明显的推动作用。[1] "十一五"期间，除了继续译介西方新制度主义最新的研究成果以外，在之前一些优秀研究成果[2]的激励下，更多的学者开始运用新制度主义的方法研究中国政治发展中的问题，如有学者以新制度主义方法分析了村社组织从家族自治到组织村民自治，从单一功能到多元复合功能，从自力到政府、社会和个人合力的功能性转变，重点提出村社选举、村社发展参与和管理参与的组织制度安排思路[3]；有学者运用新制度主义方法分析了我国基层政府改革问题[4]；有的学者运用新制度方法分析了公共物品供给中的难题[5]；还有一些学者分析了农村贫困地区公共服务提供的制度安排[6]、我国民族区域自治制度[7]等等。更值得一提的是一些学者在运用新制度主义研究中国政治发展中的问题时，开始不断地探索适合于本土的研究路径。例如有学者在思索我国社会转型期政治经济问题时，提出了一套适合于分析我国政治经济变迁研究的"制度范式"或研究路径，即制度

①　杨龙：《新制度主义在中国的局限性分析》，《学习与探索》，2005 年第 6 期。

②　如陈剩勇等：《组织化、自主治理与民主——浙江温州民间商会研究》，中国社会科学出版社，2004 年；何俊志：《制度等待利益——中国县级人大制度模式研究》，重庆出版社，2005 年；杨光斌：《制度的形式与国家的兴衰——比较政治发展的理论与经验研究》，北京大学出版社，2005 年；《制度变迁与国家治理——中国政治发展研究》，人民出版社，2006 年。

③　杨张乔：《村社治理—自治的组织建构和制度创新——以浙江农村为例的新制度主义分析范式》，《浙江学刊》，2009 年第 5 期。

④　王雄军：《路径替代与基层政府改革——关于基层政府阶越式变革的制度主义分析》，《求实》，2007 年第 2 期。

⑤　杨龙：《公共物品供给中的难题：基于新制度主义的解读》，《理论探讨》，2007 年第 5 期。

⑥　陈敬德、何世晖：《农村贫困地区公共服务提供的制度安排》，《福建省委党校学报》，2006 年第 3 期。

⑦　唐凯：《民族区域自治制度的新制度主义理论视角分析》，《中央民族大学学报》，2007 年第 6 期。

环境(Situation)→制度安排(System)→制度绩效(Performance)①；还有学者针对中国低制度化政治体系中的社会规制问题研究而提出了"以行动者为中心的制度主义"研究路径②。

政治学中的系统功能结构研究在 20 世纪 50 年代以后成为很有影响的研究取向。早在 20 世纪 80 年代，系统功能结构研究的代表之作——伊斯顿的《政治生活的系统分析》和阿尔蒙德的《比较政治学：体系、过程和政策》就被引介到中国，从而奠定了系统功能结构研究在中国政治学研究中的主流地位。在"十一五"期间政治学研究中，系统功能结构研究的主流地位依然。从公开出版和发表的研究成果来看，一些学者在研究中明确指出使用了系统功能结构的研究取向，③另一些学者虽并没有明指，但是其研究却遵循了系统分析或结构功能主义的分析路径等。④ 有学者编写的教材也体现出系统分析和结构功能主义的影响。

心理行为的政治学研究取向坚持将政治生活看做是人的行为的产物，因此，采取这种研究取向的学者关注政治生活中人的态度与行为，一般通过实证的、定量的方法对人的态度和行为进行描述和解释。由于越来越多的学者开始从"殿堂走向田野"并掌握了定量研究方法，"十一五"期间心理行为研究取向的政治学成果增加，形成了具有代表性的成果。⑤

理性选择研究取向与心理行为研究取向同属于微观层面的研究策略，但后者专注于无意向性的个体行为，而前者则关心有意向性的个体行为与集体行动的关系，并且后者的知识基础是社会学，而前者的知识基础是微观经济学，包括其理性经济人假设与方法论上的个人主义前提。理性选择的取向对政治学的学者提出的一个研究要求是要重视方法论的个人主义，重视个体的策略。另一个研究要求是学者必须重视政治交易行为和交易成本。博弈论、公共选择理论等是理性选择研

---

① 杨光斌：《制度范式：一种研究中国政治变迁的途径》，《中国人民大学学报》，2003 年第 3 期；杨光斌、高卫民：《探索宏观的新制度主义》，《中国人民大学学报》，2007 年第 4 期。

② 李月军：《以行动者为中心的制度主义——基于转型政治体系的思考》，《公共管理学报》，2007 年第 3 期；李月军：《社会规制：理论范式与中国经验》，中国社会科学出版社，2009 年。

③ 范春辉：《全球化背景下跨国公司的政治功能研究》，南京大学出版社，2006 年；高鹏怀：《比较政党与政党政治》，知识产权出版社，2008 年；冯存万：《欧洲共同外交的结构与功效分析》，中国社会科学出版社，2009 年等。

④ 刘鹏：《比较公共行政视野下的监管型国家建设》，《中国人民大学学报》，2009 年第 5 期；朱正威等：《中国区域公共安全评价及其相关因素分析》，《中国行政管理》，2006 年第 1 期；杨冠琼等：《政府部门结构的影响因素与最优决定条件》，《中国社会科学》，2008 年第 2 期。

⑤ 张翼：《当前中国中产阶层的政治态度》，《中国社会科学》，2008 年第 2 期；刘大伟、唐要家：《中国公用事业价格听证中消费者参与的调查分析》，《开放时代》，2009 年第 4 期；贺雪峰：《农民行动逻辑与乡村治理的区域差异》，《开放时代》，2007 年第 1 期；涂晓芳：《社会资本视域下的社区居民参与研究》，《政治学研究》，2008 年第 3 期；邓秀华：《长沙、广州两市农民工政治参与问卷调查分析》，《政治学研究》，2009 年第 2 期。

究取向的典型代表,"十一五"期间也出现了不少这类研究。①

2. 实证研究方法逐步得到重视和推广,相关的研究成果也逐渐增多

有学者对在 1995—2005 年间发表的行政学论文进行统计后分析发现,"有2579 篇行政学的论文都属于规范研究,占 94.5%,实证研究仅占 4.5%"②;其他学者以 2001—2005 年的《政治学研究》、《中国行政管理》、《人大复印报刊资料(公共行政)》、《国家行政学院学报》四本期刊中的行政学论文作为研究对象,发现"采用非经验研究方法的文章数为 1793 篇,占抽样论文总数的 92%,而采用经验研究方法的文章仅占 8%"③。对政治学论文的统计分析结果则要乐观许多,如对 1995—2003 年间的 293 篇论文进行统计分析发现,其中的"经验研究的文章仅占 1/3弱"④。在我们统计的 2623 篇论文中,实证研究约占 35.32%。然而我们并不能从前述统计数字上的较大差异得出"政治学论文在实证研究方面比行政学论文好得多"的结论,统计数字的差异可能反映了研究者编码规则的差异。我们在编码时发现之前的类似研究中,一方面对实证研究的要求非常严格,例如必须明确使用了问卷调查、案例研究、统计资料分析等方法才被纳入"实证研究"范畴;另一方面对规范研究的要求非常松,往往把不能被纳入到实证研究的归入到规范研究。为了避免这种宽严不一的问题,我们在编码时把在政治学研究中普遍存在的历史比较研究编入到"实证研究"范围,而把那些处于模糊地带、缺乏研究方法意识的归入"无法判断",从而得到表 1。这一结果比之前研究中实证研究的比例略有提高,并且还表现出逐年升高的趋势,见表 2。

表 1

	规范研究	实证研究	无法判断	总和
篇数	724	912	947	2583
所占比例(%)	28.03	35.31	36.67	100

表 2

	2006 年	2007 年	2008 年	2009 年	2010 年
实证研究比例(%)	31.03	33.33	36.73	38.47	37.20

注:2010 年的数字只统计到 4 月份,所以很难代表全年的情况。

---

① 董海军:《转轨与国家制度能力:一种博弈论的分析》,上海人民出版社,2007 年;卢福营:《冲突与协调——乡村治理中的博弈》,上海交通大学出版社,2006 年;钟开斌:《遵从与变通:煤矿安全监管中的地方行为分析》,《公共管理学报》,2006 年第 2 期。

② 何艳玲:《问题与方法:近十年来中国行政学研究评估(1995—2005)》,《政治学研究》,2007 年第1 期。

③ 常健、郭薇:《中国行政管理学研究状况的文献计量学分析》,《南开学报》,2008 年第 5 期。

④ 肖唐镖、陈洪生:《经验研究方法在我国政治学研究中应用的现状分析》,《政治学研究》,2003 年第1 期。

3. 量化研究方法的运用有所增加，出现以大样本数据为基础的量化研究

近年来随着学术交流的增加，特别是一批在西方接受过理论和方法训练的中国学者回国从事政治学研究，使定量研究方法在政治学研究中的应用得到了很大提升。在整个学科的总体研究中，量化研究和经验研究的比重总体上不断增加，尤其是在青年政治学者中，重视量化研究和经验研究的比例越来越高。在我们对九种学术期刊的统计分析中，采用了定量研究的论文有 243 篇，约占总量的 9.41%，如果再加入时间变量就可以清晰地看出其上升的趋势，如表 3。

表 3

	定量研究的篇数	总量	定量研究比例（%）
2006 年	37	522	7.09
2007 年	42	558	7.52
2008 年	75	667	11.24
2009 年	66	629	10.49
2010 年	23	207	11.11
合计	243	2583	9.41

在这些定量研究中，既有之前已较为普遍地使用以各种统计年鉴为代表的二手数据的研究，也开始出现了以问卷调查为主的大样本调查研究。"从问卷的使用程度来看可以分为两个层面：一是简单的数据描述，前者如于建嵘的农民上访问题的调查、项继权的农民文化问题调查、刘义强的农村公共产品需求的调查，有些研究中问卷数量都超过了万份，有些甚至有几万份。"[1]此外，有学者运用量化分析方法，对我国行政管理体制进行探索性实证研究。[2] 定量研究中还出现了运用文本分析方法进行研究的成果。[3]

4. 定性研究中传统的历史比较分析占据主流地位

历史比较分析"可以理解为一种分析历时性的过程、用数量不多的个案进行比较并论证其观点的做法"[4]，一般用于以下几类问题的研究：宏观层面的历史社会变迁问题，某个特殊结果是哪些社会因素共同促成的这类问题以及对不同的国家、社会、文化进行比较研究。政治学领域中有不少学者来自于史学专业，加上中国传统文化和传统思维的影响，历史比较分析在政治学的定性研究中占了相当大的比例。这些研究中除了少数研究成果符合历史比较研究的方法论要求、反映出作者

---

[1] 徐勇、邓大才：《政治学研究：从殿堂到田野——实证方法进入中国政治学研究的历程》；邓正来、郝雨凡主编：《中国人文社会科学三十年：回顾与前瞻》，复旦大学出版社，2008 年。

[2] 石亚军：《中国行政管理体制实证研究——问卷调查数据分析》，中国政法大学出版社，2010 年。

[3] 林尚立：《行动者与制度效度：以文本结构为中介的分析》，《经济社会体制比较》，2006 年第 5 期。

[4] 陈那波：《历史比较分析的复兴》，《公共行政评论》，2008 年第 3 期。

学理素养和学术功底之外,①大量被归入到历史比较研究的成果从严格意义上说并不符合其方法论要求,如没有因果分析作为逻辑,使用的资料来源单一,甚至缺乏明显的问题意识等等,这些问题的普遍存在说明很多学者在运用历史比较分析方法时尚处于"非自觉"状态,因此其研究结果的价值也就大打折扣,对政治学知识积累的贡献度有限。

5. 案例研究方法逐步增多,日趋规范

作为一种质化的或定性研究方法的案例研究最适合用于如下情况:"研究的问题类型是'怎么样'和'为什么',研究对象是目前正在发生的事件,研究者对于目前正在发生的事件不能控制或极少能控制。"②有学者认为中国政治学的案例实证研究的进展可以分为三个阶段:一是方法论潜意识阶段;二是方法论启蒙阶段,即具有方法论部分自觉阶段;三是方法论自觉阶段,形成了相应成果。③"十一五"期间,一方面是更多的学者开始使用案例研究手段开展实证研究;另一方面,由于近年对案例研究方法规范的引介和讨论,学者们在运用案例研究方法时,能更加自觉地按照其研究规范进行研究设计,提高了研究结果的信度和效度。④

6. 规范研究中方法论自觉意识增强,出现较高质量的学术成果

"十一五"期间,一些学者开始对政治学行政学中的规范研究方法进行了详细的讨论。有学者指出,⑤规范研究方法形式化的共性通过以下六个方面体现出来:第一,规范研究基本上都面向"元问题"而展开;第二,基本价值理念的多元性;第三,阐释方式的多重进路并存;第四,学术研究成果的认可;第五,解释范式的形成是一个多重要素构成的复合体;第六,范式的共存。有学者认为,规范研究是一种以价值问题为核心关注点、以解释和诠释文本为主要表现形式、通过严谨的逻辑构造来回答某个学科的基本问题乃至人生与世界的"大问题"的研究路径,其有三个基本特征:①偏重于从价值的层面来看待社会问题和理解社会问题,侧重于回答"应当是什么";②就其表现形式而言,主要是对思想史上的重要文本的诠释与解读;③就其研究目的而言,规范研究试图回答某个学科甚或人生与世界的"大问题"。好的规范研究一方面要从研究内容、手段与目的三个方面满足规范研究的基本特征;另一方面要符合形式上的要求,即逻辑上的自洽性;第三还要符合实质上

409

---

① 比如《对"市民社会"和"公民国家"的历史考察》、《中国公共政策议程设置的模式》、《中国乡村治理的层级及其变迁》等。

② 罗伯特·K. 殷:《案例研究:设计与方法》,重庆大学出版社,2004 年,第 11 页。

③ 徐勇、邓大才:《政治学研究:从殿堂到田野——实证方法进入中国政治学研究的历程》,邓正来、郝雨凡主编:《中国人文社会科学三十年:回顾与前瞻》,复旦大学出版社,2008 年。

④ 王浦劬、萨拉蒙:《政府向社会组织购买公共服务研究——中国与全球经验分析》,北京大学出版社,2010 年;于建嵘:《中国工人阶级状况——安源实录》,明镜出版社有限公司,2006 年;刘金海:《产权与政治:国家、集体与农民关系视角下的村庄经验》,中国社会科学出版社,2006 年;卢福营:《冲突与协调——乡村治理中的博弈》,上海交通大学出版社,2006 年。

⑤ 任剑涛:《试论政治学的规范研究与实证研究的关系》,《政治学研究》,2008 年第 3 期。

的要求,即价值目标上的"合法性"。① 在方法讨论的基础上,学者按照规范研究方法的方法论要求进行研究,出现了一批研究成果。②

(三)对政治学研究方法运用的反思

学科的进步来源于持续地、自主地反思。"十一五"期间,学者们还对中国政治学研究方法的运用进行了较为深入的反思。中国政治学界的学科反思始于20世纪90年代,然而早期的反思一是更多的是对存在的问题进行描述性的分析,缺乏经验材料的支撑;二是更多的是对政治学研究的主题、视角和内容方面的反思。"十一五"期间出现了大批学科反思类的论文,这些论文既有综合性的反思,也有专门针对研究方法甚至是某一类研究方法的反思;既有立足体悟的描述性的反思,也有不少是建立在文献计量学基础上的反思。③ 还有些学者进行了"反思的再反思"。④ 这些对政治学行政学研究方法的反思大多建立在文献计量学的基础上,从研究领域、研究的热点问题、研究阶段、资料收集的方法、资料分析的方法等多个方面对中国政治学和行政学研究进行了反思,反思的焦点集中在学科本土化和规范化两个方面,并取得不少共识。

我国政治学者进行学科反思的努力在"十一五"期间也逐渐获得了研究机构和政府的支持。2007年中山大学行政管理研究中心、中山大学政治与公共事务管理学院、中国人民大学政府管理与改革研究中心合作举办了"首届青年中国公共行政学者论坛:反思中国公共行政学"学术研讨会。同年,《中国人民大学学报》开设了"反思中国公共行政研究"专栏。与此同时,行政学研究反思工作也得到了一定程度的制度化支持。比如2008年,教育部人文社会科学重点研究基地重大招标项目"反思中国公共行政学研究"立项。⑤

410

二、"十一五"期间政治学研究方法存在的问题

尽管在政治学学术共同体的努力下,政治学研究方法在"十一五"期间取得了长足的进展,但是国内政治学界对研究方法的认知和运用都还处于起始阶段,无论是和欧美政治学界研究方法的丰富与发达相比,还是和中国政治学发展的要求相

① 颜昌武、牛美丽:《公共行政学中的规范研究》,《公共行政评论》,2009年第1期。
② 李强:《自由主义》,吉林人民出版社,2007年;任剑涛:《伦理政治研究》,吉林人民出版社,2007年;张凤阳等:《政治哲学关键词》,江苏人民出版社,2006年。
③ 马骏:《中国公共行政学研究的反思:面对问题的勇气》,《中山大学学报》,2006年第3期;徐勇、邓大才:《政治学研究:从殿堂到田野——实证方法进入中国政治学研究的历程》,邓正来、郝雨凡主编:《中国人文社会科学三十年:回顾与前瞻》,复旦大学出版社,2008年;谢韬、Lee Sigelman:《中美政治学研究方法之比较》,《浙江社会科学》,2008年第5期;颜海娜、蔡立辉:《公共行政学研究方法:问题与反思》,《公共管理学报》,2008年第4期;常健、郭薇:《中国行政管理学研究状况的文献计量学分析》,《南开学报》,2008年第5期;马骏、张成福、何艳玲:《反思中国公共行政学危机与重建》,中央编译出版社,2009年。
④⑤ 何艳玲:《我国行政学研究反思工作述评》,《公共行政评论》,2009年第5期。

比,都还存在很大距离、很多问题。

(一)"十一五"期间中国政治学研究方法存在的主要问题

"十一五"期间,国内政治学界对政治学研究方法的认知已渐趋系统化和深入化,然而正所谓"知易行难",中国政治学界在研究方法的认知和实践之间还存在巨大的落差和鸿沟,从认知到实际运用还有漫长的道路要走。

1. 在研究取向方面,侧重于微观视角的心理行为取向和理性选择取向还未受到应有的重视

注重心理行为研究的行为主义从一开始在国内政治学界的研究中就备受质疑、充满争议。一些学者认为行为主义所主张的"价值中立原则"既是不可能的也是不应该的,"行为主义政治学唯实证研究方法的本质是新形而上学"[①];还有一些学者认为行为主义研究往往过分专注于碎片化的、局部微观的行为研究,而无法回应真正有价值的社会政治问题,会"花了很大的力气证明了一个人人知道的道理"。西方国家后行为主义对行为主义的反思和批判更加重了国内学者对行为主义研究方法的质疑。这些争论和疑惑使得中国政治学中以行为为中心的研究始终无法进入主流话语空间,这也在某种程度上解释了中国政治学研究中定量研究偏少的现象,因为定量研究方法恰恰是伴随着行为主义的兴起而发展起来的。政治生活是由一个个鲜活的个体的政治行为构成的,要了解中国真实的政治生活、建构本土化的政治学知识和理论,必须重视对政治场域中的个体态度及其行为进行研究,中国政治学发展需要更多的学者致力于心理行为研究取向。

理性选择研究取向又被称做实证政治理论(positive political theory),"它的特征是以理性个人(rational actor)为前提,运用数学语言来构建有关集体决策过程(collective—decision making process)的理论模型,并通过数理推导或数据分析来验证理论假设的正确性"[②]。这种研究方法从 20 世纪 80 年代开始在美国政治学研究中得到广泛运用,"其所占平均比例也上升到 20% 左右,而在 1994 年(也就是第 89 卷)更是达到了它的顶峰,达到了 42.4%"[③]。此后有所下降,但仍占据相当重要的地位。"从 1995 年到 2006 年,采用数理模型的稿件平均约占发表文章总数的 13% 以上,而数理模型和统计相结合的文章大约是 7%。两者结合起来则占到了 17% 左右。"[④] 由于大多数中国政治学者并没有受过系统的数学方法的训练,因此尽管近年来已经有一些学科背景为经济学的学者开始运用理性选择方法对中国的政治生活进行研究,但是总体来看还很少。

2. 研究方法意识淡薄,缺乏学术规范自觉

就研究方法而言,可以认为,我国政治学者公开发表的若干学术论文研究方法意识淡薄,缺乏方法自觉,个别论文甚至连基本的问题意识都没有,研究中缺乏明

---

① 叶娟丽:《行为主义政治学方法论研究》,武汉大学出版社,2005 年。

②③④ 谢韬、Lee Sigelman:《中美政治学研究方法之比较》,《浙江社会科学》,2008 年第 5 期。

确的研究问题,而只有宽泛的"议题"、"领域",甚至认为把针对某一议题的一些想法和感悟表述出来就是研究,"存在着严重的'学术文人化'的倾向——做研究等同于'写文章',只是收集资料加苦思冥想,然后一挥而就,不讲究方法,没有方法论的自觉"①。在我们统计的 2583 篇论文中②,数量最多的就是这一类论文,达到 947篇,占总数的 36.67%(见表 1)。如果加入时间维度,这类论文在"十一五"期间虽然整体趋势是下降的,但是总体比例仍然较大(见表 4)。

表 4

	2006 年	2007 年	2008 年	2009 年	2010 年
"无法判断研究方法"论文比率(%)	38.7	39.96	34.33	35.61	33.33

这种现象反映出中国政治学研究中缺乏学术规范自觉。任何一个学科的发展都离不开一个相对统一的学术规范共识,这样学者们才可以在一个沟通平台和话语体系中展开对话和批判,从而共同推动政治学领域的知识积累和学科发展。中国政治学界关于学术规范的讨论不充分,缺乏基本的学科规范共识。"学科"一词的本意不仅有"科"和"类"的含义,更重要的是含有"纪律、规则"之意。其基本的学术规范需要通过长期的学术训练和规训得以形成和传承。学术规范的缺失导致很多学者在作研究时不清楚什么是一个好的研究,更不清楚如何作一个好的研究,从而出现大量非学术性的、不规范的、重复性的研究。"许多研究根本没有一个明确的研究问题,没有文献评估,没有深入地研究因果机制,没有构建出具有说服力的理论,更没有进行理论检验,或者理论观点没有经验事实支持。许多非实证研究取向的研究也并没有遵循诠释研究和批判研究的研究方法。"③

3. 规范研究"不规范"

根据我们的统计,尽管规范研究所占的比例达到 28.03%,然而如果严格按照规范研究的特征要求,即"1. 偏重于从价值的层面来看待社会问题和理解社会问题,侧重于回答'应当是什么';2. 就其表现形式而言,主要是对思想史上的重要文本的诠释与解读;3. 就其研究目的而言,规范研究试图回答某个学科甚或人生与世界的'大问题'",那么真正属于规范研究的论文数量是很少的。

目前大多数的规范研究存在以下四个突出的问题:一是对规范研究的理解存在偏差。不少学者认为只要是回答"应该怎样"就是规范研究,甚至认为定性研究就是规范研究,而忽略了规范研究对直面价值问题、直面根本性问题的强调;二是不少规范研究缺乏严密周全的逻辑推演,而直接给出结论性的判断;三是"现有的规范研究太过沉迷于体系建构……得出一些无比正确但又无所适用性的宏大结

---

① 张睿壮:《与发达国家对比看中国国际研究中的差距》,《世界经济与政治》,2004 年第 1 期。
② 我们在统计时实际上是按照比较宽松的方法要求进行的,即把那些虽然作者并没有明显的方法意识但是实际上在使用某种方法的研究,都归入"规范研究"或者"实证研究"中了。
③ 马骏:《中国公共行政学的反思:面对问题的勇气》,《中山大学学报》,2006 年第 3 期。

论"①；四是政治学研究最核心的任务是回答"人类如何实现美好的公共生活"的问题，这就需要在政治学的规范研究中能够超越现实的政治生活，从人类美好的公共生活的要求出发对现实政治生活进行反思和批判，并提出替代性的选择。我国政治学在规范研究中对此缺乏应有的反思和批判精神。

4. 实证研究偏少

虽然"十一五"期间，政治学实证研究有了较快的增长，且呈现出逐年上升的趋势，然而从整体上来看，实证研究仍然偏少，学术刊物上大多是一些概念分析和理论思辨性的文章。有学者认为只要在论文中有一些数据，有几个表格就是实证研究了，这实际上是对实证研究的曲解。"实证研究的关键有二：一是因果推理，即描述事物之间的因果关系，并且解释这种因果关系是通过何种机制产生的，因果推理的过程必须经过严格、系统的排伪，也就是排除虚假相关，因为量化研究只是提示了变量之间的一种统计学上的关系，他们并不一定存在真正的因果关系；二是验证。'根据观察到的事实证实与证伪是社会科学研究的关键'。"②目前我国学术期刊上的论文完全符合这一标准的实证研究相对较少。

由于实证研究的缺乏，中国政治学研究面临严重的本土化困境。当代中国有着异常丰富和多彩的政治实践，其中充满着惊奇、迷惑和争论，以至于有人发出"新闻比小说更精彩"的感慨。然而中国的实际政治生活、实际的政府运作对于我们来说仍然是"黑箱"，在某些方面，学者使用的仍然是建立在西方经验基础上的概念、知识和理论体系，甚至在研究问题方面也追随西方学术界的潮流，出现"问题殖民"现象。要走出政治学研究的本土化困境，必须依赖于学术共同体直面中国政治实践，严格按照实证研究的研究规范进行大量的实证研究，以累积关于中国政治实践的知识。

5. 实证研究中缺乏量化研究，且质量有待提高

对中国与美国政治学研究方法的比较研究表明③，定量分析在美国处于绝对主导地位，而定量分析在中国还处于萌芽时期，并且极少涉及因果关系推理。我们对九种学术期刊的统计也表明，即使不按照严格的定量研究标准进行统计，定量分析的论文在"十一五"期间也仅保持在10％左右。大多数国内学者仍然习惯于长期以来"读书—思考—写作"的研究路径和方式，缺乏进行量化研究的能力和习惯。大部分学者没有修过概率论和数理统计等课程，没有经过量化方法的系统训练，对于量化研究的数字和公式望而生畏，对于量化分析的各种软件工具非常陌生，再加上上文提到的对于行为主义的保留态度，这些都使得大多数国内学者选择远离量化研究，甚至有一些学者出于自身利益的需要，排斥、排挤量化研究方法。

定量分析方法可以细化为简单统计分析（频数分析、相关分析等）、中级统计分

① 颜昌武、牛美丽：《公共行政学中的规范研究》，《公共行政评论》，2009 年第 1 期。
② 聂军：《改革开放以来中国政治学研究方法的回顾与反思》，《内蒙古社会科学》，2009 年第 5 期。
③ 谢韬、Lee Sigelman：《中美政治学研究方法之比较》，《浙江社会科学》，2008 年第 5 期。

析(假设检验、推断统计等)、高级统计分析(回归分析、时间序列分析等)和数理分析(坚持数学严格性,采用数学公理化方法进行的分析)方法。中国政治学定量研究中大部分研究都属于简单统计分析,即描述性统计分析。有学者通过对2001—2005年的《政治学研究》、《中国行政管理》、《人大复印报刊资料(公共行政)》、《国家行政学院学报》上的论文进行分析发现,"在采用定量分析方法的论文中,应用简单、中级和高级统计分析方法的论文数依次为32篇、5篇、3篇,随着统计方法难度的加深呈递减状态;进行数理分析的文章为8篇,占抽样论文总数的0.4%"①。

从定量研究使用的数据来源来看,有不少研究使用的是二手数据,其来源大多数是各种统计年鉴。对于缺乏经费支持的研究以及个体化的学者来说,使用各种二手数据是一个不错的选择。然而毕竟有相当多的研究议题是无法通过二手资料完成的。近年来已经有越来越多的学者开始使用问卷调查的方法来收集一手数据,但是从这些研究来看存在两个常见的问题:一是没有按照概率抽样的要求进行严格的概率抽样,二是样本的数量过小。这两点都使得样本的代表性不足,研究结果的外推性受到严重制约,甚至出现过度推论的问题。

前文提到,近年来国内政治学研究中也已经出现了一些运用概率抽样方法进行大样本研究的学术成果,然而综观这些研究,普遍存在以下六个方面的问题②:国内学者或机构独立进行的研究项目非常少,研究选题和设计缺乏自主性;研究主题范围比较狭窄;概率抽样调查方法的实践运用还不太成熟,主要表现在抽样执行过程中发生破坏样本代表性的问题,在数据采集方面质量控制不够严格等问题;公开发表的研究成果的规范性不足,主要表现在能够详细报告抽样设计、研究总体和调查总体以及数据采集方式的文章非常少;研究成果公开发表的时间严重滞后于抽样调查的完成时间;缺乏抽样调查数据库的共享平台等。

6. 对定性研究方法认知不准确,高质量的定性研究成果偏少

我国学者对到底什么是定性方法、如何运用规范的定性研究方法研究中国的政治生活和实践缺乏必要的思考和研究,甚至对定性研究存在误解。浏览一下学术期刊上那些自认为在作定性研究的论文不难发现,这些所谓的"定性研究"普遍存在以下五个方面突出的问题:

一是认为只要在研究中没有使用数字和数学分析,只要不能对所收集的资料作量化分析而只能以文本形式进行描述和阐释的就是在作定性研究了,甚至把定性研究等同于规范研究。二是在研究之前缺乏审慎的研究计划和方案的设计,不能根据研究问题和研究对象的特征在深度访谈、焦点团体访谈、文本分析、参与式观察等定性研究方法中进行合理的选择。三是在研究中缺乏自觉的研究方法意识,从而在研究中跟着感觉和经验走,存在狭隘的经验主义,无法实现实证研究所

---

① 常健、郭薇:《中国行政管理学研究状况的文献计量学分析》,《南开学报》,2008年第5期。
② 严洁:《中国政治学概率抽样调查的实践与特点》,《江汉论坛》,2006年第3期。

要求的"可复制"。四是定性研究中的研究者本人即是研究工具,其研究结论是通过研究者与研究对象的互动从而对研究对象的行为和意义建构获得的解释性理解,因此其研究质量的高低与研究者本人的理论素养和方法论素养密切相关。也正因为如此,目前我国政治学界定性研究质量还有待提高。第五,高质量的定性研究往往需要对研究对象长期深入的观察和体验,在目前讲求数量,甚至出现学术GDP化的学术氛围下,鲜有学者投入巨大的时间成本从事高质量的定性研究。

7. 实证研究中存在理论和经验材料分离的问题

学术研究中进行实证研究的目的除了了解真实的政治生活之外,更为重要的是形成和发展以中国政治生活实践为基础的政治学概念、知识和理论,推动中国政治学的发展。这就需要在实证研究中处理好理论和经验材料之间的关系。在实证研究中一方面应当有理论关照,应当努力把研究的具体问题还原到政治学研究中的核心议题上;另一方面又要避免理论、结论先行,以理论和结论套经验材料的现象。反观中国政治学的实证研究,在这方面同时存在以下三个方面的问题:

一是很多实证研究缺乏理论预设。一些"研究者只是知道应该做实地调查,而不知道为什么做,更不知道怎样做。因此,在做调查之前,普遍缺乏应有的理论预设,即对调查的主题是什么,应该达到什么目的等问题缺乏足够明晰的认识。在某种程度上陷入为了调查而调查",①对学科知识的贡献度很小。当然在一些开拓性研究中,尤其是在一些严重缺乏既有知识和理论积累的领域中,可以采用没有理论预设的扎根理论方法。

二是结论先行。与缺乏理论预设的"为调查而调查"截然相反的另一个现象是结论先行,在实证研究中用在书斋中形成的理论和观点"裁剪"经验材料,"实证研究变为证实研究"。

三是理论提升不够,对理论贡献不足。"由于缺乏严格的科学训练和不注重学术积累,整体而言,实证研究目前还处于最原始的阶段,即采集'矿石'的阶段。实地调查取得了大量的第一手材料,但由于调查前缺乏必要的理论预设,调查后缺乏应有的学术分析,以至于实证研究的学理知识含量较低,从而出现'出口转内销'的现象,即外国学者借用中国取得的资料进行'精加工',产生理论观点,转而影响中国学者。"②

(二)原因分析

中国政治学研究之所以在方法方面存在上述种种问题,其原因是多方面的,其中一些是大环境方面的问题,比如学术界存在浮躁情绪,学术评价重数量轻质量的GDP化倾向的影响;也有一些是历史的原因,即中国政治学研究曾经中断了几十年,目前不少政治学领域的学者来自于哲学和历史学学科,从而表现出较强的人文

①②　徐勇、邓大才:《政治学研究:从殿堂到田野——实证方法进入中国政治学研究的历程》;邓正来、郝雨凡主编:《中国人文社会科学三十年:回顾与前瞻》,复旦大学出版社,2008年。

学科特点；还有一些是政治学本身的特点造成的，即中国背景下从事政治学实证研究面临更多的困难和障碍等等。这些原因在很大程度上很难在短时期内仅靠学者们积极的努力和行动得到解决，因此将略去对这部分原因的分析，而专注于剖析那些学者们能够"有所作为"的原因。

1. 研究方法的系统训练不足

目前虽然有少数高等教育机构已经开设了研究方法的课程，但是系统开设从方法论到定性研究和定量研究，从初级统计到中高级统计课程的学校很少。大多数学校仅仅开设了类似于"政治学研究方法"的通论性的方法论课程以及"社会调查方法"和"统计"等课程。更为突出的一个问题是大多数学校的博士生课程中恰恰没有研究方法方面的课程。这使得大量的"未来政治学者"缺乏系统的研究方法训练，使得我国政治学研究方法的前景堪忧。

另一个值得一提的问题是在国际学术界，"政治学研究方法"一般是政治学中一个非常重要的研究方向，例如在美国，绝大多数有博士学位授予权的政治学系几乎都设置了五个基本专业方向，即美国政治、比较政治、国际关系、政治理论和政治学研究方法。然而在中国无论是教育部的学科目录还是各个高校的专业方向设置，都看不到"研究方法"这一专业方向。

2. 学术界对研究方法的讨论和反思不足

尽管近年来已经出现了不少从研究方法角度反思中国政治学发展的成果，但是从整体来看中国政治学界对研究方法的讨论和反思仍显不足：一是以研究方法为主题的对话少。每年全国范围内召开的政治学学术会议数量繁多，然而聚焦于研究方法的专题会议很少，更没有以某类方法为主题的专题性研讨。二是对政治学研究方法的反思还仅仅局限于较小的范围内，持续性也不足，一些学术期刊开设的研究方法专栏难以持续。三是缺乏对研究方法教学的对话和反思。

3. 有关部门对政治学研究的资金投入过少

实证研究的基础是数据和经验材料，而数据和经验材料的收集、整理和分析需要一定的资金投入。从问卷设计到发放、回收和数据录入以及统计分析，从长期的观察和参与到观察访谈笔记的整理，从初步接触到建立信任关系，从购买统计软件和书籍到订购网络数据库，所有这些往往都需要大笔的经费，没有雄厚的科研资助是无法完成的。与自然科学相比，国家投入到社会科学研究中的经费一向较少。从国家科研项目到省部级科研项目，人文社会科学项目的经费一般都较少，并且在有限的经费中还对"劳务费"的开列进行严格的限制。事实上，进行实证研究时最大的开支之一就是"人工费"。

4. 缺乏开放性的合作机制

知识的积累有赖于学术共同体的共同努力，高质量的实证研究往往要花费大量的人力、物力，因此很多缺乏特定经费资助的学者（其中尤以青年学者居多）往往没有条件进行实证研究。在发达国家，这一问题是通过建立开放式的资料共享体系来解决的。例如由总部设在芝加哥大学的美国全国民意研究中心（National O-pinion Research Center，NORC）负责实施的定期的大型社会调查项目——综合社会调查（General Social Survey，GSS）所形成的数据库是免费开放的，从而已经成为美国被引用得最多、影响最广泛、社会效果巨大的社会科学数据库之一。美国诸多的青年学者尤其是在校学生所做的定量研究往往都是使用这些免费开放的数据库完成的。

但是在我国，虽然有不少学术机构和学者已经进行了多方面的实证调查，也积累了不少实证数据和资料，但是这些数据和资料往往是封闭的、垄断的，迄今为止还没有类似于 GSS 的平台或者机构能够提供资源共享的数据库，致使许多学者无法进行更为广泛的实证研究。同时不同学术机构和学者的重复性研究也造成了对本来就十分有限的资源的大规模浪费。

开放共享的资源库的缺失也迫使每一个中国政治学者都必须成为"全能选手"，每位学者要全面掌握研究路径和手段的各个环节的技术和方法，例如从问卷设计、到问卷发放和回收、再到数据的录入和整理，直到数据分析和阐释。这在某种程度上也妨碍了研究的深化。

三、"十二五"期间政治学研究方法的课题建议

我国政治学研究目前面临的重要挑战是本土化和规范化的双重困境，而无论走出哪种困境都依赖于学术共同体对研究方法的自觉而规范运用。政治学研究方法"十二五"规划的制定，应当从中国政治学研究方法面对的问题和挑战出发，坚持以马克思主义为基本指导思想，以实现中国政治学本土化和规范化为核心目标。

（一）坚持以马克思主义为政治学研究的基本指导思想

我国在 20 世纪 80 年代政治学学科恢复重建之际，即确立了政治学研究的马克思主义指导原则。一般认为，马克思主义政治学是以辩证唯物主义和历史唯物主义作为基本方法来观察、分析和解释社会政治现象的发生、发展规律的一种政治学理论与方法。中国政治学的研究范式和研究方法必须以此为基本指导思想。但是马克思主义的指导原则在具体运用时既需要细化，同时又需要吸纳人类认识和改造主客观世界所发现和发明出来的被时间证明是行之有效的途径、方式和手段。在今天的科学研究包括政治学研究中，遵循辩证唯物主义与历史唯物主义的认识原则，不但不排除，相反需要自觉地包含获取知识的实证的、阐释的、批判的和建构的途径、方式与手段。

（二）基本目标是形成政治学研究的方法规范共识

学术规范包括方法规范是学术研究中的具体规则和技术标准。每个学科在长期的发展中应着研究对象的特点和学科视角的需求，会渐渐衍生出一系列的关于如何开展研究、什么是好的研究等一系列的规则和标准，它通过学术训练得以在学

科知识社群中传承,并在学科共同体成员的运用和对话中得到发展完善。学术规范包括方法规范共识是学科身份识别的标志、开展学术对话的基本平台,也是推进学术发展的必要手段。学术规范对于学术实践的根本意义是保障其在连续性基础上的持续有序的发展。有了基本的学术规范包括方法规范共识,政治学学者才能知道如何进行真正的、有价值的学术研究,才能分清哪些是好的研究哪些是不好的研究。学术规范使学术探讨与批评有了一定的规则,使严肃的学术对话和学科对话得以开展,从而使知识累积和创新成为可能。

达成关于政治学研究的学术规范包括方法规范的共识,最起码要回答如下三个问题:一是哪些是中国政治学研究中重大而且有价值的问题? 二是应当如何进行政治学规范研究? 如何评判规范研究的好坏? 三是应当如何进行政治学实证研究? 如何评判实证研究的好坏? 要达成对这些问题的基本共识,需要从多方面作出努力。

(三)加强政治学研究方法建设的具体举措

1. 把政治学研究方法纳入到学科建设

在政治学学科目录中应增设"政治学研究方法"作为二级学科,以引导各个高等教育机构从学科建设的高度认识研究方法的重要性。西方国家一般没有政府颁发的学科目录,因此一些著名大学的专业设置往往扮演着引导学科发展的角色。前文曾经提及,在美国凡具有政治学博士学位授予权的大学一般都设有专门的"政治学研究方法"作为独立的专业方向,其培养的学生往往成为各个高等教育机构中专门从事政治学研究方法教学和研究的学者,经过不断积累就能形成政治学研究方法训练、传承和发展的核心力量。

教育部公布的学科目录对于各个学科的学科建设起着引导和规范的作用。目前使用的学科目录是90年代后期颁布的。由于学科目录中缺乏"研究方法",国内各个大学中虽然尝试开设了一些研究方法的课程,但是普遍都没有设立冠以"政治学研究方法"名称的专业方向,长此以往,中国政治学界就会缺乏专门致力于政治学研究方法的学者群体。新时期政治学学科恢复重建已三十多年,虽然中国政治学研究取得了很大的进展,对外学术交流更加频繁,但因缺乏方法上的发展,面临的困境和问题也更加突出。在这样一种背景下,对现有的学科目录进行修正,增加研究方法方面的规定是必要的。"十二五"期间应在大量调查和沟通对话的基础上,完成政治学学科目录的修订,增设"政治学研究方法"作为二级学科。

2. 改革完善政治学专业的课程体系,增设系统的研究方法课程

学科规范的形成和传承是通过系统的、有针对性的训练实现的。目前各个大学政治学相关专业的专业课程体系中仍然是各种基础理论占据着绝对主导地位,以至于我们的毕业生经过四年甚至是七年的专业训练,学到的多是各种理论流派,既缺乏对于中国真实的政治生活和政府过程的了解,也不知道如何通过自己的研究努力去了解和研究中国政治生活和政府演变发展中形成的特色以及急迫需要解

决的问题。尽管近年来已经有一些学校尝试开设研究方法方面的课程,并把研究方法纳入到研究生的入学考试中,但是这些课程往往还不够系统,缺乏针对本科生、硕士研究生和博士研究生需求的、循序递进的课程设计。

"十二五"期间应启动政治学专业课程体系改革,组织国内知名政治学者、近年来专注于研究方法的政治学者和一些致力于中国政治研究的海外学者,共同讨论设计分别针对本科生、硕士生、博士生不同教学层次的政治学研究方法课程体系,提出指导性的意见和建议。通过召开专题性的研讨会、在引领性的学术期刊上设立专栏等形式,引导各个高校改革自己的课程体系,逐步增设研究方法方面的课程,并把研究方法作为博士研究生培养阶段中最核心的课程模块。

3. 开设政治学研究方法师资班,定期进行研究方法的教学研讨

要在各个高校的政治学相关专业中开设研究方法课程,以对学生进行系统的研究方法训练,就需要有一批专业的政治学研究方法方面的师资队伍。由于长期忽略研究方法的训练,目前国内专门从事政治学研究方法教学和研究的学者数量很少。为了破解这一瓶颈,"十二五"期间应当在政府资助下,由国内著名高校牵头,在每年的寒暑假举办政治学研究方法师资班,在条件许可的情况下,有选择地聘请国内外知名的政治学研究方法名家授课,以形成一支稳定的、专业化的政治学研究方法骨干教师队伍。

为了在较短的时期内提高政治学研究方法的教学水平和效果,"十二五"期间还应当由相关学会和高校牵头、定期进行研究方法的教学研讨。教学研讨活动除了召开传统的研讨会议外,还可以通过建立"政治学研究方法教学研讨网站"、开辟期刊专栏等形式进行,也可以把师资班的研究方法专门培训和研究方法的教学研讨结合起来。

4. 加大对政治学实证研究和政治学方法论的资助水平

国家对人文社会科学的资助水平普遍大大低于自然科学,仅以国家自然科学基金和国家社会科学基金的资助额度来看,前者往往是后者的数倍之多。造成这种状况的原因很多,其中一个因素是许多人认为人文社会科学研究是无需实验设计和精细量化手段的,只要写写文章而已。这种看法既和人文社会科学研究长期轻视甚至忽略方法有关,也和人们轻视人文社会科学研究功能的偏见有关。研究经费的短缺严重妨碍了规范的政治学实证研究的进行。在为数不多的投向政治学研究的资助经费中,专门指向"政治学研究方法"是少之又少。翻阅历年的国家社会科学基金项目申请指南,几乎看不到与研究方法有关的选题,在各省的社科基金资助项目中与研究方法相关的则更是凤毛麟角。

"十二五"期间,一是应当逐步加大对政治学研究尤其是实证研究的资助水平,逐步缩小其与自然科学资助水平之间的差距,争取到"十二五"结束时,其资助水平能达到自然科学的 80% 左右;二是要鼓励和提倡对政治学研究方法的研究,在各种政府设立的课题指南中增设政治学研究方法方面的选题,增加其资助金额。

5. 要定期举办以政治学研究方法为主题，特别是针对某类研究方法的研讨班或研讨会，以加强在政治学研究方法方面的对话和沟通

政治学研究方法的改善、政治学学术规范的形成，既有赖于各种普及性的方法论基础训练，更有赖于有一定研究经验和积累的学者就研究方法展开的对话和反思。"十二五"期间可每年举办一次以政治学研究方法为主题的学术研讨会，为各种政治学研究方法之间的对话、政治学研究方法自身的反思和发展提供场所和机会。同时，每年举办若干次以某一类研究方法为主题的小型研讨会，例如专门针对政治学规范研究方法的讨论、以政治学的案例研究为主题的研讨、讨论政治学研究中的抽样技术的研讨会等等。这些小型研讨会可以为那些擅长某类研究方法的学者提供一个交流和对话的平台，通过对各种研究方法在实际运用中所碰到的问题及其解决方法的讨论，一方面可以帮助学者们在未来的研究中更为科学、规范、合理地运用这些方法，另一方面也可以促进研究方法本身的发展，以逐步形成中国化的、有中国品格的政治学研究方法体系。

6. 采用多方筹资和多校合作的形式，建立开放性的政治学数据和资料库

政治学实证研究的发展需要开放性的、共享的、可免费使用的政治学数据和资料库。这样一种数据资料库的建立显然无法通过商业途径得到解决，也是任何一个单独的机构无法独自完成的。

目前，国内已经有一些教育和研究机构建立了针对某一特定主题的数据资料库，例如中国人民大学中国调查与数据中心的中国综合社会调查数据库、中国农村研究网的"调查笔记"等等。可惜的是，除个别数据资料库，如中国农村研究网的"调查笔记"，目前大部分的数据资料库都不是开放共享的，使用者必须支付一定的费用方可使用，这大大限制了其使用范围。"十二五"期间应当在整合现有数据资料库的基础上实现资源的共享。

这一合作机制由以下三部分构成：一是对于那些已经建立和正在建立的数据资料库，通过注入政府资金和公益基金的方式逐步实现免费开放，或者通过类似于期刊库的机构购买模式实现开放和共享；二是通过政府提供资助的方式鼓励各个教育和研究机构结合自己的专业领域和重点，逐步建立专门的数据资料库，并免费开放；三是逐步形成"数据资料库免费开放→使用者使用时标注资料来源→各种基金会根据数据资料库的使用情况提供资助→数据资料库的完善和维护→更多的使用、更多的资金……"的良性循环。

7. 充分发挥引领性专业学术期刊的正确导向作用，在期刊发文中倡导方法意识

由于在学科共同体内受众较广，加上职称评定中的论文评价和激励机制的作用，一些引领性的专业学术期刊在学科发展中往往具有示范效应，起着重要的旗帜和导向标作用。在中国政治学界，《政治学研究》《世界经济与政治》《中国行政管理》等期刊都是国内学术界比较公认的具有引领和导航作用的专业杂志，其刊发的学术论文的研究方法意识如何、研究方法是否规范等都会在很大程度上影响整个中国政治学研究方法的发展。

为此,"十二五"期间,这些引领性的专业学术期刊在推进政治学研究方法、形成政治学学科规范共识方面可以在以下两个方面作出努力:一是持续地设立"政治学研究方法"的专栏,集中刊发各类主题的政治学研究方法方面的论文,包括对某一类、某一种研究方法的介绍和阐释,运用某种研究方法的困惑和反思,关于研究方法教学的讨论,对新方法的介绍等等;二是严格实行匿名审稿制度,并在审稿中强调研究方法意识,把研究方法是否规范作为审稿的重要内容和依据,确保刊载的论文符合学科的学术规范。

本章调研和编写主持人:南京大学政府管理学院严强教授

参与调研和编写人员:南京大学政府管理学院严强教授、魏姝副教授

特别感谢南京大学行政管理专业硕士研究生束媛媛、吴本亮、周萍、朱磊同学为本章的数据收集、编码和统计所做的大量工作

第十五章　政治学研究方法(下)

　　为了有效地促进中国政治学理论模型建构、分析以及经验性计量研究的发展，本章主要对于"十一五"以来中国政治学界在理论模型构建与经验性计量研究方法方面所取得的进展与存在的问题进行初步评估性分析，并对未来重点建设内容与途径提出相关建议。

　　本章所涉及的政治学，是广义的政治学，主要包括行政管理、公共政策分析、公共财政的政治学研究以及政府绩效评估等方面内容。因此，这些领域的相关理论模型与经验性计量研究，均在研究范围之内。这使得本项研究相对困难，因为在如何权衡研究方法与研究内容，从而在将哪些研究纳入到范围之内时，并不存在清晰的界限。研究方法的应用领域显然远远大于政治学研究的领域，但许多研究又是一种跨学科、跨领域的研究，这无疑为研究内容的取舍增加了困难。

　　为了集中反映政治学在研究方法与理论模型建构方面的实际状况，在相关研究文献的选取上贯彻了如下原则：一是包括属于公共行政、公共政策、政府绩效评估等方面的文献，二是包括以研究权力关系、不同群体利益关系等标准政治学研究内容的文献，三是包括以研究公共财政中的政治关系为研究内容的文献。为了叙述上的方便与比较研究，按照理论模型、经验性实证研究以及相关理论范畴进行分类评述与分析。特别值得指出的是，将博弈论模型与委托代理模型分别加以叙述，虽然委托代理模型只是博弈模型中的一种特殊情形，但由于委托代理主要研究激励问题，其中涉及信息不对称问题与逆向选择问题，因而与通常的博弈分析并不完全相同。此外，这类模型在政治学研究中占据着重要地位，因此应该进行单独分析。

一、"十一五"期间量化和数学模型研究的基本成果

　　如同其他社会科学一样，政治学作为一门经验性学科，其理论的发展与研究方法的改进历来是相伴相随、密不可分的。理论为方法的应用与模型的构建提供了基本命题与规范性指导；方法为理论的形成与修正提供了分析工具与经验检验。随着中国社会经济结构性变迁的不断发展，一系列新的政治现象和政治关系逐步形成。这些新的政治现象与关系，生于中国，长于中国，因而以西方社会经济结构为经验基础归纳与总结出来的各种政治学理论以及各种理论模型，对于研究在中

国新涌现出的相关政治现象与政治关系,虽然具有一定的启示性意义,但由于中国缺乏西方社会所具有的社会经济结构性变量,而支撑中国政治运转的结构性变量又不在西方相关政治理论与模型之中,因而其对中国政治问题的解释能力相对较弱,对于中国面临的实际政治问题的解决途径,较少能够提供切实有效的方案。中国政治学理论的发展、实际政治问题的分析与解决,依赖于研究中国政治问题的研究方法,特别是理论模型的建构与经验性的计量方法的不断改进。

（一）博弈论模型分析

博弈论是现代政治学研究的强大工具。博弈论研究理性、智能的参与人,在一个策略相互依赖的情景下,在不同情景假设下,可能形成的博弈结果。一般来说,博弈可分为完全信息静态博弈与完全信息动态博弈、不完全信息静态博弈与不完全信息动态博弈。博弈结果可能形成纳什均衡（Nash Equilibrium）,也可能形成演化稳定策略（ESS）,还可能形成焦点均衡（focal equilibrium）。近年来,博弈论在中国学术研究中发展的速度非常迅速,政治学领域中出现了大量运用博弈论模型分析中国政治现象与政治关系的文献,中国政治学的博弈论研究,取得了丰硕的成果。

1. 制度作为博弈均衡结果的分析

制度作为博弈均衡,是博弈论对制度形成与演变的一种富有意义的新解释。国家是博弈的结果,是最大的合作制度。它表现为国家所有成员博弈的结果——纳什均衡,但是这一纳什均衡要在集体理性下实现,则必须依赖于国家垄断拥有的暴力产业所生产的第三方惩罚威慑的可置信承诺。有学者指出,制度按其功能可分为四种类型——惩罚制度、立宪性制度即决策制度、信息制度以及非正式制度即文化（意识形态）,在国家形态中,这四种制度演化为不同的形式。[1]

制度是不同政治参与方讨价还价与相互妥协的结果。在对等冲突模式中的政治妥协模型,可以运用"斗鸡博弈"的有效策略选择;在强弱冲突模式中的政治妥协可以移植"智猪博弈"的纳什均衡。有学者以"囚徒困境"的案例从另一维度诠释了长期关系利于政治妥协的达成。[2]

研究和探讨群体事件中各种不同利益集团之间的利益博弈,是分析各种不同群体性事件发生和发展的重要途径。在这类研究中,政治学者一般通过分析各利益集团在面临冲突时采取的策略,从而采取谈判、沟通、调节方式,即合作型问题解决的方式,解决集团利益冲突,防止群体事件的发生。[3]

2. 政府间关系的博弈分析

政府间关系是博弈理论应用的一个重要领域。有学者运用保证型博弈和协调型博弈对地方政府竞争过程进行分析。在保证型博弈中,博弈双方的纳什均衡不

① 黎秀蓉:《国家是博弈的结果:一个折衷的观点》,《中南财经政法大学学报》,2006 年第 2 期。

② 罗维:《政治妥协的若干模型——以博弈论为分析方法》,《浙江学刊》,2009 年第 1 期。

③ 王刚、马辉:《群体事件中利益集团的博弈研究》,《湖北函授大学学报》,2009 年第 3 期。

仅对个人来说是最优的,而且对整个社会的利益来说也是帕累托最优的。在保证型的博弈中,个体理性与集体理性的反论问题并不突出。与保证型博弈相比较,协调型博弈则带有明显的分配性含义。学者据此指出,在地方政府处理竞争过程中的博弈关系时,关注时间与数目问题也具有重要意义。①

有学者认为,在地方政府与微观主体博弈的过程中,由于双方采取不同的策略选择,其结果并不是一个恒定值,即不是一个常和博弈,而是变和博弈。② 也有学者分析了我国传统府际间关系的"囚徒困境"之后,根据新的战略思想提出走出"囚徒困境",寻求府际间合作,在全球博弈中获益的新思路。③

有学者还提出了政府间关系的"十字形博弈"框架,从纵横两个截面解剖政府间复杂的博弈关系,并结合"府际管理"的理念,提出我国"府际治理"的思路。同时,学者还提出"府际信任"课题,并探讨它在府际合作中的作用。④

3. 官员晋升的锦标赛博弈分析

官员晋升的锦标赛博弈是我国干部晋升中的一个特殊现象。有学者在改造晋升锦标赛博弈模型⑤的基础上,构造了一个简单的中国地方政府官员晋升锦标赛博弈模型,在此基础上,分析了中国地方保护主义与重复建设问题长期存在的原因。⑥ 有学者对晋升锦标赛的适应条件、中国政府治理的现实过程以及应用晋升锦标赛的特殊便利之处,进行了详细分析,同时进一步探讨了晋升锦标赛与政府内部的激励问题、中国特色的治理问题、地方政策实验、创新与违规问题、行政与财政分权问题以及晋升锦标赛的成本问题,指出晋升锦标赛扭曲了政府官员激励、阻碍了地方政府职能转变、影响了中国经济增长方式转变。⑦

有学者还指出,在政治晋升博弈中,地方官员会尽量内化自己正的外部效应,而放任负的外部效应的发生,将对竞争对手有利的外部效应当做对自己不利的事情来加以规避。因此,政治锦标赛机制有利于地方政府间的竞争而不利于合作,会带来道德风险、逆向选择问题。要解决这些问题,应该就考核指标和选拔机制进行改革,使官员的对上负责制变为对下负责制,同时要转变政府职能。⑧

---

① 蒋满员:《地方政府竞争过程中的合作性博弈问题分析》,《岭南学刊》,2008 年第 6 期。

② 钟黎川、陈其:《服务型政府背景下地方政府行为的变和博弈研究》,《中国经贸导刊》,2009 年第 17 期。

③ 岳宏博:《全球战略思想下的府际间利益关系协调研究——基于博弈论的视角》,《经营管理者》,2008 年第 11 期。

④ 刘祖云:《政府间关系:合作博弈与府际治理》,《学海》,2007 年第 1 期。

⑤ E. P. Lazear, and S. Rosen, 1981, Rank-Order Tournaments as Optimum Labor Contracts, *The Journal of Political Economy*, Vol. 89, No. 5.

⑥ 周黎安:《晋升博弈中政府官员的激励与合作——兼论我国地方保护主义和重复建设问题长期存在的原因》。

⑦ 周黎安:《中国地方官员的晋升锦标赛模式研究》。

⑧ 何智美、王敬云:《地方保护主义探源——一个政治晋升博弈模型》,《山西财经大学学报》,2007 年第 5 期。

4. 公共行政运行机制与过程的博弈分析

有学者研究指出,公共财产控制者作为后动者根据政府的战略决定自己的最优战略,而政府作为发动者知道控制者会根据自己的战略修正先验概率,所以采取使自身效用最大的战略。政府如果是自利型政府,只关心自身利益或者以经济增长为唯一任务,而对其他公共管理的任务和目标不加关心,结果只能是公共财产的控制者,包括使用者和管理者都会选择侵犯公共财产或者使公共财产易于受到侵害。所以政府只有明确公共管理,包括公共财产管理的公共性战略目标,并落实适度的激励政策,公共财产的控制者的最优战略才会是选择合理使用并保护的措施。①

有学者从蒂布特模型入手,分析了政府在公共物品供给中的博弈行为,并剖析影响政府博弈行为的因素,寻求建立和完善相关的机制,发现问题和解决问题。②

有学者在拓展卢克斯"权力维度"概念的基础上,构建了政治域中的主观博弈模型和不同域之间的演化博弈模型,借此探讨公共行政模式演化的一般路径,并通过分析公共行政模式演化路径背后政府与公民及官僚的两两博弈,得出权力维度背后公共行政模式演化的一般规律:随着政治域中政府与公民及官僚间内在博弈规则的改变和不同域中共时性关联和历时性关联的演化,政府对公民及官僚权力维度将向纵深化发展。据此,学者提出了公共行政模式演化规律的若干命题及其对我国行政模式改革与发展的启示。③

权力结构是政治博弈中重要的影响因素。有学者将权力结构定义为权力在各权力主体之间的分布状况或排列组合方式。其主要类型有:"强弱弱"权力结构、"强强弱"权力结构和"强强强"权力结构。研究指出,在"强弱弱"权力结构中,行政部门滥用行政权的现象会非常严重,在"强强弱"权力结构中该现象会有所减缓,只有在"强强强"权力结构中,这种现象才能得到最大限度的抑制。因此,改变权力结构,特别是提升市民社会在权力结构中的权力比重,对于有效制约行政权至关重要。④

政府行政过程是一个复杂的过程,涉及多种行为主体及其行动的自主性问题。有学者通过不同行为者行为策略的分析,得出政府、创新企业和科技中介机构三者之间存在着一个三方博弈,并通过建立模型来推出博弈矩阵,并且说明政府可以通过采取一定行为来使这个博弈达到均衡。政府采取的行为力度的控制点由博弈模型可以推导出来。⑤

① 王晓玲:《公共财产管理策略的不完全信息动态博弈分析》,《行政事业资产与财务》,2006年第2期。
② 段建锐:《浅析蒂布特模型与政府公共物品供给博弈》,《管理科学》,2009年第4期。
③ 王焕祥、郎玫:《权力视角下的公共行政模式演化路径研究——一个基于演化博弈的分析框架》,《中国行政管理》,2008年第2期。
④ 成志刚、唐俊辉:《调整权力结构制约行政权力——对行政权制约过程的博弈分析》,《吉首大学学报》(社会科学版),2006年第2期。
⑤ 白静、杨戈宁:《在创新中利用博弈模型进行政府行为的力度控制》,《价值工程》,2008年第2期。

5. 公共政策制定与执行的博弈分析

政策执行实际上是一个各执行主体为实现自身利益进行各种策略的较量的过程，也是一个利益博弈的过程。有学者构建了上下级政策执行博弈模型，在分析政策执行过程的基础上提出了一系列保证政策执行的措施。通过理论研究与博弈模型分析得出的最终结论是如何既保证上级政策的意图得到最合适的执行，又能够尽量保证不对各执行主体的利益造成致命性剥夺。但这显然是一个两难的结局。①

据研究，如果每个博弈方都去追求无风险的利益时，每个个体获得了比较保险的利益，但会与整体利益发生误差，同时也影响别人去选择与整体利益冲突的策略造成误差的扩大，这是不利于集体、国家乃至社会发展的。但仅依靠博弈方自己是无法解决这一问题的，甚至还会进一步加大误差。政府此时就要出面进行宏观调控，这必然会在短期内影响人们的利益。但长痛不如短痛，人民赋予了政府决策的权力，就是要让政府在关键的时刻帮人民作出能获得最大利益的选择。②

有学者还以推行政策的政府及其官员作为政策执行主体，借助三种经济博弈模型，分析博弈过程的内在形成机理、博弈方各自的优势与劣势、应该如何解决博弈中出现的问题等，以期寻找消解中央政策执行阻滞的路径。③

6. 公共物品需求与供给的博弈分析

政府部门人力资本投资是政府部门人力资源开发的重点，只有通过人力资本投资才能真正提高竞争力，获得长远收益，而教育投资是政府人力资本投资的关键。因此，目前亟待构建以中央政府投资为主，地方政府投资、个人投资等为辅，多门类、多层次、多渠道投资体系，从而构建互补、互惠的互动机制。④

有学者从蒂布特模型分析入手，分析政府在公共物品供给中的博弈行为，并剖析影响政府博弈行为的因素，寻求建立和完善相关的机制，发现问题和解决问题。⑤

7. 政府绩效评估的博弈分析

监督与审查是一种重要的博弈类型。有学者构建了在政府绩效管理中上级与下级之间的博弈模型，并分析在绩效管理中形成了"默认、造假"的博弈纳什均衡，因此，要破除这种不良均衡和挤掉绩效泡沫，则需从绩效管理体系、管理方法、考核过程、信息反馈等方面进一步完善现在的绩效管理模式。⑥

---

① 游海疆：《一种解读政策执行的新视角——从政策执行博弈模型进行的分析》，《理论探讨》，2006 年第 2 期。

② 黄硕之、孙晓捷：《有限理性博弈论分析在政府决策与民意测验关系中的应用》，《天津理工大学学报》，2007 年第 4 期。

③ 康丽丽、唐庆鹏：《有序博弈：消解政策执行阻滞的目标路径》，《领导科学》，2009 年第 8 期。

④ 宋斌、古凯：《试论政府部门人力资本投资博弈与收益》，《求实》，2006 年第 3 期。

⑤ 段建锐：《浅析蒂布特模型与政府公共物品供给博弈》，《管理科学》，2009 年第 4 期。

⑥ 张振、黄栋：《政府绩效管理中泡沫形成的博弈分析》，《经济管理与科学决策》，2009 年第 6 期。

有学者认为,引入第三方信息收集者作为一个新的博弈附加参与人之后,由于其所发挥的信息传播作用,能够更好地规避绩效信息提供者的不诚实行为,促进绩效信息使用者采用第三方收集绩效信息,也能够为绩效评价组织者节省更多的资源,使其拥有更多的资源完善绩效评价体系。同时为了能更加有效地促进政府绩效评价工作的开展,学者提出以下三点建议:一是加大对提供不诚实信息的惩罚力度,二是降低政府绩效信息使用者的检查成本,三是改革现行的政绩考核评价制度。①

8. 腐败治理的博弈分析

腐败治理博弈是学界研究较多的一种政治博弈。有学者认为,在反腐败的实践中,必须以高薪养廉、匡正激励机制为突破口,以建立公正透明的权力体系为重点,以市场分权化改革为长远目标,这样才能对腐败标本兼治。②

有学者以委托—代理理论和信息经济学中的监督模型为基础,通过对政府和公务员二者在完全信息静态博弈下的混合战略分析指出,租金的高低、政府监督的成本和对寻租的公务员惩罚的力度是影响公务员寻租的三个主要因素。因此,应通过健全社会舆论与群众监督机制,提高公务员的道德水平,加大对公务员寻租行为的法制惩罚力度,加大对寻租者的物质惩罚力度,健全社会主义市场经济体制,消除租源等措施来防止公务员寻租。③

运用重复博弈与演化博弈研究腐败治理问题,是能够有效揭示腐败生成与演化过程的途径。有学者使用演化博弈论的研究方法,对在有限理性条件下实施寻租交易导致的腐败现象过程中,各方的策略选择进行分析,并把其看成一个群体系统,对可能达到的稳定状态和此时群体的进化稳定策略进行了预测。④

(二)委托—代理的理论模型分析

1. 政治决策与公共治理的委托—代理分析

政治领域内天然地存在着委托—代理关系,它不仅继承了一般委托—代理关系的共性,而且还有着自身的特殊性,即委托人地位的特殊性与代理人地位的特殊性。因此,较之于其他的委托—代理关系而言,代理人的道德风险将会更频繁和更严重,道德风险的一个主要后果就是带来了畸高的行政成本。⑤ 有学者认为,可以通过完善代理人竞争市场、科学合理设计代理契约以及完善委托代理中的监督机

427

---

① 吴建南、章磊、孟凡蓉:《政府绩效信息失真的博弈分析》,《决策参考》,2008 年第 19 期。

② 李才明:《腐败与反腐败"经济人"与"政治人"的博弈》,《湖南医科大学学报》(社会科学版),2006 年第 1 期,第 45～47 页。

③ 刘浪、徐丽芳、万明:《基于公务员监督的混合战略博弈分析》,《广东行政学院学报》,2007 年第 3 期。

④ 左昊华、林泉:《寻租与腐败的运行路径与长期均衡预测——基于演化博弈的分析》,《生产力研究》,2009 年第 24 期。

⑤ 安康:《政治领域的道德风险辨析——基于"委托—代理理论"的视角》,《宁波职业技术学院学报》,2006 年第 6 期。

制等对策来解决公共治理中的困境。①

　　有学者认为,第三部门作为一种社会公共组织,可以在一定程度上促进社会的发展。作为政府,可以适当发展与第三部门之间的委托—代理合作关系。同时,政府应该采取适当的激励、约束和保障机制,减少和避免基于委托代理行为而产生的风险和成本。② 公共研发机构与政府之间的委托—代理关系具有"公共性"、非营利性特征,主要表现在多重性、多任务、过于追求政治绩效最大化、长期契约的"短板效应"等方面,政府和公共研发机构都有着各自不同的委托—代理行为,需要通过绩效评价等多途径加以多重约束。③

　　事实上,正是公民—政府、权力机关—行政机关、上级行政机关—下级行政机关、行政机关—行政人员、行政领导——一般公务员之间委托—代理关系的失衡,导致了行政问责主体与客体关系的失衡。有学者认为,对此,可从规范问责主体与客体间委托—代理关系的思路出发,通过构建作为委托者的问责主体对于作为代理者的问责客体进行问责的有力依据、有效途径和有利环境,来实现行政问责主客体关系的平衡,进而促进行政问责制臻于完善。④

　　有学者认为,只有通过培育公共权力使用的外部环境,制订公共权力运行和内部监督治理方案,才能从根本上解决公共权力委托代理失灵问题。⑤ 政治是人类社会分工发展出来的一种特殊职业——委托代理职业,公民与政府之间是一种委托—代理的契约关系。同时,政治又是一种十分特殊的委托代理职业,正是这种特殊性决定了作为代理人的政府官员在政治活动中有可能背离公民委托人的意志和利益。因此,必须通过一系列的民主制度和机制建设来完善公民与政府的委托—代理关系,稳步推进社会主义民主政治的发展。⑥

2. 政策执行的委托—代理关系分析

　　政府预算过程中存在部门外部和部门内部多层级的委托—代理关系,并且在每个层级中,都存在因内部信息或外部信息问题而导致道德风险或逆向选择行为,影响政府预算资源配置效率。政府预算制度创新的核心问题是能否建立起有效的政府预算契约机制。⑦

　　有学者指出,由于政策制定者与政策执行者相对分开,使得政策制定权与政策

---

① 王吉峰:《委托—代理理论视角下公共治理的困境及其对策分析》,《长春市委学校学报》,2009年第1期。

② 邓金霞:《关于完善政府与第三部门间委托—代理合作机制的探索》,《晋阳学刊》,2009年第3期。

③ 舒红娟、宁宣熙:《公共研发机构与政府之间的委托—代理关系研究》,《中国科技论坛》,2008年第12期。

④ 王春城:《行政问责制中主客体关系的平衡——基于委托—代理理论视角的分析》,《行政论坛》,2009年第3期。

⑤ 许克祥:《基于委托—代理的公共权力治理分析》,《长江论坛》,2006年第3期。

⑥ 邓名奋:《论公民与政府委托—代理关系的构建》,《国家行政学院学报》,2007年第15期。

⑦ 程瑜:《政府预算中的委托代理关系研究——一个契约经济学的分析框架》,《华中师范大学学报》(人文社会科学版),2009年第2期。

执行权产生分离,导致政策执行过程中形成委托—代理关系并产生委托—代理问题,从而导致政策执行失败。通过对政策执行者的监督、激励以及对败德行为的惩罚,可以有效地治理政策执行中的委托—代理问题,从而防止政策执行失败。①

也有学者指出,在各自追求自身利益时,由于利益的相互冲突,代理人便可能利用委托人委托的资源决策权谋取自己的利益,即可能产生代理问题。事实上,在政策执行中,执行规避的产生根源正是由于负责政策制定的委托人中央政府与负责政策执行的代理人地方政府之间利益不一致,地方政府基于自身利益的考虑对政策作出有利于自身的调整,最终使政策在执行中走样。②

此外,有学者还利用委托—代理理论系统分析了政策选择性执行的表现与内在原因,提出通过建立绩效激励和监督机制等来实现政策目标回归的帕累托改进路径。③

3. 电子政务建设与危机管理过程中的委托—代理关系分析

电子政务与危机管理是政治学研究中的新领域。有学者探讨了在电子政务服务外包过程中政府和 ASP 之间的委托—代理关系,建立了相应的博弈模型,并分别分析了在信息对称、政府向 ASP 支付固定服务费用及信息不对称的条件下,政府和 ASP 之间的博弈关系,以及在不同的情况下政府应如何设计相应的激励机制,促使 ASP 提供高水平的电子政务服务。④

有学者构建了电子政务中公众与当地政府利益关系的委托—代理模型,并对其进行了数学分析,得出当地政府在电子政务建设中的努力程度以及该政府在电子政务建成后所分享的产出份额取决于三个变量:努力成本系数、产出后确定性和政府风险规避程度。根据分析和结论,提出了如何鼓励和提高当地政府在电子政务中的努力水平,防范电子政务建设投资中低效率和高风险现象的建议。⑤

有学者认为,在公共危机管理的政府组织机制中,隐含着民众与政府及各级政府之间复杂的委托—代理关系,委托—代理理论中的委托—代理模型为解决地方政府博弈问题,加强对地方政府的监控,提供了解决途径和对策。委托—代理理论试图制定使代理人为委托人的利益而行动的刺激计划。因此,委托人所要重视的问题是如何根据这些观测到的信息来奖惩代理人,以激励其选择对委托人最有利

---

① 肖飞飞:《公共政策执行过程中的委托代理问题及其对策分析》,《公共行政》,2007 年第 4 期。

② 范雨、秦祖富:《试析委托代理视角下的政策执行规避》,《天府新论》,2009 年第 6 期。

③ 陈晓虹:《政策目标在执行中的置换与回归——基于委托代理理论的分析》,《天水行政学院学报》,2008 年第 4 期。

④ 陆敬筠、仲伟俊、梅姝娥:《基于委托代理理论的电子政务 ASP 外包模式研究》,《科研管理》,2008 年第 3 期。

⑤ 赵豪迈、白庆华:《电子政务中利益关系委托代理模型分析》,《同济大学学报》(自然科学版),2007 年第 1 期。

的行动。①

4. 政府绩效评估与腐败治理的委托—代理分析

政治领域存在多重委托—代理关系,对监督者的监督者的监督者的……监督。有学者认为,政府绩效评估中的委托—代理风险有可能扭曲政府绩效评估的预期功能。防范政府绩效评估中委托—代理风险的制度安排包括培育政府绩效评估的代理人市场、健全政府绩效评估的信息披露机制和建立政府绩效评估的公众参与机制等。②

由于激励不相容、信息不对称、监督乏力等弊病,及代理人追求自身利益的最大化,导致了公共权力委托—代理的失灵,引发政府官员的腐败。③ 有学者认为,在经济人假设基础上的委托—代理机制分析方法对政府权力腐败现象有很强的解释力。在委托—代理机制中,政府官员贪污和寻租是最典型的腐败方式。有效治理政府权力腐败,必须加强惩罚机制、完善激励机制、健全法制监督机制和优化行政权力结构配置。④

有学者研究指出,在政府间的利益博弈中,地方政府往往会利用自己拥有的私有信息的优势,采取道德风险、逆向选择和应声虫现象等机会主义行为而获取自身利益。为此,应该通过建立科学的政府行为激励机制、强化监督约束机制以及树立科学发展观和正确的政绩观等来防范地方政府的机会主义行为。⑤

也有学者分析认为,政府信用的实质是政府如何履行与公众达成的潜在政治契约。政府信用既涉及政府追求公共效用目标的诚意,也涉及政府实现这一目标的能力,体现了政府作为政治代理人在何种程度上实现了政治委托人的意愿。建立信用政府的重要前提是通过建立现代民主政府、法治政府和有限政府,落实政治代理的选择机制,控制政治代理的"道德风险",保障政府信用责任与信用能力的相对平衡。⑥

(三)理论检验与经验性计量研究

1. 政府规模及其社会经济效应研究

"十一五"期间,我国学者总结了近年来国外政府规模与社会经济效应研究的相关理论、方法与实证结果,并从政府规模的规范性理论、政府规模的经济增长效应、政府规模的社会福利效应、政府最优规模以及公共支出效应与政府效率五个方

---

① 斯亚平:《政府危机管理的委托—代理理论浅析》,《浙江师范大学学报》(社会科学版),2008年第3期。

② 王前、谭望:《政府绩效评估中的委托—代理风险及其防范》,《前沿》,2007年第5期。

③ 陈辉煌、高岩:《基于委托—代理模型的腐败行为分析》,《商业研究》,2007年第11期。

④ 黄钦、夏芳:《政府权力的腐败及治理——基于委托—代理机制的分析》,《信阳师范学院学报》(哲学社会科学版),2007年第10期。

⑤ 刘泰洪:《委托—代理理论下地方政府机会主义行为分析》,《中国石油大学学报》(社会科学版),2008年第1期。

⑥ 何显明:《委托代理视野中的地方政府信用问题》,《浙江社会科学》,2006年第1期。

面,进行了比较分析。研究表明,不同国家的经验数据在检验政府行为是否为生产性行为方面显示出不同的结果,经验证据表明存在"阿米效应",不同国家政府规模与社会福利效应存在较大差别。[1]

有学者认为,工业化、城市化、人口结构等市场内生变量不能较好地解释20世纪70年代末以来我国财政规模的演变;相反,揭示我国经济社会转型的外生制度变量——经济分权和财政分权,连同显示市场交易总规模的国民收入变量,能够较好地解释这种变化。在理论上作者所构建的简单计量模型分离出了市场与政府之间的替代效应和互补效应,前者反映了市场边界与政府边界的重新界定,后者反映了财政学中广为人知的"瓦格纳定律"。[2]

有学者结合地方财政收入的构成内容以及结构特点,使用传统时间序列、多元回归以及基于学习理论的SVM方法,分别对一般预算收入以及其中的主要税种建立单项预测模型,最后引入组合预测方法将上述三种方法有效结合,在特定省份实际数据的支持下建立了较为完整的地方财政一般预算收入预测模型,预测出该省"十一五"期间的地方财政一般预算收入。[3]

有学者还通过构建一个最大经济增长率下的财政支出结构模型,对我国东部、中部和西部财政支出结构与经济增长进行了实证分析,认为东部、中部地区的基本建设支出对经济增长有促进作用,而西部地区应该削减竞争性领域的基本建设投资规模;中部地区要合理配置财政支农支出资金,提高支农支出的产出弹性,而西部地区支农支出远未达到最优支出规模,因此,更要采用多种方式增加农业和农村基础设施建设;东、中部地区科教文卫支出的产出弹性较大,对经济增长的贡献较大,而西部地区科教文卫支出的产出弹性较小;东、中、西部的行政管理支出均对地方经济增长产生正效应,这表明,三个地区行政管理支出有很强的产出弹性,地方经济的发展需要政府积极干预。[4]

也有学者构建了居民消费与财政支出间的动态模型,分别利用全国三十个省及东、中、西各地区所含省份1998—2006年的省际面板数据对分类财政支出的居民消费效应进行了实证分析。结果表明,科教文卫支出挤入了居民消费,政府消费性支出对居民消费有挤出作用,经济建设支出对居民消费的作用微弱;同类财政支出的居民消费效应在地区间显示出一定的差异性。[5]

2. 政府信任与政治参与的实证研究

政治参与是影响公民对于政府的信任的重要因素。有学者研究发现,当前中

① 杨冠琼:《政府规模的波及效应与若干节点的把握》,《改革》,2009年第9期。
② 汤玉刚、范方志:《财政规模决定:一个经验模型》,《财经研究》,2005年第10期。
③ 孙元、吕宁:《地方财政一般预算收入预测模型及实证分析》,《数量经济技术经济研究》,2007年第1期。
④ 毛加强、刘露、郭犇:《基于经济增长模型的地方财政支出结构分析》,《经济问题》,2009年第8期。
⑤ 苑德宇、张静静、韩俊霞:《居民消费、财政支出与区域效应差异——基于动态面板数据模型的经验分析》,《统计研究》,2010年第2期。

国居民的政治参与程度较低,但是意见表达政治参与的程度强于利益表达政治参与。性别、年龄、文化程度对于居民的意见表达政治参与和利益表达政治参与均具有较大影响;工作满意度、家庭满意度以及个人满意度均对意见表达政治参与具有正向影响,家庭满意度对于利益表达政治参与具有正向影响,而工作满意度和个人满意度却对其不具有显著影响。在当前提高居民政治参与的程度,需要提高居民的整体文化水平以及加强城市建设与完善社会保障制度。①

有学者以特定城市的实证调查为基础,通过对信任与公民政治知识之间关联性的方差分析与多元回归分析,深入探讨人际信任、公民对媒体的信任以及公民对政府的信任对公民政治知识的成长究竟有多大以及何种程度的影响,并以此为基础进行深入的剖析与研究,阐明提升"信任"社会资本存量从而推进公民政治知识成长的重要意义与可行性途径。②

3. 公共物品供需决定及其特征的实证研究

公共物品的供给决定及其特征研究,是政治学实证研究一直关注的主题。有学者以蒂布特模型的"用脚投票"理论为基础,利用我国三十个省市1997—2005年的面板数据(Panel Data)建立并检验一个面板数据(Panel Data)模型,实证分析了各地区的地方公共物品供给对吸引FDI的影响。结果表明,地方公共物品的供给与FDI的吸引呈显著正相关,各地区公共物品供给差异是FDI区域分布差异的一个重要原因。③ 也有学者直接对蒂布特模型进行了验证分析,认为地方政府竞争能够提高公共产品的供给质量和供给效率,加快制度创新,规范地方政府的行为。国家应该构建和维护地方政府竞争的良好规则,探索规范、有序的地方政府竞争模式,以期增进福利、提高效率。④

有学者构建了体制转型时期中国政治性交易费用在宏观层次上的观测指标,建立处理潜变量之间关系的结构方程模型,测算了政治型交易费用水平对相关变量的效应,并且对政治型交易费用测算结果的政策意义进行了说明。⑤

有学者还通过引入政治稳定、政治参与、法治程度和执政能力四个维度,来刻画政治文明对公共物品供给的影响。实证研究发现,中国的政治文明程度虽然在不断进步,但整体上还有很大的提升空间。在未来,通过提升政治文明促进人类发

---

① 张云武、杨宇麟:《城市居民的政治参与及其影响因素的实证研究》,《内蒙古大学学报》(哲学社会科学版),2009年第4期。

② 梁莹:《现代政治知识成长中的"信任"因素研究——实证层面的解析》,《人文杂志》,2007年第6期。

③ 罗丽英、刘慧琳:《地方公共物品供给对FDI影响的实证分析》,《国际经贸探索》,2008年第12期。

④ 刘泰洪:《地方政府竞争的正效应:一个蒂布特模型的分析》,《中国石油大学学报》(社会科学版),2009年第4期。

⑤ 金玉国:《宏观层次政治交易费用及其效应:基于中国经验数据的实证研究》,《经济理论与政策研究》。

展的潜力十分巨大。① 此外,有学者还应用多元回归结构方程模型对农村地区危机管理以及公共物品供给问题进行了定量研究。②

4. 政府绩效评估的实证研究

政府绩效或政府税率是近年兴起的一个重要的研究领域。有学者将目前在管理学界广泛运用的"数据包络分析"(DEA)方法,引入到中国地方政府全要素生产率的实证性测量与评估之中;利用包含内容比较宽泛的 8 个指标,操作性地定义了政府的投入与产出以及政府全要素生产率;利用 DEA 方法测算了 1985 年至 2003 年 19 年间中国地方政府全要素生产率的变化,并对生产率进行了效率变化和技术变化的分解;分析了不同时期政府生产率变化的特征,并对这种特征进行了理论分析;比较了不同区域政府生产率变化方面存在的差异,并对这种差异进行了理论分析;探讨了行政管理体制改革和经济体制改革对政府生产率的影响;以及政府生产率与政府管理制度之间的相关关系。③

有学者运用典型相关分析与数据包络分析方法(CCA-DEA)相结合评价中国社会保障绩效,从定量分析的角度得出中国不同省份在 2005—2007 年份社会保障绩效的相对大小,结果表明:有 80% 的地区社会保障部门在养老保险、医疗保险、失业保险、工伤保险、生育保险和社会福利等方面是 DEA 有效,另外 20% 左右的地区仍需要提高。④

也有学者运用因子分析模型,以湖南省 11 个地级市政府公共事业管理为例,进行了实证分析,从而为政府管理决策和公共事业改革提供经验性依据。⑤

5. 腐败治理的实证研究

腐败治理的效果分析是学术界关注的重要问题。有学者建立了一个关于腐败水平的随机动态模型,分析了腐败水平的影响因素,并根据模型中的参数变量对腐败水平影响的分析给出了相应的反腐措施,认为在个体对腐败行为所承受的精神压力程度不同时,反腐所采取的措施特别是提高政府开支,所产生的反腐效果是很不一样的,但加强法制惩罚力度的措施总是最有效的。⑥

有学者通过建立联立方程,研究腐败与相关因素之间的相关性,采用了三阶段最小二乘法。研究表明,在腐败程度较高的国家,腐败会使公共投资显著增加,而

① 朱成全、汪毅霖:《基于 HDI 的政治文明指标的理论构建和实证检验》,《上海财经大学学报》,2009 年第 2 期。

② 程勉贵、梁工谦:《基于多元回归的社会公共危机缓解模型研究》,《微电子学与计算机》,2009 年第 7 期。

③ 杨冠琼:《中国地方政府生产率的演进及其解释》,《改革》,2005 年。

④ 罗良清、柴士改:《基于 CCA—DEA 模型评估政府社会保障绩效的实证研究》,《统计与信息论坛》,2010 年第 3 期。

⑤ 盛明科、李林:《地方政府公共事业管理绩效评价的因子分析——对湖南省 11 个地级市政府的实证研究》,《理论与改革》,2006 年第 2 期。

⑥ 胡新明、唐齐鸣、汪红初:《腐败水平与反腐措施的随机动态模型分析》,《经济数学》,2006 年第 4 期。

公共投资又反过来增加腐败，并且公共投资会显著地挤出私人投资。①

二、"十一五"期间量化和数学模型研究的主要问题

（一）博弈论模型分析

1. 模型的定性分析较多，形式化模型较少

由于博弈理论模型分析在中国政治学研究中是一个新的现象，而且刚刚起步，因而冠以博弈分析或博弈研究的相关文献较多。然而这些被称为博弈模型的研究，大多仍然是仅仅利用"语言模型"而不是"形式化模型"进行分析。"语言模型"是"形式化模型"的逻辑与结构的语言表述，虽然能够逻辑地说明、分析问题，但无法得到确切的均衡条件或最优条件，因而是一种比较初级的理论模型分析。

2. 问题情景设定模糊，界定不明确

博弈分析的基础是博弈情景的界定。博弈分析的最大特点在于其精致性，即关于问题情景具有明确的设定，包括理论假设或前提，内生变量与外生变量的选取以及函数（主要包括成本函数与效用函数）的数学性质的界定与政治学含义的解释。但我们的文献调查发现，中国相关的研究在博弈问题情景界定方面，存在模糊不清、前提不明的问题。这很容易产生结论与情景设定相脱离的问题，从而导致严重的错误。产生这种状况的一个重要原因，是对博弈结构缺乏重视，没有按照标准的博弈模型设定博弈分析的情景。

3. 许多模型过于简单，生搬硬套较为严重

除少数模型外，不少文献所运用的模型都是最为经典的模型。经典模型的优点在于其简单明了，但也存在问题的结构化过于简单的问题。例如，"囚徒困境"模型，大多只是简单地套用，将其重复博弈形式用于分析相关问题的研究都非常少见，而运用这种重复博弈模型变种的演化博弈模型的就更少了。由于政治学领域中许多问题并不是简单的一次性博弈问题，因而仅仅运用其最原始的经典形式，不能很好地分析和理解中国政治学中的许多问题。

此外，有些文献存在众多错误，或缺乏模型基本结构的说明，表明作者对于相关理论模型并没有很好的理解，而仅仅是将其硬搬到某个问题之中。这对于初学者很容易产生误导。

4. 模型过于陈旧，更新速度缓慢

目前相关文献由于大多只运用经典模型，因而在模型运用上借鉴国际上最新研究成果的非常少见，模型更新速度过于缓慢。这造成中国政治学研究与国际相关的模型研究的距离正在逐渐地拉大，特别在一些应用性较强的研究领域，由于模型稍为复杂一些，相关的运用极为少见。例如，Olson 在研究公共治理以及 Becker

---

① 程振源、付和顺：《现代经济》，2008 年第 7 期。

在研究不同利益集团中开发的相关模型,在政治学的不同领域具有广泛的应用性,而在中国政治学研究中却鲜有见到。

5. 停留于简单的学习与模仿,缺乏创新性

目前中国政治学领域中的理论模型研究,主要以借鉴、学习与模仿为主,而且是学习与模仿那些较为简单的模型,从中国政治或社会经验中抽象出的较为完整的模型几乎没有。这主要是在中国政治学领域的研究中,人们还没有形成模型抽象与构建的逻辑思维方式,还不习惯于通过构建模型来理解和研究某类问题。事实上,任何一个社会都存在其特有的方面,因而都可以抽象与构建出与该社会某些方面基本一致的模型。例如,Olson 的模型就建立在民众对待军阀与土匪两种组织的态度上。通过分析这两种组织的特点,Olson 构建了一个经典模型,并在政治学的其他领域,如公共物品提供、治理机制特征、制度构建等方面得到了广泛的应用。再如 Tabellini,Acemoglu 等构建的制度形成与变迁以及不同制度安排对于社会各方面影响的模型,成为国际范围内政治学领域广泛应用的模型,但在中国的相关研究文献中却根本见不到。

(二)委托—代理的理论模型分析

"委托—代理"理论本质上是一种激励理论。它是在明确办公室委托人与代理人的行为特征以及相关约束条件下,理解代理人的行为特征,并据此调查影响代理人行为的相关机制。虽然"十一五"期间中国政治学领域的"委托—代理"分析取得了重大进展,但存在的问题也同样不可忽视。由于"委托—代理"关系是一种特殊的博弈关系,因此在博弈模型分析中所指出的博弈分析存在的那些问题,同样适用于"委托—代理"模型。除此之外,还存在一些其特有的问题。

首先,"委托—代理"关系本质上是一种契约关系,因而需要寻求可实施或可自我实施的契约的条件与机制。然而国内大部分文献只注重"委托—代理"关系的描述,以及主观地推断这种关系可能产生的"道德风险"与"逆向选择"问题,而不是从内在逻辑与结构上推演出相关的结论。

其次,"委托—代理"分析的目的之一是寻求激励相容性机制,但现有文献在提出如何解决"道德风险"与"逆向选择"问题时往往并没有说明其建议具有激励相容性,或者说,满足激励相容性条件。这使得这类研究的可信性受到严重的质疑。事实上,在没有充分考察各种措施是否满足激励相容性条件的情况下,提出任何措施都可能导致意想不到的更为严重的问题。

最后,"委托—代理"是一个封闭过程,必须寻求"委托—代理"关系的封闭结构。目前国内政治学在借鉴西方理论时忽略了这种结构,从而使"委托—代理"分析仅仅是现实政治过程中的一个中间环节,因而不能够有效地揭示代理人行为产生的真正原因。

(三)理论检验与经验性计量研究

相比于理论模型分析,中国政治学领域的理论检验与经验性计量研究发展较快。但这种看似简单的经验性研究,仍然存在一系列问题与不足。归纳地说,中国政治学领域的理论检验与经验性计量研究主要存在如下五个方面的问题与不足:

1. 数据处理不规范,相关检验没有意义

政治学领域的经验性实证研究,以数据可比为基础。但在中国政治学领域的相关研究文献中,发现众多数据处理不当的问题。其中最为严重的是,涉及以货币作为测量单位的变量时,没有能够对数据的可比性进行规范性处理,往往直接利用名义数据,而没有经过相关指数的缩减或修正。由于以当年价格为单位测量的数据,在不同年份间不可比,因而相关的检验统计量在统计上是无效的,因而没有任何经验性意义。数据处理不规范的另外一个表现是缺乏相关统计知识,想当然地进行数据处理。例如,有些研究公共支出的文献,直接用地方政府收入减支出当做上级政府的转移支付量。这显然是一个错误。

2. 政治学知识与经验性统计知识脱节

经验性研究的基础有两个:一个是政治学中的相关理论或命题,二是相关的统计知识。在调查的相关文献中,发现能够将这两者很好结合的研究非常少见,大多数是要么缺乏政治学相关理论知识或相关命题知识,要么缺乏统计知识。缺乏政治学相关知识的表现是,将估算结果摆出来后,仅仅作非常简要的说明,对经验研究结果缺乏有针对性的、较为详细的解释与讨论;缺乏相关统计知识的表现是,在讨论相关统计结果与相关政策建议时,完全离开了估计的理论或经验模型,而不是紧紧围绕模型所涉及的问题进行讨论,特别是大部分文献并没有对经验研究的技术问题进行讨论,而这个问题正是经验研究是否有效的基础。

3. 模型设定存在任意性或模仿性

经验研究的关键是模型设定要正确,否则包括估计结果在内的所有研究都是有偏的(biased),而有偏的结论就如同定性分析中的伪命题或生活中的片面结论一样害人。调查的相关文献表明,中国政治学领域的经验研究存在两方面模型设定问题:一是任意设定。部分文献仅仅依据自己对相关问题理解,任意设定模型,并没有参考已有研究成果,也没有讨论模型设定的有效性依据。这类模型绝大多数都存在严重的有偏性问题。二是在没有很好理解的情况下,完全照搬国外相关的模型设定,并在研究中改变相关变量。由于中国与国外在制度安排方面存在许多差异,研究国外问题的模型不存在有偏问题,但一旦改变相关变量,特别是因为数据而减少相关变量,往往会产生有偏性问题。

4. 政治学领域相关研究队伍较弱

文献调查发现,虽然在理论检验与经验性实证研究中涉及政治学领域的问题不少,但相关研究人员大多为其他专业,特别是经济学专业人员较多,而政治学领域的专业研究人员较少。这是一个非常严重的问题。如果政治学领域的各专业不能够形成一支专业性的研究队伍,而是依赖于其他专业涉及的政治学相关问题的研究,很难在政治学领域内形成理论检验与经验性实证研究的传统,也不可能有效促进中国政治学理论的发展。

5. 相关模型较为传统与单一

目前研究中国政治学领域问题的相关文献，大多运用传统的计量模型与普通最小二乘法进行估计，较为好一点的涉及面板数据模型。由于政治学领域的相关问题存在自身的学科特性，因而这些传统的计量模型具有很大的局限性。国外相关的研究目前运用的是多阶段最小二乘估计以及随机模型与离散变量模型，特别是各种受限因变量模型（models of limited dependent variables）以及生存分析模型等。

三、"十二五"期间量化和数学模型研究的发展趋势

政治学的博弈分析在国外是一个发展十分迅速的研究领域，近年来取得了一系列重大研究成果。随着中国政治学界在政治学的博弈研究中的经验、方法以及知识的不断积累，政治学的博弈分析研究队伍的不断扩大，政治学博弈分析与国际相关研究交流的扩大，面对中国社会结构与政治结构变迁的现实状态与未来发展趋势，中国社会面临的亟待解决的特定的政治学问题，以及在国际间进行交流、对话的对博弈分析共通研究范式的客观要求，中国政治学的博弈分析在"十二五"期间必将取得一个重大的发展。根据中国政治学博弈分析的现状以及存在的问题，政治学博弈分析在"十二五"期间必将呈现出如下三个重要的发展趋势：

（一）博弈论模型分析

1. 博弈模型设定的具体化、细致化与精致化

博弈分析虽然是一种抽象的理论模型，但任何一个具有较好解释能力与预测能力的博弈模型，都必须与具体的博弈情景的设定密切相关。这就要求相关研究必须能够对特定的博弈情景进行较为细致的刻画或描述，使之在理论抽象与现实情景之间保持一种人们认可的均衡关系，即在所谓的简洁性（parsimony）、细致性（refinement）与精致性（elegance，in the sense used by mathematicians）间保持一种均衡。博弈分析模型设定的具体化、细致化与精致化和博弈分析的本土化紧密相关。只有达到了博弈情景设定的具体化、细致化与精致化，才能够有效地将中国特色的政治学问题科学地呈现出来，才能够通过模型分析实现对中国特色的本土化政治学问题的科学研究，才能够发现中国政治学问题的均衡解的特征以及相关问题的解决途径。

2. 博弈模型定性分析的分析性叙述论证

分析性叙述（analytic narrative）认证是博弈理论转向定性分析的一种新的论证方式。它以行为者个体（如个人、组织、立法者、总统等）作为分析单位，探索各种不同的制度安排对个体行为的影响，从而理解行为者个体的偏好、统觉（perception）、对不同行为的评价、期望的形成、面临的约束（constraints）以及在此情形下

的策略选择(strategies they adopt)，在此博弈情景下寻求均衡解、秩序或关系的保持与变迁、不同行为者间竞争或合谋的影响机制等。在本质上，分析性叙述是用语言描述与表达博弈模型，通过重点关注博弈相关要素与结构的分析与论述，获得对政治学相关问题的界定与理解。它与传统的定性分析或理论分析不同，更注重行为者面临哪些约束、期望是如何形成的、人们在特定情景下选择特定行为的必然性或合理性，进而对于体制与机制进行更为深入与具体的分析。阿夫纳·格雷夫的《大裂变：中世纪贸易制度比较和西方的兴起》，是这方面的代表性著作。目前，分析性叙述已经成为国际范围内政治学领域研究中在博弈框架下进行定性分析的一种有力工具。

3. 演化博弈与学习博弈正在迅速发展

传统博弈模型以人的理性假设为基础，但大量历史与现实事实表明，人并非总是按照传统界定的"理性"进行策略选择或行为选择，而是根据特定情景，进行随机制宜的策略选择。刻画与理解行为者的这种选择以及由于个体的这种选择所形成的个体间关系，即所谓的社会宏观样式(pattern)，必须在有限理性的框架下对个体的行为选择以及由这种选择所形成的个体间关系进行分析。然而传统的研究方法无法实现这一目的，而演化博弈与学习博弈却能够有效地描述这种有限理性所生成的个体间关系。特别地，演化博弈与学习博弈将个体理性的有限性嵌入特定的博弈情景之中，因而个体的信念、期望、行为选择都成为内生性变量，因而由此形成的宏观样式是由微观个体的行为选择内生地形成的。这不仅实现了政治学个体分析方法与整体或宏观分析方法的整合，实现了通过理解个体行为选择及其相互作用关系或机制来理解宏观样式及其结构变迁，更实现了本土化与理论抽象的有机结合。

4. 单一博弈模型向嵌入性博弈模型转变

博弈模型分析的目的也是其优点，在于寻求具有可自我实施的机制，即纳什均衡解或演化均衡解。传统的经典模型都是分析一个独立的模型，如"囚徒困境模型"、"匹配模型"、"鹰鸽模型"、"智猪模型"等。这些独立模型所推演出的具有可自我实施的机制，从社会或整体的角度上都是较为悲观的，即人类只能无可奈何地面对无情的"社会困境"(social dilemma)的困扰，而无法协调到帕累托优化状态或无法实现帕累托改进。这种理论预示与历史和现实的大量事实并不完全吻合。在众多情景下，特别是在不同社会机制下，人们并没有陷入"社会困境"而是在不断地实现帕累托改进，虽然有些社会或有些社会的不同历史时期陷入了"社会困境"。因此，探索人们是如何摆脱"社会困境"实现帕累托改进的，便成为研究者们的兴趣焦点。这种探索的结果是"嵌入性博弈"理论的形成，如结构博弈(hierarchy games)、嵌套博弈(nested games)、多层博弈(multi-level games)、重叠博弈(overlapping games)、平行博弈(parallel games)、并合博弈(integration of games)等。"嵌入性博弈"将不同层次、不同领域以及不同时期的单一博弈结合在一起，从而能够更好地描述现实状况,分析纳什均衡或演化稳定均衡的形成机制,因而能够对现实中存在的众多现象作有力的解释与说明,并能够提出更为可行的摆脱"社会困境"的有效政策措施。

（二）委托—代理的理论模型分析

"委托—代理"模型研究的深化以及所涉及的政治领域中相关问题的层次的深化,以及中国社会结构的持续转型,必然对政治过程产生更为强有力的影响力,因而对"委托—代理"关系研究提出新的要求与挑战。因此,"十二五"期间"委托—代理"模型研究必将呈现如下四个趋势:一是多重"委托—代理"关系将会受到更为广泛的关注,二是"委托—代理"关系的封闭结构将成为研究的重点,三是相关研究必然更注重形式化模型（数学模型）的运用与分析,四是寻求各种不同"委托—代理"关系中的激励相容性机制。

（三）理论检验与经验性计量研究

经验性研究是国外政治学研究的一个重要特征。目前的经验性研究与传统的实证性研究已经完全不同,它是在相关理论综合以及理论指导下所进行的研究,同时这种研究反过来证实或修正相关理论,因而是将理论与实践密切结合的有效研究范式。随着"十一五"期间中国政治学经验性研究方面的知识积累,随着国外相关研究的引入以及随着与国外学术交流的扩大,特别是随着中国社会对中国政治学经验性研究需要的日益强烈,"十二五"期间中国政治学经验性研究将出现如下四个发展趋势:一是经验性研究将日趋规范化。经验性研究面临的规范性问题中的两个关键环节是内部有效性（internal validity）与外部有效性（external validity）问题,其中包括理论设定的充足性或完备性、经验性模型设定的无偏性、共时因果决定性（simultaneous causality）等问题。二是各种不同机制之间互补性与替代性的识别。政治学领域中的众多问题与其他领域中的问题存在复杂的决定关系与机制,将某一种单一领域有效的机制放到社会中可能会出现相互抵消的效应,因而需要对各种相关但不同的机制进行关联性分析,而互补性与替代性正是分析这些问题的有效工具。例如政府行为的挤出效应与替代效应问题、（制度、技术）创新的制度互补性问题等,都需要通过实证研究识别不同机制之间实际发挥的效应。三是多因素受限模型与生存模型分析。随着中国社会对民生问题日益增强的关注,经验性识别人们对养老保险、医疗保险、失业保险、工伤保险、生育保险和社会福利等方面需求的影响因素,是政策研究的基础,也是相关政策可持续的基础。近年来西方福利制度的日趋瓦解正是没有很好把握各种不同福利政策的可持续性造成的直接结果。四是腐败生成与削减关系以及政府绩效决定的实证研究。通过经验性研究,有效识别腐败生成的决定机制与因素,识别其演化特征与规律,是有效提高公共治理水平的基础,因而这方面的研究必将受到人们的关注。

四、"十二五"期间量化和数学模型研究的发展建议

（一）博弈论模型分析

依据中国政治学博弈模型分析的现状、存在的问题以及未来博弈模型分析的发展趋势，为了促进中国政治学领域博弈分析的快速、稳定的发展，为了尽快与国际政治学界博弈研究能够进行有效的交流与沟通，为了更好地描述、解释中国政治学领域中的问题，我们建议在"十一五"期间重点加强如下三个方面的建设：

1. 加强政治学博弈模型分析的基础工作建设

从中国政治学博弈模型分析的现状与存在的问题来看，政治学领域的博弈模型分析存在许多基础性的问题。例如，有些研究没有对博弈结构进行最为基础的情景界定，以至于名为博弈分析或研究，实际缺少重要的博弈结构要素；有些研究实际上已经离开博弈分析的范式而进行传统的定性分析。这表明，政治学领域的部分研究者对于博弈理论的基础结构缺少足够的了解，对于博弈理论的分析范式缺乏正确的把握。加强基础工作建设，首先需要形成政治学领域的博弈论基础教程，而不是仅仅借鉴经济学领域的教程。没有政治学领域的教程，导致政治学领域的问题与博弈分析方法、思维模式相脱离，因而并不能够很好地界定政治学领域的博弈结构与问题情景。其次是在政治学专业开设博弈论课程，推广、普及博弈论知识，熟悉博弈论思考与论证问题的脉络，把握博弈论思考与分析问题的内在逻辑，并通过各种课程强化博弈论思维范式的训练，克服恐惧博弈论中数学的心理。最后是形成结构性、系列性的博弈论课程体系，形成初级、中级与高级博弈论教程并依此实施教学。

2. 加强博弈论前沿理论与问题的研究

正如前面所说的，博弈理论近年来出现了一系列新的理论模型与分析方法。这些新的理论模型与分析方法不仅能够更有效地描述与解释现实中的政治现象，更能够将不同政治文化的特征显现出来，因而使得博弈模型分析不再是一种跨文化或无文化背景的分析（例如，因徒困境实际上就是一个无文化背景的模型）。同时这些新的理论与方法，能够实现跨学科、跨领域的分析，从而将政治学问题能够更有效地嵌入于复杂的社会背景中，分析政治学问题与社会背景之间的复杂关系。虽然有关"分析性叙述"的一本经典著作已经翻译成中文因而被介绍到国内来，但更多更精致的前沿理论在国内仍属空白。这种状况非常不利于国内政治学博弈研究与国外的交流与沟通，也不利于实现中国政治学的博弈研究与国外的同步发展。建议"十二五"期间能够组织相关力量，加强博弈论前沿理论的介绍、传播与推广（例如组织翻译相关经典著作、论文）；加强演化博弈理论与中国政治学演化博弈模型方面的研究，特别是在演化博弈框架下公平正义问题的基础理论研究，即公平正义的演化博弈的基础理论研究；加强嵌入性博弈的基础理论研究以及中国政治学

中的嵌入性问题研究,特别是关系制度或规则互补性问题的研究。

3. 加强博弈模型建构的中国本土化工作建设

正如前面所述,目前国内政治学博弈研究大多沿用一些经典模型,这些经典模型的共同缺陷就是缺失文化背景。而任何一个国家以及任何国家的特定历史时期的政治学问题,大都嵌入于社会文化背景之中,并且只有将其放入特定文化背景之中,才能够获得较为深入的理解。鉴于此,建议在"十二五"期间加强博弈模型建构的中国本土化工作建设。一是进行任命机制与聘任机制的比较研究,例如对于行为者的激励方向及其对组织绩效差异的影响;两种机制产生的行为者在能力方面的差异,以及对于体制、机制创新的影响等。二是加强在中国目前体制下地方政府、中央政府与社会之间的博弈研究,寻求理论上的均衡机制,识别其产生各种问题的理论根源。三是加强科层组织与网络组织间关系的博弈研究,识别科层组织在信息传递与整合中存在的固有性质,以及有效地克服科层组织在信息传递与整合中有偏性的机制。四是加强中国政治过程与社会过程的演化博弈模型的建构研究。五是加强博弈实验研究,特别是中国公平正义的博弈实验研究,它有利于实证地确定公平正义的经验性观念以及识别不同文化背景下人们对于公平正义的要求。

（二）委托—代理的理论模型分析

"委托—代理"模型是描述与解释政治学领域众多问题或现象的一种有力工具。根据中国政治学"十一五"期间在"委托—代理"模型研究方面取得的进展以及存在的问题,根据"十二五"期间中国社会的结构变迁及其对政治文化与体制、机制方面变迁的要求,我们认为"十二五"期间应该关注如下五个方面问题的研究:一是加强基础模型的形式化研究;二是加强"委托—代理"前沿理论与模型的研究;三是加强动态"委托—代理"模型的研究;四是加强"委托—代理"关系高级模型的形式化研究,如拉丰(Laffont)等人开发的"委托—代理"模型及其在中国政治学问题研究中的应用,特别涉及贝叶斯概率的模型以及信号传递模型的研究;五是在加强"委托—代理"框架下的腐败治理研究。

（三）理论检验与经验性计量研究

由于中国政治学领域的实证性研究起步较晚,发展也较为缓慢,因而中国政治学的实证性研究的领域与机会非常广泛。根据"十一五"期间取得的进展以及"十二五"期间中国社会对政治学研究的需求,建议在"十二五"期间重点关注如下五个方面的研究:一是群体性事件生成机制与决定因素的实证性研究,二是中国官员腐败期间(duration)的生存模型的理论研究与实证研究,三是中国社会公平正义的实证性测量与经验性研究,四是网络化治理的实证性研究,五是责任机制与地方政府行为的实证性研究。

本章调研和编写主持人:北京师范大学管理学院杨冠琼

附录一　2006—2011 年国家哲学社会科学年度项目政治学科课题指南

2006 年

本年度课题申报要根据政治学和公共管理学科的发展状况,围绕科学发展观统领下的社会主义和谐社会建设和国家治理的重要问题展开研究。同时,在马克思主义政治学指导下,深化对政治学科基础理论、学科领域和方法的研究和建设。研究重点是科学发展观与我国的政治文明建设,科学发展观与国家的治理,科学发展观与政府管理的改革,构建社会主义和谐社会与政府管理职能的转变。要求申报者展开有关重要理论和实际问题的深入研究,实现理论和对策研究的科学创新,并且深化学科基础研究。

1.马克思主义公平与效率的理论研究

全面系统研究马克思主义、毛泽东思想、邓小平理论和"三个代表"重要思想关于公平、效率及其两者之间关系的理论论述,为政府管理和政治运行提供理论指导。

2.科学发展观的政治学研究

从国家治理的角度,分析科学发展观的理论含义和战略意义,阐述科学发展观对于政府权威有效运行和公民权利实现的理论和现实意义。在此基础上,结合实际分析科学发展观内涵的政治价值观、权力观、利益观和政治发展观。

3.以人为本的发展理念与政治文明建设研究

从理论上阐明以人为本的发展理念与国家政治发展和政治文明建设的关系,分析以人为本的发展理念对于社会主义和谐社会和政治建设的价值取向、发展战略、发展方向、发展途径和体制改革的规定性,形成有关国家政治发展的战略和理论思考。

4.科学发展观与加强党的执政能力建设的关系研究

从理论与实践的结合上,阐明科学发展观与加强党的执政能力建设之间的关系,分析科学发展观对于党的执政能力建设的要求,加强党的执政能力建设的途径。

5.中国传统和谐治理观研究

从中国传统的治国安邦的思想中,梳理和发掘建设和治理和谐社会的思想和方略,为建设社会主义和谐社会和治理国家提供历史借鉴。

6.西方当代政治思想分析研究

在对西方政治思想已有研究的基础上,以马克思主义的基本立场、观点和方法为指导,对西方政治思想展开深入、科学的分析和批判,以正确认识和把握西方当代政治思想。

7. 落实科学发展观的体制环境和制度保障研究

8. 科学发展观与政府全面履行职能研究

9. 建设社会主义和谐社会与公平正义研究

10. 科学发展观与政府绩效研究

11. 党内民主的制度建设研究

12. 政治参与和社会主义民主法制建设研究

13. 男女平等参与社会主义民主政治的机制与途径研究

14. 发展基层民主研究

15. 建设社会主义和谐社会与社会利益关系和利益矛盾协调的政治机制研究

16. 社会矛盾预警指标体系及运行机制研究

17. 健全惩治和预防腐败的体系研究

18. 加快建设法治政府和全面推进依法行政研究

19. 深化干部人事制度改革研究

20. 加强人力资源能力建设和实施人才培养工程研究

21. 我国的社会管理格局和管理体系研究

22. 国家战略管理的理论与实践研究

23. 社会资本与公共伦理研究

24. 社会主义共同富裕的公共政策研究

25. 转变经济增长方式的政府职能研究

26. 实现自主创新的政府职能和政策研究

27. 自主创新与管理体制改革研究

28. 资源节约型社会与公共资源管理研究

29. 环境友好型社会的公共政策研究

30. 建设社会主义新农村与乡镇政府机构改革研究

31. 农村公共产品和公共服务研究

32. 区域协调互动机制与地方政府职能研究

33. 地区发展平衡的政治学研究

34. 健全全国统一开放市场与打破行政性垄断和地区封锁问题研究

35. 我国户籍制度和流动人口管理研究

36. 我国社会团体和非政府组织管理研究

37. 加快政府行政管理体制改革研究

38. 政府公共服务职能与建设服务型政府研究

39. 政事分开与事业单位管理体制分类改革研究

40.数字城市与城市管理研究

41.责任政府和政府问责制研究

42.深化投资体制改革和健全政府投资决策责任制度研究

43.西部大开发中的政府治理创新研究

44.振兴东北进程中的政府治理创新研究

45.两岸政党关系与国家统一问题研究

46.维护台海和平稳定问题研究

2007 年

1.当代中国马克思主义政治学研究

2.科学发展观与我国社会政治关系的调整及和谐发展研究

深入阐述科学发展观的深刻内涵,在此基础上,运用科学发展观的理论与方法,切实分析我国社会结构和社会关系的发展、我国社会利益矛盾和政治关系的变化,阐明这些发展和变化对于新的历史条件下治国理政的要求,提出调整我国社会利益矛盾和政治关系的对策。

3.社会主义和谐社会的核心政治价值研究

把握建设社会主义和谐社会的总体要求,即民主法治、公平正义、诚信友爱、充满活力、安定有序、人与自然和谐相处,对于其中内含的核心政治价值如民主法治、公平正义等展开深入研究,从建设社会主义和谐社会的高度予以科学阐述,从而推进政治哲学和核心价值研究的创新。

4.以人为本的发展理念与社会主义和谐社会建设研究

深入阐述以人为本、以最广大人民群众的根本利益为出发点、促进人的全面发展的马克思主义发展理念,分析这一发展理念与社会主义和谐社会建设的相互关系和实践意义。

5.社会主义政治建设与社会建设的协调发展研究

从统筹城乡发展、统筹区域发展、统筹经济社会发展、统筹人与自然和谐发展、统筹国内发展和对外开放的发展战略出发,按照社会主义经济建设、政治建设、文化建设和社会建设协调发展的要求,着力研究社会主义政治建设与社会建设的关系,从理论与实践的结合上,分析阐明两者的内在联系和相互作用,设计论证实现两者相互促进共同发展的体制和机制。

6.党的执政能力建设和先进性建设与社会主义和谐社会建设的关系研究

根据建设社会主义和谐社会的战略任务,进一步深入探讨党的执政能力建设和先进性建设的途径和机制,研究科学执政、民主执政和依法执政与社会主义和谐社会建设的关系,进而从理论与实践的结合上,研究党在社会主义和谐社会建设中的领导核心和政治保证作用。

7.党内和谐与社会和谐的关系研究

从指导思想、价值理念、体制机制、作风纪律等方面,深入分析论述党内和谐的理论、制度和实践,在此基础上,深入研究党内和谐与社会和谐的有机联系,分析以党内和谐促进社会和谐的途径和机制。

8.构建社会主义和谐社会与正确处理改革发展稳定的关系研究

9.社会和谐与政府的社会管理职能研究

10.我国社会管理的基本格局与政府职能研究

11.社会体制改革和创新的理论和对策研究

12.健全公共服务和社会管理政策体系研究

13.人民政协在促进社会和谐中的重要作用研究

14.统一战线在促进社会和谐中的优势和作用研究

15.政治社会团体在建设社会主义和谐社会中的作用研究

16.社会和谐治理与非政府组织发展研究

17.社会和谐与基层民主管理和社会自治研究

18.社会和谐与完善我国公民民主权利保障制度研究

19.中国传统和谐政治思想和治国方略研究

20.社会建设与创新型国家研究

21.深化科技体制改革研究

22.社会主义荣辱观与政务诚信制度建设研究

23.党和政府主导的维护群众权益机制研究

24.全面转变政府职能与规范政府行为研究

25.提高行政效能与强化政府执行力研究

26.提高改革决策的科学性与改革措施的协调性研究

27.深化行政审批制度改革研究

28.政务公开与加快电子政务建设研究

29.社会建设与政府绩效评估制度研究

30.依法行政和维护社会公正研究

31.反腐倡廉与社会主义和谐社会建设研究

32.推进廉政文化建设研究

33.干部人事综合考核评价制度研究

34.公务员录用和干部选拔制度改革研究

35.培养社会工作人才和加强社会工作队伍建设研究

36.公共预算的政治监督机制研究

37.惠及全民的基本公共服务体系建设与体制创新研究

38.基本公共服务均等化的公共政策研究

39.建设服务型政府研究

40. 医药卫生行政管理体制改革研究

41. 社会主义新农村建设与我国基层政府提供公共服务能力研究

42. 区域发展与政府主导的区域互惠互利机制研究

43. 公共安全及其应对机制研究

44. 完善灾害风险管理与减灾预警机制研究

45. 完善应急管理和有效应对社会风险体制机制研究

46. 预防和处置人民内部矛盾引发的群体性事件研究

47. 公共事业民营问题研究

48. 我国边疆地区治理与和谐社会环境建设研究

49. 多民族国家的族际政治整合研究

深入分析多民族国家的族际关系特点,阐述多民族国家族际政治整合的理论,探讨实现多民族国家族际政治整合的途径和机制,进而研究实现多民族国家中不同民族和谐相处、共同发展的理论和途径创新。

50. 坚持"一国两制"与香港澳门的政治发展研究

51. 台湾政治与两岸关系发展的追踪研究

52. 两岸人员往来与经济文化交流合作研究

53. 推进两岸直接"三通"问题研究

54. 促进海内外同胞关系和谐研究

55. 完善国防动员体制机制研究

56. 健全社会心理咨询网络的公共政策研究

57. 性别平等和谐的公共政策研究

58. 西方政治思想追踪分析

在对西方政治思想已有研究的基础上,进一步运用马克思主义的基本立场、观点和方法,追踪研究西方政治思想的发展,探讨西方政治思想的社会阶级本质属性和发展规律,深入分析其基本内容,实现研究的认识和实践意义。

2008 年

本年度课题申报要求从理论与实践的结合上,重点研究深入贯彻科学发展观,构建社会主义和谐社会,进一步有效治国理政的政治建设任务。同时,根据政治学和公共管理学科的发展状况,开展学科基础研究,以适应社会和政治发展对学科建设的要求。

1. 中国特色社会主义政治理论研究

按照中国特色社会主义理论体系,结合我国社会主义建设和改革开放的政治实践,深入阐发邓小平理论、"三个代表"重要思想以及科学发展观等重大战略思想内涵的政治思想和理论,总结我国改革开放三十年来的实践经验,阐述中国特色、中国风格和中国气派的政治理论。

2.改革开放三十年来中国政治发展的模式研究

运用马克思主义理论和方法,从世界历史和现代化发展的视角,回顾和总结改革开放三十年来的社会和政治发展的历史进程,深入分析中国政治发展的目标、任务、途径和方式,阐述中国特色社会主义政治发展的模式,阐明这一发展模式与社会、经济和文化发展和现代化建设的关系。

3.全面建设小康社会总体布局下的政治建设的任务与途径研究

从全面建设小康社会的总体布局和经济建设、政治建设、文化建设和社会建设的总体任务出发,定位社会主义政治建设的作用和功能,阐明政治建设与其他建设的联系,确定政治建设的目标、任务和实施途径。

4.科学发展观与我国政府公共政策创新研究

阐明以人为本、全面协调可持续的科学发展观对于我国政府公共政策的指导意义,在此基础上,分析社会主义建设中的重大关系,阐述实现统筹发展的公共政策的创新思路,创新和设计相关公共政策。

5.发展和保障社会公平正义的政治途径研究

以马克思主义为指导,阐述社会主义社会公平和正义的基本价值内涵,密切联系我国社会发展的实际,分析和论述发展和保障社会主义社会公平正义的政治制度途径、机制途径和政策途径。

6.社会阶层结构变化对我国政治发展的影响研究

深入分析我国改革开放以来社会阶层结构的变化,尤其是新阶层的形成和发展,分析不同阶层的政治态度、政策选择和政治行为状况,在此基础上,分析不同阶层及其相互作用对我国政治发展的影响。

7.社会主义核心价值体系与社会主义政治文化建设的关系研究

研究社会主义核心价值体系与社会主义政治文化建设之间的双向关系。一方面,分析和阐述社会主义核心价值体系,阐明这些核心价值对社会主义政治文化建设的指导意义。同时,分析社会主义政治文化建设对社会主义核心价值体系建设的作用和意义。在此基础上,分析和论证实现两者良性互动的机制和途径。

8.中国传统政治文化与现代公民教育的关系研究

阐明现代公民教育的价值取向和基本要求,分析传统政治文化及其构成要素与现代公民教育之间的关系,取其精华,去其糟粕,服务于社会主义现代化和政治文化建设。

9.政治学分支学科和交叉学科及其方法发展研究

在把握和分析国内外政治学分支学、交叉学科及其方法的基础上,根据我国社会政治和政府管理发展的要求,联系我国政治学科发展、科学研究和人才培养的要求,阐述我国政治学分支学科、交叉学科及其方法的变迁发展。此外,可对特定分支学科和交叉学科及其方法进行系统研究和阐述。

10.公共管理和公共行政理论和方法的最新发展研究

跟踪国内外公共管理和公共行政的最新发展,深入分析和研究这些发展对于我国公共管理和公共行政学科发展的意义,并结合我国的公共管理和公共行政的实践,探讨我国公共管理和公共行政的学科发展方向和内容。

11.中国特色社会主义政治发展道路研究

12.贯彻落实科学发展观与深化政治体制改革研究

13.社会主义民主政治制度化、规范化、程序化研究

14.发展中国特色社会主义的动力和体制保障研究

15.加强党的执政能力的制度研究

16.党的先进性建设的机制研究

17.党内民主与人民民主的关系研究

18.发展基层民主的途径和机制研究

19.公民政治权利与城乡人民代表选举问题研究

20.协商民主与票决民主的关系研究

21.我国政治发展过程中政治协商与政治决策的关系研究

22.社会主义政治建设与政治社团建设和发展研究

23.公民合法权益保障与社会主义和谐社会建设研究

24.工业化、信息化、城镇化、市场化和国际化形势下政府职能全面转变问题研究

25.党委政府人大政协机构设置统筹规划研究

26.党的代表大会常任制研究

27.党委领导、政府负责、社会协同、公众参与的社会管理格局研究

28.基本公共服务均等化的政府管理机制和公共政策研究

29.我国区域经济发展的政治协调和区域公共管理研究

30.公共服务的基层政府供给能力研究

31.社会风险的防范与治理机制研究

32.公共预算与责任政府建设研究

33.垄断行业的改革与政府监管研究

34.审计与政府绩效评估研究

35.政企、政资、政事、政府与市场中介组织的关系跟踪研究

36.制定行政管理体制改革总体方案对策研究

37.健全干部双重管理体制研究

38.领导干部问责制度研究

39.政府管理透明度和公信力研究

40.规范垂直管理部门与地方政府的关系研究

41.政府部门协调配合机制与职能有机统一的大部门体制研究

42.完善决策信息和智力支持系统研究

43.决策权、执行权、监督权相互制约相互协调的权利结构和运行机制研究

44.政府行政管理与基层群众自治的有效衔接和良性互动研究

45.事业单位分类改革研究

46.电子政务建设跟踪研究

47.加强廉政文化建设研究

48.设立国家荣誉制度研究

49.民族地区社会建设与社会和谐研究

50.新的社会阶层政治参与研究

51.爱国统一战线和党的侨务政策研究

52.民主党派和无党派人士参政议政、民主监督机制研究

53.改革开放以来中国妇女参与政治与决策的实证研究

54.国家安全战略和安全体制研究

55.坚持"一国两制"与两岸和平发展研究

56.两岸同胞共同反对和遏止"台独"分裂活动研究

57.港澳地区社会稳定和政治发展研究

2009 年

1.中国特色社会主义政治学研究

2.中国特色社会主义民主政治研究

3.我国社会建设与政治建设的关系研究

4.我国农村制度创新与农村治理研究

5.民族地区政治发展和政治稳定机制及政策研究

6.中国特色的公共管理和公共政策理论与方法研究

7.比较政治和比较公共政策研究

8.中国传统政治文化的现代化研究

9.西方政治思想跟踪研究

10.我国政府公共政策执行和评估机制研究

11.我国权力监督体系的完善和发展研究

12.互联网与廉政建设研究

13.我国人权行动中的政府职能研究

14.我国社会阶层发展的政治学跟踪研究

15.服务型政府建设中的中央与地方关系研究

16.政府决策的科学化和民主化研究

17.人民政协的建设与我国协商民主发展研究

18.民主党派和人民团体在公共政策制定过程中的地位与作用研究

19.公共预算和公共财政建设与人民民主发展的关系研究

20.省直管县(市)体制的探索研究

21.治理社会群体性事件的制度机制与途径方法研究

22.领导干部公推直选的模式和操作程序研究

23.服务型政府与国家公务员制度建设研究

24.农村土地制度的政治学分析

25.巩固党在农村的执政基础研究

26.推进统筹城乡综合配套改革试验研究

27.健全农村民主管理制度研究

28.加强基层政权建设研究

29.加强农业公共服务能力建设研究

30.完善农村社会管理体制机制研究

31.健全党和政府主导的维护农民权益机制研究

32.建立健全农村应急管理体制研究

33.建立城乡统一的公共服务制度研究

34.农民政治参与和乡镇治理机制研究

35.村民自治中的重点和难点问题研究

36.重大自然灾害和突发事件应急和救济机制研究

37.我国户籍制度改革研究

38.国家金融安全与政治稳定的关系研究

39.互联网与公民权益保护的关系研究

40.我国社会组织发展的政治分析

41.社会资本与政府信用理论与实践研究

42.我国公务员规模和政府机构编制改革研究

43.志愿者行动与政府管理的关系研究

44.社会保障的政府职能研究

45.城市管理与居民自治的关系研究

46.民族区域自治与民族关系发展研究

47.两岸关系和平发展与祖国统一问题研究

48.港澳地区政治稳定和发展研究

49.侨务工作与海外侨胞的基本人权保障研究

50.国际政治中的妇女参与研究

2010 年

1.科学发展观与中国特色社会主义政治建设研究

2. 构建社会主义和谐社会与中国特色社会主义民主政治建设研究

3. 改革开放以来中国化马克思主义政治学的建设与发展研究

4. 民主执政、科学执政、依法执政的实现途径和机制研究

5. 城乡人民代表大会选举制度与我国公民选举权研究

6. 以优良党风促政风带民风机制研究

7. 推进惩治和预防腐败体系建设研究

8. 责任政府与问责制度研究

9. 我国政府部门管理协调决策问题研究

10. 电子治理与政府流程改革研究

11. 我国政府社会服务职能的实现机制研究

12. 中国特色的政府与市场关系研究

13. 我国省直管县体制改革研究

14. 服务型政府建设与政府规模、机构编制研究

15. 我国地方政府治理创新的路径与绩效研究

16. 我国地方政府机构改革与职能转变研究

17. 政府职能转变与政府权责体系完善研究

18. 我国行政成本与建设节约型政府问题研究

19. 人民政协与中国特色社会主义民主政治研究

20. 完善我国民主党派参政议政制度研究

21. 人民政协作为我国政党制度重要载体的特色优势研究

22. 人民政协制度设计蕴含的协商民主理念研究

23. 协商民主制度的国际比较研究

24. 我国人民团体的公共服务职能研究

25. 中国特色的人权模式研究

26. 我国妇女的有序政治参与研究

27. 我国公民政治心理与政治稳定的关系研究

28. 多民族国家的国家认同机制研究

29. 我国民族关系的新特点与建设和谐民族关系研究

30. 民族地区治理模式与民族政策的国际比较研究

31. 反对民族分裂势力、维护国家统一与民族团结研究

32. 生产建设兵团管理体制与边疆治理研究

33. 完善干部选拔任用机制研究

34. 促进科学发展的党政领导班子和领导干部考核评价机制跟踪研究

35. 干部分类管理改革和完善公务员制度研究

36. 重大突发事件风险的系统监测与跟踪评估研究

37. 应急管理中的领导、联动、组织与协调机制研究

38. 基层党政机构和干部应急管理能力建设研究

39. 国家金融安全的政治学研究

40. 我国预算管理制度改革与法治政府、责任政府和廉洁政府建设研究

41. 绩效管理与政府管理体制改革研究

42. 提高政府行政管理制度执行力与政府效能研究

43. 我国咨询研究机构的决策作用与实现途径研究

44. 我国生态建设的政府职能与公共治理研究

45. 建设创新型国家的政府职能和管理体制研究

46. 我国政府管理公共资源体制改革研究

47. 政府管理民间组织的理论与实践研究

48. 我国事业单位分类改革研究

49. 区域合作与区域公共管理研究

50. 完善领导干部接访和信访制度研究

51. 网民政治心理与网络治理研究

52. 促进我国社会阶层关系和谐的公共政策研究

53. 城市社会管理体制改革与城市治理研究

54. 农村产权制度和政策变化与乡村治理研究

55. 地方政府管理与基层群众自治的有机衔接与良性互动研究

56. 台湾政党政治发展与对台政策研究

57. 民间组织在祖国统一进程中的作用研究

58. 两岸政治关系定位与台湾参与国际活动问题研究

59. "一国两制"与香港政治发展研究

60. 澳门政府治理研究

61. 我国侨务工作与海内外同胞关系和谐研究

62. 中国传统政治价值资源及其现代化研究

63. 西方政治思潮与政治学科发展跟踪研究

64. 西方政治制度机理和运行机制研究

2011 年

1. 科学发展观对马克思主义政治学的继承与发展研究

2. 我国社会主义制度的政治优势和实现方式研究

3. 中国特色社会主义公平正义理论研究

4. 我国社会发展公平正义评估指标体系研究

5. 积极稳妥推进政治体制改革重大理论和实现路径研究

6. 中国共产党的建设与国家建设的互动关系研究

7. 推进和深化党内民主制度和机制建设研究

8. 以党内民主带动人民民主发展的机制研究

9. 完善人民代表大会制度与党的执政方式转变的关系研究

10. 完善我国人民代表选举制度跟踪研究

11. 我国执政党建设与参政党建设的相互促进研究

12. 新时期巩固和壮大最广泛的爱国统一战线研究

13. 转变我国经济增长方式的政府治理机制研究

14. 健全党和政府主导的维护群众权益机制研究

15. 严格规范政府机关公正文明执法研究

16. 维护社会政治稳定发展的民主基础研究

17. 正确处理人民内部矛盾的制度体系和平台机制建设研究

18. 重大群体性事件源头阻断机制研究

19. 完善公共安全事件预防预警和应急处置体系研究

20. 社会和政治稳定风险评估机制研究

21. 法治政府建设与依法科学民主决策程序和机制研究

22. 政务公开与公民知情权的保障和实现机制研究

23. 公民诉求表达、利益协调、权益保障渠道建设研究

24. 党和工会在建立和谐劳动关系和利益共享机制中的作用研究

25. 合理调整国民收入分配格局的政府职能研究

26. 公民参与和监督与建设廉洁政府研究

27. 完善公共权力制约和监督体系与发展人民民主政治研究

28. 严格执行党风廉政建设责任制研究

29. 加强和改进新形势下群众工作与中国特色的民主实践研究

30. 新时期妇女参政议政新趋势研究

31. 完善预算编制和执行管理制度研究

32. 新时期我国政府间财政分配关系研究

33. 健全我国省级政府税政管理权限研究

34. 加强县级政府提供基本公共服务财力保障研究

35. 中西方国家公共财政体制比较研究

36. 我国政府公信力及其提高途径和措施研究

37. 责任政府建设与强化行政监督和问责制度研究

38. 我国人才管理方式和体制机制改革研究

39. 创新党政领导干部选拔任用机制研究

40. 健全领导班子和领导干部考核评价制度研究

41. 加强干部决策和执行能力机制与途径研究

42. 建设服务型政府与完善我国国家公务员制度研究

43. 公共政策制定过程中专家咨询的程序和机制研究

44. 我国政府公共政策执行力与政策效能研究

45. 实现文明、节约、绿色、低碳消费模式的公共政策研究

46. 政府绩效与行政成本国际比较研究

47. 促进城乡公平发展与我国户籍制度改革研究

48. 深化行政审批制度改革跟踪研究

49. 公共政策制定和执行过程中的政策协调问题研究

50. 建设国家创新体系与机制研究

51. 政府对垄断性行业的管理体制改革研究

52. 深化事业单位治理和收入分配制度改革研究

53. 国家电子政务网络建设与提升政府公共服务和管理能力研究

54. 国家基础信息网络和重要信息系统安全研究

55. 我国公民网络政治参与的法治保障研究

56. 我国公民意识实证调查跟踪研究

57. 新生代农民工政治意识和政治行为方式研究

58. 区域基本公共服务均等化与区域公共管理研究

59. 地方政府治理与公民参与机制创新比较研究

60. 我国城乡社区自治和服务机制与能力建设研究

61. 健全城市社区居民委员会组织体系和职责研究

62. 党的基层组织在社会治理结构中的地位与作用研究

63. 城乡基层社会组织、宗教组织与治理机制研究

64. 公共资源产权制度改革与基层治理研究

65. 城乡基层社会风险防范与群体性事件治理研究

66. 我国民族关系的新特点与建设和谐民族关系研究

67. 我国边疆多民族地区的基层治理机制研究

68. 粤港澳合作与区域公共管理机制创新研究

69. 构建台湾海峡两岸关系和平发展框架研究

70. 台湾海峡两岸交往机制化研究

71. 我国侨务政策与促进海内外同胞关系和谐研究

72. 当代西方国家政治制度构成和运行机理研究

73. 中国传统政治和谐思想及其现代价值研究

74. 当代西方政治思潮与政治理论跟踪研究

※资料来源：全国哲学社会科学规划办公室

附录二 "十一五"期间国家哲学社会科学重大研究项目中与政治学研究相关项目

2006 年

001	社会主义新农村建设政策体系研究
002	社会主义和谐社会构建中的意识形态问题研究
003	加强党的执政能力建设和先进性建设
004	有效惩治和预防腐败的体制和机制问题研究
005	建立健全社会预警机制和应急管理体系:转型期中国风险治理框架建构与实证分析
006	深化行政管理体制改革,建立与完善公共行政体制战略研究
007	中国行政管理体制现状调查与改革研究
008	建立健全社会预警机制和应急管理体系
009	新形势下对台工作战略与策略研究
010	全面贯彻落实科学发展观的综合评价体系
011	有效惩治和预防腐败的体制机制及制度问题研究

2007 年

001	中国特色社会主义理论体系若干重大问题研究
002	科学发展观的科学内涵、精神实质和根本要求研究
003	法治视野下的政府权力结构和运行机制研究——决策权、执行权、监督权的制约与协调
004	促进社会公平正义的服务型政府建设和公共服务体系完善研究
005	党的领导、人民当家做主与依法治国有机统一研究
006	完善社会管理与维护社会稳定机制研究——农村对抗性冲突及其化解机制研究
007	从稳定到有序:社会管理机制研究

2008 年

001	改革开放 30 年的基本经验研究
002	新中国成立 60 年基本经验研究
003	应对重大突发公共事件的政府协调研究
004	重大自然灾害和重大突发公共事件应对新框架研究——基于汶川大地震的实证研究
005	应对国家重大突发事件武装力量运用研究
006	城乡经济社会一体化新格局战略中的户籍制度与农地制度配套改革研究
007	健全农村民主管理制度对策研究
008	完善党领导农村工作体制机制对策研究
009	影响边疆少数民族地区社会稳定的突出问题及对策研究
010	维护新疆社会稳定的对策研究

2009 年

001	建设马克思主义学习型政党研究
002	深化干部人事制度改革研究
003	健全权力运行制约与监督机制研究
004	维护新疆社会大局稳定和国家安全研究
005	地方服务型政府建构路径与对策研究
006	建设服务型政府战略与对策研究
007	突发事件网络舆情预警指标体系研究

2010 年

001	中国特色社会主义理论体系研究
002	十七大以来科学发展观的新发展研究
003	深入贯彻落实科学发展观加快经济发展方式转变
004	马克思主义中国化时代化大众化的实践路径及制度创新研究
005	提高干部工作科学化水平研究
006	当代中国社会管理体制改革研究
007	促进社会公平正义与政府治理研究
008	建设中国特色的政府决策咨询机构研究
009	进一步建设法治政府目标与任务研究
010	改革开放以来中国管理学的发展研究

※资料来源:全国哲学社会科学规划办公室

附录三 "十一五"期间国家哲学社会科学年度项目政治学科立项项目

2006 年

序号	项目名称	项目类别	预期成果
1	反"疆独"斗争的国际环境研究	重点项目	研究报告
2	制度变迁理论研究	重点项目	专著
3	中外政治思想文化视野中的当代中国政治价值体系建构方法研究	重点项目	专著
4	转型期国家战略管理的理论和实践	重点项目	专著\论文（集）
5	基层民主建设研究	一般项目	专著
6	科学发展观与当代中国政治文化建设研究	一般项目	专著
7	统筹公平效率与建设西部和谐社会研究	一般项目	专著
8	行政人格与文明行政研究	一般项目	专著
9	当代社会民主主义政治理念研究	一般项目	专著\论文（集）
10	中国共产党在西藏工作的决策与实践研究	一般项目	专著
11	中国共产党执政经验与执政规律研究	一般项目	专著\研究报告
12	中国基层县处级党政领导干部胜任力实证研究	一般项目	专著
13	比较视野中的政党政治与当代中国政治发展	一般项目	专著\研究报告
14	儒家和谐治理观与国家治理的制度化	一般项目	专著\研究报告
15	社会公平与政府责任研究	一般项目	专著\研究报告
16	依法行政的有效路径研究	一般项目	专著
17	健全全国统一大市场与我国省际之间利益冲突的立法规制研究	一般项目	研究报告
18	城际重大危险源应急网络协同机制研究	一般项目	专著\研究报告

序号	项目名称	项目类别	预期成果
19	信息技术与大都市政府公共行政管理体制创新理论与方法研究	一般项目	论文(集)\研究报告
20	政府领导力与政府责任研究	一般项目	专著\论文(集)
21	党政领导人才素质测评与选拔机制研究	一般项目	专著
22	我国公务员考试录用制度改革研究	一般项目	专著\研究报告
23	强县扩权与省直管县体制改革	一般项目	论文(集)\研究报告
24	两岸政党关系与国家统一问题研究	一般项目	论文(集)\研究报告
25	公共选择理论中"不可能"领地新探	一般项目	论文(集)
26	责任政府和政府问责制研究	一般项目	论文(集)\研究报告
27	责任政府理论与西方政府问责制比较研究	一般项目	专著
28	政府公共服务职能与建设服务型政府研究	一般项目	专著\研究报告
29	教育与卫生管理体制分类改革研究	一般项目	论文(集)\研究报告
30	政事分开与事业单位管理体制分类改革研究	一般项目	研究报告
31	我国社会团体和非政府组织管理研究	一般项目	专著
32	建设社会主义新农村与乡镇政府机构改革研究	一般项目	研究报告\电脑软件
33	新农村建设中的公共服务供给体制研究	一般项目	专著\论文(集)
34	新型农村合作医疗的问责制研究	一般项目	专著\研究报告
35	取消农业税后农村公共产品和公共服务供给问题研究	一般项目	专著
36	中国水库农村移民安置模式研究	一般项目	研究报告
37	低收入群体问题的预警指标体系研究	一般项目	论文(集)\研究报告
38	公共危机管理中的公众危机教育体系构建研究	一般项目	论文(集)\研究报告
39	我国公立亿元法人治理及其路径研究	一般项目	论文(集)\研究报告
40	医患关系对构建和谐公平社会的影响及对策研究	一般项目	研究报告
41	科学发展观与政府决策能力研究	一般项目	专著\论文(集)
42	农民专业合作组织的政治参与问题研究	一般项目	研究报告
43	境外非政府组织在我国的发展现状及对策研究	一般项目	研究报告
44	地方政府与非营利组织互动机制研究	一般项目	研究报告
45	区域协调互动机制与地方政府职能研究	一般项目	专著

序号	项目名称	项目类别	预期成果
46	中国共产党的组织结构研究	一般项目	专著
47	中国社会科学类社团管理战略研究	一般项目	研究报告\论文（集）
48	宪政民主与西方政治文明的内在矛盾	青年项目	专著\译著
49	当代西方国家与社会关系思想研究	青年项目	专著
50	当代西方政治学研究的方法论转向	青年项目	专著
51	公民与共和：当代西方共和主义对自由主义的批判	青年项目	专著\译著
52	科学发展观与政府全面履行职能研究	青年项目	专著
53	区域协调互动机制与地方政府职能研究	青年项目	研究报告
54	全球化背景下的台湾问题研究	青年项目	论文（集）
55	两岸关系中台湾农民问题的定量分析及对策研究	青年项目	研究报告\电脑软件
56	社会组织化发展与公共管理改革	青年项目	研究报告\专著
57	我国彩票管理与博彩业探索研究	青年项目	论文（集）\研究报告
58	我国非政府组织管理中的理事会制度研究	青年项目	论文（集）\研究报告
59	西部大开发中的政府治理创新研究	青年项目	研究报告\论文（集）
60	乡镇政府从"管治"到"服务"改革研究	青年项目	研究报告
61	粮食主产区公共产品供给成本分担机制的实证研究	青年项目	专著
62	社会矛盾预警指标体系及运行机制研究	青年项目	研究报告
63	网络社会的政治动员问题研究	青年项目	专著\研究报告
64	取消农业税后我国乡镇债务与基层政权建设研究	青年项目	专著\论文（集）
65	地方电子政务的公共性及其提供模式研究	青年项目	论文（集）\研究报告
66	广播电视服务监管的理论与实践	青年项目	专著\研究报告

2007 年

序号	项目名称	项目类别	预期成果
1	多民族国家族际政治整合研究	重点项目	专著\论文（集）
2	新农村建设中的地方政府创新研究	重点项目	专著\研究报告
3	"一国两制"台湾模式研究	重点项目	专著\研究报告
4	党的基层执政转型与和谐社会的构建研究	一般项目	专著\研究报告

序号	项目名称	项目类别	预期成果
5	建设服务型政府研究	一般项目	专著
6	和谐政治文化研究	一般项目	专著\论文（集）
7	建设新农村与乡镇政府提供公共服务能力研究	一般项目	专著\研究报告
8	社会建设与创新型国家研究	一般项目	研究报告\专著
9	社会建设框架下的政府绩效评估研究	一般项目	论文（集）\研究报告
10	从和谐社会的视角审视和谐政府的构建	一般项目	专著
11	中国民主建设中的政治权力配置方式研究	一般项目	研究报告
12	农民政治认知与农村社会冲突的相关性研究	一般项目	论文（集）\研究报告
13	和谐社会构建中的地方政府政策执行力研究	一般项目	专著
14	现代权利主体的价值选择与政治认同研究	一般项目	专著\研究报告
15	提高公共政策执行力研究	一般项目	研究报告
16	公共服务均等化的理论与公共政策研究	一般项目	研究报告
17	以人为本的消费理念与社会主义和谐社会建设研究	一般项目	专著
18	合作博弈与和谐治理——中国未来民主政治体制改革战略研究	一般项目	论文（集）\研究报告
19	工人参与企业民主管理的制度化研究	一般项目	研究报告
20	"法理台独"及其对两岸关系影响的评估研究	一般项目	研究报告
21	坚持"一国两制"与香港政治发展研究	一般项目	专著\研究报告
22	社会主义新农村建设中村卫生室的社会角色模型及其实现路径研究	一般项目	论文（集）\研究报告
23	构建面向市场经济的社会信用体系运行机制研究	一般项目	研究报告\专著
24	基于改革发展与稳定关系的公平与效率平衡实证分析模型研究	一般项目	专著\研究报告
25	我国耕地保护的社会责任及其行为选择研究	一般项目	专著\论文（集）
26	当前城镇化进程中的农村居民点集约用地模式及其调控研究	一般项目	论文（集）\研究报告
27	建设资源节约型和环境友好型政府研究	一般项目	专著\研究报告
28	职能调整后流通领域商品质量监管模式研究	一般项目	研究报告

序号	项目名称	项目类别	预期成果
29	西方发达国家官僚制的理论与实践——英美、法德模式比较研究	一般项目	专著\论文（集）
30	西方政治思想专题研究	一般项目	专著
31	电子政务与政务信息资源共享机制研究	一般项目	专著\研究报告
32	军队应对非传统安全威胁研究	一般项目	专著
33	民族地区城市安全与危机管理机制研究	一般项目	研究报告
34	中国边疆少数民族地区政府应急机制建设研究	一般项目	专著\研究报告
35	中国农村实用人才资源开发对策研究	一般项目	专著
36	"孝"与社会和谐研究	一般项目	论文（集）\专著
37	中国传统政治哲学的逻辑演绎	一般项目	专著
38	中国古典和谐政治理念与治国方略研究	一般项目	专著\论文（集）
39	民间组织合法管理研究	一般项目	专著
40	社会主义新农村建设中资源型地区"富人当政"问题研究	一般项目	研究报告
41	建立健全面向中低收入家庭的住房保障体系研究	一般项目	专著\研究报告
42	贫困背景下中西部民族自治地区农村社会保障问题研究	一般项目	专著\研究报告
43	行政伦理视角下的商业贿赂治理研究	一般项目	专著\研究报告
44	中国近代行政学史料钩沉与史实考辩	一般项目	专著
45	社会转型期中国从政者政治道德实效性研究	青年项目	研究报告
46	中国农村扶贫瞄准问题研究	青年项目	论文（集）\研究报告
47	我国民主政治发展的路径和战略研究	青年项目	研究报告
48	中国政治协商的程序化研究	青年项目	论文（集）\研究报告
49	新农村建设与农民公民权发展研究	青年项目	专著
50	志愿组织与城市社区治理：和谐社会构建的社区之维	青年项目	专著\论文（集）
51	转型期中国的收入分配差距与政府控制——从利益表达角度的分析	青年项目	专著
52	公共服务型政府能源监管职能研究	青年项目	专著

序号	项目名称	项目类别	预期成果
53	社会转型期中国政府能力研究	青年项目	专著
54	社会主义和谐社会建设中的政治社会团体研究	青年项目	研究报告
55	中国政策过程的实证研究和优化理论	青年项目	专著
56	公共事业民营化改革及其风险控制的实证研究	青年项目	专著
57	公共事业民营问题研究	青年项目	研究报告
58	农村公共产品与公共服务的供应与生产研究	青年项目	论文(集)\研究报告
59	西部少数民族地区基层政府提供公共服务能力实证研究	青年项目	研究报告
60	公共安全整合管理机制的理论创新与实证研究	青年项目	专著\论文(集)
61	公共危机事件社会影响的扩散网络及应对机制研究	青年项目	专著\研究报告
62	城市突发事件风险评估与应急管理平台研究	青年项目	论文(集)\电脑软件
63	区域发展与政府主导的区域互惠互利机制研究	青年项目	专著
64	公共预算的政治监督机制研究	青年项目	专著
65	中国近世思想中的政治体制论研究	青年项目	专著\论文(集)
66	社会转型期企业非正当政治行为的形成机理与治理对策研究	青年项目	论文(集)\研究报告
67	当代公民政治态度研究——和谐社会的心理基础	青年项目	论文(集)\研究报告
68	中国女性公务员职业发展研究	青年项目	专著
69	失地农民可持续生计问题研究	青年项目	专著
70	和谐语境下的利益集团对教育政策影响的研究	青年项目	专著

2008 年

序号	项目名称	项目类别	预期成果
1	改革发展成果共享的实现机制研究	重点项目	专著\研究报告
2	社会性别视角下当代中国女性政治参与实证研究	重点项目	专著\研究报告
3	基层民主发展的途径和机制研究	重点项目	专著\研究报告
4	构建惩治和预防腐败体系问题研究	重点项目	论文集

序号	项目名称	项目类别	预期成果
5	新的历史条件下军校大学生核心价值观及其构建研究	一般项目	专著\研究报告
6	当代族际政治民主化取向与中国特色族际政治整合模式研究	一般项目	专著
7	改革开放以来中国特色农村政治发展模式的选择与优化研究	一般项目	研究报告
8	改革开放以来中国政治发展模式研究	一般项目	专著\论文集
9	改革开放以来中国妇女参与政治决策的实证研究	一般项目	专著\研究报告
10	我国流动人口政治参与问题研究	一般项目	专著\研究报告
11	西方生态主义政治理念研究	一般项目	专著\研究报告
12	西方政党学说史	一般项目	专著
13	三十年来中俄政治改革与政治发展比较研究	一般项目	专著
14	政治社团的发展与社会主义民主政治建设	一般项目	研究报告
15	党的代表大会常任制研究	一般项目	研究报告\专著
16	中国特色协商民主发展历程与基本规律研究	一般项目	专著
17	"台湾意识"与台湾战略思维	一般项目	专著
18	台湾地区立法机构运作与两岸关系	一般项目	论文集
19	香港的政党演进与政治发展研究	一般项目	专著
20	中国特色社会主义公共管理学研究	一般项目	专著
21	转型时期中国公共政策转移研究	一般项目	专著
22	关于我国公共行政学研究的范式及本土化问题	一般项目	专著
23	和谐行政关系研究	一般项目	专著
24	欧盟公共行政的最新发展	一般项目	专著
25	行政主体与公共制度协调关系研究	一般项目	专著
26	公共职位数量规模比较分析与合理配置研究	一般项目	专著\研究报告
27	中亚安全对我国安全战略影响研究	一般项目	研究报告
28	土地使用权征用制度安排与农民损失及补偿政策研究	一般项目	论文集\研究报告
29	中国县级政府公共政策执行机制创新研究	一般项目	研究报告
30	和谐社会构建过程中的社会抗争与政治稳定	一般项目	专著\论文集

序号	项目名称	项目类别	预期成果
31	社会风险防范与治理机制研究	一般项目	专著\研究报告
32	网络舆情突发事件预警机制研究	一般项目	论文集\研究报告
33	西北地区生态风险综合评估与安全保障研究	一般项目	专著\研究报告
34	当前我国城市公用事业的公私合作改革与政府监管	一般项目	研究报告
35	审计与政府绩效评估研究	一般项目	专著\论文集
36	非政府组织与中国扶贫开发模式创新研究	一般项目	专著\研究报告
37	事业单位分类改革研究	一般项目	研究报告
38	我国政府与市场博弈互补关系的历史演进	一般项目	专著\论文集
39	公共财政框架下的省域国有资本经营预算研究	一般项目	专著
40	政治学视野中的西北地区治理研究	一般项目	专著
41	公共服务的基层政府供给能力研究	一般项目	专著\研究报告
42	改革开放三十年来中国政治发展的模式研究	一般项目	专著
43	集体林权制度改革后的中国乡村治理状况研究	一般项目	专著\研究报告
44	社会性公共产品城乡一体化治理的政策创新	一般项目	研究报告
45	当代中国的跨省区域公共治理中政府协调体制创新研究	一般项目	研究报告
46	西方宪政民主的价值冲突与演进趋势研究	一般项目	研究报告
47	我国农民工政治参与研究	青年项目	研究报告
48	新的社会阶层政治参与研究	青年项目	论文集\研究报告
49	传统政治文化的公私观念与现代公共精神的培育	青年项目	论文集\研究报告
50	中亚与中国新疆政治文化建设比较研究	青年项目	专著\研究报告
51	当代西方多元文化主义对自由主义的批判	青年项目	专著\译著
52	县域政治运作的实践逻辑与改革方向	青年项目	论文集\研究报告
53	派系竞争与农村基层民主建设	青年项目	专著
54	政府行政管理与基层群众自治的有效衔接与良性互动研究	青年项目	研究报告
55	协商民主、票决民主及其关系之研究	青年项目	论文集\研究报告
56	民族地区族群认同与社会治理研究	青年项目	专著\研究报告

序号	项目名称	项目类别	预期成果
57	政治转型与本土意识——国民党"本土化"的政治社会学研究	青年项目	论文集
58	行政价值理论建构及其在中国应用研究	青年项目	专著\研究报告
59	领导干部问责制度研究	青年项目	论文集\研究报告
60	规范垂直管理部门与地方政府的关系研究	青年项目	专著
61	均等化目标下农村公共卫生服务多元化供给模型及其路径研究	青年项目	论文集\研究报告
62	乡镇基层政府的公共服务供给能力评估和建设研究	青年项目	专著\研究报告
63	基于流程优化的政府应急管理机制研究	青年项目	研究报告
64	社会减灾能力信任对公众应急行为决策的影响研究——以长江流域水灾为例	青年项目	论文集\研究报告
65	西南少数民族传统防灾应急方法的发掘、整理和编目研究	青年项目	研究报告
66	预算改革与责任政府建构	青年项目	研究报告
67	公共服务的基层政府供给能力研究	青年项目	研究报告
68	推进新型农村合作医疗制度建设研究	青年项目	论文集\研究报告
69	基于网络治理视角的流域区际生态利益协调机制构建	青年项目	论文集\研究报告
70	区域公共事务治理的实证调查研究	青年项目	研究报告
71	资源环境约束下我国区域经济发展的政治协调和区域公共管理创新研究	青年项目	研究报告
72	加强地方政府执行力建设的理论思路和现实路径研究	青年项目	专著
73	我国政策网络实证研究	青年项目	研究报告
74	地方政府与第三部门合作策略框架实证研究	青年项目	专著

2009 年

序号	项 目 名 称	项目类别	预期成果
1	当代西方意识形态终结理论批判与我国意识形态安全研究	重点项目	专著\论文集
2	治理社会群体性事件的制度机制与途径方法研究	重点项目	研究报告
3	我国区域公共安全系统评价研究	重点项目	专著\研究报告
4	我国行政权力监督体系的完善和发展研究	一般项目	专著\研究报告
5	公共行政核心价值研究	一般项目	专著
6	社会资本视阈下我国社会阶层结构变化的政治学研究	一般项目	专著
7	绩效导向下的我国政府公共政策评估体系与机制研究	一般项目	专著
8	我国政府公共政策执行和评估机制研究	一般项目	专著
9	行政听证制度的建制化研究	一般项目	研究报告\论文集
10	城乡统筹的公共服务网格机制研究	一般项目	专著\研究报告
11	县级政府决策科学化民主化的制度建设实证研究	一般项目	专著
12	健全党和政府主导的维护农民权益机制研究	一般项目	专著\研究报告
13	中国公共养老金制度的模式选择与制度设计研究	一般项目	论文集
14	两岸关系和平发展背景下台湾参与国际组织问题研究	一般项目	论文集\研究报告
15	金融危机背景下我国行业组织的政策参与研究	一般项目	论文集\研究报告
16	经济增长背景下的执政党认同研究	一般项目	专著\研究报告
17	领导干部公推直选的模式和操作程序研究	一般项目	专著\研究报告
18	服务型政府建设中的中央与地方关系研究	一般项目	专著
19	知识分子政党与近代中国民主思想演进	一般项目	专著
20	城市化进程中农民权益的政府保护机制研究	一般项目	研究报告
21	城市化进程中的农村社会管理研究	一般项目	研究报告

序号	项目名称	项目类别	预期成果
22	财政民主与监督的环境基础研究	一般项目	专著\研究报告
23	村民委员会选举中的贿选问题研究	一般项目	研究报告
24	互联网与廉政监督新途径研究	一般项目	研究报告
25	改革开放以来中国地方政府环境治理能力研究	一般项目	论文集\专著
26	和谐社会公共管理模式构建的基础	一般项目	专著\研究报告
27	村民自治中的"重难点"村治理研究	一般项目	论文集\研究报告
28	基于居民自治的城市治理结构研究	一般项目	专著\研究报告
29	民主样式的转型与我国乡村群众自治制度的创新研究	一般项目	专著\研究报告
30	我国耕地保护的障碍因素与政策创新研究	一般项目	研究报告
31	统筹城乡发展背景下的乡村治理结构研究	一般项目	专著\研究报告
32	完善我国反腐败模式研究	一般项目	论文集\研究报告
33	以互联网为工具的反腐败模式研究	一般项目	研究报告
34	中等收入群体与社会秩序研究	一般项目	专著
35	新农村视野下的农村专业经济协会研究	一般项目	研究报告
36	民主党派参与公共政策制定的实效性研究	一般项目	研究报告
37	中国社会保障基金运营监管机制研究	一般项目	研究报告
38	地方治理转型的域外经验与我国地方治理改革	一般项目	专著\研究报告
39	互联网政治生态危机预警与治理机制研究	一般项目	研究报告\专著
40	农产品安全问题治理机制研究	一般项目	论文集\研究报告
41	政府社会性管制政策过程民主化研究	一般项目	专著
42	平衡计分卡中国化模式构建及其在领导干部绩效评估中的应用	一般项目	专著\研究报告
43	城市土地集约利用潜力挖潜分析与政策选择研究	一般项目	论文集\研究报告
44	综合配套改革中服务型政府的构建研究	一般项目	专著
45	中国的东北亚区域发展战略与朝鲜半岛问题	一般项目	研究报告
46	城市空间增长管理及其政策工具的作用机制研究	一般项目	专著\研究报告

序号	项目名称	项目类别	预期成果
47	农村治理视角下的土地使用权流转模式及绩效评估研究	一般项目	论文集\研究报告
48	公共投资建设项目决策中的公共参与机制研究	一般项目	研究报告
49	增强农民政治认同与巩固党在农村的执政基础研究	青年项目	专著\研究报告
50	分配正义论	青年项目	专著
51	我国社会组织发展的政治分析	青年项目	专著
52	乡镇治理机制:从"自治"到共治	青年项目	论文集\研究报告
53	当代中国农民制度化政治参与研究	青年项目	专著\论文集
54	城市化进程中"过渡型社区"治理问题研究	青年项目	专著\研究报告
55	中国失业农民工政治参与的实证研究	青年项目	论文集\研究报告
56	西方集体行动理论发展跟踪研究	青年项目	论文集
57	西方参与式民主理论发展研究	青年项目	专著
58	农村基础设施供给中的政府行为研究	青年项目	专著\研究报告
59	当代西方政治思想中的参与式民主理论研究	青年项目	专著
60	服务型政府与国家公务员制度建设研究	青年项目	研究报告
61	互联网与廉政建设研究	青年项目	专著\论文集
62	公民问责的理论与实践研究	青年项目	专著
63	清代行政区划改革与地方政府运作的历史与启示	青年项目	专著
64	社区自治中多主体合作的演化模拟研究	青年项目	研究报告\电脑软件
65	网络结社与边疆民族地区稳定和发展研究	青年项目	论文集\研究报告
66	西部欠发达地区农民政治参与困境及出路的实证研究	青年项目	研究报告
67	我国自由职业者发展的政治学跟踪研究	青年项目	研究报告
68	人口双向流动趋势下西部地区农民政治参与的政策对策研究	青年项目	研究报告
69	转型社会的利益冲突与当代中国工会利益整合和利益表达研究	青年项目	论文集\研究报告
70	公共政策制定过程中的民意表达途径研究	青年项目	专著\研究报告

序号	项目名称	项目类别	预期成果
71	政府改革政策的执行理论研究	青年项目	专著\论文集
72	国家公职人员财产申报的政治学研究	青年项目	专著\研究报告
73	农村能人队伍建设问题研究	青年项目	专著
74	城乡统筹进程中的社区公共服务体系一体化建设研究	青年项目	研究报告
75	公共服务均等化的政策选择研究	青年项目	论文集\研究报告
76	财政困境下的乡镇治理模式转换研究	青年项目	专著
77	地方政府公共支出偏好研究	青年项目	论文集\研究报告
78	财政社会保障支出的公平性实证研究	青年项目	研究报告
79	城乡统筹医疗保障体系构建研究	青年项目	研究报告
80	我国适度普惠型社会福利制度发展研究	青年项目	专著\研究报告
81	转轨期中国管制政策制定过程中的政府俘获问题及治理研究	青年项目	专著\研究报告
82	互联网大规模协作在公共危机中的作用	青年项目	论文集\研究报告
83	跨区域环境治理中地方政府合作机制研究	青年项目	专著\研究报告
84	军人征募与退役制度改革研究	青年项目	研究报告
85	转型时期俄罗斯利益集团政治参与研究	青年项目	专著
86	城市社区公共物品供给机制研究	青年项目	专著\论文集
87	网络架构下的国家安全走向及对策研究	青年项目	专著

2010 年

序号	项目名称	项目类别	预期成果
1	改革开放以来中国化马克思主义政治学理论的建设与发展研究	重点项目	专著\论文(集)
2	当代中国政治学发展研究	重点项目	论文(集)\研究报告
3	现代国家建构理论研究	重点项目	专著
4	党政干部选拔任用中的品德测评问题研究	重点项目	研究报告\专著
5	责任政府与问责制度研究	重点项目	论文(集)

序号	项目名称	项目类别	预期成果
6	我国基本公共服务供给机制创新与地方政府合作问题研究	重点项目	专著\研究报告
7	我国地方政府大部制机构改革模式跟踪研究	重点项目	论文(集)\研究报告
8	我国地方政府治理创新的路径与绩效研究	重点项目	专著\研究报告
9	农村产权制度改革与中国特色社会主义民主政治研究	一般项目	专著
10	人民政协与中国特色社会主义民主政治研究	一般项目	研究报告
11	中国特色的人权保障模式研究	一般项目	专著
12	当代中国公民政治认同与政治稳定的关系研究	一般项目	专著
13	公共预算改革与廉洁政府建设研究	一般项目	研究报告
14	中国城市环境治理的信息型政策工具研究	一般项目	专著\论文(集)
15	所谓的"台湾主体性"与国家认同问题研究	一般项目	专著\研究报告
16	非制度化生存的负面效应及其治理模式研究	一般项目	研究报告\专著
17	价值多元论与自由主义关系问题之争追踪研究	一般项目	专著
18	城市新失业群体政治心态的实证研究	一般项目	研究报告
19	清代新疆国家认同研究	一般项目	专著\论文(集)
20	民主执政的实现路径与运行机制研究	一般项目	专著
21	依法行政监督的实施效果评估及对策研究	一般项目	专著
22	当代西藏民族自治地方政府治理模式创新研究	一般项目	专著
23	我国少数民族文化政策与国家认同问题研究	一般项目	专著\论文(集)
24	我国社会分化背景下阶层和谐的公共政策研究	一般项目	专著\研究报告
25	公民身份权利与维护农民工合法权益研究	一般项目	论文(集)
26	我国公民政治心理与政治稳定的关系研究	一般项目	论文(集)\研究报告
27	党政干部分类管理制度研究	一般项目	论文(集)\研究报告
28	干部选拔考试信用制度建设研究	一般项目	研究报告
29	我国特大城市行政执法类公务员管理机制研究	一般项目	研究报告
30	城中村治理中的地方政府管理与村民自治有机衔接与良性互动研究	一般项目	专著
31	税费改革与乡村治理对策研究	一般项目	研究报告
32	煤矿产权制度改革与资源型乡村治理研究	一般项目	专著\研究报告

序号	项目名称	项目类别	预期成果
33	农村个体私营经济发展问题研究	一般项目	研究报告
34	农地产权制度改革与新农村建设研究	一般项目	专著\研究报告
35	区域契约行政的激励与约束机制研究	一般项目	专著\研究报告
36	责任政府与行政问责制实践路径研究	一般项目	研究报告
37	电子政务与政府管理流程再造的理论与方法研究	一般项目	研究报告
38	网络参与和地方政府治理创新研究	一般项目	专著
39	网民政治心理与网络治理研究	一般项目	专著
40	区域公共产品供给与城市群公共管理体制研究	一般项目	专著\研究报告
41	中国特色的政府与市场关系研究	一般项目	专著
42	边疆治理模式绩效评价与创新研究	一般项目	研究报告
43	地方政府行政成本与财政转移支付问题研究	一般项目	论文(集)\研究报告
44	县级行政成本与建设节约型政府研究	一般项目	论文(集)\研究报告
45	欧洲气候政治的政治过程和外溢	一般项目	论文(集)
46	台湾政党政治的发展趋势及应对研究	一般项目	专著\研究报告
47	"非直接利益冲突"的群体性事件研究	一般项目	研究报告
48	网络群体性事件及其防范和治理研究	一般项目	专著
49	中国"五四"时期自由主义研究	一般项目	研究报告
50	维护国家政治安全视角下境外非政府组织在华运行状况研究	一般项目	研究报告
51	中国人民政治协商会议的政治学分析	青年项目	专著\研究报告
52	我国政府机构编制改革综合研究	青年项目	论文(集)\研究报告
53	网络舆情与群体性事件预警机制研究	青年项目	研究报告
54	京津冀城市群发展与区域公共治理创新研究	青年项目	专著\研究报告
55	20 世纪 70 年代以来西方政治哲学中的平等理论跟踪研究	青年项目	专著\论文(集)
56	美国国会预算权的制度机理和运行机制研究	青年项目	专著
57	绩效管理视角下的当代中国政府公信力研究	青年项目	研究报告
58	西部民族地区公民教育与国家认同研究	青年项目	研究报告
59	大中城市新移民的社会融合与政治心理抽样调查研究	青年项目	研究报告\论文(集)

序号	项目名称	项目类别	预期成果
60	非传统安全视域下新疆维汉民族和谐发展对策研究	青年项目	研究报告
61	现代中国民主政治制度构建与运行的历史考察	青年项目	专著\论文(集)
62	完善我国人大预算监督制度研究	青年项目	专著
63	经济责任审计与预防腐败机制研究	青年项目	论文(集)\研究报告
64	政府预算改革的政治约束、激励机制与路径选择研究	青年项目	专著
65	西南少数民族地区的族群交往与国家认同研究	青年项目	研究报告
66	当代中国妇女组织发展的制度创新研究	青年项目	论文(集)\研究报告
67	和谐社会视域下的社会阶层间政治资源配置问题研究	青年项目	专著
68	完善地方政府与民众之间的民意表达机制研究	青年项目	专著
69	我国公务员选拔考核制度创新研究	青年项目	研究报告
70	村民自治与我国乡村民主的有序发展研究	青年项目	论文(集)
71	20世纪甘南藏区基层政治模式变迁研究	青年项目	专著
72	网络谣言的社会心理及应对策略研究	青年项目	专著
73	建设服务型政府与完善政府社会服务功能研究	青年项目	论文(集)\研究报告
74	经济特区治理改革与地方政府管理体制创新研究	青年项目	专著
75	市县协调发展背景下的省直管县体制改革研究	青年项目	论文(集)\研究报告
76	大都市发展中的政府治理机制创新与绩效评估体系研究	青年项目	专著
77	成渝经济区与武汉都市圈跨域治理合作机制的实证调查研究	青年项目	论文(集)\研究报告
78	公共治理视阈下的城市圈区域合作研究	青年项目	论文(集)\研究报告
79	我国地方政府执行力研究	青年项目	专著
80	政府管理民间社会团体的理论与实践研究	青年项目	专著
81	引导民间组织健康发展实证研究	青年项目	论文(集)\研究报告
82	澳门社团的治理功能及其对内地的启示	青年项目	专著\研究报告
83	两岸政治关系定位与台湾参与国际活动问题研究	青年项目	专著\研究报告
84	区域国际组织与国家统一问题研究	青年项目	研究报告

序号	项　目　名　称	项目类别	预期成果
85	我国城市应急管理中的组织协调与联动机制研究	青年项目	论文(集)\研究报告
86	突发公共事件应急管理调处机制研究	青年项目	专著
87	央企与驻地政府应对重大突发事件联动机制研究	青年项目	研究报告
88	基本公共服务均等化与正确处理中央和地方财政关系研究	青年项目	专著\论文(集)

※资料来源：全国哲学社会科学规划办公室

附录四 "十一五"期间国家哲学社会科学 西部项目与政治学研究相关项目

2006 年

序号	项 目 名 称	预期成果
001	党在延安时期领导中国革命的历史经验和基本规律——延安十三年史与延安学研究	专著\论文(集)
002	党的先进性建设与执政党的意识形态建构	专著
003	延安时期中国共产党先进建设的经验与启示	论文(集)
004	民族地区党的先进性建设基础问题研究	研究报告\论文(集)
005	民族地区中国共产党的执政道德建设与社会整合能力研究	专著
006	新农村建设与乡镇党委职能再定位研究	研究报告
007	改革完善党的执政体制研究	专著\研究报告
008	新疆农牧区加强基层党组织建设与建设社会主义新农村研究	研究报告
009	多元化纠纷解决机制与构建和谐社会问题研究——以云南民族地区为例的实证研究	研究报告
010	当代中国地方政府的政策规避与创新研究	专著
011	构建和谐社会进程中的行政障碍与地方政府制度创新	专著\研究报告
012	科学发展观与西北民族政治发展研究	专著
013	电子政府形态下的行政伦理研究	专著\研究报告
014	地方政府执政能力综合评价与模式创新研究——以陕西的实证研究为例	专著\论文(集)
015	新疆地区意识形态领域面临的新挑战与对策研究	研究报告\专著
016	新疆生产建设兵团建设社会主义新型农牧团场研究	研究报告
017	西部大开发地方政府治理创新研究	专著\研究报告
018	中国西部新农村治理模式研究	研究报告

序号	项目名称	预期成果
019	西部农村人力资本的积聚机制研究	研究报告
020	西部农村公共产品供给问题的理论与对策研究	研究报告\论文(集)
021	新疆少数民族地区农村公共产品和公共服务研究	专著
022	东南亚地区民族国家的形成及其发展研究	专著
023	西北农牧区社会主义新农村建设中的公共产品供给研究	专著\研究报告
024	西北民族地区新农村社会建设中的公共产品供给研究	研究报告\论文(集)

2007 年

序号	项目名称	预期成果
001	三中全会以来中国政党制度的发展与建设问题研究	专著
002	中共执政文化建设与传统治国文化的现代转化——基于党的执政能力建设的思考	专著
003	中越毗邻地区非公有制经济党组织建设及相互影响研究	论文(集)\研究报告
004	西方国家权力监督制衡机制研究	专著\研究报告
005	公共服务能力建设与民族地区构建和谐社会研究	专著
006	西部少数民族地区基层政府公共服务能力建设问题研究	研究报告
007	关于取消城乡户籍分割的必要性、可行性及操作程序研究	研究报告
008	信息化背景下政府统计业务流程再造研究	研究报告
009	中国协商民主理论和实践探析	专著
010	构建和谐西藏与政府社会管理职能创新研究	研究报告
011	和谐社会的制度基础与政府社会管理机制研究	专著\研究报告
012	西部农村公共服务信息化建设模式研究	研究报告
013	区域自然灾害风险综合评估研究	专著\研究报告
014	西部民族地区社会稳定的政治心理环境优化研究	专著
015	西部民族地区新农村建设中的"特色人力资源开发"与政府机制研究	研究报告
016	等级、本分与补偿:中国传统和谐政治思想和治国方略研究	论文(集)\研究报告

2008 年

序号	项 目 名 称	预期成果
001	建立健全党内激励、关怀、帮扶机制研究	研究报告
002	反商业贿赂新预防体系构建研究	论文(集)\研究报告
003	边疆民族地区贯彻落实科学发展观与加强党的执政能力建设研究	研究报告
004	改革开放以来西部农村基层党组织建设研究	研究报告\论文(集)
005	协商民主:基层党内民主建设研究	专著
006	户籍制度改革研究——深化户籍迁移制度改革的基本障碍及排出对策研究	研究报告
007	我国藏区农(牧)村基层政权建设问题研究	专著\研究报告
008	国家主体功能区划分背景下民族地区公共服务均等化研究	专著
009	基本公共服务均等化与西部民族地区公共服务提供机制创新研究	研究报告
010	华南边陲传统民族社会的国家认同——以壮族土司制度为实证	研究报告
011	西藏社会稳定与中国国家安全	专著
012	变动中的神权政治——当代伊朗政治改革与发展研究	专著
013	改革开放以来少数民族妇女参与政治与决策的实证研究	研究报告
014	国家空天安全论	专著
015	清代以来新疆屯垦与国家安全研究	研究报告
016	中国西部基层政府公共服务供给能力实证研究	专著 研究报告
018	社会资本与西南民族地区和谐发展问题研究	专著
019	利益视角下的乡镇政府行为模式研究——以西部欠发达地区乡镇政府为例	专著
020	流域公共治理的政府间协调研究——以珠江流域为例	研究报告
021	农村公共危机管理研究——以国家城乡统筹综合配套改革试验区为例	论文(集)\研究报告

2009 年

序号	项目名称	预期成果
001	政治文化变迁中的中国政党制度研究	专著
002	中国共产党维护西藏稳定的历史经验及政策分析	专著 研究报告
003	党内选举的改革实践与制度创新	专著
004	考试测评选任干部实践规范化研究	研究报告\专著
005	提高选拔任用干部的公信度研究	论文(集)\研究报告
006	提高选拔任用干部公信度的心理综合模型	专著
007	改革开放以来藏区党的建设基本经验及运用研究	研究报告
008	建立健全城乡统筹的党建工作一体化新格局研究	专著\研究报告
009	新时期话语体系创新与提高党的动员力	专著
010	西部贫困地区新型农村合作医疗筹资机制创新研究	论文(集)\研究报告
011	新农村建设中的新情况、新问题研究——大学生"村官"长效工作机制构建	专著\研究报告
012	西部民族地区领导干部践行科学发展观研究	研究报告
013	中国特色社会主义理论体系实践特色研究	论文(集)
014	新生代农民工政治参与研究	研究报告
015	构建社会主义和谐社会进程中的利益协调问题研究	研究报告
016	社会主义核心价值体系对民族民间文化的引领路径和机制研究	专著
017	中国特色社会主义公民社会与社会主义和谐社会的契合性内在机理研究	专著
018	中西部地区突发性群体事件的诱因和对策机制研究	论文(集)\研究报告
019	西方多民族国家的公民意识与族别认同研究——以美国为例	研究报告\论文(集)
020	中国外戚政治研究	专著
021	和谐正义论研究	专著

序号	项 目 名 称	预期成果
022	用社会主义核心价值体系引领汶川地震灾后社会理念、价值、精神重建研究	专著\论文(集)
023	近代理性哲学背景下的卢梭政治哲学研究	专著
024	农业税取消后的农村制度创新与农村治理研究:以成渝试验区为个案	专著\研究报告
025	西部农村社区村民自治问题研究	研究报告
026	国家安全视野下的新疆生态文明建设研究	专著\研究报告
027	康巴藏区政治稳定机制建设实证研究	研究报告
028	民族特色仪式对维护民族地区社会政治稳定的功能研究	专著
029	西北民族地区村民自治问题研究	论文(集)\研究报告
030	西部少数民族地区政治稳定研究	专著
031	新疆稳定政策研究	研究报告
032	县级政府行政权配置研究	研究报告
033	中国特色廉政文化建设的思路和方法研究	论文(集)
034	我国政府公共决策利益博弈的路径和机制研究	研究报告
035	我国循环经济扶持政策的整合问题研究——以支持垃圾发电产业发展的公共政策为例	专著\研究报告
036	国内大型医院卫生人力资源成本精细化核算多重变量回归模型的建立和应用研究	专著\工具书
037	成渝"试验区"城乡基本公共服务均等化政策绩效评价研究	研究报告\论文(集)
038	民族地区社会型应急管理机制及其能力评价体系研究	研究报告
039	治理社会群体性事件的制度机制与途径方法研究——以西部矿/群矛盾引发的群体性事件为重点	研究报告\电脑软件

2010 年

序号	项目名称	预期成果
001	建设马克思主义学习型政党研究	专著
002	边疆民族地区基层党组织建设科学化研究——以"云南经验"为例	研究报告
003	村民自治的基本理论研究	专著\研究报告
004	国家财政投入监管的运行机制研究	专著
005	省管县改革中的县级政府能力建设研究	研究报告
006	西部地区公共项目公私合作机制研究	研究报告
007	西部民族地区基层政府应对群体性事件能力建设研究	研究报告
008	新疆非传统安全与公共危机治理研究	专著\研究报告
009	应对突发事件决策模型仿真优化研究	论文(集)\电脑软件
010	重大自然灾害应急救援物流管理创新研究	论文(集)\研究报告
011	"新医改"背景下新型农村合作医疗制度研究	研究报告\专著
012	新疆新型农牧区合作医疗制度研究	论文(集)\研究报告
013	军队参与处置突发事件后勤保障问题研究	专著\研究报告
014	邓小平管理哲学思想研究	专著
015	哈萨克族中华文化认同、国家认同研究	论文(集)\研究报告
016	青海世居少数民族国家认同研究	专著
017	中国朝鲜族女性跨国婚姻与民族认同研究	研究报告
018	乌江流域历代土司的国家认同研究	专著
019	社会群体性事件中的民众心理分析和调节机制研究	研究报告\专著
020	网络舆情的发生模式及介入机制研究	研究报告
021	西部民族地区转型期间的社会稳定问题研究	专著
022	中国公共政策传导专题史研究(1911－2010)	专著
023	巡视监督效能保障机制研究	论文(集)\研究报告
024	中越两国廉政建设比较研究	专著
025	"三股势力"对内地学校新疆籍少数民族学生的渗透与对策研究	研究报告
026	新疆多民族地区意识形态安全研究	研究报告
027	新疆少数民族信教群体聚居区基层治理科学化问题研究	专著\研究报告

序号	项 目 名 称	预期成果
028	完善干部公开选拔任用机制研究	研究报告
029	二十世纪三十年代留学生群体与广西自治研究(1931—1937)	专著
030	青藏地区乡镇政府公共服务能力与构建和谐社会研究	研究报告
031	青海省地方政府治理创新路径研究	论文(集)\研究报告
032	西部地区"省直管县"体制改革路径研究——基于四川的调研	研究报告
033	国家金融安全的政治学研究	研究报告
034	西部农村群体性事件与基层政府治理研究	专著\论文(集)

※资料来源:全国哲学社会科学规划办公室

附录五　"十一五"期间后期资助项目中
与政治学研究相关项目

2006 年

序号	项 目 名 称
001	清末预备立宪研究
002	清末民初政党思想研究
003	一统与制宜：明朝藏区施政研究
004	城市化进程中大城市外来人口管理的历史演进——以上海为例(1840-2000)

2007 年

序号	项 目 名 称
001	公共领域理论与和谐社会构建

2008 年

序号	项 目 名 称
001	明代国家礼制与社会生活
002	抗战时期国民政府关税政策研究

2009 年

序号	项 目 名 称
001	编户齐民与皇权、爵制——秦汉制度、社会与思想问题研究
002	早期中华帝国的贵族家庭——博陵崔氏个案研究(译著)

2010 年

序号	项 目 名 称
001	古典民主理论与现代民主理论
002	中国传统廉政文化之现代转换研究
003	世界人权宣言研究
004	权利基本理论:反思与构建
005	政治与哲学之间:卢梭政治哲学研究
006	中国古代"名"的政治思想研究
007	欧元的新政治经济学分析

※资料来源:全国哲学社会科学规划办公室

后 记

　　根据全国哲学社会科学规划办公室《关于组织开展哲学社会科学研究"十二五"学科调研工作的通知》（社科规划办通字[2010]3号）的要求,政治学科评审组围绕我国政治学学术研究从"十一五"到"十二五"跨度为时十年的发展状况和趋势进行调研和规划。调研规划工作采取以学科研究领域调研规划为基础、总体调研分析规划为统筹的协作运行方式。调研规划分十三个学科研究领域进行,即马克思主义政治学理论与方法研究、政治学基本理论和方法、当代中国政治、中国基层政治与治理、中国政治制度、西方政治制度、比较政治、中国政治思想、西方政治思想、公共行政、公共政策、政治学交叉学科、政治学研究方法。各调研领域的调研工作由调研小组组长主持和负责,召集调研队伍,召开调研座谈会,展开访谈,收集相关资料和情况,进行相关数据检索,由此形成了十三份研究领域调研报告。这些报告总结了我国政治学相关领域"十一五"期间学术研究的主要发展和重要成就,梳理了这些领域学术研究的当前状况、存在问题和薄弱环节,分析了"十二五"期间这些领域学术研究的发展趋势、前沿方向和重点课题。在此基础上,政治学科评审组在山东大学召开交流分析会议,就各调研规划报告进行分析讨论,提出调整修订建议。据此,学科评议组编写了我国政治学科"十一五"期间研究状况和"十二五"期间发展趋势总体报告。本书即是该项工作总体报告与分支研究领域报告的汇编。

　　国家哲学社会科学政治学科学术研究状况的调研和分析报告撰写情况如下:

　　第一,政治学学科调研工作由国家社会科学基金政治学科评审组副组长王邦佐先生任顾问,学科评审组副组长王浦劬（北京大学政治发展与政府管理研究所）总体负责,燕继荣（北京大学政治发展与政府管理研究所）担任总联络员。

　　第二,政治学十三个分支领域调研组的主持人和成员分别为:

　　1.马克思主义政治学理论

　　主持人:张永桃（南京大学）、王一程（中国社会科学院政治学研究所）

　　成员:林立公（中国社会科学院政治学研究所）、范炜烽（南京理工大学）

　　2.政治学基本理论

　　主持人:周光辉（吉林大学）

　　成员:张贤明（吉林大学）、颜德如（吉林大学）、彭斌（吉林大学）

　　3.当代中国政治

　　主持人:林尚立（复旦大学）

成员:黄杰(复旦大学)、孙培军(复旦大学)

4.中国基层政治与治理

主持人:徐勇(华中师范大学)

成员:刘义强(华中师范大学)、冯连余(华中师范大学)、邢云龙(华中师范大学)、曾智(华中师范大学)、魏志娟(华中师范大学)、代君(华中师范大学)

5.中国政治制度

主持人:朱光磊(南开大学)

成员:贾义猛(南开大学)、张志红(南开大学)、盛林(南开大学)、安月梅(南开大学)、李忠礁(南开大学)

6.西方政治制度

主持人:张桂琳(中国政法大学)

成员:常保国(中国政法大学)、马华丰(中国政法大学)

7.比较政治

主持人:谭君久(武汉大学)

成员:彭姝(武汉大学)、夏德峰(武汉大学)、高聪颖(武汉大学)、闫帅(武汉大学)、罗干(武汉大学)

8.中国政治思想史

主持人:葛荃(山东大学)

成员:王成(山东大学)、张欣辉(山东大学)、范煦(山东大学)

9.西方政治思想史

主持人:高建(天津师范大学)

成员:佟德志(天津师范大学)、高春芽(天津师范大学)

10.公共行政学

主持人:马骏(中山大学)

成员:何艳玲(中山大学)、倪星(中山大学)、孔繁斌(南京大学)、张光(厦门大学)

11.公共政策

调研工作组

12.政治学交叉学科

主持人:陈振明(厦门大学)、周平(云南大学)

成员:黄新华(厦门大学)、李艳霞(厦门大学)、陆海发(云南大学)

13.政治学研究方法

主持人:严强(南京大学)、杨冠琼(北京师范大学)

成员:魏姝(南京大学)

第三,调研总报告即本书总论部分由王浦劬执笔撰写,由国家社会科学基金政治学科评审组副组长王邦佐(上海社会科学联合会)、俞可平(中共中央编译局)审阅并提出修改意见,经主撰人修改定稿。各分支研究领域报告即本书分论由主持人和参与者提交,经审读修订后,与总论部分汇编成本书。

第四,山东大学政治与公共管理学院为调研规划工作提供了大力支持和帮助,北京大学政治发展与政府管理研究所为调研规划工作提供了积极支持和协助,天津师范大学政治与行政学院高建教授对本书的出版鼎力支持,天津人民出版社的王康同志为本书的编辑和出版付出了极大的心血。

第五,高鹏程副教授(北京大学政府管理学院)对于调研报告的相关内容进行了修订、校正和排版。

第六,全国社会科学规划办公室佘志远、操晓理和尚雨等同志对于调研工作给予了指导帮助和协调联络。

藉此书出版之际,对于这些支持和帮助谨表诚挚深切的感谢!

王浦劬
国家社会科学基金项目政治学科评审组副组长
2010 年 10 月